Hartmut Mehringer, Michael Schwartz und Hermann Wentker
(Hrsg.)

Erobert oder befreit?

Schriftenreihe der Vierteljahrshefte für Zeitgeschichte Sondernummer

Im Auftrag des Instituts für Zeitgeschichte

Herausgegeben von

Karl Dietrich Bracher, Hans-Peter Schwarz, Horst Möller

Redaktion: Jürgen Zarusky

R. Oldenbourg Verlag München 1999

Erobert oder befreit?

Deutschland im internationalen Kräftefeld und die Sowjetische Besatzungszone (1945/46)

Herausgegeben von

Hartmut Mehringer, Michael Schwartz
und Hermann Wentker

R. Oldenbourg Verlag München 1999

Die Deutsche Bibliothek – CIP-Einheitsaufnahme

[Vierteljahrshefte für Zeitgeschichte / Schriftenreihe]
Schriftenreihe der Vierteljahrshefte für Zeitgeschichte / im Auftr. des Instituts für Zeitgeschichte hrsg. – München : Oldenbourg
Früher Schriftenreihe
Schriftenreihe zu: Vierteljahrshefte für Zeitgeschichte

Sondernr. Erobert oder befreit?. – 1998

Erobert oder befreit? : Deutschland im internationalen Kräftefeld und die Sowjetische Besatzungszone (1945/46) / hrsg. von Hartmut Mehringer ... – München : Oldenbourg, 1998
(Schriftenreihe der Vierteljahrshefte für Zeitgeschichte ; Sondernr.)
ISBN 3-486-64504-8

Rosenheimer Straße 145, D-81671 München
Internet: http://www.oldenbourg.de

Gedruckt auf säurefreiem, alterungsbeständigem Papier (chlorfrei gebleicht).
Gesamtherstellung: Appl, Wemding
Bindung: R. Oldenbourg Graphische Betriebe GmbH, München

ISBN 3-486-64504-8

Inhaltsverzeichnis

Einleitung

Im Mai 1943 konstatierte Paul Hagen alias Karl Frank[1] in einer innerhalb des deutschen politischen Exils relativ weit verbreiteten vervielfältigten Diskussionsgrundlage, der Krieg der Westmächte sei von Beginn an kein „antifaschistischer Krieg", sondern ein Krieg gegen „Deutschland schlechthin" gewesen; auch die Sowjetunion besitze kein Interesse an revolutionären Veränderungen in Deutschland: Sie werde sich revolutionärer Bewegungen dort bedienen, wo sie ihrer Interpretation von Sicherheit entsprächen und wo sie ihre Einflußsphären erweitern und unzweifelhaft die Führung übernehmen könne[2]. Anfang 1946 veröffentlichte Frank in New York sein wohl am bekanntesten gewordenes Buch, das den programmatischen Titel „Erobert, nicht befreit!" trägt und für Deutschland nur noch „schwarze Perspektiven" sehen konnte.

Die Wirklichkeit war zu diesem Zeitpunkt allerdings bereits deutlich weiter vorangeschritten und erwies sich als vielschichtiger, komplexer und widersprüchlicher, als es aus dem – naturgemäß isolierten – linkssozialistisch-transatlantischen, vom Widerstand der Arbeiterbewegung gegen Hitler geprägten Blickwinkel Franks erscheinen mochte. Der Wiederaufbau neuer politischer, gesellschaftlicher und wirtschaftlicher Strukturen war – in den unterschiedlichen Besatzungszonen unterschiedlich weit – vorangeschritten, und trotz der in Potsdam 1945 noch einmal bekräftigten Viermächteverantwortung für das gesamte Deutschland (nach Abtrennung der Gebiete östlich von Oder und Neiße) begannen sich alte Konfliktlinien mit neuen, aus der beginnenden Ost-West-Konfrontation entstandenen zu brechen und zu überschneiden. Die Perspektiven waren allerdings nach wie vor, wo nicht schwarz, so doch reichlich unklar.

Klaus Hildebrand hat zu Recht darauf hingewiesen, daß die Debatte um diese von Karl Frank in scharfer begrifflicher Zuspitzung aufgeworfene Frage „Erobert oder befreit?" unter anderem eng verbunden ist mit der Frage nach der angeblich bruchlosen Identität von Deutschen und „Nazis", die die berüchtigte, schon bald nach Kriegsausbruch aufgestellte These Lord Vansittarts postulierte, und damit nach Rolle und Stellenwert des deutschen Widerstands gegen Hitler; die nationalsozialisti-

[1] Nach 1933 Auslandsvertreter der linkssozialistischen Organisation „Neu Beginnen" im Exil in der Tschechoslowakei und in Frankreich, während des Kriegs Exponent der deutschen sozialistischen Emigration in den USA und maßgeblich an der Gründung des „Council for a Democratic Germany" beteiligt. Zu Frank vgl. allgemein den biographischen Eintrag in Bd. I des Biographischen Handbuchs der deutschsprachigen Emigration nach 1933 sowie Mehringer, Knoeringen und Langkau-Alex/Ruprecht, Was soll aus Deutschland werden?

[2] Hagen, Deutschland nach Hitler, S. 11 f.

sche Propagandaformel „Deutschland ist Hitler und Hitler ist Deutschland“ sei im Lauf der Zeit ebenso einer angemesseneren und stärker differenzierenden Betrachtung gewichen wie die extreme Gegenposition, die Deutschland gewissermaßen als erstes von den „Nazis“ besetztes Land betrachtete. Daß das Ende des Zweiten Weltkriegs in und für Deutschland nicht einseitig und ausschließlich als „Befreiung“ zu verstehen sei, liege angesichts der historischen Tatsachen auf der Hand: Der Begriff „Befreiung“, so Andreas Hillgruber, habe natürlich „seine volle Berechtigung für die aus den Konzentrationslagern und Gefängnissen befreiten Opfer des nationalsozialistischen Regimes. Aber auf das Schicksal der deutschen Nation als Ganzes bezogen, ist er unangebracht. ‚Befreiung‘ umschreibt nicht die Realität des Frühjahrs 1945. Wollte man mit dieser Vokabel ernsthaft den Zusammenbruch des Reiches zu erfassen suchen, so setzte dies voraus, daß das Kriegsziel der Alliierten in West und Ost tatsächlich in nichts anderem bestanden hätte als in der Beseitigung des nationalsozialistischen Herrschaftssystems.“[3]

Erst der nach dem Zusammenbruch des „Realsozialismus“ mögliche Rückblick macht, darauf hat Horst Möller hingewiesen, die tatsächliche historische Dimension – und Ambivalenz – des 8. Mai 1945 deutlich: Er war „weder eine ‚Stunde Null‘ noch ausschließlich eine Niederlage“, er war „ein Tag der Befreiung *und* der Niederlage, ein Tag des Endes *und* des Aufbruchs, ein Tag der Vernichtung *und* der Hoffnung“[4] – und, so könnte man im Sinne unserer Fragestellung hinzufügen, ein Tag der Eroberung *und* der Befreiung. Der 8. Mai 1945 bezeichnet den Sieg der westlichen Demokratien über eines der beiden totalitären Politik- und Weltanschauungssysteme, die das „kurze 20. Jahrhundert“ kennzeichneten – allerdings im Bündnis mit dem zweiten, nicht minder totalitären und menschenverachtenden System. Das „Ende der kommunistischen Diktaturen seit 1989/1991 verändert die Perzeption des Jahres 1945, nicht aber den historischen Gehalt selbst [. . .] erst die nachträgliche historische Erfahrung [erlaubt es], die volle Ambivalenz des 8. Mai 1945 zu erfassen, weil nun weitere Schichten der Wirkungsgeschichte der das 20. Jahrhundert bestimmenden unversöhnlichen Feindschaft beider totalitärer Ideologien [. . .] gegenüber der Demokratie bloßliegen. Die politische Notwendigkeit und Plausibilität des antitotalitären Grundkonsenses aller Demokraten der westlichen Welt in den Nachkriegsjahren [. . .] gewinnt nun erst ihre empirisch analysierbare historische Evidenz.“[5]

Der Zweite Weltkrieg endete für Deutschland in einem Zusammenbruch bisher ungekannten und unvorstellbaren Ausmaßes, der in allen vier Besatzungszonen einen Neubeginn auf allen Feldern des politischen und gesellschaftlichen Lebens erforderte. Während die unmittelbare Nachkriegsentwicklung in den westlichen Besatzungszonen bereits intensiv untersucht worden ist, stehen die Forschungen zur sowjetischen Besatzungszone – trotz aller Leistungen der westdeutschen DDR-Forschung vor 1989 – letztlich noch am Anfang. Der vorliegende Sammelband ver-

[3] Hildebrand, Das Dritte Reich, S. 211; Hillgruber, Zweierlei Untergang, S. 24.
[4] Möller, Die Relativität historischer Epochen, S. 3.
[5] Ebd. S. 4.

sucht daher, die unmittelbare Nachkriegsentwicklung im Osten Deutschlands näher in den Blick zu nehmen.

Um den Kontext der internationalen Zusammenhänge herzustellen, ist zunächst ein Blick auf die Deutschland- und Besatzungspolitik auch der westlichen Siegermächte notwendig. Daß die Politik des Westmächte als Kontrastfolie für die historischen Prozesse östlich der Elbe dienen kann, verdeutlicht *Klaus-Dietmar Henke*, der dem „Kriegsende West" idealtypisch das „Kriegsende Ost" gegenüberstellt. Hätten die Deutschen im Westen eine „weiche" Eroberung erlebt, sei der Zusammenbruch im Osten eine „maßlose Tragödie" gewesen. *Adolf M. Birke* stellt in seinen Betrachtungen zur britischen Politik mehr die internationalen Zusammenhänge in den Mittelpunkt: Großbritannien sei nicht ein Juniorpartner der USA, sondern ein eigenständiges Mitglied im Konzert der Siegermächte mit maßgeblichem Einfluß gewesen. Die französische Besatzungspolitik, die *Dieter Marc Schneider* thematisiert, trug ein „doppeltes Gesicht": Aufgrund seiner traditionellen Sicherheitsbedürfnisse habe Paris auf der einen Seite eine „extension de la France dans le pays rhénans" angestrebt und seine Besatzungszone insgesamt als Beuteland betrachtet; andererseits schien sich, insbesondere auf dem Feld der Kulturpolitik, die Möglichkeit einer „pénétration pacifique" zu bieten. Vor diesem Hintergrund bestanden durchaus Parallelen zwischen dem sowjetischen und dem französischen Vorgehen: Beide betrieben eine für die Deutschen verwirrende, zwischen Befreiung und Umerziehung, rigider Kontrolle und wirtschaftlicher Ausbeutung oszillierende Politik.

Den historischen Rahmen für die sowjetische Politik in Deutschland steckt anschließend *Helmut Altrichter* ab: Die Sowjetunion, die rund 27 Millionen Kriegstote zu beklagen hatte, war besonders daran interessiert, Deutschland für seine Verbrechen büßen zu lassen und zugleich dauerhafte Sicherheit vor Deutschland zu erlangen. Darin traf sie sich zwar mit den anderen Sigermächten, sie ging jedoch eigene Wege bei der Umsetzung der gemeinsamen Beschlüsse. Auch wenn die sowjetische Führung in den Jahren 1945/46 nie von „Sozialismus" oder gar „Sowjetisierung" sprach, sind die Parallelen zwischen den sozioökonomischen Prozessen in der SBZ und der frühsowjetischen Entwicklung nicht zu übersehen. Damit wurden zwar Voraussetzungen für die Herausbildung der DDR geschaffen, doch spricht vieles dafür, daß Stalin, der die „deutsche Frage" gerne länger offen gelassen hätte, darin nur sie zweitbeste Lösung sah.

Die sowjetische Reparationspolitik war *Rainer Karlsch* und *Burghard Ciesla* zufolge von einem Grundwiderspruch gekennzeichnet: Einerseits sollte durch Demontagen die umfassende wirtschaftliche Entwaffnung Deutschlands vorangetrieben und zum Wiederaufbau in der Sowjetunion beigetragen werden; andererseits war ein wirksamer Transfer des deutschen Vorsprungs in der Rüstungstechnologie in die Sowjetunion nur möglich, wenn dieser in der SBZ durch eine Aktivierung der Industrie- und Forschungskapazitäten vorbereitet wurde. Daraus ergab sich für die SMAD die zunächst paradoxe Aufgabe, Abriß und Aufbau der Industrie in der SBZ gleichermaßen betreiben zu müssen. Dieses widersprüchliche Vorgehen wurde erst Ende 1946 durch eine pragmatischere Reparationspolitik abgelöst.

Konstituierung und Tätigkeit der bereits im Sommer 1945 von der SMAD eingesetzten Landes- und Zentralverwaltungen in der SBZ bilden das Thema von *Wolfgang Merker*: Er verdeutlicht die Komplexität des Beziehungsgeflechts zwischen der SMAD in Karlshorst und in den Ländern, den deutschen Zentral- und Landesverwaltungen sowie der KPD/SED. Zwar bildeten sich unter maßgeblichem kommunistischem Einfluß schließlich zentralistische Strukturen heraus, doch verlief die „Gleichschaltung" der Länder keineswegs geradlinig.

Mit der Rolle, die das deutsche humanistische Kulturerbe für die Politik der SMAD und für eine Reihe von Intellektuellen in der Sowjetunion spielte, befaßt sich *Natalja Timofejewa*: Zum einen konnte zunächst durch das von sowjetischen Kulturoffizieren herausgestellte Humanismus-Ideal der deutschen Klassik die Weltoffenheit sowjetischen Kulturpolitik demonstriert werden, zum anderen setzten Teile der sowjetischen Intelligenz vor diesem Hintergrund auch auf eine Liberalisierung im eigenen Land. Diese Hoffnungen wurden jedoch 1946 mit der Ablösung des „bürgerlichen" durch den „sozialistischen" Humanismusbegriff zunichte gemacht, was in der SBZ/DDR zu einem höchst selektiven Umgang mit dem deutschen humanistischen Erbe und zur Betonung der durch die sowjetische Literatur vermittelten Werte führte.

Der Aufbau kirchlicher und politischer Strukturen in der SBZ war sowohl von Elementen der Kontinuität und des Neuanfangs als auch von den Bedingungen der sowjetischen Besatzungsherrschaft geprägt. Auch östlich der Elbe kann mithin nicht von einer „Stunde Null" gesprochen werden; die Antwort auf die Frage, inwieweit Traditionslinien aus der Zeit vor 1945 und vor 1933 jedoch noch bis in die politische Nachkriegsentwicklung hineinwirkten, unter den neuen Bedingungen in der SBZ modifiziert, abgebrochen oder sogar fortgeführt wurden, fällt jedoch, je nach Untersuchungsgegenstand, höchst unterschiedlich aus.

Die Bedeutung der Kirchen im Nachkriegsdeutschland läßt sich zum einen darauf zurückführen, daß es sich bei ihnen um die einzigen Großorganisationen handelte, die nicht zusammen mit dem Dritten Reich 1945 zusammengebrochen waren; zum anderen bekannten sich unmittelbar nach Kriegsende über 90 Prozent der Deutschen zu einer der beiden großen Kirchen, die damit noch mit Recht die Bezeichnung „Volkskirchen" für sich in Anspruch nehmen konnten. Für die sowjetische Besatzungsmacht und die von ihr protegierte Partei wurde insbesondere die evangelische Kirche, der 1946 81,5 Prozent der Bevölkerung in der SBZ angehörten, zu einem Faktor, der bei der Errichtung der sogenannten „antifaschistisch-demokratischen Ordnung" zu berücksichtigen war. Auf seiten des deutschen Protestantismus, seit der Zwischenkriegszeit überwiegend antikommunistisch und antibolschewistisch orientiert, bestanden kaum Aussichten auf eine engere Kooperation mit SMAD und KPD/SED. Trotz dieses Befundes ergaben sich, wie *Gerhard Besier* darlegt, vereinzelte Anknüpfungspunkte, die zum Teil bis in die Kriegszeit zurückreichten. Detailliert und mit Hilfe von bisher teils unbekannten Quellen untersucht Besier Zusammensetzung, Tätigkeit und Funktion des im Nationalkomitee „Freies Deutschland" gebildeten Arbeitskreises für kirchliche Fragen, dem Geistliche beider

Konfessionen beitraten. Wenngleich auf seiten der Mitglieder des Arbeitskreises angesichts der nationalsozialistischen Verbrechen und positiver Erfahrungen in der Gefangenschaft Sympathien für die Sowjetunion und den Sozialismus geweckt wurden, hatte dies für deren Tätigkeit nach 1945 in der Regel keine Konsequenzen. Auch die sowjetische Führung, die die Bewegung „Freies Deutschland" vornehmlich als Mittel zur Niederringung des Dritten Reiches betrachtete, unternahm offensichtlich nichts, um die Geistlichen des NKFD in kirchliche Schlüsselstellungen zu bringen. Ungeachtet einzelner Persönlichkeiten, die sich insbesondere nach 1949 aufgrund ihrer NS-Belastung zur Kooperation mit den neuen Machthabern bereit zeigten, waren die Leitungen der 1945 neu konstituierten Landeskirchen auf dem Boden der SBZ fast durchweg von Männern der Bekennenden Kirche besetzt, die sich in den vierziger und fünfziger Jahren den Verdrängungs- und Durchdringungsversuchen des SED-Regimes widersetzten.

Eine wesentliche Voraussetzung für die Restauration der Landeskirchen mit ihren traditionellen Organisationsformen bestand in der zurückhaltenden Kirchenpolitik von SMAD und KPD/SED, die *Horst Dähn* eingehend untersucht. Verfügte die SMAD 1945 noch nicht über ein kirchenpolitisches Konzept für ihre Besatzungszone, verfolgte die KPD-Führung das Ziel eines breiten Bündnisses zum Aufbau einer neuen Staats- und Gesellschaftsordnung, in das auch die Kirchen zu integrieren waren. Vor diesem Hintergrund übten sich sowohl die Besatzungsmacht als auch die kommunistische Partei in den Jahren 1945/46 in grundsätzlicher Toleranz gegenüber den Kirchen und ließen die Fortführung kirchlicher Arbeit zu. Dennoch kam es zu sowjetischen Eingriffen in innerkirchliche Prozesse sowie zu vereinzelten, die kirchliche Tätigkeit behindernden Verboten. Dies läßt sich auf die von der Orthodoxie geprägte Vorstellung der sowjetischen Kirchenoffiziere zurückführen, derzufolge die Kirche sich auf die Wahrnehmung pastoraler Handlungen zu beschränken, karitative Tätigkeiten nur in Ausnahmefällen auszuüben und sich eigenständig zu politisch-gesellschaftlichen Fragen nicht zu äußern hatte. Auch die KPD und, nach April 1946, die SED wollten Konflikte mit den Kirchen vermeiden; die von beiden Parteien betriebene Trennung von Staat und Kirche wie auch von Schule und Kirche führte indes zu einer ersten Auseinandersetzung um den Religionsunterricht. Wenngleich in dieser Frage ein Kompromiß gefunden werden konnte, war deutlich geworden, daß die Partei auf lange Sicht die Kirche schrittweise aus zentralen gesellschaftlichen Lebensbereichen verdrängen wollte.

Bei der Analyse des politischen Neuaufbaus nach 1945 genügt nicht der Blick auf die Organisationen, die, wie die neu gegründeten Parteien, versuchten, Politik aktiv zu gestalten. Das parteipolitische Engagement der Deutschen in der SBZ war interessanterweise wesentlich größer als vor 1933. Hier ist zunächst auf die Arbeiterbewegung zu verweisen, mit deren Wiederaufbau in der SBZ sich *Günter Braun* befaßt. Wenngleich die Regenerationskraft der Arbeiterbewegung durch Krieg und Verfolgung geschwächt und ihr Organisationspotential dezimiert war, gelang es KPD und SPD, eine Massenmitgliederschaft zu gewinnen, die nach Gründung der SED auf 1,8 Millionen (1947) wuchs. Der Mitgliederboom war zu einem wesentlichen Teil auf die „Weimarer“ Substanz der Arbeiterbewegung in Mitteldeutschland zurückzuführen: Vier Fünftel der SED-Mitglieder hatten eine sozialdemokratische, seltener eine kommunistische Parteivergangenheit. Darüber hinaus trugen die volksparteiähnliche Öffnung, die Attraktivität der Staatspartei, das für sich reklamierte „antifaschistische“ Renommee, der antikapitalistische Zeitgeist und – last not least – besatzungspolitische Einflüsse zu dem rasanten Wachstum der SED bei. Insgesamt konnte zwar an Traditionen der sozialistischen Arbeiterbewegung angeknüpft werden, deren Neubeginn war indes von Anfang an von dem Organisationsverständnis der KPD-Führung und der SMAD geprägt, das auf Kontrollierbarkeit zielte und Einheitlichkeit forderte. Eine pluralistische Arbeitervereinslandschaft konnte unter diesen Bedingungen nicht wiedererstehen. Statt dessen setzte bereits 1945/46 ein Autonomieverlust der Arbeiterbewegung ein, der gegen Ende der vierziger Jahre in eine „Verstaatlichung“ ihrer „organisierenden Kultur“ mündete.

Die bürgerlichen Parteien CDUD und LDP, deren Anfängen in den Jahren 1945/46 *Hermann Wentker* nachgeht, verfügten zwar über Führungseliten, die aus der Zentrumspartei und der DDP stammten; die Gründerzirkel lehnten indes eine Rückkehr zur Weimarer Parteienzersplitterung ab und versuchten mit einigem Erfolg, möglichst viele Gleichgesinnte unter ihrem Dach zu versammeln. Direkten Interventionen der sowjetischen Besatzungsmacht, die bis zur Absetzung des ersten Unionsvorsitzenden Andreas Hermes und seines Stellvertreters Walther Schreiber gingen, waren die Parteien vor allem dort ausgesetzt, wo sie, wie im Falle der Bodenreform, die Durchsetzung zentraler Vorhaben der sozioökonomischen Umgestaltung der SBZ behinderten. Nachhaltig wurde die Entwicklung der Parteien von den sowjetischen Rahmenvorgaben, insbesondere der „Einheitsfront der antifaschistisch-demokratischen Parteien“ geprägt, die deren Betätigungsfeld einengte und den Weg ins „sozialistische Mehrparteiensystem“ der DDR wies. Mit ihrer Lizenzierungspraxis, die die Entstehung von Regionalparteien in der SBZ verhinderte, kam die Besatzungsmacht den Sammlungsbestrebungen der Berliner Parteigründer indes entgegen. Das politisierte Klima in der SBZ schießlich, das einen sehr viel höheren Organisationsgrad gerade der traditionell eher organisationsfeindlichen bürgerlichen Mittelschichten zur Folge hatte, beförderte CDUD und LDP in ihren Bestrebungen, sich zu einer Volkspartei bzw. einer Mitgliederpartei zu entwickeln. Wenngleich die sowjetische Politik ursprünglich mit der Wiederherstellung von eher traditionellen Strukturen im deutschen Parteiensystem gerechnet hatte, trug sie jedoch – gewollt oder ungewollt – meist dazu bei, daß sich in den bürgerlichen Parteien in der SBZ die Neuansätze gegenüber den herkömmlichen Elementen durchsetzten.

Die neuen Parteien stellten sich im Herbst 1946 Landtags-, Kreistags- und Gemeinderatswahlen, in denen die SED aufgrund von Eingriffen der SMAD erheblich profitierte, CDUD und LDP hingegen massive Benachteiligungen hinzunehmen hatten. Die Landtagswahlen erfüllten noch am ehesten die Bedingungen freier Wahlen, da – ungeachtet sowjetischer Interventionen – alle zugelassenen Parteien in jedem Land um die Wählergunst konkurrieren durften. Eine wahlhistorische Analyse auf der Grundlage der erst seit Öffnung der ostdeutschen Archive zugänglichen Daten liefern *Jürgen Falter* und *Cornelia Weins*. Dabei behandeln sie zunächst die Kreistagswahlen, die vor allem dadurch gekennzeichnet waren, daß vielerorts die SMAD die bürgerlichen Parteien lokal nicht registrierte und damit verhinderte, daß diese Wahlvorschläge einreichen konnten. Dies führte vor allem zur Abgabe ungültiger Stimmzettel; die SED profitierte nur unwesentlich von der Behinderung ihrer bürgerlichen Konkurrenten. In den ländlichen Gebieten wichen die Wähler oftmals auf die ebenfalls zugelassene „Vereinigung der gegenseitigen Bauernhilfe" aus, die in den Kreistagen freilich die SED unterstützte. Anhand der Landtagswahlen wird deutlich, wie die Sozialstruktur der Gemeinden die Wahlergebnisse beeinflußte. Das Wahlverhalten unterschied sich demnach in Abhängigkeit vom Urbanisierungsgrad, der Konfessionsgliederung und der Wirtschaftsstruktur der Kommunen; die Höhe der Stimmenanteile der einzelnen Parteien läßt sich damit jedoch nicht erklären. Die Verfasser machen dafür das eingeschränkte Parteienspektrum in der SBZ verantwortlich, das dazu führte, daß die politischen Präferenzen der Wähler nicht immer ein Pendant in entsprechenden Parteien fanden.

Durch die Folgen des Weltkrieges und erst recht des militärischen Zusammenbruchs von 1945 wurde die deutsche „Zusammenbruchsgesellschaft" der ersten Nachkriegsjahre erheblichen gesellschaftlichen Verwerfungen und Problemen ausgesetzt, die sich wiederum zwangsläufig auf die frühen Versuche politischer Neugestaltung auswirkten. Auch die deutsche Teil-Gesellschaft auf dem Gebiet der SBZ sah sich ab 1945 mit dieser Mischung aus strukturellen Problemen und (oft höchst improvisierten) politischen Weichenstellungen konfrontiert. Während die gesellschaftlichen Problemlagen (z. B. das Vertriebenenproblem) sich von jenen der anderen drei Besatzungszonen grundsätzlich kaum unterschieden, zeichneten sich die ersten Versuche politischen Neuaufbaus in der SBZ durch eine deutliche Ambivalenz aus: Einerseits war der politische Neubeginn in der SBZ 1945/46 durch die Hoffnung auf einen *wirklich demokratischen Neuanfang* gekennzeichnet, der sich durch eine Verbreiterung politischer Partizipation und Selbstbestimmung (z. B. Jugendpolitik) sowie durch eine breitenwirksame Verbesserung sozialstaatlicher Strukturen (z. B. Sozialversicherungsreform) auszeichnen sollte. In beiden Feldern griff man dabei auf Konzepte früherer Jahrzehnte (selbstbestimmte Jugendbewegung, Einheitssozialversicherung) zurück. In beiden Fällen wurden solche demokratischen Reformkonzepte jedoch auch politisch in spezifischer Weise verformt. Denn – andererseits – bereits die frühe politische Entwicklung war durch bestimmte Tendenzen einer politischen Machtmonopolisierung zugunsten der KPD/SED gekennzeichnet, die dazu freilich der tatkräftigen und letztlich entscheidenden Protektion der sowjetischen Besatzungsmacht bedurfte. Ohne daß dies 1945/46 bereits vollständig erkennbar, geschweige denn vollständig wirksam geworden wäre, wurden bereits einige Grundstrukturen der späteren SED-Diktatur errichtet. Dies zeigt sich in der sowjetisch-kommunistischen Definitionsmacht im Bereich vertriebenenpolitischer „Sprachpolitik" (Hermann Lübbe), welche die Flüchtlinge und Vertriebenen in spezifischer Absicht zu „Umsiedlern" umdefinierte; es zeigte sich ferner in der klaren personalpolitischen und institutionellen Dominanz nicht nur in der Vertriebenen-, sondern ebenso in der Jugendpolitik. Selbst der Aufbau einer einheitlichen Sozialversicherung in der SBZ, der auf den ersten Blick machtpolitisch weniger relevant erscheinen könnte, wurde letztlich nur dadurch möglich, daß die sowjetische Besatzungsmacht die Organisation pluraler gesellschaftlicher Interessen auf diesem Gebiet von vornherein verhinderte und dadurch das Reformkonzept der KPD/SED entscheidend privilegierte.

Zunächst beschäftigt sich *Michael Schwartz* mit den sowjetischerseits zu „Umsiedlern" umbenannten Flüchtlingen und Vertriebenen in der SBZ, um die wesentlichen sozialen und politischen Dimensionen dieses millionenfachen Aufnahme- und Integrationsproblems zu erörtern. Aufnahme, Versorgung und – wie sich zeigen sollte: endgültige – soziale Integration dieser Vertriebenen in die „Zusammenbruchsgesellschaft" des drastisch reduzierten deutschen Territoriums zählte zu den schwerwiegendsten Strukturproblemen der deutschen Nachkriegsgeschichte insgesamt. Mit dem Zusammenbruch des Dritten Reichs und seiner europäischen Gewaltherrschaft setzte auch jene Massenvertreibung von Deutschen aus Ostdeutschland sowie Ost- und Südosteuropa ein, die insgesamt zwischen 1945 und 1950 über 12 Millionen überlebende Vertriebene in die vier alliierten Besatzungszonen Deutschlands führte. Dabei wurde die sowjetische Besatzungszone gerade in den Jahren 1945/46 schon aufgrund ihrer geographischen Lage zu einem Hauptaufnahmegebiet: *Schwartz* schildert die chaotische Versorgungssituation des Jahres 1945, die angesichts dessen erst allmählich greifenden Versuche des Aufbaus einer für die Vertriebenen zuständigen besonderen Verwaltungsstruktur sowie die wesentlichen Schwerpunkte dieses frühen Verwaltungshandelns (Ad-hoc-Versorgung durch Transport- und Lagerorganisation, Seuchenbekämpfung, quotierte Verteilungsmechanismen innerhalb der SBZ). Diskutiert werden ferner die Versuche einer provisorischen sozialen Eingliederung in den Bereichen Wohnraumversorgung und Arbeitsmarktintegration sowie deren erste Ergebnisse. Schließlich wird auch die spezifische Problematik der politischen Integrationsversuche der Vertriebenen in der SBZ angesprochen: Hier versuchte die von der Besatzungsmacht unterstützte KPD/SED frühzeitig, die zu „Umsiedlern" umdefinierten Menschen durch sozialpolitische Hilfeleistungen an sich zu binden; andererseits begrenzte insbesondere die der SED von den Sowjets aufgezwungene Akzeptanz der Unveränderlichkeit der Oder-Neiße-Grenze 1946 den Erfolg dieser integrationspolitischen Strategie der SED ganz erheblich.

Trotz oder vielleicht z. T. auch wegen solcher gesellschaftlicher Strukturprobleme wurden in der SBZ frühzeitig einschneidende politisch-soziale Strukturreformen eingeleitet. Standen dabei mit massiver Propaganda eingeleitete und nicht ohne Brutalität exekutierte Maßnahmen wie die „Bodenreform" – an der auch die Vertriebenen in der SBZ partizipierten – im Zentrum der öffentlichen Wahrnehmung, so zählt der von *Dierk Hoffmann* untersuchte Aufbau der Sozialversicherung in der SBZ 1945/46 zu den eher unauffälligen, jedoch nicht minder wirksamen Strukturveränderungen der ostzonalen Nachkriegsgesellschaft. Auch in dieser Frage wird die 1945/46 entscheidende Rolle der SMAD deutlich, die die Handlungsspielräume der deutschen Verwaltungen und politischen Kräfte verbindlich definierte[6]. So untersagte die SMAD aus übergeordneten deutschlandpolitischen Erwägungen der zuständigen deutschen Zentralverwaltung bis Ende 1946 eine gesamtzonale Regelung der Sozialversicherungsfrage, so daß 1945/46 die Einheitssozialversicherung zunächst nur auf Länderebene aufgebaut werden konnte. Nicht anders als andere Politikbereiche – wie etwa die Vertriebenenpolitik – geriet auch die Frage der Sozialversicherung in die damals hochdynamischen Kompetenzkonflikte zwischen Zentral- und Landesverwaltungen. *Hoffmann* zeigt, daß hierbei jedoch keine bedeutsamen inhaltlichen Divergenzen existierten; da zudem – wie oben erwähnt – die Organisation von Interessengruppen (z. B. Ärzte- und Krankenkassenverbände) von der Besatzungsmacht von vornherein verhindert wurde, war das politische Ziel der Einheitsversicherung unstrittig. Diese Versicherungsreform bewirkte laut *Hoffmann* in mehrfacher Hinsicht einen säkularen Einschnitt: Sie führte nicht nur das Ende der traditionellen, institutionell hochdifferenzierten Sozialversicherung herbei, sondern verschob auch die Machtverteilung in der Selbstverwaltung der Versicherung einseitig zugunsten der Gewerkschaftsseite und weitete den Kreis der Pflichtversicherten ganz erheblich aus. Trotz dieses signifikanten Bruchs mit der Vergangenheit beinhaltete die Versicherungsreform der SBZ insofern auch ein zentrales Element an Kontinuität, als sie auf sozialdemokratische Reformkonzepte der Weimarer Republik zurückgriff. Die Sozialpolitik der frühen SBZ realisierte quasi eine bis dahin „ungeschehene Geschichte“ in Form enttäuschter Hoffnungen der Vergangenheit.

Ähnliche Kontinuitäten beobachtet *Michael Buddrus* auch in der Jugendpolitik der KPD/SED in den Jahren 1945/46. Da nämlich weder SMAD noch KPD/SED über klare und geschlossene Konzepte für den Umgang mit der deutschen Jugend verfügten, habe sich die KPD sowohl an der früheren Parteijugendarbeit der Weimarer Zeit als auch an den Vorbildern totalitärer staatlicher Jugendpolitik – sowohl in der Sowjetunion, aber auch im nationalsozialistischen Deutschland – orientiert. Diese Elemente durchaus widersprüchlicher Kontinuität wurden allerdings durch den alltäglichen Zwang zu Pragmatismus und Improvisation begrenzt. *Buddrus*, der auch auf die definitorischen Probleme des Begriffes „Jugendpolitik“ verweist, diskutiert im folgenden zunächst die Schritte zur Schaffung einer formal selbständigen, faktisch jedoch kommunistisch dominierten Jugendorganisation (der FDJ), um des weiteren jedoch auch andere Dimensionen von Jugendpolitik in der frühen SBZ anzusprechen. Besondere Bedeutung hatte hier der Versuch einer ideologischen „Umerziehung“ der Jugend durch die KPD/SED, sollte er doch die Jugend in das kommunistisch dominierte neue politische System integrieren und darüber hinaus eine wichtige Voraussetzung für die Sicherung des Funktionärsnachwuchses der überalterten KPD schaffen. Dabei setzte die KPD/SED laut *Buddrus* wesentlich früher und auch erfolgreicher auf Gewinnung und politische Integration der Angehörigen ehemaliger NS-Organi-

[6] In bestimmten Fragen – etwa der raschen Gründung der FDJ 1946 – gelang es freilich der KPD/SED-Führung durchaus, mittels Herbeiführung verbindlicher Entscheidungen im Moskauer Zentrum die Politik der SMAD zu überspielen, wie *Kerstin Thöns* in ihrem Beitrag aufzeigt.

sationen, als dies bei den Erwachsenen geschah. Freilich führte die Ausrichtung solcher „Umerziehung“ als kollektiver Prozeß zur konsequenten Behinderung individueller Auseinandersetzung mit der NS-Vergangenheit und verlangte von den Jugendlichen zumindest im öffentlichen Raum die Einordnung in eine zwar inhaltlich neue, strukturell jedoch vielen durchaus bekannte kollektive Glaubensgemeinschaft.

Damit verfehlte die Jugendpolitik der neuen Herrschenden, wie *Kerstin Thöns* in ihrem ergänzenden Beitrag zur sozialen Lage der Jugend in der SBZ veranschaulicht, weitgehend die Interessen und Bedürfnisse vieler Jugendlicher. Deren Situation in der frühen Nachkriegszeit war demnach eher von einem desillusionierten Opferbewußtsein („verlorene Jahre“) geprägt, das sich keineswegs umstandslos politisch wieder vereinnahmen lassen wollte. Hinzu kam, daß die Selbstbestimmungsinteressen der Jugend in den von der SMAD initiierten „antifaschistischen Jugendausschüssen“ zwar anfänglich noch eingebracht werden konnten, jedoch bereits um die Jahreswende 1945/46 ersichtlich zugunsten der machtpolitischen Interessen der KPD zurückgedrängt wurden. Hier nimmt *Thöns* die von der KPD/SED forcierte Gründung der FDJ als deutliches Signal für die Durchsetzung kommunistischer Hegemonie, indem alternative demokratische Neuansätze abrupt beendet worden seien. Statt der noch im Juni 1945 von der KPD euphorisch annoncierten „Jugendbewegung aus eigener Kraft“ wünschten die neuen politischen Herren offensichtlich einen alsbald möglichst verläßlichen politischen „Transmissionsriemen“.

All diese Themenfelder – Vertriebenen-, Sozialversicherungs- und Jugendpolitik – verweisen daher auf den Doppelcharakter der politischen Situation in der Nachkriegsgesellschaft der SBZ: Einerseits kam es mit dem Zusammenbruch der NS-Diktatur 1945 zu einer (wenn auch von den Besatzungsmächten kontrollierten und spezifisch kanalisierten) Restitution einer Zivilgesellschaft mit pluralen Interessen, Partizipationshoffnungen und Konflikten, die auch eine beachtenswerte gesellschaftliche Eigendynamik zugunsten bestimmter Strukturreformen hervorbrachte; andererseits wurde dieser vieldeutige Aufbruch in der SBZ mit dem gezielten Macht-, ja Hegemonialanspruch der bislang in Deutschland nie mehrheitsfähigen KPD konfrontiert und von demselben – mit tatkräftiger Förderung durch die letztlich entscheidende sowjetische Besatzungsmacht – am Ende auch konterkariert. Die Entwicklung zur SED-Diktatur war 1945/46 noch keineswegs eindeutig oder zwangsläufig; doch wurden bereits damals Pfade angelegt, die in nicht allzu ferner Zeit in diesen Weg münden sollten.

* * *

Die Beiträge dieses Bandes gehen auf ein breit angelegtes Symposion zurück, das das Institut für Zeitgeschichte zusammen mit dem Arbeitsbereich DDR-Geschichte im Mannheimer Zentrum für Europäische Sozialforschung der Universität Mannheim im Juni 1995 an historischem Ort – dem Schloßhotel Cecilienhof in Potsdam – veranstaltete und das von der Außenstelle Berlin – damals noch Potsdam – des Instituts für Zeitgeschichte organisiert wurde. Aufgrund der durch zahlreiche Schwierigkeiten verzögerten Fertigstellung des Bandes repräsentieren die einzelnen Beiträge z. T. einen zeitlich unterschiedlichen Forschungsstand.

I. Kriegsende und Besatzungspolitik der Westmächte

Klaus-Dietmar Henke

Kriegsende West – Kriegsende Ost

Zur politischen Auswirkung kollektiver Schlüsselerfahrungen 1944/45

Wie aus dem Tagungsprogramm deutlich wird, sollen die ersten drei Beiträge vor allem Kontrastmittel und Diagnosehilfe zu der Frage nach Kriegsende, Besatzungspolitik und den gesellschaftlichen Problemlagen und politischen Weichenstellungen in der Sowjetischen Besatzungszone beisteuern, die den eigentlichen inhaltlichen Schwerpunkt bilden. Es geht um die Frage, wie das über 40jährige kommunistische Experiment 1945/46 eigentlich begonnen hat. Deswegen sei hier weniger über „Die amerikanische Besetzung Deutschlands"[1] gesprochen; im Zentrum soll vielmehr die Frage stehen, welche Erfahrungen aus der Untersuchung dieses historischen Vorgangs für die Forschungen zur sowjetischen Besetzung und Besatzung fruchtbar gemacht werden können.

Die Frage „Erobert oder befreit?", die das Thema der Tagung bildet, ist natürlich insofern eine Scheinfrage, als sie sich im Verlauf des Besatzungsregimes in den verschiedenen Besatzungszonen ganz unterschiedlich stellt und unterschiedliche Antworten verlangt. Ihre notwendige Konkretisierung liefert vor allem die Fragestellung der beiden ersten Schwerpunkte: Das Kriegsende *und* die Besatzungspolitik, lautet das Thema. Diese Verknüpfung des *Endes* 1944/45 mit dem *Anfang* 1945 war für die Zeitgeschichtswissenschaft nicht immer selbstverständlich, doch hat dieser Ansatz seinen heuristischen Wert mittlerweile wohl ohne Zweifel erwiesen. Es ist ein richtiger Akzent und methodisch ein Schritt nach vorne, den langen Desintegrationsprozeß des NS-Systems, das lange Kriegsende und den langen Auftakt der Okkupationszeit als eine Einheit zu betrachten. Es handelt sich historisch um einen integralen Vorgang, und deswegen muß er historiographisch auch in einem integralen Ansatz analysiert werden. Dies gilt keineswegs nur für die Gesellschafts- oder Erfahrungsgeschichte – da ist es ohnedies unerläßlich –, sondern gerade auch mit Blick auf die *Politikgeschichte*: Es geht nicht um eine Erfahrungs- oder gar Alltagsgeschichte des Umbruchs für sich genommen, sondern um die politische Auswirkung kollektiver Schlüsselerfahrungen. Deswegen sollten das nach Möglichkeit auch Historiker nicht zu sehr vernachlässigen, die vornehmlich politik- oder strukturgeschichtlich arbeiten.

[1] Vgl. dazu ausführlich Henke, Besetzung.

Die integrale Betrachtung der historischen Schlüsselphase 1944/45 beiderseits der politischen Scheidelinie des 8. Mai und unterhalb der Ebene von Politik und Diplomatie ist nicht nur für die Analyse der vier Besatzungsjahre von starker Erklärungskraft. Die späteren Etappen der Diktaturdurchsetzung im Osten und der Demokratiebegründung im Westen reflektieren ebenfalls die Art und Weise, wie der Auftakt dazu 1944/45 von statten ging.

Das Plädoyer für den integralen Ansatz erfolgt nicht aus Spaß an Theoriegeklingel (bei den Wirtschaftshistorikern rennt man mit diesem Vorschlag ohnedies offene Türen ein); es geht vielmehr um einen Forschungszuschnitt, wie ihn die bereits angeführten Titel der beiden ersten Sektionen zum Ausdruck bringen. Bei der Befassung mit der amerikanischen Besetzung Deutschlands fallen u. a. zwei Aspekte auf:

1. Regimeverfall, Kriegsende und feindliche Besetzung sind Momente größter historischer Beschleunigung gewesen, Momente exzeptioneller Verdichtung im Leben der Menschen. Diese Phase hinterließ tiefste Spuren im kollektiven Gedächtnis der Nation. Die spezifische Art und Weise des Einmarsches war im Osten wie im Westen eine Schlüsselerfahrung. Diese Schlüsselerfahrung in einer historischen Schlüsselphase hat dauerhafte, im engeren Sinne *politische* Auswirkungen; das war die Grundprägung 1944/45.
2. Die spezifische Art der anfänglichen Interaktion von Siegern und Besiegten auf den verschiedenen Ebenen von Verwaltung und Gesellschaft korrespondiert mit der Akzeptanz des Besatzungshandelns in politisch fortwirkender Weise.

Das deutet schon an, daß es besser ist, nicht von *dem* Kriegsende 1945 zu sprechen. Gerade als Zeithistoriker müssen wir im Auge behalten, daß es *das* Kriegsende in Deutschland gar nicht gibt, vielmehr gab es ein Kriegsende *Ost* und ein Kriegsende *West*. Beide Kriegsenden unterschieden sich bereits so fundamental voneinander, wie die gesamte weitere Entwicklung Ostdeutschlands und Westdeutschlands in all den Jahren danach.

Der Blickwinkel auf die deutsche Zusammenbruchs- und Kriegsfolgengesellschaft als ganzes, auf die Vier-Zonen- oder Vier-Mächte-Optik, auf die Befassung mit der gewissermaßen gesamtdeutschen Beharrungskraft einender Traditionen und Institutionen ließ in der Forschung bislang mitunter die Tatsache zurücktreten, daß im Osten nicht nur eine andere Besatzungspolitik, eine Politik mit anderen Zielen, sondern das ganz Andere auf der Tagungsordnung stand. Ziele, Methoden und Wirkung kommunistischer Politik erkennen wir heute wohl wieder besser als noch vor zehn oder zwanzig Jahren. Die besondere politische Qualität des Kriegsendes Ost ist bei der Betrachtung der Politik in der SBZ und der DDR jedenfalls bis heute mehr oder weniger unreflektiert geblieben, und zwar im Westen fast genauso wie im Osten.

Die Deutschen im Westen – mit Ausnahme vielleicht anfänglich in der Französischen Besatzungszone – erlebten alles in allem eine weiche Eroberung. Gemessen an dem, was deutsche Besatzungspolitik (vor allem in der Sowjetunion) bedeutet hatte und was Deutschland an Menschheitsverbrechen (schon 1945 deutlich erkennbar) auf sein Schuldkonto geladen hatte, ist es nachgerade ein „freundlicher Feind“ gewesen, mit dem es die erleichterten Menschen im Westen zu tun bekamen. Ein Feind, der es im übrigen von Anfang an deutlich spürbar zu seiner Sache gemacht hatte – ob das dem Gros der Deutschen gefiel oder nicht –, gemeinsam mit den wenigen Demokraten, die nach Hitler noch übrig waren, die NS-Ideologie auszurotten, Kurs auf den Rechtsstaat zu nehmen und die Deutschen zur Demokratie umzuerziehen, um sie innenpolitisch wie später auch außenpolitisch endlich zu „normalisieren“. Was der Feind im Westen hingegen nicht hatte, war ein einheitliches Bild von den sogenannten „gesellschaftlichen Grundlagen des Faschismus“ – und das war, wenn man so will, ein Glücksfall. Wie bequem man ein nachgerade lächerlich primitives Bild vom Nationalsozialismus zur politischen Allzweck-Waffe ummünzen konnte, wird sicherlich eines der Hauptthemen künftiger Forschungen sein.

Die Dokumente belegen sehr gut, daß im Westen infolge des pragmatischen, prinzipiell human orientierten Verhaltens der Briten und Amerikaner bereits mit der militärischen Eroberung auch schon so etwas wie eine moralische Eroberung begann. Temporär durch die Unbill der Hungerjahre, durch erziehungsdiktatorische Eingriffe und andere kränkende Besatzungsmaßnahmen zwar immer wieder überlagert, war diese moralische Eroberung letztlich aber doch von prägender politischer Langzeitwirkung. Die weiche Besetzung durch einen freundlichen Feind, bei der kooperative Konfrontation und positive Kontrolle im Vordergrund standen, war eine wesentliche Voraussetzung für die allmähliche Einwurzelung und die schließliche Akzeptanz der westlichen Staats- und Gesellschaftsorganisation durch die Bevölkerung. Fremdbefreiung als Start zu einem „langwierigen Prozeß nachholender Selbstbefreiung“, wie Hans Günter Hockerts das genannt hat[2].

Wie dies im einzelnen während der Transformationsphase zwischen Stalingrad und Währungsreform, speziell auch in dem einen Schlüsseljahr 1944/45 und in langen Jahren danach, glücken konnte, ist relativ gut erforscht, das Schrifttum dazu reichhaltig. Wesentlich erscheint jedoch der Kontrast, der die Entwicklung von Gesellschaft und Politik im Osten von *Anfang an* gravierend von jener im Westen abhebt.

Dort war es eine maßlose Tragödie, die für die Menschen begann, noch ehe der Krieg zu Ende ging. Die lange vor den Vertreibungsbeschlüssen einsetzende Massenflucht nach Westen war auch eine Werteentscheidung und keineswegs nur übertriebene Propagandagläubigkeit gewesen. Wer überhaupt die Chance einer Wahl hatte, der versuchte, bei Kriegsende vor den Russen zu fliehen und hinter die westlichen Linien zu gelangen. Das war die erste „Abstimmung mit den Füßen“.

Zahlreiche weitere solcher „Abstimmungen“ über die kommunistischen Experimente mit fixen Ideen und dysfunktionalen Modellen sollten bis zur friedlichen Revolution von 1989 zwischen Oder und Elbe noch folgen.

[2] *Süddeutsche Zeitung* vom 27. Juni 1995.

Die möglichst präzise und anschauliche Beschreibung des Kriegsendes Ost und der sowjetischen Besetzung Deutschlands 1945 ist eine Hauptaufgabe der Zeitgeschichtsforschung in den kommenden Jahren. Dieser Urknall im Osten setzte den Ton für das Folgende.

Die erfahrungsgeschichtliche Rekonstruktion dieses unerhörten, mit den Geschehnissen im Westen überhaupt nicht vergleichbaren Dramas wird zu einer spürbaren Annährerung der nach wie vor auseinanderklaffenden Geschichtsbilder Ost und der Geschichtsbilder West beitragen und für jedermann nachprüfbar belegen können, wie pompös die Staatslüge von der sowjetischen Befreiung gewesen ist, mit der das SED-Regime seine Karriere begann. Die Rekonstruktion des Jahres 1945 im Osten kann auch ein Versäumnis nicht allein der ostdeutschen, sondern auch der westdeutschen Geschichtsschreibung während der Teilungszeit nachholen. Eine solche Darstellung wird überdies vor Augen führen, welch immensen Preis vor allem die Menschen im Osten und aus dem Osten für den von der Anti-Hitler-Koalition gewaltsam beendeten deutschen Rasse-Imperialismus zu bezahlen hatten.

Die Bedeutung einer präzisen, quellengesättigten Darstellung der sowjetischen Besetzung Deutschlands für die Zeitgeschichtswissenschaft im engeren Sinne ist nicht minder hoch zu veranschlagen. Die Bedeutung einer solchen Untersuchung wird in dem Nachweis der eminenten unmittelbaren wie der eminenten langfristigen Auswirkungen liegen, die dieses Drama im Osten entfaltet hat. Um dessen Fortwirkung in den einzelnen Bereichen von Staat und Gesellschaft bestimmen zu können, müssen wir die Grundprägung 1944/45 und die Interaktion damals genau kennen. Sie gehören gewiß zu den wichtigen Rahmenbedingungen der kommunistischen Diktaturdurchsetzung, und sie prägten ebenso gewiß den breiten Widerstand gegen diesen Versuch einer gewaltsamen, nicht-legitimierten Umformung.

Im Gegensatz zum Westen bekamen es die Menschen im Osten nicht mit einem freundlichen, sondern mit einem rächenden Feind zu tun. So erklärlich dieser Auftakt im Osten sein mag, für die traditionell und mehrheitlich ohnehin abgelehnte Sache des Kommunismus war diese Grundprägung ein extrem schlechter Start. In ersten Lokalstudien deutet sich das Ausmaß von Vergewaltigung und Verzweiflung, von Mord und Selbstmord bereits an.

Kurz, die erste Begegnung zwischen Siegern und Besiegten dürfte für die Menschen im Osten derselbe folgenreiche existentielle Schlüsselmoment gewesen sein wie im Westen. Er war hüben vermutlich von derselben strategischen politischen Bedeutung und Langzeitwirkung wie drüben. Auch wenn die Kommunisten die verheerende Erfahrung der Menschen mit dem sogenannten „Völkerfrühling“ der sowjetischen Befreiung sofort tabuisierten, im kollektiven Gedächtnis der Ostdeutschen (auch der nach Westen Entkommenen übrigens) war dieses Kriegsende 1945 immer eingegraben und aufbewahrt: Das war eine gewaltige, untilgbare Hypothek für die sowjet-kommunistische Besatzungspolitik und deren Akzeptanz in der Bevölkerung. Es kann kein Zweifel daran bestehen, daß diese kürzlich vertretene Auffassung[3] nicht nur zutreffend, sondern auch eine wichtige Diagnosehilfe ist, wenn wir herausfinden wollen, weshalb es für die Sowjetunion und für die wenigen Kommunisten, die nach Hitler noch übrig waren, so mühselig gewesen ist, ein Herrschafts- und Gesellschaftsmodell nach ihrer Vorstellung, aber gegen den Willen der betroffenen Menschen durchzusetzen. Nicht nur Demokratiebegründung, sondern auch Diktaturdurchsetzung in Deutschland waren aufs engste mit der politischen Dimension der beiden eingangs genannten Komplexe „Grundprägung 1944/45" und „Interaktionsmuster" verknüpft.

[3] Vgl. Keiderling, Befreier, S. 234ff.

Adolf M. Birke

Juniorpartner der USA? Die Siegermacht Großbritannien

Angesichts der unbestreitbar überragenden Bedeutung der USA für den wirtschaftlichen Aufstieg und die politische Stabilität Europas nach dem Zweiten Weltkrieg ist der Beitrag Großbritanniens für den Kurs der westalliierten Politik häufig unterschätzt worden. „Nearly bankrupt, dependent, and unable to police its empire, [Britain] was reduced to a resentful second-rate power."[1] Eine weitverbreite Meinung geht davon aus, daß die britische Führungsschicht von der Obsession vergangener Größe gefangen gewesen sei und es dadurch versäumt habe, die notwendigen Anpassungen vorzunehmen, die dem Land die peinlichen Rückzüge aus der Weltpolitik in den fünziger und sechziger Jahren erspart hätten. Zu dieser Unterbewertung oder auch eher negativen Beurteilung haben die Briten selbst nicht unerheblich beigetragen. Ihre spätere ambivalente Haltung gegenüber dem europäischen Integrationsprozeß, das lange Festhalten an der Weltmachtrolle und dem Empire, aber auch die eigenen sozialen und wirtschaftlichen Probleme, die durch den Zweiten Weltkrieg verstärkt wurden, haben den Glanz der Siegermacht schnell verblassen lassen. Vielen erschien Großbritannien schon bald als bloßer Juniorpartner der Vereinigten Staaten, der im Schlepptau des atlantischen Verbündeten auf unabhängige Positionen verzichtete.

Neuere Untersuchungen warnen vor einer solchen Unterschätzung[2]. Im Verständnis seiner Führungsschicht besaß das Vereinigte Königreich noch unangefochten den Status einer Weltmacht. Dieses Selbstgefühl entsprang nicht nur dem Stolz auf vergangene Größe oder einer mangelnden Bereitschaft, sich mit den Gegebenheiten einer zweitklassigen Macht abzufinden. Am Ende des Zweiten Weltkrieges verfügte Großbritannien tatsächlich noch über weltweite Verpflichtungen und Interessen, denen es politisch, militärisch und wirtschaftlich zu entsprechen versuchte, während sich das internationale Engagement der USA erst allmählich abzuzeichnen begann. Die Länder des Commonwealth und die Kolonien mit ihren Rohstoffvorkommen galten nach wie vor als unverzichtbares Reservoir britischer Macht. Als Experten des militärischen Planungsstabes seit dem Frühjahr 1944 damit begannen, auch über die Rolle nachzudenken, die von der Sowjetunion

[1] Peterson, On Every Front, S. 23.
[2] Deighton, Impossible Peace; Adamthwaithe, Britain and the World.

nach einem gewonnenen Kriege eingenommen werden könnte, da warnten sie nicht nur vor einer sowjetischen Vorherrschaft in Europa, sie bezogen in ihre Analysen auch mögliche Konflikte ein, die sich aus unterschiedlichen strategischen Interessen in Persien, in der Türkei, im Mittleren Osten und im Mittelmeer ergeben könnten[3].

Zwar wird rückblickend deutlich, daß die britische Politik in ihrem Bemühen, sich gegenüber den USA und der Sowjetunion nach wie vor als dritte Weltmacht zu behaupten, Selbsttäuschungen über die tatsächliche Stärke des Inselstaates und seines Empire erlag. Dies war keineswegs nur eine Folge konservativer Blindheit. Nach dem Wahlsieg der Labour-Partei vom Sommer 1945 hielt auch Labour-Außenminister Ernest Bevin an den Grundzügen jener Politik fest, der bereits sein Vorgänger Anthony Eden gefolgt war. Er tat dies, obwohl die wirtschaftliche Misere, die das Land für den militärischen Sieg und als Preis für ein umfassendes Sozialprogramm zu zahlen hatte, dessen internationale Position nachhaltig schwächte[4]. Trotzdem hat es die britische Regierung in den ersten Nachkriegsjahren in erstaunlichem Maße verstanden, ihren Einfluß zur Geltung zu bringen. Sie hat mit ihren Einschätzungen und Entscheidungen wesentlich dazu beigetragen, im Vorfeld des Kalten Krieges die Weichen zu stellen, bevor der Antagonismus der zwei neuen Supermächte seine eigene Dynamik entfaltete.

Zu den zentralen Motiven britischer Außenpolitik gehörte es, die Vereinigten Staaten als Kriegspartner zu gewinnen und nach dem Kriege zu einem dauerhaften Engagement in Europa zu bewegen[5]. London war die treibende Kraft bei den Kriegszielplanungen der Alliierten, und es war in besonderer Weise darum bemüht, die alliierte Zusammenarbeit auch nach dem Kriege aufrechtzuerhalten. Um eine neue „balance of Europe" zu etablieren, plädierte es für die Einbeziehung Frankreichs als vierter Besatzungsmacht. Nach der bedingungslosen Kapitulation versuchte Großbritannien zunächst am entschiedensten, die Viermächteverwaltung in Berlin zu aktivieren und gleichzeitig deutsche Zentralverwaltungen durchzusetzen[6]. Mit der zunehmenden Ernüchterung über die sowjetische Politik in Ostmitteleuropa und in der SBZ bereitete die britische Politik zuerst und mit großer Beharrlichkeit, aber auch mit diplomatischem Geschick den Zusammenschluß der Westzonen vor und wirkte entsprechend auf die amerikanische Seite ein. Das Konzept der „Abkehr von Potsdam" geht ebenso wie die Strategie der Eindämmung der sowjetischen Expansionspolitik in seiner ersten Phase auf britische Entwürfe und Initiativen zurück[7], bevor sie in der Truman-Doktrin und im Marshall-Plan weiterentwickelt, zur Grundlage der amerikanischen Außenpolitik wurde. Bis zum Jahre 1947 spielte die britische Diplomatie für die Weichenstellungen in Westeuropa eine entscheidende

[3] Post-Hostilities Planning Sub-Committee vom 24. 4. 1944, P. H. P. S. (43)1(0). Dazu Watt, British Military Perceptions.
[4] Peden, Economic Aspects.
[5] Watt, Großbritannien.
[6] Reifeld, Phantom.
[7] Steininger, Westdeutschland ein „Bollwerk"?, S. 174f.; Foschepoth, British Interest.

Rolle[8]. Sie hat die Dimensionen der sowjetischen Herausforderung am frühesten erkannt und ist den Westmächten auf dem Weg in den Kalten Krieg vorausgegangen[9].

1. Der Stand der britischen Deutschlandplanungen bei Kriegsende

Im folgenden sind diese Thesen in der gebotenen Kürze näher zu erläutern. Schon während des Krieges hatten britische Stellen entscheidend auf die gemeinsamen alliierten Beschlüsse (European Advisory Commission, Jalta und wenig später auch Potsdam) eingewirkt und in Beratungen mit den Amerikanern eine möglichst weitgehende Übereinstimmung herzustellen versucht[10]. Pläne über die Einteilung in Besatzungszonen, über deutsche Gebietsabtretungen und den „transfer of population" sind seit dem Jahre 1942 entwickelt worden. Während Einigkeit über eine territoriale Schwächung Deutschlands (truncation) bestand, wurde der Gedanke einer Teilung Deutschlands (dismemberment) schließlich verworfen[11]. Eine „Combined Directive for Military Government in Germany prior to Defeat or Surrender" (CCS 551) galt als gemeinsame Grundlage anglo-amerikanischer Besatzungspolitik in Deutschland[12]. Differenzen zwischen den beiden Alliierten sind dabei ebenso unübersehbar wie Meinungsverschiedenheiten zwischen den Londoner Ministerien. Die spätere „Post-Surrender Directive" (JCS 1067) der Amerikaner ist auf britischer Seite durchaus kritisiert worden. Während amerikanische Positionen über die integrierten anglo-amerikanischen Stabseinheiten Eingang in die Planungen des War Office fanden, erarbeitete das Foreign Office selbständig Direktiven, die im „Handbook for Military Government" niedergelegt und mit „Technical Manuals" versehen waren, die der Information über Verfassung, Wirtschaft, Politik und Gesellschaft des besiegen Staates dienten[13].

Die britischen Planungsstäbe verfügten über ein hohes Maß an Kenntnis deutscher Gegebenheiten. Sie bedienten sich dabei der Expertisen emigrierter deutscher Verwaltungsbeamter, Juristen und Historiker, die eine Flut von Denkschriften verfaßten, die dazu dienten, Erklärungen für das Abgleiten der deutschen Demokratie in die Hitler-Diktatur zu finden. Diese Beratungstätigkeit ist bisher noch keineswegs hinreichend erforscht. Historische Analysen verschiedener Sektoren der deutschen Sozial-, Verfassungs- und Wirtschaftsgeschichte seit dem frühen 19. Jahrhundert und zur Geschichte der deutschen Außenpolitik wurden dabei durch mentalitätsgeschichtliche und psychologische Reflexionen über den „deutschen Nationalcharakter" ergänzt[14].

8 Kessel, Westeuropa und die deutsche Teilung.
9 Birke, Der britische Weg in den Kalten Krieg.
10 Kettenacker, Krieg zur Friedenssicherung; Hacker, Nachkriegsordnung.
11 Dismemberment of Germany, in: PRO London, FO 371/46871, 19. 3. 1945. Vgl. auch Birke, Territoriale Integrität.
12 Schneider, Nach dem Sieg, S. 49.
13 Reusch, Verwaltungsaufbau.
14 Birke, Warum Deutschlands Demokratie versagte; Birke, Geschichtsauffassung und Deutschlandbild.

Das Foreign Office hat sich nachhaltig gegen vereinfachende Auffassungen gewandt, die Hitler und die deutsche Nation miteinander identifizierten. Für die deutsche Fehlentwicklung wurden vor allem autoritär-etatistische Strukturen, das Erbe des preußischen Obrigkeitsstaates und der Mangel an demokratischen Traditionen verantwortlich gemacht. Allerdings waren die britischen Deutschlandpläne weit von einer einheitlichen Zielsetzung entfernt. Sie reichten von der reinen Vergeltungsabsicht über radikale Veränderungsmaßnahmen im Sinne des Morgenthau-Plans bis hin zu rein pragmatischen Erwägungen[15]. Aufgrund der Erfahrungen in der eigenen Besatzungszone sollten sich langfristig die gemäßigt konstruktiven Vorstellungen des Foreign Office gegenüber den Plänen von Eiferern und ideologisch motivierten Verbesserern durchsetzen. Einigkeit aber bestand darin, daß die bedingungslose Kapitulation Deutschlands ebenso unentbehrlich sei wie die zeitlich befristete Übernahme der obersten Gewalt. Auf eine Bestrafung der Schuldigen und eine Reinigung des öffentlichen Dienstes, der Wirtschaft und Kultur von aktiven Nationalsozialisten konnte auch nach britischer Auffassung nicht verzichtet werden, um die Grundlagen für eine Demokratie in westlichem Sinne zu schaffen[16].

2. *Die „Abkehr von Potsdam"*

Nicht nur für die alliierte Planung, sondern auch für die Gestaltung der territorialen Gegebenheiten in Deutschland kam der britischen Siegermacht eine besondere Bedeutung zu. Ihre Besatzungszone umfaßte den gesamten Nordwesten Deutschlands unter Einschluß des Ruhrgebiets (dessen endgültiger Status längere Zeit noch ungeklärt blieb) und damit nicht nur die bevölkerungsreichste, sondern auch die wirtschaftlich wichtigste Region[17]. Großbritannien hielt nach dem Kriege zunächst an der Zusammenarbeit mit der Sowjetunion fest und betonte die alliierte Gesamtzuständigkeit für Deutschland. Es setzte dabei vorübergehend ganz auf die Errichtung einer funktionierenden deutschen Zentralverwaltung, die sie aus administrativen wie politischen Gründen für unentbehrlich hielt[18]. Als aber immer deutlicher wurde, daß der Alliierte Kontrollrat sich als unfähig erwies, eine gemeinsame Politik zu entwickeln, begann man in London darüber nachzudenken, den Weg der Wirtschaftseinheit in Deutschland zu verlassen und eine grundlegende Revision der Potsdamer Beschlüsse anzustreben[19].

Einen entscheidenden Anstoß dazu gaben die enormen wirtschaftlichen Probleme Großbritanniens[20], die durch unerwartete Belastungen aus der Besatzungszone noch

[15] Reusch, Deutsches Berufsbeamtentum, S. 127–137.
[16] Entnazifizierungs- und Kriegsverbrecherproblematik sind bisher für die britische Besatzungszone nur unzureichend erforscht. Vgl. dazu Kaiser-Lahme, Control Commission, S. 156f.
[17] Steininger, Ruhrfrage; Hölscher, Nordrhein-Westfalen.
[18] Kraus, Ministerien.
[19] Mai, Alliierter Kontrollrat, bes. Abschnitt III: Die Wahrung der politischen Einheit 1945/46, und Abschnitt IV: Krise und Wende: Die Pariser Außenministerkonferenz 1946.
[20] Dazu das Memorandum vom 3. 3. 1945: The Effect of Our External Financial Position on our Foreign Policy, PRO London, FO 371/454694.

verschärft wurden[21]. Die Abkehr von der Partnerschaft mit der Sowjetunion erfolgte nicht abrupt. Vielmehr begann sich die britische Haltung seit dem Herbst 1945 als Reaktion auf die zunehmende sowjetische Intransigenz zu versteifen, die sich besonders in Deutschland sowie in Ost- und Südosteuropa, aber auch an den Meerengen und im Iran deutlich zeigte. Aus Londoner Sicht war die Grenzlinie eines legitimen Sicherheitsbedürfnisses der Sowjetunion längst überschritten. In immer stärkerem Maße wurde die kommunistische Ideologie als politische Triebfeder des Expansionismus erkennbar. Alarmierende Berichte, die der Geschäftsträger der britischen Botschaft in Moskau, Frank Roberts, der aufs engste mit seinem amerikanischen Kollegen George Kennan zusammenarbeitete, nach London sandte, verfehlten ihre Wirkung nicht. „The present state of Soviet relations with the outside world, and more particularly with Britain is very different from what we had hoped for on the morrow of our joint victory, and after we have made so many concessions to meet Soviet security requirements", schrieb der britische Diplomat[22]. Zur gleichen Zeit verfaßte Kennan sein berühmtes „langes Telegramm" an das State Department in Washington[23], das am Beginn eines sehr viel langwierigeren Wandels der amerikanischen Außenpolitik nach dem Weltkrieg steht.

Die Akten des Foreign Office enthalten eine Fülle von Belegen für die Entschlossenheit der außenpolitischen Experten, in einer Art konzertierter Aktion die politischen Entscheidungsträger davon zu überzeugen, daß Großbritannien jeden Rückfall in die Mentatilität des „appeasement" vermeiden und eine feste Position gegenüber der Sowjetunion beziehen solle. Am 2. April 1946 legte der Leiter der Rußlandabteilung im Foreign Office, C. F. A. Warner, ein umfassendes Memorandum vor, das sich wie die britische Antizipation der Truman-Doktrin liest und zur Eindämmung sowjetischer Expansionspolitik aufrief. „In Eastern Europe, in the Balkans, in Persia, in Manchuria, in Korea, in her zone of Germany and in the Security Council: in her support of Communist parties in foreign countries and to combine left wing parties under Communist leadership", überall sei der „sowjetische ideologische Krieg" gegen „liberale, demokratische und westliche Konzeptionen" zu erkennen, der Großbritannien und andere liberale Demokratien dazu nötigen werde, eine Verteidigungsoffensive („defensive-offensive") zu führen. Ob dies gelinge, werde entscheidend davon abhängen, „how far the United States Government would be likely to take part in the general, world-wide anti-communist campaign"[24].

Schon jetzt rückte das besetzte Deutschland in den Mittelpunkt der Kontroversen. In London wurde mit Besorgnis registriert, wie die Sowjetunion mit Hilfe der deutschen Kommunisten durch Verstaatlichungen, durch Bodenreform und Entnazifizierung bereits seit dem Sommer 1945 eine politische, ökonomische und soziale

[21] Farquharson, Hilfe für den Feind.
[22] 14. 3. 1946, PRO London, FO 371,556763/4065.
[23] 22. 2. 1946, in FRUS, 1946, Bd.VI, S. 696–709.
[24] The Soviet Campaign against this Country and our Response to it. Memorandum vom 2. 4. 1946, PRO London, FO 371, 55581/9927.

Sonderentwicklung in ihrer Besatzungszone einleitete[25], während die in Potsdam vereinbarte Errichtung deutscher Zentralinstanzen nicht vorankam und der Alliierte Konrollrat sich in wichtigen Entscheidungsfragen blockierte. Zudem bestand die Gefahr, daß die Sowjetunion durch die alliierten Zuständigkeiten für Gesamtdeutschland, insbesondere auch für das Ruhrgebiet, einen über ihren eigenen Besatzungsbereich hinausgehenden Einfluß gewann. Die Zwangsfusion von KPD und SPD zur SED wurde von den britischen Besatzungsbehörden genau verfolgt und in ihrem subversiven Charakter frühzeitig durchschaut.

Anfang April 1946 wurde im Foreign Office die Frage erörtert, ob angesichts der sowjetischen Politik an einer gesamtdeutschen Zentralverwaltung festgehalten oder ob eine eigenständige Verwaltung für die britische Zone errichtet werden sollte, „treated as a more or less separate entity including the possibility of combining the three Western zones of Germany together“[26]. Bereits jetzt wurde klar, daß das Konzept der „Westoption“ und die damit verbundene „Abkehr von Potsdam“, die zur (vorübergehenden) Teilung Deutschlands führen würde, ohne die USA nicht zu verwirklichen sei. Noch aber hielt die amerikanische Diplomatie unbeirrbar an der Verwaltungs- und Wirtschaftseinheit für Deutschland fest. Erst als Außenminister James Byrnes mit seinem letzten Vermittlungsvorschlag (Entmilitarisierung Deutschlands nach Aufhebung der Besatzung für 25 Jahre unter strenger alliierter Kontrolle) an der stereotypen sowjetischen Ablehnung scheiterte, gelang es seinem britischen Amtskollegen Bevin, die nunmehr erkennbare Bereitschaft zur Umorientierung der amerikanischen Politik nachhaltig zu unterstützen. An die sowjetische Adresse gerichtet, verwies er auf den festen Entschluß seiner Regierung, sofern nicht alle Bestimmungen des Potsdamer Abkommens in ihrer Gesamtheit durchgeführt würden, „to organize the British zone of occupation in Germany in such manner that no further liability shall fall on the British taxpayer“[27]. Wenige Tage später, am 15. Juli 1946, unterbreitete Byrnes das offensichtlich vorbereitete Angebot, die amerikanische Zone mit allen anderen oder auch mit einzelnen Zonen zusammenzuschließen. Dies sei nicht als ein Schritt zu verstehen, mit dem die Viermächtekontrolle in Deutschland aufgegeben werde, vielmehr könne auf diese Weise die im Potsdamer Abkommen niedergelegte wirtschaftliche und administrative Einheit Deutschlands schrittweise verwirklicht werden. Die Idee der „progressive unification“, die dem Vorschlag zugrundelag, ermöglichte es, den für unumgänglich erachteten Schritt einer „Abkehr von Potsdam“ als Auftakt zur Wiederherstellung der deutschen Einheit von unten zu rechtfertigen[28]. Tatsächlich aber bereitete das amerikanische Angebot die Bildung der Bizone und damit unvermeidbar auch die Teilung Deutschlands vor, wie von den Politikern und den Experten des Foreign Office klar gesehen wurde[29].

[25] Heydemann, Deutsches Sowjetrußland?
[26] Note of a Discussion about Germany on April 3rd 1946, PRO London, FO 371, 55586/C3997/131/18.
[27] FRUS 1946, Bd.II, S. 686.
[28] Frohn, Neutralisierung.
[29] Mai, Alliierter Kontrollrat, S. 150–161.

3. Großbritannien als „Vermittler für Europa"

Von den Amerikanern wurde die endgültige „Abkehr von Potsdam" allerdings erst auf der Moskauer Außenministerkonferenz vom Frühjahr 1947 vollzogen[30]. Zuvor hatte die britische Seite ihre diplomatischen Aktivitäten darauf konzentriert, die Zusammenarbeit mit den Amerikanern zu aktivieren und eine gemeinsame Strategie zur Eindämmung der sowjetischen Expansion zu entwickeln. Der Plan von Außenminister Bevin sah vor, der Sowjetunion jeglichen Einfluß auf die Entwicklung in den Westzonen zu versagen, damit Westdeutschland die ihm zugedachte Rolle beim Wiederaufbau der europäischen Wirtschaft übernehmen könne, auch wenn dies die Spaltung Deutschlands bedeuten würde[31]. Die britischen Vertreter wirkten auf der Moskauer Konferenz mit großer Intensität der zunächst noch schwankenden Haltung des neuen amerikanischen Außenministers George Marshall entgegen[32]. Im Juni 1947 erfolgte das Angebot zum Wiederaufbau Europas. Der Marshall-Plan gab dem schon zuvor mit der Trumandoktrin verkündeten Programm zur Eindämmung der sowjetischen Expansion eine substantielle Grundlage. Jetzt wurde deutlich, daß die USA entschlossen waren, die führende Rolle zu übernehmen. Das von der britischen Außenpolitik entworfene und ebenso zäh wie virtuos verfochtene Konzept hatte sich schließlich durchgesetzt[33].

Ein wesentliches Ziel der Bemühungen Bevins hatte darin bestanden, die Vereinigten Staaten fest an Europa zu binden. Zugleich aber wünschte er, die „special relationship" mit den USA fortzusetzen. Er war durchaus bereit, dafür die Position eines Juniorpartners hinzunehmen, sofern die außenpolitische Entscheidungsfreiheit nicht in Frage gestellt wurde. Noch konnte Großbritannien die Funktion eines Vermittlers für Europa erfüllen, indem es entscheidend daran mitwirkte, die amerikanischen Bemühungen um den wirtschaftlichen Wiederaufbau Deutschlands mit den französischen Sicherheitsinteresen zu versöhnen. Dennoch wurde schon damals erkennbar, daß sich aus britischer Sicht die wirtschaftlichen Interessen des Kontinents nur schwer mit den Erfordernissen des Commonwealth vereinbaren ließen. Zwar befürwortete Bevin auf der Konferenz über wirtschaftliche Zusammenarbeit, die vom 27. Juni bis zum 3. Juli 1947 in Paris stattfand, die ökonomische Kooperation in Europa, aber damals sollten seine Erklärungen vor allem dazu dienen, den britischen Anteil am amerikanischen Wiederaufbauprogramm zu sichern[34]. Gegenüber den weiterführenden Plänen einer europäischen Föderation aber blieb er eher reserviert. Die künftige Bereitschaft zur Kooperation mit den Ländern Westeuropas blieb davon abhängig, inwieweit sie mit der „special relationship" und mit jenen Interessen vereinbar war, die der Inselstaat als Zentrum des Commonwealth glaubte wahrnehmen zu müssen. Schon auf dem Höhepunkt der britischen Europainitia-

[30] Kessel, Westeuropa und die deutsche Teilung, S. 186–252.
[31] The New Potsdam. Memorandum vom 27. 2. 1947, PRO London, CAB 129/17, CP (47) 68.
[32] Deighton, „Frozen front", S. 461.
[33] Deighton, Impossible Peace, S. 162.
[34] Cabinet's Economic Policy Committee, 7. 9. 1947, PRO London, PREM 8/1146.

tiven des Jahres 1947 deutete sich der Verzicht auf eine aktive europäische Integrationspolitik an.

4. Der britische Beitrag zur Stabilisierung Westdeutschlands und Westeuropas

Die britische Diplomatie hat nicht nur die Mächtekonstellation in Europa nach dem Zweiten Weltkrieg entscheidend beeinflußt, sie hat auch wesentlich zur demokratischen Konsolidierung der Westzonen beigetragen. Dies gilt sowohl für die Entnazifizierung, für die „Educational Reconstruction" und die Gründung der Parteien, als auch für die föderative Neuordnung Deutschlands und für die Verfassung der Bundesrepublik[35]. Seit Gründung der Bizone und der Entstehung des Wirtschaftsrates in Frankfurt haben die Briten ihre Deutschlandpolitik zunehmend pragmatisch orientiert und ihre Partner zugleich davor gewarnt, fremde Demokratiemodelle auf die deutsche Wirklichkeit zu übertragen. Während die französische Seite auf der Londoner Sechsmächte-Konferenz versuchte, die Errichtung eines westdeutschen Staates hinauszuzögern, drängte die britische Regierung darauf, noch vor Abschluß des Jahres 1948 eine Verfassung für den westdeutschen Staat auf den Weg zu bringen. Bei den späteren Interventionen der Alliierten in die Verhandlungen des Parlamentarischen Rates, die leicht zum Scheitern des Verfassungsprojekts hätten führen können, wirkte die britische Militärregierung dann außerordentlich mäßigend[36]. Obwohl sie erkannte, daß der von der deutschen Seite erarbeitete Entwurf nicht den föderalistischen Vorstellungen entsprach, auf die sich die alliierten Partner zuvor verpflichtet hatten, wandten sie sich entschieden und erfolgreich gegen korrigierende Eingriffe. „If we amended the law ourselves, these amendments would have the appearance of Allied dictation"[37], so stellte der britische Militärgouverneur, Sir Brian Robertson, fest. Es gelang ihm schließlich, den Widerstand seines amerikanischen Kollegen Lucius D. Clay durch eine breit angelegte diplomatische Initiative zu überwinden.

Und noch ein weiteres Mal sollte eine Weichenstellung der Briten für den Kurs der Bundesrepublik höchst bedeutsam werden: bei der Frage der Westbindung und der kontrollierten Wiederbewaffnung[38]. Als das Projekt der Europäischen Verteidigungsgemeinschaft am 30. August 1954 in der französischen Nationalversammlung scheiterte, konnte die britische Regierung auf interne Planungen zurückgreifen, die für einen solchen Fall den NATO-Beitritt der Bundesrepublik vorsahen[39]. Es gelang Churchill und seinem Außenminister Eden, anfängliche Bedenken der amerikanischen und der deutschen Seite gegen einen solchen Schritt auszuräumen und durch

[35] Zur britischen Deutschlandpolitik und zur Tätigkeit der britischen Militärregierung sei generell auf die Akten der Control Commission for Germany/British Element verwiesen, die inzwischen durch ein Inventar erschlossen wurden (Birke/Booms/Merker, Britische Militärregierung).

[36] Birke, Großbritannien und der Parlamentarische Rat.

[37] Bericht Robertsons vom 16. 2. 1949, PRO London, FO 1030/86, fol.222.

[38] Steininger, Scheitern der EVG.

[39] Sir Ivone Kirkpatrick, Anglo-American Study Group on Germany: Policy in the Event of the French Parliament Delaying or Rejecting the E. D.C., PRO London, FO 371/69580.

eine gemeinsame Konferenzstrategie die französische Zustimmung zu ermöglichen. Das britische Krisenmanagement, das innerhalb von nur vier Monaten zum Erfolg führte, trug wesentlich dazu bei, die schwere Gründungskrise des westlichen Bündnisses zu überwinden.

Die schwierigen Verhandlungen in London[40] und Paris, die sowohl der französischen als auch der deutschen Seite erhebliche Konzessionen abverlangten, wurden auch durch britisches Entgegenkommen zum Erfolg geführt. Damals erklärte sich Großbritannien bereit, mit einem traditionellen Dogma seiner Außenpolitik zu brechen. Um französische Sicherheitsbedenken gegenüber Deutschland auszuräumen, verpflichtete es sich zum ersten Mal in seiner Geschichte, auch in Friedenszeiten weiterhin Streitkräfte auf dem europäischen Kontinent zu unterhalten. Außenminister Eden ließ es sich nicht entgehen, darauf hinzuweisen, daß eine Dauerstationierung britischer Truppen auf dem Festland ein Novum britischer Außenpolitik darstellte. „Sie wissen alle", so gab er zu bedenken, „daß unsere Geschichte vor allem die einer Insel ist. Wir sind noch im Denken und der Überlieferung nach ein Inselvolk, was auch immer die modernen waffentechnischen und strategischen Gegebenheiten mit sich bringen mögen."[41] Diese Bemerkung offenbart nicht nur Großmut und Verhandlungsgeschick. Sie verdeutlicht auch, wie weit Großbritannien, das in der frühen Nachkriegszeit einen genuinen Beitrag zur Stabilisierung Westdeutschlands und Westeuropas leistete, noch immer den eigenen Traditionen verpflichtet blieb.

[40] Nine Power Conference, Lancaster House, 28. 9. 1954, PRO London, FO 371/109774.
[41] Gedruckt in Adenauer, Erinnerungen 2, S. 339.

Dieter Marc Schneider

Französische Besatzungspolitik in Deutschland: Le rêve d'une „libération" des pays rhénans

Als während des Zweiten Weltkriegs von französischer Seite die ersten Überlegungen laut wurden, die sich mit der Politik gegenüber Deutschland nach Kriegsende befaßten, war darin weniger von einer Befreiung der Deutschen von der Hitler-Diktatur die Rede als von der Forderung, das von Preußen dominierte Reich in seiner bestehenden Form aufzulösen, wobei als erster konkreter Schritt das Rheinland und das Ruhrgebiet abgetrennt werden sollten. Wortführer solcher Bestrebungen war Charles de Gaulle, der Mann, der den französischen Widerstand der ersten Stunde verkörperte. Indes sind in den von ihm motivierten freifranzösischen Kreisen wie auch von ihm selbst für die ersten Kriegsjahre nur wenige konkrete Äußerungen zur Nachkriegsordnung überliefert. Dabei war de Gaulles Deutschlandbild bzw. seine Sicht der deutsch-französischen Verhältnisse bereits seit dem Ersten Weltkrieg relativ scharf konturiert. Beeinflußt u. a. von Maurice Barrès[1], hatte de Gaulle den Versailler Vertrag dahingehend kritisiert, daß Frankreich der Rheingrenze zu wenig Bedeutung zugemessen habe, und dies bezeichnet in der Folgezeit eine nachgerade obsessive Vorstellung des Generals: der Rhein als Freiheitsgrenze Frankreichs, die dauerhafte Eliminierung jenes Glacis, von dem Deutschland seit 1870 dreimal in sein Land eingefallen war[2].

Doch genügte de Gaulle die Rheingrenze als einzige Sicherheitsgarantie keineswegs. Darüber hinaus sah er die Notwendigkeit, Deutschland wieder in konföderalem Sinne zu restrukturieren, sozusagen den status quo ante 1871 wiederherzustellen: Schließlich bestehe Deutschland aus verschiedenen, zur Spaltung neigenden Völkern[3]. Die Bedrohung durch Deutschland war für de Gaulle indes gebündelt in der Existenz Preußens, dem militärisch-zentralistischen Kern seiner Einheit. Durch den neuerlichen Angriff auf Frankreich im Mai 1940, der wiederum von den gleichen westlichen bzw. rheinischen Teilen Deutschlands ausgegangen war, fühlte de Gaulle sich in seiner bisherigen politischen Haltung und seinen Prognosen bestätigt. Bereits in seinen ersten Reaktionen auf die Proklamation der Atlantik-Charta for-

[1] Vgl. Barrès' publizistische Agitation aus dem Jahre 1915 im „L'Echo de Paris"; zu Barrès' Deutschland- bzw. Rheinprogramm zusammenfassend Sternhell, Barrès.

[2] Vgl. Maillard, De Gaulle und Deutschland, S. 44f.

[3] Ebenda S. 77.

derte er im August 1941 „une extension de la position [de la France] dans les pays rhénans“[4]. Innerhalb des Comité Français de Libération Nationale (CFLN) war die Deutschlandplanung vorerst allerdings nur eine Facette in den allgemeinen weltpolitischen Reflexionen und Planspielen. Immerhin wurde im Herbst 1943 über eine politische und wirtschaftliche Föderation zwischen Frankreich und den Benelux-Staaten nachgedacht, in die das Ruhrgebiet und das Rheinland, von Deutschland separiert, eingebunden werden sollten[5]. De Gaulle mischte sich in diese Planungen vorerst nicht ein, zumindest nicht bis zum Jahre 1944. Im Februar dieses Jahres wies er den Komissar für Auswärtige Beziehungen des CFLN, René Massigli, an, die Separierung des Rheinlandes diplomatisch vorzubereiten. Dieser meldete alsbald in einer Note an die EAC die französische Forderung nach einer internationalen Kontrolle des „bassin rhéno-westphalien“, des Ruhrgebiets, an. In den Jahren 1944/45 trat de Gaulle selbst immer häufiger an die Öffentlichkeit, um seine deutschlandpolitischen Forderungen zu formulieren. Deren Substanz verdichtete sich in folgenden Punkten: Auflösung des Deutschen Reiches in mehrere konföderierte Staaten; der Rhein als französische Sicherheitsgrenze, d. h. die Separation des Rheinlandes; Internationalisierung des Ruhrgebietes und Sicherung eines beträchtlichen Teils der Kohleproduktion für Frankreich sowie schließlich – ebenfalls von eminent ökonomischer Bedeutung – das „rattachement“ des Saargebebietes[6].

1. Historische Wurzeln französischer Besatzungspolitik nach dem Zweiten Weltkrieg

Bereits die innerhalb des CFLN angestellten deutschlandpolitischen Überlegungen, die darauf hinausliefen, einen französisch dominierten westeuropäischen Block zu bilden, der, in Absprache mit der Sowjetunion, Deutschland zu kontrollieren vermöge, standen in der Tradition einer „géopolitique à la française“, wie sie die französische Deutschlandpolitik während des Ersten Weltkrieges und bis zur Ruhrbesetzung 1923 charakterisiert hatte[7]. Auch de Gaulle knüpfte mit seinen territorialen Zielvorgaben letztlich an die Politik Poincarés an. Wie nach dem Ersten Weltkrieg berührte diese Haltung auch nach 1944/45 das Verhältnis Frankreichs zu seinen Alliierten. Der geopolitische Ansatz zum einen, vor allem aber die historische Argumentation hinsichtlich einer Separation der Rheinlande vom Deutschen Reich dienten jedoch in erster Linie der Festigung des eigenen politischen und nationalen

[4] De Gaulle, Mémoires de guerre I, S. 478 (Telegramm vom 25. 8. 1941 an die Délégation France Libre in London).

[5] Vgl. Massigli, Comédie des erreurs, S. 37ff. und S. 62ff.

[6] Das Saargebiet gehörte nicht zu den genuin rheinischen Territorien und spielte in der französischen Deutschlandpolitik eine Sonderrolle, auf die nicht eingegangen werden kann. Zur konzeptionellen Entwicklung der de Gaulleschen Deutschlandpläne vgl. Walter Lipgens, Bedingungen und Etappen der Außenpolitik de Gaulles 1944–1946, in: VfZ 21/1973, S. 52–102, hier vor allem S. 79ff.; Pierre Maillard nennt als konstante Essentials der de Gaulleschen Deutschlandpolitik vor und nach 1945 die Herauslösung des Rheinlandes aus dem deutschen Reichsverband sowie dessen Auflösung in einen dezentralisierten, konföderalen Staatenbund (Maillard, De Gaulle und Deutschland, S. 95ff.).

[7] Vgl. Soutou, Politique française, S. 47f.

Selbstverständnisses gegenüber einem unwägbaren und als bellizistisch empfundenen Nachbarn.

Während des Ersten Weltkrieges hatte Frankreichs politische Klasse und militärische Führung die Rheinlinie als Staatsgrenze angestrebt, eine Mehrheit der veröffentlichten Stimmen gar für eine Annexion des linken Rheinufers plädiert[8]. Entsprechende sicherheits- und geopolitische Reflexionen gründeten indes auf einem gewachsenen und dezidiert historischen Bewußtsein, der Anspruch auf das linke Rheinufer wurde historisch untermauert[9]. Dabei reichten die Argumente für eine solch extensive Politik zurück bis auf die keltische Besiedlung des Rheinlandes und seine Abschirmung vor den Germanen durch den Limes, und man betonte die romanischen Wurzeln der Rheinländer und ihre „Wahlverwandschaft" mit den Franzosen. Erst der Vertrag von Verdun (843) habe die Rheinländer von den Franken getrennt, die das gallo-römische Erbe übernommen und bewahrt hätten. Mit den Kapetingern schließlich sei die Rheingrenze wieder in das Blickfeld der französischen Könige getreten, wobei jedoch erst Richelieu und Ludwig XIV. eine in diesem Sinne erfolgreiche Politik durchgeführt hätten[10]. Das gewichtigste Argument für eine solche Rheinlandpolitik waren jedoch die sechzehn Jahre französischer Präsenz im Rheinland während der Französischen Revolution und unter der Herrschaft Napoleons.

In diesem historischen Zusammenhang taucht auch erstmals der Begriff der „Befreiung" der Rheinländer auf[11]. Nach der Besetzung des Rheinterritoriums, zwei Tage nach der Kapitulation von Mainz, hatte der französische General Custine bereits am 23. Oktober 1792 seinen programmatischen „Aufruf an das gedrückte Volk deutscher Nation" erlassen[12]. Es waren die von den Franzosen vermittelten neuen politische Inhalte, der revolutionäre Impetus von „Freiheit und Gleichheit" , „paix aux chaumières" und „guerre aux tyrans", welche rheinische Jakobiner und „Cisrhénans" durchaus zu begeistern vermochten. Indes wurde der hehre revolutionäre und nachgerade missionarische Anspruch, die Rheinländer „befreien" zu wollen, schon bald relativiert, als deutlich wurde, daß die revolutionäre Mission zunehmend nationalen Interessen Frankreichs, d. h. der Ausdehung seiner Landesgrenzen bis an den Rhein, dienstbar gemacht wurde. An die Stelle des ursprünglich propagierten Selbstbestimmungsrechts und der Selbstbefreiung trat der „Despotismus der Freiheit", die „Befreiung" durch die fremde Besatzungsmacht. Danton deklarierte den Rhein zur „natürlichen Grenze" der Republik[13], aus der „Befreiungsmissi-

[8] Zur franzosischen Kriegszielpolitik und der Besatzung nach 1918 vgl. u. a. Köhler, Besatzungpolitik; Soutou, La France et les Marches de l,Est; Weins, Deutschlands Strom (jeweils mit weiterführender Literatur).

[9] Vgl. dazu Kern, Rheintheorie.

[10] Vgl. dazu u. a. Babelon, Rive Gauche; zur einschlägigen Argumentation der „Action française" vgl. Wilson, Historiens de l'„Action française".

[11] Hierzu Dumont, Befreiung.

[12] Vgl. Hansen, Quellen zur Geschichte des Rheinlandes II, Nr. 225 a und 238, S. 468f. und S. 510f.

[13] Sitzung des Konvents vom 31. 1. 1793 – vgl. Hansen, Quellen zur Geschichte des Rheinlandes II, Nr. 329, S. 732ff.

on“ (mission libératrice) wurde gewohnte Besatzungspolitik auf der Grundlage der „droits ordinaires de la guerre“[14]. Damit hatte das revolutionäre Frankreich den Anspruch, als Befreier gekommen zu sein, verspielt. Hatten rheinische und pfälzische „Patrioten“ auch geglaubt, die importierte Revolution könne eine Chance zur eigenen Befreiung sein, hieß „Befreiung“ jetzt nur noch Anschluß an Frankreich.

Mit dem Einzug französischer Truppen in Mainz am 30. Dezember 1797 leiteten die Franzosen die Annexion des gesamten linken Rheinufers in die Wege, und mit der Ernennung von François Joseph Rudler zum Regierungskommissar für die besetzten Territorien „zwischen Maas und Rhein“ begann, vor allem mit einer forcierten Einführung der französischen Sprache, auch die kulturelle Eingliederung. Maßnahmen der Franzosen, die nun zwar als Revolution von oben, trotz allem aber als eine Form sozialer und politischer Modernisierung und Liberalisierung gewertet werden können, dienten jedoch zugleich einer effektiveren Integration der neugebildeten vier Rheindepartements in den französischen Einheitsstaat. Sie wurden gleichwohl von den autochthonen fortschrittlichen politischen Kräften begrüßt. Dazu gehörten die dekretierte „Gleichheit aller Bürger vor dem Gesetz und vor der Steuer“, die Aufhebung der Feudalrechte, die Einführung von Gewerbe- und Religionsfreiheit[15].

Die politischen und sozialen Bedingungen, das spezifische Spannungfeld zwischen Besatzung und Befreiung, änderten sich im Rheinland weder unter dem Konsulat Napoleons noch unter dem Empire. Napoleon hatte mit seinen militärischen Erfolgen und dem Frieden von Lunéville (9. 2. 1801) erreicht, daß die bislang „provisorische“ Angliederung des linken Rheinufers nunmehr „definitiv“ wurde, weil sie völkerrechtliche Sanktionierung erfahren hatte[16]. Neben den erwähnten „Befreiungs“-Dekreten war es vor allem die Verwaltungs- und Justizreform, die die Rheinlande am damals modernsten Staatswesen des Kontinents teilnehmen ließen, und es waren gerade jene „rheinischen Institutionen“, die später zu einem wichtigen Ferment des westdeutschen Liberalismus im Vormärz wurden[17]. Als Anfang 1814 Preußen, Russen und Österreicher die Rheinlande besetzten, waren diese von den Franzosen eingeführten institutionellen Neuerungen längst Bestandteil der rheinischen politischen Kultur geworden; es zeigte sich, daß die Rheinländer sich trotz des imperialistischen Oktroi mit den Franzosen auf der Ebene politischer Vernunft arrangiert hatten, auch wenn sie sich im Herzen ein „naives Zugehörigkeitsgefühl“ zu Deutschland bewahrt hatten[18].

Wie bereits angemerkt, spielte der historische Rückgriff auf jene Zeit während der französischen Besetzung der Rheinlande in den argumentativen Bemühungen um eine Abtrennung des Rheingebiets von Deutschland nach 1918 eine zentrale Rolle. Dabei diente die historische Argumentation der Konstruktion nachgerade juristi-

[14] Ebenda Nr. 389, S. 904 f.
[15] Vgl. die entsprechenden Erlasse Rudlers ebenda Bd. IV, Nr. 101, S. 520 f. und Nr. 118, S. 635 f.
[16] Vgl. ebenda Bd. IV, Nr. 224, S. 1296–1302.
[17] Vgl. Dumont, Befreiung, S. 111.
[18] Vgl. Faber, Rheinische Institutionen.

scher Ansprüche Frankreichs auf das Rheinland[19]. Gleichwohl waren die Franzosen bemüht, die Rheinländer auf friedlichem Wege zu gewinnen, propagierten eine „pénétration pacifique“[20], die wiederum auf eine „Befreiung“, diesmal allerdings von preußischer Bevormundung, abhob. Einer solchen politischen Annäherung zeigten sich damals selbst rheinische Honoratioren wie Konrad Adenauer zugänglich[21], nachdem die Franzosen irreale Annexionsbestrebungen durch die Propagierung eines separaten Rheinstaates ersetzt hatten. Dessen Gründung zu befördern, stützten sie sich aber auch auf separatistische Umtriebe, die in Paris und vor allem bei Poincaré als Ausdruck eines Befreiungswillens von Preußen volle Zustimmung fanden[22]. Hier offenbart sich auch ein Dissens zwischen Poincaré und Tirard zumindest hinsichtlich der Wege zum Ziel. Während der Regierungschef unmittelbar einen „État rhénan“ wollte, der vom Reich faktisch losgelöst sein und unter massiver französischer Kontrolle stehen sollte, bemühte sich der Hohe Kommissar um ein subtileres und differenzierteres Vorgehen, eben um jene „pénétration pacifique“ vor allem auf kultureller Ebene, deren Ziel in einer dauerhaften Bindung an Frankreich bestand. Das Scheitern dieser französischen Besatzungspolitik im Sinne einer erneuten „mission libératrice“ am Rhein, für das der Brachialakt an der Ruhr 1923 ein Fanal war, machte schließlich alle Differenzen und Differenzierungen in den französischen Anstrengungen, das Rheinland in dieser oder jener Form zu gewinnen, obsolet. Dabei hatte Tirard in seinen Bemühungen um eine „pénétration pacifique“ perspektivisch sicherlich die besseren Karten. Als die Franzosen schließlich 1930 das Rheinland verließen, war jedoch ein ihrer „mission libératrice“ zugunsten der vermeintlichen romanischen Verwandten im Rheinland zugrundeliegender Trugschluß nach wie vor nicht ausgeräumt: die Illusion, daß deren – gegenüber der Mitte des 19. Jahrhunderts doch deutlich abgeschwächte – antipreußische Affekte gleichzusetzen seien mit einer inneren Hinwendung zu Frankreich.

Die in Zusammenhang mit dem Zweiten Weltkrieg und danach erneut erhobene Forderung der Franzosen nach der Rheingrenze hatte nunmehr in erster Linie nur noch sicherheitspolitische Relevanz, auch wenn die Ideen von einer kulturellen, ja ethnischen Verwandschaft mit den Rheinländern in bestimmter Form durchaus noch vorhanden waren; das gleiche gilt für den historisch abgeleiteten Rechtsanspruch auf das linksrheinische Territorium[23]. Indes fanden die noch vor der Zutei-

[19] „On a souvent répeté que le Rhin était la frontière naturelle de la France. Nous voudrions montrer qu'il est aussi la frontière légitime“ (Darsy, Droits historiques, S. 1).

[20] Dieses Motto war von Paul Tirard formuliert worden, als er französischer Generalresident in Marokko war. Als Hoher Kommissar für das Rheinland nach 1918 gebrauchte er diese Formulierung in Zusammenhang mit den französischen Zielen am Rhein (vgl. Köhler, Besatzungspolitik, S. 122f.; Weins, Deutschlands Strom, S. 164).

[21] Zur Haltung Adenauers vgl. Köhler, Adenauer; Schwarz, Adenauer, Bd. 1, S. 175ff.

[22] Ministère des Affaires Etrangères, Bestand Rive Gauche 29, Bl. 257ff.; Köhler, Besatzungspolitik, S. 124f.

[23] Charles de Gaulle: „Notre grandeur et notre force consistent uniquement dans l'intransigeance pour ce qui concerne les droits de la France. Nous aurons besoin de cette intransigeance jusqu'au Rhin, inclusivement“ (Mémoires I, S. 175). Anläßlich seiner Reise durch die französische Besatzungszone im Herbst 1945 beschwor de Gaulle im Rheinland „l'âme des ancêtres Gaulois

lung einer eigenen Besatzungszone erhobenen Maximalforderungen in keiner Weise die Zustimmung der Kriegsalliierten. Auch de Gaulles Versuch, im Dezember 1944 Stalin für die französischen Ziele zu gewinnen, nachdem der Kremlchef während des Krieges den General und die Résistance bereits sehr früh anerkannt und diplomatisch unterstützt hatte, zeitigte keinen Erfolg. Immerhin akzeptierten die Alliierten im Juni 1945 eine französische Besatzungszone, wenn diese in ihrer territorialen Ausdehnung auch keineswegs den Vorstellungen de Gaulles und der Provisorischen Regierung entsprach. Dazu gehörten das eigentliche – linksrheinische – Rheinland (d.h. die ehemalige preußische Rheinprovinz bis Remagen) sowie das Saarland und die Pfalz; rechtsrheinisch waren es Baden und Teile von Württemberg. Es fehlten allerdings fast alle größeren Städte wie Köln, Bonn, Mannheim, Karlsruhe und Stuttgart, die von den Amerikanern und Briten besetzt wurden. Die territorialen und politischen Maximalforderungen der Franzosen blieben gleichwohl prinzipiell bestehen, nämlich die Internationalisierung des Ruhrgebiets sowie die Umwandlung der rheinischen Gebiete in eine Art französischen Protektorats, sei es als staatliche Einheit oder in Form mehrerer Kleinstaaten.

Bis zu seinem Rücktritt im Januar 1946 bestimmte der General die französische Politik gegenüber Deutschland, deren harte Gangart zwischen Annexion und Separation der rheinischen Gebiete wie auch des Saarlandes oszillierte[24]. Die rheinischen Gebiete sollten schließlich in mehrere Staaten aufgeteilt werden, von der französischen Armee regiert und Frankreich organisch verbunden, auch unter Berücksichtung historisch gewachsener Beziehungen. Diese betrafen neben dem Rheinland vor allem Württemberg und Baden. Aber auch nach de Gaulles Abgang änderte sich die französische Haltung nicht grundsätzlich, die im Prinzip auch von den Sozialisten getragen wurde[25].

2. *Die Französische Besatzungszone*

Der Nord- und der Südteil der den Franzosen schließlich zugeteilten Besatzungszone unterlagen unterschiedlichen Zielvorgaben. Das Rheinland, „le pays rhénan", sollte als Einheit dem direkten politischen Einfluß Frankreichs unterliegen, während die rechtsrheinischen Gebiete eine bundesstaatliche Ordnung erhalten sollten[26]. Betrachten wir zuerst die Entwicklung im Rheinland.

et Francs", die er in der Bevölkerung wiederzuerkennen glaubte; in der Pfalz forderte er die politischen und kirchlichen Honoratioren dazu auf, „que le territoire demande à redevenir ce qu'il était autrefois, savoir l'Etat Palatin, afin de reprendre en main sa destinée et de se lier à la France"; in Baden und Württemberg erinnert er an die „liens qui, jadis, rapprochaient les Français et les Allemands du Sud et qui doivent, maintenant, reparaître ..." (Mémoires III, S. 219f.).

[24] Vgl. Soutou, Politique française, S. 47ff.; Hüser, Frankreich.

[25] Soutou, Politique Française, S. 55f.

[26] Vgl. Note François Puaux vom 10. 1. 1946 (Baden-Baden), AOC, CC Pol III, A 2; Verhandlungen der Rheinlandfrage im Cabinet Civil des Oberkommandierenden Koenig und mit dem Außenministerium (Commissiariat Gènéral aux Affaires Allemandes et Autrichiennes), ebenda.

Am 28. Juli 1945 hatte der kommandierende General im Rheinland, Pierre Billotte, die Auflösung der Provinz Mittelrhein-Saar verfügt[27]. In den neugeschaffenen territorialen Einheiten Hessen-Pfalz und Rheinland-Nassau arbeiteten die dort eingesetzen Gouverneure bald auf die Eigenstaatlichkeit der ihnen unterstehenden Gebiete hin. Dazu gehörte die Etablierung einer autonomen Verwaltung wie z. B. die Errichtung eigener Rechnungskammern. Auf den Weg gebracht wurden eigene Post- und Eisenbahnverwaltungen; ein eigenes Münzwesen wurde eingerichtet, schließlich auch eine eigene Staatsbürgerschaft avisiert[28]. Kontakte zwischen den Verwaltungen der einzelnen territorialen Einheiten suchten die Franzosen möglichst zu unterbinden. Die gleiche Motivation der Abgrenzung führte auch zu der – im Vergleich zu den übrigen alliierten Besatzungszonen – relativ spät erfolgten Zulassung politischer Parteien, die ebensowenig zonenübergreifenden Kontakt hatten. In Rheinland-Hessen-Nassau, dessen Verwaltung sich in zwei Regierungspräsidien in Koblenz und Trier gliederte, wurde schließlich am 19.November 1945 eine einzige Zentralbehörde in Koblenz gebildet, deren Struktur den Charakter einer Landesregierung besaß[29]. Damit war das für eine Staatenbildung notwendige administrative Gerüst geschaffen. Schließlich bildeten die Franzosen am 30.August 1946 aus den von ihnen besetzten mittelrheinischen Gebieten, Rheinhessen und der Pfalz, das Land Rheinland-Pfalz.

Die Bewertung der Gründung des Landes Rheinland-Pfalz als französische Reaktion auf die Bildung des Landes Nordrhein-Westfalen durch die Engländer zum einen wie auch als „Umwertung" bisher gültiger gaullistischer Dezentralisierungs- bzw. Konföderalisierungsmaximen zum anderen ist nicht ganz von der Hand zu weisen, muß aber differenziert werden. Die Bildung des neuen Landes entspricht grundlegenden Prinzipien französischer Deutschlandpolitik, d. h. der Ablehnung zentraler deutscher Verwaltungen und damit einer fortgeschriebenen deutschen Staatlichkeit auf der Grundlage des alten Reiches. Eine Zusammenlegung der bisher mehr oder weniger autonomen Einheiten der französischen Rheinzone versprach eine starke wirtschaftliche Binnenstruktur, die auch geeignet schien, einem allfälligen Sog des neuen Nachbarlandes Nordrhein-Westfalen zu widerstehen[30]. Zur Genese des ersten französischen Besatzungslandes gehört aber auch die seinerzeit überfällige Reform der zentralistisch-dirigistischen Besatzungsverwaltung, der auch der zivile Verwaltungschef Emile Laffon – ein Gegner der von General Koenig verfolgten gaullistischen Politik einer Separierung und Partikularisieruung der Rheinlande – zum Opfer fiel[31].

[27] Verwaltungseinheit aus Teilen der früheren Rheinprovinz und der Provinz Saarland-Pfalz-Rheinebene; vgl. Springorum, Verwaltung in Rheinland-Pfalz, S. 80ff. und S. 112.

[28] Ebenda S. 125ff.

[29] Ebenda S. 136ff.

[30] Vgl. hierzu den Berater des Oberkommandierenden Koenig, Tarbé de Saint-Hardouin, in einer Note vom 9. 2. 1946 („Objet: Organisation de l'occupation française en Allemagne"), AOC, CC Pol.III A 1; Lattard, Gewerkschaften, S. 36f.

[31] Vgl. Lattard, Zielkonflikte.

Anfang 1946 waren erste intensive Diskussionen im Kabinett von General Koenig und mit dessen Berater Tarbé de Saint-Hardouin sowie mit dem Quai d'Orsay geführt worden, deren Ergebnisse am 6. März dem Außenministerium unterbreitet wurden und zur Bildung des Landes Rheinland-Pfalz führten. Waren sie eine „Umwertung" der de Gaulleschen Maxime einer rheinischen Staatenkonföderation, so bedeuteten sie dennoch keine Abkehr von dem nach wie vor in geradezu fundamentalistischer Art und Weise vertretenen Ziel einer dauerhaften Abtrennung des Rheinlands von Deutschland. Dies garantierte nicht zuletzt das gaullistische Personal: General Koenig, der Oberkommandierende, der nach wie vor mehr auf die Stimme de Gaulles aus seiner selbstgewählten Klausur in Colombey-les-deux-Eglises hörte als auf die Anweisungen aus Paris[32]; Koenigs einflußreicher Berater Tarbé de Saint-Hardouin, ein „Gralshüter gaullistischer Deutschlandpolitik"[33] und – sozusagen vor Ort als neuer Gouverneur bzw. „Délégué Supérieur" von Rheinland-Pfalz – Claude Hettier de Boislambert[34].

Die Frage der Abtrennung des Rheinlands war ein wesentlicher Punkt im politischen Dissens zwischen Laffon und Koenig bzw. Tarbé de Saint-Hardouin. Damit verbunden war die Frage der Eigenständigkeit der rheinland-pfälzischen Délégation supérieure und die der deutschen Regierungskompetenzen. Waren letztere im Vergleich zu den übrigen Besatzungszonen von den Franzosen nur sehr zögerlich konzediert worden, so blieben sie doch letztlich insofern Makulatur, als über eine Reihe von sogenannten „domaines réservés" nur auf der Ebene der Gesamtzone und mit dem Placet des Oberkommandierenden entschieden werden konnte[35]. Während Laffon vor allem aus Gründen der wirtschaftlichen Ratio für zentrale deutsche Koordinierungsinstanzen plädierte, setzten sich Koenig und Saint-Hardouin vor allem in Hinblick auf eine Separation des Rheinlandes für eine weitgehende Autonomie der Militäradministration wie der von ihr kontrollierten regionalen deutschen Regierung ein. Das Ziel war ein politisch, wirtschaftlich und kulturell weitgehend unabhängiges Staatsgebilde. Hettier de Boislambert, Gouverneur des neuen rheinischen Regionalstaates, vertrat eine ähnliche gaullistisch geprägte Politik gegenüber dem Rheinland: Bei aller Respektierung ethnischer Identitäten zielte sie auf eine enge kulturelle und ökonomische Bindung an Frankreich und – daraus folgend – eine vollständige Handlungsfreiheit bzw. administrative Souveränität der rheinland-pfälzischen Militärregierung sowie des von ihr kontrollierten deutschen Pendants[36]. Die Gründung des Landes Rheinland-Pfalz wurde von den Gaullisten keineswegs als Teil einer föderalistischen Deutschlandpolitik begriffen, sondern war für sie vielmehr ein aus Sachzwängen geborener Ersatz für einen autonomen Rheinstaat, der definitiv von

[32] Interview des Verf. mit Pierre Maillard, 8. 3. 1992.

[33] Vgl. Wolfrum, Französische Besatzungspolitik, S. 36.

[34] Vgl. Hettier de Boislambert, Fers de l'espoir, S. 485.

[35] Vgl. Lattard, Gewerkschaften, S. 40f.

[36] Vgl. Hettiers „Note über Frankreichs Politik hinsichtlich des rheinland-pfälzischen Staates" (undatiert, jedoch mit Begleitschreiben vom 8. 1. 1947 an das Cabinet civil Koenigs), AOC, Pol III G 8; Lattard, Gewerkschaften, S. 41f.

einem Gesamtdeutschland separiert sein sollte. Diese politische Linie wurde auch durchgehalten, als während der Regierung Blum sozialistische Vorstellungen zur Deutschlandpolitik zum Tragen kamen, an denen sich Laffon orientierte[37], und diese Haltung wurde auch nach der Rückkehr Bidaults ins Außenministerium der neugebildeten Regierung Ramadier (Januar 1947) beibehalten, wie die Korrespondenz Koenigs mit dem Quai d'Orsay deutlich macht: Eine Einbindung des linken Rheinufers in eine wie immer konturierte Vorform eines deutschen Bundesstaates wurde grundsätzlich abgelehnt[38]: „Frankreich wünscht immer noch das Rheinland von Restdeutschland zu trennen" – dies war, von Tarbé 1947 so formuliert, weiterhin die gültige Maxime[39].

Während also die linksrheinischen Territorien von Deutschland separiert und dauerhaft dem politischen Einfluß Frankreichs unterliegen sollten, entwickelten die Franzosen für den südwestlichen Teil der französischen Besatzungszone Pläne für eine Konföderation[40]. Hinter der vorgesehenen Verwaltungsreform mit dem Ziel verstärkter Dezentralisierung, die gleichzeitig eine Aufwertung deutscher regionaler Regierungskompetenz zur Folge haben mußte, stand freilich vor allem die gaullistische Vision der konföderalen Gliederung eines Gebietes, das traditionell frankreichfreundlich orientiert war und selbst durchaus historisch gewachsene partikularistische Interessen besaß.

Kommen wir zu den übrigen Landen des französischen Besatzungsgebiets. Das Großherzogtum Baden hatte seine Gründung französischen Sicherheitsinteressen aus der Zeit Napoleons verdankt, auf Frankreich bezogen blieben auch seine Politik und Kultur. Ausgeprägte partikularistische Interessen besaßen vor allem in Südbaden lange Tradition. Auch Württemberg war ursprünglich ein Königreich von Napoleons Gnaden. Badenser und Württemberger besaßen starkes regionales Selbstbewußtsein und dezidiert politisch-kulturelle Eigenständigkeit, die gute Voraussetzungen für eine konföderale Gliederung in französischem Sinne zu bieten schienen.[41] Ebenfalls auf napoleonischen Einfluß zurückzuführen waren die sogenannten Hohenzollerschen Lande, eine katholische Enklave Preußens, die ihre zeitweilige Selbständigkeit nicht zuletzt den freundschaftlichen Beziehungen der in Paris lebenden Fürstin Amalie von Sigmaringen zu Josephine Beauharnais zu verdanken hatten.

Sicherlich waren de Gaulle und General Koenig sich dieser zurückliegenden historischen Bindungen bewußt und hatten bei ihren Planungen die napoleonische Landkarte vor Augen. Indes war das Frankreich zugeteilte Besatzungsgebiet östlich des Rheins mit den alten Staatsgrenzen Badens nicht deckungsgleich, da dessen nördlicher Teil wie auch Teile Württembergs (mit der Hauptstadt Stuttgart) von

[37] Vgl. Loth, Sozialismus und Internationalismus, S. 93ff; Lattard, Gewerkschaften, S. 42ff.

[38] Bidault sprach sich noch 1947 (Interview in der New York Times vom 12. 1. 1947) für eine Separation des Rheinlands aus.

[39] Formulierung anläßlich einer Réunion „tenue sous la présidence du général CCFA au sujet de la décentralisation politique, administrative et économique de la ZFO", 22. 2. 1947, AOC, CC Pol III A 3/b.

[40] Vgl. Note Puaux (Anm. 26).

[41] Vgl. Wehling, Genese.

den Amerikanern besetzt waren. Vor allem die Aufteilung Badens auf verschiedene Besatzungszonen, die die Franzosen noch bis 1949 im Austausch gegen Württemberg-Hohenzollern rückgängig zu machen versuchten, paßte de Gaulle nicht ins Konzept. Ab Januar 1946 erfolgten durch Koenigs Stab konkrete planerische Umsetzungen. Politisches Ziel war, die regionalistisch-partikularistischen Tendenzen, soweit noch vorhanden, zu nutzen und mit allen Mitteln die Identität und Eigenständigkeit der Bevölkerung im Südwesten Deutschlands zu stärken.

Autonomistisch-partikularistische Kräfte in dieser Region waren, wie gesagt, durchaus vorhanden und manifestierten sich auch zuweilen, auch wenn sie von französischer Seite häufig überbewertet wurden. Zweifellos kam der sogenannten „altbadische" Bevölkerungsteil, repräsentiert vor allem durch den ab Dezember 1946 amtierenden Regierungschef von Baden, Leo Wohleb, gaullistischen Vorstellungen von einer konföderalen Neugliederung am nächsten[42]. Wohlleb selbst konzedierte der de Gaulleschen Politik Verantwortung, Humanität und Verständigungsbereitschaft. Dem badischen Präsidenten schwebte eine „Art südwestdeutsche Eidgenossenschaft in einem späteren, lockeren deutschen Staatenbund" vor; Bestrebungen, einen Südweststaat zu etablieren, stand er allerdings bis zuletzt ablehnend gegenüber[43].

In Württemberg-Hohenzollern, wo in der vorkonstitutionellen Phase bis zum Fühjahr 1947 auf deutscher Seite der durch Herkunft und Bildung Frankreich besonders verbundene Sozialdemokrat Carlo Schmid[44] die entscheidende Rolle spielte, kamen autonomistische bzw. partikularistische Tendenzen, soweit vorhanden, allerdings kaum zum Tragen[45]. Aufgrund unzulänglicher Verwaltungsstrukturen und einer ausgesprochen ungünstigen Wirtschaftslage stand hier das Bestreben nach einer Vereinigung mit der unter amerikanischer Besatzung stehenden Nordhälfte Württembergs im Vordergrund. Im Mai 1947 trat schließlich die Verfassung des neugebildeten Landes Württemberg-Hohenzollern in Kraft. Die Franzosen maßen diesem Land nicht die gleiche politische und wirtschaftliche Bedeutung bei wie den übrigen von ihnen besetzten Gebieten, weshalb sie auch weiterhin einen Tausch mit dem amerikanisch besetzten Nordbaden anstrebten. Gleichwohl verfolgten sie mit der Bildung des Landes Württemberg-Hohenzollern das Ziel einer konföderalen Aufteilung Deutschlands auch in dessen südwestlichem Teil weiter.

Daß General Koenig und sein Berater Saint-Hardouin einer südwestdeutschen „Kleinstaaterei" oder doch zumindest alten napoleonischen Rheinbund-Vorstellungen anhingen, bestätigte indirekt ihr Administrateur général Laffon, als er dem

[42] Vgl. u. a. Konstanzer, Entstehung (mit weiterführender Literatur). Im Juni 1947 wurde Wohleb Staatspräsident des neu konstituierten Landes Baden, im Sinne der Verfassungsgeber der badische Kernstaat. Auf die historische Genese des Landes Baden-Württemberg kann an dieser Stelle nicht näher eingegangen werden. Ihre besondere Problematik bestand vor allem in landsmannschaftlich-partikularistischen Unterschieden, wobei antipreußische Affekte und mehr oder minder starke Orientierungen nach Frankreich eine Rolle spielten, Differenzen, die den Franzosen sehr wohl bewußt waren.Vgl. dazu die bereits angeführte Note Puaux (Anm. 26).

[43] Vgl. Weihnacht, Leo Wohleb.

[44] Zu Carlo Schmid vgl. die kürzlich erschienene grundlegende Biographie von Petra Weber.

[45] Vgl. Auerbach, Politische Anfänge, sowie Zauner, Württemberg-Hohenzollern.

Oberkommandierenden entgegenhielt, daß man föderale Strukturen nicht in einer beliebigen Ecke Deutschlands schaffen und darauf bauen könne, daß diese sich dann auf das Ganze übertrügen[46]. Auch die spätere Gründung des Landes Baden-Württemberg lag keineswegs in der Intention Koenigs und seiner Gouverneure. Dieser Weg konnte erst beschritten werden, als politische Entscheidungsprozesse überwiegend in deutsche Hände gelangt waren; das war nicht vor 1948 der Fall. Andererseits zeigen die – vor allem durch badisch-partikularistischen Eigensinn bis ins Jahr 1970 reichenden – Geburtswehen des neuen Bundeslandes, daß die Franzosen nicht völlig auf Sand gebaut hatten, als sie in Südwestdeutschland eine „napoleonische" Politik durchzusetzen versuchten.

3. Französische Besatzungspolitik – ein Januskopf?

Nach dem Zweiten Weltkrieg war die französische Separationspolitik beiderseits des Rheins – zumindest dem Augenschein nach – weit weniger historisch verbrämt als noch 1918. Ebensowenig traten nach 1945 Aspekte einer ideologischen „mission libératrice" zutage. Für die ersten Jahre will es scheinen, als sei die Triebfeder französischen Handelns allein rigorose Sicherheits- und Revanchepolitik gewesen. Zwar fand General de Gaulle auf seiner Rundreise durch die Besatzungszone im Herbst 1945, zur Überraschung der Deutschen, versöhnliche, ja ermunternde Worte über Zusammenarbeit und den materiellen und moralischen Wiederaufbau; man konnte aber auch, wie Carlo Schmid, die Reden des Generals so interpretieren, als sollten die rheinischen Gebiete aus dem „corps germanique" gelöst und zu treuen Trabanten Frankreichs werden[47]. Indes war der Alltag in der Französischen Besatzungszone gekennzeichnet von Not und unerträglichen Lebensbedingungen, die im Verlauf des Jahres 1946 ihren Höhepunkt erreichten[48]. Daß die französische Zone im Vergleich am schlechtesten versorgt war, lag vor allem an den Entnahmen – die wirtschaftliche Misere in Frankreich selbst erlaubte die Deckung des Eigenbedarfs von nur 50–60 Prozent aus der eigenen Produktion[49]. In den Jahren 1947/48 erfolgte bereits die dritte Demontagewelle, die den britischen Generalkonsul in Baden-Baden fürchten ließ, daß es zur völligen Verwüstung der französischen Zone kommen werde: Das Ausmaß an Demontagen in der Französischen Besatzungszone erreichte nahezu das Niveau der Sowjetischen Besatzungszone. Der französische Oberkommandierende Koenig instrumentalisierte andererseits die ökonomische Ausbeutung und Not in nachgerade zynischer Manier zur Durchsetzung seiner föderalistischer Axiome – so z. B. im Oktober 1947 gegenüber dem südwürttembergischen Kabinett[50]. Nach einer amerikanischen Umfrage vom Oktober 1947 genossen die Fran-

[46] Administrateur général à général Koenig 14. 4. 1946, AOC, CC Pol III A 2.
[47] Vgl. hierzu Carlo Schmid, Erinnerungen, S. 227.
[48] Hierzu Wolfrum, Düstere Franzosenzeit.
[49] AOC, Bestand Bade OOO5 (Agriculture); Wolfrum, Düstere Franzosenzeit, S. 99f.
[50] Protokoll der Besprechung Koenigs mit dem südwürttembergischen Kabinett vom 2. 12. 1947, AsD, NL Carlo Schmid, Nr. 1103.

zosen im Gefolge dieser Entwicklung das Vertrauen von nur noch 4 Prozent der deutschen Bevölkerung, während Amerikaner und Briten jeweils 63 und 45 Prozent verbuchen konnten und die Sowjets nicht einmal ein Prozent erreichten[51].

Dennoch ist die französische Besatzungspolitik auch durch Bemühungen um politische Befreiung, Demokratisierung und Umgestaltung der deutschen Gesellschaft gekennzeichnet. Allerdings erzielte sie in den Bereichen, in denen sie dies vornehmlich versuchte, nämlich bei der Entnazifizierung und in der Kulturpolitik, keineswegs große Erfolge. Wurde in den regierungsamtlichen Pariser Richtlinien vom Juli 1945 noch postuliert, daß im Rheinland demokratische Verhältnisse durch eine „déprussianisation", eine „Entpreußung", erreicht werden sollten[52], versuchte der französische Administrateur général Laffon, der den Sozialisten nahestand, die Entnazifizierung für einen konstruktiven demokratischen Neuaufbau der ihm anvertrauten Provinzen zu nutzen[53]. Seine Hoffnung auf Unterstützung durch die deutsche Bevölkerung, auf eine den Vorgängen in Frankreich vergleichbare „auto-épuration", erfüllte sich jedoch nicht, nachdem positive Maßnahmen in Bereichen wie der betrieblichen Mitbestimmung und der Sozialversicherung in eklatanten Widerspruch zu der konstanten Auspowerung des Besatzungsgebiets gerieten[54]. Den betroffenen Deutschen zeigte sich ein Januskopf, von dem sie in ihrer Verbitterung dann nur noch die Schattenseite wahrnahmen. Die Entnazifizierung als Vehikel der demokratischen Wende hatte aber auch noch ein anderes, organisatorisch-politisches Manko: Die Franzosen hielten an ihrem besatzungspolitischen Axiom einer weitestgehenden Dezentralisierung fest, eine einheitlich durchgeführte politische Säuberung hätte aber eine zentrale und koordinierende Entscheidungsinstanz erfordert. Daß die Entnazifizierung in der französischen Zone somit – auch im Vergleich mit den übrigen Besatzungszonen – nicht die notwendige Effizienz und damit auch nicht den gewünschten Erfolg hatte, beruhte letztlich auf besatzungspolitischen Strukturproblemen[55].

Auch die Kulturpolitik der Franzosen in ihrer Besatzungszone stand in engem Zusammenhang mit der demokratischen Umerziehung der Deutschen. Vor allem sie bot den Ansatz zu einer „pénétration pacifique", wie sie bereits nach dem Ersten Weltkrieg versucht worden war[56]. Dies gilt vor allem für den Jugend- und Bildungssektor[57]. Hier bemühten sich die Franzosen zum einen um einen pädagogisch-demokratischen Neuanfang „dans le respect de la liberté des personnes", griffen zum andern aber zu einer zum Teil massiven Umerziehungspropaganda, die vor allem auf

[51] Vgl. Merrit, Public Opinion, S. 31 ff.

[52] Vgl. Grohnert, Entnazifizierung, S. 57 ff.

[53] Laffon, Principes de notre action en Allemagne occupée, AOC, Cabinet Laffon, C 13.

[54] Hierzu u. a. Hudemann, Sozialpolitik.

[55] Die Beurteilung der französischen Entnazifizierungspolitik fällt nach wie vor kontrovers aus. Vgl. Henke, Politische Säuberung; Grohnert, Entnazifizierung; Wolfrum, Düstere Franzosenzeit, S. 96 ff.

[56] Hierzu u. a. Vaillant, Französische Kulturpolitik; Vaillant, Einführung; Knipping/Le Rider, Frankreichs Kulturpolitik; Wolfrum, Düstere Franzosenzeit, S. 102 ff.

[57] Vgl. Mombert, Les Français et la jeunesse.

die preußisch-militaristischen deutschen Traditionen als Grund allen Übels abzielte: Es ging um eine „pédagogie nouvelle", hinter der allerdings der missionarische Anspruch einer „suprématie culturelle, voire morale de la France" stand[58]. Eine kontrovers geführte Diskussion beschäftigt sich mit der Frage, ob die kulturellen Initiativen und Aktivitäten der Franzosen der Kompensation wirtschafts- und machtpolitischer Ausbeutung dienten[59]. Im Bewußtsein der Bevölkerung kontrastierten sie freilich bitter mit den sozialen und politischen Gegebenheiten. Wie auch immer, auch in diesem Bereich zeigt sich das doppelte Gesicht, der Januskopf französischer Besatzungspolitik.

4. Das Scheitern der französischen Besatzungs-Sonderpolitik

Frankreichs Ambitionen am Rhein nach dem Zweiten Weltkrieg fanden ihre Grenzen auch in der Politik der übrigen Siegermächte und im Fortgang der internationalen Entwicklung. Vorab sei hier daran erinnert, welch erbitterten Kampf de Gaulle vor allem gegenüber den anglo-amerikanischen Verbündeten um Anerkennung als Chef des Freien Frankreichs und um gleichberechtigte Mitwirkung an der internationalen Nachkriegsregelung hatte führen müssen. Auch seine deutschlandpolitischen Forderungen, die noch vor der Zuteilung einer eigenen Besatzungszone erhoben wurden, fanden die Zustimmung der Kriegsalliierten ebensowenig wie de Gaulles Versuch im Dezember 1944, Stalin für die französischen Ziele zu gewinnen. Die ablehnende Haltung der Alliierten hatte die Franzosen zunächst jedoch keineswegs gehindert, ihre Maximalziele am Rhein zu verfolgen und dabei auch die sowjetische Karte zu spielen. In diesem Zusammenhang versuchte die Pariser Regierung sogar, Moskau in der Ruhr-Frage als gleichberechtigten Partner ins Spiel zu bringen – um den Preis sowjetischer Unterstützung der eigenen Ansprüche in Deutschland bzw. im Rheinland[60]. Lediglich Außenminister Georges Bidault opponierte nach eigenem Bekunden, wenn auch nicht öffentlich, gegen die damit eröffnete Möglichkeit, den Sowjets die Tür nach Westdeutschland zu öffnen[61]. Seine Vorbehalte gegenüber Moskau sollten erst zwei Jahre später die französische Deutschlandpolitik beeinflussen. Für Stalin und Molotow besaß zudem die politische Abstimmung mit den angelsächsischen Mächten zunächst noch absolute Priorität.

Die Maximalpolitik de Gaulles wurde nach seinem Ausscheiden aus dem Amt als Regierungschef auch von der neuen Regierung des Sozialisten Felix Gouin vorerst nicht in Frage gestellt. Erst als Léon Blum im Dezember 1946 für wenige Wochen die Regierungsverantwortung übernahm, gerieten die Dinge in Bewegung. Im Janu-

[58] Mombert, S. 177f.; Comité interministériel, Dok. No.41: Note sur les problèmes de réeducation dans la ZFO en Allemagne, 7. 11. 1945, zit. von Hudemann, Kulturpolitik, S. 22f.

[59] Vgl. Henke, Politik der Widersprüche; Hudemann, Kulturpolitik; Vaillant, Einführung; Wolfrum, Düstere Franzosenzeit, S. 102ff.

[60] In diesem Sinne agierte Hervé Alphand bei seinem Besuch im Dezember 1945 in Moskau. Vgl. Soutou, Politique française, S. 54f.

[61] Vgl. Bidault, D'une Résistance à l'autre, S. 94f. und S. 150.

ar 1947 formulierte Außenamtsstaatssekretär Pierre-Olivier Lapie gegenüber General Koenig und seinem Stab eine klare und unmißverständliche Absage an jeglichen rheinischen Separatismus[62]. Diese apodiktische Neuformulierung französischer Besatzungspolitik wurde allerdings von den Gaullisten nicht akzeptiert; sie setzten vor allem Bidault, der 1946 auch das Amt des Regierungschefs bekleidete, unter Druck, er solle in der Frage der Rheinlande wie auch des Ruhrgebiets unnachgiebig bleiben[63]. Auf der Konferenz von Moskau im März/April 1947 trat Bidault denn auch wieder mit den Maximalforderungen auf, die er Stalin am 17.März persönlich vortrug[64]. Auch diesmal konnten die Sowjets nicht für die französische Sache gewonnen werden, und sogar in der Saarfrage bestand der Dissens weiter. Indessen waren all diese Bemühungen schon bald Makulatur – der Gegensatz zwischen der Sowjetunion und den Westmächten zeichnete sich immer deutlicher ab und beherrschte alsbald auch die Bühne der Besatzungspolitik. Zwar wurden die französischen Separationsforderungen offiziell noch aufrechterhalten, de facto mußte Frankreich jedoch angesichts der aggressiven sowjetischen Politik in Osteuropa sowie der Probleme mit den Kommunisten als „fünfter Kolonne" im eigenen Land im Lauf der Jahre 1947 und 1948 seine Maximalforderungen nach einer politischen Separation der rheinischen Gebiete bzw. der unterdes konstituierten Länder sowie des Ruhrgebiets allmählich aufgeben. Die Franzosen opponierten daher nicht mehr gegen die Bildung der Trizone und gaben ihre Rolle als Quertreiber im westlichen Lager auf. Die nunmehr eindeutige Option für den Westen wurde honoriert durch die Einbindung Frankreichs in die amerikanische Wirtschaftshilfe bzw. den Marshall-Plan. Die antagonistische Entwicklung der beiden politischen Machtblöcke entzog der bisherigen französischen Deutschland- und Besatzungspolitik ihre Grundlage; für die Franzosen selbst hieß das, über den eigenen historischen Schatten springen und von den Illusionen und Träumen einer politischen und kulturellen Vereinnahmung der Rheinlande Abschied nehmen zu müssen.

Der Faktor Sowjetunion war somit in der französischen Deutschland- und Besatzungspolitik zunächst positiv und anschließend negativ besetzt[65]. Dies wirft die Frage nach längerfristigen Parallelen in der französischen und sowjetischen Besatzungspolitik auf. Auf fehlende Akzeptanz bzw. offene Ablehnung beider Besatzungsmächte seitens der deutschen Bevölkerung wurde bereits hingewiesen. Die Faktoren, die zu einer solchen Haltung führten, lohnen einen Vergleich. Während die Sowjetunion mit dem Anspruch auftrat, das deutsche Volk zu befreien, strebten die Franzosen zuerst einmal territoriale Veränderungen an; erst danach sollte eine Um-

[62] Vgl. Lapie, De Léon Blum à de Gaulle, S. 42.

[63] Vgl. Note personelle du général Koenig pour Bidault, 4. 3. 1947, und Brief Koenigs an Bidault, 9. 4. 1947, zit. bei Soutou, Politique française, S. 62.

[64] Vgl. Procès-verbal de la conférence, Ministère des Affaires Etrangères, Série Y, Vol.399.

[65] An dieser Stelle sei daran erinnert, daß die junge und revolutionäre Sowjetunion bereits 1918/19 eine Rolle in der französischen Propaganda für einen von Deutschland separierten Rheinstaat gespielt hatte. Die Argumentation ging dahin, daß ein dezentralisiertes Deutschland eher in der Lage sein werde, der sozialen Revolution Paroli zu bieten als die von ihr bereits bedrohte Hauptstadt Berlin (vgl. dazu Köhler, Französische Besatzungspolitik, S. 118f.).

erziehung der Betroffenen unter dem Signum „politische Befreiung" erfolgen. Hinsichtlich Herrschaftsstruktur waren sich die beiden Besatzungsmächte sehr ähnlich. Das Doppelgesicht der französischen Besatzungspolitik führte zu einer für die Betroffenen oft schmerzlichen und negativ erfahrenen Wechselwirkung von Besetzung und Befreiung – grundsätzlich durchaus vergleichbar mit den entsprechenden Entwicklungen während der Französischen Revolution wie nach 1918: Auf der einen Seite das Angebot demokratischer Selbstbestimmung oder doch eines Mitspracherechts bei der künftigen Gestaltung des eigenen staatlichen Zusammenlebens – dies wurde im übrigen den Deutschen in der SBZ rascher unterbreitet als in der Französischen Besatzungszone –, auf der anderen die in beiden Zonen in Art und Ausmaß durchaus vergleichbare exzessive Reparations- und Demontagepolitik, die das Angebot von Befreiung und Freiheit schon auf materiellem Gebiet konterkarierte. Das Angebot demokratischer Selbstbestimmung und Freiheit wurde von den Sowjets spätestens ab 1948 wieder zurückgenommen und faktisch ins schiere Gegenteil verkehrt. Hier schlug Frankreich einen entgegengesetzten Weg ein. War in den ersten Nachkriegsjahren gegenüber den zwar illusionären, jedoch hartnäckig verfolgten Forderungen nach einer politischen Abtrennung der rheinischen Territorien deren demokratische Befreiung eine cura posterior, so wurden die französischen Maximalziele spätestens seit dem Amtsantritt Robert Schumans als Außenminister im Juli 1948 positiv gewendet. Dies gilt für die neugeschaffenen rheinischen Länder, die sich nahtlos in den westdeutschen demokratischen föderalen Staat einfügten. Es gilt aber auch für die spätere deutsch-französische Annäherung und Aussöhnung, wobei der alte französische Traum von der Rheingrenze nun definitiv obsolet geworden war.

II. Kriegsende und sowjetische Besatzungspolitik

Helmut Altrichter

Ein- oder mehrdeutig? Ziele und Konzeptionen sowjetischer Deutschlandpolitik 1945/46.

Stalin „wollte weder einen Separatstaat auf dem Boden der sowjetischen Besatzungszone noch überhaupt einen sozialistischen Staat in Deutschland. Stattdessen strebte er eine parlamentarische Demokratie für ganz Deutschland an, die dem Faschismus die gesellschaftlichen Grundlagen entziehen und der Sowjetunion den Zugang zu den Ressourcen des Ruhrgebiets eröffnen sollte. Erreicht werden sollte sie in gemeinsamer Verantwortung der Siegermächte. Der sozialistische Separatstaat DDR ist in erster Linie ein Produkt des revolutionären Eifers von Walter Ulbricht, der sich vor dem Hintergrund westlicher Abschottungspolitik entfalten konnte." Mit diesen Sätzen faßt Winfried Loth seine neueren Forschungen zur sowjetischen Deutschlandpolitik zusammen[1].

Von welcher Seite auch immer man sich diesen Sätzen nähert, ihre Kernthese, für Stalin habe „die Konstituierung eines einheitlichen Deutschland in Kooperation mit den westlichen Alliierten eindeutig Priorität" besessen[2], ist tatsächlich, wie der Autor sagt, „überraschen[d]". Sie widerspricht nicht nur allen Deutungen, die – in der Zeit selbst und in den Jahrzehnten danach – ein kommunistisches Gesamtdeutschland als Stalins eigentliches Ziel annahmen und das Faktum der Teilung ideologisch wie machtpolitisch darauf zurückführten[3]. Loths These verwirft explizit auch vorsichtigere Erklärungsversuche, die in der sowjetischen Deutschlandpolitik der Kriegs- und Nachkriegszeit analytisch mehrere Zielperspektiven ausmachten, die nach-, oft aber auch nebeneinander verfolgt worden seien und die Stalinsche Deutschlandpolitik schwer durchschaubar, „mehrdeutig" machten: die Vorstellung eines „Karthago-Friedens", der vollständigen Niederwerfung und Zerstückelung Deutschlands, im Bunde mit den Westalliierten; die Möglichkeit einer Verständigung mit Gesamtdeutschland, über alle ideologischen Grenzen hinweg; die Einbeziehung ganz Deutschlands in den sowjetischen Machtbereich oder eben die Perspektive der Teilung[4].

[1] Loth, Stalins ungeliebtes Kind, S. 10.
[2] So Loth, Das ungeliebte Kind, S. 32.
[3] Stellvertretend vgl. Meissner, Rußland, die Westmächte und Deutschland; Erfurt, Sowjetrussische Deutschlandpolitik.
[4] Vgl. Schwarz, Vom Reich zur Bundesrepublik; darauf aufbauend auch Staritz, Sozialismus in ei-

Loth verwirft beide Erklärungsmuster und stützt sich bei seiner neuen Deutung vor allem auf den Nachlaß Pieck, der Jahrzehnte im Zentralen Parteiarchiv der SED schlummerte und erst nach dem Fall der Mauer der Forschung zugänglich wurde. Er enthält Notizen über die internen Beratungen der KPD/SED-Spitze mit der Moskauer Staats- und Parteiführung, wobei an mehreren Treffen nachweislich auch Stalin selbst teilnahm, sowie über ihre Kontakte zu den Repräsentanten der Sowjetischen Militäradministration und der Sowjetischen Kontrollkommission in Berlin. An der Hochrangigkeit der Gespräche kann kein Zweifel bestehen, an der Bedeutung, die ihnen die deutschen Genossen beimaßen, ebensowenig. Schließlich erfuhren sie hier aus erster Hand, wie sich der große Bruder in Moskau den Neuaufbau Deutschlands vorstellte. So ist es sehr zu begrüßen, daß Winfried Loth und Rolf Badstübner diese Dokumente inzwischen auch ediert haben[5].

Wer hineinschaut, merkt schnell, daß Piecks Aufzeichnungen keine Protokolle im eigentlichen Sinne sind und ihre Entschlüsselung, Zuordnung und Interpretation so leicht nicht fällt. In aller Regel hat ihr Verfasser nur Stichworte notiert. Selbst den Sprecher hat er meist nicht vermerkt. So ist per se oft kaum zu entscheiden, was die Position der deutschen Seite wiedergibt und was als Zielvorgabe der sowjetischen Stellen aufgeschrieben wurde. Mit Sicherheit sind den Aufzeichnungen jedoch die Gesprächsthemen und mit einiger Vorsicht auch die dahinter steckenden Probleme zu entnehmen. Schon die Notizen zur ersten „Beratung am 4. 6. 1945 um 6 Uhr bei Stalin, Molotow, Schdanow" (so das Kopfregest)[6] machen das deutlich, die für Loth so etwas wie ein Schlüsseldokument sind. Ihr Generalthema war offenkundig eine Art Standortbestimmung; sie galt der internationalen Lage und ihren Auswirkungen auf Deutschland, dem Wiederaufbau der KPD und den Aufgaben, die sich ihr stellten.

Sucht man sich die Stichworte zusammen, so wird man (mit Loth) einen Eckpunkt in der „Perspektive" sehen dürfen: „es wird 2 Deutschlands geben – trotz aller Einheit der Verbündeten". Die Schuld daran wurde offenkundig den Westalliierten zugewiesen und zur Sprache gebracht, daß schon früher „bei Engl[ändern]-Amerikan[ern]" der „Plan der Zerstückelung Deutschlands bestand", von dem sich die Sowjetunion jedoch distanziert habe („Stalin war dagegen"). Andererseits sollte diese Entwicklung nicht einfach hingenommen und versucht werden, die „Einheit Deutschlands [zu] sichern durch [eine] einh[eitliche] KPD [und ein] einh[eitliches] ZK". Dabei habe das ZK Kurs auf die Schaffung einer „einh[eitlichen] Partei der Werktätigen" zu nehmen, die nicht nur „Arbeiter", sondern auch „schaffende Bauern" und „Intellektuelle" umfasse. Die Konkurrenz der SPD schätzte man dabei wohl nicht allzu hoch ein; sie sei, so hieß es etwas weiter unten, „sehr zersplittert"

nem halben Land, S. 136ff.; Fischer, Sowjetische Deutschlandpolitik; Fischer, Die Sowjetunion und die „Deutsche Frage", S. 41ff.

5 Pieck, Aufzeichnungen.

6 Pieck, Aufzeichnungen, S. 50ff., erstmals veröffentlicht bei Badstübner, „Beratungen"; zur Wertung Loth, Stalins ungeliebtes Kind, S. 14; kritische Einwände zur Edition und Interpretation dieses Dokuments siehe weiter unten, Anm. 48.

und die „Mehrheit der Mitglieder für [die] Einheit". Sodann wurde vermutlich erläutert, was man in Moskau unter Entnazifizierung verstand, ohne das Wort selbst zu verwenden: Der „Charakter des antifaschistischen Kampfes „bestehe in der „Vollendung der bürgerl[ich]-demokr[atischen] Revolution", der Bildung einer „bürgerl[ich]-demokr[atischen] Regierung", ferner darin, die „Macht der Rittergutsbesitzer [zu] brechen" und die „Reste des Feudalismus [zu] beseitigen"[7]. Von „Sozialismus" ist dabei, da hat Loth ganz recht, im ganzen Dokument nicht die Rede, schon gar nicht von „Sowjetisierung".

Doch reicht das aus, selbst wenn sich diese Grundaussagen in einer ganzen Reihe weiterer Dokumente wiederfinden, um die These, Stalin habe „weder einen Separatstaat auf dem Boden der sowjetischen Besatzungszone noch überhaupt einen sozialistischen Staat in Deutschland" gewollt und „die Konstituierung eines einheitlichen Deutschland in Kooperation mit den westlichen Alliierten [habe] in seiner Deutschlandpolitik eindeutig Priorität" besessen, zu untermauern? Muß erstens, wenn von „Kooperation" die Rede ist, nicht auch ihre Vorgeschichte, die Kriegszeit, in Betracht genommen werden, womit zugleich eben jene „Mehrdeutigkeit" der Stalinschen Politik sichtbar wird, die diese„Kooperation" erschwerte und seine Forderung der „Einheit" Deutschlands relativierte? Daß Loth hier diese Vorgeschichte ausblendet, überrascht umso mehr, als er sie andernorts eingehend dargestellt hat[8]. Gilt zweitens nicht ähnliches auch für die Pläne zur Organisation einer einheitlichen „Partei der Werktätigen", die den „antifaschistischen Kampf" anführen und die „bürgerlich-demokratische Revolution" vollenden werde? Hatten nicht auch sie eine (hinlänglich bekannte) Vorgeschichte, die ihren Stellenwert recht plausibel erklärt? Sicher, von „Sozialismus" oder gar „Sowjetisierung" war zunächst nicht die Rede. Aber ließ sich zum dritten das, was unter den Stichworten „Säuberung des Staatsapparates", „Enteignung der Betriebe von Naziverbrechern" und „antifaschistische Bodenreform" ablief, von den Parallelen zu Vorgängen in Osteuropa abgesehen, nicht durchaus auch mit den Anfängen der bolschewistischen Politik in Rußland vergleichen? Und erklärt alles dies, viertens, nicht besser, plausibler, warum die Sowjetführung den Zugang zu den Ressourcen des Ruhrgebiets nicht erreichte und die Entwicklung auf eine Teilung des Gesamtstaates hinauslief, als der Verweis auf den „revolutionären Eifer von Walter Ulbricht" und die „westliche Abschottungspolitik"? Mit anderen Worten: Ich kann nicht recht sehen, daß Loth tatsächlich einen archimedischen Punkt der sowjetischen Deutschlandpolitik freigelegt hat, der uns erlauben würde, die Zusammenhänge besser zu verstehen, als jene Deutungsmuster, die er verwirft[9]. Seine neue Deutung findet – aus meiner Sicht – auch keine Be-

[7] Pieck, Aufzeichnungen, S. 50f.
[8] Loth, Teilung der Welt.
[9] Loths Buch über „Stalins ungeliebtes Kind" hat – wie die Edition der Pieck-Aufzeichnungen – eine lebhafte Debatte ausgelöst; obwohl ihr Inhalt hier nicht zu referieren ist, sei für weitere Anregungen zumindest verwiesen auf: Benser, Günter (Rez. zu Badstübner/Loth, Pieck-Aufzeichnungen), in: ZfG 43 (1995), S. 375ff.; Kleßmann, Christoph (Rez. zu Buch), in: HZ 261 (1995), S. 323f.; Köhler, Henning: Stalin: ein deutscher Demokrat (Rez. zu Buch und Edition), in: FAZ, 2. 8. 1994; Elke Scherstjanoi (Rez. zu Edition), in: BzG 36 (1994), S. 107ff.; Dietrich Staritz: Die

stätigung in dem, was sonst noch nach der „Wende" aus vordem verschlossenen Archiven zutage gefördert wurde. Ich will im folgenden versuchen, jeden dieser Punkte etwas näher zu erläutern.

1. Die Sowjetunion und die Westalliierten von Teheran bis Potsdam

Das Verhältnis Stalins zu den Westalliierten war von Anfang an problem- und konfliktbeladen, ihre Koalition ja nicht auf Grund gemeinsamer Überzeugungen, sondern erst nach dem deutschen Überfall auf die Sowjetunion zustande gekommen; sie blieb geprägt vom Krieg und Kriegsverlauf. Als der sowjetische Partei- und Staatschef Ende November 1943 mit Roosevelt und Churchill zur ersten gemeinsamen Kriegskonferenz in Teheran zusammenkam, war die Offensivkraft des deutschen Ostheeres bereits gebrochen und die Rote Armee auf dem Vormarsch: Sie hatte den Angriff auf Stalingrad abgewehrt, Anfang des Jahres General Paulus und seine 6. Armee zur Kapitulation gezwungen, bis zum Sommer Smolensk, Brjansk und Orel, Kursk, Charkow und Rostow zurückerobert, im November auch Kiew und Gomel, und sie stand nun im Süden am Dnepr – 600, 700 km weiter westlich als noch ein Jahr zuvor[10]. Aufgrund der anhaltenden Erfolge war der amerikanische Generalstab schon im August zu dem Schluß gekommen, Sowjetrußland werde den Krieg gegen die Achsenmächte siegreich überstehen und nach deren Niederlage „ohne Frage die Vorherrschaft in Europa" innehaben; entsprechend wichtig sei die „Entwicklung und Aufrechterhaltung freundschaftlicher Beziehungen"[11].

Zwar blieben die politischen Probleme, die einer solchen „Freundschaft" entgegenstanden, ungelöst: An den ideologischen Gegensätzen hatte sich nichts geändert, und nach wie vor beharrte die sowjetische Führung auf den neuen Grenzen, die sie im Pakt mit Hitler erreicht hatte, einschließlich jener umfangreichen Gebiete östlich des Bug, die bis zum Herbst 1939 zu Polen gehört hatten. Die Lage war noch schwieriger geworden, seitdem im Frühjahr 1943 deutsche Stellen bei Katyn Massengräber polnischer Offiziere entdeckt hatten, die polnische Exilregierung in London eine internationale Untersuchungskommission forderte und Moskau daraufhin den Kontakt zu ihr abbrach. Doch den Westalliierten lag daran, die Auseinanderset-

SED und Stalins Deutschlandpolitik (Rez. zu Buch und Edition), in: DA 27 (1994), S. 854 ff.; Gerhard Wettig: Stalin – Patriot und Demokrat für Deutschland? (Rez. zu Buch und Edition), in: DA 28 (1995), S. 743 ff.; Heinrich-August Winkler, Im Zickzackkurs zum Sozialismus (Rez. zu Buch und Edition), in: *Die Zeit* vom 17. 6. 1994; Peter Zolling, „Mut ist oft sehr dumm" (Rez. zu Buch), in: *Der Spiegel* vom 20. 6. 1994; dazu die Erwiderung von Wilfried Loth, Kritik ohne Grundlagen. Erwiderung auf Gerhard Wettig, in: DA 28 (1995), S. 749 ff.

[10] Für die im folgenden genannten politischen und militärischen Ereignisse des Zweiten Weltkriegs vgl. Der Zweite Weltkrieg; Erickson, Stalin's War; Gilbert, Der Zweite Weltkrieg; Hillgruber, Der Zweite Weltkrieg; Hillgruber, Sowjetische Außenpolitik; Jacobson, Weg zur Teilung; Weinberg, A World at Arms; Ende des Dritten Reiches. Einzelnachweise beschränken sich ansonsten auf den Beleg von Zitaten. Für die Orientierung über den Kriegsverlauf hilfreich die Karten in: Welikaja Otetschestwennaja wojna, hier bes. Karten nach S. 212 sowie nach S. 312.

[11] Sherwood, Roosevelt und Hopkins, S. 612; wieder abgedruckt bei Jacobson, Weg zur Teilung, S. 317.

zungen nicht weiter eskalieren zu lassen, zumal die militärischen Erfolge die Position Stalins ungemein gestärkt hatten und er es verstand, seine Partner politisch im Unsicheren zu halten: Noch im Frühjahr hielten sich hartnäckig Gerüchte, zwischen Berlin und Moskau werde über einen Separatfrieden verhandelt, und kaum weniger irritierend war im Sommer die Meldung, nahe der sowjetischen Hauptstadt, in Krasnogorsk, habe sich aus Kriegsgefangenen und KPD-Exilanten ein „Nationalkomitee Freies Deutschland" (NKFD) gebildet und einen Appell „an das deutsche Volk" verabschiedet, das NS-Regime aus eigener Kraft zu stürzen, die Kampfhandlungen einzustellen und Frieden zu schließen[12]. Den Westalliierten war damit signalisiert, daß man in Moskau auch über andere Wege, den Krieg gegen Deutschland zu beenden, nachdachte, nicht nur jene „bedingungslose Kapitulation", auf die sich Roosevelt und Churchill im Januar 1943 in Casablanca geeinigt hatten.

Das waren für Roosevelt und Churchill Gründe genug, in Teheran den Schulterschluß mit der sowjetischen Führung zu suchen: Vor allem sagten sie Stalin die schon mehrfach versprochene, aber immer wieder verschobene Eröffnung einer „zweiten Front", die Landung in Frankreich, für das Frühjahr 1944 nun endgültig zu. Auch in der polnischen Frage zeigten sie Kompromißbereitschaft. Sie konzedierten der sowjetischen Führung die neue Grenze gegenüber Polen, brachten selbst den Vorschlag einer „Westverschiebung" bis zur Oder ein und erkannten das besondere Interesse Rußlands an einem „sowjetfreundlichen" polnischen Nachbarn an. Daß man sich „im Prinzip" einig war, daß die neue „Heimstatt des polnischen Staates und Volkes zwischen der sogenannten Curzon-Linie und der Oder liegen soll, unter Einbeziehung von Ostpreußen und der Provinz Oppeln", wurde ausdrücklich festgehalten, wobei Stalin nun zusätzlich Anspruch auf den nördlichen Teil Ostpreußens erhob[13].

Sehr viel weniger Kopfzerbrechen als Polen machte die Behandlung Deutschlands; mehr noch, hier herrschte Einigkeit, hier hatte die Koalition ihre bindende Klammer wiedergefunden. Zum Ausgangspunkt ihrer Überlegungen wurde ein Vorschlag Roosevelts, das Land nach Kriegsende in fünf Staaten aufzuteilen. Sein „Plan" fand die Zustimmung Churchills, und auch Stalin widersprach ihm nicht; schließlich waren ähnliche Pläne auch in Moskau überlegt und im Dezember 1941 bei einem Besuch Edens von Stalin erstmals zur Sprache gebracht worden[14]. Roosevelts Vorschlag wurde zur weiteren Verhandlung an eine „Europäische Beratende Kommissi-

[12] Zu Katyn Zawodny, Zum Beispiel Katyn; Madajczyk, Drama von Katyn; Slowes, Road to Katyn; zu den Separatfriedenssondierungen Fleischhauer, Chance des Sonderfriedens; Martin, Deutsch-sowjetische Sondierungen; zum NKFD vgl. weiter unten Anm. 36.

[13] Die amerikanische Edition zur Konferenz: FRUS. Diplomatic Papers: The Conferences at Cairo and Teheran 1943; die sowjetische: Sowetskij sojus na meschdunarodnych konferenzijach perioda welikoj Otetschestwennoj wojny 1941–1945 gg., hier Bd. 2: Tegeranskaja konferenzija; in den 80er Jahren erfolgte eine Übersetzung dieses Bandes der Edition ins Deutsche: Die Teheraner Konferenz 1943; noch immer nützlich, wenn auch unvollständig: Teheran, Jalta, Potsdam (weil man in den Fußnoten ergänzende oder anderslautende Passagen westlicher Teilnehmer mitlesen kann).

[14] Zum Besuch Edens ins Moskau und seinen Verhandlungen mit Stalin und Molotow vgl. Rscheschewskij, Wisit A. Idena; Loths Darstellung, nach der Stalin als bloß reagierend erscheint, ist demnach kaum länger haltbar (Loth, Stalins ungeliebtes Kind, S. 17f.).

on" überwiesen, die einen Monat zuvor von den drei Außenministern ins Leben gerufen worden war. Das gemeinsame Teheraner Schlußkommuniqué sprach von der Koordination der „Pläne zur Vernichtung der deutschen Streitkräfte" und einer „völligen Übereinstimmung", was „Umfang und Termine der Operationen" betraf. Sie bekundete die Entschlossenheit, „im Kriege wie der ihm folgenden Friedenszeit" zusammenzuarbeiten, und sah darin eine sichere Gewähr für den Sieg und für die Dauerhaftigkeit des Friedens[15].

Die deutsche Niederlage war bereits absehbar, als sich Stalin, Roosevelt und Churchill ein gutes Jahr später auf der Krim wieder trafen, zu ihrer zweiten Kriegskonferenz, die vom 4. bis 11. Februar 1945 in Jalta tagte. Der siegreiche Vormarsch der Roten Armee hatte sich fortgesetzt: Im Sommer und Herbst 1944 waren Rumänien und Bulgarien überrollt und ihr Abfall von den Achsenmächten erzwungen worden. Anfang des Jahres 1945 hatten die sowjetischen Streitkräfte im Norden die alte Reichsgrenze erreicht, in der Mitte standen sie an der Weichsel, und im Süden war Budapest bereits eingeschlossen. Zwischen 12. und 15. Januar 1945 setzten sie auf der ganzen 700 km langen Front, zwischen Memel und Karpaten, zu ihrer großen Winteroffensive an, die im Norden auf Königsberg zielte, im Mittelabschnitt sich nach der Einnahme von Warschau (am 17. Januar) in Richtung Posen und Breslau bewegte, und im Süden kapitulierte (am 18. Januar) der Ostteil der ungarischen Hauptstadt (Pest), am 13. Februar auch Buda. Nach der Landung der westalliierten Streitkräfte in der Normandie (am 6. Juni 1944) hatten sie Nordfrankreich und Belgien befreit, während ein zweiter Angriffskeil (nach der Landung bei Toulon Mitte August 1944) sich die Rhône aufwärts bewegte. Da Eisenhowers Verbände – wegen Nachschubschwierigkeiten – vorübergehend an der deutsch-niederländischen Grenze haltmachten, gaben sie Hitler noch einmal die Gelegenheit zum Gegenschlag; seine (Mitte Dezember 1944 begonnene) „Ardennen-Offensive" scheiterte zwar schon nach wenigen Tagen; doch als man sich in Jalta traf, waren die Westalliierten noch immer dabei, ihre Truppen neu zu ordnen und die Anfangserfolge der Offensive rückgängig zu machen[16].

Noch mehr fiel allerdings ins Gewicht, daß die politischen Probleme, die schon die Verhandlungen in Teheran belastet hatten, fortbestanden, ja die militärischen Erfolge der Roten Armee der Sowjetführung die Gelegenheit gaben, vollendete Tatsachen zu schaffen: So gab Radio Moskau am 22. Juli 1944 die Bildung eines „Polnischen Komitees der nationalen Befreiung" in Cholm bekannt, das der Londoner Exilregierung das Recht, für Polen zu sprechen, bestritt, Ende 1944 in die Wojewodschaftshauptstadt Lublin übersiedelte und seither „Lubliner Komitee" hieß. Noch im gleichen Monat erkannte Moskau das Komitee als einzige Vertretung Polens an, und wenig später schloß es mit dem Vorsitzenden des Komitees einen Vertrag, in dem zum ersten Male die Oder-Neiße-Linie als neue polnische Westgrenze festgeschrieben wurde[17].

[15] Hier nach der Übersetzung in: Die Teheraner Konferenz 1943, S. 144f.
[16] Dazu die Karte in: Welikaja Otetschestwennja wojna (nach S. 392 und S. 424).
[17] Pierron, Transformation du Comité de Lublin; zum allgemeinen Problem Kersten, Establishment of Communist Rule.

Alarmiert durch diese Ereignisse löste die Londoner Exilregierung den lange vorbereiteten Aufstand der polnischen Untergrundarmee (der „Heimatarmee“) gegen die deutsche Besatzungsherrschaft aus; bekannt als „Warschauer Aufstand , sollte die Aktion der Welt und nicht zuletzt der Sowjetunion zeigen, daß die Polen bereit und in der Lage waren, für die Wiedererlangung ihrer Freiheit zu kämpfen. Doch am Prestigegewinn der polnischen Heimatarmee kaum interessiert, am Scheitern der Aktion umso mehr, lehnte es die Rote Armee ab, den Aufständischen zu Hilfe zu eilen, wartete vielmehr ab, bis die deutsche Besatzungsmacht den Aufstand verlustreich niedergeschlagen hatte, und ließ auch Appelle Churchills und Roosevelts, Landeplätze für amerikanische und britische Flugzeuge zur Verfügung zu stellen, unbeantwortet. Am 2. Oktober kapitulierten die Reste der Heimatarmee, und Hitler gab Befehl, Warschau dem Erdboden gleich zu machen[18].

Diese Vorgänge waren in Jalta nicht rückgängig zu machen, aber vergessen waren sie auch nicht. Sie schlugen sich nieder in einer langen Debatte, wer in Polen künftig regieren solle, die mit der Übereinkunft endete, die aus dem „Lubliner Komitee“ hervorgegangene Provisorische Regierung durch Heranziehung anderer demokratischer Kräfte (auch aus dem Ausland) zu ergänzen und hier wie im befreiten Europa insgesamt möglichst bald freie Wahlen durchzuführen. Die Verstimmung wirkte aber auch in der deutlich größeren Zurückhaltung fort, die die Westmächte nun an den Tag legten, als es um die genaue Festlegung der polnischen Westgrenze und sowjetische Reparationswünsche ging.

Beunruhigt durch den raschen Vorstoß der Roten Armee und um nicht auch in Deutschland vor vollendete Tatsachen gestellt zu werden, hatten die Westmächte vorzubeugen versucht. In der „Europäischen Beratenden Kommission“ war eine Festlegung der künftigen Besatzungszonen vorgenommen worden, die verhindern sollte, daß sich der sowjetische Einflußbereich „bis an den Rhein“ vorschob[19]. Ein Alliierter Kontrollrat sollte Richtlinien für die gemeinsamer Besatzungspolitik erlassen; dabei hatte die Sowjetunion sichergestellt, daß sie von ihren westlichen Partnern nicht majorisiert werden konnte: Kam eine Einigung nicht zustande, handelte jeder Oberbefehlshaber in seiner Zone nach den Anweisungen der eigenen Regierung.

Doch der gemeinsame Gegner war es, der die Koalition noch immer zusammenhielt, und in den Grundsätzen der Deutschlandpolitik war man sich nach wie vor einig: Es sei ihr „unerschütterliches Ziel“, so hieß es in der Pressemitteilung, den „deutschen Militarismus und Nazismus zu vernichten und dafür Garantien zu schaffen, daß Deutschland nie wieder im Stande sein wird, den Weltfrieden zu brechen“. Deshalb sei man „fest entschlossen, alle deutschen Streitkräfte zu entwaffnen und aufzulösen, den deutschen Generalstab „ein für allemal zu zerschlagen“, „sämtliche deutschen militärischen Anlagen zu konfiszieren und zu zerstören“, die gesamte deutsche Industrie, die für militärische Produktion benutzt werden könnte, zu be-

[18] Ciechanowski, Warsaw Rising; Zawodny, Nothing but Honour; Piekalkiewicz, Kampf um Warschau.

[19] Dazu jetzt auch Laufer, Die UdSSR und die Zoneneinteilung Deutschlands.

seitigen oder unter Kontrolle zu stellen", alle Kriegsverbrecher einer gerechten und raschen Bestrafung zuzuführen, die nationalsozialistische Partei sowie die nationalsozialistischen Gesetze, Organisationen und Einrichtungen „zu liquidieren", deren Hinterlassenschaften im öffentlichen, wirtschaftlichen und kulturellen Leben „zu beseitigen" und Deutschland für den angerichteten Schaden Wiedergutmachung leisten zu lassen[20]. Das erinnerte schon in der Diktion an jenen „Karthago-Frieden", wie ihn der amerikanische Finanzminister Morgenthau gefordert hatte, ohne seine Reagrarisierungspläne wieder aufzunehmen[21].

Stalin brachte auch jene Zerstückelungspläne in Erinnerung, die in Teheran zur Diskussion gestanden hatten, ohne daß dort wie später in der „Europäischen Beratenden Kommission" in London Beschlüsse dazu gefaßt worden wären. Gemeinsam kam man nun überein, entsprechende Passagen in den Entwurf der Kapitulationsurkunde, die nach wie vor die „bedingungslose Kapitulation" forderte, aufzunehmen[22].

Ein halbes Jahr später kamen die Staatsführungen der Sowjetunion, Großbritanniens und der USA zur dritten und letzten Kriegskonferenz zusammen; sie tagte vom 17. Juli bis 2. August 1945 in Schloß Cecilienhof bei Potsdam. Mit der deutschen Niederlage war alles nach Plan verlaufen: Am 7. Mai unterschrieb Jodl im Hauptquartier Eisenhowers (in Reims) die Gesamtkapitulation der deutschen Wehrmacht, am 9. Mai wiederholten Keitel, von Friedeburg und Stumpff für die drei Waffengattungen den Kapitulationsakt im sowjetischen Hauptquartier (in Berlin-Karlshorst). Am 5. Juni unterzeichneten die Oberbefehlshaber der Besatzungsmächte, zu denen nun auch Frankreich gehörte, in Berlin vier Erklärungen, mit denen sie die „Oberste Regierungsgewalt" übernahmen, die Ausübung aller staatlichen Gewalt auf die alliierten Militärstellen übertrugen, die Grundzüge des gemeinsamen „Kontrollverfahrens" bekanntgaben und die Einteilung Deutschlands in Besatzungszonen (Berlins in Sektoren) verkündeten[23].

Doch gerade das letzte halbe Jahr hatte gezeigt, wie dünn das Eis des gegenseitigen Vertrauens war, auf dem man sich bewegte. Das hing nicht nur damit zusammen, daß Präsident Roosevelt, der am stärksten für die Zusammenarbeit mit der Sowjetunion eingetreten war, im April verstorben war. Er hinterließ seinem Nachfolger Truman auch ein schwieriges Erbe: Seine Politik des „postponement", kritische Entscheidungen bis Kriegsende aufzuschieben, sein Spagat, den machtpolitischen Ausgleich mit Stalin zu suchen, gleichzeitig aber vor der amerikanischen Öffentlichkeit in Wilsonscher Tradition einem moralischen Universalismus das Wort zu reden, war nicht länger fortzuführen. Nun mußten Entscheidungen gefällt, tatsächliche oder vermeintliche Wechsel eingelöst werden. Daß Truman die bisherigen Konzes-

[20] FRUS: Malta and Yalta 1945; Die Krim-[Jalta-]Konferenz 1945 (Wortlaut der Erklärung ebenda, S. 220ff., Zitat S. 222).

[21] Abgedruckt in Jacobson, Weg zur Teilung, S. 335; ganz auf dieser Linie auch die Direktive der amerikanischen Stabschefs an den Oberbefehlshaber der amerikanischen Besatzungstruppen in Deutschland vom 26. April 1945, veröffentlicht in: Germany 1947–1949, S. 22ff., dt. bei Cornides/Volle, Um den Frieden mit Deutschland, S. 58ff., vielfach nachgedruckt.

[22] Vgl. Beschluß in Die Krim-[Jalta-]Konferenz 1945, S. 231.

[23] Abgedruckt in: Amtsblatt des Kontrollrates in Deutschland, Ergänzungsblatt Nr. 1, S. 7ff.

sionen als einseitig, die Politik der Sowjetunion als wortbrüchig, die amerikanisch-sowjetischen Beziehungen als „Einbahnstraße" sah, die in eine Sackgasse geführt habe, machte er dem sowjetischen Außenminister bereits Ende April, wenige Wochen nach seiner Amtsübernahme, in heftigen Worten klar[24].

Der Unmut kam nicht von ungefähr: So war – während sich die Verhandlungen Molotows mit den Botschaftern Großbritanniens und der USA über die Reorganisation der polnischen Regierung ergebnislos hingezogen und Ende März einen toten Punkt erreicht hatten – in Warschau die zivile und militärische Führung der polnischen Résistance, die aus dem Untergrund aufgetaucht war, um über eine Regierungsbeteiligung zu verhandeln, verhaftet und nach Moskau deportiert worden. Und vollendete Tatsachen versuchte die Sowjetunion offenkundig auch in der Grenzfrage zu schaffen: Obwohl sich die Alliierten in der Westverschiebung Polens grundsätzlich einig gewesen waren, die genaue Grenzziehung – etwa über die Oder hinaus – aber noch offen gehalten hatten, übernahmen die Behörden der Provisorischen Polnischen Regierung dort bereits die Verwaltung, und am 21. April hatte die sowjetische Regierung mit der polnischen einen Freundschaftsvertrag abgeschlossen, der die Gebiets- und Machtverschiebungen völkerrechtlich anerkannte.

Schließlich waren vom Vorgehen und Auftreten der sowjetischen Truppen und dem, was in ihrem Gefolge in den befreiten und besetzten Gebieten Osteuropas vor sich ging, auch diejenigen irritiert, die sich für eine Verständigung mit der Sowjetunion eingesetzt hatten. Nicht allein die ungezählten Übergriffe sowjetischer Soldaten auf Zivilpersonen, Vergewaltigungen und Plünderungen erregten Abscheu und Entsetzen, erst recht die Beuteaktionen der Truppenführungen und Dienststellen, die von schwerindustriellen Anlagen und Rohstofflagern über Erntevorräte und Viehbestände bis zu Büchern, Teppichen und Kunstschätzen alles Greifbare in Eisenbahnwaggons verladen und in die Sowjetunion bringen ließen. In nahezu allen diesen Ländern folgten Schauprozesse gegen „Faschisten" und „Kriegsverbrecher", bei denen Tausende von Todesurteilen gegen ehemalige Minister, Abgeordnete, Beamte und Armeeangehörige verhängt, persönliche Rechnungen beglichen und mißliebige Oppositionspolitiker ausgeschaltet wurden[25].

Zwar hatten die Westalliierten Stalin im Prinzip den Aufbau einer sowjetischen Sicherheitszone in Osteuropa zugestanden, aber die Rigorosität, mit der er und seine Helfershelfer diese Politik durchführten, hat sie wohl doch überrascht. Umgekehrt verwies die sowjetische Seite auf ihren Anteil am Sieg, die Opfer, die er dem eigenen Land gekostet und die Verwüstungen, die er hinterlassen hatte: Für sie war jede „Einmischung" der Versuch, das Rad der Geschichte zurückzudrehen; schließlich fordere Sowjetrußland für Osteuropa nur, was Großbritannien und die USA im We-

[24] Yergin, Der zerbrochene Frieden, S. 48ff., S. 90ff.

[25] Dazu etwa Harriman/Abel, In geheimer Mission, S. 334ff.; Kennan, Memoiren eines Diplomaten, S. 246ff.; Vandenberg, Private Papers, S. 176ff.; Daten und Stimmen zusammengetragen bei Hoensch, Sowjetische Osteuropapolitik, S. 16ff.; Loth, Teilung der Welt, S. 94ff.; Nolte, Deutschland und der Kalte Krieg, S. 174ff.; Yergin, Der zerbrochene Frieden, S. 85ff.

sten, in Frankreich und Italien, praktizierten: eine Neuordnung ohne Einmischung und Beteiligung des Partners.

Vor diesem Hintergrund sind wohl auch die deutschlandpolitischen Entscheidungen der Potsdamer Konferenz zu sehen: Sie bestätigten – angesichts wachsender Spannungen – vor allem den status quo und rekurrierten dabei auf die schon in Jalta getroffenen Vereinbarungen: Lediglich von den Plänen der „Zerstückelung" Deutschlands war man in Ost wie West inzwischen abgekommen und erwähnte sie in den beschlossenen „politischen und wirtschaftlichen Grundsätzen" auch nicht mehr. Politisches Ziel der"alliierten Besatzungspolitik sollte die Entmilitarisierung, Entnazifizierung, der demokratische Neuaufbau von unten nach oben und die Umerziehung der Bevölkerung sein. Obwohl es einen gemeinsamen Kontrollrat gab und eine einheitliche Behandlung der deutschen Bevölkerung vereinbart worden war, sollte in letzter Konsequenz jedoch jede der Siegermächte selbst bestimmen können, wie die Potsdamer Beschlüsse in ihrer Zone umgesetzt wurden. Vergleichbares galt für die Wirtschaft. Obwohl auch hier vom Grundsatz der Einheit ausgegangen wurde, sollten die Reparationsforderungen vor allem aus der eigenen Zone befriedigt werden; angesichts des besonderen Ausmaßes der Schädigung wurden der Sowjetunion darüber hinaus 25 Prozent der Entnahmen aus den westlichen Zonen zugestanden, davon 10 Prozent unentgeltlich, 15 Prozent gegen entsprechende Lieferung von Nahrungsmitteln und Rohstoffen[26].

2. *Kommunistische Nachkriegs- und Deutschlandplanungen*

Es ist davon auszugehen, daß die sowjetische Staatsspitze die Führung der Exil-KPD über ihre deutschlandpolitischen Wunschvorstellungen nicht im Unklaren ließ, ihr mehr oder minder präzise Zielvorgaben mit auf den Weg gab und die KPD sich strikt daran hielt. Einen Beleg dafür mag man darin sehen, daß sich die Kerngedanken dessen, was Pieck am 4. Juni 1945 (im Zusammenhang mit jener „Beratung bei Stalin, Molotow, Schdanow") zu Papier brachte, bereits wenige Tage später im Gründungsaufruf der KPD vollinhaltlich wiederfinden. Der am 11. 6. 1945 veröffentlichte Aufruf nahm die Schlagworte der „Liquidierung der Überreste des Hitlerregimes", der „Bestrafung der großen Kriegsverbrecher", der „Wiedererrichtung" der Selbstverwaltungorgane in den Gemeinden, Kreisen, Bezirken, Provinzen und Ländern sowie der „Anerkennung der Pflicht zur Wiedergutmachung" auf, verband sie mit den Forderungen nach „Enteignung des gesamten Vermögens der Nazibonzen und Kriegsverbrecher", der „Liquidierung des Großgrundbesitzes" und der „Übergabe aller jener Betriebe, die lebenswichtigen öffentlichen Bedürfnissen dienen", in die Hände der lokalen und regionalen Selbstverwaltungsorgane und sah darin zugleich die Vollendung der Demokratisierung, der „bürgerlich-demokratischen Umbildung", die „1848 begonnen", nun aber mit der Beseitigung der „feuda-

[26] Bestimmungen vgl. in FRUS: Conference of Berlin (Potsdam Conference); Die Potsdamer (Berliner) Konferenz; die Beschlüsse ebenda, S. 383 ff.

len Überreste" und des „reaktionären altpreußischen Militarismus" zu Ende geführt werden müsse[27].

Der Weg, „Deutschland das Sowjetsystem aufzuzwingen", hieß es im Aufruf weiter, wäre „falsch", denn er entspreche nicht den gegenwärtigen Entwicklungsbedingungen; sie verwiesen Deutschland „in der gegenwärtigen Lage" auf den „Weg der Aufrichtung eines antifaschistischen, demokratischen Regimes, einer parlamentarisch-demokratischen Republik mit allen demokratischen Rechten und Freiheiten für das Volk". So war unter den Maßnahmen, die dem „Kampf gegen Hunger, Arbeitslosigkeit und Obdachlosigkeit" dienten, neben „gerechte[r] Verteilung der Lebensmittel und wichtigsten Verbrauchsgegenstände" sowie dem „energische[n] Kampf gegen die Spekulation" auch die „völlig ungehinderte Entfaltung des freien Handels und der privaten Unternehmerinitiative auf der Grundlage des Privateigentums" aufgeführt. Und beim folgenden Punkt, der „Herstellung der demokratischen Rechte und Freiheiten", rangierte an erster Stelle die „Wiederherstellung der Legalität freier Gewerkschaften" sowie „der antifaschistischen, demokratischen Parteien". Verwirklicht werden könne die „Neugeburt" des deutschen Volkes nur „durch die feste Einheit aller antifaschistischen, demokratischen und fortschrittlichen Volkskräfte". Eben dazu rief das Zentralkomitee der Kommunistischen Partei auf und schlug das eigene Aktionsprogramm als „Grundlage zur Schaffung eines Blocks der antifaschistischen, demokratischen Parteien" vor.

Es ist gut denkbar, ja wahrscheinlich, daß die Vertreter des ZK der KPD Anfang Juni bei ihren Besprechungen im Kreml im Sinne dieses Programms letzte Instruktionen erhielten. Das Gesamtkonzept dürfte sie allerdings kaum überrascht haben. Es lag ganz auf der Linie jener Überlegungen, wie sie in der KP-Führung seit längerem diskutiert worden waren. Eine „Vereinigung aller Gegner des faschistischen Regimes", ein „Kampfbündnis der Arbeiterklasse mit den Bauern, Kleinbürgern und Intellektuellen" hatte die tonangebende Funktionärsgruppe der Exil-KPD bereits auf ihrer sogenannten „Brüsseler Konferenz" im Oktober 1935 gefordert; der „Zusammenschluß aller Werktätigen in Stadt und Land" sei eine entscheidende Voraussetzung für den Sturz der Hitlerdiktatur. Die Versammlung, die – anders als der Name suggeriert – in der Nähe von Moskau stattgefunden hatte, hatte damit die Konsequenz aus den neuen Vorgaben der Komintern gezogen, die auf ihrem VII. Weltkongreß im August zur Bildung einer „Aktionseinheit aller Teile der Arbeiterschaft" und einer „breiten, antifaschistischen Volksfront auf der Grundlage der proletarischen Einheitfront" aufgerufen hatte. Der neue Kurs war eine Abkehr von jener verhängnisvollen Strategie, die zwischen „faschistischer Diktatur" und „parlamentarischer, bürgerlicher Demokratie" keinen prinzipiellen Unterschied gesehen und in Unterschätzung seiner Gefahr nicht den „Faschismus", sondern die Sozialdemokratie als den „Hauptfeind der Arbeiterklasse" ausgemacht hatte; die neue Vorgabe galt übrigens nicht nur für Deutschland, sondern auch für alle anderen kommunistischen Parteien[28].

[27] Text hier nach: Revolutionäre deutsche Parteiprogramme, S. 191 ff.

[28] Brüsseler Konferenz der KPD; Resolution und Manifest der „Brüsseler Parteikonferenz", in: Re-

Gebot der Stunde sei nun, für die Wiederherstellung der mit Füßen getretenen „demokratischen Rechte und Freiheiten" einzutreten; dieses Ziel hatte die „Brüsseler Konferenz" an die „Spitze des antifaschistischen Kampfes" gestellt. Dazu gehörte der Kampf „für die Organisations- und Versammlungsfreiheit, für die Freiheit der Presse und der Meinungsäußerung, für Glaubens- und Gewissensfreiheit, für die Gleichheit aller Staatsangehörigen, für die völlige Wahlfreiheit für alle Körperschaften". Die Kommunisten hatten sich dabei an der Seite aller „von den Faschisten verfolgten und unterdrückten Schichten und Organisationen des werktätigen Volkes", an der Seite der „katholischen Oppositionsbewegung zur Verteidigung ihrer selbständigen Organisationen" ebenso wie an der Seite „der Bauern- und Bürgermassen des aufgelösten [deutschnationalen] Stahlhelm" gesehen. Die neue Strategie sollte die Partei aus ihrer (selbstverschuldeten) Isolation herausführen und – so wörtlich – „die großen Freiheitstraditionen der Revolution von 1848 wieder lebendig werden lassen"[29].

Die KPD-Führung war sich damals einig, daß die Aktionen der Volksfront zum Sturz Hitlers und zur Gründung einer „demokratischen Republik" führen sollten. Doch die Aufgaben der Volksfront hätten sich damit noch nicht erschöpft: Vielmehr würden ihre Organe auch nach dem Sturz Hitlers fortbestehen, die „demokratische Regierung schaffen, den Sieg der Demokratie sichern und alle Maßnahmen ergreifen, die eine Wiederkehr der faschistischen Barbarei unmöglich machen"[30]. Die Anfang 1937 veröffentlichten „Richtlinien für die Ausarbeitung einer politischen Plattform für die deutsche Volksfront" hatten dazu die „radikale Besteuerung der Rüstungsgewinne des Großkapitals", die „sofortige Rückforderung aller den Monopolisten und Trustgewaltigen gewährten Subventionen" sowie die „Nationalisierung der Rüstungsindustrie" gerechnet; in gleicher Weise sollte mit den an die „Junker" gezahlten Osthilfe- und sonstigen Subventionsgeldern verfahren werden; seien die Empfänger dazu nicht fähig, würden entsprechende Teile ihres Bodens für Siedlungszwecke eingezogen; ebenfalls eingezogen und an landarme Bauern und Landarbeiter verteilt werden müßten auch die an „Helfershelfer des faschistischen Terrors" verschenkten „Gutshöfe, Erbhöfe und Ländereien"; etwas sibyllinisch hatte es weiter geheißen, daß „Banken, deren Aktien im Staatsbesitz sind oder es vor der Hitlerdiktatur waren", zur Staatsbank verschmolzen werden und daß das neue Reich auch das „Eigentum jener Großkapitalisten und Großagrarier beschlagnahmen [werde], die die ökonomischen Maßnahmen der demokratischen Regierung sabotieren"[31].

Daß der Sturz des Hitlerregimes keine einfache Rückkehr zu den Verhältnissen vor 1933 sein werde, hatte auch die „Berner Konferenz" der KPD hervorgehoben,

volutionäre deutsche Parteiprogramme, S. 129ff.; auch in: Dokumente zur Geschichte der SED, S. 292ff.; zum Problemzusammenhang Sywottek, Deutsche Volksdemokratie.

29 Revolutionäre deutsche Parteiprogramme, S. 147.

30 Kundgebung des ZK der KPD vom Juni 1936, in: *Rundschau* 5/1936, S. 1357f., hier zitiert nach Sywottek, Deutsche Volksdemokratie, S. 66.

31 Veröffentlicht in: *Internationale* 1–2/1937, S. 75ff.; wieder abgedruckt bei Vietzke, Zur Entwicklung, S. 160ff.; eingehend dazu auch Sywottek, Deutsche Volksdemokratie, S. 75ff., mit Verweis auf das spanische Vorbild.

die Ende Januar/Anfang Februar 1939 bei Paris stattgefunden hatte. Die „neue demokratische Republik" werde „im Gegensatz zur Weimarer Republik den Faschismus mit der Wurzel ausrotten, ihm seine materielle Basis durch die Enteignung des faschistischen Trustkapitals entziehen und sich, wieder im Gegensatz zur Weimarer Republik, in der Armee, der Polizei und im Beamtenapparat zuverlässige Verteidiger der demokratischen Freiheiten und der demokratischen Volksrechte schaffen. In der neuen demokratischen Republik wird, im Gegensatz zu Weimar, nicht die Großbourgoisie, gedeckt durch eine Koalition mit einer Arbeiterpartei, ihre wirtschaftlichen und politischen Anschläge gegen das Volk richten können, sondern die einige Arbeiterklasse, vereint mit den Bauern, dem Mittelstand und der Intelligenz in der Volksfront, wird das Schicksal des Landes bestimmen."[32]

So hatte auch die „Berner Konferenz" – programmatisch für den gemeinsamen Kampf – nicht nur die persönlichen und politischen Freiheiten für alle Bürger, die volle Glaubens- und Gewissensfreiheit, die Freiheit der Organisation, der Presse und Versammlung, der Lehre, der Forschung und der Kunst sowie die Wiederherstellung des freien, gleichen und direkten Wahlrechts gefordert, sondern darüber hinaus auch die „Enteignung der faschistischen Trustkapitalisten" und eine „demokratische Bodenreform zugunsten der Landarbeiter und Bauern" verlangt. Es ist müßig, darüber zu streiten, ob die KPD damit die Basis der „bürgerlichen Demokratie" bereits verlassen hatte. Denn daß die Politik der Volksfront und die Schaffung einer neuen demokratischen Republik für sie nur eine „Übergangsetappe" darstellte, „nicht den Verzicht der Arbeiterklasse auf den Kampf um den Sozialismus", daß sie als „notwendige Vorbedingung" und „erster Schritt" dazu dienten, daran hatte die Partei ohnehin keinen Zweifel gelassen, weder auf ihrer „Brüsseler" noch auf ihrer „Berner Konferenz", und es war auch nachzulesen in ihren Organen wie *Rundschau*, *Internationale* und *Kommunistische Internationale*[33].

Es soll und kann hier nicht nachgezeichnet werden, welche Rückwirkungen Hitler-Stalin-Pakt und Kriegsausbruch auf diese Planungen besessen hatten. Der deutsche Überfall auf die Sowjetunion hatte ihnen jedenfalls erneute und verstärkte Aktualität verliehen. Dem Volksfrontgedanken im Innern entsprach nun außenpolitisch die Allianz der UdSSR mit Großbritannien und den USA. Ganz in diesem Sinne hatte der Generalsekretär der Kommunistischen Internationale (Dimitroff) am 22. Juni 1941 die kommunistischen Parteien dazu aufgerufen, die Völker der von deutschen Truppen besetzten Länder zum aktiven Widerstand zu führen, nationale Befreiungsbewegungen zu organisieren und dabei Teile des Kleinbürgertums, der Intelligenz und der Bauernschaft als Verbündete zu gewinnen; und in den Partnerländern – er hatte dabei explizit Großbritannien und die USA genannt – sollten sie sich gegenüber den nationalen Regierungen loyal verhalten: „Wir rufen

[32] Berner Konferenz; Resolution der „Berner Konferenz" in: Revolutionäre deutsche Parteiprogramme, S. 162ff.; Dokumente zur Geschichte der SED, Bd. 1, S. 328ff.

[33] Eingängige Zitate daraus im Zusammenhang mit der ZK-Resolution vom Mai 1938 bei Sywottek, Deutsche Volksdemokratie, S. 86ff.; entsprechende Passagen finden sich in der „Brüsseler" und der „Berner" Resolution.

in dieser Etappe weder zum Sturz des Kapitalismus [...] noch zur Weltrevolution auf."[34]

In einer besonders schwierigen Lage befand sich damals die KPD. Ihre Bemühungen, eine nationale oppositionelle Front gegen das NS-Regime zu organisieren, waren faktisch ohne Resonanz geblieben. So war die angebliche Beratung verschiedener politischer und sozialer Kräfte am 5. Dezember 1942 im Gebiet Niederrhein/Ruhr, von der der angeblich illegal auf deutschem Reichsgebiet stationierte „Deutsche Volkssender" am 18. Dezember 1942 berichtet hatte, frei erfunden, und die Radiostimme kam nicht aus dem deutschen Untergrund, sondern aus Moskau; hier waren auch das „westdeutsche Friedensmanifest" und das „nationale Aktionsprogramm" formuliert worden. Ebenso frei erfunden bzw. von der Moskauer Exilgruppe der KPD-Führung verfaßt waren die auf der Konferenz gehaltenen Reden sowie die Sympathieerklärungen, die in den folgenden Tagen verlesen wurden[35]. Auch der Versuch, den Bemühungen um eine Nationale Front durch die Gründung des „Nationalkomitees Freies Deutschland", des „Bundes Deutscher Offiziere" und die Veröffentlichung ihrer „Manifeste" im Sommer und Herbst 1943 eine breitere Basis zu verschaffen, waren ohne sichtbaren Erfolg geblieben[36].

Dennoch hatte die KPD-Führung bis ins Jahr 1945 an dieser Hoffung festgehalten. Hierauf hatten auch die internen Beratungen aufgebaut, was im Eventualfall zu geschehen habe. Sie hatten sich Anfang 1944 mit der Gründung einer 20köpfigen Arbeitskommission des ZK der KPD intensiviert, die die Fragen des Hitlersturzes und der Gestaltung des „neuen Deutschland" im einzelnen durchsprechen sollte. Sie war zwischen 6. März und 21. August 1944 zu 18 Sitzungen zusammengetreten und hatte die Leitlinien eines entsprechenden „Aktionsprogramms" entworfen[37]. In seinem Mittelpunkt stand die Schaffung eines „Blocks der kämpferischen Demokratie", ein Schlagwort und ein Konzept, das wohl Dimitroff in die Beratungen eingebracht hatte[38]. Der „Block" – so erklärte es Pieck auf einem Schulungskurs im Oktober 1944 – schloß Parteien, selbständige Massenorganisationen und Gruppen zusammen, wobei jede von ihnen ihr politisches, wirtschaftliches oder kulturelles Eigenleben bewahre, sie sich aber auf ein „gemeinsam aufgestellte[s] Kampfprogramm verpflichte[te]n und für dessen Durchsetzung kämpf[t]en und bei großen Aktionen – Wahlen – gemeinsam einheitlich" aufträten[39].

[34] Zur Sitzung des Präsidiums des Exekutivkomitees der Kommunistischen Internationale und zum Zitat vgl.: „Nach Hitler kommen wir", S. 28f.

[35] Zum Sender Kraushaar, Deutscher Volkssender; Gyptner, Über die antifaschistischen Sender; der Hinweis darauf in: „Nach Hitler kommen wir", S. 29, S. 46ff.

[36] Scheurig, Freies Deutschland; Verrat hinter Stacheldraht?; Robel, Die deutschen Kriegsgefangenen in der Sowjetunion; Frieser, Krieg hinter Stacheldraht; Fischer, Die Bewegung „Freies Deutschland"; Steinbach, Nationalkomitee Freies Deutschland; Heider, Gründung des Nationalkomitees „Freies Deutschland".

[37] Eingehende Darstellung und Dokumentation der Debatten (einschließlich der verschiedenen Fassungen des „Aktionsprogramms") in: „Nach Hitler kommen wir", S. 68ff., S. 130ff.; z. T. auch bereits in Laschitza, Kämpferische Demokratie.

[38] „Nach Hitler kommen wir", S. 77.

[39] „Nach Hitler kommen wir", S. 258.

Das „Kampfprogramm" selbst umfaßte – neben der „sofortigen Verhaftung und Aburteilung der Nazimörder und Kriegsschuldigen", der „Enteignung ihres Besitztums und Vermögens" und der „gründliche[n] Säuberung des gesamten Staatsapparates und der Kommunalverwaltungen" – die Garantie der (im einzelnen aufgezählten) demokratischen Freiheiten und staatsbürgerlichen Rechte, Sofortmaßnahmen zur Wiedergutmachung der anderen Völkern, insbesondere der Sowjetunion, zugefügten Schäden und energische Schritte zur Umerziehung des deutschen Volkes. Was das Wirtschaftsprogramm betraf, so umfaßte es die Beschlagnahme des Vermögens von Kriegsschuldigen und Kriegsgewinnlern, eine „demokratische Bodenreform" und die „Regelung und Kontrolle der Produktion durch die staatlichen Volksorgane"; selbst wenn einzelne Entwürfe – mit der Forderung nach Verstaatlichung der Rüstungskonzerne, Großbanken, Aktiengesellschaften, Schwer- und Grundstoffindustrie, der festen staatlichen Preiskontrolle und der Lenkung des Außenhandels – nicht unerheblich darüber hinausgingen, der „unmittelbare Übergang zum Sozialismus" wurde nirgends propagiert[40]. Daß sich dies aus innen- wie außenpolitischen Gründen verbot, war in der Parteiführung unumstritten.

Indes sollte die Führungsrolle der KPD dafür sorgen, daß die Weichen richtig gestellt würden. Daß die „Schaffung einer mächtigen, vom Geiste des Marxismus, Leninismus, Stalinismus erfüllten einheitlichen Kampfpartei der deutschen Arbeiterklasse die Voraussetzung zum Siege unserer großen Sache" sei und diese Partei „das führende Zentrum in dem künftigen Block der kämpferischen Demokratie, der antifaschistisch-demokratischen Einheitsfront für Frieden, Freiheit und Wohlstand" werden müsse, hatte Pieck bereits in seiner Rede zum 25. Jahrestag der Parteigründung – vor einer Moskauer Parteiversammlung im Januar 1944 – unterstrichen. Wie er sich das taktische Vorgehen vorstellte, umriß er auf dem schon genannten Schulungskurs im Oktober 1944: Die Partei müsse bei den „Volksmassen" ansetzen, ihrer Bewegung die „Hauptorientierung in der innen- u[nd] außenpolitischen Linie geben und die geeigneten Kampflosungen aufstellen". Und die gleiche Parteitaktik erläuterte er noch einmal knapp zwei Wochen später: „So muß und wird die KPD in den Volksmassen als die große einigende nationale Kraft wirken und durch ihren Einfluß die anderen Parteien zwingen, entweder in diesem Block mitzuwirken oder sich den Volksmassen entgegenzustellen und sich damit von ihnen zu isolieren."[41] Nur am Rande sei wiederum vermerkt, daß vergleichbare Konzeptionen mit ähnlichen Vorgaben auch die kommunistischen Parteien Bulgariens, Polens, Rumäniens und der Tschechoslowakei entwickelt hatten[42].

Die vorgeschlagene Strategie schien, war der Krieg erst zu Ende, so aussichtslos nicht: Wer in Deutschland dazu aufrief, den Weimarer Parteienhader zu überwinden, Hand in Hand die drängendsten Probleme zu lösen und sich gemeinsam an

[40] Die verschiedenen Fassungen in: „Nach Hitler kommen wir", S. 240ff., S. 243ff., S. 265ff. Sehr viel weiter geht das „Aktionsprogramm des Blockes der kämpferischen Demokratie" – Maschinenschriftliche Abschrift des Entwurfes von Anton Ackermann von Ende 1944, ebenda, S. 290ff.

[41] Zitate in: „Nach Hitler kommen wir", S. 99, S. 259, S. 273.

[42] Zum Gesamtzusammenhang vgl. die Beiträge in: Einheitsfront, Einheitspartei.

den Neuaufbau zu machen, durfte auf breite Zustimmung rechnen; die prinzipielle Bereitschaft zur Zusammenarbeit war, wie die späteren Gründungsaufrufe der Parteien zeigten, groß. Sie war erst recht kaum zu verweigern, wenn sie unter den Schlagworten „Antifaschismus" und „Garantie der demokratischen Grundrechte" angemahnt wurde; wer sich ausklinkte, geriet leicht in Verdacht, sich gegen diese Forderungen zu stellen. Aber auch die Forderung nach Regulierung und Kontrolle des Wirtschaftsprozesses konnte auf positive Resonanz hoffen; ohne sie schien die Sicherung von Brot, Obdach und Arbeit undenkbar, ohne Solidarität und Planung der Weg in Hunger und Chaos vorgezeichnet. Diese weitverbreitete Furcht stand dahinter, wenn im Sommer 1945 der Begriff des „Sozialismus" – bis hinein in die Reihen der CDU – durch viele programmatische „Aufrufe" und „Leitsätze" geisterte[43].

Wenn aber alles darauf ankam, daß es die KPD war, die die Initiative ergriff und den „Volksmassen" die zugkräftigen Parolen gab, so schien das rasche Vordringen der Roten Armee dafür beste Voraussetzungen zu schaffen. Was in der ursprünglichen Konzeption, in den Plänen zum Aufbau einer „proletarischen Einheits-" und „antifaschistischen Volksfront" zum Sturze des Hitler-Regimes, reichlich utopisch erschienen war, hatte nun, so mochte es scheinen, in einem besiegten und besetzten Land und mit der sowjetischen Besatzungsmacht im Rücken weit bessere Chancen. Schon Ende April wurden die ersten drei Kadergruppen Ulbricht, Ackermann und Sobottka eingeflogen, ausgestattet mit Dienstreiseausweisen (komandirowka) des Chefs der Politischen Hauptverwaltung der Roten Armee in Moskau, wozu nun vor Ort noch die Passierscheine (propusk) des lokalen Militärkommandanten kamen[44].

Dabei war die Gruppe Ulbricht für Berlin zuständig und der Politischen Hauptverwaltung der 1. Weißrussischen Front unter Marschall Schukow unterstellt. Ihr Auftrag war, entsprechend dem Tagesbefehl Schukows vom 23. April, „in jeder Stadt und in jedem Dorf aus Ortsbewohnern eine vollziehende Gewalt" zu bilden und am Aufbau von Bezirksverwaltungen in Berlin mitzuwirken. Ulbrichts Konzept sah vor, „eine enge Zusammenarbeit zwischen den früheren Beamten, die nicht Nazi-Mitglieder waren, und den neu in die Verwaltung eingegliederten Antifaschisten herbeizuführen", wobei die Schlüsselposition, die Leitung des Personalamtes, stets mit einem „überprüfte[n] Kommunist[en]" besetzt werden sollte. Als „demokratische[n] Unterbau" stellte er sich offenkundig ein System von „Haus-, Straßen- und Blockobmännern vor, die teilweise noch im Mai ihre Tätigkeit aufnahmen[45]. Dabei wurde deutlich, daß sich Ulbricht weder die Initiative aus den Händen noch das Konzept durcheinanderbringen ließ. „Antifaschistische Gruppen", „Volksausschüsse" und „revolutionäre Komitees", die sich spontan gebildet hatten und deren Zahl vermut-

[43] Altrichter, Verhinderte Neuordnung?; Altrichter, Sozialismus oder Marktwirtschaft?.
[44] Zum Einsatz der Gruppe Ulbricht vgl. neben der schon klassischen Schilderung eines Beteiligten (Leonhard, Revolution) jetzt auch: „Gruppe Ulbricht" in Berlin.
[45] „Gruppe Ulbricht" in Berlin, S. 260ff., S. 296ff., S. 380ff., S. 420ff., sowie: Berlin. Quellen und Dokumente, S. 239ff.; Hurwitz, Demokratie und Antikommunismus 3, S. 189.

lich in die Hunderte ging, wurden auf die Selbstverwaltungsorgane verwiesen und aufgelöst, alte Parteigenossen, die sofort die „proletarische Revolution" oder die Vereinigung mit der Sozialdemokratie wollten, eines anderen belehrt[46].

Als die Sowjetische Militäradministration (SMAD) durch ihren Befehl Nr. 2 am 10. Juni 1945 „die Bildung und Tätigkeit aller antifaschistischen Parteien" in ihrer Zone erlaubte, veröffentlichte die KPD-Führung nur einen Tag später als Flugblatt und auf Maueranschlägen eben jenen oben bereits zitierten Gründungsaufruf, der die neue KPD vorstellte und für die Zusammenarbeit beim Aufbau eines „neuen Deutschland" warb: im „Block der antifaschistischen, demokratischen Parteien"[47]. Es ist gut möglich, daß darüber einige Tage zuvor noch einmal eine Abstimmung im Kreml erfolgte. Ob dieses Treffen wirklich am 4. Juni 1945 stattfand, ist jüngst bestritten worden. Es spricht einiges dafür, daß man sich mit der Kremispitze erst am 7. Juni traf, und die Notizen Piecks vom 4. Juni eher die deutsche Vorbereitung für dieses Treffen darstellten[48]. Ist das so, so würde es nur einmal mehr belegen, daß die hier umrissene Position der deutschen Seite keineswegs neu, nicht einmal erläuterungsbedürftig war.

Es ist wohl richtig, daß es sich dabei um ein „Minimalprogramm" handelte, das den Begriff des „Sozialismus" sorgsam mied. Doch wie der Name schon sagt, waren dabei die weiteren Schritte mitgedacht. Das zeigen auch Piecks Aufzeichnungen über einen „Bericht Walter Ulbrichts über eine Beratung bei Stalin am 6. 2. 1946 um 9 Uhr abends". Er vermerkte unter „Minimalprogramm / Einheit Deutschlands / In Westzone / Name KPD in Sozialist[ische] Einh[eits] Partei / verwandeln" und unter „Maximalprogramm" in Absetzung von der russischen Erfahrung „im Westen parl[amentarische] Traditionen / auf demokrat[ischem] Weg / zur Arbeitermacht / nicht Diktatur / Säuberung des Staatsapparates / Kommunalisierung der Betriebe / Enteignung der Großgrundbesitzer / Sozialismus"[49].

[46] „Gruppe Ulbricht" in Berlin, S. 289ff., S. 318ff., S. 344ff., S. 361ff., S. 552ff., S. 661ff. Zu den Antifa-Ausschüssen auch Benser, Antifa-Ausschüsse; Hurwitz, Demokratie und Antikommunismus 4, S. 115ff.

[47] Zur Bildung des Blocks, der „Einheitsfront der antifaschistisch-demokratischen Parteien", zu der sich am 14. Juli 1945 die KPD, die SPD, die CDUD und die LDPD zusammenschlossen, vgl. Koch, Demokratischer Block.

[48] Während Badstübner, „Beratungen" bei Stalin, seine Datierung auf ein von Pieck geführtes, möglicherweise aber später angelegtes Merkbuch stützt (in dem es heißt: „4. 6. 45 bei Stalin Dispos[ition] des Parteiaufrufs", „7. 6. 45 bei Stalin Abschluß des Aufrufs", hat ihm Benser, Quellenveröffentlichungen, entgegengehalten, daß das Dokument widersprüchliche Angaben enthält, der von Pieck sorgfältig geführte Taschenkalender jedoch nur am 7. Juni ein Gespräch mit Stalin ausweist (von 9 Uhr bis 2 Uhr nachts), während er für den 4. 6. 45 die „Ankunft" Ulbrichts, Ackermanns und Sobottkas in Moskau sowie „Abends Besprechung Dispos[ition]" vermerkt. Zu einer weiteren unterschiedlichen Version kommt Bodensieck, Wilhelm Piecks Moskauer Aufzeichnungen, der – aufbauend auf der Badstübner/Benser-Kontroverse – eingehend die editorischen und Interpretationsprobleme des Dokuments darlegt. Da dies den Kern unserer Intepretation unberührt läßt, wird auf eine Darlegung seiner Ergebnisse verzichtet.

[49] Pieck, Aufzeichnungen, S. 68.

3. *Die „antifaschistisch-demokratische Umwälzung" in der SBZ*

Der rasche, siegreiche Vorstoß der Roten Armee schien für die Umsetzung dieses Konzeptes, wie gesagt, günstige Voraussetzungen zu schaffen – in den Ländern Osteuropas, aber auch in Deutschland. Er erlaubte, unter dem Vorwurf der Schuld und Verstrickung in faschistische Machenschaften alte Eliten auszutauschen und unter den Parolen von „Antifaschismus" und „Demokratie" tiefgreifende Veränderungen in der überkommenen Wirtschafts- und Sozialstruktur vorzunehmen. In Deutschland wurden allein schon durch Flucht, Amtsenthebung und Internierung von Parteimitgliedern zehntausende von Schlüsselstellungen frei. Wie die aus Moskau eingeflogenen deutschen Kadergruppen – im Gefolge und Auftrag der Roten Armee – beim Neuaufbau der Verwaltung ein erstes, entscheidendes Wort mitsprachen, wurde oben bereits skizziert; mit ähnlich guten Gründen ließ sich auch eine Säuberung der Polizei und des Justizwesens, der Schulen und Universitäten fordern; Befehl Nr. 42 der SMAD vom 27. August 1945, der alle ehemaligen Wehrmachtsoffiziere, alle einstigen SA- und SS- Mitglieder, alle Mitarbeiter der Gestapo sowie alle Mitglieder der NSDAP verpflichtete, sich in Monatsfrist bei den Kommandaturen registrieren zu lassen, schuf dazu eine erste, flächendeckende Grundlage[50].

Noch im August 1945 waren sowjetische Besatzungsmacht und KPD-Führung auch übereingekommen, mit der angekündigten „antifaschistisch-demokratischen Bodenreform" zu beginnen, wobei den Anfang die (ehemals preußische) Provinz Sachsen-Anhalt machen sollte. Das Ende des Monats eingeleitete Verfahren verlief zweispurig: Während in der Provinz unter der Losung „Junkerland in Bauernhand" eine breite Presse- und Versammlungkampagne begann, in der Pieck die Landbevölkerung zur aktiven Unterstützung aufforderte, konfrontierte im sächsisch-anhaltinischen Landesblockausschuß der Vorsitzende der KPD – unter Anwesenheit eines Offiziers der örtlichen Militäradministration – die überraschten Vertreter der übrigen Parteien (der SPD, der CDUD und der LDPD) mit einem bereits ausformulierten Gesetzesentwurf und forderte sie zur sofortigen Annahme auf. Einen Tag später wurde auch der zentrale Blockausschuß in Berlin damit befaßt[51].

Der Entwurf beschrieb die Bodenreform als „unaufschiebbare nationale, wirtschaftliche und soziale Notwendigkeit", um „die Liquidierung des feudal-junkerlichen Großgrundbesitzes [zu] gewährleisten und der Herrschaft der Junker und

[50] Zum Austausch der Eliten, der Entlassung aller früheren NSDAP- Mitglieder aus dem Apparat der Gerichte (aufgrund des Befehls Nr. 49 der SMAD vom 4. September 1945), der Tätigkeit von Richtern und Staatsanwälten „im Soforteinsatz" (d.h. ohne juristische Ausbildung), dem Aufbau einer (nahezu) völlig neuen Polizei, der Einstellung von 15 000 „Neulehrern" im Schuljahr 1945/46 (nach nur kurzer Ausbildung in Lehrgängen) usf. vgl. Schöneburg/Mand/Leichtfuß/Urban, Vom Werden unseres Staates, S. 225; Geschichte der Deutschen Demokratischen Republik, S. 43ff., S. 55ff.; Errichtung des Arbeiter- und Bauernstaates der DDR, S. 93f.; Staritz, Gründung der DDR, S. 99ff.

[51] Stöckigt, Kampf der KPD; Hermes, CDU und Bodenreform; Suckut, Konflikt um die Bodenreform; Sandford, From Hitler to Ulbricht, S. 82ff.: Piskol/Nehrig/Trxa, Antifaschistisch-demokratische Umwälzung, S. 32ff.; Zank, Gesellschaftspolitik der KPD/SED; Merz, Bodenreform.

Großgrundbesitzer im Dorfe ein Ende [zu] bereiten, weil diese Herrschaft immer eine Bastion der Reaktion und des Faschismus in unserem Lande darstellte und eine der Hauptquellen der Aggression und der Eroberungskriege gegen andere Völker war". Die folgenden gesetzlichen Bestimmungen sahen vor, den Grundbesitz der „Kriegsverbrecher und Kriegsschuldigen", von Partei und Staat sowie den gesamten Großgrundbesitz über 100 ha „mit allen Bauten, lebendem und totem Inventar und allem landwirtschaftllichen Vermögen" entschädigungslos zu enteignen; ihr Boden sollte an landarme Bauern, Landarbeiter sowie Umsiedler und Flüchtlinge verteilt werden[52].

Bei den Beratungen konnten die SPD-Vertreter darauf hingewiesen werden, daß ihr Berliner „Zentralausschuß" Mitte Juni 1945 den Aufruf des ZK der KPD vom 11. Juni „auf das wärmste" begrüßt, die „Haftpflicht der Mitglieder der NSDAP und ihrer Gliederungen" gefordert und die „Aufteilung des Großgrundbesitzes" selbst vorgeschlagen habe[53]. Auch der Berliner Gründungsaufruf der Christlich-Demokratischen Union Deutschlands vom 26. Juni 1945, dessen Mitverfasser Andreas Hermes im Zentralen Blockausschuß saß, hatte in einem „freischaffenden Bauerntum" und der „Ansiedlung der Landarbeiter" einen „unerläßliche[n] Bestandteil jeder dauerhaften Aufbaupolitik" gesehen und verlangt, „unter weitgehender Heranziehung des Großgrundbesitzes einer möglichst großen Zahl von Deutschen den Zugang zu eigener Scholle und zu selbständiger Arbeit [zu] eröffnen"[54]. So stimmte denn auch die SPD-Vertretung zu, während es der CDUD sichtlich schwer fiel, eine einheitliche Position einzunehmen, schwankend zwischen einer generellen Bejahung der Bodenreform einerseits und der Besorgnis und Kritik an ihrer Durchführung andererseits. Dabei sorgten SMAD und KPD-Führung nach Kräften dafür, daß das Erscheinungsbild der christlich-demokratischen Zonenpartei in der Öffentlichkeit widersprüchlich blieb, sei es, daß sie auf einzelne Druck ausübten und Zentral- und Regionalstellen gegeneinander ausspielten, sei es, daß sie Zusagen nachträglich widerriefen oder Begründungen und Erläuterungen unterschlugen[55].

Am 3. September 1945 nahm das Präsidium der Provinz Sachsen-Anhalt den KPD-Entwurf an, bis zum 10. September folgten auch die Provinz Mark Brandenburg sowie die Länder Mecklenburg-Vorpommern, Thüringen und Sachsen[56]. Und am 13. September begrüßte der Zentrale Blockausschuß (die „Einheitsfront der antifaschistisch-demokratischen Parteien") mit den Stimmen der CDUD und LDPD die „Entmachtung des feudalen Großgrundbesitzes" als „wesentliche Voraussetzung für die friedliche demokratische Entwicklung in Deutschland" und rief das gesamte Landvolk dazu auf, „zum Gelingen dieses großen Reformwerkes beizutragen"[57]. In-

[52] Text des Verordnungsentwurfes, wie er schließlich auch angenommen wurde, in: Bestimmungen der DDR zu Eigentumsfragen und Enteignungen, S. 106ff.
[53] Vgl. Dokumente zur parteipolitischen Entwicklung seit 1945, Bd. 2, S. 1ff.
[54] Dokumente zur parteipolitischen Entwicklung, Bd. 2, S. 27ff.
[55] Vgl. Suckut, Konflikt um die Bodenreform, S. 1083ff.
[56] Sämtlich abgedruckt in: Bestimmungen der DDR zu Eigentumsfragen und Enteignungen, S. 101ff.
[57] Suckut, Blockpolitik, S. 89f.

nerhalb von zwei Monaten war die „Überführung des enteigneten Landes der Großgrundbesitzer in den staatlichen Bodenfonds" im wesentlichen abgeschlossen; sie selbst wurden aus ihren Dörfern ausgewiesen, Hunderte verhaftet und in die sich erneut füllenden Konzentrationslager deportiert. Im Herbst 1946 belief sich die Gesamtfläche des enteigneten Bodens auf 2,85 Mio. ha; ein Drittel davon blieb in öffentlicher Hand, rund zwei Drittel wurden an Kleinbauern oder bisher Landlose verteilt[58]. Die Empfängergruppe (über 435 000) wurde zur wichtigsten kommunistischen Bastion auf dem Lande; sie ließ die Mitgliederzahlen der KPD ansteigen und Gebiete zu Hochburgen werden, wo die Partei vor 1933 eher kümmerlich vertreten gewesen war[59].

Im Grunde ganz ähnlich war das Vorgehen der sowjetischen Besatzungsmacht innerhalb des industriellen Sektors. Bereits am 23. Juli hatte sie als Überbrückungsmaßnahme die deutschen Landesverwaltungen ermächtigt, Treuhänder für die von ihren Besitzern verlassenen Betriebe einzusetzen. Zwei Tage später verfügte sie – „in Anbetracht des Bankrottes der deutschen Banken" – die Sperrung sämtlicher Altkonten sowie der Guthaben bei den Versicherungen; statt ihrer waren auf städtischer, kommunaler, Provinz- und Landesebene neue Banken und Versicherungen zu gründen[60]. Der eigentliche Vorstoß aber erfolgte am 30. Oktober 1945 mit dem Befehl Nr. 124, der für eine ganze Reihe von Vermögenskategorien in der eigenen Besatzungszone die Beschlagnahme verfügte. Dem Sequester unterliegen sollte das Vermögen des deutschen Staates und seiner lokalen und regionalen Organe; von Amtspersonen der NSDAP, führenden Mitgliedern und prominenten Anhängern; von Militärbehörden und -organisationen; von Vereinen und Organisationen, die die SMAD für aufgelöst erklärte; von Regierungen und Untertanen, deren Länder an Deutschlands Seite am Krieg teilgenommen hatten, sowie von anderen Personen, die die SMAD in besonderen Listen führte. Gleichzeitig übernahm die Sowjetische Militäradministration auch herrenloses Vermögen vorläufig unter Verwaltung[61].

Alle deutschen Behörden, Organisationen, Firmen, Unternehmen und Privatpersonen waren verpflichtet, die genannten Vermögenswerte den örtlichen Organen der Selbstverwaltung anzuzeigen. Diese sollten die Angaben überprüfen, auf ihrer Basis ein Gesamtverzeichnis erstellen und bis zum 20. November bei den zuständigen Militärkommandanten einreichen. Eine separate Instruktion verdeutlichte, daß damit nicht nur „Handels-, Industrie-, landwirtschaftliche und andere Unternehmen von wirtschaftlicher Zweckbestimmung mit ihrer gesamten Ausrüstung und ihrem lebenden und toten Inventar" gemeint waren, sondern auch Immobilien (Gebäude, Häuser, Wälder, Grundstücke), Mobilien (wie Edelsteine und -metalle, Antiquitäten und Kunstgegenstände), Rechte und Patente, Wertpapiere und Zahlungsmittel[62].

[58] Zahlen nach: Piskol/Nehrig/Trxa, Antifaschistisch-demokratische Umwälzung, S. 97.
[59] Müller, Kommunistische Partei Deutschlands.
[60] Bestimmungen der DDR zu Eigentumsfragen und Enteignungen, S. 119f.
[61] Ebenda S. 50f.
[62] Instruktion zu Befehl Nr. 124 vom 30. Oktober 1945, in: Bestimmungen der DDR zu Eigentumsfragen und Enteignungen, S. 51ff.

Die KPD-Führung verstand es geschickt, den „antifaschistischen Charakter“ der Maßnahmen zu unterstreichen und zugleich politisches Kapital daraus zu schlagen. So vermochte sie die SMAD davon zu überzeugen, eine Volksabstimmung über die Enteignung der Betriebe zuzulassen, wobei diesmal das am meisten industrialisierte und traditionell „rote“ Land Sachsen ausgewählt wurde. Hier hatte eine Kommission Ende April 1946 den Entwurf einer Verordnung ausgearbeitet, nach der „Betriebe und Unternehmen der Kriegsverbrecher, Führer und aktiven Verfechter der Nazipartei und des Nazistaates, wie auch die Betriebe und Unternehmen, die aktiv den Kriegsverbrechern gedient haben“, für „enteignet“ erklärt und „in das Eigentum des Volkes übergeführt“ werden sollten. Am 30. Juli 1946 der wahlberechtigten Bevölkerung Sachsens zum Volksentscheid vorgelegt, antworteten – bei einer Wahlbeteiligung von 93,7 Prozent – auf die Frage: „Stimmen Sie dem Gesetz über die Übergabe von Betrieben von Kriegs- und Naziverbrechern in das Eigentum des Volkes zu?“ 77,6 Prozent mit „Ja“. In der vorausgegangenen Kampagne hatten auch CDUD, LDPD und Kirchen dazu aufgerufen, dem Gesetz zuzustimmen. Bis Ende August verabschiedeten auch die übrigen Länder und Provinzen vergleichbare Enteignungsbestimmungen; darunter fielen nahezu alle großen und mittleren Industriebetriebe. So lieferten die im Zuge der Verstaatlichung entstandenen „Volkseigenen Betriebe“ (VEB) sowie die „Sowjetischen Aktiengesellschaften“ (SAG) schon 1947 rund 56 Prozent der industriellen Bruttoproduktion[63].

Mit dem Austausch der Eliten in Staat und Verwaltung, bei der Polizei und Justiz, in den Schulen und Universitäten, mit der Auflösung des alten Banken- und Versicherungswesens, der Enteignung des Großgrundbesitzes und der Verstaatlichung von erheblichen Teilen der Industrie hatte die SMAD, unterstützt von den Kadern der KPD, 1945/46 wichtige deutschlandpolitische Weichen gestellt. Immer deutlicher trat freilich auch hervor, daß ihre unmittelbare Wirkung auf die eigene Zone beschränkt blieb. Unterstellt man, daß beider oben skizziertes Konzept eines „Blockes der antifaschistisch-demokratischen Parteien“ auf Deutschland als ganzes zielte, war es dabei zu scheitern. Das lag nicht zuletzt an ihren Schwierigkeiten, es den „zersplitterten Sozialdemokraten“ wie den „Volksmassen“ über den eigenen Machtbereich hinaus glaubwürdig zu vermitteln; ohne deren mehrheitliche Unterstützung aber war es nicht durchzuführen.

Was die Sozialdemokratie betraf, so hatte man ihre Stärke unter- und ihr „Streben nach der Einheit der Arbeiterbewegung“ überschätzt. Selbst in der Sowjetischen Besatzungszone hatte sie den anfänglichen organisatorischen Vorsprung der KPD bis zum Oktober 1945 wieder eingeholt und in den Mitgliederzahlen mit ihr gleichgezogen, und mit dem Aufbau der Organisation wuchs auch die Betonung der Eigenständigkeit. Nicht einmal hier war die Sozialdemokratie, ihr Berliner „Zentralausschuß“,

[63] Das sächsische Gesetz über die Übergabe von Betrieben von Kriegs- und Naziverbrechern in das Eigentum des Volkes vom 30. Juni 1946 sowie die Gesetze und Verordnungen der übrigen Länder und Provinzen in: Bestimmungen der DDR zu Eigentumsfragen und Enteignungen, S. 55 ff.; zu den Ergebnissen Krause, Entstehung des Volkseigentums, S. 108; Staritz, Gründung der DDR, S. 108.

im Herbst noch bereit, sich so einfach zum „Juniorpartner" machen zu lassen und über die im Sommer vereinbarte Zusammenarbeit der beiden Arbeiterparteien hinaus einen „Führungsanspruch" der KPD zu akzeptieren[64]. Erst recht galt das für die SPD-Vertretung der Westzonen, Schumachers Hannoveraner „Büro"; dort war die Zeit, in der die Sozialdemokratie als „Hauptfeind" galt und als „sozialfaschistisch" bekämpft wurde, unvergessen, dort glaubte man der KPD den großen Wandel nicht, sah in den Umarmungsversuchen nur das Streben, die eigene Schwäche zu kaschieren, und die geheimen Drahtzieher ihrer Politik noch immer in Moskau sitzen. Je mehr die KPD drängte, die „Aktionseinheit" zu „vertiefen", die Fusion anpeilte und die sowjetische Besatzungsmacht den Druck auf die Sozialdemokratie in ihrer Zone verstärkte, desto mehr sah man sich im Westen in der eigenen Meinung bestätigt.

Auch der Versuch, mit einer „antifaschistisch-demokratischen Politik" die „Volksmassen" für sich zu gewinnen und die anderen Parteien in Zugzwang zu bringen – und zwar über die „eigene", die sowjetische Zone hinaus –, erwies sich für die KPD als ein durchaus schwieriges Unterfangen. Denn so konsensfähig der Vorwurf sein mochte, Großagrarier und Industrielle trügen die „Hauptschuld am Faschismus", sie sollten mit ihrem Vermögen dafür büßen – schließlich entlastete der Vorwurf zugleich die Grundmasse der deutschen Bevölkerung –, und so eingängig die Forderung sicher war, mit „sozialistischen", regulierenden und kontrollierenden Eingriffen in die Wirtschaft die Volksernährung, das Auskommen der „Waisen, Witwen, Umsiedler, Bombengeschädigten und Invaliden" zu sichern[65], so sorgfältig mußte andererseits der Eindruck einer „Sowjetisierung" vermieden werden. Denn sie war wie die Schlagworte des „Kommunismus" und „Bolschewismus" eindeutig negativ besetzt. Sicher wirkte dabei die nationalsozialistische Propaganda nach, doch das tatsächliche Auftreten der Roten Armee war wenig dazu angetan, die über sie verbreiteten Stereotypen zu widerlegen[66]. Das nötigte die KPD zu einem schwierigen Balanceakt, dessen Dilemma darin bestand, daß jener Umstand, der ihre Führungsrolle gegenüber den anderen Parteien in der sowjetischen Zone sicherte, nämlich die Protegierung durch die Besatzungsmacht, zugleich eine erhebliche politische Belastung darstellte – erst recht jenseits der Demarkationslinie, wo sich die öffentliche Meinung weit weniger gut bestimmen und kontrollieren ließ. Nimmt man hinzu, daß sie der eigenen Bevölkerung auch die sowjetische Grundforderung nach Wiedergutmachung und Reparationen vermitteln mußte, wird sichtbar, welch

[64] Zusammenfassend zu den Beratungen über Zusammenarbeit und Einheitspartei Staritz, Gründung der DDR, S. 75ff.; auch Kaden, Einheit oder Freiheit; Overesch, Deutschland 1945–1949, S. 84ff.

[65] Damit argumentierte etwa das sächsische Gesetz über die Übergabe von Betrieben von Kriegs- und Naziverbrechern in das Eigentum des Volkes (aber nicht nur dieses); was beim etwaigen Verkauf an Einnahmen erzielt wurde, sollte den genannten Personengruppen zugutekommen; vgl. Bestimmungen der DDR zu Eigentumsfragen und Enteignungen, S. 55ff.

[66] Zu den Vergewaltigungen und privaten Beutezügen, Massenverhaftungen und Internierungen vgl. Sander/Johr, Befreier und Befreite; Kilian, Einzuweisen zur völligen Isolierung; Naimark, Sowjetische Militäradministration; Naimark, The Russians in Germany (bes. Kap. 2: Soviet Soldiers, German Women, and the Problem of Rape, S. 69ff.).

enge Grenzen ihrem Versuch, die „Volksmassen für sich zu gewinnen", von vorneherein gesetzt waren.

Identifizierte man die KPD aber mit der sowjetischen Besatzungsmacht, erschien auch ihre Zusicherung, eine „Sowjetisierung" Deutschlands sei nicht geplant, wenig glaubwürdig, zumindest reichlich vage. Trotz aller Unterschiede waren die augenfälligen Parallelen in der Entwicklung kaum wegzudisputieren: Auch die bolschewistische Oktoberrevolution hatte mit der Verteilung des Gutsbesitzerlandes an die Bauern begonnen, die Kollektivierung der Bauernhöfe erfolgte erst gut 10 Jahre später. Die „Entnazifizierung des industriellen Sektors" hatte in Ostdeutschland binnen weniger Monate alle großen und mittleren Unternehmen in staatliche Hand gebracht, vielleicht sogar rascher und systematischer, als dies 1917/18 den Bolschewiki gelungen war. Das überkommene Banken- und Versicherungswesen wurde auch hier im Handstreich gekippt. Selbst der Austausch der Eliten erfolgte mit einer Gründlichkeit, die revolutionäre rundstürzende Züge an sich hatte. Sicher war eine „Sowjetisierung" im wörtlichen Sinne, eine Übertragung der Staatsmacht an die Räte, nicht erfolgt; doch die allmächtigen Sowjets waren auch in Rußland längst Geschichte, sie hatten die Bürgerkriegsjahre nicht überlebt. Und daß in Ostdeutschland mehrere Partei zugelassen wurden, hieß für die Zukunft noch wenig; auch die Bolschewiki hatten im voraus nie angekündigt, daß sie ein Einparteisystem anstrebten[67].

* * *

Überlegungen dieser Art wurden nicht nur von den Deutschen angestellt. Auch die Westalliierten bewegten solche Gedankengänge, glichen die ostdeutschen Entwicklungen doch gleichlaufenden Vorgängen in Polen, der Tschechoslowakei, Ungarn, Bulgarien und Rumänien. Selbst wenn sie auch dort nicht unter dem Schlagwort der „Sowjetisierung" abliefen, daß sie entsprechende Weichen stellten, die Stalinsche Politik „zweideutig" machten, stand für sie mehr und mehr außer Frage[68]. Wenn das Stalin aber nicht hinderte, diese Politik fortzusetzen, in Osteuropa wie in der eigenen Besatzungszone zur Absicherung des machtpolitischen status quo, fiel es schwer, dahinter das Signal zu erkennen, daß er der Kooperation „eindeutig Priorität" zuerkannte. Und wenn auch er von „parlamentarischer Demokratie" sprach, blieb offen, ob man das gleiche darunter verstand. Denn zum Parlamentarismus gehörte die Möglichkeit des Machtwechsels und die Möglichkeit, den versuchten „Block" und die Zwangsfusion gerade auszuschließen. Das war der Hintergrund, vor dem den Westalliierten die sowjetischen Reparationsforderungen mehr und mehr suspekt erschienen[69] und sie Stalin den Zugang zum Ruhrgebiet verweigerten.

[67] Vgl. zum Gesamtkomplex und Forschungsstand Altrichter, Staat und Revolution in Sowjetrußland.

[68] Für die Konzeptionen der Westalliierten vgl. die einschlägigen Beiträge in diesem Sammelband; es wird deshalb hier auf Literaturhinweise verzichtet.

[69] Zum Gesamtproblem der Reparationen vgl. Fisch, Reparationen; zu den Debatten über sie und die Folgen Mai, Alliierter Kontrollrat, passim.

Rainer Karlsch/Burghard Ciesla

Vom „Karthago-Frieden“ zum Besatzungspragmatismus

Wandlungen der sowjetischen Reparationspolitik und ihre Umsetzung 1945/46

Die sowjetische Besatzungs- und Reparationspolitik wurde von einer großen Mehrheit der deutschen Bevölkerung als hart und bedrückend empfunden[1]. Im Westen führte das sowjetische Vorgehen zu einer überwiegend negativen Sicht auf die Besatzungspolitik der UdSSR. Im Osten wurde das Thema bis zum Ende der DDR weitgehend tabuisiert[2].

Inzwischen sind mehrere Arbeiten[3] erschienen, in denen die Reparationsproblematik auf Grundlage bisher nicht zugänglicher Archivalien behandelt wurde. Dennoch müssen bis zur Auswertung der russischen Quellen noch viele Fragen offenbleiben. Vor allem ist über die Auseinandersetzungen innerhalb der sowjetischen Führung hinsichtlich der Ausgestaltung der Reparationspolitik, über die Entscheidungsfindungen zum Technologietransfer und die Effekte der Entnahmen für die sowjetische Wirtschaft bisher wenig bekannt geworden.

Im folgenden soll die Auflösung des sowjetischen Reparationsparadoxons von der weitgehend auf Deindustrialisierung gerichteten Entnahmepolitik zu einer pragmatischen, die Existenz der Wirtschaft der SBZ sichernden Besatzungspolitik dargestellt werden. Im Mittelpunkt unserer aus wirtschaftshistorischer Sicht vorgenommenen Analyse stehen sowohl die oberste Entscheidungsebene als auch die Unternehmensebene. Erstmalig wurde dieser Wandlungsprozeß auch in Verbindung mit dem Technologietransfer untersucht. Diese verschiedenen Perspektiven lassen das zeitliche und inhaltliche Auseinanderlaufen von strategischen Weichenstellungen, Umsetzungsprozessen und Wirkungen im Besatzungsalltag hervortreten.

[1] Vgl. Hurwitz, Demokratie und Antikommunismus 1, S. 20ff.
[2] Vgl. Staritz, Gründung der DDR, S. 49ff.
[3] Vgl. Albrecht/Heinemann-Grüder/Wellmann, Die Spezialisten; Fisch, Reparationen; Karlsch, Allein bezahlt?; Laufer, Konfrontation; Arlt, Militärische und ökonomische Entwaffnung; Judt, Demontagen; Bähr/Karlsch, Sowjetische Aktiengesellschaften; Hellmuth/Mühlfriedel, Tagebuch des Betriebsrates der Firma Carl Zeiss in Jena; Wille, Industrie Sachsen-Anhalts; Buchheim, Wirtschaftliche Folgelasten; Knyschewskij, Moskaus Beute; Akinscha/Koslow, Beutekunst.

1. „Dem Wolf die Zähne ziehen" – die sowjetischen Nachkriegsplanungen

Im Osten hatte ein rasseideologischer Vernichtungskrieg getobt, dessen erklärtes Ziel nicht allein die Niederringung des Gegners, sondern seine Auslöschung war[4]. Dies mußte die sowjetischen Nachkriegsplanungen in Richtung eines „Karthago-Friedens" beeinflussen[5]. Ungeachtet der Schwierigkeiten bei der Bestimmung der Verluste kann kein Zweifel daran bestehen, daß die Völker der Sowjetunion während des Zweiten Weltkriegs die größte Zahl der Opfer und die höchsten materiellen Schäden zu beklagen hatten[6]. Selbst solche im Westen lange als moderat geltenden Politiker wie Maxim Litwinow und Iwan Majskij verfochten in Anbetracht der immensen materiellen Verluste der Sowjetunion ausgesprochen harte Nachkriegskonzepte[7]. Mit konkreten Nachkriegsplanungen befaßte sich vornehmlich das Volkskommissariat für auswärtige Angelegenheiten unter Leitung von Wjatscheslaw Molotow[8]. Für den ökonomischen Teil der Planungen war der renommierte Direktor des Moskauer Instituts für Weltwirtschaft und Weltpolitik, Eugen Varga, zuständig.

Im Oktober 1943 wurden die von Varga konzipierten Leitlinien der sowjetischen Reparationspolitik[9] – Entnahmen von industriellen Gütern unmittelbar nach Kriegsende, Einziehung des deutschen Auslandsvermögens und die Verwendung deutscher Patente, Reparationslieferungen aus der laufenden Produktion, Heranziehung deutscher Arbeitskräfte zu „Reparationsarbeiten" sowie Schwächung der Machtpositionen der herrschenden Schichten – veröffentlicht und stießen, da es sich um die erste, gewissermaßen halboffizielle Darlegung der sowjetischen Positionen handelte, im Ausland auf großes Interesse. In dem Artikel Vargas finden sich, wie Werner Matschke treffend feststellte, alle wesentlichen Elemente der späteren sowjetischen Reparationspolitik[10].

Ab Sommer 1943 begannen die sowjetischen Nachkriegsplanungen eine neue Qualität anzunehmen[11]. Eine von Majskij geleitete Reparationskommission erklärte die „wirtschaftliche Entwaffnung" Deutschlands zum wichtigsten Ziel der sowjetischen Reparationspolitik. In diesem Punkt war die konzeptionelle Nähe zu den Vorstellungen Morgenthaus nicht zu verkennen.

Die historische Forschung hat inzwischen den Morgenthau-Plan in seiner praktischen Bedeutung für die amerikanische Nachkriegspolitik entschieden relativiert[12]. Die Perzeption des Morgenthau-Plans durch die sowjetische Führung ist indessen

[4] Vgl. Madajczyk, Deutsche Besatzungspolitik.

[5] Vgl. Filitow, Sowjetische Deutschlandplanung.

[6] Vgl. Linz, Measuring the Carryover Cost.

[7] Vgl. Laufer, UdSSR und die Zoneneinteilung Deutschlands, S. 319.

[8] Vgl. Laufer, Reparationsplanungen, S. 26.

[9] Vgl. *Wojna i rabotschij klass* 1943, Heft 10, S. 4–10.

[10] Vgl. Matschke, Industrielle Entwicklung, S. 46f.

[11] Vgl. Laufer, Reparationsplanungen, S. 34ff.

[12] Vgl. Krieger, Amerikanische Deutschlandplanung. Ob Morgenthaus Agrarisierungsplan, wie Krieger annimmt, „eindeutig dem russischen Interesse an maximalen Reparationen widersprach", scheint weniger eindeutig zu sein als bisher angenommen. Vgl. auch Henke, Amerikanische Besetzung, S. 106–122.

noch genauer zu erforschen. Möglicherweise hat die Morgenthau-Episode in den Moskauer Planungsstäben nachhaltigere Spuren hinterlassen als in den USA.

In Vorbereitung auf die Jalta-Konferenz wurde von der Maiskij-Kommission ein Reparationsplan ausgearbeitet, dessen Kernstück die Demontage von 75 Prozent der deutschen Schwerindustrie darstellte. Der sowjetische Reparationsplan, so schätzt Jochen Laufer ein, war kein Ergebnis kurzfristiger Improvisation, sondern entsprang den vorangegangenen Planungen im Volkskommissariat für Auswärtige Angelegenheiten[13]. Da zur gleichen Zeit auch die Litwinow-Kommission[14] überaus rigide Konzepte für die Behandlung Deutschlands verfolgte, einschließlich einer Teilung und „Agrarisierung", könnten sich bisherige Deutungen von einer gegenüber den Vorstellungen der Westmächte weniger destruktiven sowjetischen Reparationspolitik, zumindest was die Planungsphase anbelangt, als korrekturbedürftig erweisen[15].

Die Konferenz von Jalta stellte den Höhepunkt und zugleich auch den Wendepunkt in der Zusammenarbeit der drei Kriegsalliierten dar[16]. In einem geheimen Zusatzprotokoll wurden die verschiedenen Reparationsformen genannt[17]. Die entscheidenden Fragen, insbesondere die Fixierung einer festen Reparationssumme, waren indessen offen geblieben. Dieser Umstand dürfte ausschlaggebend für die Absetzung Majskijs gewesen sein[18]. Das prinzipielle Mißtrauen gegenüber den Westmächten und die Unwägbarkeiten bezüglich der künftigen militärischen und politischen Entwicklungen veranlaßten die sowjetische Führung nach Jalta zu einer Politik der unilateralen Entnahmen. Die Furcht vor einem raschen wirtschaftlichen Wiederaufstieg Deutschlands war darüber hinaus von vielen sowjetischen Regierungsmitgliedern verinnerlicht worden, so daß die Konzeption der „wirtschaftliche Entwaffnung", ungeachtet der in Jalta offen gebliebenen Fragen, auf breite Zustimmung stieß[19].

Nur wenige Tage nach dem Ende der Jalta-Konferenz verabschiedete das Staatliche Komitee für Verteidigung (GKO) eine Entschließung zur Bildung von Demontagekommissionen bei den Fronten[20]. Den Kommissionen standen hochrangige Mitarbeiter der Staatlichen Plankommission vor.

Am 25. Februar 1945, d. h. vier Tage nach der Bildung der Demontagekommissionen bei den Fronten, unterzeichnete Stalin die GKO-Verfügung Nummer 00 7 590 zur Gründung eines Sonderkomitees beim GKO. Als Leiter des Sonderkomitees wurde Georgij Malenkow eingesetzt[21]. Die Zusammensetzung des Sonderkomitees

[13] Vgl. Laufer, Reparationsplanungen, S. 41.
[14] Vgl. Laufer, Zoneneinteilung, S. 309–331.
[15] Vgl. Fisch, Reparationen, S. 60: „Doch schloß die Situation der Sowjetunion eine Politik im Sinne des Morgenthauplanes aus: Angesichts der eigenen Lage und der eigenen Armut konnte eine Politik umfassender absichtlicher Zerstörungen nie in Frage kommen." Eine solche Sichtweise tendiert zur Unterschätzung sicherheitspolitischer Aspekte in der sowjetischen Politik und zur Überbewertung des Stellenwerts der Reparationen.
[16] Vgl. FRUS: Malta and Yalta 1945, S. 620f. und S. 630f.
[17] Vgl. Teheran, Jalta, Potsdam, S. 173ff.
[18] Semjonow, Von Stalin bis Gorbatschow, S. 161.
[19] Vgl. Rudolph, Administrative Organisation.
[20] Vgl. Knyschewskij, Moskaus Beute, S. 21ff.
[21] Vgl. Knyschewskij, Moskaus Beute, S. 23.

deutet auf die überragende Stellung dieser Instanz in der ersten Phase der sowjetischen Reparationspolitik hin. Das Sonderkomitee war der institutionalisierte Ausdruck einer auf die Demilitarisierung und Deindustrialisierung Deutschlands gerichteten Politik. Ob Stalin im März 1945 wirklich die Devise ausgegeben hat: „Raubt, soviel ihr könnt“[22], ist hierbei von zweitrangiger Bedeutung; selbst wenn dies nur „gut erfunden“ sein sollte – in der Praxis lief das Agieren der Trophäen- und Demontageabteilungen tatsächlich darauf hinaus.

Als Beauftragte des Sonderkomitees des GKO wurden Maksim Saburow und Konstantin Kowal im März 1945 nach Deutschland entsandt[23]. Sie sollten sich einen möglichst genauen Überblick über das deutsche Rüstungspotential verschaffen und die Demontage von Industrieausrüstungen vorbereiten. Noch vor Kriegsende traf Kowal in Berlin ein, wo ihm ein Bericht aus dem Ministerium Speer über die Entwicklung der deutschen Rüstungswirtschaft von 1940 bis 1944[24] in die Hände fiel. Nach einem weiteren Erinnerungsbericht Kowals, der allerdings genauerer Prüfung bedarf, fand wenig später, vom 11. bis 13. Mai 1945, eine Tagung des Sonderkomitees in Moskau statt. Saburow und Kowal referierten zur Situation in Schlesien und Berlin und stellten den „Speer-Bericht“ vor[25], der die Befürworter eines „Karthago-Friedens“ in ihren Ansichten bestärkte und eine Art „Leitfaden“ für die Demontagebrigaden darstellte. Molotow betonte im übrigen auf dieser Sitzung auch, daß die Jalta-Konferenz für die UdSSR lediglich deklaratorischen Charakter besitze, und regte zugleich einen „Griff in die künftigen Westsektoren Berlins“ an, d. h. ihre beschleunigte Demontage, und begründete dies mit deutlichen Vorbehalten gegenüber der Politik der Briten und Amerikaner[26].

Da die von den Alliierten gemäß den Festlegungen von Jalta in Moskau gebildete Reparationskommission bis Juli 1945 keine Fortschritte erreichte und die Amerikaner ihre in Jalta gegebene Zusage, über eine feste Reparationssumme verhandeln zu wollen, faktisch widerriefen[27], sahen sich in der sowjetischen Führung die Befürworter eines harten Demontagekurses bestätigt und verstärkten ihre Aktivitäten. Am 12. Juni 1945 fand in Neuenhagen bei Berlin, dem zeitweiligen Sitz des Beauftragten des Sonderkomitees in Deutschland, eine Beratung statt, auf der Saburow sinngemäß ausführte, solange nicht klar sei, in welchem Umfang Reparationen aus den Westzonen zu erwarten seien, sollten in „großem Maßstab“ Entnahmen aus Rüstungsbetrieben der SBZ erfolgen. Wenige Tage später erklärte er: „Wenn wir die Güter nicht

[22] Vgl. Falin, Politische Erinnerungen, S. 308.
[23] Vgl. Kowal, Na postu; Kowal, Rabota w Germanii; Kowal, Sapiski.
[24] Kowal selbst hielt diesen Bericht für ein außerordentlich wichtiges Dokument. In seinen bereits zitierten memoirenhaften Report „Rabota w Germanii...“ über seine Tätigkeit im Sonderkomitee zitiert er ausführlich aus dem Dokument des Ministeriums Speer (das vollständige Dokument ist abgedruckt in Boelcke, Deutsche Rüstung).
[25] Vgl. Kowal, Sapiski, S. 142.
[26] Vgl. Kowal, Sapiski, S. 144; Kowal, Rabota w Germanii, S. 102; indirekt wird dies auch durch einen Bericht über die Demontagen in Berlin bestätigt: Vgl. Hurwitz, Demokratie und Antikommunismus 1, S. 63.
[27] Vgl. Fisch, Reparationen, S. 68.

ausschiffen können, ist es besser, sie zu zerstören, damit die Deutschen sie nicht behalten."[28] Die sowjetische Seite wollte sichtlich bis zu einer alliierten Vereinbarung Tatsachen schaffen und die erste Demontagewelle bereits bis Anfang Juli abschließen[29].

Die Praxis der mit den Alliierten nicht abgestimmten Entnahmen und des Plünderns war nach Jalta zur Regierungspolitik erhoben worden. Dies wiederum mußte auf westlicher Seite Befürchtungen befördern, die Sowjets würden jedes Gebiet ruinieren, das sie besetzten[30].

Von der Konferenz von Jalta über die Arbeiten Vargas, die Reparationspläne der Majskij-Kommission und die Gründung des Sonderkomitees beim GKO bis zum Insistieren der sowjetischen Vertreter bei den Verhandlungen im Kontrollrat 1945/46, Deutschland auf ein sehr niedriges Industrieniveau zurückzustufen, zieht sich eine klare Linie: Das Reich sollte möglichst rasch und gründlich industriell entwaffnet und die entnommenen Industriegütern sollten dem Wiederaufbau in der Sowjetunion zugeführt werden. Ziel war darüber hinaus, die deutsche Wirtschaft auf das Niveau der Wirtschaft der angegriffenen Völker zurückzuschrauben, was seinen Ausdruck in der Formel vom „mittleren europäischen Lebensstandard" fand.

Dennoch zeichnete sich – zunächst kaum wahrnehmbar – eine erste Modifikation der sowjetischen Reparationspolitik vermutlich bereits unmittelbar nach der bedingungslosen Kapitulation Deutschlands ab: Ein Indiz dafür bildet der Informationsbesuch von Anastas Mikojan vom 9. bis 15. Mai in Berlin, der mit einem bedeutungsvollen Beschluß über die regelmäßige Versorgung der Berliner Bevölkerung mit Nahrungsmitteln unter Maßgabe von vier Gruppen von Lebensmittelkarten zusammenfiel[31].

Während des Krieges noch als Option aufrechterhaltene Agrarisierungspläne erwiesen sich in Anbetracht der Zonenaufteilung und der veränderten amerikanischen Haltung allerdings als undurchführbar. Stalin habe dies, so Semjonow, erkannt und auf einer Politbürositzung Ende Mai 1945 erklärt: „Es wäre einfach unrealistisch, daran zu denken, Deutschland aufzusplittern oder seine Industrie zu vernichten und es zu einem Agrarstaat zu degradieren. Wer heute glaubt, durch die Agrarisierung oder Aufteilung Deutschlands könne er den Weltmarkt in die Tasche stecken, der irrt."[32]

Dies bedeutete freilich noch nicht, daß die im Februar 1945 augegebene Linie ihre Gültigkeit bereits verloren hätte: Bis zur Aushandlung von alliierten Reparationsvereinbarungen sollte vor allem die „Kriegsbeute" gemehrt werden. Noch waren verschiedene Optionen in der Deutschlandpolitik vorstellbar, und es gab für die Sowjetunion zunächst noch keinen Grund, die Ressourcen ihres Besatzungsgebietes zu schonen.

[28] Zitiert in Rudolph, Administrative Organisation, S. 41.
[29] Vgl. Kowal, Rabota w Germanii, S. 111.
[30] Vgl. Fisch, Reparationen, S. 70f.
[31] Vgl. *Tägliche Rundschau* Nr. 1 vom 15. 5. 1945; Meissner, Sowjetische Deutschlandpolitik.
[32] Semjonow, Von Stalin bis Gorbatschow, S. 185.

2. Der Beginn der „ökonomischen Entwafffnung“: Ouvertüre in Berlin 1945

Verlassen wir die obere Ebene und wenden uns nunmehr den Folgen der geschilderten Reparationspolitik zu. Mit besonderer Hast gingen die Demontagebrigaden im Frühjahr 1945 in Schlesien und Ostpreußen zu Werk. Hier wurden bereits während der ersten Demontagewelle auf der Grundlage von GKO-Befehlen neben zahlreichen Rüstungsbetrieben auch ausgesprochen zivile Werke wie Brauereien und Lebensmittelbetriebe abgebaut[33].

Nach der Kapitulation Hitlerdeutschlands trat für die Demontagebrigaden eine kurze Atempause ein. Ende Mai, nachdem in Moskau das weitere Vorgehen abgestimmt worden war, begann in der SBZ eine erste große Demontagewelle mit Schwerpunkt in Berlin. Die Beauftragten des Sonderkomitees stellten zwei Demontagelisten zusammen. Auf der ersten Liste wurden die noch vor dem Beginn der Potsdamer Konferenz abzubauenden Werke notiert, auf der zweiten die später zu demontierenden. Zur Vorbereitung der Demontagen in Berlin ordnete Marschall Schukow – wiederum nach einem Erinnerungsbericht von Kowal – ein Treffen zwischen dem Beauftragten des Sonderkomitees, Saburow, dem ersten Stadtkommandanten von Berlin, Generaloberst Bersarin, und dem KPD-Vorsitzenden Pieck an. Letzterer wurde über die geplante Mobilisierung von Demontagearbeitern informiert und eindringlich vor einer Sabotage der Demontagebefehle gewarnt. Zugleich gab Schukow gegenüber dem Magistrat von Berlin eine Erklärung ab, in der betont wurde, daß nicht beabsichtigt sei, die Zukunft Berlins zu zerstören[34].

Mit Beginn der Demontagen in Berlin kam es zwischen den verschiedenen sowjetischen Instanzen – Armee, Sonderkomitee, Geheimdienst und ab Juni auch SMAD – zu Kompetenzstreitigkeiten. Für die deutschen Akteure blieben die internen sowjetischen Auseinandersetzungen indes kaum durchschaubar. Dennoch entwickelten einzelne Unternehmer und Belegschaftsvertreter rasch ein Gespür für die Chance zur Abwendung von Demontagen, sofern man nur den richtigen Ansprechpartner fand. So wurde die im Adlershofer Schering-Werk bereits begonnene Demontage der Insulin-Abteilung auf Befehl der SMAD Mitte Juni 1945 gestoppt[35]. Von zermürbenden, letztlich jedoch erfolgreichen Verhandlungen mit der Besatzungsmacht berichtete auch Dr. Fritz Wolsdorff, Betriebschemiker der pharmazeutischen Firma Hennig aus Tempelhof: „Nach (langen Verhandlungen) besichtigten wir die Fabrik, wo nun inzwischen weitere Apparate abgebaut worden waren. Das Endurteil von Major Grosmann war, daß er uns recht offen mitteilte, daß seine Ansicht dahin ginge, daß diese feine, kleine Spezialfabrik am besten so, wie sie war, voll weiterarbeiten müßte.“[36]

[33] Vgl. Knyschewskij, Moskaus Beute, S. 55f. Knyschewskij bestätigt auch die Vermutungen über die geringe Effizienz der Demontagen. In einem Bericht eines Eisenhüttenwerkes aus Nischnedeprowsk heißt es beispielsweise: „Der Großteil des Beutegutes liegt unter Schneewehen begraben. [...] Die unter freien Himmel lagernden Anlagen verkommen“ (ebenda, S. 52).

[34] Vgl. Kowal, Rabota w Germanii, S. 104f.

[35] Vgl. Karlsch, Schering AG, S. 226.

[36] Zitiert nach Fischer, Henning Berlin, S. 207.

Am 20. Juni 1945 erhielt die Firma Hennig schließlich ein Dokument mit der Unterschrift des stellvertretenden Kommandanten der Stadt Berlin, Generalmajor Serdenko, in dem weitere Entnahmen untersagt und die Rückgabe eines Kessels angeordnet wurde. Im Falle des im Mai 1945 weitgehend demontierten Siemens-Plania-Werkes in Lichtenberg bewirkte ein Schreiben der Direktion an Generaloberst Bersarin zumindest eine Verzögerung des Abtransportes der Demontagegüter. Ein Teil der bereits abgebauten und verpackten Ausrüstungen, darunter eine Fünftausend-Tonnen-Presse, wurde Anfang 1947 an das Werk zurückgegeben[37].

Insgesamt wurden in ganz Berlin mehr als 460 Betriebe vollständig oder teilweise demontiert[38]. Die Demontagen trafen vor allem die elektrotechnische, metallverarbeitende und feinmechanisch/optische Industrie. Eine detaillierte Aufstellung der Kriegs- und Demontageschäden der Berliner Industrie wurde erstmals 1951 von Gustav Wilhelm-Harmssen veröffentlicht[39]. Diese Arbeit wurde in den folgenden Jahren immer wieder zitiert und trug dazu bei, daß die These von den weitaus größeren Demontageverlusten in den Westsektoren Berlins – Konsequenz eines angeblichen gezielten Vorgehens von sowjetischer Seite – kaum noch hinterfragt wurde[40].

Ein Vorgehen nach der Devise, in den künftigen Westsektoren Berlins buchstäblich den letzten Nagel, im sowjetischen Sektor hingegen nur Teildemontagen durchzuführen, läßt sich anhand der zur Verfügung stehenden Quellen dennoch nicht belegen. Von der Forschung wurde zunächst nicht ausreichend beachtet, daß in der industriellen Struktur der Sektoren deutliche Unterschiede bestanden. In den westlichen Stadtbezirken, insbesondere in Spandau, Reinickendorf und im Wedding, waren die Investitionsgüterindustrien, vor allem der Maschinenbau, die elektrotechnische und die feinmechanisch-optische Industrie stärker vertreten als im sowjetischen

[37] Vgl. Mehls, Beitrag der sowjetischen Leitungskader, S. 145.

[38] In seinem Erinnerungsbericht gibt Kowal die Zahl der im Westteil Berlins demontierten Rüstungswerke mit 21 an. Wie diese viel zu niedrige Zahl zustande kommt, wird nicht deutlich (Kowal, Rabota w Germanii, S. 103). Die Zahl der insgesamt in Berlin abgebauten Werke dürfte, wie neuere unternehmensgeschichtliche Studien nahelegen, deutlich über 460 liegen.

[39] Harmssen, Demontage, S. 58 ff. Harmssen konnte dabei auf eine Erhebung von Karl C. Thalheim von 1949 (Thalheim, Berlins wirtschaftliche Entwicklung, S. 765 ff.) zurückgreifen, die für den sowjetischen Sektor jedoch auf recht vagen Schätzungen beruhte. Beziffert Harmssen den Gesamtverlust an industrieller Kapazität für die Westsektoren schon auf über 75 %, so geben andere Autoren gar einen Kapazitätsverlust von 85 % an (vgl. Dokumente deutscher Kriegsschäden, S. 9 f.). Für den sowjetischen Sektor nimmt Thalheim hingegen nur eine Kapazitätsminderung von ca. 33 % an (vgl. Thalheim, Berlins wirtschaftliche Entwicklung, S. 765 ff.)

[40] Allerdings wurden schon in zeitgenössischen Arbeiten Zweifel an den sehr hohen Angaben über die Demontagen in den Berliner Westbezirken geäußert. So setzten einzelne Unternehmen die Demontageverluste in Erwartung möglicher Entschädigungen oder anderer staatlicher Hilfen möglichst hoch an (vgl. z. B. Kuehn, Investitionen, S. 60 f.) Im Jahr 1958 hat das DIW die Berliner Industriekapazitäten neu berechnet. Demnach waren nach Beendigung der Kampfhandlungen in West-Berlin noch 109 v. H. des industriellen Anlagevermögens von 1936 vorhanden. Durch Demontagen wurde es auf ca. 50 v. H. reduziert (vgl. Kuehn, Produktion). Grundsätzlich in Frage gestellt wurde Harmssens Rechnung von Jörg Roesler mit dem Verweis auf die Produktionsentwicklung 1946/47 (Roesler, Wiederaufbau, S. 504 f.).

Sektor, wo vor allem die Leicht- und Lebensmittelindustrie wichtige Standorte besaßen[41]. Insofern sollten Unterschiede in der Intensität der Demontagen nicht allein auf das sowjetische Vorgehen, sondern auch auf die Berliner Wirtschaftsgeographie zurückgeführt werden[42]. Erschienen die Ausrüstungen eines Unternehmens wichtig, so wurde die Demontage angeordnet, unabhängig vom Standort des Werkes, wie auch die unten angeführte Übersicht[43] belegt.

Unbestritten bleibt hingegen, daß die beginnende Modifizierung der sowjetischen Reparationspolitik ab Herbst 1945 für einige im sowjetischen Sektor Berlins gelegene Großbetriebe Erleichterungen brachte[44]. So wurden einzelne produktionsstrategische Maschinen von der Demontageliste abgesetzt (Siemens-Plania), bereits begonnene Demontagen eingeschränkt (Schering-Adlershof), ein Maschinenaustausch organisiert (KWO Berlin), wobei auch im Westteil demontierte Maschinen Verwendung fanden.

Diese Korrekturversuche wurden jedoch von der Bevölkerung kaum noch wahrgenommen[45]. Bei Teilen der KPD und SPD nahestehenden Arbeiterschaft zunächst vorhandene (unrealistische) Hoffnungen auf eine schonende Behandlung der Industrie waren bereits zerstört. So erklärte ein Berliner SPD-Veteran auf einer Funktionärsberatung im Stadtbezirk Friedrichshain am 12. Juli 1945 verbittert: „Die ‚Rote Armee' kam als Befreier, aber sie hat durch ihre Handlungen nach der Be-

[41] Vgl. Roesler, Wiederaufbau, S. 493.

[42] Vgl. ebenda S. 503.

[43] Kapazitätsverluste ausgewählter Berliner Großbetriebe durch Kriegszerstörungen und Demontagen

Unternehmen	Kapazitätsverlust (in Prozent)
Westsektoren	Westsektoren
Siemens-Schuckert	90–100
Siemens & Halske	90–100
Borsig-Werk	90
AEG-Werke	90
Schering Wedding	90
Hennig Tempelhof	80
sowjetischer Sektor	sowjetischer Sektor
Bergmann-Eletricitäts-Werke	97
Schering Adlershof	90
Schering Spindlersfeld	90
Apparatefabriken Treptow (EAW)	95
TRO Oberschöneweide	90–100
Knorr-Bremse (BBW)	90–100
Kabelwerk Oberspree	70–80
Siemens-Plania	70

Quellen: Bähr, Wiederaufbau, S. 152; Karlsch, Schering AG, S. 224 ff.; Fischer, Henning Berlin, S. 207 ff.; Roesler, Wiederaufbau, S. 504 f.; Strunk, Akte Prigarin, S. 4; Wiezorrek, Siemens-Plania; Prielipp, Bergmann-Electricitäts-Werke.

[44] Vgl. Roesler, Wiederaufbau, S. 503; das vergleichsweise schonende Vorgehen (Teildemontagen) im sowjetischen Sektor wird hier freilich über Gebühr akzentuiert.

[45] Vgl. Naimark, Sowjetische Militäradministration.

freiung unsere Herzen zerbrochen. Was nützen all die schönen Losungen, die auf den Propagandatafeln zu lesen sind, wenn die rauhe Wirklichkeit anders aussieht."[46]

Die KPD-Vertreter sahen sich bei der Frage der Demontagen in die Defensive gedrängt. Nicht wenige versuchten, vor allem mit dem Verweis auf die ungleich größere deutsche Schuld, die Demontagen zu verteidigen[47]. Auch an den Sozialneid wurde appelliert, wie zum Beispiel auf einer KPD-Versammlung in Berlin-Lichtenberg: „Wenn gesagt wird, die Russen stehlen die Maschinen fort; nun, es sind nicht die Maschinen der Arbeiter, sondern der Kapitalisten. [...] Sie holen es von der oberen Schicht, nicht von der unteren Schicht."[48] Auch solche Argumentationsmuster trugen letztlich dazu bei, daß die KPD alsbald in den Ruf einer „Russenpartei" geriet.

Die Besatzungspraxis in Berlin verdeutlicht auch, daß die von Molotow veranlaßte beschleunigte Demontage in den künftigen Westsektoren Berlins nicht zwingend eine Schonung des sowjetischen Sektors nach sich zog. Erst nach Einzug der Westmächte in ihre Sektoren und nach Bildung und Konsolidierung der SMAD begannen die Verantwortlichen auf sowjetischer Seite die Demontagepraxis im Ostteil Berlins zu modifizieren. In Konkurrenz zu den anderen Besatzungsmächten stehend, benötigten sie zumindest halbwegs funktionierende Wirtschaftsstrukturen und mußten auch versuchen, der Akzeptanzkrise bei den Besiegten entgegenzuwirken. Doch noch stand dem das Paradigma von der industriellen Entwaffnung entgegen.

3. Inseln im „Chaos": Besatzungspragmatismus durch Technologietransfer

Auch Amerikaner und Briten hatten in den bei Kriegsende von ihnen zeitweilig besetzten Gebieten der späteren SBZ in einer Weise Produktionsgüter in Beschlag genommen, die dem rigorosen sowjetischen Vorgehen in Berlin durchaus ähnlich war; sie konzentrierten sich dabei im wesentlichen auf Bereiche der Hochtechnologie. Ihr Vorgehen hatte deutlich Konsequenzen für die sowjetischen Versuche des Know-how-Transfers, und während die sowjetischen Demontagen in der SBZ weiter fortschritten, zeichnete sich ab Juli 1945 hinsichtlich des Technologietransfers eine gegenläufige Entwicklung ab[49]: Die mit der Beurteilung des deutschen Know how beauftragten Begutachtungskommissionen waren inzwischen häufig zu der Schlußfolgerung gelangt, daß nur eine längerfristig angelegte Nutzung der deutschen Technologiepotentiale *an Ort und Stelle* den gewünschten Erfolg bringen könne.

[46] SAPMO, ZPA, Fond Karl Litke, NL 73/9, zitiert in Podewin, Vereinigung, S. 22.
[47] Vgl. z. B. Heuer/Podewin, Vereinigungsprozeß in Lichtenberg, S. 30.
[48] Zitiert nach ebenda S. 62.
[49] Knyschewskij, Beute, S. 95ff.; Interview Boris Tschertok, ehemaliger Leiter des Sonderkonstruktionsbüros Raketenbau im Harz, durch Karl-Heinz Eiermann am 4. 10. 1992, Ms.; Film-Dokumentation von Joachim Ast „Aus der Hölle zu den Sternen". Die Karriere einer Wunderwaffe, Co-Produktion MDR/ORB/SFB 1993; Bukowski/Griehl, Junkersflugzeuge, S. 6ff.

Die Auffassung, man könne die wichtigsten und bei Kriegsende auf hochmodernem Standars produzierenden Rüstungswerke mit den deutschen Spezialisten Knall auf Fall in Richtung Osten verlagern, wurde von den entsprechenden Sachverständigen aufgrund praktischer Erfahrung immer weniger vertreten[50]. Es war vor allem der amerikanische „Griff in die russische Zone" Ende Juni 1945, der die Sowjets dazu veranlaßte, die bisherige Vorgehensweise auf dem Gebiet des Technologietransfers ernsthaft zu überdenken. Die Amerikaner hatten sich bei ihrem vertragsgemäßen Rückzug aus Thüringen und Sachsen reichlich bedient und, wie die nachrückenden sowjetischen Besatzungstruppen feststellen mußten, mindestens 1 500 deutsche Wissenschaftler und Techniker sowie Ausrüstungen und Materialien mitgenommen[51]. Dies führte die sowjetischen Technischen Kommissionen zu der Schlußfolgerung, daß eine schnelle und erfolgreiche Nutzung der deutschen Technologien nur möglich sei, wenn deren „Nachentwicklung" in deutschen Forschungsstellen bzw. Unternehmen stattfinde. Die Kommissionen gingen deshalb davon aus, daß sich die Produktion in Deutschland effektiver nachvollziehen ließe als nach einer Verlagerung, da das Arbeitsklima wesentlich günstiger sei als bei einer Zwangsverschickung und die notwendigen Zulieferungen in der angestammten Industriestruktur schneller abgesichert werden könnten als in der Sowjetunion, wo viele Zulieferindustrien gar nicht existierten[52].

Die Chancen für ein Gelingen dieser Strategie waren nicht schlecht, da immer noch große Mengen von Rohmaterial, Fertigteilen, nur wenig beschädigten Produktions- und Versuchsanlagen sowie ein Heer von Ingenieuren, Werkmeistern, Facharbeitern und Wissenschaftlern in der SBZ verblieben waren[53]. Bereits am 19. Juli 1945 erließ die SMAD deshalb einen „Spezialisten"-Befehl, der die deutschen Verwaltungsstellen anwies, auf die jeweilige Region bezogene Listen mit den Namen der wichtigsten Wissenschaftler und Techniker zusammenzustellen[54]. Wenig später wurde die Gründung von Technischen oder auch Wissenschaftlich-Technischen Büros (WTB) sowie Sonderkonstruktionsbüros (SKB) auf dem Territorium der SBZ angeordnet. Sie hatten der SMAD – „Abteilung zum Studium der Errungenschaften der deutschen Wissenschaften und Technik" – zuzuarbeiten[55].

Bei den WTB und SKB handelte es sich um Versuchs- und Konstruktionsbüros mit einer Reihe von Außenstellen, die meist den Charakter eines Forschungs- und

[50] Vgl. Knyschewskij, Beute, S. 95 ff.; Interview Tschertok; Bornemann, Mittelbau, S. 156–158.

[51] Vgl. Henke, Amerikanische Besetzung, S. 742–776; FRUS: Conference of Berlin (Potsdam Conference), Bd. 2, S. 906–912a.

[52] Ciesla, Intellektuelle Reparationen; Mühlfriedel, Technische Kommissionen; Bornemann, Mittelbau, S. 156–158.

[53] Ciesla, Intellektuelle Reparationen, S. 99–102; Bornemann, Mittelbau, S. 156–158; Hermann, Carl Zeiss, S. 41.

[54] Entsprechende Belege befinden sich in zahlreichen Firmenarchiven, u. a.in den Archiven der Leuna GmbH, der Buna GmbH und bei Carl Zeiss Jena. Vgl. dazu auch Filipowich, Militärpolitische Aspekte.

[55] Mühlfriedel, Technische Kommissionen, S. 131–133; Filipowich, Militärpolitische Aspekte; Ciesla, Intellektuelle Reparationen, S. 99 ff.

Entwicklungsinstitutes mit Laborfertigung besaßen. Die SKB konzentrierten sich auf bestimmte deutsche Waffentechnologien wie Strahlflugzeuge und -triebwerke, Raketen, Torpedos und die dafür notwendigen Ausrüstungen. Die Grundlage für die Gründung der SKB bildete eine Anweisung Stalins vom 5. August 1945. Darin wurde den Ministerien für Luftfahrt, Munition, Schiffbau, Bewaffnung und Elektroindustrie befohlen, deutsche Rüstungstechnologien bzw. Waffenarten zu untersuchen und nachzubauen[56]. Der Unterschied zu den WTB bestand im wesentlichen nur in der ganz konkreten militärischen Aufgabenstellung. Die WTB unterstanden ebenfalls sowjetischen Industrieministerien, doch ihre Aufgaben waren breiter ausgelegt und vornehmlich auf den zivilen Bereich gerichtet. Ziel war es, daß die WTB „wissenschaftliche Forschungsarbeiten und betriebstechnische Arbeiten sowie verschiedene Projekte, technische Beschreibungen und Übersichten für die Bedürfnisse des (jeweiligen Industrieministeriums) anfertigten“[57]. Der dabei entwickelte „Wissensdurst“ war enorm. „Die Russen wollen die letzte Zahl und den letzten Handgriff wissen“[58], wurde später über die sowjetische Vorgehensweise bei Carl-Zeiss in Jena berichtet. Im SKB der ehemaligen Junkers-Werke in Dessau enstanden allein für den Motorenbereich mehr als 2000 Berichte[59]. Gerade diese Berichte lieferten genaueste Informationen , da damit „eine vollwertige Anweisung zur Nachbildung, nicht etwa nur eine prinzipielle Beschreibung“[60] vorgelegt werden sollte. Immerhin konnten so die beim Rückzug der Amerikaner und Briten entstandenen Verluste zumindest teilweise kompensiert werden[61].

Die Entscheidung, Forschung und Entwicklung zeitweise an Ort und Stelle weiterzuführen, wurde jedoch nicht nur durch die anglo-amerikanischen Mitnahmen beeinflußt. Schon die während des Krieges gesammelten Erfahrungen bei der Erprobung moderner deutscher Beutewaffen hatten vielfach gezeigt, daß ohne fachgerechte Einweisung, Dokumentation und hochentwickeltes industrielles Hinterland aus den deutschen Beutetechnologien nur ein Bruchteil dessen herausgeholt werden konnte, was man eigentlich erhoffte[62]. Größere Schwierigkeiten stellten sich insbesondere bei der Aneignung und Serienüberführung der deutschen Fernraketetechnologie (V2) ein: Bei dem Versuch der Adaption zeigte sich, daß viele Bauteile, Subsysteme und technologische Lösungswege der sowjetischen Seite bis dahin schlicht unbekannt waren. Die komplizierte Technik erforderte ein vollkommen neuartiges Zusammenwirken verschiedener sowjetischer Industriebranchen. „Das Fernsteuerungssystem der Raketen ist äußerst kompliziert“, heißt es in einem Bericht vom 18./19. Juli 1945: „Es besteht fast ausschließlich aus elektrischen und funktechnischen Elementen. 83 Elektroden sowie 80 Relais steuern eine Vielzahl elektrischer

[56] Knyschewskij, Beute, S. 95–102; Ciesla, Spezialistentransfer; Bähr, Oberspreewerk.
[57] Mühlfriedel, Technische Kommissionen, S. 134.
[58] Hermann, Carl Zeiss, S. 41.
[59] Luftfahrt Ost 1945–1961, S. 23f.
[60] Zitiert bei Peltzer, Demontage, S. 61.
[61] Bukowski/Griehl, Junkersflugzeuge, S. 11.
[62] Gallai, Über unsichtbare Barrieren, S. 239f.

Antriebsmechanismen und Elektromotoren. Ihre Serienfertigung ist nur unter den Bedingungen hoher Produktionskultur möglich."[63]

Entscheidender Punkt war in der Tat, daß in der Sowjetunion eine hohe Produktionskultur – auch aufgrund der Kriegszerstörungen – kaum existierte. Zudem wies der deutsche Forschungs- und Technikstil wesentliche Unterschiede zu dem der Russen auf. Hier hatten u. a. auch die Säuberungen unter der technischen Intelligenz in den dreißiger Jahren, der Krieg und die damit verbundene unzulängliche Ausbildung neuer technischer Kader entsprechend negative Auswirkungen mit sich gebracht. Hinzu kam, daß Stalin die im hochsensiblen Bereich des Technologietransfers tätigen sowjetischen Wissenschaftler, Techniker, Konstrukteure und Militärs unter enormen Erfolgsdruck setzte[64]. Mißerfolg bzw. Verzögerungen konnten fatale Folgen oder drakonische Strafen nach sich ziehen. Dagegen standen bei einem erfolgreichen Technologietransfer finanzieller Gewinn, Prestigezuwachs und beachtliche Vorteile bei der Aufteilung von „knappen Ressourcen" in Aussicht[65]. Dieser Erfolgsdruck war gepaart mit dem Grundproblem, daß die „Know-how-Demonteure" ihre Ergebnisse nicht in „Tonnen" vorweisen konnten, sondern funktionsfähige und serienreife hochmoderne Technologieprodukte adaptieren mußten.

Grundsätzlich zeichnete sich mit der Errichtung von WTB bzw. SKB „ein neues Element der sowjetischen Reparationspolitik ab"[66]. Auf den vom „Chaos isolierten Inseln"[67] wurde der deutsche Technologievorsprung für den Transfer in die Sowjetunion vorbereitet. Die sowjetische Demontage- und Reparationspolitik mußte sich hier schon frühzeitig aufgrund praktischer Notwendigkeiten umorientieren: Alles wurde dem höheren Interesse des Technologietransfers untergeordnet[68]. Viele Fachleute sagten auf Anfrage ohne Zögern ihre Mitarbeit zu oder bewarben sich sogar von sich aus direkt bei der SMAD: Eine solche mit erhöhter Zuteilung von Lebensmitteln und anderen Mangelwaren verbundene Tätigkeit bot angesichts der Nachkriegssituation bessere Überlebensmöglichkeiten[69].

In der Nacht vom 21. zum 22. Oktober 1946 brach diese eigentümliche Struktur allerdings – für nichteingeweihte Russen und Deutsche überraschend – zusammen: Im Zuge der Aktion „Ossawakim" wurden mit einem Schlag über 2000 Spezialisten in die UdSSR verbracht. Eine weitere Demontagewelle folgte, die nunmehr auch die zuvor zum Teil noch verschonten Betriebe mit Spitzentechnologien wie zum Beispiel Carl Zeiss in Jena, die Junkers-Werke in Dessau und die Siebel-Werke in Halle trafen[70].

Über die Hintergründe der Aktion „Ossawakim" können aufgrund der unzureichenden Quellenlage bis heute nur Vermutungen angestellt werden. Sicherlich sah

[63] Knyschewskij, Beute, S. 88.
[64] Vgl. Albrecht/Nikutta, Sowjetische Rüstungsindustrie, S. 122–130.
[65] Ebenda S. 122–130; Knyschewskij, Beute, S. 83.
[66] Bähr, Oberspreewerk, S. 148.
[67] Christoph Buchheim, Einleitung, in: Buchheim, Folgelasten, S. 16.
[68] Bähr, Oberspreewerk, S. 145–165; Ciesla, Spezialistentransfer, S. 30–31.
[69] Vgl. Ast, Aus der Hölle zu den Sternen; Interview Tschertok; Ciesla, Spezialistentransfer, S. 31.
[70] Vgl. Karlsch, Allein bezahlt?, S. 79f.

man einerseits auf sowjetischer Seite angesichts der westalliierten Know-how- und Wissenschaftler-Transferprogramme – einen entscheidenden Schritt bildete dabei das im März 1946 angelaufene amerikanische „Project Paperclip" – erhöhten Handlungsbedarf; andererseits wollte die Sowjetunion militärisch hochsensible Forschungs- und Entwicklungsbereiche – die deutsche Rüstungsforschung war schließlich durch das Potsdamer Abkommen geächtet worden, und der Systemkonflikt zwischen Ost und West hatte immer schärfere Züge angenommen – aus ihrer sicherheitspolitisch exponierten Lage in der SBZ entfernen[71].

4. Das sowjetische Reparationsparadoxon

Die Potsdamer Reparationsregelungen waren für die UdSSR keineswegs vorteilhaft[72]. Eine feste Reparationssumme war nicht vereinbart worden, und auch von Lieferungen aus der laufenden Produktion war im Potsdamer Protokoll keine Rede mehr. Die UdSSR mußte ihre Reparationsansprüche im wesentlichen aus ihrer eigenen Besatzungszone befriedigen.

Die erste Phase der sowjetischen Reparationspolitik endete mit Abschluß der Potsdamer Konferenz. Die Demontagen sollten von nun an besser vorbereitet werden, liefen jedoch zunächst unvermindert weiter. Der Abbau der als rüstungswichtig eingestuften Werke erreichte im Frühjahr 1946 einen Höhepunkt. War die Klassifizierung der reinen Rüstungsbetriebe noch relativ einfach, so überwogen doch die Fälle, bei denen keine eindeutigen Zuordnungen „zivil" oder „militärisch" möglich schienen. Dies bot den Beauftragten des Sonderkomitees einen weitgefaßten Entscheidungsspielraum.

Für den hier zur Diskussion stehenden Kontext ist wichtig, daß die Vertreter der Sowjetunion auch im Alliierten Kontrollrat bis Frühjahr 1946 auf eine weitgehende Deindustrialisierung Deutschlands drängten. Kolpakow erklärte am 10. Dezember 1945 im Namen der sowjetischen Delegation unumwunden, daß Deutschland mit Hilfe des Industrieniveauplans zu einem agrarischen Land umgestaltet werden solle[73]. Dementsprechend bemühte sich die sowjetische Delegation um eine möglichst niedrige Festsetzung des künftigen deutschen Industrieniveaus[74].

Die Demontagen waren zuerst auf die Zerstörung des rüstungswirtschaftlichen Potentials gerichtet, was die besonders hohe Zahl von Totaldemontagen in den Industriezweigen Flugzeugbau, Metallurgie, Mineralölindustrie, Werkzeugmaschinenbau und Feinmechanik/Optik belegt. In diesen Branchen, die während der Aufrüstungs- und Kriegswirtschaft den größten Zuwachs[75] erzielt hatten, erfolgten die Entnahmen ohne Rücksicht auf die sich dadurch vertiefenden strukturellen Dispari-

[71] Ciesla, Spezialistentransfer, S. 24–26; Ciesla, Projekt Paperclip.
[72] Vgl. Fisch, Reparationen, S. 69ff.
[73] Vgl. Laufer, Problem der deutschen Reparationen, S. 63.
[74] Vgl. die komparative Darstellung der geplanten deutschen Nachkriegsproduktion bei den Planentwürfen der vier Mächte bei Kramer, Britische Demontagepolitik, S. 89.
[75] Vgl. Wagenführ, Industrie.

täten in der SBZ. Jedoch läßt die Übersicht über die Demontageverluste[76] ebenfalls deutlich werden, daß die demontagebedingten Einschnitte auch Branchen wie die Textil- und Druckindustrie trafen, deren Produktionsvolumen bereits während des Krieges abgenommen hatte. Selbst Industrien, die gemäß dem alliierten Industrieniveauplan von März 1946 keinen Beschränkungen unterlagen, wurden demontiert. Auffällig ist in diesem Zusammenhang bei den Demontagelisten der hohe Anteil von mittelständischen und Kleinunternehmen.

Das größte Ausmaß erreichten die Demontagen in Sachsen. Dort wurden nach einer sowjetischen Aufstellung 979 Betriebe abgebaut und aus ihnen ca. 358 000 Maschineneinheiten, darunter 115 000 Werkzeugmaschinen, entnommen[77]. Bereits diese Angaben verdeutlichen, daß die volkswirtschaftlichen Auswirkungen der Demontagen in der SBZ nicht zu unterschätzen sind[78]. Das Bruttoanlagevermögen sank in der SBZ bis 1948 auf 74 bis 84 v.H. (1936 = 100) und lag damit nach Abschluß der Demontagen deutlich unter den Stand in der Bizone im Jahr 1948 (111 v.H.)[79]. Noch stärker sanken die industriellen Kapazitäten[80]. Das Schienennetz in der SBZ wurde,

[76] Industriezweige mit den höchsten absoluten Demontageverlusten in der SBZ (inclusive Baulichkeiten und Vorräte)

Branche	Demontageverlust (in Mio. RM)	Kapazitätsverlust (in %)
Treibstoffwerke	650	90
Brikettwerke	374	37
Optische Industrie	313	75
Leichtmetallhalbzeuge	224	95
Braunkohlenindustrie	210	35
Metallurgie	208	87
Nichteisenmetallindustrie	204	87
Flugzeugindustrie	200	100
Flugzeugmotoren	187	100
Papierindustrie	167	30
Werkzeugmaschinen	154	75
Elektroindustrie	135	80
Spinnereien/Webereien	110	25
Druckgewerbe	90	22
KfZ Industrie	72	80

Zusamengestellt nach: Demontagen in der sowjetischen Besatzungszone. Die in diesem Gutachten angegebenen Zahlen für die Kapazitätsverluste sind nur bedingt aussagefähig, da sie sich in einigen Branchen auf den Stand von 1936 und in anderen auf den Stand von 1943/44 beziehen.

[77] Arlt, Militärische und ökonomische Entwaffnung, S. 403. Im Vergleich dazu lagen die Zahlen der aus der französischen Besatzungszone entnommenen Werkzeugmaschinen bei 45 000 und die 1947 geplanten Entnahmen aus der Bizone bei 90 000 (Fiereder, Demontagen, S. 232; Manz, Stagnation, S. 48).

[78] Foitzik, Sowjetische Militäradministration (SBZ-Handbuch), S. 31. Foitzik mißt den Demontagen im Vergleich zu den Entnahmen aus der laufenden Produktion nur eine untergeordnete Rolle zu. Die inzwischen ausgewerteten Archivalien aus Firmenarchiven widerlegen diese These.

[79] Vgl. Karlsch, Umfang und Struktur, S. 57.

[80] Dabei muß jedoch berücksichtigt werden, daß bereits die Entnahme einzelner besonders wichtiger Maschinen bzw. Anlagen zu nachhaltigen Kapazitätseinbußen führen konnte. Insofern kann eine vorrangig am Kapazitätsbegriff orientierte Bewertung der Demontagen leicht zu einer Unterschätzung der noch vorhandenen Potentiale führen.

bezogen auf den Stand von 1938, um insgesamt 48 Prozent verringert. Der Anteil von zwei- und mehrgleisigen Strecken sank von 28 Prozent (Stand 1942) auf weniger als 10 Prozent (Stand 1956)[81]. Infolgedessen gingen die Transportleistungen 1946 auf ein Viertel des Standes von 1936 zurück und erreichten 1950 erst etwas mehr als die Hälfte des Vorkriegsstandes[82]. Die nachhaltigsten Beeinträchtigungen verursachte die Demontage des „zweiten Gleises".

Je deutlicher sich eine separate Entwicklung der Zonen abzeichnete, desto nachteiliger mußten sich die rigorosen Demontagen für die SBZ auswirken. Dies erkannten die für Wirtschaftsfragen verantwortlichen SMAD-Offiziere als erste. Sie standen vor der unmöglichen Aufgabe, sowohl den Abriß wie den Aufbau der Industrie der SBZ gleichermaßen vorantreiben zu müssen. Immer häufiger rief dies paradoxe Situationen bis hin zum gleichzeitigen Ab- und Aufbau einzelner Unternehmen hervor.

Ab Spätsommer 1945 begann die SMAD mit der Organisation von Lieferungen aus der laufenden Produktion, die als Reparationen verrechnet wurden. Zu diesem Zweck mußte zunächst einmal die Autorität der SMAD gestärkt werden. Darauf zielten mehrere zwischen August und Oktober 1945 erlassene SMAD-Befehle ab[83]. Von diesen Reparationsaufträgen ging kurzfristig eine belebende Wirkung für die Wiederingangsetzung der Industrie aus. Allerdings wurden die ersten, im Herbst 1945 aufgestellten Pläne der SMAD zur Entnahme von Gütern aus der laufenden Produktion durch die fortgesetzten Demontagen konterkariert: So konnte der Reparationsplan des Jahre 1946, bezogen auf die Lieferungen aus der laufenden Produktion, nur zur Hälfte erfüllt werden. Die SMAD versuchte daraufhin, ihre „Planrückstände" durch umfangreiche Beschlagnahmungsaktionen zu verringern[84]. Unter diesen Umständen mußte ein Festhalten an der Konzeption der „wirtschaftlichen Entwaffnung" auf eine Erschöpfung der Ressourcen der SBZ hinauslaufen. Die auf kurzfristige Vorteile orientierte Plünderungs- und Demontagepolitik hatte ein Fiasko erlitten.

In diesem Zusammenhang ist von der zeitgeschichtlichen Forschung wiederholt über unterschiedliche und miteinander konkurrierende Konzeptionen innerhalb der sowjetischen Führung spekuliert worden. Man vermutete Differenzen zwischen einem eher kurzfristigen, auf Demontagen fixierten Konzept (Malenkow) und längerfristig angelegten Strategien (Mikojan, Schdanow). Ob dieses in der westlichen Forschung gern benutzte Bild von mehreren Fraktionen in der sowjetischen Führung[85] die Widersprüchlichkeit der sowjetischen Reparationspolitik hinreichend zu erklären vermag, bleibt indes weiter zu prüfen. Wie problematisch die Zuordnung einzel-

[81] Schmalz, Reparationen, Anhang.
[82] Harmssen, Demontage, S. 78.
[83] Insbesondere die Befehle Nr. 9 zur Wiederingangbringung von lebenswichtigen Industriebetrieben, Nr. 31 zur Neuordnung der Ausfuhr und der Demontagen, Nr. 43 über Maßnahmen zur Beschleunigung des Wiederaufbaus sowie die am 24. 10. 1945 erlassene Abrechnungsordnung bei Reparationslieferungen. Vgl. Foitzik, Inventar, S. 68 ff.
[84] Karlsch, Allein bezahlt?, S. 174 f.
[85] Vgl. Strunk, Sowjetische Militäradministration, S. 171 ff.

ner Handlungsträger zu solchen angeblichen Fraktionen ist, zeigt u. a. das Agieren von Kowal. Er war bis zum Herbst 1945 neben Saburow der Hauptverantwortliche für die Durchführung der Demontagepolitik des Sonderkomitees. Nachdem er zum Stellvertretenden Chef der SMAD und Verantwortlichen für Wirtschaftsfragen ernannt worden war, unterstanden ihm der gesamte Wirtschaftsapparat der SMAD und im Prinzip auch die Deutsche Zentralverwaltung für Industrie als Ausführungsorgan. Kowal war damit verantwortlich für die Erfüllung der Reparationspläne, d. h. auch für den Wiederaufbau. Kowal repräsentiert also in seiner Person die beiden Hauptlinien der sowjetischen Reparationspolitik: Erfüllte er zunächst die Rolle des „Demonteurs", so sorgte er auf seinem neuen Posten dafür, daß in der SBZ ein industrieller Grundstock erhalten blieb.

Im Herbst 1945 hatte sich Kowal, nach eigenem Bekunden, an die Moskauer Führung gewandt, um ein „ökonomisches Vakuum" und hohe Arbeitslosigkeit in der SBZ zu verhindern[86]. Die SMAD bereitete daraufhin einen Kurswechsel in der Reparationspolitik vor (Demontagestopps, Rückgabe von Demontagegütern, Belassung von Betrieben in Deutschland und Bildung von sowjetischen Aktiengesellschaften), und bereits im Januar 1946 lagen die entsprechenden Verordnungen dem Ministerrat vor[87]. Sicher scheint auch, daß die sowjetische Führung die Möglichkeiten einer gewinnbringenden Kooperation mit dem Westen zunehmend pessimistischer bewertete und daher ihre Reparationspolitik überprüfte. Den Prozeß des Wechsels zu einer Politik der vorrangigen Entnahmen hatte bereits der von Clay am 3. Mai 1945 verkündete zeitweilige Lieferstopp von Demontagegütern an die Sowjetunion nicht unwesentlich vorangetrieben: Danach war klar, daß aus den Westzonen keine nennenswerten Reparationslieferungen mehr zu erwarten waren und die Sowjetunion gut daran tat, ihr Reparationsgebiet nicht völlig zu deindustrialisieren.

Als äußere Zeichen für die Neuorientierung der sowjetischen Reparationspolitik können auch die Eingrenzung der Machtposition Malenkows gewertet werden, der seinen Posten als ZK-Sekretär verlor, sowie die Auflösung des Sonderkomitees im Herbst 1946[88]. Offiziell verkündet wurde der Übergang zu flexibleren Formen der Reparationspolitik von Molotow auf der Pariser Konferenz der Außenminister am 10. Juli 1946. Molotow betonte bei dieser Gelegenheit die Perspektiven einer deutschen Friedensindustrie und setzte das Wiederaufbauangebot an die Deutschen propagandistisch geschickt in Szene.

Wichtigster Baustein im neuen sowjetischen Reparationskonzept waren jedoch die Sowjetischen Aktiengesellschaften (SAG)[89]. Die Bildung dieser experimentellen Form sowjetischer Unternehmen bedeutete das Ende der Politik der Fortsetzung des Krieges mit anderen Mitteln. Wäre diese Wendung nicht oder auch nur einige Monate später erfolgt, hätte dies für die SBZ zu fatalen Konsequenzen geführt. Die

[86] Vgl. Koval [Kowal], Treffen mit General Draper, S. 47.
[87] Laufer, Konfrontation, S. 63.
[88] Vgl. Loth, Stalins ungeliebtes Kind, S. 68.
[89] Vgl. Bähr/Karlsch, Sowjetische Aktiengesellschaften.

Stabilisierung der wirtschaftlichen und politischen Lage in der SBZ war ein wichtiges Ziel der Neuausrichtung der sowjetischen Besatzungspolitik. Mit der Bildung der SAG wurden jedoch auch noch andere Ziele verknüpft. Ihre Einrichtung ermöglichte eine bessere Kontrolle der wirtschaftlichen Schlüsselbereiche der SBZ sowie eine direkte Planung und Koordinierung der Reparationsproduktion. Da die SBZ nunmehr einen Eigenwert als langfristige Reparationsressource gewann, verstärkte der Übergang zu einer Politik der vorrangigen Entnahmen aus der laufenden Produktion den Druck in Richtung des Ausbaus der zentralen Planung[90]. Vermutlich sollten die SAG auch dazu dienen, Optionen in der Deutschlandpolitik offen zu halten[91].

Mit der Bildung der SAG ab Sommer 1946 war die Talsohle allerdings noch nicht durchschritten. Dies dürfte auch der Hintergrund für den propagandistisch groß angekündigten Reparationsnachlaß und die offizielle Aufhebung des Industrieniveauplans für die SBZ im Januar 1947 gewesen sein[92]. Scheinbar endgültig wurde der Kurswechsel in der sowjetischen Reparationspolitik mit einem Treffen zwischen Stalin und der SED-Führung Ende Januar/Anfang Februar 1947 vollzogen[93]. Dennoch gingen allen Zusagen zum Trotz auch 1947 die Demontagen und Beschlagnahmungen weiter. Es kam zu Umschichtungen in den Reparationsplänen der SMAD, nicht jedoch zu einer tatsächlichen Reduzierung der Reparationen.

Im Sommer und Herbst 1947 mehrten sich daher die Klagen von Politikern der SBZ (Selbmann[94], Hübener[95], Dieker[96]) über die kritische Wirtschaftslage. Die SMAD reagierte schließlich mit Maßnahmen – u. a. der Rückgabe von 74 SAG-Betrieben und der Erlaubnis zum Wiederaufbau der Metallurgie (Befehl Nr. 234) –, die insgesamt auf eine Stabilisierung der Wirtschaft in der SBZ hinausliefen. Im Herbst 1947 konnte der Abwärtstrend gestoppt und die drohende Lähmungskrise abgewendet werden. Mit anderen Worten, erst knapp eineinhalb Jahre nach offizieller Verkündung der Wende in der sowjetischen Reparationspolitik wurden erste Erleichterungen spürbar.

5. Wirkungen der Reparationsentnahmen auf Unternehmensebene

Auf der Ebene der einzelnen Unternehmen hatte sich der Prozeß der Hinwendung zu einer pragmatischen Besatzungspolitik höchst ungleichmäßig vollzogen. Die ambivalenten Wirkungen der sowjetischen Reparationspolitik werden hier ohne Zweifel am deutlichsten sichtbar. Der Besatzungsalltag erforderte im Einzelfall schon

[90] Vgl. Loth, Stalins ungeliebtes Kind, S. 69. Loth wiederholt in diesem Zusammenhang die Behauptung, daß die SAG zu 51 % der Sowjetunion gehört hätten. Davon kann keine Rede sein. Die SAG-Betriebe gehörten nicht anteilig, sondern zu 100 % der Sowjetunion.

[91] Vgl. Rudolph, Administrative Organisation, S. 51 ff.

[92] Vgl. Karlsch, Allein bezahlt?, S. 102 f.

[93] Vgl. SAPMO ZPA, NL 36, Nr. 694.

[94] Karlsch, Selbmann-Memorandum.

[95] SAPMO ZPA, Bl. 101 ff., EA 1098/1.

[96] Wille, Industrie Sachsen-Anhalts.

frühzeitig eine pragmatische Vorgehensweise, nicht zuletzt auch deshalb, weil die Erfordernisse des Technologietransfers die Weiterexistenz von industriellen Anlagen und Ausrüstungen an Ort und Stelle vorerst notwendig machten. Doch mit der angeführten Verschickungsaktion vom Oktober 1946 war die – hauptsächlich bei hochinnovativen Unternehmensstrukturen scheinbar gelungene – Abwehr von Demontagen gescheitert.

Besonders schwer traf dies die feinmechanisch-optischen Werke Carl Zeiss in Jena kurz vor dem hundertjährigen Gründungsjubiläum im November 1946. Gleich nach dem Abtransport der wichtigsten Fachkräfte im Oktober 1946 wurde der Demontagebefehl bekanntgegeben. Die Verschickungsaktion und der Demontagebefehl trafen das Unternehmen unvorbereitet, nichts hatte bisher auf eine Demontage hingedeutet, im Gegenteil, von sowjetischer Seite wurde seit Juni 1946 sogar auf eine Produktionserweiterung gedrängt, und die umfangreichen Produktionsaufträge waren bis zum Ende des laufenden Jahres ausgelegt. Alle Bemühungen, die anstehende Demontage und damit Liquidation zu verhindern, scheiterten am Veto der Moskauer Dienststellen[97]. Erst als Mitte November 1946 klar geworden war, „daß durch den Abbau der Produktionskapazitäten in Jena die Reparationslieferungen aus den Dresdener Kamerafabriken gefährdet waren, entschied man in Moskau, eine Mindestfertigungskapazität für Photoobjektive in Jena zu belassen“[98]. Carl Zeiss blieben daraufhin 6 Prozent der Betriebsmittel und darüber hinaus die Gebäude und Installationen[99].

Mitunter gingen die Unternehmen bei der Demontageabwehr recht unkonventionelle Wege. Als dem Automobilwerk von BMW in Eisenach im Herbst 1945 die Demontage angekündigt wurde, machte sich eine Abordnung des Betriebes mit dem letzten verbliebenen Modell eines BMW 321 als Geschenk für den Chef der SMAD, Marschall Schukow, auf den Weg. Im Prinzip war dies ein Bestechungsversuch, der jedoch seinen Zweck erfüllte: Schukow forderte innerhalb einer Woche fünf weitere Fahrzeuge dieses Typs. In Tag- und Nachtarbeit wurden diese Wagen gebaut und pünktlich geliefert. Am 13. 10. 1945 erging dann der SMAD-Befehl Nr. 93 an das BMW-Werk in Eisenach mit dem Auftrag, jährlich dreitausend PKW des Typs 321 und ebenso viele Motorräder zu bauen[100]. Doch solchen „Erfolgsgeschichten“ waren selten. Im Bereich des Fahrzeugbaus blieben z. B. Audi in Zwickau oder DKW in Zschopau ähnliche Chancen versagt[101].

Im Falle der besonders stark kriegsgeschädigten Leuna-Werke wurde von sowjetischer Seite mehrfach eine Demontage verneint, der Benzinproduktion aufgrund des Eigenbedarfs der stationierten sowjetischen Truppen sogar oberste Priorität eingeräumt. Um so größer war die Enttäuschung der Belegschaft, als am 15. März 1946

[97] Hermann, Carl Zeiss, S. 41 ff.; Mühlfriedel/Hellmuth, Demontage; Hellmuth/Mühlfriedel, Tagebuch, S. 197–201.

[98] Hellmuth/Mühlfriedel, Tagebuch, S. 198.

[99] Ebenda, S. 200.

[100] Mönnich, BMW, S. 490.

[101] Ebenda; Kurze/Steiner, Motorräder, S. 35.

der Demontagebefehl kam und die Kapazitäten des Werkes um etwa zwei Drittel reduziert wurden. Das Werk benötigte mehr als 10 Jahre, um sich von den Kriegsschäden und Demontagen wieder zu erholen[102].

Nicht selten wurden die beiden gegensätzlichen Linien der sowjetischen Reparationspolitik bei einzelnen Industrieunternehmen nahezu zeitgleich verfolgt. Während die Demontagekolonnen in einem Betriebsteil gründlich abbauten, wurde in den unbedingt notwendigen Produktionsbereichen desselben Betriebes weitergearbeitet. Solange das Demontage-Soll in Tonnen vorgegeben war und nicht nach „produktionsstrategischen Maschinen" abgerechnet wurde, konnte eine solche „Koexistenz" durchaus zur Zufriedenheit aller Beteiligten funktionieren. Die Tagebuchaufzeichnungen des Ingenieurs Johannes Vogler über das mittelständische Unternehmen der Mechanischen Werkstätten Freital in Sachsen illustrieren diese Variante im Demontagealltag. So hatte Vogler zwei sich eigentlich widersprechende Funktionen inne: Er war einerseits der von der Besatzungsmacht per Befehl für die Demontage eingesetzte leitende Ingenieur, andererseits jedoch zugleich der technische Leiter einer Lokomotiven- und Eisenbahnwaggonreparatur im selben Betrieb. Die Funktion als Demontageingenieur war ihm aufgrund seines Rufs als fähiger Fachmann („Spezialist") vom leitenden sowjetischen Demontage-Offizier übertragen worden. Mit viel Geschick gelang es ihm, die im Werk agierenden Demonteure davon zu überzeugen, daß die Reparaturarbeiten im unter Demontage stehenden Betrieb fortgesetzt werden mußten; zugleich „versorgte" er die Demontagekolonnen mit genügend abbaubarer, aber nicht unbedingt notwendiger Tonnage, um das Demontage-Soll seiner Auftraggeber zu erfüllen.

Natürlich war ein solches Lavieren nicht ungefährlich und konnte auch ganz andere Folgen nach sich ziehen: So wurde der Werksleiter der ehemaligen Gustloff-Waffenfabrik, aktiver Gegner des Hitler-Regimes, von der sowjetischen Besatzungsmacht zu 10 Jahren Zwangsarbeit verurteilt, als er bei dem Versuch ertappt wurde, Material für die spätere Produktion des Werkes zu retten und vor dem Abtransport zu bewahren[103].

Die Wende zu einer pragmatischen Industriepolitik wird am Beispiel der Leuna-Werke nach deren Überführung in eine SAG im Sommer 1946 deutlich. Heftige Kontroversen der Werksleitung und des Chefs der Zentralverwaltung für Landwirtschaft mit der SMAD führten dazu, daß der von der SMAD gewünschte Wiederaufbau der Benzinproduktion zugunsten der Düngemittelproduktion zurückgestellt wurde, um eine „Katastrophe für die Volksernährung" zu verhindern, ja die SMAD zeitweilig die Einstellung der Benzinproduktion in den Leuna-Werken anordnete und damit ihre Reparationsinteressen zurückstellte, womit eine drohende Düngemittelkrise abgewendet werden konnte. Eine solche Akzentverschiebung in der Industriepolitik deutet zumindest darauf hin, daß hochrangige SMAD-Offiziere sich

[102] Vertrauliche Aktennotiz vom 13. 9. 1945, LWA, Nr.A 147 (russische Kommission).

[103] Berner, Spezialisten, S. 179f.; Karlsch, „Arbeiter schützt Eure Betriebe!", S. 399; Ciesla, Demontagen, S. 94–96.

der außerordentlich kritischen Lage der Wirtschaft in der SBZ bewußt waren und nach Lösungswegen suchten[104].

Auch mit Blick auf die geringen Kompromißchancen im Kontrollrat und die sich abzeichnende längere Besatzungszeit war eine pragmatische, auf das wirtschaftliche Überleben der SBZ gerichtete Politik unumgänglich. Bis zur allgemeinen Umsetzung dieser Erkenntnis sollten indes noch Monate vergehen. Erst Ende 1947 traten entscheidende Veränderungen ein.

Auch die etwa zwei Jahre währende rigorose sowjetische Demontagepraxis hat die Erfahrungen der Aufbaugeneration in der SBZ/DDR geprägt. Die Nichteinhaltung von Zusagen durch die SMAD führte vielfach dazu, daß ein unterschwelliges Mißtrauen gegenüber sowjetischen Versprechungen, Methoden und russischer Lebensart bestehen blieb. Andererseits begannen im Zuge des notgedrungen gemeinsam zu bewältigenden Wiederaufbaus sowie in Anbetracht der pragmatischen Haltung nicht weniger Besatzungsoffiziere grobschlächtige Feindbilder zu verblassen.

Grundsätzlich zeigte die Entwicklung in den ersten Nachkriegsmonaten, daß die SMAD kein monolithisches Machtzentrum war und ihre Autorität gegenüber anderen Besatzungsinstanzen erst festigen mußte. Zwar stellte die SMAD die oberste Regierungsgewalt in der SBZ dar, doch neben ihr agierten der Geheimdienst, die GSOW, die Vertreter des Sonderkomitees und mitunter auch die örtlichen Kommandanten zumindest anfangs weitgehend autonom. Solange es auf der obersten Entscheidungsebene keine eindeutige Festlegung auf eine pragmatische Reparationspolitik gab, war ein abgestimmtes Agieren auf den unteren Ebenen nahezu unmöglich. Dennoch führten sowohl die Sachzwänge der „großen Politik“ als auch die Notwendigkeiten des Besatzungsalltags zu einer schrittweisen Hinwendung zu konstruktiven Formen der Reparationspolitik.

6. Zusammenfassung

In ihrer ursprünglichen Intention war die sowjetische Reparationspolitik auf einen „harten Frieden“ gerichtet. Dies spiegelte sich insbesondere in den Planungen des Außenministeriums und in der Demontagepolitik des Sonderkomitees wider. Das Konzept der „industriellen Entwaffnung“ erfuhr unmittelbar nach Kriegsende erste Korrekturen, blieb jedoch bis zum Frühjahr 1946 dominierend.

Für die ohnehin unter der Zonenseparierung besonders stark leidende Wirtschaft der SBZ hatte diese Ausgangssituation fatale Konsequenzen. Ohne Rücksicht auf das wirtschaftliche Rumpfgebilde der SBZ wurden für den Wiederaufbau besonders wichtige Branchen wie die Metallurgie und der Werkzeugmaschinenbau nahezu vollständig abgebaut. Aber auch die Verminderung der Eisenbahnstrecken um nahezu 50 Prozent und der Abbau von Konsumgüterbetrieben zeugt nicht von einer längerfristig angelegten sowjetischen Strategie.

[104] Schreiben Hoernle an den Chef der SMAD vom 31. 3. 1946, LWA, Nr.A 1.

Auf betrieblicher Ebene boten die ersten Demontagewellen, wie am Berliner Beispiel gezeigt, ein Bild von Willkür und Hektik. Hinter der Ineffiziens der ersten Demontagen und dem wiederholten Wortbruch der SMAD verschwanden alsbald die eigentlichen Ursachen für dieses Desaster. Die Demontagepolitik der Sieger rückte die deutsche Bevölkerung scheinbar in eine Opferrolle.

Dennoch offenbarten bereits die ersten Nachkriegsmonate die praktische Undurchführbarkeit von gleichzeitigen Demontagen und Entnahmen aus der laufenden Produktion. Diese beiden Pole der sowjetischen Reparationspolitik waren nicht miteinander zu vereinbaren.

Aus rein pragmatischen Erwägungen ging die Besatzungsmacht zuerst in den Bereichen der Hochtechnologien des Rüstungssektors zu konstruktiveren Formen der Reparationsentnahmen über. Insbesondere in diesen Bereichen war der Know-how-Transfer durch die Wiederinbetriebnahme intakter Anlagen in der SBZ bzw. den Aufbau technologischer Inseln am effektivsten zu gewährleisten. Während der Rest der Wirtschaft Beschränkungen unterlag und die Demontageprogramme unvermindert liefen, entstand bereits seit Sommer 1945 so etwas wie eine industrielle Gegenstruktur.

Den entscheidenden Bruch mit den bisherigen Reparationsprinzipien markierte die Molotow-Rede vom Juli 1946[105]. Das destruktive Demontagekonzept sollte nunmehr durch eine flexiblere Politik abgelöst werden. Diese neue Linie wurde von Stalin gegenüber der SED-Führung Anfang 1947 bestätigt.

Mit der Proklamation einer neuen Reparationspolitik war es indessen nicht getan. Trotz der Weichenstellungen auf höchster Ebene änderte sich im Besatzungsalltag zunächst nur wenig. So brachte weder die Ankündigung der Bildung der SAG noch die im Januar 1947 versprochene Reduzierung der Reparationen in den darauffolgenden Monaten für die Wirtschaft der SBZ spürbare Entlastungen. Die Wirtschaft befand sich, wie auch die Beispiele aus der Unternehmensebene belegen, in einer Art „Schwebezustand“ zwischen Demontage und Wiederaufbau.

Wenn dennoch bis zur Währungsreform höhere Zuwachsraten als in den Westzonen verzeichnet werden konnten, so spricht dies sowohl für den starken Wiederaufbauwillen von Unternehmern und Belegschaften als auch für die kurzfristig positiven Wirkungen der Reparationsaufträge. Die verbliebenen industriellen Potentiale wurde revitalisiert und veraltete Technik durch den Mehreinsatz menschlicher Arbeit kompensiert. Allerdings sind zu diesem Komplex, insbesondere zur statistischen Erfassung des Wirtschaftswachstums jener Jahre, noch Detailstudien nötig.

Die Wende zu einer pragmatischen Reparationspolitik wurde nur ein Jahr nach Kriegsende vollzogen. Dies verdient in Anbetracht der gewaltigen sowjetischen Opfer und der ursprünglichen „Karthago-Planungen“ besondere Beachtung.

Mehrere Faktoren führten zu dieser Entwicklung: Der rasch aufbrechende Gegensatz zu den Westalliierten schuf in Deutschland eine Konkurrenzlage, und die kurzfristigen Demontagekonzepte hatten nur geringen Nutzen gebracht. Ein Teil

105 Vgl Heikkilä, Question of European Reparations, S. 146.

der SMAD-Offiziere erkannte dies und versuchte mit einigem Erfolg, eigene Gestaltungsspielräume im Sinne einer pragmatischen, den Wiederaufbau der Wirtschaft sichernden Politik auszuschöpfen. Auf betrieblicher Ebene schlug das neue Reparationskonzept dennoch nur mit erheblicher zeitlicher Verzögerung durch. Ende 1947 war die Gefahr einer Wirtschaftslähmung schließlich abgewendet, und im Prozeß des Wiederaufbaus wurden, betrachtet man die Ausgangslage, erstaunliche Ergebnisse erzielt.

Wolfgang Merker

Landes- und Zentralverwaltungen – Konstituierung und Ausrichtung der SBZ-Verwaltungsspitze durch die SMAD

Im Juli 1945, in den Wochen vor und während der Potsdamer Konferenz der Drei Mächte, fielen weitere Entscheidungen für den Verwaltungsaufbau in der SBZ und in Berlin[1]. Nach Abzug der Westalliierten aus Gebieten, die der SBZ zugesprochen waren, entstanden im sowjetischen Besatzungsraum fünf Länder, und zwar drei „föderale" Länder – Mecklenburg-Vorpommern, Sachsen und Thüringen – sowie zwei Provinzen auf ehemaligem preußischen Territorium – die Provinz Mark Brandenburg und die Provinz Sachsen, ab Dezember 1946 Provinz Sachsen-Anhalt –, die nach Auflösung des Staates Preußens 1947 in Länder umgewandelt wurden[2]. Es handelt sich dabei um die ersten, noch vor den Konferenzvereinbarungen von Potsdam begründeten Länderstrukturen, die formal bis Juli 1952 – bis zur Ablösung durch die DDR-Bezirke – bestanden und an die bei der deutschen Einheit auf der Grundlage des Ländereinführungsgesetzes administrativ-territorial wieder angeknüpft wurde[3]. Die anderen Zonenbefehlshaber folgten ab September 1945 erst im Zuge ihrer zonalen Abgrenzungen mit der Bildung bzw. Neubildung von Ländern[4].

Mit der Gründung von Ländern endete der erste Abschnitt bei der Ingangsetzung sowjetischer Besatzungsinstanzen und deutscher Auftragsverwaltungen. Im Rahmen ihrer militärischen Einbindung in die Verbände der 1. und 2. Bjelorussischen sowie der 1. Ukrainischen Front hatten sowjetische Stadt- und Kreiskommandanten in den bis zur Elbe-Mulde-Linie besetzten Gebieten deutsche Bürgermeister und Landräte mit der örtlichen Verwaltung beauftragt. Die am 6. Juni 1945 errichtete So-

[1] Den ausgangs der 80er Jahre erreichten Forschungsstand zum Verwaltungsaufbau in der SBZ resümiert in Verbindung mit weiterführenden politik- und organisationsgeschichtlichen Studien ausführlich: SBZ-Handbuch; von im Anschluß vorgelegten Untersuchungen zur Thematik verdient hervorgehoben zu werden: Von der SBZ zur DDR.

[2] Konstitutiver Rechtsakt war der SMAD-Befehl Nr. 5 vom 9. 7. 1945 über die Errichtung von Dienststellen der Chefs der Sowjetischen Militäverwaltung und ihrer Stellvertreter in Zivilangelegenheiten in den Provinzen und föderalen Ländern, in: Befehle des Obersten Chefs der Sowjetischen Militärverwaltung, S. 13.

[3] Vgl. Verfassungsgesetz zur Bildung von Ländern in der Deutschen Demokratischen Republik – Ländereinführungsgesetz – vom 22. 7. 1990, GBl. der DDR, Teil I, Nr. 51, S. 955. Vgl. auch Klatt, Besatzungszonen und Länderverwaltungen.

[4] Vgl. Mampel, Föderalismus in Deutschland I; vgl. auch: Die Länder und der Bund.

wjetische Militäradministration in Deutschland (SMAD) konnte darauf zunächst keinen unmittelbaren Einfluß ausüben.

Erst mit Ausdehnung ihrer Hoheitsgewalt auf den gesamten Besatzungsraum erreichten die SMAD-Befehlslinien in vollem Umfang auch die Ebene der lokalen Kommandanturen. Am 9. Juli 1945 setzte Georgij K. Schukow, der nunmehr als „Oberster Chef der SMAD und Oberbefehlshaber der Gruppe der sowjetischen Besatzungstruppen in Deutschland" die voneinander getrennten militärischen und zivilen Besatzungsstränge insgesamt befehligte, in den Ländern und Provinzen Militäradministrationen ein. Zeitgleich forcierte er deutsche Verwaltungen auf Länder- und auch auf zonaler Ebene. Die UdSSR traf damit zu einem relativ frühen Zeitpunkt Vorentscheidungen für eine deutsche Verwaltungsspitze in der SBZ.

Ungeachtet verdienstvoller Forschungen, die seit 1990 mit russischer Unterstützung und beträchtlichen Anfangsschwierigkeiten an einschlägigen Moskauer Quellen begonnen werden konnten, steht die eigentliche Aufarbeitung der Verwaltungsanfänge in der SBZ noch bevor. Dabei geht es nicht nur um die außenpolitischen und herrschaftsstrategischen Entscheidungshintergründe, sondern auch um die vielen, oftmals getrennt voneinander operierenden Administrationswege, die von Moskauer Partei-, Militär- und Staatsinstanzen ausgingen[5]. Aber auch die deutschen Quellen , vor allem die Archivbestände der Landes- und Provinzialverwaltungen sowie der Zentralverwaltungen, sind, wie der aktuelle Forschungsstand ausweist, bei weitem noch nicht ausgeschöpft. Das betrifft sowohl den Überleitungsprozeß militärischer auf zivile Besatzungsstrukturen, der im Sommer 1945 eng mit der Vorbereitung auf eine deutsche Verwaltungsspitze in der SBZ verbunden war, als auch den Beginn der Tätigkeit der Landes- und Zentralverwaltungen bis zum Herbst 1945.

Die SMAD schloß über die Länder-SMA-Chefs die örtlichen Kommandanturen zu einem zentralistischen Leitungssystem der Besatzungsmacht zusammen. Die Länder-Militäradministrationen waren angewiesen, „Verbindung mit den von mir [Schukow] bestätigten Präsidenten der Provinzialverwaltungen herzustellen und sofort zur Organisation eines normalen Lebens in den Provinzen gemäß den ihnen gegebenen Anweisungen überzugehen"[6].

Die Konstituierung der Landes- und Provinzialverwaltungen erfolgte innerhalb weniger Wochen im Juli 1945. Am 4. Juli 1945 bestätigte Schukows Stellvertreter Wassilij D. Sokolowskij bei einem Empfang in Karlshorst die Präsidenten und Vizepräsidenten der Landesverwaltungen Mecklenburg-Vorpommern und Sachsen sowie

[5] Die umfangreichen Studien von SMAD-Beständen, die Norman M. Naimark im Staatsarchiv der Russischen Föderation (GARF) für sein Buch „The Russians in Germany" betreiben konnte, verdeutlichen die komplizierte archivische Quellenlage. Da über das SMAD-Archiv mit seinen regionalen Überlieferungen hinaus für die SBZ noch eine Vielzahl bislang überhaupt noch nicht einbezogener Bestände einzelner Volkskommissariate bzw. Unionsministerien in Betracht kommt, kann erst zu einem späteren Zeitpunkt mit ausgewogenen Forschungsresultaten gerechnet werden. Vgl. dazu auch Naimark, Sowjetische Militäradministration, S. 295.

[6] SMAD-Befehl Nr. 5 vom 9. 7. 1945, in: Befehle des Obersten Chefs der Sowjetischen Militärverwaltung, S. 13.

der Provinzialverwaltung Mark Brandenburg. Die personellen und organisatorischen Vorarbeiten waren in Zusammenarbeit mit der KPD-Führung, namentlich mit den Gruppen Ulbricht, Ackermann und Sobottka im Juni 1945 geleistet worden. So ging die Spitze der Landesverwaltung Sachsen im wesentlichen aus der Leitung der Dresdener Stadtverwaltung hervor[7].

Nicht überall fielen die sowjetischen Vorgaben in ihrer Diktion so unverblümt aus wie seitens des Stellvertreters für Zivilangelegenheiten des Chefs der SMA in Mecklenburg-Vorpommern, Generalmajor Michail Aleksandrowitsch Skossyrew, der bei der Amtseinführung von Präsident Wilhelm Höcker (SPD) am 8. Juli 1945 lakonisch ausführte: „1. das ganze Land und die Wirtschaft sind zu verwalten. 2. Das Land ist besetzt, mithin hat die Verwaltung im Interesse der Sowjetunion zu erfolgen. [...] Ein Teil der Schwerindustrie wird ausgeführt, die Eisenbahnen haben für die Armee zu arbeiten, und die Besatzungsarmee muß verpflegt werden. Da Deutschland keine Armee besitzt, kann es die Aufwendungen, die es bisher für die eigene Armee machte, jetzt für die Rote Armee machen. [...] Für Mecklenburg bedeutet das die rechtzeitige und ehrliche Ablieferung der landwirtschaftlichen Erzeugnisse. [...] Die Brücken müssen instandgesetzt und repariert werden. Alle Wasserstraßen müssen in Ordnung gebracht werden, desgleichen alle Hafenanlagen, auch die an der Ostsee. [...] Arbeitskräfte werden im Interesse der Roten Armee angefordert und sind zu stellen. [...] Es ist erlaubt, Kreisverwaltungen zu bilden. Gemeindeverwaltungen, Bürgermeister werden nicht gewählt, sondern nur ernannt. [...] Die deutsche Verwaltung hat unter der Aufsicht und Leitung der zivilen Administration zu verbleiben."[8]

Weitaus moderater ging es in Brandenburg und im Land Sachsen zu. Bei der Einweisung der Landesverwaltung Sachsen am 18. Juli 1945 versuchte Präsident Rudolf Friedrichs, jegliche Konfrontation zu entschärfen und Vertrauen in die neuen Rechts- und Legitimationsgrundlagen für eine deutsche Verwaltungstätigkeit zu verbreiten: „Der nationalsozialistische Staat besteht nicht mehr, damit ist alles vernichtet, was in ihm enthalten war und sich auf ihn gründete. Wir haben eine neugeschaffene Selbstverwaltung im Bundesland Sachsen, seinen Städten und Landkreisen. Wir leiten unsere Rechte und Pflichten aus der Tatsache her, daß wir nach dem Willen des Volkes von der Besatzungsmacht berufen worden sind. Alle Parteien des deutschen Volkes sind durch geeignete Persönlichkeiten in der Landesverwaltung vertreten."[9]

Auf der ersten Konferenz der Landräte und Oberbürgermeister, die am 17. Juli 1945 in Brandenburg (Havel) von der Provinzialverwaltung Mark Brandenburg ab-

[7] Die vom Dresdener Stadtkommandanten Oberst S. F. Gorochow am 9. 5. 1945 eingesetzten Bürgermeister Dresdens, der Sozialdemokrat Rudolf Friedrichs als Oberbürgermeister und der Kommunist Kurt Fischer von der Gruppe Ackermann als 1. Bürgermeister, wechselten am 4. 7. 1945 in die Führungspositionen der Landesverwaltung Sachsen. Vgl. auch Stadtarchiv Dresden, Stadtverordnetenversammlung und Rat der Stadt, Ratsprotokolle 1945.

[8] Aktenvermerk von Höcker vom 8. 7. 1945, Mecklenburgisches LHA Schwerin, Ministerpräsident, Nr. 1309, Bl. 002.

[9] Berichte der Landes- und Provinzialverwaltungen, S. 72.

gehalten wurde, ging der erste Vizepräsident, Bernhard Bechler (KPD), noch einen Schritt weiter: „Unsere politische Grundlinie ist klar. Wir treiben eine antifaschistische Politik, keine kommunistische und keine sozialdemokratische, sondern eine antifaschistische Politik im Sinne der Einheitsfront. Das muß auch in der Zusammensetzung der Verwaltungsapparate zum Ausdruck kommen. Es geht nicht an, daß nur Kommunisten und Sozialdemokraten in den Verwaltungen sitzen, sondern daß wir selbstverständlich auch, wenn geeignete Männer da sind, Vertreter anderer Parteien in die Verwaltungsorgane hineinnehmen müssen."[10] Bechler ließ den Hegemonialanspruch der Kommunisten und die eigentliche Stoßrichtung des Verwaltungsaufbaus nicht im unklaren, als er dort abschließend im Sinne des KPD-Aufrufs vom 11. Juni 1945 zugleich die repressiven Funktionen der neuen deutschen Verwaltungen hervorhob: „Ich möchte also nochmals klarstellen: Für die Gegner der Demokratie ist kein Platz in unserem heutigen Staat. Diejenigen, die Gegner der Demokratie sind, können nicht unterstützt werden."[11]

Am 16. Juli 1945 folgten die Gründungsbefehle für die Landesverwaltung Thüringen und die Provinzialverwaltung Sachsen in Halle, nachdem die unter Einschaltung von Emissären der KPD-Zentrale erst nach dem 4. Juli 1945 begonnenen Sondierungsgespräche mit den vorgeschlagenen Präsidenten und Vizepräsidenten zum Abschluß gekommen waren[12]. Mit dem Liberaldemokraten Erhard Hübener pflegten SMAD und SMA Halle von Anfang an eine konstruktive Zusammenarbeit und einen vertrauensvollen Umgang[13]. Ähnlich entspannte und kompromißbereite Beziehungen schienen sich nach dem Einmarsch der sowjetischen Streitkräfte zwischen der neuen Besatzungsmacht und der unter dem parteilosen Rechtsanwalt Rudolf Paul gebildeten Landesverwaltung Thüringen anzubahnen. Paul war durchaus nicht der Wunschkandidat von SMAD und KPD-Führung, obgleich er als Oberbürgermeister von Gera durch den freundlichen Empfang der russischen Truppen in der

[10] Redemanuskript vom 17. 7. 1945, ebenda S. 70.

[11] Ebenda.

[12] Vgl. Niederschrift des früheren Landeshauptmanns der Provinz Sachsen und berufenen Präsidenten der provinzsächsischen Verwaltung Erhard Hübener (LDP) über seine Gespräche mit Generalmajor Aleksander G. Kotikow in Merseburg vom 10. 7. 1945, ebenda S. 55; an diesen Unterredungen nahmen auch der frühere kommunistische Landtagsabgeordnete Bernhard Koenen sowie, im Auftrag der KPD-Zentrale, der spätere (ab 27. 7. 1945) Präsident der DVAS Gustav Gundelach teil, der damals für die KPD-Verbindungen in die westlichen Besatzungszonen bzw. in die vorübergehend amerikanisch und britisch besetzten Gebiete der SBZ verantwortlich zeichnete.

[13] Vgl. Niederschrift über die Vorberatungen vom 11. 7. 1945 in Halle, ebenda S. 58: „Herr Landeshauptmann Hübener wurde befragt, ob er bereit ist, die Präsidentenstelle zu übernehmen. Nach eingehender Erörterung seiner politischen Entwicklung und seines Bildungsganges wurde er auch befragt, ob er sich gesundheitlich dieser Aufgabe gewachsen fühle. Er bejahte diese Frage. Offensichtlich war man mit der politischen und fachlichen Entwicklung des Kandidaten für den Präsidentenposten voll einverstanden." Vgl. auch Niederschrift über die Fortsetzungsverhandlungen in Halle und Berlin vom 12./13. 7. 1945, ebenda, S. 62; sie konstatierte „in allen Punkten Übereinstimmung der Ansichten [. . .]. Übereinstimmung herrschte grundsätzlich auch in dem ausführlich besprochenen Punkt: die Ausmerzung des nationalsozialistischen Geistes aus der öffentlichen Verwaltung ist grundlegende Voraussetzung für jeden Erfolg; aus Gründen der Gerechtigkeit und zur Erhaltung wertvoller Kräfte darf aber kein schematisches Verfahren Platz greifen, vielmehr ist sorgfältige Abwägung der Verhältnisse in jedem einzelnen Falle erforderlich."

Stadt für Aufsehen gesorgt hatte. Ihm traute man aber nach Absetzung des von den US-Besatzungsorganen ernannten vorläufigen Regierungspräsidenten Hermann Brill (BdS bzw. SPD) noch am ehesten zu, die von der SMAD akzeptierte Struktur der Vorgänger- auf die neue Landesverwaltung überzuleiten und auf die veränderten Vorgaben einzustellen[14].

Thüringen war auch das einzige Land in der SBZ, wo eine von der SMAD etablierte Landesverwaltung unmittelbar an Vorgängerstrukturen anknüpfte. Die Landesämter der Provinzial-Regierung für die amerikanisch besetzten Kreise im thüringischen und westsächsischen Raum erhielten am 5. Juli 1945 die Vollmacht der SMAD, ihre Tätigkeit fortzusetzen. Die anderen Landes- und Provinzialverwaltungen bauten ihren Apparat völlig neu auf. Ihre Organisationsgliederung, die regional in vieler Hinsicht voneinander abwich, lehnte sich in den Grundzügen an die Ressorteinteilung der Länder-SMA und der SMAD an[15].

Kurz darauf, mitten in den Potsdamer Verhandlungstagen, erließ Schukow den Gründungsbefehl vom 27. Juli 1945 für elf deutsche Zentralverwaltungen für die SBZ. Bei den SMAD-Strukturteilen strikt voneinander abgeschirmt und für diese vorrangig bei der Umsetzung der SMAD-Befehle tätig geworden, entstanden erste Ansätze einer branchenabgegrenzten zoneneinheitlichen deutschen Verwaltung. Bis Mitte 1946 erhöhte sich ihre Zahl auf 15[16].

Der Wettlauf der Alliierten um ihren Einfluß in Deutschland begann noch vor dem Abschlußkommuniqué der Drei Mächte in Potsdam vom 2. August 1945 in eine neue Phase zu treten. Der Schachzug Stalins, über die Anpassung an die Dezentralisierungsvereinbarung der Alliierten zentralistische Kommandostrukturen auf die SBZ zu übertragen, schien zu dem damaligen Zeitpunkt durch mehrere Faktoren begünstigt zu sein:

1. Noch war den Westalliierten die auf grundlegenden Ordnungs- und Systemwandel in Deutschland ausgerichtete sowjetische Politik in ihrer Dimension und Tragweite nicht bewußt. Auch die Führungskreise um Stalin hatten sich bei weitem noch nicht endgültig darauf festgelegt, wie sie ihre Einflußstrukturen über die Entmachtung und wirtschaftliche Ausbeutung Deutschlands hinaus aufbauen wollten, geschweige denn, ob und wie sie sich bei einem Sonderweg in der SBZ deutscher Instanzen bedienen sollten.
2. Die Westmächte waren im Sommer 1945 in ihren Zonen sowie bei der Abgrenzung ihrer Besatzungskompetenzen so sehr mit sich selbst beschäftigt, daß sie sich zunächst mit der nach außen hin sichtbaren Einhaltung der gemeinsam vereinbarten Verwaltungsgrundsätze auch in der SBZ zufrieden gaben; das waren vor allem:

[14] Vgl. Abschnitt „Thüringen" in: SBZ-Handbuch, vor allem S. 174–175; Wahl, Beginn der antifaschistisch-demokratischen Umwälzung; vgl. auch die Studien von Manfred Overesch (zuletzt 1995: Thüringen unter Hermann Brill) sowie Ehnert, Alte Parteien.

[15] Vgl. Anhang in: Berichte der Landes- und Provinzialverwaltungen, S. 428–440 (Strukturvergleich 1946).

[16] Vgl. die Abschnitte über Zentralverwaltungen in: SBZ-Handbuch, S. 201–281.

- völlige Abkehr von nationalsozialistischer Zentralisation
- Neubildung örtlicher deutscher Verwaltungen bis hin zur Länderebene
- keine Organisationsformen – wie etwa Antifa-Ausschüsse im lokalen Bereich – außerhalb deutscher Verwaltungsstrukturen
- Anknüpfung an überkommene Gemeinde-, Stadt- und Kreisgrenzen

3. Die UdSSR schöpfte die den Oberbefehlshabern eingeräumten Vollmachten, in ihren Zonen die Aufträge ihrer Regierungen faktisch uneingeschränkt durchzusetzen, von Anbeginn voll aus. Ähnlich wie Frankreich nutzte sie die dadurch abgeschirmte Entwicklung in den einzelnen Besatzungszonen für die Schaffung vollendeter Tatsachen. Der SMAD wie auch den anderen Militärregierungen war nirgendwo vorgeschrieben, ob und wie sie oberhalb der Länder zusätzliche zonale deutsche Verwaltungsstellen einsetzten oder nicht. Insofern wichen nach außen hin SBZ-Zentralverwaltungen nicht von deutschen Zonen-Zentralämtern ab, die von der britischen Militärregierung – der Control Commission for Germany/British Element – nach der Potsdamer Konferenz eingerichtet wurden[17].

Im Wettlauf um den künftigen Einfluß in Deutschland beunruhigte die Westalliierten – und zwar noch weit vor Ausbruch des Kalten Krieges – der sowjetische Vorsprung bei Etablierung und Heranziehung organisierter deutscher Kräfte in der SBZ. Anfangs tangierte sie weniger das in der UdSSR 1944 vorbereitete Zusammenspiel sowjetischer Armee-Stäbe, KPD-Gruppen sowie deutscher Frontbeauftragter bzw. -bevollmächtigter beim Verwaltungsaufbau bis zur Länderebene; sie verunsicherte vielmehr vor allem der sowjetische Alleingang bei der länderübergreifenden Zulassung besatzungskonformer Parteien und Organisationen ab 10. Juni 1945 sowie bei der Begründung eines zoneneinheitlich am Einstimmigkeitsprinzip festgeschriebenen Blocksystems. Am 14. Juli 1945 ins Leben gerufen, bildete dieser Block der antifaschistisch-demokratischen Parteien nicht nur personelles Reservoir, sondern auch politisches Bezugsinstrument für die SMAD beim Aufbau der SBZ-Verwaltungsspitze. Die SMAD verpflichtete gerade in der ersten Zeit unter Berufung auf den Block „Männer ihres Vertrauens“ sowohl aus der KPD als auch aus SPD, LDP und CDU[18].

[17] Die Kontroverse zu dieser Problematik eröffneten aus unterschiedlichem Blickwinkel Nettl, Die deutsche Sowjetzone, sowie Balfour, Viermächte-Kontrolle. Nach Nettl (S. 84) „galt es, entsprechend den Potsdamer Beschlüssen eine Reihe deutscher Verwaltungsstellen unter sowjetischer Kontrolle zu schaffen, die – falls sie sich als leistungsfähig erweisen sollten – das Rückgrat einer allgemeinen Verwaltung für Deutschland werden konnten. Da zu diesem Zeitpunkt in den Westzonen noch niemand daran dachte, ein ähnliches Experiment anzustellen, schien das von den Sowjets geschaffene Verwaltungssystem zeitweise sogar, da es das erste war, gewisse Aussichten zu haben, einmal für ganz Deutschland übernommen zu werden.“ Balfour dagegen meint (S. 300): „Nach der von Besatzungsmächten vertretenen offiziellen Theorie sollten oberhalb der Länderebene nur die im Potsdamer Abkommen vorgesehenen zentralen Verwaltungsabteilungen bleiben; es bestand keinerlei Notwendigkeit, auf Zonenebene deutsche Verwaltungseinheiten zu schaffen, da die Zonengrenzen lediglich als militärische Grenzen gedacht waren. Die Russen waren die ersten, die von dieser Theorie abwichen.“

[18] Vgl. Niederschrift des Präsidenten der Landesverwaltung Thüringen Rudolf Paul vom 16. 7. 1945, Berichte der Landes- und Provinzialverwaltungen, S. 64; Paul hebt hervor, daß der Chef der SMA

Für die Westalliierten irritierend war auch die Tatsache, daß die Zentralverwaltungen ohne vorherige Ankündigung und unter besonderer Geheimhaltung während der Potsdamer Konferenz errichtet wurden und am Sitz des Alliierten Kontrollrates, überwiegend im sowjetischen Sektor Berlins, ihre Tätigkeit aufnahmen[19]. Über Vor- oder Nachteile für ihre eigene Berlin-Präsenz, die sich daraus ergaben, waren sich die Westalliierten zu diesem Zeitpunkt noch nicht im klaren. Sie hatten in Potsdam Stalins Forderungen nach einem zentralen deutschen Verwaltungsapparat letztlich einvernehmlich abgeschwächt und in die zeitlich unverbindliche Absichtserklärung umgewandelt, beim Alliierten Kontrollrat fünf deutsche Staatssekretariate einzusetzen, welche freilich niemals zustandekamen[20]. Inwiefern in diesem Zusammenhang über ein mögliches sowjetisches Angebot verhandelt worden ist, die SBZ-Zentralverwaltungen als Vorstufen hierzu anzuerkennen, konnte bislang nicht eindeutig geklärt werden.

Bei Beginn der Tätigkeit der deutschen Landes- und Zentralverwaltungen ging die UdSSR 1945/46 flexibel und differenziert vor. Ihre Regierungs- und Militärspitze konzentrierte sämtliche Grundvollmachten beim Obersten Chef der SMAD und seinem Hauptbefehlsstrang über die SMA-Länderchefs zu den örtlichen Kommandanturen. Die SMAD bündelte die entscheidenden Kompetenzen in den Ländern. Sie stützte sich in der inneren Verwaltung, bei der Wirtschaftslenkung und der Kulturaufsicht auf die SMA-Länderchefs und die diesen nachgeordneten Präsidenten der Landes- und Provinzialverwaltungen[21].

Unter Vorsitz der Präsidenten bildeten die (meist zwei bis vier) Vizepräsidenten, wie von Schukow bei ihrer Berufung befohlen, in einer jeden Verwaltung Präsidien. Diese Präsidien, nach dem Blockprinzip zusammengesetzt und an die Spitze der Landes- und Provinzialverwaltungen gestellt, wurden innerhalb des Besatzungsregimes besonders herausgehoben. Die SMAD stattete sie, zumal die Alliierten deutsche Wahlvertretungen unmittelbar nach Kriegsende ausgeschlossen hatten, mit

Thüringen, Generaloberst Wassilij Iwanowitsch Tschujkow, bei der Amtseinführung ausführte: „Die von Marschall Schukow eingesetzte neue thüringische Landesverwaltung stellt einen Block der antifaschistischen Parteien dar."

19 Die Chefs der SMAD-Strukturteile leiteten am 27./28. 7. 1945 für die einzelnen, ihnen unterstellten (Zentral-)Verwaltungen Vorbesprechungen mit Vertretern ein, die von den Führungen von KPD, SPD, LDP und CDU nach Abstimmung im „Gemeinsamen Ausschuß der Einheitsfront der antifaschistisch-demokratischen Parteien" für Leitungsfunktionen vorgeschlagen worden waren. Aus dem Kreis der deutschen Verhandlungspartner wurde jeweils ein Beauftragter bestimmt, um den Aufbau der künftigen (Zentral-)Verwaltungen zu leiten, der bis zum 10. August 1945 beendet sein sollte; diese Beauftragten waren im übrigen nicht immer mit den künftigen (Zentral-)Verwaltungspräsidenten identisch – so wurden Reinhard Benecke, SPD, Beauftragter für die Deutsche Verwaltung für Land- und Forstwirtschaft, und Helmut Lehmann, SPD, Beauftragter für die DVAS, nur Erste Vizepräsidenten. Der SMAD-Gründungsbefehl für die (Zentral-)Verwaltungen wurde erst Mitte September 1945 öffentlich bekanntgegeben (vgl. Leitartikel „Lebenswichtige Wirtschaftszweige wieder entfalten!" in: *Tägliche Rundschau* Nr. 105 vom 13. 9. 1945).

20 Vgl. dazu Kraus, Ministerien für das ganze Deutschland?

21 Rudolf Friedrichs, SPD, Sachsen; Wilhelm Höcker, SPD, Mecklenburg-Vorpommern; Erhard Hübener, LDP, Provinz Sachsen; Rudolf Paul, parteilos, ab 1946 SED, Thüringen; Carl Steinhoff, SPD, Brandenburg.

rechtsetzenden, exekutiven und jurisdiktionellen Vollmachten aus[22]. Dadurch fungierten sie unterhalb der SMAD-Ebene als Schaltinstanzen zwischen Besatzungsmacht und deutscher Verwaltung. Nach außen hin – und auf vielen Gebieten separater Verwaltungspraxis bei der Wiederingangsetzung elementarer Lebensprozesse vor Ort auch begünstigt – bewirkten sie, daß sich die Länder der SBZ wie in anderen Zonen als eigenständige Rechts- und Verwaltungsräume voneinander abgrenzten[23].

Dies darf jedoch nicht darüber hinwegtäuschen, daß die Länderpräsidien und die ihnen zugeordneten Ressorts von Anfang an und zunehmend in die zentralistische Gesamtausrichtung des Besatzungssystems und die entsprechenden Hegemonialbestrebungen der KPD-Führung eingebunden wurden. Erstes Anzeichen dafür war in der Öffentlichkeit das Politikum der Bodenreform. Die SMAD hatte die Länderpräsidien angewiesen, im September 1945 für alle Länder gleichlautende, von KPdSU und KPD bereits seit längerem vorbereitete Verordnungen zu verabschieden; dies wurde auch durchgeführt, keineswegs jedoch mit der späterhin obligaten „Einstimmigkeit“: In der Provinz Sachsen, wo die SMAD die Beschlußfassung eröffnen ließ, stimmte von fünf Präsidiumsmitgliedern auf der 13. Sitzung am 3. September 1945 lediglich der Erste Vizepräsident Robert Siewert (KPD) vollinhaltlich zu. Ernst Thape (SPD), zuständig für Wirtschaft und Verkehr, lehnte ab. Der parteilose Vizepräsident Walter Hülse enthielt sich der Stimme, und auch die Liberaldemokraten Willy Lohmann und Erhard Hübener stimmten nur unter dem Vorbehalt einer Nachbesserung „unter den Gesichtspunkten der Sicherung der Volksernährung und der Erhaltung des Privateigentums“ zu[24].

Ähnliche knappe Mehrheitsentscheidungen – bezeichnenderweise waren die Präsidien nicht auf das Einstimmigkeitsprinzip festgelegt – gab es bei vielen politisch mehr oder weniger brisanten Fragen in allen Ländern. Solche Gegenpositionen konnten die bereits relativ früh erkennbare Tendenz zu einer Gleichschaltung der Länder in der SBZ jedoch nicht aufhalten. Sie dokumentierten aber, daß dieser Weg nicht geradlinig verlief und in der Anfangsphase von der Besatzungsmacht nur zurückhaltend unterstützt wurde.

Generell dominierte überall die Einzelleitung, die – oftmals durch Handschlag symbolisierte – persönliche Verpflichtung und Verantwortungsbindung gegenüber

[22] Vgl. SMAD-Befehl Nr. 110 vom 22. 10. 1945, in: Befehle des Obersten Chefs der Sowjetischen Militärverwaltung, S. 19; dieser Befehl räumte den Landes- und Provinzialverwaltungen rückwirkend das Recht ein, „Gesetze und Verordnungen, die Gesetzeskraft haben, auf den Gebieten der gesetzgebenden, richterlichen und vollstreckenden Gewalt zu erlassen, wenn sie den Gesetzen und Befehlen des Kontrollrates oder den Befehlen der Sowjetischen Militärverwaltung nicht widersprechen“.

[23] Vgl. Verordnung des Präsidiums der Provinz Sachsen Nr. 1 vom 23. 7. 1945, LHA Sachsen-Anhalt, Magdeburg, Rep. K MinPräs Nr. 512 a, Bl. 246: „[...] 4. Die bisherigen Reichsbehörden, die preußischen und anhaltischen Landesbehörden und die Behörden des bisherigen Provinzialverbandes werden dem Präsidium der Provinz unterstellt. Es übt ferner die Aufsicht über alle Kooperationen des öffentlichen Rechts aus. 5. Das Präsidium der Provinz Sachsen erläßt mit Einverständnis der sowjetischen Kriegsadministration die zur Ausübung der Verwaltung und Rechtspflege erforderlichen Rechts- und Verwaltungsverordnungen.“

[24] LHA Sachsen-Anhalt, Magdeburg, Rep. K MinPräs Nr. 253, Bl. 55.

dem jeweiligen Besatzungs-Vorgesetzten. In ihren Erinnerungen berichten Beteiligte und Betroffene immer wieder, daß für sie die Ernennung einem Befehl gleichkam, dessen Ablehnung von vornherein ausgeschlossen war, und mehrheitlich bekannten die in Verwaltungsspitzen Berufenen – unabhängig von ihrem politischen und weltanschaulichen Standort –, daß sie sich ihrem Auftrag ohne jede Einschränkung in ehrlicher Überzeugung und Bereitschaft, freiwillig und bewußt gestellt, daß sie an einen demokratischen Aufbruch, an einen deutschen Neubeginn fest geglaubt hätten. In der ersten Ansprache, die der Christdemokrat Ferdinand Friedensburg nach Einsetzung als Präsident der Deutschen Zentralverwaltung der Brennstoffindustrie am 22. August 1945 vor seinen Mitarbeitern hielt, schwang ein solches Bekenntnis mit, als er sagte: „Wir sind in erster Linie, und das möchte ich mit Nachdruck feststellen, eine deutsche Behörde [. . .], keine Behörde, die nur als Anhängsel der russischen Militärverwaltung arbeitet, sondern wir sind eine Behörde, die der deutschen Bevölkerung dient.[. . .] Es wird also niemand von uns mit seinem Gewissen oder seinen Anschauungen oder mit seinen Hoffnungen in Widerspruch geraten, wenn er hier seine Pflicht tut.“[25]

In seiner 1971 publizierten Rückschau schildert Friedensburg diese illusionäre Haltung, die er mit vielen anderen Präsidenten und Vizepräsidenten auf zonaler und Landesebene teilte. Sozialdemokraten wie Gustav Dahrendorf, Hugo Buschmann, Wilhelm Fitzner, Bruno Gleitze, Paul Konitzer oder der Liberaldemokrat Eugen Schiffer versuchten in ihren Verantwortungsbereichen vergeblich, wie Friedensburg rückblickend für sich selbst in Anspruch nimmt, „die Sowjetrussen dahin zu bringen, ihre Deutschlandpolitik nicht ausschließlich auf die Zusammenarbeit mit ihren deutschen Gesinnungsfreunden einzustellen“[26].

Ausschlaggebend für das Besatzungssystem und die Einordnung der SBZ-Verwaltungsspitze wurden die von Moskau aus gesteuerten Kommandolinien einzelner, oftmals miteinander rivalisierender Polit- und Militärgruppen innerhalb der Besatzungszone. Diese Linien liefen parallel zum eigentlichen Hauptbefehlsstrang der SMAD und waren streng voneinander abgesondert. Von einzelnen sowjetischen Instanzen, seit März 1946 von Ministerien gelenkt, liefen sie über ihnen direkt zugeordnete SMAD-Instanzen – oder auch an diesen vorbei – sowohl zu entsprechenden Länder-SMA-Abteilungen als auch zu den Ressorts in den Landes- und Zentralverwaltungen. Der SMAD und auch den SMA-Länderchefs gelang es zu keinem Zeitpunkt, sich einen tatsächlichen und vollständigen Überblick über diese Verbindungswege zu verschaffen, geschweige denn eine horizontale Vernetzung dieser heterogenen Aktivitäten zu erreichen. Aus dem Blickwinkel der Landes- und Zentralverwaltungen – und nicht nur aus diesem – konnte die SMAD, obwohl sie nach außen hin als geschlossene Institution in Erscheinung trat, in ihrer praktischen Tagesarbeit und in ihrer Einwirkung auf die verschiedenen Bereiche und Ebenen der

[25] Niederschrift der Ansprache vom 22. 8. 1945, SAPMO, ZPA IV 2/602/27, Bl. 32–41 (abschriftlich auch an Bruno Leuschner, Leiter der Wirtschaftsabteilung beim ZK der KPD).
[26] Friedensburg, Deutschlands Einheit, S. 71.

SBZ die sowjetischen Besatzungsfunktionen nur partiell und mit einem organisatorisch weit verzweigten Apparat integrieren[27].

Auf sicherheits- und personalpolitischem Gebiet faßte man die deutschen Schlüsselpositionen auf Landes- und Provinzebene zusammen. Unter strenger Bindung an sowjetische Vorgaben übertrug die SMAD entscheidende Landesaufgaben für Polizei, Entnazifizierung, personelle Neubesetzung, Sequestrierung und Beschlagnahme sowie für die Überwachung der Bodenreform an die Ersten Vizepräsidenten der Landes- und Provinzialverwaltungen. Sie lagen durchweg in der Hand von Kommunisten, die bereits vor 1933 politisch hervorgetreten und von den Nazis in Haft genommen waren – wie Ernst Busse (Thüringen), Robert Siewert (Provinz Sachsen) und Hans Warnke (Mecklenburg-Vorpommern) – oder sich, wie Bernhard Bechler (Brandenburg) und Kurt Fischer (Sachsen), seit ihrem Aufenthalt in der UdSSR als Vertrauensleute der sowjetischen Sicherheitsorgane erwiesen hatten[28]. Erst im Sommer 1946, als die Demarkationslinie zur britischen und amerikanischen Zone stärker in das sowjetische Blickfeld rückte, bezog die SMAD auch das Innenressort in die zonale Verwaltungsebene ein: Der Sicherungsapparat veranlaßte insgeheim zum 30. Juni 1946 die Bildung der von Kommunisten geleiteten Deutschen Verwaltung des Innern[29].

Völlig unterschiedlich verfuhren die sowjetischen Zentralinstanzen bei der Einbindung der anderen Ressorts. So waren für Eisenbahn und Post zoneneinheitlich ohne Einschaltung der Länder die Deutsche Zentralverwaltung des Verkehrs bzw. die Zentralverwaltung für Post- und Fernmeldewesen zuständig, wobei man sich weitgehend auf noch intakt gebliebene Reichsstrukturen stützte[30]; die Landes- und Provinzialverwaltungen blieben nur für den Straßenverkehr zuständig. Für die Wirtschaftsbereiche, vor allem für Industrie, Landwirtschaft und Bauwesen, wo ebenso wie im Transportsektor die eigentlichen Wiederaufbauleistungen zu erbringen waren, favorisierte man wegen der unterschiedlichen Ausgangsbedingungen vor Ort die Landesebene. Zugleich setzte die SMAD für diese Bereiche aber auch deutsche Zentralverwaltungen ein, die bereits im September/Oktober 1945 darangingen, die Ressortverantwortlichen aus den Ländern mittels gemeinsamer Tagungen in Berlin auf eine ebe-

[27] Diese Problematik ist von der Forschung noch nicht gründlich aufgearbeitet worden; vgl. dazu auch Naimark, Sowjetische Militäradministration, S. 301 f., wo auf viele Bereiche (NKWD/MWD, Wirtschaftsministerien) aufmerksam gemacht wird, die nicht der Befehlsgebung durch den Obersten Chef der SMAD unterlagen: „Kurz gesagt, die Frage danach, wer in der sowjetischen Zone Politik gemacht hat, ist erst zu beantworten, wenn die Archive vollständig geöffnet sind." Vgl. dazu auch allgemein Foitzik, Einleitung.

[28] Bechler trat der KPD erst 1945 bei. Er hatte sich der SMAD als Vorstandsmitglied des BDO und NKFD-Frontbevollmächtigter der 2. Bjelorussischen Front für die Funktion des Ersten Vizepräsidenten empfohlen.

[29] Vgl. Abschnitt Innere Verwaltung/Deutsche Verwaltung des Innern (DVdI) in: SBZ-Handbuch, S. 207–217.

[30] Zum 1. 9. 1945 übernahm die Verkehrszentralverwaltung unter der Aufsicht der SMAD-Transportabteilung die gesamte Eisenbahn- und Wasserstraßenverwaltung für die SBZ. Im Oktober 1945 wurden die aus den Reichspostdirektionen hervorgegangenen Oberpostdirektionen der Zentralpostverwaltung mit durchgängigen Leitungsbefugnissen für alle Postdienststellen – mit Ausnahme von Berlin – unterstellt.

nenübergreifende Durchführung der einschlägigen SMAD-Befehle zum Wiederanlaufen von Produktion und Verteilung einzustellen. Gleiches galt für die Bereiche Finanzen, Arbeitskräftelenkung, soziale und medizinische Betreuung, Umsiedlerunterbringung, Ernährung, Veterinärwesen und Seuchenbekämpfung, Neugestaltung des Gerichtswesens, der Staatsanwaltschaften und des Strafvollzugs und insbesondere auch für das Schul- und Hochschulwesen und die Wissenschaftsförderung, für Rundfunk, Presse, Theater, Musik, Museen, Bibliotheken, Literatur und Film.

Die ideologische Einflußnahme auf den geistig-kulturellen Bereich besaß für die SMAD von Anfang an besonderen Stellenwert. Sie vereinigte auf allen Ebenen der Besatzungs- und der deutschen Verwaltung sämtliche Kompetenzen und Lenkungsaufgaben für Bildung, Wissenschaft und Kultur in nahezu einheitlich strukturierten Ressorts für Volksbildung, wobei sie strikt darauf achtete, daß die ausschlaggebenden Führungspositionen bei der Deutschen Verwaltung für Volksbildung sowie bei den Ländervolksbildungsabteilungen von Kommunisten und Sozialdemokraten eingenommen wurden, die ihr gut bekannt waren und denen sie vertrauen zu können glaubte[31]. Schwerpunkt war zunächst der schulische Bereich in den Ländern: Ende 1945 verlagerte er sich zunehmend in Richtung einer zoneneinheitlich gesteuerten Schulreform, die auf der Grundlage gleichlautender Gesetze zur Demokratisierung der deutschen Schule Mai/Juni 1946 von den Präsidien der Landes- und Provinzialverwaltungen rechtsverbindlich gemacht wurde. Während sich die Zentralverwaltung im Volksbildungsbereich in engerem Sinn weiterhin mit den Länderressorts arrangierte, trat sie bei ihrer Einflußnahme auf Wissenschaft und Kultur ab 1946 immer stärker federführend auf. Wie andere Zentralverwaltungen dehnte sie dabei den ihr direkt nachgeordneten Apparat schrittweise immer weiter aus[32].

Für die deutsche Seite – und zwar durchaus auch für die KPD-Führung – blieben die sowjetischen Konzeptionen und Hintergründe beim Aufbau der SBZ-Verwaltungsspitze zunächst undurchsichtig. In ihrem Gründungsbefehl Nr. 17 vom 27. Juli 1945 hatte die SMAD Kompetenzen, Aufgabenfelder und Länderbeziehungen für die deutschen Zentralverwaltungen unscharf und in entscheidenden Fragen bewußt offen gehalten. Auch bei den – für jeden Zentralverwaltungspräsidenten separat in Karlshorst vollzogenen – Amtseinführungen sparte die sowjetische Seite das Verhältnis von Zentral- und Landesverwaltungen aus[33].

[31] Zentralverwaltungspräsident Paul Wandel (seit 1923 KPD-Mitglied, 1933–1945 in sowjetischer Emigration, dort führend an der Ausarbeitung der KPD-Richtlinien für die Nachkriegsmaßnahmen in Schule, Wissenschaft und Kultur beteiligt) stützte sich in Brandenburg auf Fritz Rücker (SPD, Mitglied des NKFD), in Mecklenburg-Vorpommern auf Gottfried Grünberg (KPD, „Initiativgruppe Sobottka"), in Sachsen auf Wilhelm Schneller (KPD, Bruder des 1944 ermordeten KPD-Funktionärs Ernst Schneller), in Sachsen-Anhalt auf Otto Halle (KPD), in Thüringen auf Walter Wolf (KPD, 1937–1945 KZ Buchenwald).

[32] Der Deutschen Verwaltung für Volksbildung unterstanden Mitte 1946 u. a. Einrichtungen wie die Universität Berlin, das Charité-Krankenhaus, die Deutsche Akademie der Wissenschaften, die Öffentliche Wissenschaftliche Bibliothek zu Berlin, die Deutsche Bücherei Leipzig, die Generalintendanz der Rundfunksender in der SBZ, der Verlag Volk und Wissen GmbH Berlin und Leipzig, die DEFA und die Berliner Theater.

[33] Bei der Einweisung von Helmut Lehmann (SPD), dem Beauftragten für den Aufbau der DVAS,

Es konnte deshalb nicht ausbleiben, daß einige Zentralverwaltungspräsidenten aus solchen Instruktionen sowie aufgrund von SMAD-Befehlen, die eine länderübergreifende Erfüllung anwiesen, umfassende Weisungsvollmachten gegenüber den entsprechenden Länderressorts ableiteten. So beantragte der parteilose Präsident der Deutschen Zentralverwaltung der Industrie, Leo Skrzypczynski, am 2. Oktober 1945 bei seinem Vorgesetzten, dem Chef der Industrie-Abteilung der SMAD Georgij G. Aleksandrow, einen eigenen, selbständigen Verwaltungsunterbau; er erhielt allerdings für die von ihm vorgeschlagenen „Richtlinien für die Organisation der Industrie", die auf die Bildung zentralverwaltungsdirigierter zentraler Produktionsgemeinschaften in Verbindung mit regionalen Wirtschaftskammern abzielten, keine Genehmigung[34]. Da andere Präsidenten von Zentralverwaltungen wie Friedensburg (Brennstoffindustrie), Buschmann (Handel und Versorgung) und Gundelach (Arbeit und Sozialfürsorge) solche Befugnisse nicht nur forderten, sondern im Vorgriff teilweise sogar schon praktizierten, erfolgten umgehend Proteste der Länder. Sachsens Landesverwaltungschef Rudolf Friedrichs wandte sich am 24. Oktober 1945 an die SMA Sachsen mit einem zugleich im Namen der anderen Länder und Provinzen abgegebenen Forderungskatalog für eine eindeutige Kompetenzregelung:

1. „Klare Abgrenzung der Befugnisse der Zentralverwaltungen gegenüber den Ländern und Provinzen.
2. Erlaß der Gesetze, Richtlinien und allgemeinen Anordnungen, welche das gesamte sowjetisch besetzte Gebiet betreffen und dem Ausgleich zwischen den einzelnen Ländern und Provinzen dienen, durch die Zentralverwaltungen. Die Länder müssen jedoch hierbei vorher gehört werden [...].
3. Die praktische Verwaltung muß grundsätzlich in der Hand der Länder und Provinzen und deren nachgeordneten Selbstverwaltungsorganen liegen. [...] Nur die Zweige der Verwaltung, die eine zentrale Leitung erfordern, dürfen von den Zentralverwaltungen geführt werden [...]."

Friedrichs hielt es deshalb für dringend geboten, „die Präsidenten der Länder und Provinzen zu einer gemeinsamen Aussprache nach Berlin zu laden, damit sie zu diesen Fragen Stellung nehmen und genaue Vorschläge unterbreiten können"[35].

erklärte der vorgesetzte Chef der SMAD-Abteilung Arbeitskräfte, J. T. Remisow, am 28. 7. 1945 in verblüffender Nichtachtung der Rechtslage in der SBZ und in Berlin: „Die Amtsbezeichnung lautet: Verwaltung der Arbeit und Sozialfürsorge. Diese Behörde ist die zentrale Zusammenfassung des gesamten Arbeitsgebietes der russischen Zone. Die Abteilung ist berechtigt, Anordnungen an die Landesregierungen und Provinzialverwaltungen und den Magistrat der Stadt Berlin ergehen zu lassen" (Vermerk Helmut Lehmann vom 29. 7. 1945, BAP, DVAS, Nr. 1238, Bl. 137).

[34] Skrzypczynski hatte bereits auf der ersten Tagung mit den Ressortverantwortlichen für Wirtschaft in den Ländern, in den Provinzen und in Berlin vom 26./27. 9. 1945 eingelenkt: „Die regionale Initiative soll dadurch nicht behindert werden. Die Zentralverwaltung wird sich daher auf die Lösung der wichtigsten Fragen allgemeiner Art beschränken, das übrige aber der Aktivität und praktischen Arbeit in den Ländern und Provinzen überlassen." (Tagungsniederschrift in: Berichte der Landes- und Provinzialverwaltungen, S. 105).

[35] Schreiben Friedrichs vom 24. 10. 1945 über die SMA Sachsen an die SMAD, HStA Dresden, LR Sachsen, MinPräs. Nr. 424, Bl. 39.

Die länderübergreifende Zusammenarbeit geriet in Gefahr, als sich zeigte, daß die Anlaufplanung für die Industrie, für die die SMAD als Schlußtermin den 15. November 1945 gesetzt hatte, nicht greifen konnte, wenn nicht Schukow sich persönlich einschaltete. Der Oberste Chef der SMAD sah sich daraufhin genötigt, auf einer ersten, am 13. und 14. November 1945 in Karlshorst gemeinsam mit Berlins Oberbürgermeister Arthur Werner abgehaltenen Konferenz die Zentral- und Landesverwaltungschefs zu enger Zusammenarbeit zu verpflichten. Trotzdem, so führte Schukow dort aus, liege das „Schwergewicht der Arbeit bei den Landes- und Provinzialverwaltungen, die sich bei der Durchführung ihrer Arbeiten auf die vier antifaschistischen Parteien stützen und auf die aktiven Elemente aus den Reihen der Gewerkschaften, der Jugend und der Frauen". Nur so seien die „Garantien gegeben, den Nazismus restlos zu bekämpfen und die Demokratie zu sichern"[36]. Den Zentralverwaltungen wurde untersagt, sich Länderressorts zu unterstellen oder in ihre Aufgaben einzugreifen. Beide Verwaltungsebenen sollten sich künftig in einem Koordinierungs- und Kooperationsverbund unter Anleitung der SMAD abstimmen.

Mit diesen Richtlinien versuchte die SMAD zum einen, entscheidende Veränderungen in den Besitz- und Eigentumsverhältnissen im Zuge des Wiederaufbaus weiterhin in Länderkompetenz durchzusetzen, übertrug jedoch zum anderen vermittels einzelner Besatzungsbefehle Lenkung und Kontrolle dieser Maßnahmen immer stärker den einzelnen Zentralverwaltungen. Der anvisierte Koordinierungsverbund erwies sich von Anfang an als wenig tragfähige Arbeitsgrundlage: Durch fortdauernde Spannungen belastet, war er wohl vor allem vom herrschaftstaktischen Kalkül der damaligen sowjetischen Deutschlandpolitik bestimmt.

Anfang 1946 nahmen die Verwaltungsinitiativen der Zentralverwaltungen weiter zu[37]. Der Präsident der Zentralfinanzverwaltung, Henry Meyer (KPD), unternahm am 23. Januar 1946 in einer Besprechung bei der SMAD-Finanzverwaltung einen erneuten Vorstoß, um eine weitere Zentralisierung der Finanzwirtschaft in der SBZ zu erreichen[38]. SMAD-Finanzverwaltungschef P. A. Maletin wies diese Anträge zwar zurück, gab aber deutlich zu verstehen, daß die Aktivitäten der Zentralver-

[36] Niederschrift des Präsidenten der DVAS, Gustav Gundelach, über die SMAD-Beratung vom 13./14. 11. 1945, in: Berichte der Landes- und Provinzialverwaltungen, S. 132.

[37] „Gestern war Präsident Dr. Friedensburg von der Zentralverwaltung für Brennstoffindustrie in Berlin hier. Er berichtete, daß ein Zusammenschluß sämtlicher Bergwerke, Elektrizitätswerke, Kalifabriken und der dazu gehörigen Nebenwerke in der sowjetisch besetzten Zone beabsichtigt sei, der von einer Generaldirektion in Berlin verwaltet werden sollte. Das würde bedeuten, daß das Land Thüringen seiner sämtlichen Bodenschätze beraubt würde. Das Land Thüringen wird jedenfalls mit allen Mitteln versuchen, diesen Plan zu verhindern." (Niederschrift über die Sitzung der Landesverwaltung Thüringen vom 27. 3. 1946, HStA Weimar, Büro des Ministerpräsidenten, Nr. 459, Bl. 226).

[38] „In dem Verhältnis zwischen den Zentralverwaltungen und den Ländern gehe es hauptsächlich um die Frage: Zentralisation oder Dezentralisation, die mit anderen politischen Fragen verknüpft sei und sich im letzten halben Jahr anders entwickelt habe, als zu erwarten war. Die Deutsche Zentralfinanzverwaltung sei besonders interessiert an der Frage der Zentralisation des Finanzwesens, des Bankwesens, der Sparkassen usw." (Besprechungsniederschrift vom 23. 1. 1946, BAP, Ministerium der Finanzen, Nr. 3171, Bl. 445–452).

waltungen nichtsdestoweniger in fast jeder Hinsicht durch die SMAD abgesichert würden[39].

Zentral- und Landesverwaltungen versuchten vor allem über regelmäßige gemeinsame Tagungen ihrer Verwaltungsspitzen und Arbeitsebenen, ihre Verbindungswege funktionstüchtig zu halten. Dies gelang nur partiell, trotz weitergehender Bemühungen, die nach einer von der KPD am 29. Dezember 1945 bzw. am 7. Januar 1946 veranstalteten Wirtschaftskonferenz mit Zentral- und Landesverwaltungsvertretern einsetzten und auf Kooperationsvereinbarungen der wirtschaftslenkenden Ressorts im organisatorischen Rahmen der KPD abzielten[40]. Das ZK der KPD etablierte eine Wirtschaftskommission, um zu erreichen, „daß wir sofort Grundsätze und Richtlinien festlegen, nach denen gearbeitet werden muß. Es geht nicht an", so die entsprechende Instruktion, „daß künftighin eine Zentralverwaltung Anordnungen von einschneidender Bedeutung trifft, ohne daß sie vorher in der Kommission besprochen, geklärt und mit Zustimmung der Mitglieder dieser Kommission festgelegt sind".[41] Die SED-Führung knüpfte an diese Bemühungen an, ihre damaligen Einflußmöglichkeiten auf die sowjetische Besatzungspolitik in Deutschland hielten sich jedoch noch in engen Grenzen.

Als Schukows Nachfolger Sokolowskij auf einer zweiten Tagung am 28. Mai 1946, die Zentral- und Landesverwaltungsspitzen zum letzten Mal in Karlshorst zusammenführte, die Koordinierungsvorgaben der SMAD vom November 1945 wiederholte, hatten sich durch die Gründung der SED und den beginnenden Kalten Krieg zentrale politische Konstellationen bereits verändert[42]. Im Rahmen der zugespitzten Auseinandersetzungen um Moskaus Eingriffe in den osteuropäischen Ländern setzte Stalin zunächst jedoch weiterhin auf Zeitgewinn in der deutschen Frage. Die UdSSR suchte alles zu vermeiden, was durch die frühzeitige Bildung einer deutschen Zonen-Regierung für die SBZ, etwa durch Zusammenschluß der Zentralverwaltungen, zu einer Aufkündigung des alliierten Konsenses über die Dezentralisierung Nachkriegsdeutschlands hätte führen können.

[39] „Alle Versuche der DZFV, sich in ein gesetzgebendes Organ zu verwandeln, „ – so Maletin – „müßten heute scheitern. [...] Die Rolle der DZFV bestehe darin, durch ihre Arbeit die Durchführung der Gesetze und Anordnungen der sowjetischen Verwaltung sicherzustellen. [...] Gerade bei ihrer Funktion hinsichtlich der Erfüllung der Befehle der SMA werde die DZFV in jeder Beziehung gestützt werden. Die Präsidenten der Provinzen würden angehalten, die Befehle zu erfüllen und etwaige Versuche, diese Arbeit zu stören, würden von der SMA nicht unterstützt werden." (Ebenda, Bl. 450).

[40] Im Ergebnis „einer eingehenden Beratung der Wirtschaftskommission des ZK der KPD mit den verantwortlichen Genossen aus den Verwaltungen" entstanden „Grundsätze für die Zusammenarbeit zwischen den Landes- bzw. Provinzialverwaltungen und den Zentralverwaltungen" vom 28. 3. 1946, die mit einem zoneneinheitlich angestrebten Verwaltungsschema verbunden wurden, sich aber nicht durchsetzten (vgl. SAPMO, ZPA IV 2/602/20).

[41] Ebenda.

[42] Vgl. Niederschrift des Präsidenten der Deutschen Verwaltung für Land- und Forstwirtschaft, Edwin Hoernle, KPD, über die Rechenschaftslegungen der Landes- und Provinzialverwaltungen vor dem Obersten Chef der SMAD (28. 5. 1946) vom 31. 5. 1946 in: Berichte der Landes- und Provinzialverwaltungen, S. 245–252.

Es war jedoch nur eine Zeitfrage, wann sich die zentralistischen Kommandostrukturen in der SBZ-Verwaltung endgültig durchsetzten, die Führungspositionen auf die SED übergingen und der Koordinierungsverbund zwischen Landes- und Zentralverwaltungen zerbrach. Ende 1946 – nach den Herbstwahlen in der SBZ und angesichts der Konstituierung des Bizonen-Wirtschaftsgebietes im Westen – standen die Bausteine für den Zentralverwaltungsapparat im sowjetischen Besatzungsraum bereit und die Konturen für den Sonderweg fest. Die entsprechenden Entscheidungen und Konsequenzen folgten in den Jahren 1947 bis 1949.

Natalja Timofejewa

Das deutsche humanistische Erbe und die Politik der SMAD 1945–1946

Die Frage nach dem Stellenwert des deutschen humanistischen Erbes für die Politik der SMAD kann nur unter Berücksichtigung der Situation in der UdSSR Mitte der vierziger Jahre des 20. Jahrhunderts erschlossen werden. Diese Situation war zunächst zum einen durch eine Tendenz zu demokratischer Erneuerung, zum anderen durch den starken Einfluß der innersowjetischen Reaktion geprägt.

Anfang 1944 schrieb der sowjetische Filmregisseur A. Dowschenko: „Das Volk in seiner Masse hat ein übergroßes Bedürfnis nach anderen, neuen Lebensformen. Das ist überall zu hören, nur von unserer Leitung nicht."[1] Viele Intellektuelle schätzten die Antihitlerkoalition als einen „richtunggebenden Schritt" ein, der die nächste Zukunft der UdSSR bestimmen werde, da sie einen „Einfluß der angelsächsischen Demokratien, wo die Freiheit der Gesinnung und des Glaubens tief verankert" sei, auf die innenpolitische Entwicklung der Sowjetunion erhofften[2]. Noch eindeutiger beurteilte das Bündnis mit den westlichen Demokratien der Dozent der Universität Charkow Seligejew. Er erwartete von dem kommenden Wiederaufbau die sogenannte „Diffusion", welche die bedeutenden Werte der westlichen Kultur nicht nur auf dem Gebiet von Wissenschaft und Technik, sondern auch auf dem Gebiet der Moral, der Politik und Gesinnung in die Sowjetunion bringen werde. Folgen dieser Umgestaltung würden, so hoffte man, der Verzicht auf Gewaltanwendung bei der Verwirklichung der sozialistischen Gesellschaft, allumfassende Demokratisierung, Toleranz in ideologischen Fragen, Freiheit und Humanismus in der westeuropäischen Bedeutung dieser Begriffe sein[3].

Hoffnungen auf eine Liberalisierung des Sowjetsystems wurden also in der Sowjetunion mit der westeuropäischen kulturpolitischen Tradition verbunden, deren Anerkennung als notwendige Folge der Zusammenarbeit der Länder der Antihitlerkoalition während des Krieges erwartet wurde. Diese Stimmungen waren auch vielen der sowjetischen Intelligenz angehörenden Mitgliedern der SMAD vertraut. Die meisten von ihnen mußten, bevor sie ihre Anstellung im Ausland bekamen, vom ZK der KPdSU bzw. einer Sonderkommission des ZK bestätigt werden; dele-

[1] Zitiert nach Bordjugov, Bolschewiki, S. 73.
[2] Ebenda.
[3] Ebenda.

giert wurden sie aber von den entsprechenden Ministerien, beispielsweise vom Bildungsministerium der RSFSR; das hieß, daß bei der Auswahl der Kandidaten Bildung und Fachwissen und nicht die Parteiangehörigkeit im Vordergrund standen[4]. Die Offiziere der SMAD, durchaus beeinflußt von diesem Klima der Erneuerung, besaßen hohes Interesse an westeuropäischer Kultur und waren bereit, die deutsche antifaschistische Intelligenz bei der Demokratisierung ihres Landes zu unterstützen.

In den ersten Nachkriegsjahren lag auch dem offiziellen Moskau daran, den aufgeklärten Charakter des sowjetischen Besatzungsregimes in Ostdeutschland zu betonen. Wladimir S. Semjonow, politischer Berater des Obersten Chefs der SMAD, meldete nach seiner Rückkehr von einer Reise nach Weimar, die er als Begleitung für den Leiter der mitteleuropäischen Abteilung des Volkskommissariats für Auswärtige Angelegenheiten Andrej A. Smirnow unternommen hatte, am 18. Juli an Georgij K. Schukow: „Weder die Nazis noch die Amerikaner haben für die Ordnung im Goethe-Haus gesorgt, da ihnen angeblich Arbeitskräfte fehlten. In den ersten Tagen nach ihrem Einzug zerschlugen betrunkene amerikanische Soldaten einige Exponate im Goethe-Haus. Dieser Vorfall hatte zur Folge, daß der amerikanische Kommandant einen handgeschriebenen Zettel an das Tor anbringen ließ: ‚In diesem Haus lebte der bekannte deutsche Dichter Goethe'. Außerdem wurden in seinem Namen billige Kränze an den Grabstätten von Goethe und Schiller niedergelegt. Genosse Smirnow und ich haben dem sowjetischen Stadtkommandanten von Weimar befohlen, das Goethe-Haus in Ordnung zu bringen, das Goethe-Schiller-Denkmal freizulegen und sowohl das Haus als auch die Grabstätten zu bewachen. Da die Aufmerksamkeit der sowjetischen Besatzungsmacht für diese weltberühmten deutschen Dichter von großer politischer Bedeutung ist, halten wir es für notwendig, Tschujkow zu befehlen, das Gothe-Haus schleunigst auf Kosten der SMAD zu restaurieren und es anschließend dem Stadtrat zu übergeben."[5]

Die ersten Schritte der SMAD sollten dementsprechend als Bekenntnis der sowjetischen Besatzungsmacht zu den westlichen Kulturwerten erscheinen, die unter anderem das deutsche humanistische Erbe mit einschlossen. Diese Linie wurde von Moskau bestimmt, das an der weiteren Zusammenarbeit mit dem Westen und der Stärkung der antifaschistischen Kräfte Deutschlands auf breitester Grundlage interessiert war. Die offizielle Linie der SMAD fiel mit der persönlichen Einstellung vieler ihrer erfahrenen und gut geschulten Mitarbeiter zusammen; dies beschleunigte die Kontaktaufnahme mit der deutschen antifaschistischen – vorwiegend kommunistisch orientierten – Intelligenz und wurde zu einem wichtigen Faktor im Kulturleben Ostdeutschlands, und die Effektivität der Kulturpolitik der sowjetischen Besatzungsmacht in dieser Anfangsperiode, die man als aufgeschlossen und offen charakterisieren kann, resultierte aus dieser Grundhaltung.

Die kulturpolitische Tätigkeit der SMAD wurde oft den Maßnahmen der amerikanischen Besatzungsmacht gegenübergestellt, die von sowjetischer Seite als kurz-

[4] GARF, A-2306 sc/74s/18, l. 16–25.
[5] AWPRF, fond sekretariata Wyschinskogo, 10/18/236, l. 1–2.

sichtig und der europäischen Mentalität nicht entsprechend eingeschätzt wurden. Hervorgehoben wurde dabei der der europäischen Kultur immanente Glaube daran, daß die „Zeit Ideen und Ziele heiligt" und dementsprechend alle „zukunftsgerichteten Projekte in der Vergangenheit wurzeln sollen"[6]. So konnte die SMAD, die sich nach dem kommunistischen Programm zur Umgestaltung Deutschlands und nach der in der Sowjetunion vorherrschenden Hierarchie der Werte richtete, auch nicht umhin, sich mit dem Problem der Tradition auseinanderzusetzen.

Freilich änderten sich diese positiven Ausgangsbedingungen sehr rasch. Schon 1945 setzte ein Prozeß ein, der – bildhaft gesprochen – in einem Sieg Stalins gipfelte; Soldaten und Offiziere, die an der Front gelernt hatten, selbständig zu handeln, wurden zunehmend zurechtgewiesen und gemaßregelt.

Dies blieb nicht unbemerkt bei denen, die ihre Hoffnung auf eine Liberalisierung des Sowjetsystems nach dem Sieg über den Nationalsozialismus gesetzt hatten. So erschien im August 1945 in der Zeitschrift „Snamja" ein Artikel der Schriftstellerin M. Saginjan mit dem Titel „Prophetische Zeilen", in dem sich die Autorin mit einem in der Sowjetunion wenig bekannten Gedicht Goethes beschäftigte, das gleich nach dem Wiener Kongreß von 1814/15 verfaßt worden war. Die Analogie zu der Situation nach der Potsdamer Konferenz ist nicht zu übersehen. Saginjan ging auf die Veränderungen in der Psychologie des deutschen Volkes nach dem Sieg über Napoleon ein, die schon Goethe aufgefallen waren: „Der Krieg war zu Ende, das Säbelgerassel verstummte, und in der eingetretenen Stille kam die Selbstzufriedenheit auf, zeichneten sich die Züge des ruhmsüchtigen Nationalsozialismus ab, die das deutsche Volk 100 Jahre später zum Wörtchen ‚Nazi' brachten."[7] Saginjan betonte, daß sich Goethe für andere Völker, ihre Erfahrungen, ihre Kultur interessiert habe. Sie schrieb: „Goethe sah die verhängnisvollen Versuche, die Deutschen von der gesamteuropäischen Entwicklung abzusondern, ihnen die Idee der Auserwähltheit, der Einzigartigkeit aufzuoktroyieren, sah die Krebsgeschwulst einer bösartigen Sonderentwicklung."[8] Zweifellos zog die Schriftstellerin hier Parallelen zu Erscheinungen in der Sowjetunion. So zitierte sie, um die Notwendigkeit einer äsopischen Sprache zu erklären, beziehungsvoll einen Auszug aus einem Privatbrief des Herzogs Karl-August von Weimar: "... bei Napoleon hat man manches gelernt, insbesondere die Frechheit. Da alle Briefe zensiert werden, kann man sich nur durch die Blume ausdrücken."[9] Im Anschluß daran veröffentlichte die Autorin das Goethesche Gedicht – sicher auch in der Absicht, unausgesprochen die Einstellung der sowjetischen demokratischen Intelligenz zu den deutlich werdenden Verhärtungen in der Innenpolitik der Sowjetunion zum Ausdruck zu bringen.

1946 erschien in der Sowjetunion noch ein weiterer Goethe gewidmeter Artikel[10]. Er ist geradezu eine Hymne an den Bürger Europas und die humanistischen Werte.

[6] Sazkij, Utopija, S. 338.
[7] Saginjan, Prorotscheskije stroki, S. 116.
[8] Ebenda.
[9] Ebenda, S. 117.
[10] Wernadski, Goete kak naturalist.

Der Autor schlug eine Brücke von Goethe zu Leonardo da Vinci und weiter zu Platon als gemeinsamer Grundlage des europäischen Humanismus und hob Rang und Bedeutung Goethes für die Weltkultur hervor. Der Artikel stammte von W. I. Wernadskij, Mitglied der Akademie der Wissenschaften der UdSSR; er wurde erst nach Wernadskijs Tod veröffentlicht und vermutlich nur deshalb von den entsprechenden Organen nicht verboten, weil er in einer für einen engen Kreis von Fachleuten bestimmten Zeitschrift, den wissenschaftlichen Berichten der Moskauer Naturforscher-Gesellschaft/Sektion Geologie, unter dem schlichten Titel „Goethe als Naturforscher" erschien. Saginjan und Wernadskij traten beide für ein Wertesystem ein, das sich von dem offiziellen nicht nur unterschied, sondern in direktem Gegensatz zu ihm stand.

Die sowjetische Propaganda von 1945–46 bediente sich der Begriffe „demokratischer", „sozialistischer", „realer" und „proletarischer Humanismus", die zumeist identisch gebraucht wurden. So verstandener Humanismus beruhte auf der Idee, daß die echte Freiheit der Persönlichkeit nur in der von der Ausbeutung des Menschen durch den Menschen freien kommunistischen Gesellschaft verwirklicht werden könne, die auf dem Wege des Klassenkampfes errichtet werden müsse. Sozialistischer und realer Humanismus wurden aufgrund der Allgegenwärtigkeit des Klassenkampfes gleichgesetzt, dessen führende Kraft das Proletariat darstelle – ganz im Sinne des Ausspruchs von Maxim Gorkij, der auf dem ersten Schriftstellerkongreß der Sowjetunion 1934 den proletarischen Humanismus als den „Humanismus der Gewalt" bezeichnet hatte[11]. Bürgerlicher Humanismus galt bestenfalls als Vorläufer des sozialistischen Humanismus; da er auf Privateigentum und Individualismus beruhe, sei der bürgerliche Humanismus etwas grundsätzlich bzw. qualitativ anderes.

Das bürgerliche Erbe wurde gemessen an der Leninschen These von den reaktionären und den progressiven Traditionen in der Geschichte; die progressiven Traditionen, so Lenin, entsprächen den Bedürfnissen und Idealen der Arbeiterbewegung. Dasselbe Verfahren wurde zunehmend auch bei der Aneignung des deutschen humanistischen Erbes gehandhabt. In der Vorkriegszeit war in der UdSSR beispielsweise das revolutionäre Pathos einiger Schillerscher Dramen sehr hoch eingeschätzt worden. In ihrem Wunsch, die Wirkung der Dramen noch zu verstärken, griffen einige Regisseure allerdings in einem Maße in die Texte ein, daß von Schiller selbst nicht mehr viel übrigblieb[12]. Der georgische Schauspieler Wassadse etwa erinnert sich an kühne Eingriffe in den Text der „Räuber" bei der Aufführung des Dramas im Rustaweli-Theater 1933: Der Regisseur konnte sich einen Revolutionär, einen Anführer, der sich gegen den morschen, verbrecherischen Staat auflehnte und von der Masse nicht unterstützt wurde, einfach nicht vorstellen. Deswegen ließ er auf der Bühne anstatt der Räuber Studenten auftreten, die höchst aktiv waren und die glühenden Leidenschaften ihres Anführers teilten. Diese Änderung war von aus-

[11] Gugnin, Ideologija, S. 131.
[12] Libinson, Wosprijatie twortschestwa F. Schillera.

schlaggebender Bedeutung: Schillers Tragödie wurde in der georgischen Interpretation zur Manifestation der Klassensolidarität[13].

Diese Deutung des deutschen humanistischen Erbes unter dem Blickwinkel des Klassenpragmatismus trug auch dazu bei, daß sich in der UdSSR eine grob vereinfachte und unzutreffende Vorstellung über das Wertesystem des europäischen Humanismus durchsetzte. 1945 war jeder Oberschüler über seine „Widersprüche" und „Grenzen" ebenso informiert, wie über seine „positiven Züge", an die der „sozialistische Humanismus" angeblich anknüpfte. Das Sowjetvolk war in diesem Konstrukt Vertreter des „sozialistischen Humanismus", mit der Mission betraut, Europa vom Faschismus zu befreien.

Die Mitarbeiter der SMAD hatten infolgedessen ihr Interesse für die Weltkultur mit ihrer Tätigkeit, die auf die Verwirklichung des kommunistischen Programms abzielte, zu vereinen. Bereits im Herbst 1945 stellte der Mitarbeiter der amerikanischen Militärregierung im Bereich Kulturangelegenheiten Henry C. Alter das Ende der „Flitterwochen" von SMAD und künstlerischer Intelligenz in Berlin fest, ohne allerdings die Gründe zu benennen[14]. Zu dieser Zeit hatten die meisten Kulturstätten in der SBZ ihre Tätigkeit wiederaufgenommen; im Vordergrund stand zunächst das Problem der Gestaltung der Spielpläne. Im August 1945 wurde von der SMAD die Aufführung des Stücks „Unsere kleine Stadt" im Deutschen Theater verboten. Der Intendant des Theaters Gustav von Wangenheim, KPD-Mitglied, der 12 Jahre Exil in der Sowjetunion verbracht hatte, erklärte das Verbot u. a. damit, daß der Inhalt des Stücks zu passiv, zu poetisch, zu viel „reine Kunst" sei, um den Russen zu gefallen, „insbesondere zum jetzigen Zeitpunkt"[15]. Auch auf solche Weise konnte der „sozialistische Humanismus" in der Tätigkeit der SMAD seinen Ausdruck finden. Der Theaterreferent der SMAD, Major Ilja M. Fradkin bezeichnete den „sozialistischen Humanismus" als „kämpferischen Humanismus", „der aus dem Willen, die Welt zu ändern, geboren" sei, „einem Willen, der auch die Begründer des Humanismus beseelt" habe. Die „geänderte Welt", so fuhr Fradkin fort, sei jedoch die „sozialistische Gesellschaft"[16].

Am 7. September 1945 fand im Deutschen Theater die Uraufführung von Lessings Drama „Nathan der Weise" statt – beziehungsvoll gewählt, symbolisierte doch dieses Stück für das Berliner Publikum und vor allem die Intelligenz die Ablehnung von religiösem Fanatismus und nationalen Vorurteilen und das Eintreten für Toleranz und Menschlichkeit. In begeisterten Rezensionen hieß es, daß der Erfolg der Aufführung mit dem das Stück durchdringenden Geist des echten Humanismus verbunden sei, der zur kulturellen Wiedergeburt Deutschlands führen werde. Auf der anderen Seite sahen sich die Vertreter der künstlerischen Intelligenz in der SBZ zum gleichen Zeitpunkt mit der Frage nach dem Inhalt der Begriffe „echter Humanismus" und „demokratischer Humanismus" konfrontiert, die von den Offizieren

[13] Bojadsiev, Ot Sofokla do Brechta, S. 188.
[14] Chamberlin, Kultur auf Trümmern, S. 174.
[15] Ebenda S. 91.
[16] *Sonntag*, 20. 10. 1946.

der SMAD neben dem Begriff „sozialistischer Humanismus“ verwandt und im Grunde genommen als identische Begriffe gebraucht wurden. Die Künstler forderten daher die exakte Definition der Begriffe – aufgrund der Sorge, „daß die Kommunisten alle geistige Tradition, das gesamte kulturelle Erbe der Nation vernichten“ könnten[17].

Für die Interpretation des deutschen humanistischen Erbes durch die Offiziere der SMAD wurde in der Folgezeit jedoch immer mehr die in der Sowjetunion vorherrschende Sichtweise verbindlich. Davon zeugen auch die Diskussionen über die Schulreform in Deutschland und insbesondere die heftigen Auseinandersetzungen um die Frage der klassischen Bildung in der Schule. Repräsentativ für den wesentlichen Teil der deutschen antifaschistischen Intelligenz war die Meinung von Professor Jeger, der die Nazizeit im amerikanischen Exil verbracht hatte. In seinem Brief an einen der Begründer des Kulturbundes, den Philologen Professor Eduard Spranger, schrieb W. Jaeger: „Die erzieherischen Maßnahmen der Nazis haben alles getan, Deutschland von den historischen Wurzeln seiner Kultur abzutrennen. [...] Es ist unmöglich, dem deutschen Volk sein kulturelles Erbe, welches es mit den anderen westlichen Nationen teilt, verständlich zu machen, ohne zu den Wurzeln unserer gemeinsamen Tradition zurückzugehen, aus der sich auf dem Wege der Differenzierung die individuellen Kulturen der modernen Nationen entwickelt haben.“[18]

Ein Anknüpfen an die Tradition der klassischen Bildung in Ostdeutschland hätte aber nicht nur die Interpretation des deutschen humanistischen Erbes als eines Bestandteils des europäischen Humanismus, sondern auch die Anerkennung der Werte der westlichen Demokratie bedeutet. Das war in der SBZ unmöglich. Da der Bildung eine besondere Bedeutung beigemessen wurde, befand sich die Schule unter Obhut und Kontrolle der SMAD, die rasch und seismographisch auf alle Veränderungen der innenpolitischen Situation in der Sowjetunion reagierte und die konkrete Besatzungspraxis nach ihnen ausrichtete.

Die Verschärfung der Widersprüche zwischen den ehemaligen Alliierten sowie das Anwachsen des reaktionären Potentials in der Sowjetunion führten dazu, daß sich Staat und Gesellschaft immer stärker auf sich selbst zurückzogen. Das Interesse an der westeuropäischen kulturpolitischen Tradition nahm dementsprechend ab bzw. wurde abgeblockt. Um Kontakte mit der deutschen Bevölkerung nach Möglichkeit einzuschränken, wurde der Personalbestand der sowjetischen Besatzungstruppen in Deutschland einer strengen Kontrolle unterworfen, die auch auf Tätigkeit und Vorgehensweise der SMAD-Mitarbeiter deutlichen Einfluß hatte. Es ist daher nicht verwunderlich, daß sich die Position vieler von ihnen entscheidend änderte. Ab Ende 1946 wurde die Verwaltung für Propaganda und Zensur (später Verwaltung für Information) der SMAD von zahlreichen Kommissionen aus Moskau überprüft, was wiederum den tiefgreifenden Veränderungen in der sowjetischen Gesell-

[17] Zitiert nach: Wissenschaftliche Zeitschrift Karl-Marx-Universität Leipzig, Gesellschafts- und Sprachwissenschaftliche Reihe, 27/1978, Nr. 1, S. 26.

[18] Overesch, Gesamtdeutsche Konferenz, S. 252.

schaft entsprach. Von diesem Zeitpunkt an reglementierte Moskau streng die Tätigkeit der SMAD: Die Entscheidungen zu allen Fragen der Entwicklung in der SBZ wurden zentral getroffen, die Entscheidungsprozesse nahmen daher langwierigen Charakter an.

Schon 1946 kam es zu harten Auseinandersetzungen zwischen den ehemaligen Alliierten um Einfluß auf die deutsche Intelligenz. Die SMAD-Berichte nach Moskau enthalten ausführliche Analysen der Maßnahmen der westlichen Militärverwaltungen auf dem Gebiet von Kultur und Bildung. Ihre Auswirkungen führten zu einer erneuten Aktivierung der sowjetischen Kulturpolitik in Deutschland. So wandte sich im Juli 1946 die Politische Verwaltung der SMAD an das ZK der KPdSU mit der Bitte um Verstärkung des Personals, das für die deutsche Intelligenz zuständig war, durch Fachleute, die auf verschiedenen Gebieten der deutschen Kultur wie Theater, Musik, Malerei und Literatur sachkundig seien und die deutsche Sprache beherrschten. Sie sprach sich für die Veranstaltung regelmäßiger Vorlesungen über Theater, Film, Malerei und Literatur in der Sowjetunion aus, die von namhaften sowjetischen Kunst- und Literaturtheoretikern in deutscher Sprache gehalten werden sollten. Außerdem hielt sie es für zweckmäßig, eine große Gruppe von politisch zuverlässigen Antifaschisten aus den Antifa-Schulen für deutsche Kriegsgefangene in der Sowjetunion nach Deutschland zu schicken, um sie für die Arbeit in verschiedenen Einrichtungen wie Kulturbund, Kulturabteilungen der Magistrate usw. zu beschäftigen[19]. Auf diese Gruppe könne sich die SMAD bei der Verwirklichung ihrer Kulturpolitik stützen.

Schon am 31. August 1946 konnte die Verwaltung für Propaganda des ZK der KPdSU an Schdanow melden, daß sich das Mitglied der Akademie der Wissenschaften der UdSSR Assafjew sowie die Professoren Alpatow, Lasarew, Mokulskij, Fjodorow-Dawydow, Osowskij und Dziwellegow bereit erklärt hatten, in Deutschland Vorträge in deutscher Sprache zu halten[20]. Die Wahl war gut getroffen: Handelte es sich hier doch um Wissenschaftler von Weltrang, die den Vertretern der deutschen Intelligenz imponieren konnten, was der Milderung der antisowjetischen Stimmungen diente. Das Problem war damit jedoch noch keineswegs gelöst, zumal die Tendenz zur Verhärtung auf sowjetischer Seite zunehmend offener zutage traten. So bestimmte beispielsweise der Chef der Kulturabteilung in der Verwaltung für Propaganda und Zensur der SMAD, Major Aleksandr L. Dymschiz, einer der „Hardliner“ unter den Kulturoffizieren, in seinem Vortrag auf dem ersten Kongreß der Kunstschaffenden in Dresden am 30. Oktober 1946 als Ziel der deutschen Literatur die „Gestaltung des realen Humanismus“. Dem Aufruf der deutschen Kulturschaffenden zur Annäherung an die Weltkultur stellte Dymschiz die unzweideutige Forderung entgegen, sich regelmäßig und verstärkt mit der sowjetischen Kunst zu befassen. Auf diese Weise werde man feststellen können, daß die sowjetische Kunst aufs engste mit der marxistischen Weltanschauung verbunden sei, und den Marxismus

[19] RZChIDNI, 17/125/462, l. 73.
[20] RZChIDNI, 17/125/462, l. 75.

müsse man besser kennenlernen, als dies in Deutschland bisher der Fall sei. Abschließend schlug er den Deutschen eine Vermittlerrolle der Sowjetunion vor, um eine Verständigung mit allen demokratischen Völkern der Welt zu erzielen[21]. Der schulmeisterliche Ton dieses maßgebenden sowjetischen Kulturverantwortlichen ist keineswegs erstaunlich, entsprach dies doch nur einer in der Sowjetunion sich zunehmend durchsetzenden Tendenz; sie fand programmatischen Ausdruck in dem Artikel „Die Weltbedeutung der Sowjetliteratur" von T. Motyljowa[22]: „Gerade die sowjetischen Kunst- und Literaturschaffenden", heißt es hier, „sind heutzutage die legitimsten Nachfolger, Träger und Verfechter der besten Kulturtraditionen der Menschheit", während die bürgerliche Kultur im Verfall begriffen sei[23]. Das rechtfertige, so die Autorin weiter, die Rolle der Sowjetliteratur, die die demokratischen Schriftsteller im Westen anleiten und beraten könne. Bei der Begründung des Vorrangs der Sowjetliteratur im Vergleich zur Literatur der vorsozialistischen Epochen ging Motyljowa auch auf das deutsche humanistische Erbe ein. Sie berief sich auf Stalins Urteil über das Poem von Maxim Gorkij „Das Mädchen und der Tod": „Diese Sache ist stärker als Goethes Faust (die Liebe besiegt den Tod)."[24] Entsprechend dem Diktum des „Vaters der Völker" bezeichnete T. Motyljowa infolgedessen den Goetheschen Faust als eine zwar herausragende, aber einsame Individualität, die aus diesem Grunde untergehen müsse, während das revolutionäre Volk, von Gorkij in der Gestalt des Mädchens verkörpert, unbesiegbar und unsterblich sei. Goethes Romane „Wilhelm Meisters Lehrjahre" und „Wilhelm Meisters Wanderjahre" stellten, so die Autorin, lediglich eine abstrakte Idylle dar, weil es dort um die Anpassung des Helden an die Prosa des bürgerlichen Daseins gehe.

Die Schlußfolgerung der Autorin lautet: „Nur der Sowjetliteratur ist es gelungen, die Gestalt eines vollwertigen Menschen zu schaffen"[25], und: „Unsere Literatur, die eine höhere Gesellschaftsordnung als die jetzige bürgerlich-demokratische Ordnung, eine mehrfach höhere Kultur als die bürgerliche Kultur repräsentiert, hat das Recht darauf, den anderen eine neue allgemein menschliche, humanistische Moral beizubringen."[26] Motyljowa stellte sich damit auf den offiziellen Standpunkt zur Funktion der Sowjetkunst, deren geistige und ästhetische Waffe im Kampf für die Verbreitung dieser Moral der sozialistische Realismus werden sollte. Zu seinen Grundprinzipien zählte sie neben der Parteilichkeit, dem historischen Optimismus und dem Verzicht auf jeglichen Formalismus und Subjektivismus den Internationalismus und den sozialistischen Humanismus. Dies bot die Möglichkeit, den sozialistischen Realismus als Fortsetzung und Entwicklung der „besten Kulturtraditionen der Menschheit" zu behandeln, wovon auch die zahlreichen Bezugnahmen auf das Werk Goethes bei T. Motyljowa zeugen. Große deutsche Humanisten wurden von

[21] *Sonntag*, 20. 11. 1946.
[22] Motyljowa, Mirowoje znatschenije sowetskoj literatury.
[23] Ebenda S. 213.
[24] Ebenda S. 215.
[25] Ebenda S. 236.
[26] Ebenda.

den Ideologen der KPdSU „in den Dienst für die kommunistische Idee" genommen: Ihr Erbe wurde umgearbeitet, indem alles, was dieser Idee widerstrebte, unterdrückt, und nur das, was der Durchsetzung dieser Idee dienlich schien, der Öffentlichkeit vermittelt wurde. Ein herausragendes Beispiel für eine solche Vorgehensweise stellt der Artikel „Die Züge des Helden" von Wengerow in „Nowyj mir" dar, in dem zwei Gestalten – Faust von Goethe und Pawel Kortschagin aus dem Roman „Wie der Stahl gehärtet wurde" – verglichen und einander nahezu gleichgesetzt werden[27].

Die Verstärkung der repressiven Züge in der sowjetischen Gesellschaft und ihre zunehmende Abgrenzung gegenüber der Außenwelt bedingten den aggressiven Charakter der Kulturpolitik der Sowjetunion, die auch ihre Interpretation des deutschen humanistischen Erbes in der SBZ konsequent durchsetzte. Die Zahl der Vorträge, mit denen sich sowjetische Kulturoffiziere bemühten, die Grundsätze dieser Interpretation den deutschen Intellektuellen nahezubringen, nahm in der zweiten Hälfte des Jahres 1946 stark zu. Das erwünschte Resultat wurde zu dieser Zeit freilich noch nicht erreicht. Ursache dieses Mißerfolgs war nach Auffassung der Politischen Verwaltung der sowjetischen Besatzungstruppen in Deutschland das Faktum, daß „einige Prinzipien der marxistischen Ästhetik der bürgerlichen Weltanschauung absolut fremd sind." Es sei daher nicht verwunderlich, daß „die These vom ideologischen Gehalt der Kunst, ihrer gesellschaftlichen Bedeutung und gesellschaftlichen Funktion von den Hörern, welche immer noch hauptsächlich Anhänger der reinen Kunst darstellten, negativ aufgenommen wurden"[28].

Die Einstellung der deutschen Intelligenz zur sowjetischen Kulturpolitik Ende 1946 wurde von der Politischen Verwaltung der sowjetischen Besatzungstruppen in Deutschland einer eingehenden Analyse unterworfen. Die Schlußfolgerungen finden sich in einer Sondermeldung von Generalmajor Kalaschnik nach Moskau: „Die angelsächsischen Länder und Deutschland sind homogen, weil ihnen die bürgerlich-kapitalistischen Verhältnisse zugrundeliegen. Man muß in Betracht ziehen, daß sich Deutsche jahrhundertelang unter dem Einfluß der bürgerlichen Ideologie befanden. [...] Wir aber wollen alle über einen Kamm scheren: sowohl die Deutschen als auch unsere Leute, die unter einer anderen, grundsätzlich verschiedenen Gesellschaftsordnung erzogen sind."[29] Generalmajor Kalaschnik sprach sich für „die Verstärkung der politischen Kontrolle und gleichzeitig für die Gewährung einer gewissen Freiheit für die deutsche demokratische Intelligenz und die deutschen Massenmedien aus"[30]. Hier wird ersichtlich, daß höhere Politoffiziere der Sowjetarmee Ende 1946 der Ansicht waren – und ihren Standpunkt Moskau gegenüber auch vertraten –, daß eine erfolgreiche sowjetische Politik in der deutschen Frage auf der Berücksichtigung der kulturhistorischen Tradition des Landes beruhen müsse.

[27] Wengerow, Tscherty geroja.
[28] ZAMO, 245/245720/8, l. 67.
[29] ZAMO, 245/245720/12, l. 40.
[30] ZAMO, 245/245720/12, l. 42.

Die führenden Kreise in der Sowjetunion waren aber zu diesem Zeitpunkt bereits im Begriff, die kulturelle Einheit Deutschlands zu zerbrechen. Sie betrachteten den Kalten Krieg und den Eisernen Vorhang als beste Gewähr für Beständigkeit und Unveränderlichkeit des in der Sowjetunion vorherrschenden Wertesystems, dessen Verbreitung zum Bestandteil des Kampfes der UdSSR um ihren Einfluß in Europa geworden war. So fand am 19. Dezember 1946 in Moskau eine Beratung der Leiter der Politischen Verwaltungen der Militärbezirke statt. Im Vortrag des stellvertretenden Leiters der Politischen Hauptverwaltung der Streitkräfte Grischajew über die politische Erziehungsarbeit für die Soldaten in den Streitkräften der UdSSR hieß es bezeichnenderweise: „Wir dürfen nie vergessen, daß die Stationierung unserer Truppen in Europa mit einer gewissen Gefahr des Eindringens fremder Kulturen und Ideologien in unsere Reihen verbunden ist".[31] Anfang 1947 bekam die Leitung der Allunionsgesellschaft für kulturelle Beziehungen mit dem Ausland die Anweisung, ihre Tätigkeit zur Propaganda der Errungenschaften der Sowjetgesellschaft zu aktivieren und eine Sonderabteilung für die Agitationsarbeit in Deutschland zu schaffen, was erneut zeigt, welch besondere Bedeutung man Deutschland beimaß.

Der Ton der sowjetischen Kulturpolitik in der SBZ hatte sich zu diesem Zeitpunkt endgültig gewandelt. Ihr aggressiver Charakter äußerte sich nun in dem Anspruch, der in den Artikeln von Motyljowa so schroff zum Ausdruck kommt: Die sowjetische Kultur müsse den „anderen die neue allgemein menschliche Moral beibringen". Das selektive Herangehen an das deutsche humanistische Erbe mit der für die sowjetische Interpretation typischen Hierarchie setzte sich durch. Der politische Akzent der Interpretation war nicht mehr zu übersehen. Die Deutung der Ideen der großen deutschen Humanisten vom Klassenstandpunkt aus war geeignet, den Gedanken der gemeinsamen Entwicklungsperspektiven der Sowjetunion und der SBZ zu rechtfertigen. Ostdeutschland wurde hier schon weitgehend als integraler Bestandteil des Systems gesehen, das sich in den osteuropäischen Ländern herausbildete.

Die innenpolitische Entwicklung der Sowjetunion stellte dementsprechend den wichtigsten Faktor für die Bestimmung der sowjetischen Kulturpolitik in Ostdeutschland dar. Die Einstellung der deutschen Bevölkerung zur sowjetischen Interpretation des deutschen humanistischen Erbes bedeutete gleichzeitig die An- bzw. Nichtanerkennung des sowjetischen Wertesystems, in dem die Menschenrechte nicht im Vordergrund standen. Dieser Faktor war mitentscheidend für die Nachkriegsentwicklung in Deutschland.

[31] RZChIDNI, 17/125/403, l. 125.

III. Die sowjetische Besatzungszone 1945/46: Politische Strukturen im Aufbau

Gerhard Besier

Kommunistische Religionspolitik und kirchlicher Neuanfang 1945/46

„... auch die Kirche wird in einem freien Deutschland ihre Bedeutung haben."
(Walter Ulbricht in einem Rundfunkgespräch mit Pfarrer Kayser am 2. Februar 1944)

1. Einleitung

Unter den potentiellen kirchlichen Kooperateuren, auf die man seitens der SMAD große Hoffnungen setzte, waren jene Pfarrer, die zwischen 1943 und 1945 dem Nationalkomitee „Freies Deutschland" (NKFD)[1] angehört und bei ihrer Entlassung versprochen hatten, sich für den Aufbau einer erneuerten Kirche in einem anderen Deutschland und für ein positives Verhältnis zur Sowjetunion einsetzen zu wollen. Entsprechende Konzepte waren ausgearbeitet und mit den deutschen Exilkommunisten erörtert worden[2]. Doch nach dem Zusammenbruch des NS-Staates entfiel das gemeinsame Ferment der Anti-Hitler-Koalition. Angesichts der klaren weltanschaulichen Differenzen zum Marxismus-Leninismus suchten die meisten der im NKFD engagierten Pfarrer ihre politische Heimat nicht in der KPD/SED, sondern – wie z. B. Karl Pagel[3] – beim Kulturbund und in der CDU[4].

Zu denen, die aus dem Raum von Kirche und Theologie mit der sowjetischen Besatzungsmacht und den deutschen Exil-Kommunisten kooperierten, gehörten – neben einigen Religiösen Sozialisten[5] – schließlich ehemalige Deutsche Christen bzw.

[1] Vgl. Fischer, Nationalkomitee „Freies Deutschland".

[2] Vgl. Drobisch, Christen, S. 253–262.

[3] Vgl. dazu Anwerbungsvorschlag Pagel durch das MfS vom 22. 11. 1962 und handschriftlicher Lebenslauf Pagel vom 5. 6. 1953, BStU, ASt. Frankfurt/O., 679/87, I,1, S. 25–31, bes. S. 27 und S. 75f.

[4] Vgl. zum christlich-sozialistischen Potential der CDU in ihrer frühen Zeit Uertz, Christentum und Sozialismus. Siehe auch Frölich, Bürgerliche Parteien; Agethen, CDU in der DDR.

[5] Vgl. dazu Rackwitz, Christ und Sozialist, bes. S. 41f. Zur Tradition des Religiösen Sozialismus vgl. Balzer/Wendelborn, Wir sind keine stummen Hunde. Nach einem Bericht Friederun Fessens (GI „Irene") gab es auch das Phänomen, daß ein ehemaliger Deutscher Christ – sie nennt den Hallenser Kirchenhistoriker Ernst Barnikol – „sich [...] 1945 schnell auf seine Zeit, wo er den Religiösen Sozialisten nahestand, besann" (Bericht GI „Irene" vom 1. 3. 1958 über ein Aspirantenseminar am 24./25. 2. 1958, BStU, ZA, 2849/59, P[ersonalakte], S. 64f.). Erich Fascher berichtete seinem Führungsoffizier Hübner, daß auch der Schweriner Domprediger Karl Kleinschmidt den „DC angehörte, aber mehr die Richtung der Religiösen Sozialisten vertrat" (Treffbericht Hübner vom 10. 10. 1957, BStU, ZA, 2849/59, I, S. 18f.).

Nationalsozialisten. Wegen ihrer braunen Vergangenheit waren sie von Entlassung bedroht und glaubten daher, sich den neuen Machthabern zur Verfügung stellen zu müssen[6]. Einige hatten sich in Jakob Kaisers CDU engagiert, gehörten in den Machtkämpfen um die Gleichschaltung der Partei zu den Ausgeschlossenen und Verfemten und mußten gegenüber der SED ihre Loyalität unter Beweis stellen. Diese von Gerald Götting personifizierte Richtung in der CDU entwickelte sich mehr zu einem Erfüllungsgehilfen der SED-Religionspolitik, als daß sie einen eigenständigen Kurs hielt[7].

Unter dem Gesichtspunkt einer rein innerkirchlichen Neuordnung sind in erster Linie die Anstrengungen der Bekennenden Kirche (BK) in den ersten beiden Nachkriegsjahren zu würdigen, bei Bewahrung überkommener Strukturen NS-belastete Kirchenleitungen abzulösen und für die Einsetzung bekenntnistreuer Persönlichkeiten auf allen Ebenen zu sorgen. Religiöse Sozialisten bildeten in diesen überwiegend von der „Wort-Gottes-Theologie" geprägten BK-Kreisen eine verschwindende Minderheit. Trotz eines sich rasch entwickelnden Affekts gegen Großbritannien und die Vereinigten Staaten von Nordamerika[8] zeigten die meisten Theologen der Bekennenden Kirche 1945/46 keine besondere politische Nähe zum sowjetischen Kommunismus und den aus Moskau zurückkehrenden deutschen KP-Emigranten.

Auf der anderen Seite entwickelte sich die Zusammenarbeit zwischen den Kirchenleitungen und der SMAD[9] sowie der KPD/SED in der ersten Zeit durchaus hoffnungsvoll, da sich die Kommunisten nicht nur an den von ihnen proklamierten Grundsatz religiöser Bekenntnisfreiheit zu halten schienen, sondern die Religionsgemeinschaften sogar materiell unterstützten. Bereits nach wenigen Monaten Besatzungszeit differenzierte man seitens der Kirche allerdings zwischen der SMAD und der als weniger konziliant wahrgenommenen KPD[10].

Im Blick auf die allgemeine Distanz der Theologenschaft zum Marxismus-Leninismus bildeten diejenigen BK-Pfarrer eine Ausnahme, die zusammen mit Kommu-

[6] Vgl. Vollnhals, Entnazifizierung.

[7] Vgl. Ditfurth, Blockflöten; Richter, Ost-CDU; Suckut, DDR-Blockparteien; Richter/Rißmann, Ost-CDU; Naimark, Soviets.

[8] Vgl. z. B. Bentley, Niemöller, S. 190ff., S. 218ff. Als er im Sommer 1945 kein britisches Visum erhielt, telegraphierte er an Richard Stevens: „Ich glaube, ich lasse jetzt jede ökumenische Betätigung sein [. . .] und ziehe mich nach Dahlem zurück – für immer und in der Hoffnung, daß ich mit der russischen Armee letzten Endes bessere Erfahrungen machen werde als mit den Westmächten." (zit. ebenda S. 222).

[9] Manfred Heinemann (Hannover) leitet ein Projekt zur Sichtung und Erschließung der SMAD-Akten, das näheren Aufschluß verspricht.

[10] Vgl. Besier, SED-Staat 1, S. 23f., S. 29f. Vgl. auch: „Nach Hitler kommen wir"; Keiderling, Gruppe Ulbricht; Wettig, Neue Aufschlüsse; Nicolaisen/Schulze, Protokolle des Rates der EKD, bes. S. 345. Nach dem hier wiedergegebenen Ratsprotokoll vom 30. 1. 1946 führte Dibelius aus: „Die Russen sagen, daß sie gegenüber der Kirche tolerant sind und die Priester nur bekämpfen, soweit sie mit den Antibolschewisten sympathisieren. Die Bewertung der Kirche als politischer Gegner beruht aber darauf, daß die Kommunisten, insbesondere die KPD, in Deutschland entschieden antichristlich ist [sic]. Wir stehen aber in einem dauernden Gespräch. Unsere Geistlichen, die im KZ mit Kommunisten zusammen gesessen haben, halten ständig Fühlung, ebenso die Seydlitz-Leute." Siehe jetzt auch Seidel, Aus den Trümmern.

nisten und Sozialdemokraten einige Zeit in gemeinsamer KZ-Haft verbracht hatten. Die gemeinsame Zwangslage hatte es erleichtert, überkommene Stereotypen zu überwinden. Das bekannteste Beispiel für ein unter solchen Bedingungen gewachsenes gegenseitiges Verständnis und ein gewisses Vertrauensverhältnis ist Pfarrer Heinrich Grüber, seit 1945 in Berlin am Wiederaufbau beteiligt und von 1949 bis 1957 Bevollmächtigter der EKD bei der Regierung der DDR[11].

1. Der Arbeitskreis für kirchliche Fragen beim Nationalkomitee „Freies Deutschland".

Am 10. Oktober 1941 unterzeichneten 158 deutsche Soldaten des sowjetischen Kriegsgefangenenlagers Temnikow einen „Appell an das deutsche Volk", in dem sie scharf zwischen dem nationalsozialistischen und einem anderen Deutschland unterschieden und zum Widerstand gegen Nazi-Deutschland aufriefen. Dieser Appell, der in vielen Exemplaren an der Front und in den Gefangenenlagern verbreitet wurde, war keine spontane Aktion der Gefangenen. Er entstand nach eingehenden Beratungen durch eine Kommission aus Vertretern der Kommunistischen Internationale, der KPdSU, sowjetischer Behörden und des im Moskauer Exil befindlichen ZK der KPD[12]. Dieser Erklärung der 158 folgten in den nächsten Monaten mit ähnlichem Tenor weitere nach. Vor diesem Hintergrund schlug die Exil-KPD den Sowjets am 3. April 1942 vor, eine Konferenz in der UdSSR lebender deutscher „Antifaschisten" – bestehend aus kommunistischen Emigranten und Kriegsgefangenen – einzuberufen. Das im Blick auf die deutschen Soldaten zunächst wenig erfolgversprechende Unternehmen erhielt seine entscheidende Schubkraft dann durch die Schlacht um Stalingrad[13]. Hitlers Anordnung, Stalingrad zu halten, und die Vernichtung der 6. Armee im Januar 1943 – 108000 Gefangene und 70000 deutsche Gefallene – unterstützten die Bemühungen Walter Ulbrichts, Wilhelm Piecks und anderer Exilkommunisten, gefangene deutsche Offiziere zu einem Bruch ihres Eides zu bewegen und sich dem „antifaschistischen" Kampf anzuschließen. Auch elementare Überlebensinteressen[14] der Gefangenen mögen bei diesem Annäherungsprozeß eine Rolle gespielt haben: Von den 3,1 Millionen deutschen Kriegsgefangenen in der UdSSR fanden 1094250, also etwa jeder Dritte den Tod. In den westlichen Kriegsgefangenenlagern starb nur jeder hundertste[15].

[11] Vgl. dazu Besier, Heinrich Grüber, bes. S. 160ff.; vgl. zur angeblichen Gruppenidentität aller NS-Verfolgten jetzt Kessler/Peter, Antifaschisten in der SBZ, S. 611–633; zu Grüber siehe auch Rink, Der Bevollmächtigte.

[12] Vgl. dazu Drobisch, Christen, S. 34f.

[13] Vgl. dazu Clark, Barbarossa.

[14] Vgl. dazu Fleischhacker, Deutsche Kriegsgefangene; Ratza, Deutsche Kriegsgefangene; Karner, Archipel GUPVI, S. 86ff. „Vor allem 1944 und bis knapp nach Kriegsende zählte Dystrophie zusammen mit epidemisch auftretenden Seuchen zu den Haupt-Todesursachen in den Lagern" (ebenda S. 116).

[15] Vgl. FOCUS Nr. 27 vom 3. 7. 1995, S. 73ff.; siehe jetzt auch Karner, Archipel GUPVI.

Ende Juni 1943 richtete das Politbüro des ZK der KPD einen Aufruf „An alle deutschen Offiziere und Soldaten in den Kriegsgefangenenlagern der Sowjetunion“ und schlug die Bildung eines nationalen Komitees vor. Delegationen aus Kommunisten und Kriegsgefangenen warben in den Kriegsgefangenenlagern der Sowjetunion[16] für eine positive Resonanz auf den Aufruf. Am 12. Juli 1943 wurde in Krasnogorsk bei Moskau das Nationalkomitee „Freies Deutschland“ (NKFD) gegründet[17]. Der Vorsitzende des Vorbereitenden Ausschusses und tags darauf zum Vorsitzenden des NKFD gewählte Kommunist und Schriftsteller Erich Weinert erläuterte in einer Rede die Ziele der Organisation und stellte das vorbereitete „Manifest des Nationalkomitees ‚Freies Deutschland‘ an die Wehrmacht und das deutsche Volk“ vor, das von den Versammelten einstimmig angenommen wurde.

In diesem Manifest wird über die zukünftige Gestalt Deutschlands gesagt, daß das „Freie Deutschland“ eine „starke demokratische Staatsmacht“ haben solle, „die nichts gemein hat mit der Ohnmacht des Weimarer Regimes“[18]. Die sowjetischen Behörden stellten dem NKFD eine Wochenzeitung und einen Sender zur Verfügung[19]. Zu den Gründungsmitgliedern des NKFD gehörte auch der evangelische Vikar Matthäus Klein aus Haag in Baden. Im vorbereitenden Gründungsausschuß hatte bereits Jakob Eschborn, Student der katholischen Theologie aus Trier, mitgearbeitet[20]. Von Anfang an mit dabei waren auch der katholische Geistliche Josef Kayser aus der Diözese Paderborn und der lutherische Pastor Johannes Schröder aus Neumünster in Holstein[21].

Zwei Monate nach Gründung des NKFD erfolgte auf Vorschlag dieser Organisation die Gründung des „Bundes Deutscher Offiziere“ (BDO), einer Vereinigung kriegsgefangener Wehrmachtsoffiziere, die ebenfalls zum Widerstand gegen das nationalsozialistische Regime aufriefen[22]. Schon Mitte September 1943 kam es zur Fusion beider Organisationen, die nun unter dem gemeinsamen Namen „Bewegung ‚Freies Deutschland‘“ (BFD) auftrat[23]. Die Westalliierten beobachteten aufmerksam diese Entwicklung und ließen durch ihre Dienste einen „Who is Who“ des NKFD für ihre Offiziere zusammenstellen[24].

Während die „Bewegung“ zunächst kaum Zulauf erhielt, weil sich die Mehrzahl der Wehrmachtsangehörigen nach wie vor an ihren Eid gebunden fühlte und die deutschlandpolitischen Ziele der KPD ablehnte, wuchs mit der immer bedrängteren Lage der deutschen Armeen im Osten und dem damit verbundenen Zustrom von

16 Vgl. Cartellieri, Deutsche Kriegsgefangene.
17 Vgl. dazu Robel, Deutsche Kriegsgefangene, S. 59ff.
18 Drobisch, Christen, S. 40.
19 Vgl. Scheurig, Verräter oder Patrioten, S. 89ff.
20 Drobisch, Christen, S. 115, S. 118f., S. 125.
21 Dazu und zum folgenden jetzt auch Ihme-Tuchel, Arbeitskreis.
22 Vgl. zur Frage, ob die Bewegung „Freies Deutschland“ als Widerstand gegen den Nationalsozialismus zu werten war, Fischer, Bewegung „Freies Deutschland“.
23 Vgl. Scheurig, Verräter oder Patrioten, S. 69ff.
24 Who is Who of Prominent Germans in the U. S.S.R, HI, Soviet Subject Collection, Free German Movement in the U. S. S. R.

Kriegsgefangenen die Zahl der Anhänger[25]. Nach Schätzungen von SED-Historikern bekannten sich im Juli 1944 bereits 75 Prozent der kriegsgefangenen deutschen Soldaten zu der „Bewegung“ – eine Größenordnungsangabe, die wahrscheinlich zu sehr an Propagandamaßstäben orientiert ist und zudem nichts über eventuelle Beweggründe aussagt. Westliche Historiker schätzen den Erfolg der Lager- und Frontwerbung als eher bescheiden ein, zumal die Werbekampagnen stets von dem Willen getragen waren, sich missionarisch durchzusetzen und den ehemaligen Gegner völlig zum Marxismus-Leninismus zu bekehren[26]. Obwohl keine Nationalsozialisten, leisteten etliche Offiziersgruppen erbitterten Widerstand gegen die Kollaboration mit dem „Feind“ und wurden als „unverbesserliche Faschisten“ harten Sonderbehandlungen unterzogen[27]. Mitte Juni 1944 waren im Lager 150 von knapp 3000 Offizieren immerhin 1000 im BDO organisiert[28].

Mit den Gefangenen wuchs auch die Zahl der Wehrmachtsgeistlichen und Theologen in Uniform, die sich dem NKFD anschlossen. Ihre Begründung für diesen Schritt weist gewisse Stereotypen auf: Entsetzen über die Verbrechen des NS-Systems, die ihnen kurz vor oder nach der Gefangennahme bekannt geworden seien[29], und die Erfahrung, daß die sowjetische Armee sie äußerst human und im Blick auf ihren Glauben voller Respekt behandelt habe[30]. Kayser legte in einem Brief an seinen Erzbischof Lorenz Jaeger von Paderborn, der von den Sowjets freilich nicht an den Adressaten befördert wurde, seine Beweggründe für den Beitritt zum NKFD dar: „Hier [in der Bewegung ‚Freies Deutschland‘, G. B.] erlebte ich, was seit 1918 meine Sehnsucht war, eine Gemeinschaft, die den anderen Menschen achtet, in der der verdienstvolle General neben dem Soldaten, der Mann der Wirtschaft neben dem Arbeiter sitzt, eine Gemeinschaft, in der auch die Kirche ihren Platz hat ohne Bevormundung von oben und Terror von unten. Jetzt muß geraten, was 1918 nicht gelang: eine friedliche Ordnung der deutschen Menschen, in der einer dem anderen dient.“[31]

„Solche ersten Erfahrungen,“ interpretierte Klaus Drobisch, ehedem Historiker am Zentralinstitut für Geschichte der Akademie der Wissenschaften der DDR, „regten Geistliche an, sich um tiefere Kenntnisse von der sozialistischen Gesellschafts-

[25] Drobisch, Christen, S. 43.
[26] Vgl. Scheurig, Verräter oder Patrioten, S. 104ff.
[27] Vgl. ebenda S. 108ff.
[28] Vgl. ebenda S. 110.
[29] Vgl. dazu Heer/Naumann, Vernichtungskrieg.
[30] Vgl. Krummacher an Hauptpastor Emil Ohly (Stockholm) vom 5. 2. 1944 und vom 15. und 27. 6. 1944, BStU, ZA, 11319/92, S. 49–59, 65–68. Zwischen dem im November 1944 gestorbenen Hauptpastor der deutschen St.Gertruds-Gemeinde in Stockholm und einzelnen Repräsentanten des Kirchlichen Außenamtes bestanden gute persönliche Beziehungen. Ohly konnte verschiedentlich für vertrauliche Missionen in Schweden gewonnen werden. Vgl. dazu die Akten des Kirchlichen Außenamtes in: EZA Berlin, Bestand 5. Ingrid Bohn, Kiel, arbeitet an einer Dissertation, die den Arbeitstitel „Zwischen Anpassung und Verweigerung: Die deutsche St.Gertruds-Gemeinde in Stockholm zur Zeit des Nationalsozialismus“ trägt. Vgl. zum religiösen Leben in den sowjetischen Kriegsgefangenenlagern Cartellieri, Deutsche Kriegsgefangene, S. 208ff.
[31] HI, German Subject Collection, Kayser Papers.

ordnung zu bemühen. Sie griffen zu Werken von Marx, Engels und Lenin, machten hier überraschende und oftmals auch erregende Entdeckungen."[32] Dieses Urteil findet vor dem Hintergrund dessen, was die Geistlichen während ihrer NKFD-Zeit zu Papier brachten, keine Bestätigung. Vielmehr bewegen sich ihre Vorschläge ganz auf der Linie des sozialen Katholizismus bzw. des Christlich-sozialen Volksdienstes[33]. Eine genuine Verarbeitung marxistisch-leninistischen Gedankengutes sucht man vergebens.

Im Frühjahr 1945 zählte das NKFD etwa 55 bis 60 Theologen in seinen Reihen[34]. Mehr als die an sich geringe Größenordnung wog das moralische Gewicht dieser Gruppe. Das Engagement der Pfarrer stärkte die Bewegung „Freies Deutschland" in ihrem ethischen Anspruch und wurde auf sowjetischer Seite als Parallele zu dem Pakt gesehen, den Stalin seit 1942 mit der russisch-orthodoxen Kirche geschlossen hatte[35]. In einem NKFD-Informationspapier über „Die russisch-orthodoxe Kirche" blieb denn auch deren Verfolgung durch die Sowjets völlig unerwähnt. Hervorgehoben wurde indes deren ideeller und materieller Einsatz für den „Großen Vaterländischen Krieg"[36].

Zu den Neuzugängen seit Herbst 1943 gehörten der Vikar Heinz Ambronn, der Diakon Erwin Buhr, der aus Hamburg stammende freikirchliche Pfarrer Willi Wendt, der Franziskanerpater Josef Motzko sowie die Geistlichen Nikolai Sönnichsen (Pfarrer in Granzin bei Boizenburg/Mecklenburg), Karl Pagel, Karl Doiwa, Peter Mohr (Diözese Trier), Alois Ludwig (Diözese Trier), Lothar Lösche (ev.), Fritz Heidler (ev.) und Konsistorialrat Friedrich-Wilhelm Krummacher. Sie wandten sich – z. T. als sogenannte „Front- bzw. Lagerbevollmächtigte" des NKFD – in Flugblättern, Predigten, Offenen Briefen und Aufrufen an die Gefangenen wie an die Frontsoldaten, aber auch an Persönlichkeiten in der Heimat, um sie zur Aufgabe ihrer Loyalität gegenüber dem „Dritten Reich" bzw. zur Desertion und zum Widerstand gegen das NS-Regime zu ermutigen. Damit verbunden war meist der Versuch, den Kameraden das Bild einer humanen Sowjetunion vor Augen zu führen und mit solchen durch Beispiele konkretisierten Informationen den unter den Deutschen verbreiteten Antikommunismus abzubauen. In Wahrheit wurden auch die Zuverlässigsten der Bewegung „Freies Deutschland" von der sowjetischen Wirklichkeit sorgfältig abgeschirmt, kannten also die Lebensbedingungen in der UdSSR aus eigenem Erleben nicht[37]. Einige Geistliche waren in den Gefangenenlagern als Bevollmächtigte des NKFD tätig und suchten dort andere Geistliche und Soldaten für ihre Sache zu

[32] Drobisch, Christen, S. 48.
[33] Vgl. Stegemann, Sozialer Katholizismus; Opitz, Christlich-sozialer Volksdienst.
[34] So Drobisch, Christen, S. 91.
[35] Vgl. Scheurig, Verräter oder Patrioten, S. 111–114.
[36] HI, German Subject Collection, Kayser Papers. Das Papier beruht auf der Darstellung der vom Moskauer Patriarchat herausgegebenen Schrift des Metropoliten Nikolaj über „Die russisch-orthodoxe Kirche und der Krieg über den Faschismus". Vgl. auch das Rundfunkgespräch zwischen Krummacher, Alois Ludwig und Schröder vom 18. 8. 1944 über „Moskau und seine Kirchen", abgedruckt bei Drobisch, Christen, S. 178 f.
[37] So Scheurig, Verräter oder Patrioten, S. 111.

gewinnen. In einem Flugblatt des Pfarrers Matthäus Klein, Frontbevollmächtigter bei der 1. Belorussischen Front, von Juli 1944 heißt es beispielsweise an die Adresse der deutschen Soldaten: „Opfert Euch nicht sinnlos für Hitler auf, stellt die Kampfhandlungen ein und tretet über auf die Seite des Nationalkomitees ‚Freies Deutschland'! Diese Tat allein rettet Euer Leben und sichert Eure Heimkehr nach Kriegsende.“[38]

Zur zehnten Vollsitzung des Nationalkomitees am 14. Juni 1944, also etwa ein Jahr nach seiner Gründung, wurden aus den verschiedenen Offiziers- und Mannschaftslagern auch 30 Geistliche beider Konfessionen ins Lager 20 nach Lunjowo eingeladen, wo das NKFD in einem ehemaligen Erholungsheim für Eisenbahner seinen Hauptsitz hatte – nach dem Urteil Jesco von Puttkamers, selbst deutscher Offizier in sowjetischer Gefangenschaft und Mitglied des BDO, eine für die obwaltenden Verhältnisse „schon sehr komfortable Unterbringung“[39]. Im Erdgeschoß des Gebäudes war übrigens eine zehnköpfige NKWD-Mannschaft einquartiert[40].

Kayser hatte den Auftrag erhalten, für die Geistlichen ein silbernes Brustkreuz herstellen zu lassen. Bei der sorgfältig vorbereiteten Pfarrertagung[41] sollten die Theologen von ihren bereits übergelaufenen Kollegen, aber auch von hohen Offizieren, die dem NKFD und dem BDO beigetreten waren, sowie dem NKFD-Präsidenten Erich Weinert und dem KPD-Vorsitzenden Wilhelm Pieck davon überzeugt werden, daß es ihre Verpflichtung als Geistliche und deutsche Patrioten sei, gemeinsam mit den Kommunisten gegen die NS-Diktatur und für den Aufbau eines neuen Vaterlandes zu arbeiten. 25 der 30 Eingeladenen unterzeichneten den vorbereiteten Appell „An die Christen an der Front und in der Heimat“. Darin wurden die Volksausschüsse der Bewegung „Freies Deutschland“ als die „Träger der Befreiung und Erneuerung Deutschlands“[42] vorgestellt. Die Versammelten beschlossen, einen Arbeitskreis für kirchliche Fragen zu gründen, in dessen Leitung sie Kayser, Schröder, Krummacher, Sönnichsen, Ludwig und Mohr wählten. Jesco von Puttkamer, der als junger Offizier an der Tagung teilnahm, urteilte 1948 über das Treffen: „Die Pfarrertagung wurde ein voller Erfolg für das Nationalkomitee.“[43] Seiner Vermutung nach bildeten diese und alle weiteren „Aussprachen den Grundstock [...] für die Richtlinien, die später der Kreml in Fragen der Kirchenpolitik an seine Militäradmi-

[38] Zit. nach Drobisch, Christen, S. 94.
[39] Puttkamer, Irrtum und Schuld, S. 64.
[40] Scheurig, Verräter oder Patrioten, S. 88.
[41] Vgl. „Gesichtspunkte für ein Zusammentreffen aller in Offiziers- und Mannschaftslagern befindlichen kath. u. evang. Geistlichen“ und „Vorschlag für den Verlauf der Tagung evang. und kath. Geistlicher der Bewegung ‚Freies Deutschland'“, in: HI, German Subjects Collection, Kayser Papers. In dem letztgenannten Papier wurde ein „Schreiben an die Kirchenführer“ ins Auge gefaßt, in dem u. a. folgende Gedanken zum Ausdruck kommen sollten: „Entscheidend für den deutschen Aufbau werden die Kräfte sein, die im Kampf gegen Hitler ihre Bewährung gezeigt haben. Möglichkeit und Notwendigkeit der Zusammenarbeit der christlichen Kräfte mit anderen antifaschistischen Kräften auf Grund des völlig neuen Bildes, das wir vom Kommunismus und der UdSSR erhalten haben.“
[42] Zit. nach Drobisch, Christen, S. 246.
[43] Vgl. Puttkamer, Irrtum und Schuld, S. 70f., Zitat S. 71.

nistration in Deutschland herausgab"[44]. Jedenfalls seien alle Ausarbeitungen des Kreises in „Ulbrichts unergründlicher Aktentasche"[45] verschwunden.

Einen Tag nach der Pfarrertagung schrieb Krummacher einen handschriftlichen Bericht, in dem er über seine Arbeit unter den Geistlichen vom 1. bis zum 14. Juni 1944 berichtete. Er teilte mit, daß bei seiner Ankunft eine Gruppe evangelischer und katholischer Geistlicher die bevorstehende Tagung abgelehnt habe. Eingehend schilderte er die Motive der einzelnen namentlich genannten Pfarrer aus der Oppositionsgruppe. So heißt es: „Die Abreise von Pfarrer Runge u. Pfarrer Taubert wirkte ziemlich stark auf die Opposition; auch die übrigen merkten, daß man sie nicht unbedingt braucht u. daß die Arbeit auch ohne sie zustandekommt."[46] Aus Krummachers Bericht geht auch hervor, daß die Pfarrertagung schon früher stattfinden sollte, dann aber verschoben wurde[47]. Der Berliner Oberkonsistorialrat schätzte wie Puttkamer die Tagung als Erfolg ein. „Vor allen Dingen", schrieb er, „ist das Vertrauen sehr gewachsen, daß die Pfarrer und die deutschen Kommunisten ohne Bedenken zusammenarbeiten können."[48]

Unter dem 31. August 1944 berichteten Schröder und Kayser den Lagerseelsorgern in einem Rundschreiben über die weltweite Resonanz der Pfarrertagung und bezogen sich dabei auf die Berichte ausländischer Sender. „So zeichnet sich schon heute die Bedeutung ab", resümierten sie, „die andere Völker unserer Arbeit für die Erneuerung unseres Volkes zu einer freien, friedlichen, brüderlichen Nation beimessen."[49]

Am 5. September 1944 hatten die Leiter des kirchlichen Arbeitskreises eine Aussprache mit Walter Ulbricht, in der es um die Zusammenarbeit zwischen Christen und Kommunisten ging[50]. In erster Linie stand das Problem zur Diskussion, daß Papst Pius XII. einer Kooperation, wie sie in der Bewegung „Freies Deutschland" praktiziert wurde, ablehnend gegenüberstand. Ausdrücklich hatte Kayser in seinem Entwurf für die Begrüßungsansprache bei der Pfarrertagung namens seiner katholischen Mitbrüder „unseren heiligen Vater in Rom [. . .] in Ehrfurcht und Gehorsam" grüßen und betonen wollen, seine Hirtenschreiben seien den Geistlichen „Trost, Stärkung und Weisung. Ihm sind und bleiben wir in heiligem Gehorsam verpflichtet"[51]. Andererseits wollte er freilich auch „Marschall Stalin" preisen, der die Wahrheit gesagt habe, als er den Gefangenen freie Religionsausübung zusicherte. Nur

[44] Ebenda.

[45] Ebenda. Auch die Richtlinien für eine künftige Schulreform und für die späteren DDR-Geschichtsbücher, die von NKFD-Ausschüssen bearbeitet wurden, „und das Material des Kirchenkreises mußten rechtzeitig bis zur Abreise des Herrn Ulbricht [im Herbst 1945 nach Berlin] fertig werden" (ebenda S. 85).

[46] BStU, ZA, 11319/92, S. 46.

[47] In Kaysers Papieren befindet sich ein Programmentwurf, der auf den 4. und 5. 6. datiert ist (HI, German Subjects Collection).

[48] BStU, ZA, 11319/92, S. 46f.

[49] HI, German Subjects Collection, Kayser Papers.

[50] Kaysers Mitschrift ebenda. Vgl auch das Rundfunkgespräch zwischen Ulbricht und Kayser vom 2. 2. 1944, abgedruckt bei Drobisch, Christen, S. 156–158.

[51] Manuskriptentwurf: HI, German Subjects Collection, Kayser Papers.

die Elogen auf Stalin blieben im Manuskript – mit dem Zusatz, der sowjetische Führer habe „sogar eine Zusammenarbeit mit dem Heiligen Vater [...] für möglich“[52] gehalten.

Unter den katholischen Geistlichen verweigerten sich nicht wenige der Zusammenarbeit. Mit Besuchen und anschließenden Briefen suchte Kayser ihre Ablehnung aufzuweichen. Aus den Antwortschreiben Kaysers im Zusammenhang mit der Weigerung seiner Kollegen, den „Aufruf der Pfarrer“ vom 14. Dezember 1944[53] zu unterschreiben, geht hervor, daß er sich gegen manche Vorwürfe zur Wehr setzen mußte[54]. In seinem nachfolgenden Bericht an die sowjetischen Behörden führte er seine Mißerfolge darauf zurück, daß wegen Zeitmangels „die der Bewegung nicht angehörenden Pfarrer nicht einzeln bearbeitet werden“ konnten. Außerdem schlug er vor, die besonders renitenten Pfarrer Geyer und Kolodzig aus dem Lager 150 in ein anderes zu verlegen[55]. „Nach Rücksprache mit Herrn Ulbricht“ schlug Kayser schließlich Erich Weinert vor, eine Reihe zuverlässiger Pfarrer als Lagerseelsorger in verschiedene Lager zu verlegen[56].

Neben der Fortführung schon beschriebener Aufgaben befaßte sich der Arbeitskreis vor dem Hintergrund historischer Erfahrungen mit dem Verhältnis von Staat und Kirche in der Zukunft. Eine entsprechende Ausarbeitung mit dem Titel „Staat und evangelische Kirche in Deutschland“ wurde im September 1944 abgeschlossen und im NKFD bzw. mit den deutschen Exil-Kommunisten diskutiert[57]. Die Katholiken legten Ende September 1944 ebenfalls eine Studie über die „Grundsätzliche Auffassung der katholischen Kirche vom Staat und die Haltung der Katholiken in aktuellen Fragen der Nachkriegszeit und im kommenden Deutschland“[58] vor.

Der Schwerpunkt des evangelischen Memorandums liegt bei den Erfordernissen zum Wiederaufbau einer staatsbejahenden Volkskirche, wobei den Verfassern ausdrücklich die Restitution der Deutschen Evangelischen Kirche (DEK) von 1933 und die Anerkennung des Körperschaftsstatus der Institution durch den neuen Staat vor Augen stand. Auch die theologischen Fakultäten an den Universitäten, der Religionsunterricht an staatlichen Schulen und Staatszuschüsse für die Kirchen sollten erhalten bleiben. Man sucht in dem Text vergeblich nach Elementen, die auf eine kommunistische Beeinflussung hindeuten könnten. Es ist lediglich von der „Bejahung einer sozialen Neuordnung“ die Rede und von „einer wirklichkeitsgetreuen Schau des Sozialismus und des Sowjetstaates“. Zu den neuen Aufgaben der Kirche sollten nach den Autoren der Denkschrift die Mitwirkung an der „Umerziehung

[52] Manuskript ebenda.
[53] Text in Drobisch, Christen, S. 269f.
[54] Kayser an die Pfarrer Eberle, Vennemann, Geyer, Kolodzig, Fulge, Müller, Nenhoff und Hübner vom 1. 1. 1944 [richtig: 1. 1. 1945], HI, German Subjects Collection, Kayser Papers.
[55] Abschlußbericht Kayser vom 1. 1. 1945 über die Besprechung mit den katholischen Pfarrern im Lager 150 vom 29. bis 30. 12. 1944, ebenda.
[56] Kayser an Weinert vom 9. 1. 1945, ebenda.
[57] Text in Drobisch, Christen, S. 253–262.
[58] HI, German Subjects Collection, Kayser Papers.

und dem inneren Aufbau des deutschen Volkes" gehören, insbesondere eine „christliche Bejahung der Gesamtschuld des Volkes und Erkenntnis ihrer tieferen Ursachen und geschichtlichen Wurzeln."

Ende Januar 1944 fertigte Josef Kayser für Wilhelm Pieck eine 24 Seiten umfassende Studie über „Die geistige Situation der deutschen Katholiken am Ende des zweiten Weltkrieges" an[59]. Eingangs bemerkte er: „Ich habe Vertrauen, rein menschliches Vertrauen zum Kommunismus bekommen und besonders zu Ihnen und Ihren seit längeren Jahren hier in der Sowjetunion lebenden Genossen, mit denen wir im Nationalkomitee nun schon monatelang zusammenarbeiten." Mitte Oktober 1944 äußerte sich Pieck seinerseits in einer Lektion vor dem 1. Lehrgang der Parteischule der KPD. In dem Redekonzept heißt es: „In der unteren Geistlichkeit der kath.[olischen] Kirche, die mehr mit den Massen verbunden sind, macht sich eine ernste Gegenbewegung gegen die reaktionäre Politik des Vatikans bemerkbar, und daraus kann sich eine sehr starke Beeinflussung der kath.[olischen] Volksmassen für den Kampf des Blockes der kämpf.[erischen] Demokratie ergeben. Wir haben also alle Ursache, den engsten Kontakt mit den kath.[olischen] Volksmassen, auch mittels der unteren katholischen Geistlichkeit, herzustellen, und dazu ist eine volle Klärung unseres Verhältnisses zur Kirche notwendig. Wir haben schon im Nat.[ional]komitee mit dieser Arbeit begonnen und eine Arbeitsgemeinschaft mit einer Reihe kath.[olischer] u. ev.[angelischer] Geistlicher geschaffen."[60]

Alois Ludwig und Johannes Schröder nahmen im Auftrag des Arbeitskreises für kirchliche Fragen an der NKFD-Kommission für die Umgestaltung des Unterrichtswesens teil und trugen den dort formulierten Grundsatz der klaren Trennung von Kirche und Schule mit. Außerdem erarbeitete die Kommission „Richtlinien für den Unterricht in deutscher Geschichte", in denen die Reformation als Widerstand gegen Gewissenszwang und Fürstenmacht betont wurde. Mit geringfügigen Änderungen erschienen diese Richtlinien, mit einem Vorwort Paul Wandels versehen, Ende 1945 und Mitte 1946[61]. Im Januar 1945 zog die Kommission eine Studie Schröders über „Rassenfrage und christlichen Glauben"[62] heran. Nach der Kapitulation Deutschlands beteiligte sich der Arbeitskreis für kirchliche Fragen an der Umerziehung deutscher Soldaten und stellte sich dem beginnenden Neuaufbau in der Heimat zur Verfügung.

Unter denen, die im Mai 1945 in Kriegsgefangenschaft gerieten, sich aber nicht für die sowjetische Propagandatätigkeit gewinnen ließen und ins Arbeitslager zurückgeschickt wurden, war auch Helmut Gollwitzer. Er weigerte sich im November 1947, an einem Buch mitzuarbeiten, „das auf eine Verherrlichung des im Kriegsgefange-

[59] Kayser an Pieck vom 24. 1. 1944, ebenda.
[60] Zit. nach: „Nach Hitler kommen wir", S. 260. Aus Anmerkung 132 geht hervor, daß Pieck an dieser Stelle offenbar zunächst aus seiner Grundsätzlichen Stellungnahme anläßlich der Gründung des Arbeitskreises hatte zitieren wollen, sich dann aber anders entschied. Diese Rede ist u. a. bei Drobisch, Christen, S. 233–236, wiedergegeben.
[61] So Drobisch, Christen, S. 97.
[62] Ebenda.

nenwesen sich dokumentierenden Sowjethumanismus hinauslaufen"[63] sollte. Daraufhin erklärte ihm der Politoffizier: „Entweder die Kirche stellt sich ins fortschrittliche Lager oder sie wird untergehen. Wer nicht für uns ist, der ist wider uns!"[64] Einer Resolution der antifaschistischen Schule, die den Bruch des Versprechens, alle Kriegsgefangenen bis Silvester 1949 nach Deutschland zu repatriieren, begrüßte, weil es die Möglichkeit weiterer Wiedergutmachung und die Chance eines besseren Kennenlernens der Sowjetunion böte, trat das Lageraktiv, in dem Gollwitzer arbeitete, nicht bei[65].

Im Frühjahr 1945 stellte Johannes Schröder in einer NKFD-Rundfunksendung den Deutschen die „unvorstellbaren Verbrechen" des NS-Regimes vor Augen und verlangte durch ein „gerechtes Gericht über die Schuldigen" die Wiederherstellung der Rechtsordnung[66]. Mitte Juni 1945 pries der katholische Geistliche Peter Mohr „die ordnungschaffende Kraft der Roten Armee" und wollte in seinem Zeitungsartikel die Leser glauben machen, daß „unter dem Schutz und der Hilfe" dieser Armee „der Wiederaufbau rüstig fortschreitet, ja teilweise [. . .] das Leben wieder in normalen Bahnen verläuft"[67]. Selbst in Berlin sei „durch die Hilfe der Roten Armee neues Leben aufgeblüht". Marschall Stalin habe Anweisung gegeben, Lebensmittel heranzuschaffen, und lasse „sich jetzt täglich informieren, wie es um die Ernährungslage in Berlin" stehe. Auch kulturelle Einrichtungen würden geschaffen und die Kirchen wiedereröffnet. Wie der „Hauptbundesgenosse der deutschen Antifaschisten [. . .] das russische Volk [. . .] gewesen" sei, so halte die Sowjetunion heute „das, was sie durch Marschall Stalin versprochen hat; sie hilft aufbauen, was Hitler in Trümmer gelegt hat; sie schafft Ordnung da, wo der Nationalsozialismus im Chaos geendet hat"[68]. Und Mitte Juli 1945 meinte Friedrich-Wilhelm Krummacher in einer Rundfunksendung, den Deutschen werde jetzt „die Möglichkeit gegeben, den Neuaufbau unseres politischen und gesellschaftlichen Lebens in die Hand zu nehmen". Er beschwor die „Einheit aller antifaschistischen Kräfte unseres Volkes", forderte das „aufrichtige Bekenntnis unserer Schuld" und den leidenschaftlichen Einsatz der evangelischen Kirche „für soziale Gerechtigkeit, für eine neue soziale Ordnung, für eine gerechte Verteilung der Lasten. [. . .] Christliche Nächstenliebe wird dann zusammenklingen mit einem neuen sozialen Humanismus, der die von Gott geschenkte Menschenwürde achtet."[69]

Bereits Mitte Juni 1945 wandten sich die katholischen Geistlichen an den NKFD-Präsidenten Erich Weinert und erklärten ihm, daß sie nach Kriegsende für eine wei-

[63] Gollwitzer, . . . und führen, S. 161. Das Propaganda-Buch „Kriegsgefangene in der Sowjetunion" erschien im Sommer 1949 in Ost-Berlin.
[64] Gollwitzer, . . . und führen, S. 162.
[65] Ebenda S. 239ff. Vgl. auch Robel, Deutsche Kriegsgefangene, S. 95ff.
[66] Zit. nach Drobisch, Christen, S. 278.
[67] Zit. ebenda S. 279.
[68] Zit. ebenda S. 281. Vgl. vor diesem Hintergrund das Hirtenwort des Paderborner Erzbischofs Lorenz Jaeger vom 12. 7. 1945, in dem er die Forderung nach katholischen Bekenntnisschulen erhebt (wiedergegeben bei Pilvousek, Kirchliches Leben, S. 447.)
[69] Zit. nach Krummacher, Ruf, S. 101f.

tere politische Tätigkeit die Erlaubnis ihrer Bischöfe und der päpstlichen Kurie benötigten[70]. Auch hielten sie es für zweckdienlicher, in Deutschland selbst tätig zu werden. Dieser Brief war durch den Vorschlag der protestantischen Pfarrer motiviert, ähnlich wie sie ein Schreiben an die sowjetischen Dienststellen zu richten, das eine Art Loyalitätserklärung darstellte. Dieses Ansinnen lehnten die katholischen Geistlichen rundweg ab: „Wir sind der Ansicht, daß unser ehrlicher Wille, wie bisher so auch in Zukunft in unserer Bewegung aus allen Kräften mitzuarbeiten, keiner neuerlichen Versicherung bedarf, und befürchten, daß im Gegenteil, wenn wir aus freien Stücken eine derartige Erklärung abgeben, bei den russischen Dienststellen der Eindruck entstehen könnte, es sei irgendein Mißtrauen zu zerstreuen."

Am 5. September 1945 wandten sich die katholischen Geistlichen erneut mit der Bitte an Weinert, Verbindung zu ihren kirchlichen Vorgesetzten aufnehmen zu dürfen, und bemerkten, erste Anfänge „eines kirchlichen und politischen Lebens sind bereits ohne Mitarbeit von unserer Seite erfolgt"[71]. Diesem Brief war ein Schreiben an den Berliner Bischof, Konrad Graf Preysing, beigegeben, in dem sie ihm kurz über ihre Tätigkeit im NKFD berichteten und ihr Anliegen vorbrachten, eine Stellungnahme zu ihrer Arbeit bei den zuständigen Bischöfen einholen zu wollen. Am 3. November 1945, einen Tag, nachdem das Nationalkomitee „Freies Deutschland" seine Auflösung beschlossen hatte, veröffentlichten Josef Kayser und Johannes Schröder einen letzten Appell an ihre Leser des „Freien Deutschland", der gleichzeitig so etwas wie eine Rechenschaftsablage der Tätigkeit des Arbeitskreises darstellte. Darin heißt es: „Ein neues Deutschland muß errichtet werden. Wer auf Christus getauft ist, darf nicht vergessen, daß es seine Christenpflicht erfordert, am Aufbau in der ideologischen Umkehr, an der Wiedergutmachung, an der geistigen Erneuerung und an der demokratischen Neugestaltung nach besten Kräften mitzuarbeiten."[72] Wie schon Mohr, so begrüßten auch Kayser und Schröder die Begründung der neuen demokratischen Parteien in Deutschland, deren überkonfessionelle und weltanschaulich plurale Struktur sie positiv hervorhoben. Hierbei bezogen sie sich besonders auf den Aufruf der „Christlich-Demokratischen Union Deutschlands" vom 26. Juni 1945[73]. Am 4. November 1945 schließlich unterzeichneten die katholischen Pfarrer Kayser, Mohr, Ludwig und Motzko eine an einen sowjetischen Oberstleutnant adressierte Willens- und Absichtserklärung, in der es heißt: „Für uns, die wir Rußland kennenlernten, sehen wir eine besondere Verpflichtung, auf eine positive Haltung unseres deutschen Volkes zu Sowjet-Rußland hinzuarbeiten. Um uns in diesen Bestrebungen gegenseitig unterstützen zu können, haben wir vor, alle vier in enger Fühlungnahme miteinander zu bleiben."[74] Außerdem erklärten sie, „sich so

[70] Schreiben der kath. Geistlichen an Weinert vom 19. 6. 1945, HI, German Subjects Collection, Kayser Papers.

[71] Schreiben der kath. Geistlichen an Weinert vom 5. 9. 1995, ebenda.

[72] Zit. nach Drobisch, Christen, S. 284.

[73] Der Aufruf ist in den Kayser-Papieren enthalten (HI, German Subjects Collection); vgl. auch: „Echte Idee der Union".

[74] Kayser, Mohr, Ludwig und Motzko an Oberstleutnant Gargadse vom 4. 11. 1945, HI, German Subjects Collection, Kayser Papers.

bald wie möglich mit einer Stelle in der Seelsorge für Berlin betrauen zu lassen". Auch wenn ein entsprechendes Schriftstück von seiten der evangelischen Pfarrer nicht aufgefunden werden konnte, kann es kaum einem Zweifel unterliegen, daß die protestantischen Geistlichen ähnliche Versicherungen abgaben.

Schon im Sommer 1945 wurden Krummacher und neun weitere Pfarrer auf Bitten des ZK der KPD hin nach Deutschland entlassen[75]. „Wir können ihn in Berlin gebrauchen für die Arbeit in der protestantischen Kirche"[76] hatte Wilhelm Pieck am 5. Juni 1945 an Generaloberst Iwan A. Serow geschrieben und mit dieser Begründung darum gebeten, Krummacher „freizugeben". Diese Bevorzugung genossen für den Raum Berlin außer Krummacher nur fünf weitere Kriegsgefangene. Auf einer Namensliste „der im Juni 1945 zum Einsatz gelangten Genossen"[77] im Bezirk Berlin steht Krummacher ebenfalls. Mit dem „Ziel, eine demokratische Kirche in Deutschland aufzubauen"[78], kehrte auch Karl Pagel, der auf der Antifa-Schule[79] dem späteren Greifswalder Bischof Krummacher begegnet war, zurück. Wie bei Krummacher so habe auch bei ihm im sowjetischen Lager „das Umdenken" begonnen, erzählte er 1962 einem MfS-Offizier[80]. Neben Krummacher und Pagel wurden noch acht weitere NKFD-Geistliche entlassen. Nach einem MfS-Bericht aus dem Jahr 1972 gehörten zu dieser Gruppe kirchlicher Amtsträger, die als erste nach Deutschland heimkehren durften, Hans Wallmann, Herbert Hennersdorf, Albert Heimzuch, Herwig Hafa, Fritz Heidler und Nikolai Sönnichsen. Die Mitglieder dieser Gruppe erhielten den „Auftrag, für ein friedliches Deutschland und die Verwirklichung humanistischer Ziele der Christen einzutreten"[81]. Einige gelangten bald in leitende Positionen und arbeiteten eng mit den sowjetischen Behörden bzw. später mit dem SED-Regime zusammen.

Einem sowjetischen Bericht zufolge hatte Krummacher während seiner Zeit im NKFD „ohne Verpflichtungserklärung" an die „Organe Informationen über [die] Stimmung unter den deutschen Offizieren in der Gefangenschaft"[82] geliefert und großen Einfluß auf das deutsche Offizierskorps ausgeübt. Am 1. April 1946 unterzeichnete er eine eigenhändig niedergeschriebene Erklärung, in der er sich gegenüber dem sowjetischen Dienst „zur Geheimhaltung alles dessen" verpflichtete, „was mir durch meine besondere Verbindung mit der Sowjetbehörde zur Kenntnis kommt"[83]. Seine Berichte unterzeichnete er mit dem Decknamen „Martin". Für sei-

[75] Über die Datierung, die anderen betreffend, gibt es Unstimmigkeiten. Pagel gibt an, 1947 mit Krummacher entlassen worden zu sein. Entweder wurde er, wie dieser, bereits 1945 entlassen oder ihn trügt seine Erinnerung.
[76] G. Keiderling, Gruppe Ulbricht, S. 475.
[77] Ebenda S. 506.
[78] Information vom 4. 9. 1973, BStU, ASt. Frankfurt/O., 679/87, II, 3, S. 5.
[79] Zu den Antifa-Schulen vgl. Robel, Deutsche Kriegsgefangene, S. 199ff.
[80] Aussprachebericht vom 20. 7. 1962, BStU, ASt. Frankfurt/O., 679/87, I, 1, S. 19f.; Aussprachebericht vom 21. 8. 1962, ebenda S. 21–23.
[81] Information über Treffen beim IM „Karl" vom 18. 1. 1972, BStU, ASt. Frankfurt/O., 679/87, II, 2, S. 117f.
[82] BStU, ZA, AP 11319/92, S. 63.
[83] Ebenda S. 1.

ne Mitarbeit erhielt er auch ein Operativ-Geld in Dollar ausgezahlt, dessen Erhalt er quittierte[84]. Er bat allerdings darum, nicht zur politischen Propaganda für eine Partei oder im Rundfunk und in der Presse herangezogen zu werden. Aufgrund wachsender Distanz zur Politik der SED lockerte sich auch seine Verbindung zur Besatzungsmacht, die im November 1952 den Kontakt zu ihm abbrach[85]. Mehrfachen Versuchen einer Anwerbung durch das MfS seit 1957 widerstand Krummacher[86].

Für andere Geistliche aus der Zehnergruppe geht eine Verpflichtung den sowjetischen Behörden gegenüber aus den Unterlagen nicht hervor. Einige arbeiteten in den späteren Jahren allerdings für das MfS[87]. Der einzige, der sich öffentlich gegen den „Kapitalismus" und für den Sozialismus aussprach, war Fritz Heidler[88]. Als Christ müsse man sich für den Sozialismus entscheiden, schrieb er 1948, weil dessen „Wirtschaftsform der Erhaltung des von Gott geschaffenen Lebens auf der Welt" diene und „die einzige ‚vorläufige, relative, äußerliche' Form" sei „zur Gestaltung der sozialen Gerechtigkeit und des Friedens"[89]. Allerdings brauche der Sozialismus „zu seiner Sinnerfüllung das Christentum"; andernfalls drohe ihm eine Dämonisierung.

Insgesamt hielt jedoch nur ein verschwindend geringer Teil der Geistlichen, die sich im NKFD engagiert hatten, nach seiner Freilassung offen an der Option zugunsten des Aufbaus einer sozialistischen Gesellschaft fest. Es scheint so, als sei für die meisten der NKFD-Abschnitt nur eine Episode in ihrem Leben gewesen. Klaus Drobisch urteilte 1973 voller Bedauern: „Selbst bei manchen Geistlichen und Laienchristen, die in den Reihen der Bewegung ‚Freies Deutschland' gestanden hatten, brachen erneut Vorbehalte auf, nachdem sie aus der Kriegsgefangenschaft in die Besatzungszonen der imperialistischen Westmächte zurückgekehrt waren. Sie folgten im politischen und kirchlichen Bereich der ‚Westorientierung', der sich bürgerliche Oppositionelle und Vertreter der herrschenden Klasse vor 1945 verschrieben hatten und die nun in Westdeutschland zur Leitlinie der Politik wurde. Andere ehemalige Anhänger und Mitkämpfer des NKFD wiederum resignierten angesichts der restaurativen Entwicklung im imperialistischen deutschen Staat, als sie keine Stütze mehr in einem entschiedenen Bündnispartner hatten."[90]

Johannes Schröder, 1945 gerade 35 Jahre alt, kehrte auf seine Pfarrstelle nach Neumünster zurück. Er wurde der erste Sozialpfarrer der schleswig-holsteinischen Landeskirche und übernahm später die Leitung ihres diakonischen Werkes. 1975 trat er in den Ruhestand, ohne je wieder auf seine NKFD-Zeit zurückzukommen oder ein Interesse an sozialistischer Politik erkennen zu lassen[91]. Für Josef Kayser läßt sich ganz Ähnliches sagen. Er blieb als Seelsorger in seiner Diözese Paderborn. „Ein

[84] Handschriftliche Bescheinigung vom 20. 10. 1948, ebenda S. 2.
[85] Ebenda S. 64.
[86] Vgl. MfS-Treffberichte mit Krummacher am 4. 2. 1957, 7. 7. 1957 und 25. 1. 1958, BStU, ZA, AP 11422/92, S. 75–87.
[87] Zu Pagel vgl. BStU, ASt. Frankfurt/O., 679/87, I, S. 1.
[88] Vgl. zu Heidler Besier/Wolf, Pfarrer, Christen und Katholiken, S. 275, S. 287.
[89] ZdZ 2 (1948), S. 78–81; Zitat S. 81.
[90] Drobisch, Christen, S. 90. So auch Scheurig, Verräter oder Patrioten, S. 255, Anm.156.
[91] Vgl. dazu Wiegand, Irrweg.

Stoßtrupp für die spätere Aufklärungsarbeit in der Heimat“[92], wie ursprünglich angestrebt, war jedenfalls nicht entstanden. Das mag auch daran gelegen haben, daß die Sowjets bereits im März 1946 das Haus Lunjowo auflösten und mit der raschen Liquidierung des NKFD den Eindruck erwecken mußten, auch für sie sei die Bewegung „Freies Deutschland“ nur eine Episode gewesen[93]. Das vorrangige Ziel der Bewegung „Freies Deutschland“ hatte in der Niederringung des NS-Staates bestanden, die Planung für die Zeit danach erschien absolut zweitrangig. Insofern ist verständlich, daß die kaum vorbereitete Implementierung einer neuen kirchlichen Funktionselite nicht gelungen ist.

Im Unterschied zu den Anglo-Amerikanern scheinen auch die Sowjets im Frühjahr 1945 ein religionspolitisches Konzept noch nicht vorbereitet zu haben. Jedenfalls wirkten sie im Allied Religious Affairs Committee (ARAC) des Alliierten Kontrollrates nicht impulsgebend, sondern eher passiv und bremsend[94]. Der Mangel an Initiative auf religionspolitischem Gebiet mag auch darin begründet liegen, daß die Sowjets aus Gründen taktischer Manövrierfähigkeit gegenüber dem Westen in allen Bereichen auf eine entschlossene kommunistische Umgestaltung der SBZ zunächst verzichteten[95].

2. Wegen NS-Vergangenheit und politischen Abweichlertums 1945/46 zur Kooperation mit SMAD und SED bereit

Während die SED den wenigen Religiösen Sozialisten[96] oft noch zu deren Lebzeiten geradezu legendären Glanz verlieh, obwohl sie religionspolitisch letztlich wenig bewirkten, blieb die Vergangenheit einer anderen Gruppe aktiver Kooperateure auf dem Felde der sozialistischen Kirchenpolitik meist tabuisiert. Es handelt sich um eine Reihe von Geistlichen und Theologen, die als ehemalige Mitglieder der NSDAP und/oder der „Deutschen Christen“ um ihre berufliche Stellung fürchten mußten. Sie zeigten sich entweder ohne weitere Aufforderung oder nach entsprechenden Hinweisen zur Zusammenarbeit mit den Besatzungsmächten und den deutschen Kommunisten bereit.

[92] So „Gesichtspunkte für ein Zusammentreffen aller in Offiziers- und Mannschaftslagern befindlichen kath. u. evang. Geistlichen“, in: HI, German Subjects Collection, Kayser Papers.

[93] Vgl. Puttkamer, Irrtum und Schuld, S. 88.

[94] Vgl. Besier, Selbstreinigung, S. 37ff.; Vollnhals, Evangelische Kirche. Siehe dagegen Naimark, Russians in Germany, S. 290.

[95] Vgl. Naimark, Was the SBZ/GDR in the Soviet Bloc?

[96] In einer offiziellen Erklärung des Zentralsekretariats der SED vom 27. 8. 1946 zum Thema „SED und Kirche“ (Dokumente der SED 1, S. 11–13) und im ND vom vom 17. 10. 1946 behauptete die SED die Vereinbarkeit von Sozialismus und Christentum, wobei sie auf etwa vierzig Theologen verwies, die „aus ihrer religiösen Grundhaltung heraus den Weg zum Sozialismus gefunden“ hätten. Unter diesen waren Arthur Rackwitz (vgl. Rackwitz, Christ und Sozialist), Domprediger Karl Kleinschmidt (Schwerin), OLKR Werner Meinecke (Dresden) und OKR Erich Hertzsch (vgl. Noormann, Protestantismus, S. 152f.). Den wohl stärksten Einfluß übte der Religiöse Sozialist Emil Fuchs (1874–1971) aus, der aber erst 1949 von der Bundesrepublik in die DDR übersiedelte und dann an der theologischen Fakultät Leipzig eine Professur für christliche Ethik und Religionssoziologie übernahm (vgl. Moritz, Emil Fuchs).

Ingo Braecklein beispielsweise, seit 1930 Pfarrer der Thüringer Landeskirche, war am 1. Mai 1933 in die NSDAP eingetreten und hatte auch als SA-Mann in seiner Gemeinde Allendorf eine führende Rolle gespielt. Im Entnazifizierungsverfahren wurde er freilich nur als „Mitläufer" eingestuft, machte eine steile Kirchen-Karriere vom Superintendenten (1950) über den Oberkirchenrat (1959) zum Nachfolger Moritz Mitzenheims im Amt des Landesbischofs (1970). Braecklein erhielt 1971 von der DDR den „Vaterländischen Verdienstorden in Gold" verliehen, wurde seit 1956 als Kontaktperson des MfS geführt und 1959 angeworben (IM „Ingo")[97]. Auffällig ist bei nicht wenigen aus diesem Personenkreis die rasche Mitgliedschaft in der CDU. Nachdem einige aus dieser Gruppe sich im Gleichschaltungsprozeß der Union als unzuverlässig herausgestellt hatten, traten die „Sicherheitsorgane" an sie heran. Eines der bekanntesten Beispiele für die Unterstützung des kommunistischen Religionskurses durch Kirchenleute, die sich frühzeitig in der Ost-CDU engagierten und anschließend für das MfS tätig waren, ist der Thüringer Oberkirchenrat Gerhard Lotz[98]. Seit 1938 im Dienst der Thüringischen Landeskirche, gehörte er keiner NS-Organisation an, war aber „Deutscher Christ"[99].

Doch auch der Theologieprofessor Erich Fascher kann als Beispiel für diese Lebenswendung gelten. Seit 1930 ordentlicher Professor für Neues Testament in Jena, wurde Fascher 1933 bei den Thüringer Deutschen Christen aktives Mitglied, trat aber schon 1936 wegen Differenzen wieder aus, verlor seine Professur, überstand ein Disziplinarverfahren und wurde nach Halle/S. versetzt, wo er 1937 die Nachfolge Erich Klostermanns antrat[100]. Schon am 21. September 1945 trat er der CDU bei und wurde im März 1946 Zweiter Landesvorsitzender und Vorsitzender der Landtagsfraktion der CDU in Sachsen-Anhalt. 1947/48 gehörte er als Vorsitzender dem Großen politischen Ausschuß der CDU an und war von 1948 bis 1950 CDU-Landesvorsitzender. In dieser Eigenschaft gehörte er bis 1950 dem

[97] BStU, ZA, MfS XX/4 10679/60 – der Vorgang wurde gelöscht – und AP 4448/92. Vgl. zu diesem atemberaubenden Lebenslauf Stefan Berg, Wege und Umwege führten zum Ziel, in: DAS vom 5. 6. 1992, S. 19. Vor der Wahl Braeckleins zum Bischof protestierte die Junge Gemeinde: „Wenn man uns fragt? Wir wollen keinen Nazi-Offizier zum Bischof!" Der zweite Satz wurde sechsmal wiederholt. Vgl. Bericht über die Tagung des Sup.-Konvents mit der Synode und der Wahlsynode am 24. und 25. 4. 1970 in Eisenach vom 25. 4. 1970, PDS-Archiv Leipzig (jetzt im Sächsischen Staatsarchiv Leipzig), IV/B-2/14/670. Daß dem SED-Regime bei ihm positiv gegenüberstehenden Personen deren NS-Vergangenheit recht gleichgültig war, belegt die Information zu Veränderungen in evangelischen Kirchenleitungen in der DDR im Jahre 1970 der Abteilung I im Staatssekretariat für Kirchenfragen vom 4. 1. 1971. Dort heißt es lapidar: „In der Zeit des Faschismus gehörte er dem christlichen ‚Wittenberger Bund' an, der sich gegen die nazistisch orientierten ‚Deutschen Christen' wandte. Im 2. Weltkrieg war er Soldat." (SAPMO, ZPA IV A2/14/10); vgl. zu Braecklein auch Besier, SED-Staat 1 und 2, passim.

[98] Vgl. Vollnhals, Oberkirchenrat Gerhard Lotz.

[99] So der Vorsitzende der Kirchlichen Bruderschaft in Württemberg, Pfarrer Herbert Werner, in einem Offenen Brief vom 15. 6. 1961 an den Ostberliner Union-Pressedienst. Lotz sei „ein geharnischter Deutscher Christ Thüringer Richtung gewesen und ein brachialer Verfechter des Nationalsozialismus innerhalb der Thüringer Kirche", heißt es in diesem Schreiben (zit. nach Besier/Wolf, Pfarrer, Christen und Katholiken, S. 18f., Anm.94).

[100] Lebenslauf Fascher (geb. am 14. 12. 1887), BStU, ZA, 2849/59, P[ersonalakte], S. 13f. und Auskunftsbericht der MfS-Hauptabteilung V/4 vom 18. 3. 1960, BStU, ZA, 21991/92, S. 1f.

Volkskongreß und der ersten Volkskammer an. Bis dahin hatte Fascher alle Gleichschaltungsmaßnahmen seiner Partei mitgetragen und Jakob Kaiser mit seinen Anhängern als „amerikanische Gruppe in der CDU“[101] bezeichnet. Der Ausschlußwelle Anfang 1950 zugunsten des neuen Kurses der CDU fiel er selbst zwar nicht direkt zum Opfer[102], unter dem Druck der Sowjets und der SED legte er aber am 9. Februar 1950 alle seine Ämter nieder[103]. Im selben Jahr wurde er aufgrund einer Vereinbarung mit der Regierung im Tauschverfahren mit Delling von Halle nach Greifswald versetzt und beschränkte sich hier wie auch vier Jahre später an der theologischen Fakultät der Humboldt-Universität nach einer mit „Berlin getroffenen Abrede“[104] allein auf seine wissenschaftliche Tätigkeit. Seit 1954 wurde Fascher vom MfS beobachtet[105], Recherchen der MfS-Hauptabteilung V/4/B ergaben, daß er 1933 als V-Mann des SD-Hauptamtes tätig gewesen war und Berichte über die „Katholische Aktion“, über die Una-Sancta-Bewegung[106] und beide Großkirchen abgegeben hatte[107]. Mitte März 1956 sprachen ihn die MfS-Mitarbeiter Butter und Sgraja in einer Art Verhör[108] auf diesen Sachverhalt hin an. Das erpresserische Gespräch endete mit der Vereinbarung, in Treffen mit den MfS-Mitarbeitern einzuwilligen und ihnen Informationen zu geben. Ein knappes Jahr später erklärte sich Fascher „mit der weiteren Zusammenarbeit einverstanden.“ In dem Treffbericht heißt es weiter: „Von einer schriftlichen Verpflichtung wurde vorerst Abstand genommen, da es ihn irgendwie beeindruckt hätte. Die Verpflichtung wird bei passender Gelegenheit nachgeholt. Es wird vorgeschlagen, ihm den Decknamen ‚Fred‘ zu geben.“[109] 1958 wurde Fascher Dekan der Berliner theologischen Fakultät, nach seinem Eindruck „auch durch Zutun des Ministeriums für Staatssicherheit“[110]. Allerdings erhielt Fascher von seinen Führungsoffizieren kein gutes Zeugnis, denn er suchte sich der Zusammenarbeit zu entziehen, lieferte keine interessanten Informationen, äußerte sich vor Studierenden despektierlich über die DDR und

[101] Zit. nach Richter, Ost-CDU, S. 47.
[102] Vgl. Aktennotiz Fu, BStU, ZA, 2849/59, P[ersonalakte], S. 70.
[103] Vgl. Richter, Ost-CDU, S. 233f.
[104] Zit. nach Lebenslauf Fascher, BStU, ZA, 2849/59, P[ersonalakte], S. 13f.
[105] Vgl. die Berichte des GM „Amadeus“, des GI „Lesser“ und des GM „Bernhard Rangsdorf“, BStU, ZA, 2849/59, P[ersonalakte], S. 15–21. Bei dem GI „Lesser“ handelt es sich um Wolfgang Wiefel, wie u. a. aus dem Treffbericht Hübner mit Fascher vom 26. 11. 1956 (BStU, ZA, 2849/59, I, S. 11–13) hervorgeht. Zu Wiefel vgl. Besier, SED-Staat 1, S. 400f. Wiefel wurde von 1956 bis 1960 als IM „Lesser“ geführt. Seine handschriftliche Verpflichtungserklärung datiert vom 24. 10. 1956. Vgl. BStU, ZA, AIM 3890/60, P[ersonalakte], S. 10. Er sollte als Assistent in die Theologische Fakultät Halle eingeschleust werden, weil diese als „reaktionärste“ galt (vgl. ebenda S. 37). Als es so weit war, dekonspirierte ihn seine Frau (GI „Raja“, BStU, ZA, AIM 3890/60, A, II, S. 30) gezielt gegenüber Friederun Fessen und Willi Barth als Mitarbeiter des MfS (BStU, ZA, AIM 3890/60, P[ersonalakte], S. 38f.). Daraufhin brach das MfS sofort alle Verbindungen zu ihm ab und ermahnte ihn zu Stillschweigen über seine vergangene Tätigkeit.
[106] Vgl. dazu Hürten, Deutsche Katholiken 1918–1945, S. 119ff.
[107] BStU, ZA, 2849/59, P[ersonalakte], S. 22–25.
[108] Abhörbericht des Gesprächs zwischen Butter, Sgraja und Fascher vom 19. 3. 1956, BStU, ZA, 2849/59, P[ersonalakte], S. 36–48.
[109] Verpflichtungsbericht Sgraja vom 25. 3. 1957, ebenda S. 49f.
[110] Treffbericht Sgraja/Kullik vom 22. 9. 1958, BStU, ZA, 2849/59, I, S. 29f.

förderte „progressive" Studenten nicht[111]. Nach zwei Jahren der Zusammenarbeit mit dem MfS brach dieses den Kontakt wegen einer ernsten Erkrankung Faschers ab[112].

Walter Grundmann[113], ehemals Leiter des Instituts für „Völkische Theologie" in Jena und radikaler „Deutscher Christ", hielt in den Nachkriegsjahren guten Kontakt zu Fascher und dem ehemaligen DC-Landesbischof Rönck[114]. Er fand nach seiner Entlassung 1945 eine Anstellung als Schreiber beim Evangelischen Hilfswerk in Eisenach, erhielt dann eine Pfarrstelle in Waltershausen und wurde seit 1954 schließlich von seiner Thüringer Kirche als Leiter des Eisenacher Katechetenseminars beschäftigt – eine Funktion, die er bis 1975 innehatte. Obwohl seine Landeskirche ihm Unterschlupf geboten hatte, holte ihn die nationalsozialistische Vergangenheit ein. Seit April 1956 bestand Kontakt zum MfS, am 3. Dezember 1956 wurde er als Geheimer Informator (GI) geworben und erhielt den Decknamen „Berg". Über den Zusammenbruch des NS-Systems hinweg pflegte Grundmann eine intensive Abneigung gegen die „Bekennende Kirche" und ihre Vertreter – ein Umstand, den sich das MfS zunutze machen wollte.

Den wenigen versprengten NKFD-Theologen, Religiösen Sozialisten und ehemaligen DC-Theologen stand eine große Zahl von Kirchenmännern und Theologen gegenüber, die – vom „Kirchenkampf" geprägt und daher äußerst selbstbewußt – gar nicht daran dachten, sich nun vor den sozialistischen Karren spannen zu lassen. Diese Haltung schloß freilich eine Zusammenarbeit mit der SMAD wie den deutschen Kommunisten nicht aus, solange gewährleistet schien, daß die kirchliche Neuordnung allein in den Händen der Kirche blieb und die Besatzungsmacht lediglich erbetene Hilfsdienste leistete.

3. Die Neukonstituierung der evangelischen Landeskirchen auf dem Gebiet der SBZ 1945/46

Alle acht auf dem Territorium der SBZ gelegenen Landeskirchen – die vier Provinzialkirchen der Altpreußischen Union ebenso wie Sachsen (Land), Thüringen, Mecklenburg und Anhalt – gehörten zu den sogenannten zerstörten Kirchen, das heißt, ihre offiziellen kirchenleitenden Gremien waren von „deutsch-christlichen" Theolo-

[111] Vgl. Beurteilung Hübner vom 12. 5. 1958, BStU, ZA, 2849/59, P[ersonalakte], S. 66. Siehe auch die erhalten gebliebenen Treffberichte von 1956 bis 1958, BStU, ZA, 2849/59, I.

[112] Abschlußbericht Sgraja vom 24. 6. 1959 und Beschluß über das Abbrechen der Verbindung vom 25. 6. 1959, BStU, ZA, 2849/59, P[ersonalakte], S. 71–73.

[113] Grundmann wurde als IM „Berg" geführt; vgl. BStU, ZA, AIM 2455/69, P[ersonalakte] und A[rbeitsvorgang], Bd. 1.

[114] Rönck wurde nach seiner Entlassung Jugendpfarrer in Eutin (vgl. Stegmann, Kirchenkampf, bes. S. 111ff.). DC-Bischof Walther Schultz (Mecklenburg), der nach MfS-Erkenntnissen als SD-Agent gearbeitet haben soll (BStU, ZA, AIM 2455/69, P[ersonalakte], S. 35), erhielt nach seiner Dienstentlassung in Mecklenburg im Jahre 1948 von der hannoverschen Landeskirche 1950 einen Beschäftigungsauftrag, war zunächst Landpfarrer in Fallingbostel, von 1952 bis zu seinem Tod 1957 in Schnackenburg/Elbe – seit 1955 sogar mit Festeinstellung (vgl. Beste, Kirchenkampf, bes. S. 229ff. und Melzer, Geistlicher Vertrauensrat, S. 332, Anm.34).

gen und Juristen beherrscht[115]. Der Thüringische DC-Landesbischof Rönck und sein Landeskirchenrat weigerten sich zunächst zurückzutreten[116]. Erst nachdem die amerikanischen Besatzungstruppen Rönck verhaftet hatten, war der Weg frei für eine Neuordnung. An die Spitze der neuen Kirchenleitung trat Anfang Mai 1945 Moritz Mitzenheim, seit zwei Jahren Leiter der Lutherischen Bekenntnisgemeinschaft. Ende Juni 1945 übernahm der Landesbruderrat der Bekennenden Kirche Mecklenburgs das Kirchenregiment von dem bisherigen Landesbischof Walther Schultz, nachdem britische Truppen Mitglieder der DC-Kirchenleitung verhaftet hatten[117]. Neuer Landesbischof wurde der Vorsitzende des Landesbruderrates, Niklot Beste.

Die sowjetische Besatzungsmacht gab den Kirchen bei der Neuordnung ihrer innerkirchlichen Verhältnisse zunächst völlig freie Hand[118]. Das bestätigt indirekt auch Mitzenheim in einem Brief an seinen bayerischen Amtskollegen Hans Meiser vom Juli 1945. Darin heißt es: „Wir hatten noch keinen Anlaß, mit der neuen Besatzungsbehörde Verbindung aufzunehmen. Irgendeine Behinderung ist nicht eingetreten."[119] Die ausgesprochen wohlwollende Haltung der sowjetischen Besatzungsmacht gegenüber den Kirchen erklärt auch, warum es diesen gelang, „die während des Zweiten Weltkrieges wieder stabilisierten volkskirchlichen Strukturen" unbeschädigt und unverändert in die neue Ära hinüberzuretten[120]. Im Besatzungsalltag spielte die orthodoxe religiöse Einstellung vieler sowjetischer Soldaten – sie begegneten meist „mit Ehrfurcht den Gotteshäusern und Kruzifixen"[121] – eine gewichtige Rolle. Nicht zuletzt wohl auch unter dem Einfluß kommunistischer und sozialdemokratischer Parteifunktionäre[122] wich allerdings „die anfänglich relativ großzügige Haltung der sowjetischen Militärs gegenüber der Kirche [...] einer zunehmend restriktiven Verhaltensweise"[123].

Auf dem zunächst amerikanisch besetzten Territorium des westlichen Teils der sächsischen Landeskirche nahm in den ersten Nachkriegsmonaten Professor Albrecht Oepke kirchenleitende Funktionen wahr, im östlichen Teil beendeten der Jurist Erich Kotte und der Theologe Franz Lau das DC-Kirchenregiment Klotsche[124]. 1947 wurde Hugo Hahn als Landesbischof eingeführt, Kotte blieb bis

[115] Vgl. hierzu und zum folgenden: Meier, Kirchenkampf; Scholder, Kirchen.
[116] Vgl. Stegmann, Kirchenkampf. Siehe zu Rönck auch die MfS-Akte Lotz, BStU ZA 3043/86, II,1, S. 80–83.
[117] Vgl. Beste, Kirchenkampf.
[118] Vgl. Besier, SED-Staat 1, S. 23 ff.
[119] Mitzenheim an Meiser vom 20. 7. 1945, zit. nach Besier u. a., Kirche nach der Kapitulation 2, S. 150.
[120] Onnasch, Situation der Kirchen, S. 215.
[121] So Franz Lau in einem Rundbrief an die Amtsbrüder vom 29. 6. 1945, zit. nach Besier u. a., Kirche nach der Kapitulation 2, S. 29. Vgl. auch Meier, Volkskirchlicher Neuaufbau, S. 221.
[122] Vgl. dagegen Dähn, Konfrontation, S. 13, der herausstellt, daß die Sowjets wie die KPD meinten, sie bedürften für die „schrittweise Transformation in eine sozialistische Ordnung" Christen und kirchlicher Amtsträger als Bündnispartner.
[123] So Seidel, Neubeginn, S. 84.
[124] Vgl. Meier, Kirchenkampf 3, S. 532 ff. Siehe auch Schmutzler, Gegen den Strom, S. 85 f. („Pistolenklotsche").

1957 Präsident des Landeskirchenamtes. Die Übernahme des Bischofsamtes durch Hahn, den man als „Rechten" denunziert hatte[125], mußte freilich erst mit Hilfe des Leiters der Informationsabteilung bei der SMAD, Oberst Tjulpanow[126], gegen den Widerstand einzelner Pfarrer und der sächsischen Landesregierung durchgesetzt werden.

Im polnisch besetzten Schlesien gelang es der dortigen Bekennenden Kirche unter Ernst Hornig, in Breslau eine neue, von der Provinzialsynode bestätigte Kirchenleitung zu bilden, die mit der polnischen Regierung Verhandlungen führte. Infolge der massiven Vertreibungsmaßnahmen aus dem Gebiet östlich von Oder und Neiße mußte Hornig dann Ende 1946 den Sitz der Kirchenleitung nach Görlitz verlegen[127]. In der stark lutherisch geprägten Pommerschen Kirche wiederum berief das Greifswalder Konsistorium Anfang Juni den bisherigen Vorsitzenden des Provinzialkirchenausschusses, Karl von Scheven, zum Bischof für das noch verbliebene Kirchengebiet westlich der Oder. Trotz des Protestes der in dieser Provinzialkirche nur schwach vertretenen Bekennenden Kirche bestätigte die neugewählte Provinzialsynode im Oktober 1946 Karl von Scheven im Amt[128]. Ihm folgte 1955 – auf Betreiben von Otto Dibelius[129] – der Ost-Berliner Generalsuperintendent Friedrich Wilhelm Krummacher, dem es gelungen war, trotz seiner Zugehörigkeit zum NKFD erneut das Vertrauen des Berliner Bischofs zu gewinnen.

Zuerst entsetzt von Krummachers Kooperation mit den Sowjets, war Dibelius zunächst nicht bereit gewesen, Krummacher „eine leitende Stelle zu geben", da – wie er gegenüber Heinrich Grüber erwähnte – „ich nicht weiß, welche Befehle er von Moskau mitgebracht hat"[130]. Krummacher wußte selbst, welche Irritationen sein Beitritt zum Nationalkomitee auslösen mußte. Aus dem Abstand von zwanzig Jahren schrieb er: „Wir als evangelische Pfarrer waren uns dessen bewußt, daß unsere Mitarbeit in diesem antifaschistischen Widerstandskampf gegenüber der bisherigen ethischen Tradition des deutschen Luthertums ein ungewöhnlicher, einmaliger, aus letzter Gewissensentscheidung kommender Schritt war. Es stand aber die schlichte Frage vor uns, ob wir durch offenes Reden oder durch Schweigen mehr Schuld auf uns laden würden."[131]

Die Berlin-Brandenburgische Kirche setzte Krummacher zunächst als Pfarrer in Berlin-Weißensee und Superintendent von Berlin-Land ein. Bereits 1946 wurde er zum Generalsuperintendenten des Sprengels 2 (Berlin-Ost) befördert[132]. Er leistete Dibelius bei dessen Gesprächen mit der SMAD wichtige Dienste, indem er seinen Bischof zu den offiziellen Verhandlungen begleitete, wobei seine Kenntnisse aus

[125] Vgl. dazu Thierfelder, Kirchenpolitik, S. 19f.
[126] Siehe auch Tjulpanow, Deutschland nach dem Kriege, S. 240f.
[127] Vgl. Besier, Altpreußische Kirchengebiete.
[128] Meier, Kirchenkampf 3, S. 291ff.
[129] Jänicke, Ich konnte dabeisein, S. 160.
[130] Grüber, Erinnerungen, S. 231f.
[131] Krummacher, 1945–1965, S. 122. Vgl. Krummacher, Ruf. Über die Entstehungsbedingungen dieser späten Arbeit vgl. Besier, SED-Staat 1, S. 498ff.
[132] BStU, ZA, AP 11422/92, S. 2ff.

den inoffiziellen Kontakten sich als nützlich erwiesen[133]. Dabei leistete Krummacher nicht nur für die Berlin-Brandenburgische Kirche Vermittlungsdienste zur SMAD, sondern für alle Gliedkirchen der EKD im östlichen Deutschland[134]. Während der Zeit seiner Zusammenarbeit mit den sowjetischen Sicherheitsorganen – in den Jahren zwischen 1946 und 1954 fanden „regelmäßig inoffizielle Treffs statt [...], bei welchen er mündlich und schriftlich Bericht erstattete“[135] – warb Krummacher mit Erfolg um Verständnis für die kirchlichen Belange und suchte aus den besonderen Kontakten zu den sowjetischen Behörden Vorteile für seine Kirche – gerade auch gegenüber der SED – zu gewinnen. Nach dem Arbeiteraufstand vom 17. Juni 1953[136] verlor er wohl alle Illusionen über seine Möglichkeiten, zwischen der sowjetischen Deutschlandpolitik und der des SED-Regimes einen Keil zu treiben. Dennoch versuchte er es noch einmal. Am 27. Juni 1953 übergab er bei einem inoffiziellen Treffen einem Mitarbeiter des sowjetischen Geheimdienstes ein von ihm verfaßtes Memorandum[137] über die „Ursachen der gegenwärtigen Krisis“. Darin erhob er scharfe Angriffe gegen die Politik der SED, die durch ihre Gewaltmaßnahmen gegen die Kirche in weiten Bevölkerungskreisen das Gefühl von Rechtsunsicherheit und Zwang ausgelöst habe. Zu den Ereignissen des 17. Juni meinte er: „In diesen Tagen wurde deutlich, daß die Autorität der Regierung der DDR außerordentlich gering ist. Vermutlich wirkt sich hier aus, daß diese Regierung [...] nicht durch ganz freie und geheime Wahlen zustande gekommen ist. Jeder vernünftige Mensch mußte verstehen, daß die Besatzungsmacht eingriff. Aber mit militärischer Gewalt allein kann die Autorität einer Regierung auf die Dauer nicht gestützt werden [...] Es könnte jetzt der Weg zu einem neuen und aufrichtigen Verstehen zwischen der Sowjetunion und dem deutschen Volk beschritten werden, wenn in einer fast ausweglosen Lage von seiten der Sowjetunion ein entscheidender Schritt zur Wiedervereinigung des deutschen Volkes, zum Ende des Kalten Krieges und zu gesamtdeutschen freien Wahlen getan würde. Wenn die Initiative dazu jetzt erneut von der Sowjetunion ausginge und an die westlichen Besatzungsmächte herangetragen würde, so würde das von dem ganzen deutschen Volk in Ost und West als eine große Entspannung angesehen und nicht wieder vergessen werden. Es könnte sein, daß dadurch auch die Entwicklung in Westdeutschland, auch im Blick auf die Bundestagswahlen, entscheidend beeinflußt würde. Verbunden mit einer solchen Initiative zur Wiedervereinigung Berlins und des deutschen Volkes könnte man folgende vorläufigen ersten

[133] Vgl. z. B. Dibelius' Dankschreiben an Oberst Tjulpanow vom 16. 4. 1946. Tjulpanow hatte zur Kirchenleitungssitzung der Evangelischen Landes- und Provinzialkirchen im russischen Sektor Leutnant Jermolajew geschickt und für die Verpflegung der Teilnehmer gesorgt (EZA Berlin, 4/KB I/024/Bd. 1). Krummacher erhielt den Brief zur Kenntnis. Siehe auch Scherstjanoi/Stappenbeck, Dibelius war in Karlshorst, S. 1031–1047.

[134] So vermerkte der Leiter der Berliner Stelle der Kirchenkanzlei der EKD, Benn, auf dem Konzept eines Briefes an Leutnant Jermolajew vom 6. 3. 1947 handschriftlich: „Mit Gensup. Krummacher fernmündlich vereinbart“ (EZA Berlin, 4/KB I/024/Bd. 2).

[135] Auskunftsbericht vom 16. 2. 1962, Handakte Krummacher, BStU, ZA, 11320/92, S. 41.

[136] Vgl. dazu Mitter/Wolle, Untergang auf Raten, S. 27–162; Mitter, Hochrufe auf den Klassenfeind.

[137] Sowjetischer Bericht über Krummacher, undatiert, BStU, ZA, 11319/92, S. 62–64.

Schritte zur Entspannung erhoffen: Weitgehende Milde und Amnestie gegenüber den Verhafteten des 17. Juni; möglichste Vermeidung von jedem Gewissenszwang, Bespitzelei und Unfreiheit im Leben der Bevölkerung; personelle Veränderungen in den leitenden Stellungen nicht nur oben, sondern auch in den mittleren und unteren Instanzen."[138]

Im Ministerium für Staatssicherheit rätselte man später darüber, wie es Krummacher nach der biographischen Wendung – dem Beitritt zum NKFD – noch gelingen konnte, in der nach wie vor nationalprotestantisch gestimmten Kirche weiter zu reüssieren. Die MfS-Offiziere vermuteten, man habe Krummacher wieder aufgenommen, weil er „gegenüber reaktionären Kräften in der Kirche eine umfangreiche Beichte über alle Erlebnisse in der Sowjetunion abgelegt habe und rückhaltlos gegenüber diesen Kreisen berichtete"[139]. In einem anderen MfS-Bericht heißt es: „Eine eingeweihte kirchliche Persönlichkeit erklärte über diese Zeit der Tätigkeit Krummachers, daß Krummacher alle seine Handlungen nach 1945 mit Bischof Dibelius und dessen engsten Mitarbeitern abgesprochen hat."[140] Nach einer dritten MfS-Einschätzung erklärte man sich Krummachers vermeintliche Wandlung so: „Während der Zeit von 1945–1947 verhielt er sich den damaligen Verhältnissen der sowjetischen Besatzungszone gegenüber loyal. Unter dem Einfluß von Bischof Dibelius entwickelte er sich nach und nach zu einem Gegner unserer demokratischen Ordnung."[141] Jedenfalls hielt es der Staatssekretär für Kirchenfragen, Hans Seigewasser, Ende der fünfziger/Anfang der sechziger Jahre für nötig, Appelle an die Loyalität des Greifswalder Bischofs mit der Erinnerung an dessen Tätigkeit im Nationalkomitee zu verbinden[142]. Anfang Dezember 1953 schätzte die SED ihn als „einen etwas verschlossenen Charakter" ein, der versuche, „die marxistische Weltanschauung als Unwahrheit hinzustellen"[143].

Otto Dibelius blieb bis Anfang der 60er Jahre die wichtigste kirchenleitende Persönlichkeit im östlichen Deutschland. Als 1945 in der neu gebildeten Vorläufigen Geistlichen Leitung der preußischen Kirchenprovinz Sachsen neben vier Mitgliedern des Provinzialbruderrates auch drei vom alten Konsistorium Benannte, darunter Konsistorialpräsident Fretzdorf, saßen, intervenierte er in dieser Kirche[144]. Im

[138] Memorandum Krummacher, ebenda S. 36–43, Zitat S. 38, S. 42f.
[139] Auskunftsbericht, BStU, Berlin, MfS, AP 11422/92, S. 6.
[140] Ebenda S. 8.
[141] MfS-Bericht o. O., o. D., BStU, Berlin, MfS AP 11321/92, S. 70.
[142] Siehe dazu weiter oben, S. 123ff.
[143] Bericht der Abt. Staatl. Organe vom 9. 12. 1953, SAPMO, ZPA IV 2/14/53.
[144] Anlaß hierfür war ein Schreiben des Präsidenten der Provinz Sachsen vom 26. 9. 1945, „in dem gegen die Zusammensetzung der Vorläufigen geistlichen Leitung Bedenken erhoben" wurden. Die Kirchenleitung der Altpreußischen Union machte dagegen geltend, „daß [...] für die Auswahl der Persönlichkeiten nur [...] kirchliche [...] Gesichtspunkte ausschlaggebend sein dürften", wies aber die provinzsächsische Kirche auf eine Berücksichtigung der allgemein geltenden kirchlichen Kriterien hin. Protokoll über die Sitzung der Kirchenleitung am 2. 10. 1945, EZA Berlin, 7/1289. Am 31.10. erschien Dibelius gemeinsam mit Tröger vom EOK in Magdeburg und erreichte den freiwilligen Rücktritt Fretzdorffs. Allerdings wurde vereinbart, daß der politisch belastete Kirchenjurist „unter Beibehaltung seiner bisherigen Amtsbezeichnung und seines bisherigen Diensteinkommens in die freiwerdende weltliche Oberkonsistorialratsstelle des Kon-

Dezember 1945 löste Lothar Kreyssig[145] Fretzdorf ab. Von August 1945 bis Frühjahr 1947 hatte der Vorsitzende des Provinzialbruderrates, Ludolf Müller, den Vorsitz der Kirchenleitung inne. Nachdem Dibelius' ursprünglicher Plan gescheitert war, den Betheler Dozenten Wilhelm Brandt zum Bischof der provinzsächsischen Kirche zu bestellen, wurde Müller von der im Herbst 1946 neugebildeten Provinzialsynode 1947 in dieses Amt berufen[146].

In der Evangelischen Kirche Berlin-Brandenburg wurde der 1933 zwangspensionierte Generalsuperintendent Otto Dibelius von den letzten rechtmäßigen Vertretern des preußischen Evangelischen Oberkirchenrates (EOK) wieder in sein Amt eingesetzt[147]. Er ergriff sogleich die Initiative und bildete aus einigen bekenntnistreuen und kirchenpolitisch-theologisch nicht gebundenen Pfarrern einen kirchlichen Beirat für Berlin-Brandenburg. Diese nur bedingt legal zustandegekommene Kirchenleitung nahm am 20. Mai 1945 offiziell ihre Tätigkeit auf und wurde von dem sowjetischen Stadtkommandanten, Generaloberst Nikolaj E. Bersarin, anerkannt. Mit Bersarin machte Dibelius auch sonst außerordentlich gute Erfahrungen. „Der Generaloberst hat mir von sich aus, ohne daß ich eigentlich darum gebeten hätte, ein Auto zur Verfügung gestellt [...] und mir auch sonst jede weitere Hilfe zugesagt [...] Der Kurs ist keineswegs einfach bolschewistisch-kommunistisch, sondern die deutschen Kommunisten werden ziemlich kurz gehalten, damit wenigstens nach außen das demokratische Prinzip gewahrt bleibt."[148]

In der Sitzung vom 28. Juni 1945 bestätigte auch die neue Kirchenleitung Dibelius im Amt des Generalsuperintendenten, dessen Befugnisse von der Kurmark auf Berlin ausgedehnt wurden, und erklärte sich damit einverstanden, daß er die Amtsbezeichnung „Bischof" führte. Doch anders als in Rest-Pommern, Rest-Schlesien und auch in der Kirchenprovinz Sachsen tat sich die Berlin-Brandenburgische Kirche mit dem seit den 20er Jahren in einigen lutherischen Landeskirchen üblichen Bischofstitel sehr schwer[149]. Nach anfänglichem Widerstand aus Bruderratskreisen und von der Berliner Kirche konnte Anfang Dezember 1945 aus dem Provisorium aber eine Dauerlösung werden, die vom EOK als oberster Behörde der Altpreußischen Union bestätigt wurde. Nachdem die Tätigkeit des von den Deutschen Christen ernannten EOK-Präsidenten Friedrich Werner für beendet erklärt worden war, baten die in der Behörde noch verbliebenen Oberkirchenräte Söhngen und Tröger den Berliner Bischof, auch das Präsidentenamt zu übernehmen, was Dibelius – als erster Theologe in dieser Funktion – ihnen zusagte[150]. Neben Dibelius stellten in Berlin der bisherige Präses der brandenburgischen BK, Kurt Scharf, sowie Hans

sistoriums Magdeburg zu berufen" sei, um dem Konsistorialpräsidenten unterstützend unter die Arme greifen zu können (Protokoll über die Sitzung der Kirchenleitung am 6. 11. 1945, EZA Berlin, 7/1289).

[145] Zu Kreyssig vgl. Onnasch, Wir bitten um Frieden.

[146] Vgl. Friebel, Kirche und politische Verantwortung, S. 26.

[147] Vgl. hierzu und zum folgenden Stupperich, Dibelius, S. 356ff.

[148] Dibelius an Wurm vom 12. 6. 1945, zit. nach Besier u. a., Kirche nach der Kapitulation 1, S. 214.

[149] Vgl. Stappenbeck, Kirchliche Nachkriegsentwicklung.

[150] Siehe Dibelius, Christ, S. 214f.

Böhm, Heinrich Grüber und Gerhard Jacobi in zentralen kirchenleitenden Ämtern die personelle Kontinuität zur Bekennenden Kirche des „Dritten Reiches" her[151].

Auch gesamtkirchlich gewann Dibelius bald eine zentrale Position. Er unterstützte die Anstrengungen des württembergischen Landesbischofs Theophil Wurm, auf der Grundlage von dessen zwischen den kirchlichen Gruppierungen um Vermittlung bemühten „Kirchlichen Einigungswerkes"[152] einen neuen kirchlichen Zusammenschluß, die „Evangelische Kirche in Deutschland" (EKD), zu bilden. Mit Dibelius' Hilfe ließ sich der Bruderrat auf den Weg des Kompromisses im Sinne eines grundsätzlichen theologischen und kirchenpolitischen Ja zur Vereinigung der „Kirche der Tradition und Institution" mit der „Kirche der Bewegung und Erneuerung"[153] ein. Er trug die Entwicklung von der „Treysaer Konvention"[154] im August 1945 über das Stuttgarter Schuldbekenntnis[155] bis zur endgültigen Gründung der EKD auf der Kirchenversammlung von Eisenach 1948[156] mit und wurde auf der ersten Tagung der ersten EKD-Synode in Bethel Mitte Januar 1949 mit klarer Mehrheit zum ersten Ratsvorsitzenden gewählt[157]. Außerdem hatte Dibelius von 1945 bis 1960 den Vorsitz in der von ihm begründeten „Ostkirchenkonferenz" inne, die seit 1950 die Bezeichnung „Konferenz der Evangelischen Kirchenleitungen im Gebiet der DDR" (KKL) trug[158].

Anders als in der EKD konnten in Altpreußen die Bruderräte unter Leitung der westpreußischen Provinzialkirchen Rheinland und Westfalen ihre Konzeption einer kirchlichen Neuordnung durchsetzen, indem sie im August 1945 eine weitgehende Verselbständigung der ehemaligen Provinzialkirchen beschlossen und die dem Kirchensenat der Altpreußischen Union bzw. dem preußischen EOK zustehenden kirchenleitenden Funktionen übernahmen. Auf Initiative der östlichen Provinzialkirchen erhielt die altpreußische Kirchenleitung dann in einem Zusatzabkommen vom 2. Oktober 1945 einige Kompetenzen wieder zurück, um den Zusammenhalt der östlichen Kirchen zu stärken, ohne daß freilich die grundsätzliche Entscheidung über die Selbständigkeit der einzelnen Provinzialkirchen rückgängig gemacht wurde[159]. 1951 wurde dann – als Gegengewicht zu dem in der „Vereinigten Evangelisch-Lutherischen Kirche" (VELKD) 1948 entstandenen lutherischen Block[160] – von den Vertretern der ehemals preußischen Provinzialkirchen die „Evangelische Kirche der Union" (EKU) geschaffen. Die alte preußische Behörde EOK, aus dem Dibelius am 30. November 1951 ausschied, wurde durch die Kirchenkanzlei der

[151] Vgl. Ludwig, Entstehung der BK.
[152] Vgl. Thierfelder, Einigungswerk.
[153] Wurm am 4. 9. 1945, zit nach Besier/Sauter, Schuld, S. 15.
[154] Vgl. hierzu Besier/Ludwig/Thierfelder, Kompromiß von Treysa; Nicolaisen/Schulze, Protokolle des Rates der EKD.
[155] Vgl. Besier/Sauter, Schuld.
[156] Vgl. Besier, Kirchenversammlung von Eisenach.
[157] Vgl. Bethel 1949; Stupperich, Dibelius, S. 381ff., S. 442ff.
[158] Vgl. dazu Kühne, Protokolle der Ostkirchenkonferenz.
[159] Vgl. Besier, SED-Staat 1, S. 28, Anm. 42.
[160] Vgl. dazu Hauschild, Konfessionelles Selbstbewußtsein.

EKU abgelöst. 1960 trat die anhaltische Kirche der EKU bei. Die auf dem Territorium der SBZ/DDR gelegenen lutherischen Landeskirchen Mecklenburg, Sachsen und Thüringen gehörten hingege zu den Mitbegründern der VELKD.

4. Resümee

Es gelang in den ersten Jahren nach der Kapitulation Deutschlands weder der SMAD noch der KPD/SED, im Bereich der Kirche Fuß zu fassen und eine sozialistische Religionspolitik durchzusetzen. Nach Kriegsende zerfiel der „Arbeitskreis für kirchliche Fragen" beim NKFD, seine Mitglieder setzten ihre kirchenpolitische Arbeit nicht fort, obwohl sie entsprechende Entwürfe ausgearbeitet und einschlägige Versicherungen abgegeben hatten. Eine nachweisbare Ausnahme bildet Friedrich Wilhelm Krummacher, obwohl auch dessen Distanz zu den Sowjets mit den Jahren wuchs. Es scheint so, als hätte die östliche Besatzungsmacht das im „Arbeitskreis" erarbeitete Material nicht zur Grundlage religionspolitischer Verhandlungen mit den Westalliierten gemacht. Vielmehr bestimmte im Allied Religious Affairs Committee (ARAC) das Konzept der Angloamerikaner die Verhandlungen mit der Kirche. Allerdings zeigten SMAD und – in deutlich eingeschränkterem Maß – auch die KPD/SED den Kirchen gegenüber zunächst großes Entgegenkommen und Hilfsbereitschaft. Von kommunistischer Seite wurde wiederholt die Vereinbarkeit von Christentum und Sozialismus unterstrichen. Ehemalige KZ-Häftlinge und NKFD-Angehörige wie Grüber und Krummacher leisteten bei den Verhandlungen zwar gewisse Vermittlerdienste, nahmen beim kirchlichen Wiederaufbau aber keine ausgesprochene Schlüsselposition ein. Die kleine Gruppe der Religiösen Sozialisten spielte ebenfalls eine eher untergeordnete Rolle. Einige ehemalige „Deutsche Christen" gehörten zu den ersten CDU-Mitgliedern und starteten eine zweite Karriere an der Nahtstelle von Kirche und Staat. Sie – wie auch einige Unionsmitglieder, die aus dem beginnenden Gleichschaltungsprozeß der eigenen Partei lädiert hervorgingen – sollten bald zu treuen Helfershelfern der SED-Religionspolitiker werden. Doch sie konnten ihre kirchenpolitischen Wirkungsmöglichkeiten erst seit der zweiten Hälfte der fünfziger Jahre voll zur Entfaltung bringen. Zu diesem Zeitpunkt war der kirchliche Neuaufbau bereits abgeschlossen. In den Leitungen der strukturell nicht veränderten Landeskirchen saßen durchweg Männer der Bekennenden Kirche, die Ende der vierziger/Anfang der fünfziger Jahre den totalitären Ansprüchen des SED-Staates zum Teil erheblichen Widerstand entgegensetzten.

Horst Dähn

Grundzüge der Kirchenpolitik von SMAD und KPD/SED

In Anbetracht des seit der deutschen Einheit nahezu ungehinderten Zugangs zu allen Materialien in ehemaligen DDR-Archiven verfügen wir inzwischen über genauere Informationen zu Umfang und Stringenz der Konzeptionen von KPD am Ausgang des Zweiten Weltkrieges bzw. SED ab 1946 auf dem Felde der Kirchen- und Religionspolitik. Die vor kurzem erstmals publizierten Quellenzeugnisse zeigen – was schon aus Quellenpublikationen in DDR-Untersuchungen nicht grundsätzlich unbekannt war –, daß die KPD in den Fragen der politischen und sozioökonomischen Neuordnung eines post-nationalsozialistischen Deutschlands schon recht klare und relativ ausführlich formulierte Ziele besaß. Das bezieht sich weniger auf die frühen politischen Aussagen der Parteifunktionäre und die programmatischen Beschlüsse auf den KPD-Konferenzen von „Brüssel" (1935) und „Bern" (1939) als auf die verschiedenen, ab Herbst 1944 entstandenen, von Wilhelm Pieck formulierten Entwürfe eines „Aktionsprogramms des Blockes der kämpferischen Demokratie" und weitere Materialien des KPD-Vorsitzenden vom Herbst gleichen Jahres sowie auf die Reden und Erklärungen weiterer maßgeblicher KPD-Führer im Moskauer Exil wie Wilhelm Florin, Walter Ulbricht und Anton Ackermann.

In diesen Dokumenten finden sich nicht nur konkrete Aussagen zur Notwendigkeit, den Faschismus mit „Stumpf und Stil" auszurotten, sondern auch schon Hinweise auf die Konturen des neuen Deutschland – eines Deutschland, das (noch) nicht die politischen Systemstrukturen der zentralistisch-bürokratisch organisierten, stalinistischen Parteidiktatur der Sowjetunion aufwies, aber auch nicht das Profil einer westlich-liberalen Demokratie haben sollte. In den drei Fassungen des Pieckschen Aktionsprogramms ist zunächst das Postulat der „Aufrichtung eines starken demokratischen Volksregimes (Block der kämpferischen Demokratie)" enthalten[1]. Für Pieck, Florin u. a. stand dabei außer Frage, daß nach Kriegsende neben der KPD auch andere politische Parteien wie z. B. die SPD oder das Zentrum wiedergegründet würden. Um zur dominierenden politischen und gesellschaftlichen Kraft in der „wahrhaft kämpferischen Demokratie" (Pieck) werden zu können, müsse die KPD zum einen ihren Einfluß in den Massen erweitern (d.h. „zu einer breiten Mas-

[1] Aktionsprogramm des Blockes der kämpferischen Demokratie, Mitte Oktober 1944 (1. Fassung), in: „Nach Hitler kommen wir", S. 240, Zitat S. 241.

senpartei des werktätigen Volkes" werden)[2], zum andern mit kooperationsbereiten Sozialdemokraten vornehmlich aus der „mittleren" Funktionshierarchie zusammenarbeiten, also eine Aktionseinheit (Einheit der Arbeiterklasse) auf der Basis des „Aktionsprogramms der kämpferischen Demokratie" herbeiführen[3]. Über den Zeitpunkt dieser Organisationseinheit von KPD und SPD („einheitliche Kampfpartei") und Weg zu ihr finden sich allerdings in den KPD-Materialien aus der Zeit vor Kriegsende keine Aussagen. Einig war sich die KPD-Führung jedoch darin, daß die KPD wieder eine bolschewistische, d. h. an den ideologischen Prinzipien des Marxismus-Leninismus und den Organisationsmustern der KPdSU orientierte Partei werden müsse, deren Kampfziel nicht die „kämpferische Demokratie", nicht die „antifaschistisch-demokratische Ordnung", sondern der „Sozialismus, [...] die Diktatur des Proletariats" sei[4]. Schon während dieses Umwälzungsprozesses müsse die KPD versuchen, sich durch eine gezielte Blockpolitik, d. h. konkret über ihre Anhänger in den Massenorganisationen (antifaschistische Jugendorganisation, Gewerkschaften u. a.) einen bestimmenden Einfluß zu verschaffen und in dieses Blockkonzept auch die anderen Parteien (SPD, bürgerlich-demokratische Kräfte) miteinzubeziehen – einschließlich der Kirchen und Christen beider Konfessionen, sofern diese am Aufbau der antifaschistisch-demokratischen Ordnung mitzuwirken bereit seien.

Lassen diese frühen Vorstellungen führender KPD-Funktionäre in der Moskauer Emigration zumindest einen eigenständigen Ansatz künftiger Religions- und Kirchenpolitik der Partei im Nach-Hitler-Deutschland erkennen – einen Ansatz, der auch in den Nachkriegszeugnissen der Partei seine politisch-programmatische Kontinuität findet[5] –, so kann von einer originären Konzeptualisierung sowjetischer Religions- und Kirchenpolitik in bezug auf die deutsche Nachkriegsgesellschaft nicht gesprochen werden, zumindest nicht nach dem jetzigen Kenntnisstand aufgrund amerikanischer und britischer Quellen: Hier können erst weitere sowjetische Quellen genauere Aufschlüsse geben. Es ist wohl in der Tat so, daß sich die sowjetische Seite in den Beratungen der European Advisory Commission (EAC) gegenüber den hauptsächlich von amerikanischer Seite vorgetragenen detaillierten Beschlußvorlagen in Religions- und Kirchenfragen zurückhaltend, aber nicht ablehnend verhielt. Immerhin konnte die US-Delegation in der EAC am 5. Oktober 1944 einen Entwurf mit der Bezeichnung „Draft Directive to the US (UK) (USSR) Commander-In-Chief, Religious Affairs" an das US-Außenministerium abschicken; der mit zwei Änderungen versehene Richtlinienentwurf erhielt die Bezeichnung JCS (Joint Chiefs of Staff) 1143 und datiert vom 24. 11. 1944[6]. Er beinhaltet gewiß auch Maßnahmen zur Überwachung der Kirchen durch den Kontrollrat in den einzelnen Besatzungszonen – und zwar vor allem mittels einer einheitlichen Kirchenpolitik so-

[2] Der Aufbau der KPD und ihre organisationspolitischen Probleme, ebenda S. 269ff., Zitat S. 278.
[3] Ebenda S. 273.
[4] Ebenda S. 285.
[5] Vgl. Ansprache Piecks auf der Tagung des zentralen antifaschistischen Jugendausschusses am 3. 12. 1945, in Pahnke, FDJ-Archiv, S. 25–31, hier S. 30.
[6] Boyens, Kirchenpolitik, S. 18f.

wie in Form der Entnazifizierungsmaßnahmen gegenüber allen mit dem NS-System verbundenen Berufsgruppen, in die auch die Geistlichkeit und kirchliche Mitarbeiter miteinzubeziehen waren –, die Direktive betonte aber andererseits sehr stark das Prinzip der Nichteinmischung: Sie verpflichtete die Besatzungsmächte zum Schutz religiöser Überzeugungen und Gottesdienste wie auch von Kirchen und Klöstern vor Entweihung und Plünderung und ließ die Möglichkeit eigenständiger kirchlicher Publikationen zu. Die Besatzungsmächte konnten zudem „religiöse Einrichtungen zulassen, die in angemessener Weise Aktivitäten auf den Feldern Jugend, Sport und Wohlfahrt betreiben und für diese Zwecke Beiträge erheben“[7].

Die normativen Grundlagen für die Kirchen- und Religionspolitik der zunächst drei bzw. seit Ende August 1945 vier Siegermächte in ihren Besatzungszonen finden sich einmal in einer Passage des Berichts über die Potsdamer Konferenz. Im Abschnitt A („Politische Grundsätze“, Punkt 10) heißt es: „Vorbehaltlich des Erfordernisses, die militärische Sicherheit aufrechtzuerhalten, werden Rede-, Presse- und Religionsfreiheit gewährt und religiöse Einrichtungen geachtet.“[8] Unmittelbar nachdem sich Ende August das Allied Religious Affairs Committee (ARAC) konstituiert hatte – ein Ausschuß des Directorate of Internal Affairs and Communications (DIAC) des Alliierten Kontrollrats –, legte die amerikanische Seite ihre angeführte Direktive vor. Sie erklärte dazu, „daß es nicht ihr Ziel“ sei, „ihre eigenen Vorstellungen in dieser Sache auch in Deutschland durchzusetzen, sondern auf jede Einmischung in kirchliche und religiöse Dinge zu verzichten und deren Regelung so weit als möglich den Deutschen selbst zu überlassen“[9]. Die amerikanischen Vertreter im ARAC regten an, daß die drei anderen Mächte dieser „Linie“ der Direktive JCS 1143 folgen sollten, „um zu verhindern, daß die Deutschen sie über Differenzen in der Religions- und Kirchenpolitik gegeneinander ausspielten“[10]; die Vertreter Großbritanniens, Frankreichs und der Sowjetunion stimmten zu, weitere Übereinkünfte sollten folgen. Im Oktober 1946 verabschiedete das ARAC „Principles to be applied in Matters of Religious Affairs“. Hierbei handelt es sich, wie Gerhard Besier betont, um „eine Zusammenfassung der bis dahin erzielten Vereinbarungen“[11], was ein Vergleich mit der Direktive JCS 1143 bestätigt[12]. Diese alliierten Beschlüsse legten der sowjetischen Besatzungsmacht wie den drei Westmächten Verpflichtungen auf, ließen ihr aber auch genügend Ermessensspielräume (z. B. in der Frage des kirchlichen Vereinswesens und der Erteilung des Religionsunterrichts)[13]. Wie die sowjetischen

[7] Ebenda S. 68 f., Zitat S. 69.
[8] Bericht über die Drei-Mächte-Konferenz von Potsdam, in: Dokumente zur Deutschlandpolitik, S. 2102 ff., Zitat S. 2109.
[9] Scheerer, Kirchen, S. 91.
[10] Ebenda.
[11] Besier, Selbstreinigung, S. 39.
[12] ARAC-Beschlüsse von Oktober 1946, z. B. Punkt 1 über die Glaubensfreiheit und Punkt 3 über die Verpflichtung „zum Schutz von Kirchen, Klöstern, Bekenntnisschulen und anderem kirchlichen Eigentum vor Beschädigung und Entweihung“ (ebenda S. 39 ff., Zitat S. 40); vgl. analog dazu die Direktive JCS 1143, Punkte 7 und 9, abgedruckt bei Boyens, Kirchenpolitik, S. 69
[13] Vgl. Besier, Selbstreinigung, S. 38.

Stellen in der Praxis verfuhren, kann aus den deutschen Quellen (kirchlicher wie staatlicher und parteilicher Provenienz) weitgehend erschlossen werden, wenngleich sowjetische Quellen vermutlich noch ein genaueres Bild liefern können.

Noch vor der Unterzeichnung der Urkunde über die bedingungslose Kapitulation durch die Befehlshaber der drei Waffengattungen der deutschen Streitkräfte[14] erließen die sowjetischen Militärkommandanten in den von der Roten Armee eroberten Gebieten Befehle, in denen u. a. die Erlaubnis erteilt wurde, „Gottesdienste in den Kirchen" abzuhalten – so der Befehl Nr. 1 des Stadtkommandanten von Berlin, Generaloberst Nikolaj E. Bersarin. Zahlreiche kirchliche Berichte zur Lage in den Städten und Gemeinden in jenen Regionen Deutschlands, die von der Roten Armee besetzt waren, vermelden übereinstimmend, daß „die Weiterführung der kirchlichen Arbeit in der bisherigen Form vor sich gehen" konnte[15]. Daran änderte auch die Tatsache nichts, daß es in vereinzelten Fällen zu Verwüstungen, Plünderungen, Diebstählen von Altargerät etc. durch Angehörige der Roten Armee kam[16].

Was unter „Kontinuität in der kirchlichen Arbeit" konkret zu verstehen war, machen die kirchlichen Materialien und natürlich auch die in ihnen überlieferten sowjetischen Anweisungen deutlich: vor allem die ungestörte und nicht unter Erlaubnis- bzw. Genehmigungsvorbehalt gestellte Abhaltung von Gottesdiensten und weiteren Amtshandlungen in den Kirchen und kirchlichen Räumen (Taufen, Konfirmationen, Abhaltung von Christenlehre bzw. Religionsunterricht, Konfirmandenunterricht, Kommunion, Firmungen etc.). Dabei ist der Hinweis nicht unwichtig, daß der Begriff „Amtshandlungen in den Kirchen" wörtlich zu nehmen war: Kirchliche oder gottesdienstliche Handlungen außerhalb der Kirchenmauern bedurften der ausdrücklichen Genehmigung der zuständigen Kirchenoffiziere. Ein Beispiel hierfür ist die Auseinandersetzung eines sächsischen Pfarrers mit Oberleutnant Kotschetow um die Abhaltung eines Ostermorgen-Gottesdienstes auf einem Friedhof in Dresden 1946[17]. Hinter dieser auf den ersten Blick schwer nachvollziehbaren Haltung standen weder der Versuch, spezifisch kirchliche Amtshandlungen zu behindern, noch die subjektive Willkür eines einzelnen sowjetischen Offiziers, sondern, wie in der Literatur zurecht vermerkt, ein gegenüber den Kirchen der Reformation und der römisch-katholischen Kirche unterschiedliches Kirchenverständnis – nämlich das in der Orthodoxie und also auch in der Russischen Orthodoxen Kirche dominierende Verständnis von „Kultkirche"[18].

Die sowjetischen Kirchenoffiziere brachten aus ihrer Heimat die Vorstellung mit, daß die Kirche sich auf die Wahrnehmung pastoraler Handlungen beschränkte, karitative Tätigkeiten nur in Ausnahmefällen ausübte und sich zu politisch-gesellschaftlichen Fragen eigenständig überhaupt nicht äußerte. Vor diesem Hintergrund wiesen

[14] Am 7. Mai in Reims und in der Nacht vom 8. zum 9. Mai 1945 in Berlin-Karlshorst.

[15] Siehe beispielsweise Bericht des Superintendenten Seils, Grimmen/Pommern vom 1. 7. 1945 (Auszug), in Seidel, Neubeginn, S. 253 f., Zitat S. 253

[16] Ebenda S. 254.

[17] Ebenda S. 74.

[18] Ebenda S. 73 f.

die sowjetischen Militärbehörden die Kirchenleitungen immer wieder darauf hin, daß die Pfarrer ihren spezifischen Aufgaben frei nachgehen könnten, sich aber jeglicher politischer Äußerungen zu enthalten hätten. Daß im Unterschied hierzu nach dem Verständnis der evangelischen wie katholischen Kirche zu den ureigenen kirchlichen Arbeitszweigen der seelsorgerliche Dienst an Kindern, an Jugendlichen, an Männern und Frauen ebenso gehörte wie ein kirchlicher Pressedienst und der kirchliche „Liebesdienst“ (also Diakonie und Caritas), wurde auch seitens der sowjetischen Besatzungsmacht, genauer der zuständigen Stellen für Kirchenfragen, nach anfänglichen Verständnisproblemen allgemein akzeptiert – allerdings unter bestimmten Prämissen: Die verschiedenen Aufgabenfelder von Kirche (Jugendarbeit etc.) durften keine feste institutionalisierte und organisierte Form, etwa in Gestalt eines Vereins, annehmen. Die „Junge Gemeinde“ beispielsweise, die im kirchlichen Bereich – und bald über ihn hinaus – eine wichtige Rolle spielen sollte, werde, so Hauptmann W. A. Jermolajew, Chef des Referats Kirchliche Angelegenheiten bei der Verwaltung für Propaganda und Zansur (später Verwaltung für Information) der SMAD, von seiten der sowjetischen Besatzungsmacht solange toleriert, als sie nicht die Merkmale einer Organisation (Satzung oder Statut, Mitgliedsbeiträge, formalisierte Regelungen zur Mitgliedschaft etc.) annehme. Daß andererseits die SED schon mit Beginn der fünfziger Jahre die Junge Gemeinde in ganz anderem Licht sah und sie als feindliche Organisation im Dienste des „westlichen Imperialismus“ diffamierte, kann hier nicht weiter erörtert werden[19]. Tatsache ist, daß die sowjetische Besatzungsmacht das Verbot, neue Vereine zu gründen bzw. noch bestehende Vereine fortzuführen, auf die Proklamation Nr. 2 des Alliierten Kontrollrats vom 20. September 1945 stützte: Das hier ausgesprochene Vereinsverbot richtete sich zwar gegen die Wiedergründung militärischer Organisationen, aufgrund der nicht eindeutigen Formulierung konnten jedoch auch zivile Organisationen verboten werden[20]; dies galt natürlich nicht für die Organisationen, die in der Zwischenzeit oder nach Inkrafttreten der Proklamation von der SMAD zugelassen worden waren. Zu diesen zugelassenen neuen Organisationen, in die auch Christen miteinbezogen werden sollten, gehörte die FDJ; sie sollte im Verständnis der Machthaber jedoch alsbald die einzige Organisation sein, die die junge Generation aus allen sozialen Schichten mit ihren unterschiedlichen weltanschaulichen Positionen zu repräsentieren hatte[21].

Das Recht auf freie kirchliche Arbeit bedeutete nicht, daß die Kirchen in der Praxis überall uneingeschränkt ihren verschiedenen – seelsorgerlichen, diakonischen – Aufgaben hätten nachgehen können: Die Wirklichkeit war vielschichtiger, und zwar nicht nur im Verhältnis zwischen den einzelnen Landeskirchen. So war es durchaus die Regel, daß innerhalb einer Landeskirche – so zum Beispiel der sächsischen – für die Kirchenpolitik der Sowjetischen Militäradministration in Sachsen

[19] Näheres hierzu siehe vor allem bei Wentker, Kirchenkampf.
[20] Proklamation Nr. 2: Zusätzlich an Deutschland gestellte Forderungen, 20. 9. 1945, in: Potsdamer Abkommen, S. 209.; Seidel, S. 83.
[21] Siehe dazu vor allem Mählert, Freie Deutsche Jugend.

(SMAS) einerseits das Prinzip galt, die Kirche könne frei arbeiten (Durchführung religiöser Handlungen wie Gottesdienste, Taufen, etc.), andererseits aber die zuständigen sowjetischen Instanzen alles kirchliche Geschehen unter Beobachtung und Kontrolle stellten, was eine die kirchliche Alltagswirklichkeit hemmende Genehmigungs- und Verbotspraxis durchaus mit einschloß. In seinem 3. Rundbrief vom 29. Juni 1945 schrieb Landesoberpfarrer Franz Lau: „Überall im Lande haben die Besatzungskommandanten oder die Spitzen der gemeindlichen Selbstverwaltungen den Kirchen freies Arbeiten zugesagt."[22] Und in einem dem sächsischen Landeskirchenrat im August 1945 vorgelegten Bericht von Pfarrer Johannes Müller aus Sadisdorf heißt es: „Von Westsachsen hörte der Berichterstatter [Johannes Müller] durch Herrn Pfarrer Helm aus Zwickau (Angehöriger des Pfarrernotbundes), daß es Orte gäbe, in denen jede Amtshandlung vor ihrer Vollziehung dem Kommissar angezeigt werden muß. In den kirchlichen Schaukästen dürfen nach den neuesten Anordnungen nur die eigentlichen kirchlichen Nachrichten (Gottesdienstanzeigen) veröffentlicht werden. Irgendwelche Abhandlungen, Aufrufe, Artikel usw. dürfen nicht in den Kästen erscheinen. Selbst Bibelsprüche dürfen nur mit Genehmigung des Kommissars ausgehängt werden."[23] Dieses Amalgam von Gewährung von Handlungsspielräumen und Eingriffen in innerkirchliche Willensbildungs- und Entscheidungsprozesse bestimmte nicht nur den Zeitraum in den Monaten nach Kriegsende, sondern auch das Besatzungsjahr 1946. Die Eingriffe reichten von Aufforderungen örtlicher Militärbehörden an einzelne Pfarrer z. B. auf der Insel Rügen (also im Bereich der pommerschen Kirche), „ihre Predigten vor den Gottesdiensten jeweils den örtlich zuständigen Militärbehörden zur Zensur einzureichen"[24], bis hin zur Weigerung der Sowjetischen Militäradministration in Mecklenburg (SMAM), die Landessynode der Evangelisch-Lutherischen Landeskirche Mecklenburgs zu dem von kirchlicher Seite festgelegten Termin – 14. bis 17. Mai 1946 – einzuberufen; die Begründung lautete: „Da die Aussendung der Einladungen ohne die erforderliche Zensurgenehmigung erfolgt sei, müsse der Oberkirchenrat durch ein unverzüglich zu entsendendes Schreiben sämtliche ausgegangenen Einladungen sofort zurückfordern und gesammelt der Sowjetischen Militäradministration vorlegen. Erst nach Vorlage dieser zu Unrecht versandten Einladungen könne einem Antrag des Oberkirchenrates auf Genehmigung zum Zusammentritt der Landessynode und zur Aussendung der Einladung nähergetreten werden."[25] Gestützt von der mecklenburgischen Kirche weigerten sich daraufhin die Geistlichen auf der Insel Rügen, ihre Predigten den Ortskommandanten zur Genehmigung vorzulegen; eine Gegenreaktion erfolgte nicht. Im Falle der von der SMAM verlangten Vorlage der versandten Einladungen zur mecklenburgischen Landessynode gab die kirchliche Seite hingegen nach.

[22] Besier/Ludwig/Thierfelder, Kirche 2, S. 28 f., Zitat S. 29; Stanke, Gestaltung, S. 22.
[23] LAN, Bestand Meiser, Nr. 212; Seidel, Neubeginn, S. 75.
[24] Seidel, Neubeginn, S. 85.
[25] Oberkirchenrat Maercker (Evangelisch-Lutherische Landeskirche Mecklenburgs) an die Kanzlei der EKD, Nebenstelle Ost, 9. 5. 1946, in: Seidel, Neubeginn, S. 266 f., Zitat S. 266.

Die Motive der sowjetischen Seite für ihre Interventionen sind sicherlich vielschichtig. Zum einen sind sie Ausdruck einer „normalen" Besatzungspolitik; denn nicht nur der Bereich der Kirchenpolitik, sondern auch alle anderen großen Politikfelder – Wirtschaft, Soziales, Kultur (Presse, Literatur, Theater, Film) und last not least der im engeren Sinne „politische" Bereich des gesellschaftlichen und staatlichen Willensbildungs- und Entscheidungsprozesses (Parteien, Parlamente, Bürokratien) – unterlagen mehr oder weniger straffer Überwachung und Kontrolle durch die Besatzungsmacht, nicht nur in der SBZ, sondern auch in den westlichen Besatzungszonen. Zum anderen – und dieses Motiv scheint nicht weniger wichtig – hatten die sowjetischen Besatzungsbehörden Schwierigkeiten zu erkennen und anzuerkennen, daß die Kirchen in Deutschland im Gegensatz zur Russischen Orthodoxen Kirche keine „Kultkirchen" waren und sich auch nicht als solche verstanden. Beide großen Kirchen – und dies galt vornehmlich für die evangelischen Landes- und Provinzialkirchen in der SBZ – behielten sich das Recht vor, vom Evangelium aus und in biblisch-christlichem Verständnis zu Fragen Stellung zu nehmen, die unmittelbar die Existenz des Christen in der Gesellschaft betrafen, da Glaube und christliche Existenz sich nicht auf den rein kirchlichen Raum beschränken ließen, sondern sich allein in der Gesellschaft bewährten. Dem lag der Gedanke Karl Barths zugrunde, daß der Mensch nicht allein Mitglied der „Christen-", sondern zugleich auch der „Bürgergemeinde" sei, daß die Vermittlung von Glaubenswahrheiten, von religiösen Werten und Normen sich nicht auf den rein kirchlichen Raum beschränken dürfe, sondern dieser Aufgabe auch in der Gesellschaft ein angemessener Raum gewährt werden müsse. Dies betraf unmittelbar auch die Frage, ob das Fach Religion ordentliches Unterrichtsfach in der Schule sein sollte – ein Problem, das zu einem weiter unten noch thematisierten Konflikt im Erziehungs- und Bildungsbereich führte. Die Kirchen – und hier stärker die evangelischen Landes- und Provinzialkirchen als die katholische Kirche – nahmen darüber hinaus das Recht für sich in Anspruch, zu politischen und gesellschaftlichen Fragen (Bodenreform, „Industriereform") positiv, aber auch kritisch Stellung zu nehmen, wenn sie es für christlich geboten und notwendig hielten. Dies geschah im Falle der Bodenreform, als einige Landeskirchen, wie etwa die mecklenburgische, die Berlin-brandenburgische und die sächsische Landeskirche ein prinzipiell positives Votum abgaben[26]. Insgesamt zustimmend äußerte sich die Evangelisch-Lutherische Landeskirche Sachsens auch zum Volksentscheid über die Enteignung von Betrieben von Kriegs- und Naziverbrechern in ihrem Wirkungsraum[27]. Dabei waren die Landeskirchen allerdings bedacht, keine bloßen Gefälligkeitserklärungen für die sowjetische Besatzungsmacht oder für KPD/SED abzugeben.

[26] Zur Haltung der sächsischen Kirche gegenüber der KPD-Bodenreformpolitik vgl. vor allem Stanke, Gestaltung, S. 38–41; zur Position der mecklenburgischen und Berlin-brandenburgischen Kirche siehe Dähn, Konfrontation, S. 26f., ferner Nowak, Christentum, S. 47f.

[27] Siehe das am 16. 6. 1946 den Gemeinden bekanntgemachte „Wort der Evangelisch-Lutherischen Landeskirche zum Volksentscheid" LAS, Bestand 285 b IV, 1943–1946, Altregistratur; ferner Stanke, Gestaltung, S. 42–45; Dähn, Konfrontation, S. 27.

Für eine erste vorläufige Gesamteinschätzung der sowjetischen Kirchenpolitik 1945/46 bleibt festzuhalten: Die SMAD zeigte vor dem Hintergrund der gemeinsam mit der KPD/SED vertretenen Strategie der Zusammenarbeit aller antifaschistischen Kräfte (zu denen auch die Kirchen zählten) eine insgesamt wohlwollende Haltung gegenüber Kirchen und Christen in Fragen des praktischen Glaubensvollzugs. Dies schloß konkrete, aber durchaus lösbare Behinderungen im kirchlichen Alltag (etwa Synodenarbeit) nicht aus. In Fragen, die sehr bald zu gravierenden Konflikten zwischen deutschen Stellen und Kirchen führen sollten – etwa dem Schulstreit –, hielt sich die SMAD zurück. Diese Politik resultierte sicherlich aus mehreren Motiven: Die Sowjetunion sah (wie auch die westlichen Besatzungsmächte) in den Kirchen und Christen ein mehrheitlich antifaschistisches Potential, dessen Bereitschaft zur Mitarbeit an einem demokratischen Neuaufbau in Staat und Gesellschaft zu nutzen sei – wobei hier die Tatsache unberücksichtigt bleibt, daß SMAD und KPD/SED auf der einen und die Kirchen auf der anderen Seite von einem Demokratiebegriff und einer Demokratiepraxis ausgingen, die keinen Konsens zuließen.

Von nicht geringerer Bedeutung als die bündnispolitische Relevanz der Kirche für die Machthaber in der SBZ ist der auch in der Literatur kaum bestrittene Hinweis, daß die moderate sowjetische Kirchenpolitik Teil ihrer Deutschlandpolitik war – einer Politik, die in unserem Untersuchungszeitraum um Interessenausgleich, vor allem aber auch um die Durchsetzung ökonomischer Interessen (Reparationen, Mitspracherecht in der Eisen- und Stahlindustrie an Rhein und Ruhr etc.) und um Kooperation mit den Westmächten auf den verschiedenen Arbeitsebenen (Rat der Außenminister, Alliierter Kontrollrat) bemüht war. Es hat den Anschein, daß auch die KPD/SED zur Realisierung gesamtgesellschaftlicher und politischer Ziele in der SBZ um eine eher loyale und sogar tolerante Haltung gegenüber Kirchen und Christen 1945/46 bemüht war. Dies ist nicht verwunderlich, denn den Handlungsrahmen auf dem Feld der Kirchenpolitik steckten selbstverständlich die Sieger und nicht die Besiegten ab. Darüber hinaus hatten ja, wie schon angeführt, auch führende Vertreter der KPD noch vor dem Ende der Hitler-Diktatur in ihren Programmaussagen zu einem Deutschland nach Hitler für ein Zusammengehen der organisierten Arbeiterschaft (sprich der KPD) mit den Kirchen und Christen beim Aufbau, wie es im Aufruf des ZK der KPD vom 11. Juni 1945 heißt, eines „antifaschistischen, demokratischen Regimes, einer parlamentarisch-demokratischen Republik" plädiert[28]. Dieser Maxime entsprach nach Kriegsende auch die Realität in den Städten und Gemeinden, wie die kirchlichen Quellen aus den einzelnen SBZ-Landes- und Provinzialkirchen deutlich machen. So schreibt der Dresdner Pfarrer Franz Lau in seinem ersten „Rundbrief an die Pfarrer in der sächsisch-lutherischen Landeskirche" vom 27. Mai 1945: „In Dresden ist die kirchliche Arbeit ohne Unterbrechung weitergegangen. Besatzungsbehörde und kommunale Selbstverwaltung haben sich wohlwollend gezeigt."[29] Das schloß die gesamte Palette kirchlicher Amtshandlungen (von

[28] „Nach Hitler kommen wir", S. 390ff., Zitat S. 394.
[29] Besier/Ludwig/Thierfelder, Kirche 1, S. 156–157, Zitat S. 156.

Gottesdiensten, Taufen bis hin zu Christenlehre und Religionsunterricht) sowie die Diakonie ebenso ein wie die christliche Kinder- und Jugendarbeit (im Rahmen konfessioneller Kindergärten sowie der Jungen Gemeinde). Aber das Bild war vielfältig: Wurden in Greifswald, also im Bereich der Kirchenprovinz Pommern, bereits in den ersten Nachkriegswochen vier evangelische Kindergärten eröffnet[30], so heißt es in einem Bericht, den Landesoberpfarrer Moritz Mitzenheim am 16. September 1945 in Hildburghausen erstattete, daß die von amerikanischen Behörden während ihrer kurzen Besatzungszeit in Thüringen der Kirche zurückgegebenen Kindergärten ihr „wieder genommen" worden seien, und zwar nicht von der sowjetischen Besatzungsmacht, sondern von deutschen Behörden: „Obwohl die Verhandlungen mit der Thür[inger] Regierung noch nicht abgeschlossen sind, berichtete die kommunistische Presse bereits irreführend darüber, als seien die Verhandlungen bereits abgeschlossen u[nd] fälschte die Auffassung der Kirche."[31]

Einerseits eröffnete das Ende der NS-Diktatur für die Kirchen neue Handlungsspielräume, andererseits brachten die Anfänge unter sowjetischer Besatzung auch eine Reihe von Verboten, Beschränkungen und Kontrollen mit sich. Dem widerspricht auf den ersten Blick nicht das Bemühen von KPD und SED, ihr Verhältnis zu Kirchen und Christen auf der Grundlage des Prinzips der gegenseitigen Toleranz und Unabhängigkeit (im Sinne der Trennung von Staat und Kirche) zu gestalten. War das „Trennungs-Prinzip" eine alte Forderung der deutschen sozialistischen und keineswegs nur der kommunistischen Arbeiterbewegung, so schien das Toleranzprinzip eine völlig neue Perspektive im Denken und vor allem im Umgang der KPD mit anderen, z. B. christlichen Positionen und Institutionen zu eröffnen. Bereits vor Kriegsende hatte Wilhelm Pieck als führendes Mitglied der Exil-KPD „kein[en] Hindernisgrund" für eine Mitgliedschaft von Katholiken und Protestanten in der KPD gesehen, sofern sie bereit seien, „für das Aktionsprogramm [der „kämpferischen Demokratie"] zu kämpfen und die Verpflichtungen eines Parteimitgliedes zu übernehmen"[32]. Dabei verschwieg Pieck nicht die weltanschaulichen Gegensätze zwischen „dialektischem Materialismus und Religion"; sie spielten jedoch in Anbetracht der gewaltigen Zukunftsaufgaben für die KPD in einem neuen demokratischen Deutschland nur eine untergeordnete Rolle, zumal, so die Erwartung Piecks, der wissenschaftlich-technische Fortschritt Religion überflüssig machen würde. An dieser „Linie" hielt die KPD auch nach Kriegsende fest: Toleranz in Glaubensfragen bot nach ihrer Auffassung eine gute Grundlage für den gemeinsamen Aufbau der „antifaschistisch-demokratischen Grundordnung" durch Christen und Kommunisten. In diesem Sinne hielt die SED, wie aus Parteidokumenten (Rundschreiben des Zentralsekretariats „Unsere Stellung zur Kirche" vom 1. Juli 1946[33], dem Beschluß dieses Parteigremiums vom 27. August 1946 zu „SED und

[30] Bericht über die kirchliche Lage in Pommern nach dem Stand vom 8. 7. 1945, in: Besier/Ludwig/Thierfelder, Kirche 2, S. 70–75.
[31] Besier/Ludwig/Thierfelder, Kirche 1, S. 81 f., Zitat S. 82.
[32] „Nach Hitler kommen wir", S. 286.
[33] Hartweg, SED und Kirche, S. 42 f.

Christentum"[34]) hervorgeht, auch 1946 an dem Toleranz-Prinzip fest. In der Tat hatte die KPD/SED in den Jahren 1945/46 und auch danach ein besonderes Interesse an einer Unterstützung ihrer Gesellschaftspolitik durch die Kirchen und Christen – etwa an ihrer Agrar- und Industriepolitik; denn Zustimmung zu dieser Politik bedeutete in der Sichtweise der SED ein Stück Legimitation ihrer Politik durch Institutionen, Gruppen und Individuen, die eine ganz andere Geschichte, Biographie und Sozialisation besaßen als die Vertreter der kommunistischen Arbeiterbewegung.

Konnte die KPD/SED für ihre Gesellschaftspolitik immerhin (noch) bei Teilen der evangelischen Landeskirchen mit Zustimmung rechnen (so die Erklärungen aus Mecklenburg und Berlin-Brandenburg zur Bodenreform und aus Sachsen zur „Industriereform"), so war dies auf einem anderen Politikfeld, nämlich dem Bereich Schule und Erziehung, schon nicht mehr der Fall, soweit es hier speziell um die Frage der Verankerung des Religionsunterrichtes im Schulsystem und um die allgemeine ideologische Ausrichtung des Bildungswesens in der SBZ ging. Entsprechend dem Prinzip der Trennung von Staat und Kirche plädierten die Vertreter von KPD und SMAD (aber auch der SPD und der LDP) 1945 für eine Trennung von Schule und Kirche: In dem Entwurf der „Vorläufigen Richtlinien für die Wiedereröffnung des Schulwesens" für die Sitzung des Magistrats der Stadt Berlin am 11. Juni 1945 hieß es: „Die Einheitlichkeit der Schule ist auch unabhängig von dem Glaubensbekenntnis und der Konfession."[35] Damit war klar zum Ausdruck gebracht, daß „Religion" kein Schulfach war und also auch nicht an der Schule unterrichtet werden sollte. Diese rigide Position schien aber selbst der sowjetischen Besatzungsmacht zu weitgehend. Es gibt Aussagen führender sowjetischer Militärs – wie z. B. von Generaloberst Bersarin, erster Stadtkommandant von Berlin –, die Religionsunterricht als ordentliches Lehrfach an den Schulen durchaus unterstützten. Der Berliner Bischof Otto Dibelius schrieb seinem Amtsbruder, dem württembergischen Landesbischof Theophil Wurm am 12. Juni 1945: „Er [Bersarin] hat auch den Kulturbeauftragten der Berliner Bezirke erklärt: Er wünsche, daß in allen Schulen Religionsunterricht gegeben werde; die Jugend müsse zur Ehrfurcht vor Gott erzogen werden."[36] Dieser mündliche Befehl eines hohen sowjetischen Offiziers steht übrigens in auffälligem Kontrast zu der nahezu zeitgleichen (4. Juni) Aussage seines obersten Vorgesetzten Stalin, die Wilhelm Pieck als Leiter einer Delegation führender deutscher KPD-Funktionäre während einer Beratung mit dem sowjetischen Parteiführer in Anwesenheit von Molotow und Schdanow mit den Stichworten notierte: „kein

[34] Dokumente der SED 1, S. 86–88.

[35] Niederschrift über die Magistratssitzung vom 11. 6. 1945, S. 8; vgl. auch Karl Schulze, Leiter des Berliner Hauptschulamtes, in derselben Magistratssitzung (Niederschrift S. 5): „Die neue deutsche Schule soll Einheitsschule sein, in der jedes Kind unabhängig von seiner sozialen Lage und weltanschaulichen Einstellung die Schulgattungen von der Grundschule bis zur Hochschule durchlaufen kann. [...] Die Schule soll auch unabhängig sein von der Zugehörigkeit zu einem Glaubensbekenntnis." (LAB 8500/2; vgl. auch Onnasch, Situation, S. 216f.).

[36] Besier/Ludwig/Thierfelder, Kirche 1, S. 221ff., S. 224; vgl. auch Klewitz, Berliner Einheitsschule, S. 49.

Religionsunterricht in der Schule – Jugend nicht durch Popen verwirren lassen – Religionsunterricht nur außerhalb der Schule."[37]

Am Ende der kontroversen Diskussion in der Magistratssitzung um die Erteilung von Religionsunterricht an den Schulen am 11. Juni 1945, während derer u. a. Pfarrer Peter Buchholz, Vertreter der Katholischen Kirche im Beirat für kirchliche Angelegenheiten beim Berliner Magistrat, vehement für einen „regulären Religionsunterricht" plädierte[38], schlug Otto Winzer (KPD), Stadtrat für Volksbildung, einen Kompromiß vor, der als Absatz 8 Aufnahme in den „Vorläufigen Richtlinien" fand: „Allen Eltern steht frei, ihren Kindern Religionsunterricht erteilen zu lassen. Er ist als zusätzliche oder Eckstunde von den Kirchengemeinschaften damit beauftragten Geistlichen oder Lehrern zu erteilen."[39] Diese Berliner Richtlinien mit der Passage über den Religionsunterricht fanden sich weitgehend wieder im SMAD-Befehl Nr. 40 vom 25. August 1945, der Richtlinien „betr[effend] Vorbereitung der deutschen Schulen für den Beginn des Unterrichts" aufstellte. Zu diesem Befehl ergingen dann am 20. September 1945 Ausführungsbestimmungen der Deutschen Zentralverwaltung für Volksbildung (DVV)[40]: Der in den SMAD-Richtlinien festgelegte Grundsatz der Freiwilligkeit der Teilnahme am Religionsunterricht sowie das Prinzip der eigenverantwortlichen Durchführung dieses Faches durch die Kirchen blieben in den Schulgesetzen des Jahres 1946 sowie in dem für alle vier Sektoren Berlins geltenden Schulgesetz von 1947 erhalten[41].

In der Bewertung dieser Richtlinien wie auch der späteren Schulgesetze von 1946 und insbesondere ihrer Aussagen zur Erteilung des Religionsunterrichtes durch die Kirchen zeigen sich unterschiedlich nuancierte Haltungen: In der Evangelischen Kirche konnte man sich mehrheitlich mit dieser Regelung arrangieren; Bischof Dibelius forderte allerdings „Religion als ordentliches Lehrfach"[42]. Die gleiche Position wie sein evangelischer Amtsbruder vertrat eindeutig und energisch der katholische Bischof von Berlin, Konrad Graf von Preysing, der neben der religiösen Erziehung als ordentlichem Unterrichtsfach die Beibehaltung des konfessionellen Schulwesens postulierte[43]. Immerhin duldeten der Berliner Magistrat nach dem Inkrafttreten der „Vorläufigen Richtlinien" und auch die sowjetische Militärverwaltung stillschweigend das Fortbestehen allgemeinbildender Privatschulen, also auch konfessionell bestimmter Schulen, der Berliner Magistrat aber erschwerte deren Wiedereröffnung: Mit dem Schulverfassungsstatut vom 3. September 1945 erklärte er allge-

[37] Badstübner/Loth, Pieck-Aufzeichnungen, S. 50–53, Zitat S. 51; siehe auch Zank, Stalin, S. 42.

[38] Klewitz, Berliner Einheitsschule, S. 49.

[39] Niederschrift über die Magistratsitzung vom 11. 6. 1945, S. 8f. (LAB 8500/2); die Vorläufigen Richtlinien für die Wiedereröffnung des Schulwesens in: Berlin. Quellen und Dokumente, S. 506–508; Klewitz, Berliner Einheitsschule, S. 49f.

[40] Ebenda S. 39.

[41] Ebenda S. 50.

[42] Zur Forderung von Otto Dibelius nach Religion als ordentlichem Unterrichtsfach siehe Giese, Kirche, S. 38.

[43] Preysing, Hirtenwort zur religiösen Kindererziehung, 20. 10. 1945, in: Preysing, Hirtenworte, S. 51–53.

meinbildende Privatschulen sogar generell für unzulässig. Und der wenige Tage zuvor ergangene SMAD-Befehl Nr. 40 bestimmte u. a., „alle Privatschulen in Landes-, Provinzial-, Kreis-, Bezirks- bzw. Stadtschulen zu verwandeln und sie der Zuständigkeit der territorialen und lokalen Behörden zu übergeben; die Eröffnung jeglicher Allgemeinbildenden oder Privatschulen wird verboten"[44]. Die Reaktion der katholischen Kirchenführung war eindeutig. Konrad von Preysing bat in einem Brief vom 2. Oktober 1945 an Marschall Schukow: „In Würdigung der vorstehenden Darlegungen bitte ich den Chef der Sowjetischen Militärverwaltung, daß er anordnet: Der Katholischen Kirche und den Erziehungsberechtigten wird wieder das Recht eingeräumt, auf ihren Antrag private katholische Volksschulen und private katholische Höhere Schulen einrichten zu lassen."[45] Gleichzeitig, zu Beginn des Schuljahres 1945/46, eröffnete die Kirche fünf ihrer früheren höheren Schulen, darunter das im Ostteil (sowjetischer Sektor) gelegene Theresien-Oberlyzeum. Die in Schulfragen in höchster Instanz zuständige Alliierte Kommandantur bzw. das Alliierte Erziehungskomitee – und nicht der Magistrat – entschied im Januar 1946, die bestehenden Privatschulen könnten bestehen bleiben, weitere jedoch nur mit Zustimmung der vier Alliierten eröffnet werden[46]. Im Unterschied etwa zu den Liberalen bildete die bloße Trennung von Schule und Kirche (festgemacht an den Regelungen zur Durchführung des Religionsunterrichtes) für die KPD/SED allerdings keinen Regelungsmechanismus für eine dauerhafte und konstruktive Gestaltung der Beziehungen zwischen Kirchen, Religionsgemeinschaften, anderen gesellschaftlichen Gruppen und dem Staat – hätte dies doch die Akzeptanz pluraler Interessen und deren Institutionalisierung in der Gesellschaft vorausgesetzt. Trennung von Kirche und Schule war für die KPD/SED vielmehr das Einfallstor, religiöse Werte und Normen schrittweise aus der Schule – und das hieß nicht nur aus dem Fächerkanon, sondern, substantiell entscheidender, aus dem neuen bildungspolitischen Konzept – herauszudrängen. Dieses Konzept verfolgte, wie Anton Ackermann, für Kulturfragen verantwortlicher Funktionär im ZK der KPD, im November 1945 formulierte, als zentrales Bildungsziel den „wahren Humanismus"[47].

Daß damit aber ein Weg eingeleitet war, den kulturell prägenden Einfluß der Kirchen auf Bildung und Erziehung und damit die Rolle der Kirchen in der Gesellschaft zu reduzieren, haben führende Kirchenmänner wie Dibelius und Preysing schon 1945/46 hervorgehoben und entsprechend kritisch kommentiert[48]. Die SED-

[44] Befehl Nr. 40 der SMAD vom 25. 8. 1945, in: Bergsdorf/Göbel, Bildungs- und Wissenschaftspolitik, S. 122f.

[45] Auszug aus dem Brief Preysings an Marschall Schukow vom 2. 10. 1945, in: Höllen, Loyale Distanz, S. 76.

[46] Klewitz, Berliner Einheitsschule, S. 54f.; Höllen, Loyale Distanz, S. 91f.

[47] Klewitz, Berliner Einheitsschule, S. 116f.; siehe ferner Pieck in seinem Schlußwort in der erweiterten Sitzung des Sekretariats des ZK der KPD vom 5.–7. 1. 1946, in Benser/Krusch, Dokumente 2, S. 548ff., Zitat S. 564.

[48] Predigt von Dibelius am 28. 4. 1946 in Berlin, auszugsweise in Seidel, Neubeginn, S. 277ff.; siehe auch Brief Preysings an die Alliierte Kommandantur in Berlin, 18. 1. 1946 (vgl. dazu: Berlin 1945–1946, S. 327).

Führung reagierte auf diese kirchlichen Einwände 1946 relativ gelassen; sie betonte die Rolle der Kirchen beim gesellschaftlichen Neuaufbau und gab den SED-Gliederungen auf Landesebene den Ratschlag, Konflikte – etwa in Fragen der Religionsunterrichtspraxis – zu vermeiden. Beschwerden über die Behinderung des Religionsunterrichts sind in kirchlichen Quellen insbesondere aus Thüringen überliefert. In einer Stellungnahme des Landeskirchenrats der Thüringer Evangelischen Kirche zum „Gesetz über die deutsche demokratische Einheitsschule" hieß es: „1. Man verweigerte zunächst die Schulräume. 2. Es wurde zunächst bestimmt, daß der Religionsunterricht nur in Eckstunden erteilt werden dürfte, dann ging man in der Erschwerung noch weiter und verbot die Erteilung des Religionsunterrichts auch in Eckstunden. Zuletzt kam es dahin, daß der bereits stattfindende Religionsunterricht verboten wurde, soweit er in Eckstunden erteilt wurde, obwohl es jedem bekannt ist, daß die Erteilung des Religionsunterricht am Nachmittag große, teilweise unüberwindliche Schwierigkeiten mit sich bringt und dem Besuch des Religionsunterrichts außerordentlich schaden muß."[49] Um derartige Konflikte zu lösen bzw. gar nicht erst entstehen zu lassen, könnte, so das Zentralsekretariat der SED in einem Beschluß „Unsere Stellung zur Kirche" von Juli 1946 , das Berliner Modell hilfreich sein[50]. Daß die SED in einer späteren Phase der politischen und gesellschaftlichen Transformation, als sie sich seit Ausgang der vierziger Jahre als „Partei neuen Typus" zur bolschewistischen Parteitradition bekannte, einen Sozialismus nach sowjetischem Vorbild anstrebte und auch in der Bildungs- und Erziehungspolitik sich an der sowjetischen Pädagogik auf der Grundlage des Marxismus-Leninismus (mit dem „wissenschaftlichen Atheismus" als Kern) orientierte, den offenen Konflikt mit den Kirchen allerdings keineswegs mehr scheute, ist gut bekannt.

In der Phase der „antifaschistisch-demokratischen Umwälzung", an deren Beginn die Jahre 1945 und 1946 stehen, kam aus strategischen wie taktischen Gründen eine kirchenfeindliche Haltung hingegen nicht in Frage. In dem schon erwähnten Grundsatzpapier der SED-Führung zu ihren kirchenpolitischen Aufgaben von Juli 1946 wird das Moment der Unterstützung, der Kooperation betont: Wenn nötig, sollte den Kirchen praktische Hilfe gewährleistet werden (z. B. beim Wiederaufbau von Kirchen und kirchlichen Gebäuden), Hilfe auch bei dem Bemühen kirchlicher Stellen, von den Nationalsozialisten beschlagnahmte und 1945 teilweise in sowjetische bzw. deutsche staatliche Verfügungsgewalt übergegangene Gebäude wieder zurückzuerhalten – etwa durch Verhandlungen der SED mit den Besatzungsbehörden und den deutschen Verwaltungen. Als weiteres Beispiel für Kooperation wird der Bereich Gesundheit und Soziales genannt[51]: Da die Evangelische wie die Katholische

[49] Stellungnahme des Landeskirchenrats der Thüringer Evangelischen Kirche zum Gesetz über die deutsche demokratische Einheitsschule, 27. 3. 1946, in: EZA Berlin, KB 431/46, Bl. 3; siehe auch allgemein zu diesem Problem Dibelius in einem Bericht auf der Tagung des Rates der EKD in Stuttgart am 18./19. 10. 1945, in: Protokolle, S. 38ff., Zitat S. 47.

[50] Rundschreiben des SED-Zentralsekretariats, Abteilung Kultur und Erziehung, an alle Landes-, Provinzial- und Bezirksorganisationen von Juli 1946: Unsere Stellung zur Kirche, in Hartweg, SED und Kirche, S. 42f.

[51] Ebenda S. 43.

Kirche hier entsprechende Hilfseinrichtungen (Diakonisches Werk, Innere Mission, Caritas) anbieten konnten, ließ sich hier das Angenehme mit dem zunächst Nützlichen verbinden.

In den Bereich der Konfliktvermeidungsstrategie gehörte schließlich das praktische Verhalten der SED gegenüber kirchlichen Belangen aus Anlaß der parlamentarischen Beratungen über die Landesverfassungen für die sechs Länder seit Herbst 1946[52]. Ebenso wie der Gründungsaufruf der KPD vom Juni 1945 und die „Grundsätze und Ziele der SED" von April 1946 enthielten auch die verfassungsprogrammatischen Vorstellungen der SED – neben dem bekannten „Entwurf für eine Deutsche Demokratische Republik" von November 1946 auch die beiden SED-Landesverfassungsentwürfe von 1946 – Zusicherungen in Fragen der Glaubens- und Gewissensfreiheit, der Religionsausübung des einzelnen wie auch die Anerkennung von Rechten der Kirchen und Religionsgemeinschaften („Körperschaften des öffentlichen Rechts"): Danach sollten sie das Recht der Erhebung von Steuern von ihren Mitgliedern „aufgrund der staatlichen Steuerlisten nach Maßgabe der allgemeinen Bestimmungen" besitzen, Geistliche konnten, insoweit ein Bedürfnis bestehe, Gottesdienste und Seelsorge in „Krankenhäusern, Strafanstalten oder anderen öffentlichen Anstalten" abhalten u. a. m.[53]. Von einer Regelung des Faches Religion im Sinne eines Wahl- oder Pflichtfaches an den Schulen war in der verfassungspolitischen Programmatik der SED jedoch keine Rede. Hier bedurfte es erst des Drängens der CDU, die sich unmittelbar und mittelbar der Bitten, Wünsche und Vorstellungen der Kirchen annahm, daß die SED-Vertreter in den Beratungen der Verfassungsausschüsse in den einzelnen Ländern und Provinzen schließlich Kompromißregelungen mittrugen, wie sie schon vorher in den Länder-Schulgesetzen enthalten waren. So bestimmte der Absatz 3 des Artikels 72 der Landesverfassung Thüringen vom 20. Dezember 1946: „Das Recht der Religionsgemeinschaften auf Erteilung des Religionsunterrichtes und seine Durchführung ist gewährleistet."[54] Weitergehenden Vorstellungen, wie sie in einem Verfassungsentwurf der CDU für Mecklenburg-Vorpommern enthalten sind oder von CDU-Vertretern während der Verfassungsdiskussionen vorgetragen wurden, wonach Religion ordentliches Unterrichtsfach sein und den Kirchen die Errichtung von Privatschulen gestattet werden sollte, erteilten die Vertreter der SED (und übrigens auch der LDP) jedoch eine deutliche Absage. Damit wurden die Grenzen der Kompromißbereitschaft der SED gegenüber den Kirchen sichtbar. Und in der späteren Verfassungspraxis sollte sich deutlich zeigen, wie wenig aufrichtig die Verfassungszusagen gegenüber Kirchen und Christen gemeint waren und wie wenig ernst sie die politisch bald allein maßgebliche SED sowie die staatlichen Institutionen nahmen. Noch aber war der SED an einem offenen Konflikt mit der kirchlichen Seite nicht gelegen[55].

[52] Zum Gesamtkomplex der Verfassungsgesetzgebung insbesondere auf Länderebene siehe Braas, Entstehung.

[53] 2. SED-Landesverfassungsentwurf von 1946, in: Braas, Entstehung, S. 447f.

[54] Ebenda S. 489.

[55] Heise, Hoffnung, S. 6.

Last but not least gehörte zu diesem Bereich der Konfliktvermeidungsstrategie auch das praktische Verhalten der SED in der Frage der Wiedereinführung der Jugendweihe, das später, in den fünfziger Jahren, zu einem schweren, langandauernden Konflikt führen sollte[56]. In der KPD hatte es schon unmittelbar nach Kriegsende Bestrebungen gegeben, die „in früherer Zeit üblichen [d. h. atheistischen] Jugend- und Lebensweihefeiern" wiederzubeleben und im gleichen Zeitraum wie die Konfirmation durchzuführen, verbunden mit der Hoffnung, „die propagandistischen Auswirkungen der erwähnten kirchlichen Feiern einzuschränken"[57]. Nicht aus grundsätzlichen, sondern einzig aus taktischen Erwägungen sprach sich die KPD-Führung 1946 gegen die Wiedereinführung der Jugendweihe aus: „Wir halten die Auffassung," so heißt es in einem Rundschreiben des Sekretariats des ZK der Partei vom 7. März 1946, „der solche Vorhaben entspringen, für falsch. Unter den gegebenen Verhältnissen würde damit kaum eine nennenswerte Gegenwirkung, dafür umso mehr eine bedenkliche Isolierung erreicht werden." Dafür aber sollten obligatorische Schulentlassungsfeiern für alle in das Berufsleben eintretende Schulabgänger veranstaltet werden. Das Rundschreiben gab genaue Hinweise zu der Vorbereitung und dem in den Feiern anzustrebende hohe Niveau – mit dem bezeichnenden Hinweis: „Es muß auf jeden Fall erreicht werden, daß die Schulentlassungsfeiern eine derartige Ausgestaltung und Beachtung finden, daß daneben die Konfirmationsfeiern völlig verblassen."[58] Diese Zielsetzung zeigt einmal mehr deutlich die – damals nur verdeckte – kirchenfeindliche Haltung der KPD.

Als Resümee der kirchenpolitischen Ziele und Praxis von KPD/SED einerseits und der SMAD auf der anderen Seite kann für unseren Untersuchungszeitraum festgehalten werden: Die Kirchenpolitik der deutschen Kommunisten muß als Teil ihrer auf einen tiefgreifenden politischen und sozialstrukturellen Wandel gerichteten Gesellschaftspolitik begriffen werden. Das heißt konkret, daß die Kirchen und Christen als Mitgestalter, als Bündnispartner der SED in diesem gesellschaftlichen Umwälzungsprozeß, nur solange „willkommen" waren, als dies aus taktischen Notwendigkeiten der Machtstabilisierung notwendig erschien und die Kirchen sich loyal verhielten bzw. sogar um „ehrliche" Mitarbeit bemüht waren. Daß diese Hoffnungen, die 1945/46 noch real schienen, sehr bald enttäuscht wurden und einer konflikthaften Entwicklung Platz machten, war seit 1947, spätestens aber seit 1948, mit der Orientierung der SED auf das sowjetische Sozialismusmodell, absehbar. Es bleibt auch festzuhalten, daß die Gesellschaftspolitik der KPD/SED insgesamt (einschließlich der Kirchenpolitik) den höherrangigen Interessen der sowjetischen Deutschlandpolitik untergeordnet war – einer Deutschlandpolitik, die in jenen Jahren 1945/46 den Konsens, zumindest aber den Kompromiß in allen Fragen mit den westlichen Siegermächten anstrebte, für die nach der jeweiligen Aufgabenstellung die entsprechenden Institutionen (Rat der Außenminister, Alliierter Kontrollrat, Alliierte

[56] Vgl. dazu allgemein Wentker, Einführung der Jugendweihe.

[57] Rundschreiben des Sekretariats des ZK der KPD an die Bezirksleitungen, 7. 3. 1946, in: Benser/Krusch, Dokumente 3, S. 456f., Zitat S. 456.

[58] Ebenda S. 457.

Kommandantur Berlin) zuständig waren: Reparationen, Entmilitarisierung, Entnazifizierung, Friedenswirtschaft, politische Einheit Deutschlands etc. Daß sich die Zusammenarbeit zwischen den Siegermächten in bezug auf einige dieser Fragen schon 1946 schwierig zu gestalten begann, sei hier nur erwähnt.

Die Kirchenpolitik der sowjetischen Besatzungsmacht 1945/46 war vor allem dadurch bestimmt, daß sie um weitestgehende Beachtung der in den alliierten Abmachungen getroffenen Vereinbarungen bemüht war: Das Recht der Religionsfreiheit mit seinen Implikationen wurde respektiert, ebenso, zumindest weitgehend, auch das von den Kirchen in Anspruch genommene Recht auf Organisationsautonomie, auf innerkirchliche Entscheidungsfreiheit in materiellen Fragen (z. B. Haushalt) wie in personellen Angelegenheiten[59].

Religions- und kirchenfeindliche Tendenzen lassen sich im Untersuchungszeitraum 1945/46 in der SMAD-Kirchenpolitik nicht feststellen, nicht einmal Ansätze, den gesellschaftlichen Einfluß der Kirchen (etwa auf dem Bildungssektor) zurückzudrängen. Darin zeigt sich der wichtige Unterschied zwischen der Kirchenpolitik der sowjetischen Besatzungsmacht und jener der KPD/SED.

[59] Ein Ausnahmefall ist aus der Evangelisch-Lutherischen Landeskirche Sachsens bekannt: Der im September 1945 gebildete kirchliche „Beirat" hatte bereits wenige Wochen später, am 15. November, die Entscheidung getroffen, den 1938 wegen seiner aktiven Tätigkeit in der Bekennenden Kirche aus Sachsen ausgewiesenen Pfarrer Hugo Hahn aus Württemberg zurückzuberufen und bis zur Wahl durch eine Landessynode mit der geistlichen Leitung der Landeskirche zu betrauen. Aufgrund einer Denunziation Hahns bei der sowjetischen Besatzungsbehörde durch zwei sächsische Pfarrer konnte Hugo Hahn erst Ende 1947 sein Amt als Landesbischof antreten (vgl. dazu Stanke, Gestaltung, S. 97–100).

Günter Braun

Konturen, Probleme und Perspektiven der Arbeiterbewegung in der SBZ

Am 30. August 1945 kamen in Berlin die Spitzenfunktionäre der KPD mit Vertretern des SPD-Zentralausschusses zusammen, um sich im Rahmen ihrer vereinbarten „Aktionseinheit" über aktuelle Fragen der Arbeiterbewegung zu verständigen. Walter Ulbricht referierte über „Gewerkschaftsprobleme", demonstrierte jedoch einmal mehr generelle Richtlinienkompetenz – und dies auf quasi ureigenstem sozialdemokratischen Feld. Die „klassische" Organisationslehre, nach der Gewerkschaften und Genossenschaften neben der Arbeiterpartei als tragende Säulen der sozialistischen Bewegung galten, sei, so schrieb er den Genossen ins wilhelminische Stammbuch, eine „alte Theorie". Verschiedene „Zweige" der Arbeiterbewegung hätten zwar auch jetzt ihre Berechtigung, „aber nicht als gleiche selbständige Kräfte". „Heute", wurden Otto Grotewohl und Kollegen belehrt, dürfe es nur „1 Säule" geben: die „antifasch[istische] Einheitsfront". Denn: „3 Säulen" bedeute „Aufspaltung – nicht Einheitsfront", und da drohe der „Einfluß bürgerlicher reaktionärer Kräfte" zu wachsen[1].

Ob und gegebenenfalls wie die sozialdemokratische Delegation auf diese strategische Unterweisung reagierte, hat Wilhelm Pieck seinen „Notizen" nicht anvertraut. Dessenungeachtet bietet das Ulbrichtsche Diktum geeignete Ansatzpunkte, um wesentliche Analysefelder einer problemorientierten historischen Skizze der Arbeiterbewegung[2] in der frühen Entwicklungsphase der SBZ zu bestimmen:

- Es verweist auf das Verhältnis von Traditionselementen und Neuansätzen beim Wiederaufbau der Arbeiterbewegung, wobei die Frage nach Kontinuität oder Bruch nicht nur hinsichtlich der angesprochenen Organisationsmuster zu stellen ist; ebenso interessieren in diesem Zusammenhang das soziale und politische Profil der Arbeiterschaft, das Mitgliederpotential von KPD und SPD im Vergleich

[1] Besprechung mit SPD 30/8. 45. 3 Uhr, in: Dokumente zur Geschichte der kommunistischen Bewegung 2, S. 584f.

[2] Mit „Arbeiterbewegung" werden – einer Definition Klaus Tenfeldes zufolge – „die informellen und formellen, zunehmend organisierten, kollektiven Bestrebungen der Arbeiter zur Durchsetzung ihrer wirtschaftlichen, programmatisch-ideologischen und politischen Vorstellungen und Ziele bezeichnet" Stichwort „Arbeiter, Arbeiterbewegung", in: Fischer Lexikon Geschichte, S. 124).

zur Weimarer Zeit, der Nachkriegsbestand an erfahrenen Funktionären und die politisch-kulturellen Prägungen der Akteure vor dem Hintergrund ihrer NS-Erfahrungen.

- Es läßt den Konformitätsdruck aufscheinen, den das auf Kontrollierbarkeit zielende, deshalb Einheitlichkeit und Blockbildung bzw. feste Bündnisse fordernde Organisationsverständnis der KPD- und SMAD-Führung erzeugte, was die Frage nach den entscheidenden Systembedingungen und Konstitutionsfaktoren nahelegt, die bei der Formierung des parteien- und verbandspolitischen Gefüges wirksam wurden.
- Es beinhaltet die für die Nachkriegsoffensive der Linken bedeutsame Leitformel „Antifaschismus" bzw. „antifaschistische Einheitsfront", was Anlaß gibt, nach den politischen Konzepten, handlungsleitenden Direktiven und legitimatorischen Grundlagen ihres politischen Handelns zu fragen.
- Es berührt schließlich – allein durch den situativen Kontext – das Verhältnis von Sozialdemokraten und Kommunisten in der SBZ, das 1945/46 über weite Strecken von den Auseinandersetzungen um die Vereinigung beider Arbeiterparteien geprägt war.

Diese vorwiegend politik- und organisationsgeschichtlichen Aspekte, denen mit Blick auf die Präformierung der machtpolitischen Strukturen in der SBZ zugunsten der kommunistischen Führungskräfte erhebliche Bedeutung zukommt, stehen im Mittelpunkt dieses Beitrages. Sein Ziel kann es nicht sein, die wiederholt dargestellten Gründungsgeschichten von KPD[3] und SPD[4] erneut nachzuzeichnen oder ein weiteres Mal den Verlauf und die Modalitäten ihres Zusammenschlusses zur SED[5] zu skizzieren.

Das Thema Arbeiterbewegung im ersten Jahr nach Hitler birgt freilich weitaus mehr Gesichtspunkte, als sie hier ins Auge gefaßt werden können, und es verlangt einen breiteren Zugang, als er im folgenden beschritten wird. Um dem Gegenstand insgesamt gerecht zu werden, wären Struktur, Lage und Verhalten der Arbeiterschaft gleichermaßen zu analysieren und in ihren Wechselwirkungen zu erfassen. Doch ein integrierender Ansatz wie dieser ist schon deshalb kaum zu realisieren, weil für die ostdeutsche Nachkriegsentwicklung allein die organisationspolitische Dimension des Themas hinreichend erforscht ist, seinen struktur-, alltags- und sozialhistorischen Komponenten hingegen noch intensiver nachgegangen werden muß, obwohl auch auf diesem Feld mittlerweile Fortschritte zu verzeichnen sind[6].

[3] Vgl. vor allem Benser, KPD im Jahre der Befreiung; Müller, Kommunistische Partei Deutschlands.

[4] Vgl. insbes. Moraw, Parole der „Einheit"; Bouvier, Antifaschistische Zusammenarbeit; Hurwitz, Demokratie und Antikommunismus 4; Müller, Sozialdemokratische Politik; Müller: Sozialdemokratische Partei Deutschlands; Malycha, SPD in der SBZ.

[5] Vgl. den ausführlichen Forschungsbericht von Staritz, Zur Gründung der SED; Malycha, Auf dem Weg zur SED. Zur neueren Literatur vgl. Braun, Geschichte der SBZ im Spiegel der Forschung, S. 291 ff.

[6] Dies ist vor allem den Forschungsarbeiten von Peter Hübner zu verdanken. Vgl. u. a. Hübner, Konsens, Konflikt und Kompromiß; ders., Niederlausitzer Industriearbeiter; Hübner, Umworben

Was also Arbeiter und Arbeiterinnen sowie ihre Basis-Vetretungen in dieser Zeit weit mehr und tatsächlich *bewegte*, nämlich die persönliche wie betrieblich-kollektive Bewältigung der Nachkriegsnot, kann hier nur en passant berücksichtigt werden. Gleiches gilt für die – freilich vergleichsweise gut erforschten – Antifa-Ausschüsse in der SBZ[7], für die Betriebsräte-Bewegung[8] und nicht zuletzt für die gewerkschaftliche Entwicklung[9].

1. Ausgangs-, Rahmen- und Binnenbedingungen

Vorab seien thesenartig einige wesentliche Faktoren angeführt, die die Ausgangslage, den Wiederaufbau sowie die Struktur und Handlungsfähigkeit der organisierten Arbeiterbewegung in der sowjetisch besetzten Zone Deutschlands maßgeblich mitbestimmten. Entscheidend war vor allem der Einfluß der Besatzungsmacht. Letztlich waren ihre im internationalen Kräftefeld definierten außenpolitischen Ziele und deutschlandpolitischen Interessen auch maßgebend für die organisatorische Ausprägung und den politischen Weg der Arbeiterbewegung, wobei der Zwang der Verhältnisse und die Interaktion mit den Besetzten durchaus nicht wirkungslos blieben. Das gilt insbesondere für die bereitwillige Umsetzung sowjetischer Vorgaben durch die machtbewußten deutschen Kommunisten. Günter Benser hat diesen Sachverhalt so auf den Punkt gebracht: Die „KPD im allgemeinen und die aus Moskau zurückkehrenden Kommunisten im besonderen" seien „nach Kominterntradition in einem Maße auf die UdSSR und die KPdSU(B) fixiert" gewesen, „das es [ihnen] nicht ermöglichte, originäre Interessen deutscher Werktätiger gegenüber dieser Sieger- und Besatzungsmacht selbstbewußt zu vertreten und gegebenenfalls – ihrer früheren Oppositionsrolle vergleichbare – Massenaktionen zu organisieren. Die in der KPD festverwurzelte Sympathie für die Sowjetunion, Übereinstimmung in Weltanschauung und Politik sowie die uneingeschränkt anerkannte Führungsrolle der KPdSU(B) ließen den deutschen Kommunisten die Zusammenarbeit mit der Roten Armee auch dann als Selbstverständlichkeit erscheinen, wenn diese ihnen nicht als Klassenbruder, Sieger über die faschistische Militärmaschine und Partner beim demokratischen Neuaufbau Deutschlands, sondern als Besatzungsarmee mit allen negativen Begleiterscheinungen gegenübertrat, die Besatzungstruppen nun einmal eigen sind."[10] Inwieweit die KPD/SED-Spitze diese Politik in ihrem Interesse konkret zu beeinflussen vermochte, ist dagegen eine noch weithin offene Frage. Hinsichtlich der Macht-

und bedrängt. Zum Forschungsstand Hübner, Sozialgeschichte der Industriearbeiterschaft. In der DDR-Geschichtswissenschaft hat sich insbesondere eine Leipziger Forschergruppe um Gottfried Dittrich mit der sozialen Struktur und Ausgangslage der Arbeiterklasse in der SBZ beschäftigt; vgl. insbes. Dittrich, Reproduktionsquellen; Dittrich, Wandel der Arbeiterklasse. Wichtige Hinweise gibt Kleßmann, Verstaatlichte Arbeiterbewegung; vgl. auch Badstübner-Peters, Arbeiteralltag und Arbeiterpolitik; Erker, Zeitgeschichte als Sozialgeschichte.

[7] Vgl. Arbeiterinitiative 1945; Benser, Antifa-Ausschüsse.

[8] Vgl. Suckut, Betriebsrätebewegung.

[9] Müller, Entwicklung des FDGB; Müller, Freier Deutscher Gewerkschaftsbund.

[10] Benser, Nachkriegskonzept der KPD-Führung, S. 120.

fülle und Weisungskompetenzen bzw. der Mittel und Methoden der Einflußnahme muß der Faktor Besatzungsherrschaft hier nicht stärker beleuchtet werden[11].

Der in der frühen Nachkriegszeit bereits angelegte, aber erst seit 1948 konsequent nach dem Modell der Sowjetunion betriebene Systemwechsel in der SBZ war gleichwohl kein zwangsläufiger Prozeß, sondern wurde in erheblichem Maße auch von der Politik der westlichen Besatzungsmächte, vor allem aber vom Kalten Krieg beeinflußt. Eine – sicherlich nicht ausschlaggebende, aber auch nicht zu unterschätzende – Bedeutung für das Auseinanderdriften West- und Ostdeutschlands kam der Kontroverse um die Einheit oder Spaltung der Arbeiterparteien zu. Die Modalitäten des in der SBZ teils erzwungenen, teils gewollten Zusammenschlusses zwischen KPD und SPD waren mit Blick auf das innerdeutsche Verhältnis ebenso teilungswirksam wie die jegliche Konzessionen strikt ablehnende Haltung der von Kurt Schumacher geführten, auf Antikommunismus ausgerichteten Westzonen-SPD, die auch jede Kooperation mit den Sozialdemokraten der SBZ verweigerte.

In diesem Kontext sind – ebenfalls eine wesentliche Ausgangsbedingung für die Arbeiterbewegung 1945 – diejenigen Einsichten und Rückschlüsse von Sozialdemokraten und Kommunisten anzuführen, die aus dem Erfahrungskontext erlittener Unterdrückung und Verfolgung unter der NS-Diktatur gewonnen wurden, aber ebenso von enttäuschten Hoffnungen und traditionsbelasteten Erinnerungen aus der Weimarer Zeit beeinflußt waren. Die politische Fehler-Analyse mündete vielfach in den Wunsch, die gesellschaftliche und politische Neuordnung nach der Befreiung vom Nationalsozialismus als möglichst geschlossen handelnde Klassenbewegung anzugehen. Für die frühe Nachkriegszeit ist unter den Anhängern der wiederauflebenden Arbeiterbewegung ein starker Trend zur Einheit – wenn auch nicht ohne weiteres zur Einheitspartei – festzustellen[12].

Sieht man von den Debatten um die Organisationsform ab, wurde dieses Ansinnen in der Gewerkschaftsbewegung ziemlich reibungslos umgesetzt. Die Einheitsgewerkschaft, zumindest die Überwindung ihrer richtungsgewerkschaftlichen Spaltung, und das Prinzip „ein Betrieb, eine Gewerkschaft“ waren unumstritten. Wie die gewünschte Arbeiter-Einheit *partei*-organisatorisch verwirklicht werden sollte, darüber herrschten allerdings oft nur vage Vorstellungen. Die vielgestaltige, lokal isoliert entstandene Organisationslandschaft und die autonome Antifa-Bewegung in der unmittelbaren Umbruchphase von Befreiung und Neubeginn verdeutlichen dies ebenso wie die aus antifaschistischen Impulsen rührenden unterschiedlichen Aktivitäten und Forderungen der Linken. Es gelang den Kräften des antinationalsozialistischen Widerstands jedoch nicht, die politische Nachkriegsordnung in der SBZ programmatisch, organisatorisch und personell zu bestimmen.

Wichtige Rahmenbedingungen für die Reorganisation und Handlungsfähigkeit der Arbeiterbewegung resultierten darüber hinaus aus den soziostrukturellen Folgen des

[11] Vgl. vor allem Foitzik, Sowjetische Militäradministration; Foitzik, Einleitung; mit Blick auf die Parteienentwicklung besonders Weber, Transformationsprozeß.

[12] Grebing, Politische und soziale Probleme der Arbeiterklasse, S. 7.

Krieges und den mentalen Prägungen der NS-Zeit. Bei der Arbeiterschaft respektive ihren angestammten Interessenvertretungen sind einerseits die nur schwer einzuschätzenden Nachwirkungen sozialintegrativer und disziplinierender Einflüsse zu berücksichtigen, andererseits die Folgen repressiver Maßnahmen sowie die ungünstige demographische Bilanz des gesellschaftlichen Umbruchs in Rechnung zu stellen. Der verfolgungs- und kriegsbedingte Verlust an erfahrenen Kadern, das dezimierte Organisationspotential und die sozialen Lasten der Nachkriegszeit haben die Regenerationskraft der Arbeiterbewegung deutlich eingeschränkt. Dennoch gelang es ihren wiederformierten Traditionsparteien, sehr rasch eine Massenanhängerschaft zu gewinnen, die über ihr früheres traditionelles Organisationspotential weit hinausreichte. Vor allem dieses Phänomen soll im folgenden ausführlicher untersucht werden.

2. *Traditionslinien, Mitgliederentwicklung und Sozialprofil der SED*

Vor mittlerweile zehn Jahren hat Helga Grebing in einer Tour d'horizon die politische Lage und die sozialen Probleme der Arbeiterklasse bzw. Arbeiterbewegung in Europa in der frühen Nachkriegszeit analysiert und für 1945/46 einen allgemeinen „Ruck nach links" erkannt, bevor mit dem Ausbruch des „Kalten Krieges" in den westeuropäischen Ländern „die sozialistischen Lichter" wieder ausgegangen seien[13]. Insbesondere in der sowjetischen Besatzungszone Deutschlands konnten sich „die linken Parteien" – so ihre Formulierung – rasch „zu massenparteilichen Integrationszentren für die arbeitende Bevölkerung" entwickeln[14].

Gelang es den KPD-Pionieren des Neubeginns, bis April 1946 rund 600000 Mitglieder zu rekrutieren, mobilisierte die SPD im gleichen Zeitraum nahezu 700000 Personen für den Parteibeitritt. Das enorme Wachstum setzte sich auch nach der SED-Gründung (1,3 Millionen Mitglieder) fort. Der zielstrebige Ausbau ihrer Organisation im Vorfeld der Kommunal- und Landtagswahlen – von April bis September 1946 wurden 3621 Ortsgruppen ins Leben gerufen[15] – führte binnen eines halben Jahres zu einem weiteren Anstieg um 240000 Mitglieder. Ende 1946 gehörten der Einheitspartei 1,66 Millionen Mitglieder an, und Mitte 1947 erreichte sie mit 1,8 Millionen Mitgliedern den Spitzenwert in der frühen Nachkriegszeit. Bis April 1949 blieb die ausgewiesene Mitgliedersumme trotz erheblicher Fluktuation in dieser Höhe ziemlich konstant, bevor zunehmende Austritte, Ausschlüsse und vor allem „Abschreibungen" den Bestand Ende 1949 auf 1,6 Millionen Mitglieder plus

[13] Ebenda S. 8.
[14] Ebenda, S. 7.
[15] Nur lizenzierten Ortsgruppen der Parteien war es nach der Wahlordnung erlaubt, Kandidatenlisten für die Wahl der Kommunalparlamente einzureichen. Um diesen wohlkalkulierten Vorteil gegen CDU und LDP möglichst effizient auszuspielen, fuhren im Sommer 1946 Instrukteure über Land. Hatten sie ein paar Beitrittswillige ausfindig gemacht, wurde die neue Parteieinheit an Ort und Stelle gegründet. Zahlreiche Berichte über solche Instruktionsreisen finden sich bezeichnenderweise in den Überlieferungen der Landesverwaltungen bzw. Länderministerien für Inneres (vgl. z. B. den Bestand „Instrukteurberichte 1946" im Sächsischen HStA Dresden, LR Sachsen, MdI, 65). Zu den Zulassungsbeschränkungen bei den Gemeinde- und Kreistagswahlen vgl. Braun, Wahlen und Abstimmungen, S. 385, sowie weiter unten S. 215ff.

80000 Kandidaten drückten. Drastische Partei-„Säuberungen", u. a. infolge einer großangelegten „Mitgliederüberprüfung" zwischen zwischen Januar und September 1951[16], und weitere Kartei-Korrekturen reduzierten die Mitgliederschaft schließlich Ende 1951 auf 1,154 Millionen[17].

Anzumerken ist in diesem Kontext, daß die Organisationsstatistik der Einheitspartei bzw. ihrer Vorläuferorganisationen anfangs sehr fehlerhaft war. Der Wettlauf zwischen KPD und SPD um die größere Anhängerschar, vor allem aber uneinheitliche Registrierungsverfahren und bürotechnische Mängel, führten zu erheblichen Verzerrungen im Bild des tatsächlichen Mitgliederbestandes, die erst nach Einführung einer verbindlichen neuen Organisationskartei und der Ausgabe neuer Mitgliedsbücher Mitte 1947 peu à peu korrigiert wurden[18]. Zwischen Januar 1948 und Jahresende 1949 schrieben die Rechnungsführer der SED per „Karteibereinigung" rund 256000 Mitglieder[19] ab. Viele von ihnen waren sowohl in der Betriebs- als auch in der Wohnbezirksgruppe registriert worden, doch über solche Doppelzählungen hinaus verzeichneten die statistischen Monatsberichte in einzelnen Landesverbänden auch Abschreibungen en bloc: So beispielsweise in Mecklenburg, wo im Mai 1948 11000 SPD-Mitglieder ausgebucht wurden, die „vom Zeitpunkt der Vereinigung laufend mitgeführt worden [waren], aber karteimäßig nicht erfaßt werden [konnten], da sie auch nicht mehr vorhanden waren"[20]. Trotz solcher Einschränkungen –Tabelle 1[21] bietet eine Übersicht für die Jahre 1948 und 1949 – bleibt der Mit-

[16] Vgl. Foitzik, Stalinistische „Säuberungen", S. 413ff.

[17] SAPMO, ZPA, IV 2/5/1369, Bl. 112 (Mitglieder ohne Kandidaten).

[18] Skizziert wird dieser Sachverhalt in einem vertraulichen Bericht der Organisationsabteilung des Zentralsekretariats vom 11. 3. 1948, SAPMO, ZPA, IV 2/5/1368, Bl. 31ff.

[19] Eingeschlossen sind in dieser Zahl die SED-Mitglieder der Volkspolizei, die 1949 in einer eigenen Parteiorganisation erfaßt wurden und deshalb ebenso „abzuschreiben" waren. Ihr Anteil an den Abbuchungen betrug etwa 50–60000 Mitglieder (vgl. ebenda Bl. 318, Bl. 332 und Bl. 335).

[20] Ebenda Bl. 80. Hinzuzufügen ist, daß ein Mängelbericht der SMAD-Spitze im Juli 1949 verlangte, die Praxis der „Karteisäuberungen" in einigen Kreisorganisationen zu untersuchen, weil dort „nicht nur ‚tote Seelen' sondern auch lebendige Parteimitglieder [...] aus den Mitgliederlisten gestrichen wurden" (Die Erfüllung der Beschlüsse der ersten Parteikonferenz, SAPMO, ZPA, NL 36/735, Bl. 275).

[21] **Tabelle 1: Veränderungen im Mitgliederbestand der Gesamtorganisation in den Jahren 1948 und 1949**

Mitglieder-Stand Ende 1947:	1784214 Mitglieder
Neuaufnahmen 1948/49:	243616 Mitglieder
Soll-Bestand Ende 1949:	**2027830 Mitglieder**
Austritte:	113380 Mitglieder
Ausschlüsse:	20121 Mitglieder
Verstorbene	34564 Mitglieder
Verluste durch Karteibereinigung:	255953 Mitglieder
Abgänge 1948/49 insgesamt	**424018 Mitglieder**
Ist-Bestand Ende 1949:	**1603812 Mitglieder**

Berechnungsrundlage sind die Berichte im Bestand SAPMO, ZPA, IV 2/5/1368, insbesondere die Übersicht, Bl. 335, und ein Untersuchungsbericht, den die „sowjetischen Freunde" im Mai 1949 anfertigten und am 14. 7. 1949 über „Genosse Bejdin" an Wilhelm Pieck übermittelten (SAPMO, ZPA, NL 36/735, Bl. 248ff.). Die Neuaufnahmen 1948/49 konzentrieren sich auf den Zeitraum

gliederboom der Arbeiterparteien in der SBZ jedoch ein erklärungsbedürftiges Phänomen, dem im folgenden unter Berücksichtigung ihrer Traditionslinien, unter sozialstrukturellen Aspekten, mit Blick auf organisationspolitische Ziele und hinsichtlich der besatzungspolitischen Bedingungen nachzugehen ist.

Traditionelle Organisationspotentiale

Eine Rückschau auf die Mitglieder- und Wähleranteile der Arbeiterparteien in der Weimarer Republik zeigt, daß sich ihre Organisationspotentiale im ehemaligen mitteldeutschen Raum traditionell auf höherem Niveau als in anderen Gebieten befanden. Der hohe „Grad der Proletarisierung in Mitteldeutschland“[22], verbunden mit anderen Strukturmerkmalen (etwa der evangelischen Konfession), verlieh den parteipolitischen, gewerkschaftlichen und kulturellen Organisationen der deutschen Arbeiterbewegung dort ein überproportional hohes Gewicht.

Von den insgesamt rund 250000 beitragszahlenden Mitgliedern, die Ende 1932 im Reichsgebiet der KPD angehörten, waren rund 78000, also nahezu ein Drittel, in Berlin (33000), Sachsen (26200) und Sachsen-Anhalt (18600) registriert, im Gebiet der SBZ insgesamt etwa 100000[23]. Der hohen Mitgliederdichte in den industriellen Ballungszentren entsprach das Aufkommen von Wählerstimmen. In der Topographie der kommunistischen Hochburgen unter den Wahlkreisen (WK) des Deutschen Reiches überwiegen die Ortsnamen aus dessen ehemaliger Mitte: Berlin (37,7%), Merseburg (27,1%), Potsdam (WK I: 23,6%, WK II: 23,2%), Chemnitz-Zwickau (21,4%), Leipzig (20,7%) und Thüringen (19,5%) gehörten zu den Städten und Regionen, in denen bei der letzten freien Reichstagswahl am 6. November 1932 der durchschnittliche Stimmenanteil der KPD (16,9%) überall deutlich, zum Teil erheblich übertroffen wurde[24]. Bei diesem Wahlgang hatte die KPD „in Mitteldeutschland (Einwohner ca. 18 Millionen) 2,3 Millionen Stimmen, in Westdeutschland (Einwohner ca. 37 Millionen) 3 Millionen und in Ostdeutschland (Einwohner 9 Millionen) eine halbe Million Stimmen erhalten“[25].

Obwohl diese dichten sozialistischen Wählerlager in Sachsen und Thüringen seit Mitte der zwanziger Jahre erodierten[26], verfügte die Sozialdemokratie sowohl

Januar 1948 bis März 1949 (= 225763 Mitglieder); nach Einführung des Kandidaten-Status wurden bis Ende 1949 nur noch 17853 Mitglieder aufgenommen.

[22] Storbeck, Soziale Strukturen in Mitteldeutschland, S. 207.

[23] Daten nach Weber, Die deutschen Kommunisten 1945, S. 27f.; Benser, KPD im Jahre der Befreiung, S. 274; Dokumente zur Geschichte der kommunistischen Bewegung 1, S. 486, S. 489. In Thüringen zählte die KPD 11000 zahlende Mitglieder, in Brandenburg 7000 und in Mecklenburg ca. 3500. Hartmann Wunderer verweist darauf, daß die KPD-Bezirke Berlin-Brandenburg, Halle-Merseburg, Erzgebirge-Vogtland, Westsachsen, Thüringen und Danzig 1929 über die Hälfte (53,4%) der Mitglieder stellten, obwohl ihr Anteil an der Gesamtbevölkerung nur ein Viertel (26,4%) betrug. Wunderer, Materialien, S. 264, gestützt auf die Daten zur Situation der KPD in Weber, Wandlung 1, S. 361ff.; vgl. auch Bahne, KPD, S. 660ff.

[24] Vgl. Wahlen und Abstimmungen in der Weimarer Republik, S. 74.

[25] Weber, Die deutschen Kommunisten 1945, S. 27.

[26] Vgl. hierzu Walter, Sachsen; Walter, Thüringen; Walter/Dürr/Schmidtke, Die SPD in Sachsen und Thüringen, S. 11–38.

in diesen Stammländern als auch in anderen mitteldeutschen Regionen über organisationsstarke Bezirke und überdurchschnittliche Wählerpräferenzen. Sieht man von Süd-Hannover-Braunschweig und Hamburg ab, erzielte die SPD ihre Spitzenwerte auf Wahlkreisebene im Gebiet der späteren SBZ. Weit über dem Reichsergebnis von 20,4 Prozent lagen bei der Novemberwahl 1932 die Kreise Leipzig (32,4 %), Magdeburg (31 %), Mecklenburg (30,5 %) und Dresden-Bautzen (29,5 %)[27]. Dieser Raum wies zugleich die reichsweit größte Mitgliederdichte auf: Von insgesamt 1 037 000 Sozialdemokraten wurden Ende 1930 etwa 418 000 zwischen Elbe und Oder/Neiße registriert (Berlin eingeschlossen), mithin 40,3 Prozent, obwohl der Bevölkerungsanteil nur etwas mehr als ein Viertel betrug. Im Westen Deutschlands zählte die Partei 533 000 Genossinnen und Genossen, gleich 51,4 Prozent der Gesamtmitgliederschaft bei einem Bevölkerungsanteil von fast 57 Prozent. Im Osten des Reiches (rund 15 Prozent der Wohnbevölkerung) waren 86 000 Sozialdemokraten eingeschrieben, die 8,3 Prozent des Mitgliederaufkommens ausmachten[28].

Auch wenn diese überdurchschnittliche „Weimarer Substanz“ beider Parteien die organisatorische Entwicklung nach 1945 in der SBZ mitbestimmen sollte, kann sie den Aufschwung nur bedingt erklären. Während die KPD in Westdeutschland bis März 1946 ihren traditionellen Mitgliederstand um 40 000 organisierte Anhänger übertraf[29] und die westzonale SPD bis dahin knapp unter ihrer Marge von 1932 blieb[30], erhöhte sich die Zahl der organisierten Kommunisten in der SBZ um das Sechsfache, und die Sozialdemokraten registrierten hier immerhin 300 000 Mitglieder mehr, als ihr am Ende der Weimarer Republik angehört hatten.

Wie viele von ihnen bereits vor 1933 organisiert waren, ist für den parteipolitischen Neubeginn nicht exakt überliefert. Allerdings gibt es einige Anhaltspunkte, etwa für die Thüringer Verbände: Von den rund 41 000 KPD-Mitgliedern, die dort bis Jahresende 1945 registriert wurden, waren 15 Prozent (6 240) vor 1933 in der KPD und 9 Prozent (3 713) in der SPD gewesen[31]; von den ca. 30 000 Sozialdemo-

[27] Siehe Wahlen und Abstimmungen in der Weimarer Republik, S. 74.

[28] Mitgliederzahlen nach Jahrbuch der Deutschen Sozialdemokratie 1930, S. 201. Die auf dem 40. Parteitag der SPD im April 1946 von August Karsten referierte und von einigen Autoren übernommene Angabe: „Wir haben im russischen Sektor im Jahre 1932, also vor der Nazizeit, 581 000 Mitglieder gehabt, [...] die Westzone 530 000“ (40. Parteitag der Sozialdemokratischen Partei Deutschlands am 19. und 20. April 1946 in Berlin, Berlin 1946, S. 82), ist offenkundig falsch. Selbst wenn zum „russischen Sektor“ auch das frühere ostdeutsche Reichsgebiet gerechnet würde, sind diese Zahlen zu hoch angesetzt: Ende 1932 gehörten der SPD noch insgesamt 970 000 Mitglieder an, für das Gebiet der SBZ ist zu diesem Zeitpunkt eine Mitgliederschaft von etwa 400 000 realistisch. Vgl. auch Malycha, SPD in der SBZ, S. 165 und S. 168. Am Rande sei vermerkt, daß auch die sogenannten Splittergruppen, also SAP, Leninbund, KPO usw. einen Großteil ihrer wichtigsten Aktions- und Mitgliederzentren in Regionen Mitteldeutschlands, insbesondere in Sachsen und Thüringen hatten.

[29] Staritz, Kommunistische Partei Deutschlands, S. 1783.

[30] Vgl. die Angaben bei Weber, Traditionslinien und Neubeginn, S. 312. Ende 1946 zählte die SPD in den Westzonen etwas mehr als 710 000 Mitglieder und damit fast 200 000 mehr, als sie hier 1932 besessen hatte (vgl. Heimann, Sozialdemokratische Partei Deutschlands, S. 2174).

[31] Dokumente zur Geschichte der kommunistischen Bewegung 1, S. 502.

kraten, die der SPD-Bezirk Anfang Oktober 1945 in seinen Reihen zählte, waren 62 Prozent bereits in der Weimarer Republik SPD- oder SAJ-Mitglieder und „18 Prozent wenigstens gewerkschaftlich organisiert"[32].

Umfassendere Angaben über die verbliebenen Altmitglieder finden sich in der Organisationsstatistik der SED, allerdings erst seit 1948 und nicht mehr nach früherer Parteizugehörigkeit aufgeschlüsselt[33]. Im September 1949, kurz vor der DDR-Gründung – zu einem Zeitpunkt, als der Höhepunkt der „Karteibereinigung" bereits überschritten war, freilich auch Zehntausende die Einheitspartei aus eigenem Antrieb bereits wieder verlassen hatten oder ausgeschlossen worden waren –, wies der Organisationsbericht insgesamt 316937 SED-Mitglieder aus, die vor 1933 einer der Arbeiterparteien bzw. einer ihrer Jugendorganisationen angehört hatten[34]. Daß dies zum weit überwiegenden Teil ehemalige Sozialdemokraten waren, steht außer Frage. Bezogen auf den oben ermittelten Bestand von KPD und SPD (rund eine halbe Million) hat das in der SED 1949 noch vertretene „Weimarer" Mitglieder-Erbe demnach fast zwei Drittel (63,4%) umfaßt. Läßt man den damaligen Parteiennachwuchs außer Betracht, bezieht aber den immensen Wanderungs- oder besser Vertreibungsgewinn der SBZ-Bevölkerung und den Kadertransfer zugunsten der KPD/SED[35] mit ein, wird allenfalls noch die Hälfte der vor 1933 im mitteldeutschen Raum organisierten Sozialdemokraten und Kommunisten die DDR-Gründung als SED-Angehörige erlebt haben.

Bemerkenswerter ist im Kontext unserer Überlegungen jedoch, daß diese 317000 „Ehemaligen" nicht einmal mehr ein Fünftel der gesamten Mitgliedschaft ausmachten, exakt waren es noch 18,8 Prozent[36]. Zwar wurden 1945 die Traditionsfäden der 1933 verbotenen Arbeiterparteien wieder aufgegriffen, und die früheren Kader und Funktionäre stellten zunächst auch das Gros des innerparteilichen Leitungspersonals auf allen Ebenen der Organisationshierarchie, doch befanden sie sich alsbald in der Minderheit: Die große Masse der zuströmenden und neu gewonnenen Mitglieder hatte weder eine sozialistisch-kommunistische Parteivergangenheit noch entsprach ihre soziale Herkunft dem traditionellen Profil der Arbeiterparteien.

32 Siehe „Der historische Auftrag der SPD. Erster Landesparteitag der Sozialdemokraten Thüringens", in: Tribüne, 1.Jg., Nr. 22 vom 1. 11. 1945.

33 In den Vordrucken zur Mitgliederstatistik wurde unter Punkt 19 abgefragt: „Wieviele Mitglieder waren schon 1933 politisch organisiert in der SPD, der KPD, der SAJ, der SAP oder KJV?" Diese Angaben wurden aber nur summarisch ausgewiesen.

34 SAPMO, ZPA, IV 2/5/1368, Bl. 305 (Mitglieder ohne Kandidaten).

35 Vgl. Foitzik, Kadertransfer.

36 Die für die Landesverbände ausgewiesenen Anteile der Altmitglieder spiegeln durchaus noch die traditionellen Stärkeverhältnisse: 35,5 Prozent registrierte die Berliner SED; ihr folgten die Landesorganisationen Sachsen mit 21,2, Thüringen mit 20, Sachsen-Anhalt mit 16 und Brandenburg mit 15 Prozent. Von den SED-Mitgliedern in Mecklenburg-Vorpommern waren es lediglich 10 Prozent. Bis Ende 1951 sank die Zahl der traditionellen Mitglieder auf 205663, die Relation zur Gesamtmitgliederschaft änderte sich aber nur geringfügig und betrug jetzt 17,8 Prozent (Daten nach SAPMO, ZPA, IV 2/5/1369, Bl. 112 [Mitglieder ohne Kandidaten]).

Organisationspolitische Ziele

Die Orientierung der Kommunisten auf eine erweiterte Mitgliederbasis hatte der Zirkel der KPD-Spitzenfunktionäre schon im Moskauer Exil vorbereitet. Hier waren die Normen künftiger Parteiarbeit verbindlich definiert worden: programmatisch mit dem in das internationale Konzept der kommunistischen Bewegung eingepaßten „Aktionsprogramm der kämpferischen Demokratie", organisationspolitisch mit einer volksparteiähnlichen Öffnung der KPD zur Rekrutierung breiter Mitgliederschichten[37]. Daß die KPD nach Hitler, zumindest im zukünftig sowjetisch kontrollierten Teil Deutschlands, nicht mehr Obstruktions- und Oppositionspolitik zu betreiben, sondern „staatliche" Verantwortung zu übernehmen habe, mithin ein enormer Bedarf an politischem Personal entstehen würde, und die Parteiorganisation deshalb in möglichst allen Teilen der Gesellschaft verankert sein müsse – darüber herrschte im Moskauer Planungsstab der Partei spätestens seit 1944 Gewißheit.

Trotz großer Skepsis gegenüber den Altkommunisten im Reich, deren politisch-ideologischer Anpassungsfähigkeit die emigrierte Avantgarde mißtrauisch entgegensah, war die Parteispitze überzeugt, die programmatisch erneuerte KPD im politischen Kräftefeld der Nachkriegsära als antifaschistische Musterorganisation mit Führungsanspruch präsentieren zu können. Sie habe „alle Chancen", so Wilhelm Pieck, „zu einer breiten Massenpartei des werktätigen Volkes zu werden"[38]. „Wir brauchen die Stärkung unserer Partei durch die Steigerung der Zahl und der Qualität ihres Mitgliederbestandes", gab er Ende Oktober 1944 den Kursanten der Parteischule zu verstehen. „Wir brauchen eine revolutionäre Massenpartei, um die großen, vielseitigen Aufgaben zu erfüllen."[39] Deshalb galt es, „die Tore der Partei" nach Kriegsende und Befreiung weit zu öffnen: Arbeiter, Bauern, Angestellte, Beamte, Mittelstand, Katholiken oder Protestanten – alle „Teile des werktätigen Volkes" sollten in der neuen KPD willkommen sein, wenn sie nur das „Aktionsprogramm" unterstützten und die normalen Pflichten eines Mitglieds übernähmen.

Öffnungsklauseln wie diese enthielten die meisten Parteien-Konzepte für den politischen Neubeginn nach Hitler. Allein mit der Stammklientel, auf begrenzte Interessen fixiert und von Lagermentalität geprägt – derart abgeschottet, dies hatten die kaum mehrheitsfähigen Milieuparteien und sektenähnlichen Wählervereinigungen in Weimarer Zeiten gelehrt –, war kein Staat zu machen. Deshalb galt es für Konservative wie katholische Zentrumspolitiker, für Rechts- wie Linksliberale, für Sozialdemokraten wie Kommunisten, sich „aus den Einschnürungen ihrer Vergangenheit" zu lösen, zumal die „traditionelle[n] Erstarrungen der deutschen Sozialstruktur" zwischen 1933 und 1949 „gewaltsam aufgelockert und abgebaut worden" waren.

[37] Vgl. „Nach Hitler kommen wir"; Keiderling, Gruppe Ulbricht; Benser, Nachkriegskonzept der KPD-Führung.

[38] Der Aufbau der KPD und ihre organisationspolitischen Probleme, 31. 10. 1944, in: „Nach Hitler kommen wir", S. 278.

[39] Ebenda S. 269–289, Zitate S. 274, S. 278, S. 285.

Eine „tendenzielle Begrenzung auf die quantitativ stagnierende Lohnarbeiterschaft“[40] hätte die Linke isoliert.

Ob sich die KPD-Führung tatsächlich auch von solchen Überlegungen leiten ließ oder ob allein die bündnispolitische Taktik zu den genannten organisationspolitischen Konsequenzen führte, ist fraglich. Doch so oder so: „Hinter ihren Neuansätzen stand letztlich das unveränderte Verständnis der KPD von Macht als Geburtshelfer einer neuen Gesellschaft und vom Führungsanspruch der Avantgardepartei als Vollstrecker historischer Gesetzmäßigkeiten.“[41] Um dieser Anwartschaft politisch-ideologisch gerecht zu werden, stand denn auch die gewünschte soziale Offenheit unter einem massiven Vorbehalt: Der Charakter als „Partei der Arbeiterklasse“ mußte bewahrt bleiben. Im „Verhältnis, in dem die Zahl der Mitglieder aus der Arbeiterklasse – besonders der Betriebsarbeiter – zu der Zahl der Mitglieder aus anderen Kategorien und Schichten steht“, sollte die gleichsam „volksdemokratische“ Öffnung der KPD ihre Grenzen finden: „Die Arbeiter“, mahnte Pieck, „müssen die weit überwiegende Mehrheit der Parteimitgliedschaft ausmachen.“[42] Doch daß das umworbene Industrieproletariat, möglichst klassenbewußt, kampferprobt und organisationserfahren, in den Betrieben des besiegten Nazi-Deutschland kaum anzutreffen sein würde, hatte man in Moskau durchaus registriert. Statt seiner, prognostizierte Hermann Matern im Juni 1944[43], hätte man „Frauen und betriebsfremde Elemente in großer Zahl“ zu erwarten; es sei von „Nachwuchs und Jugend“ ohne „Kenntnis und Erfahrungen von Arbeiterbewegung und Klassenkampf“ auszugehen, und „die klassenmäßige Zusammensetzung des Proletariats“ habe sich insgesamt „durch kleinbürgerliche Elemente verschlechtert“[44].

Mitgliederrekrutierung und Sozialprofil

In der Tat war das soziale Gefüge der ostdeutschen Bevölkerung zwischen Stalingrad und Stalinisierung in einer Weise aus dem Lot geraten, die das politische und das Mitgliederpotential der Arbeiterparteien, gemessen an den Rekrutierungsmustern der Zeit vor 1933, erheblich beeinträchtigte: Obwohl bei der Weimarer Sozialdemokratie die Zeichen des Wandels hin zu einer „Arbeitnehmerpartei“ nicht zu

[40] Zitate: Kocka, 1945: Neubeginn oder Restauration?, S. 183f.

[41] Benser, Nachkriegskonzept der KPD-Führung, S. 114.

[42] „Nach Hitler kommen wir“, S. 285.

[43] Vortragsdisposition Materns: Die Rolle der Gewerkschaften im neuen Deutschland, ebenda S. 199f.

[44] DDR-Historiker haben das Einströmen „klassenfremder Elemente“ in die Arbeiterschaft auch für die Nachkriegszeit betont: „Nach der Befreiung Deutschlands“, so Dittrich, Wandel der Arbeiterklasse, S. 476, „führten namentlich die Umsiedlung [d. h. Vertreibung] und die Entnazifizierung Angehörige des Kleinbürgertums und der Bauernschaft, der Intelligenz und der Beamtenschaft, aber auch des Bürgertums in die Reihen der Arbeiterklasse.“ Folgt man Hübners überschlägiger Berechnung, hat sich die Arbeiterklasse in der DDR gegen Ende der vierziger Jahre zu einem Fünftel, wenn nicht zu einem Viertel, aus eben diesen „fremden“ Klassen und Schichten gebildet (Hübner, Auswirkungen des Auf- und Ausbaus von Industriekapazitäten, S. 203).

übersehen waren, da sie Teile des neuen Mittelstandes in ihre Reihen aufgenommen hatte und „entfernt bereits Konturen einer ‚Partei des öffentlichen Dienstes' erkennen" ließ[45], bot sie nach wie vor in erster Linie Industrie- und Facharbeitern sowie Handwerkern eine politische Heimat. Exklusiver noch war die Mitgliederstruktur der KPD. Vorwiegend jüngere Betriebsarbeiter aus der Metallbranche, dem Baugewerbe und dem Bergbau, außerdem zahlreiche Eisenbahner verliehen ihr zu „normalen" Zeiten ein relativ homogenes proletarisches Profil. Beide großen Parteien der Arbeiterbewegung waren vor 1933 zu mehr als vier Fünfteln Männerorganisationen (der Frauenanteil lag in der SPD bei 20 Prozent, in der KPD bei 16 bis 17 Prozent), wobei unter den Kommunisten ebenso wie unter den Angehörigen der sozialistischen Zwischengruppen die 25- bis 40jährigen Mitglieder dominierten; in der Sozialdemokratie gehörten 1930 rund 37 Prozent dieser Altersgruppe an, mehr als die Hälfte der SPD-Genossen war zu diesem Zeitpunkt bereits älter als 40 Jahre. Die weitaus meisten aller Mitglieder der Linksparteien waren demnach vor 1905 geboren, bei Ausbruch des Zweiten Weltkrieges mindestens 35 Jahre alt und zum Zeitpunkt des parteipolitischen Neubeginns älter (zum überwiegenden Teil wesentlich älter) als 40.

Mit Blick auf diese traditionelle Hauptklientel der SPD und KPD sind drei Merkmale im stark veränderten Erscheinungsbild der ostdeutschen Nachkriegsgesellschaft hervorzuheben: der teils dauerhafte, teils vorübergehende Verlust von Männern durch Kriegstod oder Gefangenschaft, die dadurch deformierte Alters- und Geschlechtsstruktur sowie der Wandel der beruflichen Gliederung.

Das klassische Potential der Linksparteien, die Arbeiter jüngeren und mittleren Alters, war in der Folge des Krieges erheblich geschrumpft. Insbesondere die katastrophale Lücke in der Altersgruppe von 25 bis 35 Jahren fiel entscheidend ins Gewicht. Ihr Defizit betrug – gemessen an den bevölkerungsstatistischen „Soll"-Werten der letzten Vorkriegszählung von 1939 – allein unter den Arbeitern mehr als eine halbe Million. Bezogen auf die männlichen Erwerbspersonen insgesamt belief sich ihre Fehlmenge auf nahezu 800 000. Weniger dramatisch war der Einschnitt in der nächst höheren Alterskategorie: Unter den 35 bis 45 Jahre alten Arbeitern wurde ein Minus von etwa 90 000 Personen registriert, unter allen Erwerbspersonen rund 150 000 Männer diesen Alters, wobei sich der Rückgang auf die 35–40jährigen konzentrierte[46]. Eine deutliche Zunahme verzeichnete die Volkszählung 1946 dagegen in den höheren Altersgruppen. Relativ geringe kriegsbedingte Verluste in diesen Altersstufen wurden durch den gewaltigen Zustrom von Flüchtlingen und Vertriebenen mehr als ausgeglichen. Bei dem in der SBZ/DDR stets „Umsiedler" genannten Personenkreis handelte es sich vorwiegend um Frauen und Kinder einerseits und um Männer älterer Jahrgänge andererseits. So wuchs die Wohnbevölkerung

[45] Lösche/Walter, Auf dem Weg zur Volkspartei, S. 86, S. 132. Klaus Sühl hat berechnet, daß sich die SPD im Jahr 1930 zu 13 Prozent aus öffentlich Bediensteten rekrutierte (Sühl, SPD und Öffentlicher Dienst in der Weimarer Republik, S. 222 ff., zit. nach ebenda S. 86).

[46] Altersaufbau der Erwerbspersonen in der sowjetischen Besatzungszone, in: Statistische Praxis 1949/3, S. 43 f.

im Alter von 40 bis 65 Jahren gegenüber 1939 um fast ein Drittel, bei den Männern um 21,8 Prozent, bei den Frauen um 41,3 Prozent. Das Altersgefüge der Arbeiterschaft unterlag dem gleichen Trend: 1939 wurden rund 700000 Arbeiter (= 24 % aller Arbeiter) gezählt, die 45 Jahre und älter waren, 1946 dagegen knapp über eine Million. Von hundert Arbeitern in der SBZ waren nach dem Krieg vierzig älter als 45 Jahre[47].

Angesichts dieser Daten kann die These, durch Kriegseinwirkung seien „besonders jene Jahrgänge [der Arbeiterschaft] dezimiert worden, die ihre Organisationstradition, ihre Klassenbewußtheit und politische Erfahrung in den Kämpfen der Novemberrevolution und der Weimarer Republik erworben hatten“[48], nicht akzeptiert werden. Sie kennzeichnet mehr oder weniger das Schicksal der zwischen 1906 und 1915 geborenen Männer, ist aber weithin unzutreffend für die Jahrgänge bis 1905 und gilt damit ebensowenig für die Generation, der das Gros der KPD- und SPD-Mitglieder vor 1933 zuzurechnen ist. Organisierte aus diesen Altersschichten, also aus der Gruppe der über 40jährigen, waren es auch, die mit durchschnittlich 57 Prozent die Mehrheit der SED-Basis in der Nachkriegszeit bildeten.

Das Altersgefüge der SED-Mitgliedschaft spiegelt im wesentlichen die unausgewogene Struktur der ostdeutschen Nachkriegsgesellschaft wider[49], wobei die Tendenz zur Überalterung durch die schwache Repräsentation jüngerer Menschen in der Partei verstärkt wurde. Noch nicht einmal ein Fünftel ihrer Angehörigen war unter 31 Jahre alt. Die Organisationsquote (der Prozentanteil von SED-Mitgliedern unter der Wohnbevölkerung) belegt eine weit unterdurchschnittliche Erfassung der jugendlichen Altersgruppe (16–20 Jahre, gleich 9,9 Prozent) sowie der 21–30jährigen (10,8 Prozent). Dieses Mißverhältnis war indessen kein Spezifikum der Einheitspartei; vor dem gleichen Nachkriegs-Problem stand auch die KPD in den Westzonen[50]. Zurückzuführen ist dies einerseits auf eine mißtrauische „Zurückhaltung der

[47] Altersaufbau der Arbeiter 1946 in der sowjetischen Besatzungszone, Karteiblatt, Beilage der Statistischen Praxis 1949/4.

[48] So Dittrich, Wandel der Arbeiterklasse, S. 476; vgl. dazu Kleßmann, Verstaatlichte Arbeiterbewegung, S. 114.

[49] **Tabelle 2: Altersstruktur der SED-Mitglieder (September 1946) im Vergleich zur Wohnbevölkerung (Oktober 1946) in Prozent:**

Alter	Wohnbevölkerung gesamt	Wohnbevölkerung männlich	SED-Mitglieder	Organisationsgrad
16–20 Jahre	9,4	11,1	6,5	9,9
21–30 Jahre	17,0	13,3	12,8	10,8
31–40 Jahre	21,1	18,5	23,3	15,7
41–50 Jahre	24,6	26,6	27,4	15,9
50–65 Jahre	27,9	30,5	30,0	15,3
Summe	100	100	100	
Durchschnitt				14,3

Berechnet nach: Altersaufbau der Bevölkerung der sowjetischen Besatzungszone“, in: Statistische Praxis 1948/6, S. 89 (Daten der Volks- und Berufszählung 1946); Altersstruktur der SED-Mitglieder nach SAPMO, ZPA IV 2/5/1367, Bl. 24.

[50] Staritz, Kommunistische Partei Deutschlands, S. 1786, auch für die folgenden Zitate. Vgl. Major, German Communist Party, S. 258.

Antifaschisten gegenüber den HJ- und BDM-Jahrgängen", andererseits wohl umgekehrt auch auf starke Vorbehalte gegenüber den Kommunisten. Die vergleichsweise hohen Anteile an jugendlichen Mitgliedern in der LDP (ein Viertel aller Liberaldemokraten war 1948 jünger als 26 Jahre alt)[51] legen jedenfalls den Schluß nahe, daß die in der NS-Zeit sozialisierte jüngere Nachkriegsgeneration einem Parteienengagement nicht grundsätzlich abgeneigt war. In einer Organisationsanalyse, die Mitte 1949 den Zustand der zur „Partei neuen Typs" transformierten SED untersuchte, zeigte sich die SMAD-Spitze besorgt über den weiterhin geringen Mitgliedernachwuchs. Kritisiert wurde „die unangebrachte Vorsicht der SED-Organisationen gegenüber der Jugend, deren politisch aktivster Teil seinerzeit in der HJ war"[52] – eine angesichts der sowjetischen Internierungspraxis nach dem Kriege bemerkenswerte Kritik.

Als ebenso schwierig erwies sich die organisatorische Erfassung der weiblichen Bevölkerung. Obgleich die Werbekampagnen von Anfang an „besonderen Wert auf die Gewinnung der antifaschistischen Frauen" legten, gelang es nur in begrenztem Maße, den enormen Frauenüberschuß in der SBZ-Bevölkerung und die im interzonalen Vergleich hohe Frauen-Erwerbsquote[53] in entsprechende weibliche Mitgliederanteile umzumünzen. Gewiß – verglichen mit Weimarer Verhältnissen und gegenüber dem Frauenanteil in der westzonalen KPD – durchschnittlich 16 Prozent im Jahre 1947 mit sinkender Tendenz[54] – konnte die SED mit mehr als 400000 organisierten Frauen, die knapp ein Viertel der gesamten Mitglieder ausmachten, durchaus einen Erfolg verbuchen. Dies waren jedoch nur 4–5 Prozent der Frauen im organisationsfähigen Alter, während die entsprechende Männer-Quote zwischen 20 und 25 Prozent oszillierte. Offenkundig lag die parteipolitische Präferenz der weiblichen Bevölkerung in der sowjetischen Besatzungszone bei der CDU, die einen Frauenanteil von etwas mehr als 40 Prozent vorweisen konnte[55]. Die traditionell geringe Anziehungskraft der Linksparteien auf Frauen wirkte in der Nachkriegszeit fort und hat – durch die Geschlechterdisproportion noch verstärkt – die Rekrutierungschancen von KPD, SPD und SED eingeschränkt.

Eine wesentliche Bedingung für den dennoch erzielten außerordentlichen Mitgliederzustrom war zweifellos die nach allen Seiten hin offene, bald auch „nominelle" Parteigänger der Nazis einbeziehende Aufnahmepraxis, unterstützt von einer zunächst nur auf Masse orientierten intensiven Werbekampagne. Entsprach die so ent-

[51] Dähn, Liberal-Demokratische Partei Deutschlands, S. 571.

[52] SAPMO, ZPA, NL 36/735, Bl. 261.

[53] Waren von 100 Arbeitskräften in der SBZ 55 Männer und 45 Frauen, betrug dieses Verhältnis in der britischen Besatzungszone 69 zu 31. In Industrie und Handwerk arbeiteten in der SBZ doppelt so viele Männer wie Frauen, in der britischen Zone jedoch etwa fünfmal so viele (Deutsche Arbeitskräfte in Ost und West, in: Statistische Praxis 1949/6, S. 83f).

[54] Staritz, Kommunistische Partei Deutschlands, S. 1786f.

[55] Vgl. Suckut, Christlich-Demokratische Union Deutschlands, S. 522. Auch mit Blick auf die Wahlen 1946 in der SBZ kann die CDU als „Frauenpartei" par excellence bezeichnet werden: Mehr als zwei Drittel ihrer Stimmenanteile bei den Gemeindewahlen stammten von Wählerinnen (vgl. Braun, Determinanten der Wahlentscheidungen in der SBZ, S. 350).

standene Mitgliederstruktur[56] (vgl. Tabellen 3[57] und 4[58]) mit Blick auf die gesellschaftliche Breite durchaus den Vorstellungen der Parteispitze, genügte die Gewichtung bestimmter sozialer Kategorien ihren Ansprüchen bald nicht mehr.

Zum Hauptproblem geriet die Maxime „Partei der Arbeiterklasse". Zwar vermittelten frühe Organisationsbilanzen der Einheitspartei und ihrer Vorläufer ein soziales Erscheinungsbild, das dem gewünschten Charakter nahekam: Die KPD-Statistik wies Ende Januar 1946 durchschnittlich 57 Prozent Arbeiter aus[59], ebenso der SPD-Bezirk Leipzig Mitte Februar des gleichen Jahres[60], und mit einem Industriearbeiter-Anteil von 49 Prozent war das Klassen-Profil der SED im Herbst 1946 noch einigermaßen im Lot. Doch kaum ein Jahr später zeigten die Bestandsmeldungen an, daß die Partei ihr proletarisches Gepräge immer detlicher verlor. Im Mitglieder-Bericht für September 1948 kam die Organisationsabteilung nicht mehr umhin, mit Blick auf die Veränderungen in der sozialen Zusammensetzung bereits von einem „gewohnten Bild" zu sprechen: „Absinken der schaffenden Bevölkerung: Industriearbeiter, Landarbeiter, Bauern sowie Ansteigen der Angestellten, bis hinauf zu der

[56] Eine Beschreibung der SED-Sozialstruktur auf der vor 1990 verfügbaren Datengrundlage – sie war im wesentlichen auf den Rechenschaftsbericht zum 2. Parteitag 1947 beschränkt – gibt Müller, Sozialistische Einheitspartei Deutschlands, S. 487ff. Eine umfassende historische Soziologie der Mitgliederentwicklung und -struktur der SED steht noch aus.

[57] **Tabelle 3: Sozialstruktur der SED 1946–1948, Anteile in Prozent**

Soziale Kategorie	September 1946		Dezember 1947		Dezember 1948	
	Anteil	Org.grad	Anteil	Org.grad	Anteil	Org.grad
Industriearbeiter	49,0	19,0	46,6	17,8	44,2	20,0
Land- u. Forstarbeiter	4,4	6,3	3,6	6,2	3,1	5,9
Angestellte	17,1	24,0	18,5	28,4	21,1	37,3
Bauern (Selbständige)	5,9	9,9	6,0	10,1	5,8	10,9
Handw. u. Gewerbetr.	7,0	14,4	6,6	12,5	6,6	15,8
Technische Intelligenz	1,1	12,6	1,0	12,9	1,0	18,6
Sonstige Intelligenz	1,8		1,5		1,3	
Lehrer	1,2	33,8	1,8	35,2	2,0	37,1
Hausfrauen/Rentner	12,5		14,4		14,9	

Daten nach SAPMO, ZPA, IV 2/5/1367 u.1368.

[58] Tabelle 4: **Sozialstruktur der SED nach Geschlecht (März 1950)**

Soziale Kategorie	Männer abs.	Männer Proz.	Frauen abs.	Frauen Proz.	Frauenanteil insgesamt
Industriearb.	566 255	47,7	74 980	20,6	11,7
Land- und Forstarb.	45 349	3,8	7 363	2,0	14,0
Angestellte	237 723	20,0	77 810	21,3	24,7
Bauern (Selbst.)	90 352	7,6	7 730	2,1	7,9
Gewerbetreibende	96 675	8,2	9 907	2,7	9,3
Techn. Intelligenz	17 154	1,5	388	0,1	2,2
Sonstige Intelligenz	18 469	1,6	3 886	1,1	17,4
Lehrer	24 112	2,0	11 624	3,2	32,5
Hausfrauen/Rentner	90 197	7,6	170 857	46,9	65,4
Insgesamt	1 186 286	100,0	364 545	100,0	23,5

Daten nach SAPMO, ZPA, IV 2/5/1369, Bl. 14.

[59] Dokumente zur Geschichte der kommunistischen Bewegung, Bd. 1, S. 499.

[60] Malycha, SPD in der SBZ, S. 171.

Intelligenz und der Kategorie der Hausfrauen und Sonstige"[61]. Ende 1948 war der Arbeiter-Anteil auf 44 Prozent zurückgegangen, bis März 1950 sank er auf 41 Prozent, und sechs Monate später registrierte die SED-Statistik nur mehr 39 Prozent Parteizugehörige aus der „führenden" Klasse, obwohl ihre Repräsentation seit 1949 mit Hilfe einer gezielten Kandidaten-Auslese aufgebessert werden sollte und dem Trend zur (Staats-) Angestellten-Organisation durch die Herausnahme der Volkspolizisten aus der offiziellen Mitgliederkartei die Spitze genommen wurde.

Erst nach der Mitgliederüberprüfung von 1951 war die Vorstellungswelt der Parteiführung wieder in Ordnung. Nicht daß sich das aktuelle klassenspezifische Bild entscheidend verändert hätte: Zum 30. September 1951 gehörten der SED 487000 (= 42,4 %) Arbeiter[62] und 316000 (= 27,5 %) Angestellte an, die zusammen mit den Hausfrauen und Rentnern (185000 = 16,1 %) 86 Prozent der gesamten Mitgliederschaft stellten, doch mit den Resultaten der Mitgliederbefragung und mit Hilfe einer neuen „Organisationstechnik" war man nunmehr in der Lage, bei der Analyse der sozialen Zusammensetzung nach dem erlernten Beruf, der Erwerbstätigkeit zum Zeitpunkt des SED-Beitritts und dem jeweils aktuellen sozialen Stand zu differenzieren. Somit konnte der Nachweis, „daß die SED die Partei der Arbeiterklasse ist", endlich wieder mit Zahlen geführt werden, hatten „doch mehr als 75 Prozent [871000] der Gesamtmitgliederschaft" eine Herkunft aus dem Arbeitermilieu[63]. Als Angestellte begannen demnach 189000 Mitglieder (= 16,4 %) ihr Berufsleben, und 28000 (= 2,4 %) wurden als „nicht in Arbeit Stehende" qualifiziert; offenkundig waren damit Hausfrauen gemeint. Bezogen auf den Status beim Eintritt in die Partei, rechneten 696000 (= 58 %) der Mitglieder von September 1951 zur Arbeiterschaft, 278000 (= 23,2 %) zu den Angestellten und 103000 (= 8,6 %) zu den Hausfrauen und Rentnern, um auch hier lediglich die Hauptkategorien zu nennen.

Diese Daten verdeutlichen zweierlei: Zum einen belegen sie das für die SED immer dringlicher werdende Problem der Überalterung: Am 30. September 1951 waren 100000 Mitglieder (= 8,8 %) im Rentenalter (davon 88500 Männer) und über 380000 (= 33,2 %) SED-Angehörige zwischen 50 und 65 Jahre alt, d. h. 42 Prozent aller zu diesem Zeitpunkt in der SED Organisierten wurden vor 1902, die große Mehrheit noch im 19. Jahrhundert geboren. Die Gruppe der 16–30jährigen in der

[61] SAPMO, ZPA IV 2/5/1368, Bl. 133. Die mangelhafte Organisationsbuchführung in der Anfangszeit hat indessen auch das ausgewiesene Sozialprofil der SED-Mitgliederschaft beeinflußt. So machte die Organisationsabteilung im Rahmen der Bestandsrevision darauf aufmerksam, daß in der Kategorie „Industriearbeiter", die bei der Gründung der SED als „Sammelbegriff" gedient habe, „alle Mitglieder geführt wurden, die überhaupt arbeiteten, dabei auch viele, die mit dem Ingangkommen der Wirtschaft wieder Angestellte wurden". Ebenso sei ein großer Prozentsatz der Trümmerfrauen zunächst als Industriearbeiterinnen geführt worden, bevor man sie in der Rubrik Hausfrauen erfaßte (Bericht der Organisationsabteilung des Zentralsekretariats der SED vom 11. März 1948, SAPMO, ZPA, IV 2/5/1368, Bl. 34f.).

[62] In der Kategorie „Arbeiter" wurden jetzt Industrie- *und* Land- bzw. Forstarbeiter gezählt, d. h. der Anteil der Industriearbeiterschaft hatte sich offenkundig noch weiter reduziert.

[63] Org.-Instrukteur-Abteilung (Berlin, 21. 12. 1951), Analyse zur ersten erweiterten statistischen Berichterstattung zur Mitglieder- und Kandidatenbewegung der Partei mit Stand vom 30. 9. 51, SAPMO, ZPA, IV 2/5/1369, Bl. 86.

SED, mithin diejenige Generation, die ihre primäre Sozialisation zum Großteil in der HJ und im BDM erfahren hatte, kam lediglich auf 14,4 Prozent (165 000) der gesamten Mitgliederschaft. Zum andern spiegeln die Daten den bekannten Aufstiegsprozeß früherer Arbeiter in die Kommandohöhen des verstaatlichten Sektors der Wirtschaft bzw. ihr Einrücken in die entnazifizierten Behördenapparate der Staats-, Länder- und Kommunalverwaltungen wider. Signifikant für diesen Werdegang sind auch die aus der SED-Statistik übernommenen Organisationsgrade unter den Angestellten und Lehrern bzw. Lehrerinnen: Mit rund 37 Prozent lagen diese Mitgliedergruppen 1948 weit vor der Industriearbeiterschaft, die nur zu einem Fünftel in der Partei repräsentiert war[64]. Daß der Staatspartei-Effekt hierbei eine ausschlaggebende Rolle spielte, läßt auch ein vergleichender Blick auf das soziale Gefüge des westdeutschen Pendants erkennen: Die KPD hatte 1949 einen durchschnittlichen Arbeiter und Arbeiterinnen-Anteil von 53 Prozent, aber nur 6,2 Prozent ihrer Mitglieder waren Angestellte[65].

Die materielle Attraktivität, die die Zugehörigkeit zu KPD bzw. SED in der SBZ versprach, wird man neben der starken Organisationstradition als einen weiteren wesentlichen Faktor für die Erklärung ihrer guten Mitgliederkonjunktur anführen können. Gleichgültig, ob und wie der erhoffte Vorteil im Einzelfall eintrat, ob Karriere-Interessen, allgemeine Versorgungsgründe oder Motive einer antifaschistisch-moralischen Selbst-Rehabilitierung den Ausschlag gaben – solche Beitrittsmotive dürften das KPD- und SED-Mitgliederaufkommen im Osten Deutschlands erheblich beeinflußt haben. Andererseits wurden insbesondere Beschäftigte des öffentlichen Dienstes zunehmend zum Parteibeitritt gedrängt, waren bestimmte Positionen und Stellen ohne das richtige Parteibuch nicht mehr zu bekommen. Letztlich war die SED damals schon keine Arbeiterpartei mehr, sondern entwickelte sich zur Arbeitnehmerpartei des öffentlichen Dienstes, „und der umfaßte bald (nach der Verstaatlichung der Industrie und schließlich der Kollektivierung der Landwirtschaft) – die ganze Gesellschaft“[66].

Besatzungspolitische Bedingungen und Einflüsse

Auf der anderen Seite darf jedoch nicht vergessen werden, daß – noch vor Staatspartei-Bonus und Versorgungsmentalität – zuerst politische Impulse und lebenspraktische Initiativen eine Mobilisierung in der frühen Nachkriegszeit bewirkten. Begünstigt wurde diese Entwicklung durch eine verbreitete Kapitalismus-Kritik und vage Sozialismus-Forderungen, die weit über den Kreis der traditionellen KPD- und SPD- Klientel hinaus Anziehungskraft besaßen und die Rekrutierungsbasis der Linken um ihnen früher fernstehende Schichten (insbesondere ländliche und mittelständische) erweiterten. Die SMAD hat solchen Reformwillen nicht nur von Anfang an unterstützt, sondern antikapitalistische Strukturveränderungen und den politischen

[64] Vgl. Tabelle 3 (Anm. 57).

[65] Major, German Communist Party, S. 258; vgl. auch Heimann, Sozialdemokratische Partei Deutschlands, S. 2180.

[66] Staritz, Gründung der DDR, S. 111.

Neuordnungsprozeß unter dem Vorzeichen des Antifaschismus zielstrebig „motiviert und legalisiert“[67].

In zeitgenössischen Berichten wie in historischen Analysen wurde das Verhalten der unter Hitler überpolitisierten Deutschen nach dem Ende der NS-Herrschaft gemeinhin als „Rückzug auf das Unpolitische und Private“ gedeutet[68]. Während die Besatzungspraxis in den Westzonen der Tendenz zu politischer Apathie zunächst Vorschub leistete, weil erst politische Enthaltsamkeit, dann eine langwierige Gründungsprozedur der Verbände nach dem Konzept einer „Demokratie von unten“ verordnet worden waren, förderte der entschiedene politische Zugriff der Sowjets in Verbindung mit den Aktivitäten der remigrierten KPD-Kader kontrolliertes politisches Engagement und parteibezogene Teilnahme in der SBZ frühzeitig. In diesem Sinne ist der SMAD-Befehl Nr. 2 nicht nur als besatzungsrechtlicher Akt der Wiederzulassung politischer Organisationen anzusehen: Weil man 1945 in Deutschland von sowjetkommunistischer Herrschaft alles andere erwartete als das Angebot, ein Parteiengefüge mit Pluralismus-Perspektive zu etablieren – ein Angebot, das sich freilich alsbald als Täuschungsmanöver erwies –, trug diese Besatzungsorder dazu bei, Vorbehalte abzubauen und Partizipationsbereitschaft zu stimulieren.

Dieses zunächst positive Stimmungsbild wies jedoch ohne Zweifel einige Schatten auf. So schufen oder verstärkten das Verhalten der Besatzungstruppen, ihre Internierungspraxis oder bestimmte Erscheinungen der sowjetischen Demontage- und Reparationspolitik sowie die zunehmend katastrophaler werdende Versorgungslage unzweifelhaft politische Distanz. Die bald als „Russenpartei“ identifizierte KPD bzw. SED blieb in ihrem Ansehen davon nicht unberührt, und es waren solche Krisenerscheinungen, die die Organisation im Sommer 1947 in ein allgemeines Stimmungstief stürzten[69]; die wenig später einsetzende Austrittswelle (1948/49 immerhin über 113 000 Mitglieder) verdeutlicht die Unzufriedenheit mit der politischen und sozialen Situation. Schließlich wurde in vielfach überlieferten Berichten von der Parteibasis beklagt, daß die so zahlreiche Mitgliedschaft sich nur mäßig am politischen Geschehen beteiligte. Insofern waren politischer Handlungswille und soziale Initiative auch in der sowjetischen Besatzungszone nicht die dominanten Kennzeichen der Zeit, ja, die Betriebsamkeit der Kommunisten vermittelt hier ein häufig unzutreffendes Bild. Dennoch steht außer Frage, daß die Bevölkerung in der SBZ einer – verglichen mit den Westzonen – früheren und insgesamt stärkeren Politisierung unterworfen war, was sich beispielsweise auch an ihrer hohen Beteiligung an den Wahlgängen des Jahres 1946 zeigt[70].

[67] Grebing, Soziale und politische Probleme, S. 8. Daß für diese Transformationspolitik eine deutliche Mehrheit der Bevölkerung zu mobilisieren war, zeigt z. B. der Volksentscheid in Sachsen am 30. Juni 1946, wenngleich zu berücksichtigen ist, daß die ihm vorausgehende Werbekampagne die Aspekte „Friedenssicherung“, und „Verurteilung der Kriegsverbrecher“ betonte und nur befürwortende Stellungnahmen öffentlichkeitswirksam werden konnten (vgl. Braun, Wahlen und Abstimmungen, S. 381 ff.).

[68] So Broszat/Henke/Woller, Von Stalingrad zur Währungsreform, S. XXVII.

[69] Vgl. Staritz, Einheits- und Machtkalküle der SED, S. 24 ff.

[70] 93 Prozent der Wahlberechtigten beteiligten sich an den Gemeindewahlen, 91 Prozent an den Landtagswahlen (vgl. Braun, Wahlen und Abstimmungen, S. 386).

Anfänglich – und wesentlich – trugen dazu ohne Zweifel die Antifa-Ausschüsse und die in der SBZ besonders starken Betriebsräte der „ersten Stunde“ bei, die ein beachtliches Potential antifaschistisch-demokratischer Kräfte mobilisieren konnten. Obwohl ihre spontane und selbstbewußte politische und soziale Initiative von der SMAD und der KPD-Führung in herkömmliches Verwaltungshandeln, in Block-Ausschüsse und parteidominante Politikmuster kanalisiert wurden, scheint der Impetus jener „Aktivisten“ dadurch nicht erlahmt zu sein: Sie „erzielten große Erfolge aufgrund ihrer hohen Leistungsfähigkeit bei der Steuerung des unmittelbaren Nachkriegschaos, dem Wiederaufbau der Betriebe, der Wiederaufnahme der Produktion (einschließlich innerbetrieblicher Entnazifizierung und Leitung herrenlos gewordener Betriebe) und wirkten aufgrund enger Kontakte zur Einwohnerschaft und Betriebsbelegschaft außerordentlich effizient in Richtung auf den Ausbau der linken Hegemonie“[71].

Von diesen Impulsen des Neubeginns profitierten Sozialdemokraten wie Kommunisten – letztere zunächst mehr, weil sie aufgrund ihres Ansehens als aktivste Gruppierung im Widerstand gegen den Nationalsozialismus, aufgrund ihres programmatischen Wandels und durch ihre Nähe zur sowjetischen Besatzungsmacht eine besondere Anziehungskraft ausüben konnten. Zudem sind die Vorteile der KPD-Initiatoren beim Werben um die begehrten Mtgliedermassen nicht zu übersehen: Schon vor der offiziellen Gründungserlaubnis durch den SMAD-Befehl Nr. 2 hatten die Remigranten des ZK und aktionsbereite Altkader die Fundamente des Parteiaufbaus legen können, und in der Folge erleichterten ihnen die weitaus größeren Entfaltungsmöglichkeiten durch die politische und materielle Unterstützung der Besatzer Propaganda und Organisationsarbeit ungemein[72].

3. *Führungsanspruch und Kader-Probleme*

Über die erforderlichen Ressourcen hinaus erhielten die aus Moskau remigrierten KPD-Funktionäre durch die SMAD Rückendeckung zur Durchsetzung ihres innerparteilichen Führungsanspruchs. Dieser Führungsanspruch und der damit verbundene neue politische Kurs der KPD wurde von jenen kommunistischen Kadern, die während des Dritten Reichs in Widerstand und Illegalität aktiv gewesen waren, nur zum Teil akzeptiert; das galt vor allem für diejenigen, die es unter schwierigsten Bedingungen im KZ verstanden hatten, eine eigene Organisationstradition und Parteistruktur aufrechtzuerhalten und nach 1945 mit dem unzweifelhaft größten moralischen Füh-

[71] Grebing, Politische und soziale Probleme, S. 7. Ausführlich Suckut, Betriebsrätebewegung.

[72] Überzogen sind jedoch Behauptungen, „die KPD“ sei „von den Besatzern mit einem riesigen hauptamtlichen Parteiapparat ausgestattet“ worden, und es habe 1945/46 „kaum ein Dorf in Sachsen und Thüringen [existiert], in dem die KPD nicht mit einem Ersten und Zweiten Sekretär, mit einem ‚Agitprop‘- und ‚Org‘-Mann präsent war“ (so Franz Walter, Heute Diaspora, einst Hochburg?, S. 50). Abgesehen davon, daß die KPD in dieser Zeit weder die Funktionen eines „Ersten“ oder „Zweiten“ Sekretär kannte noch kaderpolitisch in der Lage war, einen solchen Apparat personell zu besetzen, verfügte selbst die SED im April 1946 zunächst nur über 6645 „ländliche Ortsgruppen“, deren Zahl sich bis Juni 1947 allerdings auf 11365 erhöhte (siehe SAPMO, ZPA, IV 2/5/1368, Bl. 29; vgl. auch Anm.15).

rungsanspruch aufwarten zu können glaubten. Es gelang den Kräften des antinationalsozialistischen Widerstands jedoch nicht, die politische Nachkriegsordnung in der SBZ programmatisch, organisatorisch und personell wesentlich mitzubestimmen. Gegen die SMAD-gestützte Autorität der Moskauer Führungsgruppe konnten sich weder ihre weitgehend an sozialistischen Zielen orientierten Programme noch die anderen „Gegner der antifaschistisch-demokratischen Selbstbescheidung“[73] behaupten.

Zwar fügten sich der alte Kaderstamm und die neugewonnenen „aktiven Antifaschisten“ offenbar rasch in die Parteidisziplin nach den Prinzipien des „demokratischen Zentralismus“, doch der Konflikt zwischen der Moskauer Emigration und den ehemaligen Illegalen im Reich schwelte weiter. In einem für „Moskauer Stellen“ verfaßten „Bericht über die Lage in Sachsen“ sprach Fritz Große, Mitglied des SED-Landesvorstands und des Landessekretariats, im August 1946 von der zeitweiligen „Gefahr einer Cliquenbildung“, die durch die Existenz verschiedener Funktionärsgruppen (er nennt die „Moskauer“ und die „spanische Gruppe“, „die Buchenwalder, Sachsenhausener, Mauthausener, Waldheimer und Auschwitzer“, die Gruppe vom Nationalkomitee, Frontschüler und alte Illegale sowie die „englischen Illegalen“) hervorgerufen werde. „Solche Stimmungen“ seien zwar noch immer vorhanden, aber nicht mehr gefährlich für die Partei. In einem Nachspann ließ Große, selbst nach langjähriger Zuchthaus- und KZ-Haft im Frühjahr 1945 aus Mauthausen befreit, jedoch anklingen, daß die eigentliche Trennlinie in der Partei nach wie vor zwischen Emigranten ohne illegale Kampferfahrung und den Vertretern des antinationalsozialistischen Widerstands verlief. „Das Gros der KZler“, berichtete er, stellt „heute unseren entscheidenden Kader“ dar, „aber auch aus den Spanienkämpfern haben wir feine Jungs. Bei einem Teil der Emigranten sind bestimmte Neigungen für [sic] Bonzentum vorhanden und Tendenzen, gewisse Erscheinungen schematisch auf Deutschland zu übertragen. Am wenigsten ist das bei den französischen Emigranten der Fall, man merkt, sie haben illegale, gefährliche Arbeit hinter sich, und das schafft Bindung nach unten.“[74] Wem sonst als den Moskau-Heimkehrern sollte diese Spitze gegolten haben?

Die KPD-Exilführung wiederum hatte den kommunistischen Widerstandskampf gegen das NS-Regime – anders, als dies für die Interpreten der Parteigeschichte zu DDR-Zeiten vorgegebene Norm war – stets außerordentlich kritisch beurteilt[75] und die politische Qualifikation derjenigen Kader, die sich in der NS- und Kriegszeit nicht unter ihrer Obhut befunden hatten, grundsätzlich infrage gestellt. Man hoffte, die notwendige Partei-„Säuberung“ von den „Elementen [. . .], die in der faschistischen Zeit sich eines Kommunisten nicht würdig erwiesen haben“, im kleinen Rahmen halten zu können, und rechnete zudem „mit sehr starken sektiererischen

[73] Meuschel, Legitimation und Parteiherrschaft, S. 45.

[74] SAPMO, ZPA, IV 2/11/129, zit. nach einem Manuskript von Ulrich Mählert (Mannheim), der dieses Dokument zur Veröffentlichung vorbereitet hat. Zur Biographie von Fritz Große vgl. Wer war wer in der DDR, S. 246. Zur Einschätzung der Unterschiede zwischen Vertretern des Widerstandes im Lande und den Moskauer Antifaschisten vgl. auch Bramke, Neuordnung, S. 584.

[75] Vgl.: Aus dem Informationsmaterial ‚Die KPD‘, in: Keiderling, Gruppe Ulbricht, S. 164.

und rechtsopportunistischen Auffassungen und Bestrebungen [. . .], die uns sehr die Durchführung unserer revolutionären Massenpolitik erschweren können“[76].

Die Lösung dieser Probleme sahen Wilhelm Pieck und Genossen in einer besonders intensiven Schulung und in einer umso sorgfältigeren „Auslese und Erziehung der Kader“. Die kaderpolitischen Konsequenzen gingen freilich nicht so weit, daß den Vertretern des Widerstands höhere Positionen im Partei- oder Verwaltungsapparat der SBZ grundsätzlich versagt worden wären. Doch in politikbestimmende Führungsfunktionen rückten sie nicht auf, und dort, wo sie nach Kriegsende auf Länder- bzw. Bezirksebene zunächst die Führung der KPD innehatten und eine Hausmacht zu erlangen drohten, wurden sie rasch von der Spitze entfernt, so beispielsweise Fritz Selbmann in Leipzig, Ernst Busse in Thüringen oder Robert Siewert in der Provinz Sachsen. Ende der vierziger/Anfang der fünfziger Jahre wurde im Rahmen der Partei-„Säuberungen“ ein erheblicher Teil dieses Funktionärskreises noch weiter ins politische Abseits gedrängt, wovon die ehemaligen „Funktionshäftlinge“ der Konzentrationslager besonders betroffen waren[77]. Erst in dieser Phase der stalinistischen Parteiherrschaft wurden im übrigen restriktive „Anweisungen“ Ulbrichts gegenüber Mitgliedern ehedem „parteifeindlicher Gruppierungen“ durchgesetzt, die schon beim Aufbau der Organisation ausgeschlossen bleiben sollten – eine Direktive, die wohl auch angesichts des gravierenden Kadermangels zunächst nicht zum Tragen gekommen war[78].

Standen an der Spitze der KPD Funktionäre, die 1945 größtenteils aus der UdSSR zurückgekehrt waren und in ihrem Kern eine personelle Kontinuität zur Parteileitung vor 1933 herstellten, so setzte sich der in Berlin konstituierte Zentralausschuß der SPD größtenteils aus ehemaligen regionalen Repräsentanten der Sozialdemokratie zusammen. Die provisorischen Führungsgremien beider Parteien umfaßten jeweils 16 Personen: Von den Unterzeichnern des KPD-Gründungsaufrufs „gehörten immerhin acht schon in der Weimarer Republik dem ZK an (fünf sogar dem Politbüro), 11 waren Abgeordnete des Reichstags oder Preußischen Landtags gewesen“[79]. Von den Mitgliedern des Zentralausschusses rechnete nur Karl Litke früher zum SPD-Parteivorstand, drei waren Abgeordnete des Reichstags von 1932 und vier des Preußischen Landtags gewesen. War das Potential an traditionellen Kräften auf der Führungsebene der SPD 1945 sehr begrenzt, weil die meisten Mitglieder des überalterten Weimarer Vorstands nicht mehr lebten und ein kleinerer Teil sich noch in der Emigration befand, verfügten die Sozialdemokraten jedoch über erheblich größere Reserven an ehemaligen Funktionären der mittleren und unteren Organisationsebenen. Hier hatte wiederum die KPD ihre größten personalpolitischen Probleme: Die zahlenmäßig ohnehin schwächere Funktionärsschicht war einerseits durch die Opfer des NS-Terrors, aber auch der „Stalinschen Säuberungen“ ausgezehrt, andererseits wurden zahlreiche Kräfte, die wenigstens Erfahrungen in untergeordneten Funktio-

[76] „Nach Hitler kommen wir“, S. 282.
[77] Vgl. Niethammer, Der „gesäuberte“ Antifaschismus.
[78] „Nach Hitler kommen wir“, Dok. 34, S. 327f., vgl. auch ebenda S. 372.
[79] Weber, Traditionslinien und Neubeginn, S. 310, zum folgenden S. 311.

nen der KPD bzw. ihrer früheren Nebenorganisationen vorweisen konnten, durch den enormen Kaderbedarf in den höheren Rängen der Partei- und Verwaltungshierarchie von der Basis abgezogen. Die Organisationssekretäre der SED-Landes- und Kreisverbände führten vielfach Klage darüber, daß ihre Einheiten erfahrenere Parteifunktionäre aus diesen Gründen abgeben mußten.

Dominierte in der sozialdemokratischen Organisation bis hinauf zu den Bezirks- und Landesverbänden die ehrenamtliche Parteiarbeit, waren in den KPD-Apparaten die wichtigeren Posten (Kader, Agitation/Propaganda und Wirtschaft) zumindest auf Kreisebene früh mit Hauptamtlichen besetzt. Dies fand nach dem Zusammenschluß zur SED insofern eine Fortsetzung, als die lokalen Spitzengremien zwar der Zahl nach von Sozialdemokraten und Kommunisten paritätisch gebildet wurden, letztere jedoch auf der unteren Parteiebene oftmals allein die hauptamtlichen Funktionen innehatten. Für die Prägung der SED, für ihre relativ reibungslos verlaufene Umbildung zur bolschewistischen Kaderpartei, war dieser innerparteiliche Zustand sehr bedeutsam. Er kommt auch in dem Verhalten vieler ehemaliger Sozialdemokraten zum Ausdruck, die es zunächst aus eigenem Antrieb vorzogen, in der kommunalen Politik und Verwaltung oder in den Länder-Administrationen unterzukommen, bevor ihnen dieser Weg im Zuge der Stalinisierung der SED oftmals aufgezwungen wurde.

Das Verhältnis von Altfunktionären und neuen Kadern in der wachsenden Parteibürokratie veränderte sich aus einsichtigen Gründen jedoch rasch: Das politische Personal ohne linke Parteitradition und ohne „NS-Schicksal" nahm zwar gegen Ende der vierziger und Anfang der fünfziger Jahre hin deutlich zu, diese personelle Reform blieb bis dahin aber weitgehend auf die untergeordneten Parteiapparate (Orts-, Betriebs- und Kreisebene) beschränkt. Dies belegt Tabelle 5, in der die hauptamtlichen Funktionäre des Parteivorstandes, der Landes- und Kreisvorstände sowie die SED-Betriebsgruppensekretäre der Großbetriebe nach dem Stand von Juli 1950 summarisch erfaßt sind und vermerkt ist, wie viele von ihnen vor 1933 in den Arbeiterparteien organisiert und wie viele in der NS-Zeit inhaftiert und/oder emigriert waren[80].

[80] **Tabelle 5: Hauptamtliche SED-Funktionäre auf der oberen Organisationsebene**

Position im Parteiapparat	Anzahl der Funktionäre	davon vor 1933 organisiert		davon 1933–45 in Haft/Exil	
		abs.	Proz.	abs.	Proz.
Funktionäre im Parteivorstand	283	224	79,2	115*	
Sekretäre Landesvorstände	54	46	85,2	38	70,4
Abteilungsltr. Landesvorstände	56	44	78,6	36	64,3
Sekretäre d. Kreisvorstände	880	516	58,6	275	31,3
Abteilungsltr. Kreisvorstände	552	274	49,6	66	12,0
Betriebsgruppensekretäre	361**	189	52,4	43	11,9
Insgesamt	2186	1293	59,2		

* Angabe bezieht sich nur auf Inhaftierte
** Angabe ohne Landesorganisation Sachsen-Anhalt

(Zusammengestellt nach einer Aufstellung der ZPKK, SAPMO, ZPA, IV 2/4/29, Bl. 50–55).

Was der KPD/SED durch die kaderpolitische Erneuerung und den Volkspartei-Anspruch an proletarischem Gepräge und Klassenbewußtsein verloren ging, sollte mit intensiver Schulung und Propaganda wettgemacht werden. Dachte Wilhelm Pieck im Exil mit Blick auf die Erziehung von zuverlässigen KPD-Funktionären selbst „an ähnliche Einrichtungen, wie sie die Nazipartei auf ihren Ordensburgen für reaktionäre Zwecke geschaffen hat“ und schloß auch die Gründung eines Ordens („als Kadertruppe“) für diesen Zweck nicht aus[81], so war die Wirklichkeit des Schulungsbetriebs in der SED offenbar wesentlich profaner: Welche Bedeutung die politisch-ideologische Vermittlung der Parteilinie für die Disziplinierung und die einheitliche Ausrichtung der Kader tatsächlich besaß, ist nur schwer zu beurteilen, weil hier auch andere Faktoren eine Rolle spielten. Zweifel an der Effektivität der Schulungsarbeit sind jedenfalls angebracht, insbesondere für die frühen Jahre der Einheitspartei. Diesen Schluß legt auch eine interne Einschätzung nahe, die Fritz Große in seinem bereits zitierten „Bericht über Sachsen“ im August 1946 vornahm. Seine Vorbehalte sind sicher nicht ohne weiteres zu verallgemeinern; dennoch sei eine einschlägige Passage seiner Ausführungen angeführt, zumal sie auch die Probleme der Altkommunisten mit den damaligen politischen Erfordernissen beleuchtet: Abgesehen davon, daß die Partei „mit dem Schulen“ ihrer Mitglieder nicht nachkomme, sprach Große den meisten der aus der KPD der Weimarer Zeit stammenden Kommunisten (Sozialdemokraten kamen für diese Zwecke nicht in Frage) die Befähigung zur Schulung ab, weil allenfalls ein Drittel von ihnen „etwas marxistische Literatur gelesen und vielleicht verstanden“ habe. „Dieser kleine Kern soll jetzt Sauerteig sein, um aus einer halben Million SED-Mitglieder [in Sachsen] möglichst viele Kommunisten zu machen oder mindestens eine richtige und gute Politik zu garantieren. Das ist viel schwerer als es im ersten Augenblick aussieht. Einmal, weil man aus verschiedenen Gründen nicht alles bis zuletzt aussprechen darf. Ferner ist unser Feind gewissermaßen anonym. Wir können nicht CDU sagen, sondern ‚Überbleibsel des Faschismus und reaktionäre Schichten‘. Wir dürfen nicht England und Amerika sagen, sondern ‚treibende Kräfte für neue Kriege‘, wir dürfen nicht vom polnischen Chauvinismus sprechen, sondern von Folgen der Hitlerpolitik und ähnliches mehr, und das alles bei solchen riesigen Massen neuer, gewissermaßen unpolitischer Menschen. Eine einzige Saalschlacht mit einigen Dutzend zertrümmerten Stuhlbeinen, wo man den Gegner vor Augen hat, würde die Partei wahrscheinlich mehr in Bewegung bringen als zehn Broschüren über die demokratische Erneuerung Deutschlands. Die Arbeit ist sehr kompliziert.“[82]

4. Uniformierung und Autonomieverlust

Die politische Entwicklung in der SBZ war im wesentlichen von dem Bemühen gekennzeichnet, die in der sowjetischen Emigration instruierte Organisations- und

[81] „Nach Hitler kommen wir“, S. 288.
[82] SAPMO, ZPA, IV 2/11/129; vgl. Anm.75.

Ordnungspolitik durchzusetzen sowie Grundlage und Legitimation für die angestrebte politische Vorrangstellung der deutschen Kommunisten zu schaffen. Um dies zu gewährleisten, war der Militärregierung und den KPD-Remigranten in erster Linie an überschau- und kontrollierbaren Organisationsverhältnissen gelegen. Abweichende oder aus ihrer Sicht mysteriöse Parteienprojekte wie der von Hermann Brill initiierte „Bund demokratischer Sozialisten“[83] wurden nicht lizenziert, autonom operierende, aus dem Widerstand gegen die Nationalsozialisten hervorgegangene Gruppen und sonstige Antifa-Aktivitäten verboten oder kanalisiert, der in Moskau vorkalkulierte Parteien-Pluralismus[84] bündnis-, d. h. blockpolitisch eingehegt. Kontroll- und Uniformierungsansprüche bestimmten auch das oktroyierte Verbandsgefüge. Schichten- und funktionsspezifische, einheitliche Massenverbände sollten gebildet werden, um – so Pieck im Oktober 1944 zu Organisationsfragen der KPD[85], „eine möglichst enge Verbindung und Beeinflussung ihrer Mitglieder durch die Partei“ zu ermöglichen. „Beim Aufbau der neuen Gesellschaft“, den die KPD/SED „zentral zu steuern sich anschickte, war das Kalkül, die Summe der Massenorganisationen eröffne den direkten Zugriff auf alle sozialen Gruppen, Schichten und Klassen, von eminenter Bedeutung“[86].

Im Kontext unseres Themas ist dabei von besonderer Bedeutung, daß nach 1945 außer den Konsumgenossenschaften[87], die für die verstaatlichte Wirtschaft zu funktionalisieren waren, keine einzige Organisation aus der ehedem vielgliedrigen und milieuprägenden Arbeitervereinslandschaft wiedererstehen durfte. Einzelne lokale Reorganisationsversuche, die zunächst in Unkenntnis des generellen Vereinsverbots oder durch eine anfänglich uneinheitliche Besatzungspraxis unternommen bzw. gebilligt worden waren, hatten keinen Bestand. Einfach hingenommen wurde das Verbot freilich nicht: Widerstand regte sich etwa bei Thüringer Sozialdemokraten – und wohl ebenso bei Genossen andernorts –, die 1945 selbstverständlich ihre traditionsreiche Arbeitersportbewegung regenerieren wollten[88].

Ein Wiederaufleben der sozialistischen Vereine hätte insbesondere das sozialdemokratische Element in der politischen Sphäre der SBZ gestärkt, aber ebenso der bündnispolitischen Konzeption der KPD-Führung widersprochen. Sich wieder in der proletarischen Subkultur von einst einzurichten, hatten auch die sozialdemokra-

[83] Vgl. Overesch, Hermann Brill, S. 339ff.; Ehnert, Alte Parteien, S. 25ff.
[84] Vgl. „Nach Hitler kommen wir“, S. 376ff.
[85] Ebenda S. 287.
[86] Meuschel, Legitimation und Parteiherrschaft, S. 47.
[87] Vgl. Schwenger, Konsumgenossenschaften.
[88] Vgl. Protokoll der Besprechung der Sportreferenten über die Auflösung der ehem. Sportvereine, Weimar, 16. 10. 1945, Thür. HStA Weimar, LR Thüringen, MdI 1416, Bl. 5–9. Aus Gera wird hier berichtet, daß „die früheren bürgerlichen Vereine aufgelöst und ihr Vermögen beschlagnahmt“ worden seien. „Arbeitersportvereine wurden gegründet und für die Dauer von 3 Monaten wurde Sport getrieben, bis revolutionierend der Gedanke der Kommunalisierung des Sportes auftauchte“. „In Arnstadt“, so das Protokoll, „sollte ein antifaschistisches Sportkomitee gebildet werden. Danach wurde an den Herrn Kommandanten herangetreten, der die Gründung jedoch nicht genehmigte. Gegen die Bildung eines kommunistischen Sportvereins hätte er nichts einzuwenden.“

tischen Nachkriegsplaner im Hinblick auf eine zukünftige Mehrheits- und Koalitionsfähigkeit der SPD verworfen. Nicht zuletzt jedoch verlangte der kommunistische Machtanspruch Einheitlicheit auch auf diesen Organisationsfeldern der Gesellschaft. Deshalb sollte es – um die eingangs zitierte Direktive Walter Ulbrichts abschließend noch einmal aufzugreifen – nur „1 Säule" der Arbeiterbewegung geben: die „antifaschistische Einheitsfront".

Der auch durch die verordnete Mono-Struktur im Verbandswesen bereits 1945/46 einsetzende Autonomieverlust der Arbeiterbewegung in der SBZ mündete gegen Ende der vierziger Jahre in eine „Verstaatlichung" ihrer „organisierenden Kultur". Unter Verweis auf diesen Gedanken Horst Groschopps[89] betont Christoph Kleßmann zu Recht, daß „am Anfang des ‚Arbeiter und Bauernstaates' ein Akt der Destruktion stand, der mit der beanspruchten Anknüpfung an die Traditionen der sozialistischen Arbeiterbewegung zugleich deren Zerschlagung durch Zentralisierung, Uniformierung und Funktionalisierung beinhaltete"[90].

[89] Groschopp, Deutsche Einigung – Ende einer verstaatlichten Arbeiterbewegungskultur, S. 141 f.
[90] Kleßmann, Verstaatlichte Arbeiterbewegung, S. 110.

Hermann Wentker

Die Anfänge der bürgerlichen Parteien unter den Bedingungen der sowjetischen Besatzung (1945/46)

Das Jahr 1945 trug in Deutschland ein doppeltes Gesicht. Einerseits handelt es sich um eine epochale Zäsur, in der säkulare Entwicklungen zum Abschluß gelangten und die umfassende Zerstörung Neuanfänge ermöglichte; andererseits werden im Neubeginn nach 1945 Kontinuitäten sichtbar, die es nicht erlauben, schlichtweg von der „Stunde Null" zu sprechen. Dies gilt im besonderen Maße für die beiden bürgerlichen Parteien, die als Christlich-Demokratische Union Deutschlands und Liberal-Demokratische Partei Deutschlands nach dem Befehl Nr. 2 des Obersten Chefs der Sowjetischen Militäradministration in Deutschland im Juni 1945 gegründet wurden. Beide verkörperten zwar in mehrfacher Hinsicht einen parteipolitischen Neubeginn, knüpften aber auch an bürgerlich-konfessionelle Traditionen der deutschen Parteiengeschichte an. Die Bedingungen, unter denen beide Parteien in Berlin und östlich der Elbe tätig werden konnten, gab vor allem die Sowjetunion vor; damit wurden die sowjetische Besatzungspolitik und die durch sie hervorgerufenen Verhältnisse zu Faktoren, die auch die innere Entwicklung der beiden Parteien nachhaltig prägte. Im folgenden soll daher vor allem die Frage behandelt werden, inwieweit die spezifischen Bedingungen in der SBZ das Verhältnis von Kontinuität und Neubeginn in CDUD und LDP beeinflußten.

Dies erfordert zunächst eine Untersuchung der Gründungsprozesse auf Elemente des Neuanfangs und der Kontinuität, um daran anschließend Gewicht und Einfluß des „sowjetischen Faktors" näher bestimmen zu können. Vor dem Hintergrund der innerparteilichen Entwicklungen der Jahre 1945/46 sollen schließlich der Konflikt um die Bodenreform und die daraus für CDUD und LDP sich ergebenden Konsequenzen genauer analysiert werden.

1. Kontinuität und Neubeginn bei den Parteigründungen

Bereits anhand der Berliner Gründerkreise von CDUD und LDP und ihrer Zielvorstellungen lassen sich Elemente der Kontinuität und des Neubeginns feststellen. Andreas Hermes, ehemaliger Zentrumsabgeordneter und Reichsminister in der Weimarer Republik, im Dritten Reich engagiert im Widerstand gegen Hitler, wurde von Walter Ulbricht bereits am 5. Mai 1945 dazu gewonnen, die Ernährungsabteilung beim Berliner Magistrat zu übernehmen[1]. In dieser Position fiel ihm bei der Gründung der Union in Berlin eine Schlüsselrolle zu[2]. Er sammelte bereits Ende Mai 1945[3] einen Kreis gleichgesinnter Männer und Frauen um sich, aus denen die 35 Unterzeichner des Gründungsaufrufs der CDUD vom 26. Juni 1945 hervorgingen. Von dieser Gruppe hatte vor 1933 die relative Mehrheit dem Zentrum angehört, sechs Männer waren Mitglieder der DDP und einer Mitglied der SPD gewesen[4]. Zudem zählte eine hohe Anzahl von Gründungsmitgliedern der Berliner CDUD zu den NS-Verfolgten und zu den Angehörigen der Widerstandsgruppe um den 20. Juli. Die personellen Kontinuitäten zu den Parteien der Weimarer Republik und ein Übergewicht des ehemaligen Zentrums sind zwar unübersehbar; die Zusammensetzung dieses auch konfessionell gemischten Kreises deutet indes an, daß die neue Partei sich nicht als Fortsetzung des Zentrums verstehen wollte.

Noch deutlicher zeigt sich dies im Namen der neuen Partei. Andreas Hermes plädierte nach einigem Überlegen für die Bezeichnung „Demokratische Union Deutschlands" und begründete dies folgendermaßen: „Union nach all dem Unfrieden. Wenn es uns gelingen sollte, zwischen den Konfessionen die Kluft im politischen Leben zu überbrücken, die vierhundert Jahre lang Deutschland in zwei sich bekämpfende Lager zerrissen hat, hat unser Leben einen Sinn gehabt." Man einigte sich daraufhin in der Sitzung des Gründerkreises am 25. Juli 1945 auf den Namen: „Christlich-Demokratische Union Deutschlands"[5]. Der Gedanke einer überkonfessionellen, christlich orientierten Sammlungspartei war zwar nicht neu, hatte sich in der Zwischenkriegszeit aber nicht durchsetzen können. Erst die negativen Erfahrungen mit der Parteienzersplitterung der Weimarer Republik, die Zusammenarbeit von namhaften Katholiken und Protestanten im Widerstand gegen Hitler und der Zusammenbruch des Dritten Reiches erzeugten ein politisches Klima, in dem eine derartige Neugründung möglich wurde Die Idee der Union lag 1945 sowohl in den Westzonen als auch in der SBZ sozusagen „in der Luft"[6].

Der Gründungsaufruf betonte den Sammlungsgedanken dadurch, daß er bereits in seinem ersten Satz „die christlichen, demokratischen und sozialen Kräfte zur Sammlung, zur Mitarbeit und zum Aufbau einer neuen Heimat" aufforderte[7]. Diesem

[1] Ulbricht an Generaloberst I. A. Serow, 6. 5. 1945, in Keiderling, Gruppe Ulbricht, S. 298 301.

[2] Vgl. Gradl, Anfang, S. 14.

[3] Vgl. Conze, Kaiser, S. 16.

[4] Die Angaben zur Anzahl der ehemaligen Zentrumsmitglieder weichen stark voneinander ab: Becker, CDU, S. 349, nennt 21; Suckut, Christlich-Demokratische Union Deutschlands, S. 516, nennt 17; Hurwitz, Demokratie und Antikommunismus 1, S. 253, nennt 15; Kleinmann, Geschichte, S. 25, 14. Nach einer Überprüfung der Unterzeichnerliste anhand der biographischen Daten im SBZ-Handbuch scheinen Kleinmanns Zahlen eher zuzutreffen. In der Anzahl der ehemaligen DDP-Mitglieder stimmen die Autoren überein.

[5] Tagebuchnotizen von Anna Hermes, 22.6., 25. 6. 1945, in Hermes, Und setzet ihr nicht das Leben ein, S. 201 f. Andreas Hermes selbst erhob Einspruch gegen das Beiwort „christlich" im Parteinamen, drang damit aber gegen die Befürworter um Emil Dovifat und Otto-Heinrich von der Gablentz nicht durch. Zur Diskussion um den Parteinamen vgl. Hurwitz, Demokratie und Antikommunismus 1, S. 265.

[6] So Jakob Kaiser am 15. 3. 1947, zit. nach Kleinmann, Geschichte, S. 15, und Gradl, Anfang, S. 20.

[7] Der Gründungsaufruf der CDUD in Programme, S. 11–15. Eindeutiger als im Gründungsaufruf

„Selbstverständnis als sozialer Volkspartei“[8] wurde der Aufruf mit den Forderungen nach Rechtsstaatlichkeit, politischer Demokratie, persönlichen Freiheitsrechten und dem Schutz des Privateigentums einerseits und der Verstaatlichung von Bodenschätzen und Schlüsselindustrien sowie einer Landreform für Siedlungszwecke andererseits durchaus gerecht. Hinzu kamen die spezifisch „christlichen“ Elemente, die nicht nur in der Besinnung „auf die kulturgestaltenden und geistigen Kräfte des Christentums“, sondern auch in der Betonung des elterlichen Erziehungsrechts und der Forderung nach kirchlich geleitetem Religionsunterricht lagen. Im Hinblick auf Programmatik und Selbstverständnis bedeutete die Ablösung des Zentrums durch die CDUD im Jahre 1945 den Wandel von einer konfessionellen Massenintegrationspartei zu einer konfessionsübergreifenden, christlichen Volkspartei[9]. Andreas Hermes betonte im Dezember 1945: „Wir sind keine Partei eines Standes oder einer Klasse. Wenn je der Begriff ‚Volkspartei‘ für eine politische Gruppierung zutreffend war, so für die Christlich-Demokratische Union.“[10]

Die Liberalen konstituierten sich am 16. Juni 1945 auf Initiative von Waldemar Koch zunächst als „Deutsche Demokratische Partei“(DDP)[11]. Der Gründerkreis umfaßte sechs Personen, von denen zwei, der ehemalige Reichsinnenminister Wilhelm Külz und der Kaufmann Albert Willi Meyer, in der Weimarer Republik der DDP angehört hatten, während die anderen vier parteilos gewesen waren[12]. Koch hatte indes die Gründung der Partei mit seinem Schwiegervater Eugen Schiffer, dem ehemaligen DDP-Mitbegründer aus dem Jahre 1918, zuvor abgesprochen[13]. Der Vorstand erweiterte auf seiner Sitzung am 19. Juni den Hauptausschuß mit Arthur Lieutenant und Otto Nuschke zwar um zwei weitere ehemalige DDP-Mitglieder aber auch um weitere Personen, die darauf hindeuteten, daß die DDP über die traditionell liberalen Kreise hinausgreifen wollte[14].

richtete die CDUD in einem anderen Papier ihr „Sammlungssignal“ an alle „antifaschistischen, demokratischen Kräfte, soweit sie nicht in den Programmen der KPD und SPD ihre politische Heimat finden“. Zit. nach Becker, CDU, S. 348.

[8] So Suckut, Christlich-Demokratische Union Deutschlands, S. 516.

[9] Den Begriff „Massenintegrationspartei“ hat Neumann, Parteien, geprägt. Der Begriff „Volkspartei“ erfuhr trotz älteren Ursprungs erst mit Kirchheimer, Wandel, weite Verbreitung. Vgl. auch Mintzel, Volkspartei. Während mit dem Begriff „Volkspartei“ das Selbstverständnis von CDU, SPD und FDP nach 1945 zutreffend charakterisiert wird, erscheint er Mintzel zur Charakterisierung der Parteistrukturen hingegen untauglich.

[10] So in seiner auf dem Reichstreffen der CDUD in Bad Godesberg verlesenen Rede, in Reichardt, Hermes, S. 464.

[11] Erst am 30. 6. 1945 benannte sich die Partei in Liberal-Demokratische Partei Deutschlands um (siehe weiter unten, S. 193f.).

[12] Siehe dazu Protokoll der Gründungssitzung der Deutschen Demokratischen Partei in Louis/Sommer, Neue Dokumente, S. 35f. Das Dokument ist ebenfalls abgedruckt in Papke, Gründungsprotokoll, DA 17 (1994), S. 1185.

[13] Koch an LDPD-Landesverband Berlin, 5. 7. 1948, in: Berlin. Quellen und Dokumente, S. 997–1000, hier 997.

[14] Erwähnt seien der Universitätsprofessor Paul Hoffmann, der Arbeiter Paul Engel und Agnes von Zahn-Harnack als Vertreterin der organisierten Frauenschaft; vgl. Protokoll der Vorstandssitzung der Deutschen Demokratischen Partei vom 19. Juni 1945, in Louis/Sommer, Neue Dokumente, S. 37f.

Dies geht auch aus programmatischen Aussagen Kochs hervor, denen zufolge ihm die „Errichtung einer Partei, die alle Deutsche[n] rechts von der Sozialdemokratie vereinigt“[15], vorschwebte. Gegenüber der sowjetischen Kommandantur in Wilmersdorf führte er aus, „daß es sich um einen Zusammenschluß der verschiedenen bürgerlichen Parteien handelt, nicht etwa nur um einen solchen der früheren demokratischen Partei“[16].

Der Gründungsaufruf der LDP vom 5. Juli 1945, der fast wörtlich auf einen Entwurf des stellvertretenden Vorsitzenden Wilhelm Külz zurückging[17], enthielt keine gravierenden Unterschiede zu dem der CDUD. Auch die Liberalen bekannten sich zur Achtung der Menschenwürde, zu den politischen Freiheitsrechten, zu Rechtsstaatlichkeit und parlamentarischer Demokratie. Sehr viel dezidierter als die Union traten sie hingegen für die Erhaltung des Privateigentums ein, das als „Voraussetzung für die Initiative und erfolgreiche wirtschaftliche Betätigung“ bezeichnet wurde. Verstaatlichungen seien, so die etwas schwammige Formulierung, „nur gerechtfertigt, wenn die betreffenden Betriebe hierfür geeignet und reif sind und wenn ein überwiegendes Interesse des Gesamtwohls dies gebietet“[18]. Darüber hinaus grenzte sich die Parteiführung im Zusammenhang ihrer Ausführungen zur Religionsfreiheit bewußt von der Union ab, indem sie formulierte: „Staat und Volk haben im Verhältnis zu Kirche und Religion eigene Lebensgesetze.“[19] Im Unterschied zur CDUD, der von seiten der Liberalen eine Verquickung von Politik und Religion vorgeworfen wurde[20], beharrten diese auf einer strikten Trennung von Staat und Kirche.

Beide Parteien wiesen daher mit ihren jeweiligen Gründerkreisen und ihren programmatischen Aussagen einen hohen Grad an Gemeinsamkeit auf. Indem die CDUD sich als Volkspartei und die LDP sich als Sammlungspartei bezeichnete, erhoben sie, im Unterschied zu ihren Vorläufern, den Anspruch, die unterschiedlichsten Bevölkerungsgruppen vertreten zu können. Dabei ging die Union mit ihrem Bestreben, die Arbeiter für sich zu gewinnen, zwar über die LDP hinaus; beide konkurrierten aber vor allem um diejenigen, die sich zu den breiten Mittelschichten zählten. Da die Gründerkreise jedoch eben diese einer bürgerlichen Sammlung entgegenstehende Konkurrenz von zwei Parteien vermeiden wollten, standen sie, nach-

[15] Protokoll der Gründungssitzung der Deutschen Demokratischen Partei, ebenda S. 36. Külz wollte einer Aufzeichnung zufolge mit einer raschen Gründung „wenigstens den Kommunisten gegenüber einen Anfang zu einer nicht-kommunistischen Partei schaffen“ (zit. nach Külz, Liberaler, Einleitung, S. 16).

[16] Krippendorff, Gründung, S. 292.

[17] Der Gründungsaufruf in: Programme, S. 7–10. Entwurf von Külz in Behrendt, Külz, S. 144–146. Auch Koch hatte in der Gründungssitzung einen Programmentwurf vorgelegt, abgedruckt in Krippendorff, Liberal-Demokratische Partei Deutschlands, S. 159. Eine Redaktionskommission bestehend aus Koch, Külz und einem weiteren Mitglied arbeitete auf dieser Grundlage den endgültigen Aufruf aus (vgl. Behrendt, Külz, S. 146f.).

[18] Kochs Programmentwurf enthielt diese Einschränkung nicht.

[19] Auffallend ist, daß dieser Passus in dem Entwurf von Külz vom 16. 6. 1945 noch nicht enthalten ist; er wurde daher wahrscheinlich eingefügt, nachdem der LDP-Gründerkreis beschlossen hatte, nicht zusammen mit der CDUD eine gemeinsame Partei zu bilden.

[20] So Koch in seiner Besprechung bei der SMAD am 1. 7. 1945, in Krippendorff, Gründung, S. 300.

dem sie von der Existenz der jeweils anderen Gruppierung erfahren hatten, dem Gedanken eines Zusammenschlusses beider Parteien zunächst aufgeschlossen gegenüber. Dabei drehte sich die Diskussion um eine Vereinigung beider Parteien unter dem Dach der Union, da diese bereits über eine Anzahl ehemaliger DDP-Mitglieder in ihren Reihen verfügte; hinzu kam, daß die Union im DDP-Hauptausschuß als weiter fortgeschritten in ihrer Entwicklung und als die aufgrund der Stellung von Hermes beim Magistrat einflußreichere Gruppierung galt[21].

Wenngleich sich Külz nach einer ersten Sondierung von Ernst Lemmer und Walter Schreiber als „nicht unzugänglich" erwiesen hatte[22], verstärkten sich bei der LDP (bzw. der DDP, wie sie zu diesem Zeitpunkt noch hieß) die Ressentiments gegenüber der sich als „christlich" bezeichnenden Partei jedoch schnell. Bereits in der Hauptausschußsitzung vom 27. Juni sah Külz in der Union „mehr eine Zentrumsangelegenheit"[23]. Nach einer Unterredung zwischen Koch und Schreiber am 29. Juni erschienen der DDP-Führung die Differenzen als so gravierend, daß sie einem Zusammenschluß eine klare Absage erteilte. Koch und die anderen Mitglieder des Hauptausschusses lehnten nicht nur die Bezeichnung „*Christlich*-Demokratische Union" entschieden ab, sondern auch deren Programmpunkte hinsichtlich des Religionsunterrichts in der Schule, der staatlichen Wirtschaftslenkung und der Verstaatlichung der Bergwerke und Bodenschätze[24]. Der Hauptausschuß begründete am 30. Juni seinen Beschluß, nicht mit der CDUD zu fusionieren, mit den Worten: „Die Verquickung von Religion und Politik wird abgelehnt. Wir wollen die liberalen Kreise einigen und unterscheiden uns dadurch vom Zentrum und von der obengenannten Union. Es ist dies das trennende Moment." Um die Trennungslinie stärker zu betonen, wurde entschieden, die Partei in „Liberal-Demokratische Partei Deutschlands" umzubenennen[25].

Daß die Gemeinsamkeiten zwischen CDUD und LDP für eine Fusion der beiden Parteien nicht ausreichten, lag zum einen daran, daß es aufgrund der historischen Konstellation ein Zusammenschluß unter dem Dach der Union gewesen wäre und die Liberalen befürchten mußten, majorisiert zu werden. Zum anderen blieben die Liberalen ihrem antiklerikalen Denken aus der Zeit vor 1945 verhaftet, so daß

[21] Vgl. die Äußerungen von Külz, Kappus und Koch in den Hauptausschußsitzungen vom 27. und 30. 6. 1945, in Louis/Sommer, Neue Dokumente, S. 38–40. In diesem Zusammenhang sei auch darauf verwiesen, daß mit Otto Nuschke sich ein DDP-Hauptauschußmitglied bereits vor dem 27.6. der Union angeschlossen hatte.

[22] Conze, Kaiser, S. 24. Diese Sondierung datiert Conze auf die Tage nach dem 18. 6. 1945.

[23] Protokoll der Hauptauschußsitzung vom 27. 6. 1945, in Louis/Sommer, Neue Dokumente, S. 38. Darin bezeichnete Külz auch das ehemalige DDP-Mitglied Ferdinand Friedensburg, der nunmehr in der CDUD aktiv war, wenig schmeichelhaft als „Oberkonfusionsrat".

[24] Zur Unterredung Kochs mit Schreiber siehe die Aufzeichnung Kochs, zit. in Krippendorff, Gründung, S. 293, und den Bericht Kochs in der Hauptausschußsitzung vom 30. 6. 1945, in Louis/Sommer, Neue Dokumente, S. 40f.

[25] Ebenda S. 41f. Ferner wurde daraufhin beschlossen, die im Aufruf enthaltene Einladung an frühere Zentrumsmitglieder zu streichen. In der bei Krippendorff, Liberal-Demokratische Partei Deutschlands, S. 159–161, abgedruckten „Ersten Fassung des DDP/LDP-Aufrufs" ist diese Einladung noch enthalten.

Külz die Union „ein getarntes Zentrum mit demokratischem Anhängsel" nannte[26]. Von seiten der CDUD wiederum polemisierte Emil Dovifat, Chefredakteur der *Neuen Zeit*, gegen die LDP, gerade der absterbende Liberalismus habe „durch Fehler und Mängel des allgemeinen geistigen Nährbodens die Ackerfurche freigegeben für das Unkraut Hitlerscher Zwangsvorstellungen"[27]. Jeder der beiden Gründerkreise war zwar davon überzeugt, eine neue Partei ins Leben gerufen zu haben; bei der Kennzeichnung der jeweils anderen Vereinigung kam man aber ohne die historischen Denkmuster offensichtlich nicht aus.

2. *Parteigründungen unter sowjetischer Besatzung*

Die KPD-Führung ging im Moskauer Exil davon aus, daß nach dem Krieg neben der eigenen Partei die SPD, das Zentrum, die „Demokraten" (gemeint war höchstwahrscheinlich die DDP) und die DNVP wiedererstehen würden[28]. Daß eine derartige Parteienvielfalt nicht wieder zugelassen werden sollte, verdeutlicht das Pieck-Notat über eine Unterredung mit Stalin, Molotow und Schdanow am 4. Juni, in der lediglich SPD und Zentrum erwähnt wurden[29]. Die KPD setzte darüber hinaus – wohl in Absprache mit sowjetischen Stellen – in der Berliner Magistratssitzung vom 11. Juni 1945 durch, „nur die bekannten alten antifaschistisch-demokratischen Parteien zur Registrierung" zuzulassen[30]. KPD und SMAD begrüßten die Gründung einer überkonfessionellen christlichen Sammlungspartei daher nicht[31], erwuchs den Arbeiterparteien darin doch eine potentiell gefährlichere Opposition als es die katholische Zentrumspartei in der protestantisch geprägten Sowjetischen Besatzungszone gewesen wäre. Es ist daher durchaus möglich, daß von seiten der KPD nun versucht wurde, die Gründung einer weiteren bürgerlichen Partei zu forcieren, um das bürgerliche Lager zu spalten[32]. Bisher fehlt jedoch jeder Beleg dafür, daß bei der Entstehung der LDP die KPD oder die sowjetische Besatzungsmacht ihre Hand im Spiel hatte[33]. Sofern also die LDP aller Wahrscheinlichkeit nach ohne Ein-

[26] So in einem Brief an Johannes Dieckmann vom 25. 7. 1945, in Krippendorf, Gründung, S. 293.

[27] *Neue Zeit*, 29. 7. 1945, zit. nach Krippendorff, Liberal-Demokratische Partei Deutschlands, S. 79.

[28] Rede Wilhelm Piecks in der KPD-Parteischule, 10. 3. 1945, in Keiderling, Gruppe Ulbricht, S. 241.

[29] Das Notat in Badstübner/Loth, Pieck-Aufzeichnungen, S. 50. Im Gründungsaufruf der KPD vom 11. 6. 1945 werden neben KPD und SPD die Zentrumspartei und andere genannt (siehe Programme, S. 21–29, hier S. 29).

[30] Protokoll der Berliner Magistratssitzung vom 11. 6. 1945 (Auszug), in Keiderling, Gruppe Ulbricht, S. 520. Am 21. 6. 1945 präzisierte Oberbürgermeister Arthur Werner, daß damit „Zentrum, Demokraten, SPD, KPD" gemeint gewesen seien (ebenda S. 567).

[31] So Leonhard, Revolution, S. 496, und Lemmer, Erinnerungen, S. 256. Vgl. auch Hermes, Sozialismus oder Volkspartei, S. 76.

[32] Leonhard, Revolution, S. 496f., berichtet, daß Richard Gyptner beauftragt wurde, sich mit „liberalen Kreisen" in Verbindung zu setzen. Vgl. auch Hurwitz, Demokratie und Antikommunismus 1, S. 265f., und Weber, Geschichte, S. 79.

[33] So schon Krippendorff, Gründung, S. 294; Louis/Sommer, Neue Dokumente, S. 35, und Papke, Liberal-Demokratische Partei Deutschlands, S. 28, bestätigen Krippendorffs Befund vor dem Hintergrund einer erweiterten Quellenlage.

griffe von außen begründet wurde, kam diese Entwicklung den Vorstellungen der KPD gleichwohl entgegen[34].

Prägend für CDUD und LDP war der von der Besatzungsmacht vorgegebene Rahmen ihrer künftigen Wirksamkeit. Die antifaschistisch-demokratischen Parteien sollten, wie es der kommunistischen Bündnispolitik entsprach, in einem Block zusammengefaßt werden, um sich in diesem Rahmen über eine gemeinsame Politik abzustimmen und für alle verbindliche Beschlüsse zu fassen. Bereits während des Gründungsprozesses der CDUD, am 23. Juni, wandten sich mit Walter Ulbricht, Anton Ackermann, Otto Grotewohl und Otto Meier prominente Vertreter von KPD und SPD in einem Schreiben an Andreas Hermes, um ihm „eine gemeinsame Aussprache über ein Aktionsprogramm des Blockes der antifaschistischen, demokratischen Parteien" vorzuschlagen[35]. Daß nicht nur die Arbeiterparteien, sondern auch die Besatzungsmacht auf eine Mitarbeit der CDUD im Block drängte, verdeutlichte Marschall Schukow in einem Gespräch mit Hermes am 29. Juni[36]. Am 1. Juli wurden fünf führende Vertreter der LDP von Marschall Fjodor J. Bokow zu einem Gespräch zitiert, in dem diese nach ihren politischen Zielen, aber auch nach ihrer Haltung zur Wiedergutmachung, zum Großgrundbesitz und zur Enteignung nationalsozialistischer und geflohener Unternehmer befragt wurden. Der ebenfalls anwesende Ulbricht erkundigte sich im Anschluß an die Befragung durch Bokow nach der Bereitschaft der LDP, „Fragen in einem Kreise der verschiedenen Parteien zu besprechen"[37]. Prekär sowohl für Koch als auch für Hermes war, daß zum Zeitpunkt dieser Gespräche weder die CDUD noch die LDP lizenziert waren. Obwohl die Teilnahme an den Beratungen des Blocks nie ausdrücklich zur Bedingung der Lizenzierung gemacht wurde, hätten die Vorsitzenden unter Umständen die Existenz ihrer Parteien aufs Spiel gesetzt, wenn sie sich dem Drängen von KPD und SMAD widersetzt hätten. Vor diesem Hintergrund läßt sich durchaus von einer „Hineingründung" in den Block sprechen, wenngleich diese Aussage für die Landesebene relativiert werden muß[38].

Solange CDUD und LDP nicht lizenziert waren, befanden sie sich gegenüber den beiden Arbeiterparteien in einer schwächeren Position. Dies machten sich vor allem die Kommunisten zunutze, indem sie – zusammen mit den Sozialdemokraten – bereits vor der Bildung des „Blocks" zu Vorgesprächen einluden. Andreas Hermes, auf eine möglichst weitgehende Selbständigkeit der CDUD bedacht, lehnte eine

[34] So auch Papke, Gründungsprotokoll, S. 1183.

[35] Der Brief gedruckt in Hermes, CDU und Bodenreform, S. 14f. Zu diesem Zeitpunkt hatte Hermes einer Tagebucheintragung seiner Frau vom 21. Juni zufolge bereits eine Verhandlung mit der KPD über den antifaschistischen Block hinter sich (Hermes, Und setztet ihr nicht das Leben ein, S. 200f.).

[36] Zu diesem Gespräch Hermes, CDU und Bodenreform, S. 16. Darin warnte Schukow Andreas Hermes, „in den Block mit Sprengabsichten einzutreten", sagte den in den Block eingetretenen Parteien aber auch moralische und materielle Unterstützung zu.

[37] Protokoll des Gesprächs in Krippendorff, Gründung, S. 299–301.

[38] Vgl. u. a. Krippendorff, Liberal-Demokratische Partei Deutschlands, S. 83f.; relativierend Suckut, Blockpolitik, Einleitung, S. 17.

Teilnahme an einem derartigen Gespräch vor deren Registrierung ab[39]. Anders die LDP-Führung, die sich am 4. Juli zu einer Vorbesprechung mit KPD- und SPD-Vertretern traf. Bei dieser Gelegenheit ging es keineswegs um Details der künftigen Zusammenarbeit, sondern um den Gründungsaufruf der LDP, an dem nicht nur das Fehlen einer Stellungnahme zur Kriegsschuldfrage und Wiedergutmachung, sondern auch die Aufforderung an die der ehemaligen DVP und DNVP nahestehenden Kreise zur Mitarbeit bei der LDP heftig kritisiert wurden. Kleinlaut sicherte die Parteiführung zu, diese Punkte nochmals zu überprüfen[40]. Zwar beschwerte sich Koch zwei Tage später über diese Art der Einflußnahme in einem Brief an den Vorstand der KPD und betonte die Eigenständigkeit seiner Partei[41]; die entsprechenden Passagen des am 5. Juli veröffentlichten Gründungsaufrufs wurden jedoch im Sinne der kritischen Einwände nachgebessert, so daß die LDP nicht nur auf die deutsche Kriegsschuld und die Notwendigkeit von Wiedergutmachungen einging, sondern auch auf eine direkte Zielgruppenansprache verzichtete und nur noch allgemein diejenigen zur Mitarbeit aufforderte, die sich zur liberalen Weltanschauung, zu demokratischer Staatsgesinnung und Antifaschismus bekannten.

Die am 14. Juli 1945 von KPD, SPD, CDUD und LDP gegründete „Einheitsfront der antifaschistisch-demokratischen Parteien" verabschiedete weder ein detailliertes Programm noch legte sie fest, welche Stellung ihr im Machtgefüge der SBZ zwischen SMAD, den Landes- und Zentralverwaltungen und den noch zu wählenden Parlamenten zukommen sollte. Ihre Gründungserklärung benannte nur knapp die „Hauptaufgaben" zum Aufbau eines neuen antifaschistisch-demokratischen Deutschland, und ihre am 27. Juli verabschiedete Geschäftsordnung legte als wichtigstes fest, daß die Beschlußfassung „auf dem Wege der Vereinbarung" und nicht durch Abstimmung erfolgen solle. Diese Regelung bot keinen Raum für das Wechselspiel von Regierung und Opposition, sondern räumte statt dessen jeder Partei ein faktisches Vetorecht ein, so daß weder die Kommunisten noch eine der anderen Parteien überstimmt werden konnten[42].

CDUD und LDP waren durchaus bereit, diesen von der Besatzungsmacht vorgegebenen Rahmen für die eigene Arbeit zu akzeptieren, da ihre Parteiführungen darin eine Chance sahen, an den anstehenden Entscheidungen beteiligt zu werden. Zwei weitere Motive kamen hinzu. Zum einen schien die Gegenwart mit ihren immensen Aufgaben eine gemeinsame Anstrengung aller Parteien zu erfordern[43], und zum an-

[39] Hermes, CDU und Bodenreform, S. 17; Anna Hermes schrieb am 21. 6. 1945 in ihr Tagebuch über eine Besprechung ihres Mannes mit Vertretern der KPD: „Es waren schwierige Verhandlungen, denn Andreas lehnte es ab, sich in diesem Block in eine von den Russen gegossene Form pressen zu lassen." (Hermes, Und setzet ihr nicht das Leben ein, S. 201).

[40] Aufzeichnung Lieutenants, 4. 7. 1945, in Krippendorf, Liberal-Demokratische Partei Deutschlands, S. 161 f.

[41] Papke, Gründungsprotokoll, S. 1183.

[42] Siehe Suckut, Blockpolitik, S. 64 f. (Gründungserklärung), S. 75 (Geschäftsordnung).

[43] Ein ähnliches Bedürfnis existierte, wie aus folgender Äußerung des bayerischen Ministerpräsidenten Wilhelm Hoegner vom 11. 10. 1946 im *Tagesspiegel* hervorgeht, auch in den Westzonen: „Wir glauben, daß wir uns in den nächsten fünf oder zehn Jahren das Wechselspiel von Regierungs- und Oppositionsparteien nicht leisten können, sondern daß die Verantwortung für die

deren stand allen noch das Schreckbild der Weimarer Parteienzersplitterung vor Augen. Darauf hatte der Brief führender KPD- und SPD-Vertreter, mit dem Andreas Hermes die Kooperation im Block vorgeschlagen wurde, deutlich angespielt: „Die alte Zersplitterung in zahlreiche kleine Parteien und das Parteiengezänk darf [sic] in der ernsten Lage, in der sich unser Vaterland befindet, keinen Boden gewinnen."[44] Es verwundert nicht, daß die Parteien, die aufgrund der Erfahrungen der Vergangenheit selbst Sammlungsbewegungen sein wollten, auch den Gedanken einer überparteilichen Sammlung befürworteten[45].

Bei aller Aufgeschlossenheit für die Blockpolitik war die Union – in stärkerem Maße als die LDP – von Anfang an bestrebt, ihre Eigenständigkeit abzusichern. Dies verdeutlicht nicht nur ihr Entwurf für die Gründungserklärung des Blocks[46], sondern auch das Verhalten von Hermes in der ersten Blocksitzung. Er erhob gegen die vorgesehene Bezeichnung „Block der antifaschistisch-demokratischen Parteien" Einspruch, da er und seine politischen Freunde darin „eine zu feste Bindung erblickten, die mit der beabsichtigten Errichtung einer parlamentarischen Demokratie im Widerspruch stände". Der LDP-Vertreter Külz, der nicht Hermes, sondern Wilhelm Piecks Ausführungen über die Notwendigkeit eines festen Zusammenschlusses aller Parteien zustimmte, schlug vermittelnd vor, die Einrichtung „Einheitsfront der antifaschistisch-demokratischen Parteien" zu nennen. Die Unionsvertreter stimmten diesem Kompromiß zu, ohne zu registrieren, daß dies an der Sache nichts änderte[47]: Hermes jedenfalls war anschließend der Auffassung, „daß eine Blockbildung vermieden wurde, die die Partei in ihrer Bewegungsfreiheit gehemmt hätte"[48].

Unterschiede in der Haltung gegenüber dem Block zwischen Hermes und Koch verdeutlichen auch beider Antworten auf eine Befragung durch die Zeitung der SMAD, die *Tägliche Rundschau*, am 1. November 1945. Hermes wies darauf hin, daß die Mitglieder der Union gegenüber dem Block wegen der Dominanz „bestimmter Richtungen" zurückhaltender geworden seien; Selbständigkeit und Unabhängigkeit der CDUD seien dabei „Prüfstein und Begrenzung der Einheitsfront". Zudem wollte er dem Block in zweierlei Hinsicht Grenzen setzen: Zum einen dürfe er nicht die „Innenausstattung" der künftigen deutschen Demokratie präjudizieren, und zum anderen solle er nicht mit Aufgaben und Problemen belastet werden, „deren Lösung demokratischen Gesetzgebungsorganen, die aus freien Wahlen hervorgehen sollen, vorbehalten bleiben müssen". Mit anderen Worten: Der Block sollte

Regierungsarbeit von allen aufbauwilligen Kräften getragen werden muß." (Zit. nach Krippendorff, Liberal-Demokratische Partei Deutschlands, S. 94, Anm.2).

[44] Gedruckt in Hermes, CDU und Bodenreform, S. 15.

[45] Vgl. Andreas Hermes auf der Kundgebung der vier Blockparteien am 12. 8. 1945: „Nicht Trennung, sondern Sammlung kann und muß unsere Losung sein." (Hermes, Und setzet ihr nicht das Leben ein, S. 299); siehe auch Agethen, Widerstand, S. 23.

[46] Darin hieß es: „Ausgangspunkt für die Zusammenarbeit ist, daß die Selbständigkeit der einzelnen Glieder des Arbeitsausschusses nicht berührt wird und die weltanschaulichen Grundlagen gegenseitiger Achtung begegnen." (Suckut, Blockpolitik, S. 60).

[47] Siehe das Gedächtnisprotokoll Erich Gniffkes in Koch, Demokratischer Block, S. 299f.

[48] So Hermes vor dem CDU-Gründerausschuß, 19. 7. 1945 (Suckut, Blockpolitik, S. 64).

weder in die künftige Demokratie ‚hinübergerettet' werden, noch sollte er in zentralen Fragen den Entscheidungen eines frei gewählten Parlaments vorgreifen. Koch war weniger dezidiert. Der LDP-Vorsitzende kritisierte zwar Einzelheiten der Blockarbeit; er sah jedoch die Selbständigkeit der einzelnen Parteien durch sie nicht beschränkt und wollte deren gemeinsame Arbeit auch in Zukunft beibehalten[49].

Seine Auffassung wurde indes nicht von der LDP insgesamt geteilt. Heftige Kritik an der Einheitsfront kam vor allem aus den Reihen der Thüringer Liberalen. Am weitesten ging Karl Mulert vom Landesvorstand, der die Möglichkeit einer Oppositionsbildung im Block forderte, da sonst die Gefahr bestehe, „die Fehler der vergangenen 12 Jahre" zu wiederholen, „in denen eine künstliche, mit brutaler Härte geschaffene Zwangseinigkeit für die ehrgeizigen Zwecke gewissenloser Machthaber eingesetzt wurde"[50]. Andere wiederum wollten nur bis zu allgemeinen Wahlen im Block verbleiben; danach sollte das Wechselspiel von Regierung und Opposition wiederhergestellt werden. Die Tatsache, daß der Block nicht durch Wahlen legitimiert war, faktisch aber oft die Funktion eines Parlaments erfüllte, war ein weiterer Einwand gegen die Blockpolitik aus den Reihen der LDP[51].

Auf der anderen Seite des politischen Spektrums in der LDP befanden sich Wilhelm Külz und Johannes Dieckmann aus dem sächsischen Landesvorstand. Beiden erschien die Blockpolitik als eine Errungenschaft, die auch in Zukunft nicht aufgegeben werden dürfe. Dieckmann zufolge sollte es in der Demokratie „nicht mehr um erkünstelte oder ‚erschacherte' Mehrheiten [gehen], die nichts anderes sind als eine Verfälschung des Volkswillens, sondern um den vor jeder Partei stehenden wohltätigen Zwang zur vollen Bereitschaft [...], ihren Anteil an der Verantwortung zu übernehmen"[52]. Mithin war es ein Argument aus dem Arsenal der Parlamentarismuskritik der Weimarer Republik, das Dieckmann zur uneingeschränkten Zustimmung zur Einheitsfront bewegte. Külz bezeichnete die Einheit der demokratischen Kräfte als „eine demokratische Staatsnotwendigkeit"[53]. Der Überhöhung des Blocks entsprach seine – im Deutschand der Zwischenkriegszeit weit verbreitete – Gemeinschaftsideologie, in die einzelne Parteien nicht als Bündelungen unterschiedlicher Interessen, sondern nur als Erzieher „zu echter demokratischer Staatsgesinnung und zu einheitlicher Willensbildung"[54] hineinpaßten. Die Äußerung von Külz und Dieckmann, Repräsentanten des „fortschrittlichen" Flügels der LDP, zeigen somit, daß das Anknüpfen an derartige Traditionen der deutschen Geschichte unter den spezifischen Bedingungen der sowjetischen Besatzung den Weg in die DDR ebnen konnte.

49 „Einheitsfront ist Voraussetzung für Deutschlands Aufbau. Erklärungen der Parteivorsitzenden", ebenda S. 95–101, Zitat S. 99ff. Den Hintergrund für die kritischen Äußrungen von Andreas Hermes bildeten die Auseinandersetzungen um die Bodenreform.

50 Zit. nach Agsten/Bogisch, Bürgertum, S. 67.

51 Vgl. ebenda S. 68.

52 Siehe ebenda S. 57f.; das Zitat entstammt einem Artikel aus der *Sächsischen Zeitung* vom 12. 10. 1946, ebenda S. 58.

53 Zitate nach Krippendorff, Liberal-Demokratische Partei Deutschlands, S. 89.

54 Zit. nach Behrendt, Külz, S. 158.

Nicht nur der Block, sondern auch die sowjetische Lizenzierungspraxis wurde von Anfang an prägend für die Entwicklung von LDP und CDUD. Denn Parteien mit ähnlichen Zielen entstanden auf regionaler und lokaler Ebene in der ganzen Sowjetischen Besatzungszone meist unabhängig von den Berliner Gründungen.

Die Gründerkreise beider Gruppierungen entstammten, wie in Berlin auch, vornehmlich den Mittelschichten: Angehörige der freien Berufe, Verwaltungsbeamte, Lehrer, Angestellte sowie kleine und mittlere Unternehmer dominierten. Bei den christlich-demokratischen Gruppierungen gaben meist ehemalige Zentrumsmitglieder den Anstoß zur Parteigründung; sie kooperierten freilich mit früheren DDP- und DVP-Mitgliedern. Eine Besonderheit der Gründungen, die sich später der Union anschlossen, war ihre Kirchennähe: Pfarrer beider Konfessionen unterstützten nicht nur die Bildung von Ortsgruppen, oftmals leisteten sie auch organisatorische Hilfe[55]. Die Berliner LDP-Führung ging im Juli 1945 sogar davon aus, daß die CDUD bei der Bildung von Ortsgruppen ihr gegenüber im Vorteil sei, da bei den katholischen Kirchengemeinden „noch vorzügliche Unterlagen über die früheren Mitglieder der Zentrums-Ortsgruppe vorhanden" seien[56]. Die Gründerkreise der liberalen Partei wiesen, ähnlich wie in Berlin auch, vormalige Mitglieder der DDP, der DVP und Parteilose auf – Zentrumsmitglieder fehlten hier fast völlig. Ob frühere Liberale sich der christlich-demokratischen oder der liberalen Gruppierung anschlossen, war nicht voraussagbar und hing oft von Zufällen ab[57].

Wenngleich die christlich-demokratischen Gründungen sich die unterschiedlichsten Namen gaben, stimmten sie – wie die Berliner CDUD – darin überein, daß es nicht darum gehen könne, das alte Zentrum wiederzubeleben. Selbst im katholischen Eichsfeld entschlossen sich die ehemaligen Zentrumsmitglieder, eine überkonfessionelle „Christlich-Soziale Volkspartei" zu gründen[58]. Bei den liberalen Gruppierungen herrschte, wie in Berlin, die Tendenz vor, Mitglieder und Anhänger der früheren liberalen Parteien zu sammeln; zum Teil gingen die Sammlungsbestrebungen auch darüber hinaus, etwa in Erfurt, wo zunächst beschlossen wurde, eine „volksdemokratische Union" zu gründen, in der, wie es in dem sog. „Urmanifest" hieß, „alles zusammenströmen [sollte], einzelne, die früheren politischen Parteien, von SPD über Demokraten zum Zentrum"[59]. Die meisten lokalen Initiativen legten

[55] Siehe Hermes, Sozialismus oder Volkspartei, S. 78f., sowie die regionalgeschichtlichen Untersuchungen zur Frühgeschichte der CDU aus der DDR: Schaper, Jahre der Entscheidung, S. 12; Thiel, Christen, S. 11; Kind, Christliche Demokraten, S. 13.

[56] Vertrauliche Instruktion der LDP-Führung für die Ortsgruppenbildung, 24. 7. 1945, in Itzerott, Liberal-Demokratische Partei Deutschlands, S. 186f. Vgl. auch Gradl, Anfang, S. 22, der als erste Anlaufstellen für Sympathisanten der Christlichen Demokraten evangelische und katholische Pfarreien nennt.

[57] Vgl. Suckut, Christlich-Demokratische Union Deutschlands, S. 516f., und Dähn, Liberal-Demokratische Partei Deutschlands, S. 547.

[58] Vgl. die Erinnerungen eines CDU-Gründungsmitglieds aus dem Eichsfeld (Schaefer, Lebensbericht, S. 61).

[59] Erfurter „Urmanifest", in Agsten/Bogisch, Dokumente, S. 1281–1283, Zitat S. 1283. In dem maßgeblichen „Erfurter Manifest" wurde die Gruppe jedoch in Anlehnung an die Weimarer

Wert darauf, als grundsätzlich neue Parteien zu erscheinen; nur einige wenige, wie die Gruppierung um den Parteigründer Alfons Moog in Weimar, waren darauf bedacht, ausdrücklich an die frühere DDP anzuknüpfen[60].

Anders als in Berlin gelang in Leipzig am 8. Juli 1945 die Gründung einer einzigen, christlich-demokratische und liberale Persönlichkeiten umfassenden „Demokratischen Partei Deutschlands“ (DPD). Bald traten jedoch bei der Formulierung des Parteiprogramms Spannungen zwischen dem liberalen und dem christlichen Flügel auf. Bevor sich zwei selbständige Parteien konstituieren konnten, verbot die sowjetische Kommandantur ein Plakat der Partei und befahl den DPD-Vertretern den Anschluß an eine der Berliner Gründungen. Daraufhin schloß sich die Mehrheit der LDP und eine Minderheit der CDUD an[61]. Dies lenkt den Blick auf den Einfluß der Besatzungsmacht auf die Konstituierung von CDUD und LDP als Zonenparteien. Sieht man einmal davon ab, daß die Berliner Gründungskerne beider Parteien in einigen Regionen selber aktiv wurden und die Gründung von Orts-, Kreis- und Landesverbänden mit initiierten[62], die dann in engere Beziehungen zu Berlin traten als die lokalen und regionalen Vereinigungen, war es vor allem die Sowjetische Militäradministration, die durch ihre Lizenzierungspraxis das Parteiwesen in der SBZ vereinheitlichte. Da die Besatzungsmacht CDUD und LDP als Zonenparteien zugelassen hatte und nicht, wie die westlichen Alliierten, auf einen demokratischen Neubeginn ‚von unten nach oben‘ drängte, kamen regionale Sonderentwicklungen in der SBZ nicht zum Zuge. So wurde beispielsweise der *Thüringer Volkspartei* die Lizenz verweigert, und die in Sachsen ursprünglich angetretene *Christlich-Soziale Volkspartei* erhielt ihre Lizenz erst, nachdem sie den Namen *Christlich-Demokratische Union Deutschlands* angenommen und sich damit als sächsischer Landesverband der Union konstituiert hatte[63]. Der Vereinheitlichungsprozeß wurde freilich dadurch erleichtert, daß die lokalen Gründungen und die Berliner Zentralen in ihrer Programmatik weitgehend übereinstimmten.

Wenngleich CDUD und LDP sich relativ bald im Zonenmaßstab etablierten, sahen die Berliner Gründerkreise das Feld ihrer Wirksamkeit keineswegs auf die Grenzen der sowjetischen Bewsatzungszone beschränkt: Sie verstanden sich im Ge-

Gründung „Demokratische Partei“ genannt und wandte sich nur noch „an alle, die guten Willens sind, insbesondere an die Mitglieder der früheren republikanischen Parteien“ (ebenda S. 1284).

[60] Agsten/Bogisch, Bürgertum, S. 29.

[61] Krippendorff, Gründung, S. 298f.

[62] So war der LDP-Landesverband Mecklenburg faktisch eine Berliner Gründung (siehe Krippendorff, Liberal-Demokratische Partei Deutschlands, S. 39). Der Anstoß zur Gründung der CDU-Ortsgruppe von Kleinmachnow ging von Lemmer aus, der seinen Bekannten Peter Bloch dazu bewegte, in seinem Heimatort die Initiative zu ergreifen (siehe Bloch, Hoffnung, S. 48). Vgl. zur Gründung von CDUD und LDP in Brandenburg insgesamt Reinert, Brandenburgs Parteien, S. 42ff.

[63] Suckut, Christlich-Demokratische Union, S. 517, S. 537. Eine Ausnahme bildete die liberale *Demokratische Partei Deutschlands*, die sich am 6. 7. 1945 in Dresden konstituiert und am 16. Juli von der sowjetischen Kommandantur Dresden eine Lizenz erhalten hatte. Nach Bekanntwerden der Berliner Gründung entschloß sich die DPD indes, sich zum Landesverband Sachsen der LDP zu erklären siehe Dähn, Liberal-Demokratische Partei Deutschlands, S. 546f.). Zu den Auseinandersetzungen um den sozialdemokratischen BdS in Thüringen vgl. Ehnert, Alte Parteien.

genteil von Anfang an als Kerne von zwei Reichsparteien. Dabei spielte in beiden Fällen die Gründung der jeweiligen Gruppierung in der deutschen Hauptstadt eine zentrale Rolle. Hier fanden Teile der alten demokratischen Führungseliten aus der Zwischenkriegszeit zusammen[64], die in den Gründungszirkeln tonangebend wurden. Für sie stand außer Zweifel, daß ihre Parteien, wie in früheren Zeiten auch, reichsweit organisiert und von Berlin aus geführt werden mußten. Daher sahen sie zunächst auch keine Notwendigkeit, ihren Führungsanspruch näher zu begründen. Erst in seiner für das erste „Reichstreffen" der Union in Bad Godesberg verfaßten Rede sah sich Hermes angesichts des erwarteten Publikums genötigt, die Berliner Konstituierung der Union als Reichspartei zu begründen. Es sei, so Hermes, dabei keineswegs um „eine Prädominanz Berlins" und um „zentrale Führungsansprüche" gegangen. Vielmehr könne der Berliner Gründerkreis aufgrund der unterschiedlichen Herkunft seiner Teilnehmer „mit gutem Recht für sich in Anspruch nehmen, in allen Gebieten der deutschen Heimat verwurzelt zu sein"[65].

Aus dem gesamtdeutschen Anspruch beider Gruppierungen ergaben sich Versuche, mit gleich gesinnten Kreisen nicht nur in der SBZ, sondern auch in den westlichen Zonen in Kontakt zu treten[66]. Die sowjetische Besatzungsmacht, die mit der frühzeitigen Zulassung politischer Parteien die gesamtdeutsche Entwicklung präjudizieren wollte, tolerierte diese Bestrebungen, wohl in der Hoffnung, langfristig über die Berliner Parteizentralen auch Einfluß auf die anderen Landesverbände nehmen zu können[67]. Die Unterredungen des liberaldemokratischen Parteivorsitzenden Koch in der sowjetischen Kommandantur am 1. und 10. Juli verieten ein großes sowjetisches Interesse an der gesamtdeutschen Ausrichtung der LDP. Beide Male wurde Koch gefragt, in welchem Gebiet sich die Partei betätigen wolle. Gegen dessen Antworten, daß die LDP ganz Deutschland als ihr Arbeitsgebiet betrachte, erhoben seine Gesprächspartner keine Einwände; bei dem zweiten Gespräch erkundigte sich Generaloberst Aleksandr W. Gorbatow sogar interessiert, „in welchen Zonen die größten Schwierigkeiten eintreten" würden[68]. In der Zielsetzung, CDUD und LDP gesamtdeutsch zu organisieren, herrschte also – wenn auch aus unterschiedlichen Motiven – Übereinstimmung zwischen der Politik der SMAD und jener der Berliner Gründerkreise.

[64] Vgl. dazu Hurwitz, Demokratie und Antikommunismus 1, S. 250.

[65] Andreas Hermes' Rede gedruckt in Reichardt, Hermes, S. 455–473, Zitat S. 465f. Vgl. auch Kleinmann, Geschichte, S. 25.

[66] Vgl. ebenda S. 25f.; Koch an LDPD-Landesverband Berlin, 5. 7. 1948, in: Berlin. Quellen und Dokumente, S. 999.

[67] Vgl. Suckut, Blockpolitik, S. 14. Einen Beleg für derartige Absichten liefert auch der Bericht eines sowjetischen Beobachters über den Parteitag der CDUD vom 2. 7. 1946, in dem es heißt: „Der Parteitag verlief faktisch als gesamtdeutscher, und insofern bestanden Möglichkeiten für die Ausbreitung des Einflusses der SMA auf die CDU in den westlichen Zonen" (zit. in SWAG, S. 53; Für den Hinweis und die Übersetzung danke ich Dieter Pohl).

[68] Protokolle Kochs über die Unterredungen vom 1. und 10. 7. 1945 in Krippendorff, Gründung, S. 300, S. 302.

3. Zwischen Honoratioren- und Volkspartei: Innerparteiliche Entwicklungen 1945/46

Typologisch gesehen, bewegten sich CDUD und LDP im ersten Jahr ihrer Existenz zwischen dem älteren Typ der Honoratiorenpartei und dem modernen Typ der Volkspartei. Ein kurzer Blick auf die Organisations- und Sozialstruktur sowie die Mitgliederentwicklung beider Parteien soll diese These erhärten.

Die für die Gesamtpartei wichtigsten Untergliederungen waren die Landesverbände, die sich bei der CDUD noch im Juli 1945 konstituierten; eine Ausnahme bildeten Brandenburg und Berlin, die erst im Oktober bzw. November 1945 gegründet wurden, da die Orts- und Kreisorganisationen hier zunächst von der Berliner „Reichsgeschäftsstelle" mitbetreut wurden. Diese gliederte sich 1945 in eine Reihe von Referaten, die zum Teil mit der Betreuung der einzelnen Landesverbände (darunter auch Landesverbände der westlichen Zonen), zum Teil mit der Bearbeitung von Sachfragen (Personalpolitik, Presse, Wirtschaft und Finanzen, Soziales, Landwirtschaft, Kultur, Frauenfragen, Rechtsfragen) beauftragt waren. Ein Problem der Organisationsstruktur bestand darin, daß bis Anfang 1946 der Gründerausschuß als Leitungsorgan der Gesamtpartei fungierte; die Landesvorstände waren darin nicht vertreten, so daß für die Partei verbindliche Entscheidungen oft ohne deren Mitwirkung zustande kamen und daher nicht immer durchgesetzt werden konnten. Dies änderte sich erst, als ab Januar 1946 nach der „Vorläufigen Satzung der CDUD" verfahren wurde, die vorsah, daß sich der „Reichsvorstand [...] aus mindestens je einem Vertreter der Landesverbände" zusammensetzen müsse[69].

Die Organisation der LDP wies weitgehende Parallelen zu derjenigen der CDUD auf. Die Bildung der Landesverbände in Thüringen, Sachsen und Sachsen-Anhalt erfolgte im Juni/Juli 1945; Brandenburg und Mecklenburg folgten erst im Dezember 1945 bzw. im Januar 1946. Mit der Delegiertenkonferenz in Weimar am 3./4. Februar 1946 war die Bildung des Zonenverbands abgeschlossen. Nach der Satzung der LDP vom 16. Juni 1945 bestand der Parteivorstand nur aus drei nicht näher definierten Mitgliedern; der Hauptausschuß, dessen Größe nicht vorgegeben war, sollte hingegen „ein Spiegelbild der verschiedenen deutschen Landesteile, Wirtschaftsgebiete und Strömungen innerhalb der Partei" darstellen[70]. In der Praxis wies die LDP-Organisation mit weitgehend autonomen, nicht in eine zonale Parteiführung eingebundenen Landesvorständen mit der CDUD vergleichbare Schwachstellen auf[71].

Beide Parteien konnten die Anzahl ihrer Mitglieder rasch steigern: Im Juni 1946 hatten sich 150 939 Personen in der CDUD und im März 1946 110 663 in der LDP organisiert[72]. Beide waren somit zu Mitgliederparteien geworden, was vor allem für die Liberalen eine Besonderheit darstellte. Dies verdeutlicht ein Vergleich mit den

[69] Dieser Abschnitt weitgehend nach Suckut, Christlich-Demokratische Union, S. 517; die vorläufige Satzung der CDUD in Suckut, Wandel, S. 138–142, Zitat S. 142 (§ 33).
[70] Satzung der LDPD, in: Berlin. Quellen und Dokumente, S. 1001 f. (§§ 4 und 5).
[71] Vgl. Krippendorff, Liberal-Demokratische Partei Deutschlands, S. 65–68.
[72] Zahlenangaben nach Suckut, Christlich-Demokratische Union Deutschlands, S. 540, und Dähn, Liberal-Demokratische Partei Deutschlands, S. 570.

Westzonen, wo die liberalen Landesparteien 1946/47 insgesamt nur 45000 Mitglieder zählten. Hier galt weithin noch die (für die liberalen Parteien typische) Aussage: „Die Mitgliederzahl ist nicht entscheidend, sondern die Wählerstimmen."[73] In der SBZ wurde genau das Gegenteil verkündet: „Das Gewicht einer Partei", so hieß es in einer LDP-Broschüre, „liegt in der Mitgliedschaft und nicht bei der Wählerschaft."[74] Die Ursachen sind vor allem darin zu suchen, daß das Leben in der SBZ in einem sehr viel höheren Maße politisiert war als in den Westzonen. Für den Eintritt in eine der beiden „bürgerlichen" Parteien gab es dabei eine ganze Reihe von Motiven[75]: Zu den bedeutsamsten zählte für das eher organisationsfeindliche kleinere und mittlere Bürgertum wahrscheinlich die Hoffnung, sich auf diese Weise gegenüber der Massenpartei SED – die im April 1946 1297000 Mitglieder zählte[76] – besser behaupten zu können.

Damit ist auch die Frage der Sozialstruktur von CDUD und LDP angesprochen. Beide Parteien hatten ihren wichtigsten Rückhalt bei den Mittelschichten, die Angestellte, selbständige Gewerbetreibende, Handwerker und Kaufleute umfaßten. Auch Teile der Arbeiterschaft und der Bauern konnten sie für sich gewinnen: Die LDP zählte im März 1946 unter ihrer Mitgliedschaft 15 Prozent Arbeiter[77] und 13,1 Prozent Bauern; bei der CDUD lauteten die entsprechenden Zahlen im Juni 1946 14,8 und 10 Prozent[78]. Im Hinblick auf ihre Altersstruktur stellte die LDP mit einem überdurchschnittlich hohen Anteil an Jugendlichen (1948 waren 24,3 Prozent der LDP-Mitglieder unter 25 Jahren[79]) eine Besonderheit dar. Die LDP bildete vor allem für die Angehörigen der jungen Generation, die sich nicht in den antifaschistischen Jugendausschüssen bzw. ab März 1946 in der FDJ organisieren wollten, eine politische Alternative[80]. Die Christlich-Demokratische Union wies hingegen – wahr-

[73] So der FDP-Generalsekretär in der britischen Zone, Wilhelm Hermes, zit. nach Hein, Milieupartei, S. 218. Die Zahlenangabe ist eine Schätzung von Hein, ebenda S. 221.

[74] Zit. nach Krippendorff, Liberal-Demokratische Partei Deutschlands, S. 57. Vgl. auch das Informationsrundschreiben des Landesvorstands Sachsen vom 2. 3. 1946, in dem es hieß: „Wir müssen mehr Mitglieder haben! Wir müssen eine Massenpartei werden! [...] Diese Grundforderungen sind die wichtigsten unserer Parteiarbeit. Haben wir mehr Mitglieder, haben wir mehr Rechte, mehr Geltung und damit mehr Einfluß in der Gestaltung aller Maßnahmen im öffentlichen Leben." (Zit. nach Agsten/Bogisch, Bürgertum, S. 34f.).

[75] Siehe Krippendorff, Liberal-Demokratische Partei Deutschlands, S. 55f.

[76] Müller, Sozialistische Einheitspartei Deutschlands, S. 510.

[77] Der für die LDP erstaunlich hohe Arbeiteranteil läßt sich möglicherweise damit erklären, daß es sich dabei um depravierte Mitglieder der Mittelschichten handelte, die durch Krieg und Vertreibung um ihre berufliche Existenz gebracht worden waren; vgl. Papke, Liberal-Demokratische Partei Deutschlands, S. 33.

[78] Die Zahlen nach Dähn, Liberal-Demokratische Partei Deutschlands, S. 570, und nach Weber, Parteiensystem, Tabelle 5, S. 517.

[79] Krippendorff, Liberal-Demokratische Partei Deutschlands, S. 61. Im Sommer 1946 waren 23 Prozent der sächsischen LDP-Mitglieder jünger als 25 Jahre, in Mecklenburg etwa 20 Prozent (Agsten/Bogisch, Bürgertum, S. 166, Anm.131).

[80] Agsten und Bogisch führen auch die Werbung Jugendlicher durch „reaktionäre Elemente" in der LDP an, verdeutlichen aber nicht, warum diese so erfolgreich waren, ebenda S. 37. Die LDP kam den Bedürfnissen der Jugendlichen durch eine intensive Jugendarbeit entgegen (vgl. Mählert, Liberale Jugendarbeit).

scheinlich aufgrund ihrer Kirchennähe – den höchsten Frauenanteil unter allen Parteien in der SBZ auf[81].

In dem Erscheinungsbild, das CDUD und LDP ein Jahr nach ihrer Gründung boten, vermischten sich Elemente der Kontinuität mit denen des Neubeginns. In den Vorständen waren auf allen Ebenen mit ehemaligen Angehörigen der Weimarer Parteien (vorwiegend Zentrum, DDP und DVP) die alten bürgerlichen Eliten präsent. Beide Parteien können daher mit Harold Hurwitz und Siegfried Suckut als „Honoratiorenparteien“[82] bezeichnet werden, die, wie bereits erwähnt, erhebliche Organisationsmängel aufwiesen. Auf der anderen Seite waren sie auf dem Weg zur Mitgliederpartei und – zumindest was die Sozialstruktur betraf – zur Volkspartei, wodurch sie sich grundlegend von ihren Vorgängern in der Weimarer Republik unterschieden.

4. Der Konflikt um die Bodenreform und die Konsequenzen für CDUD und LDP

Die ab September 1945 durchgeführte Bodenreform bildete die erste einschneidende Maßnahme zur Umstrukturierung von Wirtschaft und Gesellschaft in der SBZ. Zu ihrer quasi-parlamentarischen Legitimation wollten SMAD und KPD zunächst den Blockausschuß der Provinz Sachsen zur Zustimmung bewegen, um auf dieser Grundlage eine entsprechende Verordnung erlassen zu können. Nachdem auf unterer Ebene Fakten geschaffen waren, so die Hoffnung der Besatzungsmacht, würde der zentrale Blockausschuß nachziehen. Die Initiative zur Einleitung der Bodenreform löste indes sowohl auf der Landes- als auch auf der zentralen Ebene einen Konflikt mit der CDUD und – in geringerem Maße – mit der LDP aus.

Die Union hatte sich in ihrem Gründungsaufruf in sehr allgemeiner Form für „eine umfassende ländliche und gärtnerische Siedlung [...] unter weitgehender Heranziehung des Großgrundbesitzes“ ausgesprochen und stand daher dem Gedanken einer Bodenreform grundsätzlich aufgeschlossen gegenüber. Wie bereits zu Beginn des Konflikts deutlich wurde, wollte die CDUD – im Unterschied zur KPD – eine Bodenreform allerdings nur dort durchführen, wo sie volkswirtschaftlich sinnvoll war und nicht zu einer Minderung der landwirtschaftlichen Produktion führte. Die Auseinandersetzung mit den Arbeiterparteien und der SMAD drehte sich indes hauptsächlich um die Entschädigungsfrage. Die CDUD vertrat hier von Anfang an die Auffassung, Enteignungen nur gegen Entschädigung durchzuführen; entschädigungslos sollten nur Kriegsverbrecher und Naziaktivisten bleiben[83].

Die Haltung der LDP war weniger eindeutig. In ihrem Gründungsaufruf trat sie zwar dezidiert für die Erhaltung des Privateigentums ein; als sie dann aber mit dem Problem der Bodenreform konfrontiert wurde, ergaben sich schon an der Spitze Meinungsunterschiede zwischen Koch und Külz. Während Koch entschädigungslose Enteignungen vor allem deshalb ablehnte, weil er darin einen ersten Angriff auf

[81] Siehe Weber, Parteiensystem, Tabelle 23, S. 533.

[82] Hurwitz, Demokratie und Antikommunismus 1, S. 273; Suckut, Konflikt, S. 1092. Vgl. auch Krippendorff, Liberal-Demokratische Partei Deutschlands, S. 65 f.

[83] Siehe Hermes, CDU und Bodenreform, S. 40 f.

das Privateigentum sah, dem weitere folgen würden[84], erwies sich Külz als sehr viel flexibler. Er lehnte „eine vorsichtige und nach und nach durchgeführte Aufteilung übermäßigen Großgrundbesitzes"[85] nicht ab, bestand zwar anfänglich noch auf Entschädigungen, stellte sich bei den Beratungen aber nicht vorbehaltlos auf die Seite Kochs und der Unionsvorsitzenden Hermes und Schreiber. Zwar sah auch die Mehrheit der LDP-Landesverbände in der Entschädigungsfrage das Hauptproblem[86]; in den Landesblockausschüssen stellten sie sich indes nicht entschieden an die Seite der CDUD, sondern waren zu Formelkompromissen bereit, in denen die Entschädigungsfrage ausgespart blieb[87]. Im Unterschied zur Union leistete die LDP keinen hinhaltenden Widerstand gegen die Durchführung der Bodenreform, zumal sie diese Frage gegenüber Enteignungen in der Industrie für weniger wichtig hielt[88].

Das Blocksystem verhinderte zwar, daß die Opposition überstimmt werden konnte; der Zwang zur Einstimmigkeit führte indes dazu, daß die verabschiedeten Resolutionen die Durchführung der Bodenreform befürworteten und kontroverse Punkte wie die Entschädigungsfrage nicht ansprachen. Eine weitere Schwäche des Systems bestand darin, daß die Landesverwaltungen in ihrer Gesetzgebung nicht verpflichtet waren, sich an die Blockbeschlüsse zu halten, und daher Verordnungen erließen, in denen die entschädigungslose Enteignung verfügt wurde[89]. Aufgrund der zustimmenden Blockbeschlüsse entstand so der unzutreffende Eindruck einer quasi-demokratischen Legitimierung der nunmehr durchgeführten Bodenreform.

Eine entscheidende Rolle spielten dabei die Einflußnahmen der sowjetischen Militärverwaltung, die sowohl für die Landesebene als auch für die zonale Ebene nachweisbar sind. Das direkte Eingreifen der sowjetischen Besatzungsmacht in den Konflikt zeigt jedoch, daß ihre ursprüngliche Strategie, sich im Hintergrund zu halten und die KPD agieren zu lassen, nicht aufging. Um die Zustimmung von CDUD und LDP zu erreichen, setzte sie sowohl auf Drohungen und Einschüchterung als auch auf Zugeständnisse (wie beispielsweise die Zusage, Zeitungen zu lizenzieren)[90]. Darüber hinaus griff die SMAD zum Mittel der Pressezensur, um die Unterrichtung

[84] Siehe Kochs Äußerung in der 2. Sitzung des Sonderausschusses für Bodenreform, 11. 9. 1945, zit. nach Behrendt, Külz, S. 182.

[85] Zit. ebenda S. 181.

[86] Vgl. Agsten/Bogisch, Bürgertum, S. 86–90.

[87] Dirksen, Mitwirkung, S. 30–51; vgl. auch den Bericht Herwegens über die Blockausschußsitzung in der Provinz Sachsen, in dem er schrieb: „Die leider etwas unaufrichtige und zum intrigenhaften neigende Handlungsweise der Liberal-Demokratischen Partei läßt die Zusammenarbeit mit dieser als unerfreulich erscheinen" (Hermes, CDU und Bodenreform, S. 121).

[88] Vgl. Agsten/Bogisch, Bürgertum, S. 90.

[89] Dirksen, Mitwirkung, S. 45–50, beschreibt die Entstehung der Verordnungen zur Durchführung der Bodenreform in den einzelnen Ländern und Provinzen.

[90] Zur Strategie Tjulpanows gegenüber der CDUD in dieser Frage siehe Naimark, Soviets and Christian Democrats, S. 376. Vgl. auch den Bericht Herwegens, in Hermes, CDU und Bodenreform, S. 119, und das Protokoll Kochs über die Besprechung bei Schukow am 5. 9. 1945, in Krippendorff, Gründung, S. 304. Darin drohte Schukow Andreas Hermes mit der Liquidierung von der SMAD nicht genehmen Parteien; Koch stellte er Lizenzen für liberale Landeszeitungen in Brandenburg und Sachsen in Aussicht.

der Parteigliederungen durch die Zentrale zu behindern. In der letzten Phase des Konflikts, auf dem Höhepunkt der Krise, ging sie sogar dazu über, lokale Parteiversammlungen zu vorgegebenen Tagesordnungspunkten direkt anzuordnen und die Abgabe vorformulierter Resolutionen zu fordern[91]. Auch diese Eingriffe verfolgten letztlich immer noch das Ziel, die Parteiführung der CDUD zum Einlenken zu bewegen[92]. Erst als dies nichts mehr fruchtete und Hermes und Schreiber auch Mitte Dezember noch auf ihrem Standpunkt beharrten, ordnete die SMAD deren Absetzung administrativ an[93].

Die sowjetische Einflußnahme wurde durch die Struktur der CDUD wesentlich erleichtert. Im September, der ersten Phase des Konflikts, als es darum ging, positive Resolutionen zur Bodenreform zu erhalten, vertraten alle Landesverbände bis auf Mecklenburg die dargelegte Parteilinie. Dem entsprach auch die Haltung von Hermes und Schreiber im Parteivorstand. Probleme in der Koordinierung von Zonen- und Landesverbänden traten indes auf, nachdem mit Zustimmung der Union der zentrale Blockausschuß eine Erklärung verabschiedet hatte, die die Entschädigungsfrage nicht ansprach, aber die Parteimitglieder aufforderte, „alles zu tun, damit die Bodenreform durchgeführt wird“[94]. Versuche von Hermes, die Landesvorstände über die Vorbehalte des Gründerausschusses im Hinblick auf die Entschädigungsfrage zu informieren, konnte die SMAD vor allem durch das Mittel der Zensur verhindern. Die zweite Phase des Konflikts wurde im November eingeleitet, als die Parteivorsitzenden Hermes und Schreiber ihre Zustimmung zu dem Aufruf „Helft den Neubauern“ nur geben wollten, wenn der Block gleichzeitig eine Stellungnahme gegen die Mißstände bei der Durchführung der Bodenreform (über die die CDUD zahlreiche Berichte erhalten hatte) verabschiedete. Die Angelegenheit endete auf zentraler Ebene damit, daß der Aufruf am 7. Dezember zwar mit der Unterschrift von Külz, aber ohne die des Unionsvorsitzenden veröffentlicht wurde. Im Anschluß daran war die einheitliche Linie der Partei nicht mehr zu halten. Alle Landesverbände unterschrieben auf sowjetische Interventionen hin den Aufruf[95], und der Landesverband Mecklenburg sowie der Verband der Provinz Sachsen nahmen zudem noch Stellung gegen die Vorsitzenden Hermes und Schreiber. Der Erfolg der sowjetischen Einflußnahme wurde dadurch erleichtert, daß die CDUD, wie schon angeführt, eine von dem Gründerausschuß geführte Honoratiorenpartei und die einzelnen Landesvorstände in diesem Ausschuß nicht vertreten waren. Diese traditionelle Führungs-

[91] Vgl. Suckut, Konflikt, S. 1091.

[92] Vgl. u. a. den Bericht des amerikanischen Geheimdienstes über ein Gespräch zwischen Hermes, Kaiser, Schukow, Sokolowskij, Bokow und Smirnow vom 12. 12. 1945; hier wird der Eindruck erweckt, die Sowjets hätten ein Einlenken von Hermes vorgezogen (Hurwitz, Demokratie und Antikommunismus 1, S. 303–306).

[93] Siehe die Darstellung von Hermes und Schreiber in ihren Schreiben an den Gründungsausschuß, 20. 12. 1995, in Hermes, CDU und Bodenreform, S. 88–92.

[94] Erklärung der Einheitsfront der antifaschistisch-demokratischen Parteien, in Suckut, Blockpolitik, S. 89f.

[95] Freilich war, wie etwa in Brandenburg, die Zustimmung in den Blockausschüssen der Länder und Provinzen durchaus auch mit Kritik an den Mißgriffen und Mängeln bei der Durchführung der Bodenreform verbunden; vgl. Reinert, Brandenburgs Parteien, S. 59ff.

struktur, die einer Mitgliederpartei ohnehin nicht angemessen war, wurde der Union bei ihrem Konflikt mit der sowjetischen Besatzungsmacht zum Verhängnis[96].

Der Konflikt um die Bodenreform führte bei beiden Parteien aufgrund sowjetischer Interventionen zu einem Führungswechsel. Bei der CDUD ging das sowjetische Kalkül, Hermes und Schreiber würden aufgrund innerparteilichen Vertrauensentzugs von sich aus zurücktreten, nicht auf, so daß beide am 19. Dezember erst auf ausdrücklichen Befehl der Sowjetischen Militärverwaltung ihre Ämter niederlegen mußten[97]. Die Entfernung von Koch vom Parteivorsitz der LDP gestaltete sich weniger dramatisch und erschien prima facie als innerparteilicher Vorgang, der freilich von der sowjetischen Besatzungsmacht angestoßen worden war. Aufgrund seiner ablehnenden Haltung gegenüber der Durchführung der Bodenreform verlangte die SMAD seinen Rücktritt, den sie, wie Koch rückblickend schrieb, am 29. November „unter Einschaltung der Herren Dr. Külz und Lieutenant" auch erreichten. Zu dieser Entscheidung trug wesentlich bei, daß bei einem sofortigen Rücktritt Kochs die Lizenzierung für eine Reihe von LDP-Zeitungen in Aussicht gestellt wurde[98]. Dieses Prozedere kam der sowjetischen Seite sehr entgegen, zumal parteioffiziell mitgeteilt wurde, daß Koch „mit Rücksicht auf die durch seine Hochschultätigkeit bedingte Arbeitsüberlastung" zurückgetreten sei[99].

Da weder CDUD noch LDP sich in der bedrängten Situation, in der sie sich befanden, eine Blöße geben wollten, vollzogen sie den nunmehr anstehenden Führungswechsel rasch und reibungslos. In beiden Fällen standen freilich auch geeignete und unumstrittene Nachfolger zur Verfügung. Wilhelm Külz war seit Gründung der LDP der im Vergleich zu Koch erfahrenere und profiliertere Politiker, bei dem parteiintern die Fäden zusammenliefen. Er hatte sich nicht nur das Vertrauen der eigenen Partei erworben, sondern verfügte auch über gute Kontakte zu den Partnern im Block und zur SMAD[100]. Ebenso unumstritten wie Koch bei den Liberalen war

96 Dieser Abschnitt weitgehend nach Suckut, Konflikt, passim. Gegen Suckuts Auffassung, daß dieser Mangel vor allem ein Versäumnis von Hermes und Schreiber gewesen sei, läßt sich einwenden, daß die Partei noch im Aufbau war; vgl. Conze, Kaiser, S. 59. Zudem wurzelte dieses „Versäumnis" in einer dem ganzen Gründerkreis gemeinsamen Mentalität. Zur Führungs- und Kommunikationsstruktur der CDUD in dieser Zeit vgl. auch Dietze, Entscheidungsprozesse, S. 49f.

97 Freilich habe – so ein englischer „Intelligence-Report" – Ernst Lemmer erklärt, eine politische Partei müsse das Vertrauen der Besatzungsmacht besitzen; da dies nicht länger der Fall sei, müßten Hermes und Schreiber zurücktreten (Hurwitz, Demokratie und Antikommunismus 1, S. 310f). Die Deutung Wilhelm Piecks, daß die reaktionäre CDU-Führung aufgrund von Demonstrationen der „Mitgliedermassen" zurückgetreten sei (Vortrag Piecks vor der erweiterten Sitzung des KPD-Sekretariats, 22. 12. 1945, Benser/Krusch, Dokumente 2, S. 373f.), ist indes unzutreffend.

98 Koch an LDPD-Landesverband Berlin, 5. 7. 1948, in: Berlin. Quellen und Dokumente, S. 999. Vgl. auch Papke, Gründungsprotokoll, S. 1184.

99 *Der Morgen*, 4. 12. 1945, zit. nach Behrendt, Külz, S. 171.

100 Vgl. Krippendorff, Liberal-Demokratische Partei Deutschlands, S. 40, Papke, Gründungsprotokoll, S. 1181f., und die Selbsteinschätzung von Külz vom Oktober 1945: „Ohne allzu überheblich zu sein, darf ich sagen, daß mir von den anderen Parteistellen die politische Führung neidlos überlassen wird [...] Koch wird in immer ausgesprochener [sic] Weise von den Orts- und Bezirksgruppen abgelehnt" (zit. nach Behrendt, Külz, S. 171): vgl. auch Piecks Einschätzung von Külz vor der erweiterten Sitzung des KPD-Sekretariats am 22. 12. 1945: „Auch Külz ist ein bür-

Jakob Kaiser als Nachfolger von Hermes in der Union. Der ehemalige christliche Gewerkschafter, der sich, wie Hermes, an prominenter Stelle im Widerstand gegen Hitler engagiert hatte, wurde einhellig als Nachfolger vorgeschlagen; ja, seine Übernahme des Parteivorsitzes erschien dem Führungskreis geradezu als „Lebensfrage der Union“[101].

Der Führungswechsel wirkte sich in unterschiedlicher Weise auf die jeweilige Parteiprogrammatik aus. In den Äußerungen von Külz, der skeptischer gegenüber den Selbstregulierungskräften des Marktes war als Koch, schimmerte oft etwas von dem sozialreformerischen Gedankengut Friedrich Naumanns durch, ohne daß er freilich über ein geschlossenes sozial- und wirtschaftspolitisches Konzept verfügt hätte[102]: Im Gegenteil, Külz kennzeichnete ein hohes Maß an Flexibilität und Pragmatismus, die er zur Tugend erhob. Er lehnte es angesichts der „revolutionären Zeiten“ ab, ein verbindliches Programm zu formulieren, und begründete dies folgendermaßen: „Wir dürfen nicht an das Übermorgen denken, sondern allein an das Heute und Morgen. Was wir brauchen, sind Notlösungen, die erst einmal das Gebäude errichten helfen, in dem wir künftig wohnen sollen, und erst wenn der Richtkranz über dem Rohbau schwebt, wird es an der Zeit sein, die Einzelheiten der inneren Einrichtung festzulegen.“[103] Zugespitzt formuliert: Das Spezifische der LDP in der Ära Külz war ihre pragmatische Programmlosigkeit.

Für die Union hingegen bedeutete die Übernahme des Parteivorsitzes durch Kaiser eine deutliche Schärfung ihres Profils. Unter der Führung von Hermes eher mittelstandsorientiert, rückte die Partei unter Kaiser deutlich nach links, indem sie sich für sein Konzept eines „christlichen Sozialismus“ aussprach[104]. Der christliche Sozialismus (oder: Sozialismus aus christlicher Verantwortung) war keine Erfindung des neuen Vorsitzenden, sondern ein aus dem Westen stammendes und unter westdeutschen Christdemokraten weit verbreitetes Konzept, das freilich von Kaiser in eine ganz bestimmte Richtung weiterentwickelt wurde. Er ging davon aus, daß sich die alte bürgerliche Gesellschaftsordnung nach dem Zweiten Weltkrieg endgültig überlebt habe. Grundlage der neuen Ordnung bildeten für ihn die Kräfte, die sich vor allem im Widerstand gegen Hitler bewährt hätten: der Sozialismus und das Christentum. Damit beide eine Synthese eingehen könnten, sei es erforderlich, dem Sozialismus seine klassenkämpferische Grundlage zu nehmen. Sozialismus aus christlicher Verantwortung bedeutete hier einerseits daß etwa Kartelle abgebaut, be-

gerlicher Politiker. Immerhin hat er mehr und besser als Dr. Koch all das verstanden, was die Umwälzung in Deutschland in bezug auf die Beeinflussung der Massen an Politik erfordert, und er benimmt sich klüger und geschickter, ohne daß wir freilich allzugroße Hoffnungen auf ein absolutes Zusammenarbeiten und die Bündnisfähigkeit dieser Partei mit unseren Bestrebungen setzen können.“ (Zit. nach Benser/Krusch, Dokumente 2, S. 374).

[101] Vgl. Suckut, Konflikt, S. 1094; das Zitat von Ferdinand Friedensburg, ebenda.

[102] Vgl. Papke, Gründungsdokument, S. 1182.

[103] So Külz in: *Der Morgen*, 11. 7. 1946, zit. nach Krippendorff, Liberal-Demokratische Partei Deutschlands, S. 68. Die Grundsätze des Gründungsaufrufs behielten auch unter Külz ihre Gültigkeit; nur handelte es sich dabei nicht um ein verbindliches Parteiprogramm.

[104] Vgl. Uertz, Christentum, S. 68.

triebliche Mitbestimmung ausgebaut, die Eigentumsverteilung überprüft und die Bodenschätze verstaatlicht würden; andererseits stellte dieser Sozialismus „die freie, sich ihrer Würde bewußte Persönlichkeit" in den Mittelpunkt – eine Persönlichkeit, „die sich in freier sittlicher Entschließung dem größeren Ganzen ein- und unterordnet". Der christliche Sozialismus im Inneren stellte gleichzeitig die Voraussetzung für ein neues Deutschland in Europa dar, das eine Brücke zwischen Ost und West bilden sollte. Eine Partei freilich, die sich zu diesen Grundsätzen bekannte, war von ihrem Selbstverständnis her keine bürgerliche Partei mehr[105].

Mit der Verkündung dieser programmatischen Grundsätze verband die Unionsführung auch eine taktische Zielsetzung. Denn spätestens seit der sogenannten „Sechziger Konferenz" vom 21./22. Dezember 1945 war die Vereinigung von SPD und KPD in der SBZ absehbar. Der außenpolitische Berater Kaisers, Alfred Gerigk, wies den Unionsvorsitzenden darauf hin, daß sich daraus für die CDUD die Chance ergäbe, diejenigen SPD-Mitglieder für sich zu gewinnen, die „trotz sozialistischer Einstellung nicht auf dem Boden des marxistischen Dogmas" stünden. Dazu müsse sich die Union freilich zu einer „Arbeitspartei ohne marxistisches Dogma" entwickeln[106]. Für Kaiser bot sich somit die Gelegenheit, seinen ursprünglichen Plan einer großen nicht-kommunistischen, linken Volkspartei zumindest in der SBZ doch noch zu verwirklichen. Indem er versuchte, die Union als sozialistische Partei zu profilieren, hoffte er, ihre soziale Basis so zu verbreitern, daß sie aus den bevorstehenden Wahlen als die entscheidende Kraft hervorgehen würde[107].

Auch in der LDP bestanden Hoffnungen, von der Vereinigung der beiden Arbeiterparteien zu profitieren. Reinhard Uhle vom Landesvorstand Sachsen äußerte im Dezember 1945 die Hoffnung: „Wenn SPD sich mit KPD vereinigt, werden große Teile der SPD das nicht mitmachen, sondern zu uns kommen."[108] Und der Landesvorsitzende Kastner rechnete sich im Mai 1946 bei der überwiegend nicht-marxistisch eingestellten Bevölkerung ebenfalls Chancen für die Liberalen aus[109]. Die LDP sah jedoch, im Unterschied zur Unionsführung, keine Notwendigkeit, sich programmatisch nach links zu bewegen – im Gegenteil: Sie setzte darauf, sich im Wahlkampf als einzige nicht-sozialistische Partei präsentieren zu können[110].

Mit der programmatischen „Linkswendung" der CDUD unter Kaiser verschärften sich auch die „ideologischen" Auseinandersetzungen mit der LDP. Der Liberalismus verkörperte für den neuen Unionsvorsitzenden die bürgerliche Welt, deren Ende er verkündet hatte. Der Liberalismus, so Kaiser, sei unzeitgemäß – „ein Stück

[105] Kaiser hat seine Konzeption am deutlichsten in einer Rede vor dem Vorstand der CDUD am 13. 2. 1946 dargelegt. Sie ist mehrfach abgedruckt u. a. in Hacke, Kaiser, S. 86–98; die Zitate auf S. 91.

[106] Gerigk an Kaiser, 24. 12. 1945, in Suckut, Wandel, S. 135f.

[107] Vgl. Suckut, CDU und Gründung der SED, insbesondere S. 616f. Hurwitz, Demokratie und Antikommunismus 1, S. 315f., stellt fest, daß dieses Kalkül zumindest ansatzweise aufgegangen sei.

[108] So Uhle auf der Landesvorstandssitzung am 19. 12. 1945, zit. nach Agsten/Bogisch, Bürgertum, S. 172, Anm.245.

[109] Vgl. ebenda S. 74.

[110] Vgl. Suckut, CDU und Gründung der SED, S. 619.

der Welt vergangener Jahrzehnte"[111]. Die LDP nahm diesen Vorwurf nicht ernst, hielt aber der Union vor, mit ihrem „christlichen Sozialismus" nicht „über Marx hinaus" zu gehen, sondern den Weg zum Marxismus zu ebnen[112]. Diese zum Teil heftig ausgetragenen Konflikte[113] zwischen den beiden Parteien signalisierten den Kommunisten zwar Uneinigkeit unter ihren politischen Gegnern; ob dadurch die Zusammenarbeit beider Parteien auf regionaler und lokaler Ebene ernsthaft gefährdet wurde, ist in der bisherigen Forschung aber noch weitgehend ungeklärt geblieben.

Während die Vereinigung der Arbeiterparteien die Aussichten von CDUD und LDP in der SBZ zu begünstigen schien, zeichnete sich 1946 bereits ab, daß die Zielvorstellung einer Reichspartei in Ost und West nicht gleichermaßen geteilt wurde. Die Berliner Gründerkreise setzten darauf, die Zusammenarbeit mit den westdeutschen Parteiverbänden zu intensivieren, um auf lange Sicht die einzelnen Gruppierungen zu einer „Reichspartei" zu vereinigen. Für die CDUD bildete das von Andreas Hermes initiierte, für Mitte Dezember 1945 geplante Reichstreffen in Bad Godesberg einen ersten Schritt in diese Richtung. Hermes wollte damit „den ernsten Versuch machen, die in den einzelnen deutschen Landesteilen zum Teil unabhängig voneinander entstandenen Parteibildungen auf der Grundlage eines umfassenden Programms zu einigen"[114]. Die Tagung fand vom 14. bis 16. Dezember statt, freilich ohne Andreas Hermes, den die SMAD nicht hatte ausreisen lassen. Wenngleich die sowjetische Besatzungsmacht keine grundsätzlichen Einwände gegen die gesamtdeutsche Ausrichtung der Union vorbrachte, wollte sie eine Stärkung der Position von Hermes, ihres entschiedensten Widersachers bei der Durchsetzung der Bodenreform, verhindern[115]. Hermes' Rede, in der er unter anderem den Parteinamen sowie das wirtschafts- und kulturpolitische Programm der Union erläuterte, konnte daher nur verlesen werden[116], was ihr aus der Sicht von Anna Hermes einen großen Teil ihrer Wirkung nahm: „Damit war bei der ersten großen Tagung der Christlich-Demokratischen Union in Westdeutschland die Stimme des sowjetisch besetzten Teiles Deutschlands fast ungehört verhallt."[117] Als Erfolg konnten die Berliner Gründer indes verbuchen, daß der Parteiname „Christlich-Demokratische Union Deutschlands" allgemein akzeptiert wurde; darüber hinaus einigte man sich auf die Bildung eines Zonenverbindungsausschusses der CDUD in Frankfurt am Main. Der Berliner Führungsanspruch, von dem Hermes trotz andersartiger Verlautbarungen ausging, wurde jedoch deutlich zurückgewiesen[118].

[111] So Kaiser in der *Neuen Zeit*, 11. 8. 1946, zit nach Mayer, Kaiser, S. 266.

[112] Vgl. Krippendorff, Liberal-Demokratische Partei Deutschlands, S. 80. „Über Marx hinaus" war der Titel einer Schrift von Otto Heinrich von der Gablentz, der an dem Entwurf des Konzepts vom „christlichen Sozialismus" maßgeblich mitbeteiligt gewesen war.

[113] Vgl. allgemein dazu McCauley, Liberal Democrats, S. 787f.

[114] Hermes an Gertrud Bäumer, 27. 11. 1945, zit. nach Fischer, Hermes, S. 16f.

[115] Vgl. Koch/Müller/Staritz/Suckut, Versuch, S. 99.

[116] Hermes' Rede in Reichardt, Hermes, S. 455–473.

[117] Hermes, Und setzet ihr nicht das Leben ein, S. 218.

[118] Zu den Beschlüssen siehe u. a. Heitzer, CDU in der britischen Zone, S. 179–181; zur Bilanz der Tagung aus Berliner Sicht Fischer, Hermes, S. 18.

Um die Kontakte zu den Landesverbänden in den Westzonen zu festigen und um die Möglichkeiten des Zusammenschlusses zu einer einheitlichen CDUD zu prüfen, unternahm Kaiser am 13. März 1946 eine vierwöchige Reise nach Westdeutschland[119]. Inzwischen war jedoch am 5. Februar 1946 mit Konrad Adenauer eine Persönlichkeit zum Vorsitzenden des Zonenausschusses für die britische Zone gewählt worden, der in mehrfacher Hinsicht die Vorstellungen Kaisers ablehnte: Er wies den Berliner Führungsanspruch und den Gedanken der Reichseinheit – die ihm bereits zerbrochen erschien – ebenso zurück wie die Idee des „christlichen Sozialismus“[120]. Adenauer, der einzige „Zonenvorsitzende“ im Westen, konnte auf einem Zusammentreffen mit führenden westlichen Unionspolitikern in Stuttgart am 3. April 1946 diese im wesentlichen auf seine Linie bringen. In einer Aktennotiz hielt er als Ergebnis der Unterredung fest, daß sich die Landesverbände in der amerikanischen Zone (vereinigt unter dem Namen „Christliche Union“) mit der CDU der britischen Zone zusammenschließen sollten. Die CDUD könne ebenfalls aufgenommen, Berlin dürfe aber nicht Sitz der künftigen Parteileitung werden. Der Vermerk enthielt ebenfalls eine Ablehnung des Bekenntnisses zum „christlichen Sozialismus“ und anderer zentraler Aussagen Kaisers sowie eine Erklärung, daß die Teilnahme westlicher Parteimitglieder an dem geplanten Berliner Parteitag unerwünscht sei, „weil man sich nicht der Gefahr aussetzen dürfe, in der Atmosphäre der russischen Zone zu Beschlüssen zu kommen, die vom Standpunkt der Parteien der übrigen Zonen aus unerwünscht seien, und weil man auch nicht den Schein hervorrufen dürfe, als ob in der russischen Zone ein für sämtliche Parteien maßgebender Tag abgehalten würde“[121]. Nach Adenauers Auffassung mußte eine gesamtdeutsche Union also westlich geprägt sein, da eine in Berlin angesiedelte Parteiführung dem Einfluß der sowjetischen Besatzungsmacht ausgesetzt sei und zu einem Instrument sowjetischer Deutschlandpolitik werden könne[122]. Kaiser mußte nach seiner Zusammenkunft mit Adenauer am 6. April registrieren, daß von diesem trotz einiger kleinerer Zugeständnisse[123] ein Entgegenkommen nicht zu erwarten war[124]; obwohl die Verbindungen zwischen Ost und West in den folgenden Jahren nicht abrissen, waren hier Differenzen sichtbar geworden, die eher auf eine

[119] Vgl. Conze, Kaiser, S. 74f.

[120] Vgl. Schwarz, Adenauer, S. 522f.

[121] Der Vermerk in Adenauer, Briefe, S. 208f. Vgl. dazu Conze, Kaiser, S. 78f., Schwarz, Adenauer, S. 525–527, und Heitzer, S. 251f.

[122] Vgl. u. a. Suckut, Deutschlandpolitik, S. 261. Daß Adenauers Ablehnung des Zentrums Berlin nicht nur mit derartigen Bedenken zusammenhing, zeigt sein Brief an die Stuttgarter Konferenzteilnehmer, 8. 4. 1946, in Adenauer, Briefe, S. 202–205. Er habe Kaiser „ausdrücklich erklärt, daß es für den Westen wie für den Süden Deutschlands ganz ausgeschlossen sei, daß nach einer Wiedererrichtung Deutschlands die politische Zentrale des neuen Deutschlands in Berlin ihren Sitz finde. Dabei sei es ganz gleichgültig, ob und von wem Berlin und der Osten besetzt sei.“

[123] Als Name des Zusammenschlusses einigte man sich auf „Christlich-Demokratische Union“, und nachdem Kaiser versichert hatte, daß es sich bei dem Parteitag nicht um ein Reichstreffen handle, wandte Adenauer sich nicht mehr gegen die Teilnahme von CDU-Mitgliedern aus den westlichen Zonen (ebenda).

[124] Vgl. Kaisers Bericht über seine Westreise vor dem Vorstand des Berliner CDUD-Landesverbands, 18. 4. 1946, in Hurwitz, Demokratie und Antikommunismus 1, S. 318.

Spaltung als auf eine gesamtdeutsche Vereinigung der Unionsparteien hindeuteten.

Den gesamtdeutschen Plänen der LDP-Führung stellten sich ebenfalls Hindernisse in den Weg, da die westdeutschen Landesverbände sich nicht der Berliner Zentrale unterstellen wollten. Nachdem dies spätestens mit der Bildung des britischen FDP-Zonenverbands am 7./8. Januar 1946 deutlich geworden war, änderte der „Reichsparteivorstand" in Berlin seine Taktik. Külz setzte nun auf einen Zusammenschluß der Zonenverbände der liberalen Partei – am 24. März 1946 regte er die Bildung eines Zonenverbands in der amerikanischen Zone an – unter einer Art Dachorganisation, die sich zu einer Reichspartei entwickeln sollte. Ergebnis dieser Bemühungen war am 19. Mai 1946 lediglich die Bildung eines Koordinierungsausschusses mit der Aufgabe, eine gesamtdeutsche Organisation der Liberalen aufzubauen. Am 16. Juni einigten sich die Vertreter der sowjetischen und britischen Zonenverbände sogar auf die Bildung einer „Reichspartei" mit vier gleichberechtigten Vorsitzenden. Die Berliner LDP-Führung wollte diesen Prozeß forcieren, indem sie im Anschluß an ihren ersten Zonenparteitag in Erfurt (6.–8. Juli 1946) mit Parteitagsgästen aus den westlichen Zonen in einer Nachtsitzung beschloß, „daß sich alle demokratischen Parteigruppen zu einer gesamtdeutschen Partei unter dem Namen Liberal-Demokratische Partei Deutschlands zusammenschließen"[125]. Die Teilnehmer dieser Zusammenkunft wählten – obwohl sie nicht dazu legitimiert waren – vier gleichberechtigte Vorsitzende und Arthur Lieutenant als Geschäftsführenden Vorsitzenden. Sowohl durch die Namensgebung als auch durch die Person des Geschäftsführers war die Prädominanz Berlins in diesem Zusammenschluß deutlich hervorgehoben worden.

Dabei handelte es sich indes nur um einen scheinbaren Sieg der Berliner Richtung. Denn die württemberg-badische DVP, die sich am vehementesten gegen den Berliner Führungsanspruch zur Wehr setzte, bewegte bei einer Zonenkonferenz in Augsburg den hessischen und den bayerischen Landesverband zu Erklärungen, daß sie sich nicht an die Berliner Beschlüsse gebunden fühlten. Die Berliner LDP-Führung, die auf eine Isolierung der DVP gesetzt hatte, warb zwar weiter für die Berliner Beschlüsse; mit der Konstituierung des amerikanischen Zonenverbandes am 28./29. September 1946 war jedoch deutlich geworden, daß sich die Berliner Strategie gegenüber der DVP nicht durchgesetzt hatte. Anläßlich dieser Gelegenheit wurde lediglich der Koordinierungsausschuß bestätigt – die gesamtdeutsche LDPD existierte nun nicht einmal mehr auf dem Papier[126]. Zwar war damit die Entwicklung hin zu einer Spaltung der Liberalen – wie die Gründung der zonenübergreifenden Demokratischen Partei Deutschlands im Jahre 1947 zeigt – noch nicht entschieden; jedoch waren bereits 1945/46 die Spannungen zwischen den Berliner und den südwestdeutschen Liberalen unter ihrem Generalsekretär Ernst Mayer unübersehbar hervorgetreten. Diese mußten, gerade unter den Bedingungen des sich seit 1947 ver-

[125] Zit nach Hein, Zwischen liberaler Milieupartei, S. 286.
[126] Diese Abschnitte nach Hein, ebenda S. 279–289.

schärfenden Ost-West-Gegensatzes, die Bildung einer gesamtdeutschen liberalen Partei sehr erschweren.

Angesichts ihrer bedrängten Situation in der SBZ setzten CDUD und LDP auf mehr Rückhalt in den Westzonen und auf die deutsche Einheit. Die Erhaltung der „Reichseinheit" und die Bildung gesamtdeutscher Parteien wurden aufgrund der spezifischen Bedingungen in der SBZ für Ost-CDU und LDP weitaus wichtiger als für die Politiker der Westzonen. Aufgrund der Verschärfung des Ost-West-Gegensatzes arbeitete die Zeit indes nicht für Kaiser und Külz, sondern für Adenauer und Mayer.

5. *Resümee*

Die Frage nach den Auswirkungen der sowjetischen Politik auf Gründung und Entwicklung der bürgerlichen Parteien in den Jahren 1945/46 umfaßt vor allem drei Aspekte:

- Erstens zu Zielen und Erfolgen konkreter sowjetischer Einflußnahmen. Die sowjetische Führung konnte ihre Absicht, in Deutschland neben den Arbeiterparteien das Zentrum und die DDP wiederherzustellen, nicht verwirklichen. Sie nahm indes auf den Gründungsprozeß von CDUD und LDP keinerlei direkten oder indirekten Einfluß und ließ beide Neugründungen in ihrer Zone zu. Direkte Interventionen der sowjetischen Besatzungsmacht sind – neben der Zensur und der versuchten Einflußnahme auf die Parteipresse[127] – dort nachweisbar, wo es, wie im Falle der Bodenreform, um die Durchsetzung zentraler Vorhaben der sozioökonomischen Umgestaltung der SBZ ging. Auffallend ist, daß die Besatzungsmacht bestrebt war, nicht offen, sondern verdeckt zu wirken, um den Anschein völlig autonomer Parteien aufrechtzuerhalten: Dies zeigen vor allem die Vorgänge um die Absetzung von Hermes und Schreiber. In diesem Zusammenhang wird indes auch deutlich, daß der sowjetischen Einflußnahme Grenzen gesetzt waren. Zwar wurde mit Kaiser der Wunschkandidat der SMAD[128] neuer Vorsitzender; daß sich unter seinem maßgeblichen Einfluß eine programmatische Wendung vollzog, mit der die CDUD „ein weitaus stärkerer Konkurrent"[129] für die SED zu werden drohte als zuvor, konnte die SMAD jedoch nicht verhindern.
- Zweitens: Die Entwicklung der beiden Parteien in den Jahren 1945/46 wurde nachhaltig durch sowjetische Rahmenvorgaben geprägt. Dies bezieht sich zunächst auf die „Einheitsfront der antifaschistisch-demokratischen Parteien", die das Betätigungsfeld von CDUD und LDP einengte und den Weg ins „sozialistische Mehrparteiensystem" der DDR wies. Die Verantwortlichen in den bürgerli-

[127] Vgl. zu den sowjetischen Maßnahmen gegenüber der *Neuen Zeit* Benedikt, Dovifat, S. 36f. und Gries, Zensor.

[128] Vgl. Naimark, Soviets and Christian Democrats, S. 377, und den Teilnahmebericht an der Sitzung der Führungsgremien der CDUD vom 19. 12. 1945 in Mattedi, Gründung und Entwicklung, S. 165; Conze, Kaiser, S. 50.

[129] So Suckut, Konflikt, S. 1094.

chen Parteien konnten dies freilich nicht voraussehen und akzeptierten den Block, kam er ihrem Erneuerungswillen doch insgesamt entgegen. Freilich: Einige führende Figuren – wie Külz und Dieckmann – griffen bei der Rechtfertigung des Blocks auf ältere Argumentationsmuster der deutschen Pluralismus- und Parlamentarismuskritik zurück. Bei diesen wird daher eine der wenigen Kontinuitätslinien von der Geschichte des Kaiserreichs über die Weimarer Republik zur DDR erkennbar. Die sowjetische Besatzungsmacht verhinderte darüber hinaus mit ihrer Lizenzierungspraxis die Entstehung von Regionalparteien in der SBZ. Damit kam sie den Zielen der Berliner Parteigründer durchaus entgegen, die darauf bedacht waren, einer Parteienzersplitterung entgegenzuarbeiten und möglichst viele Gleichgesinnte unter ihrem Dach zu versammeln. Auch der gesamtdeutschen Ausrichtung von CDUD und LDP stand die sowjetische Seite zunächst nicht im Wege und ließ Westreisen führender Unions- und LDP-Politiker meist zu.

– Drittens noch einige Bemerkungen zu jenen innerparteilichen Entwicklungen, die nicht auf sowjetische Absichten zurückzuführen sind, gleichwohl aber Auswirkungen der sowjetischen Besatzungsherrschaft darstellen. Zum einen geht es hier um das politisierte Klima in der SBZ, das einen sehr viel höheren Organisationsgrad gerade auch der traditionell eher organisationsfeindlichen bürgerlichen Mittelschichten zur Folge hatte. Nur vor diesem Hintergrund konnte die LDP in der SBZ – im Unterschied zu den liberalen Parteien in den Westzonen – zu einer Mitgliederpartei werden. Zum anderen zeigen sich indirekte, nicht intendierte Einflüsse bei der Durchsetzung der Programmatik des „christlichen Sozialismus" in der CDUD: Wenngleich diese Idee im Westen entstand, setzte sie sich – in der besonderen Ausformung durch Kaiser – nur in der SBZ durch, da die Union hoffte, auf diese Weise jene Sozialdemokraten für sich zu gewinnen, die die Vereinigung mit der KPD ablehnten.

CDUD und LDP formierten sich in den Jahren 1945/46 als eigenständige Parteien, bei denen, alles in allem, die Elemente des Neubeginns gegenüber jenen der Kontinuität überwogen. Wenngleich die sowjetische Politik ursprünglich mit der Wiederherstellung von eher traditionellen Strukturen im deutschen Parteiensystem gerechnet hatte, trug sie jedoch – gewollt oder ungewollt – meist dazu bei, daß sich in den „bürgerlichen" Parteien in der SBZ die Neuansätze gegenüber den herkömmlichen Elementen durchsetzten.

Jürgen Falter/Cornelia Weins

Die Wahlen in der Sowjetisch Besetzten Zone von 1946. Eine wahlhistorische Analyse[1]

Im September und Oktober 1946 fanden in der Sowjetischen Besatzungszone (SBZ) Wahlen zu den Landtagen, Kreistagen und Gemeinderäten statt. Obwohl diese Wahlen aufgrund zahlreicher Eingriffe der Sowjetischen Militäradministration (SMAD) kaum als wirklich *freie* Wahlen bezeichnet werden können, waren es bis 1990 die ersten und letzten Wahlen in der SBZ/DDR, in denen unterschiedliche Parteien die Chance hatten, um Wählerstimmen zu konkurrieren. Erst 44 Jahre später, im März 1990, konnten sich die Bürger der DDR, als Folge der friedlichen Revolution von 1989, zur Wahl der Volkskammer erneut, und diesmal wirklich frei, zwischen verschiedenen Parteien bzw. Bürgergruppen entscheiden.

Die Begleitumstände der Wahlen von 1946 waren von der besonderen historischen Situation zwischen zwei Perioden totalitärer Herrschaft geprägt. Ihre primäre Funktion bestand in der Legitimation des Führungsanspruches der Sozialistischen Einheitspartei Deutschlands (SED). Vor allem die Kommunalwahlen genügten demokratischen Ansprüchen nicht oder nur sehr bedingt, da die bürgerlichen Parteien durch die SMAD in zahlreichen Gemeinden an einer Kandidatur gehindert wurden. Die Landtagswahlergebnisse bieten ein zuverlässigeres Gesamtbild der politischen Präferenzen der Bevölkerung der SBZ, da dort alle Parteien flächendeckend zur Wahl standen.

Welche Folgen die Nicht-Kandidaturen der bürgerlichen Parteien bei den beiden Kommunalwahlen auf die Abstimmungsergebnisse hatten, ist sicherlich eine der interessantesten Fragen bezüglich der Wahlen von 1946. Diesem Aspekt wird im ersten Teil des Beitrages anhand der Kreistagswahlergebnisse der Gemeinden der SBZ nachgegangen. Daran anschließend wird untersucht, in welchem sozialen Kontext die Parteien verankert waren, d. h. welche sozialstrukturellen Faktoren ihren Wahlerfolg positiv oder negativ beeinflußten.

[1] Die Analyse beruht auf Daten, die im Rahmen des von der VW-Stifung geförderten Projektes „Die Wahlen von 1946 in der Sowjetischen Besatzungszone" unter Leitung von Jürgen Falter erhoben worden sind. Besonderer Dank gilt hierbei Dr. Karl-Heinz Hajna und Britta Oltmer für die umfangreiche Archivarbeit sowie Dipl.-Psych. Jochen Hardt, Catrin Aloy und Christof Freimuth für die Datenaufnahme.

1. Die Wahlen von 1946 im Überblick

Im Juni 1946 – ein Jahr nach der Zulassung von Parteien in der SBZ – wurden durch die SMAD Wahlen zu den Gemeinderäten sowie den Kreis- und Landtagen festgesetzt. Die Gemeindewahlen fanden zwischen dem 1. und 15. September statt, die Kreis- und Landtagswahlen wurden einen Monat später, am 20. Oktober, durchgeführt. Gewählt wurde nach dem Verhältniswahlrecht, und zumindest formal genügten die Wahlen demokratischen Anforderungen[2]. Neben der Sozialistischen Einheitspartei Deutschlands (SED), die im April 1946 aus der Vereinigung von KPD und SPD in der SBZ hervorgegangen war, traten die Christlich-Demokratische Union (CDUD) und die Liberal-Demokratische Partei (LDP) zu den Wahlen an. Erstmalig wurden auch Massenorganisationen zur Wahl zugelassen: Bei den Kreis- und Landtagswahlen kandidierte die Vereinigung der gegenseitigen Bauernhilfe (VdgB), in Sachsen zudem der Kulturbund und die Frauenausschüsse. Ihre Funktion bestand vor allem darin, Wähler zu gewinnen (z. B. Landwirte und Frauen), die eher den bürgerlichen Parteien nahestanden. Eine tatsächliche Alternative zur SED stellten somit lediglich LDP und CDUD dar. Die LDP verstand sich als Partei in der Tradition von DVP und DDP, die CDUD stellte eine konfessionsübergreifende Nachfolgepartei des Zentrums dar.

Geschwächt wurde die Position des bürgerlichen Lagers durch mehrere Faktoren. Zum einen gab es keine nationalen oder konservativen Parteien, da von vornherein nur explizit „antifaschistische Parteien" zugelassen wurden[3]. Inhaltliche Unterschiede zwischen den beiden bürgerlichen Parteien CDUD und LDP (z. B. in der Frage der Bodenreform und des Verhältnisses von Staat und Kirche) erschwerten zudem eine gemeinsame Frontstellung gegen die marxistischen Parteien und Massenorganisationen. Zum anderen wurde die Position der SED nicht zuletzt durch ihre engen Kontakte zur Besatzungsmacht gestärkt. Durch zahlreiche Maßnahmen – von der Papierzuteilung über Veranstaltungs- und Plakatierungsverbote sowie Wahlrechtsentzüge bis zur direkten Einschüchterung von Kandidaten der CDUD und LDP – griff die SMA zugunsten der SED und der Massenorganisationen in den Wahlkampf ein. Die größten Benachteiligungen erfuhren Christ- und Liberaldemokraten bei den Gemeinderats- und Kreistagswahlen: Dort durften nur von der SMAD registrierte Ortsgruppen der verschiedenen Parteien Wahlvorschläge einreichen. De facto führte dies dazu, daß LDP und CDUD vielerorts trotz entsprechender Proteste erst gar nicht zur Wahl zugelassen wurden. Nur bei den Landtagswahlen mußte die SED überall mit CDUD und LDP um die Stimmen der Wähler konkurrieren.

Bei allen Wahlgängen beteiligten sich auf SBZ-Ebene insgesamt mehr als 90 Prozent der Wahlberechtigten[4]. Allerdings stimmten 9,5 bzw. 8,2 Prozent[5] der Wähler

[2] Vgl. Hardt/Hajna/Oltmer, Thüringen, S. 512.

[3] Schmitt, Politische Landschaften, S. 412.

[4] Bei den Kreistagswahlen beteiligten sich nach eigenen Berechnungen 92 Prozent der Wahlberechtigten, wobei zur Berechnung allerdings nicht alle Wahlergebnisse zur Verfügung standen.

[5] Eigene Berechnungen (SBZ-Datensatz, VW-Projekt „Wahlen in der SBZ 1946").

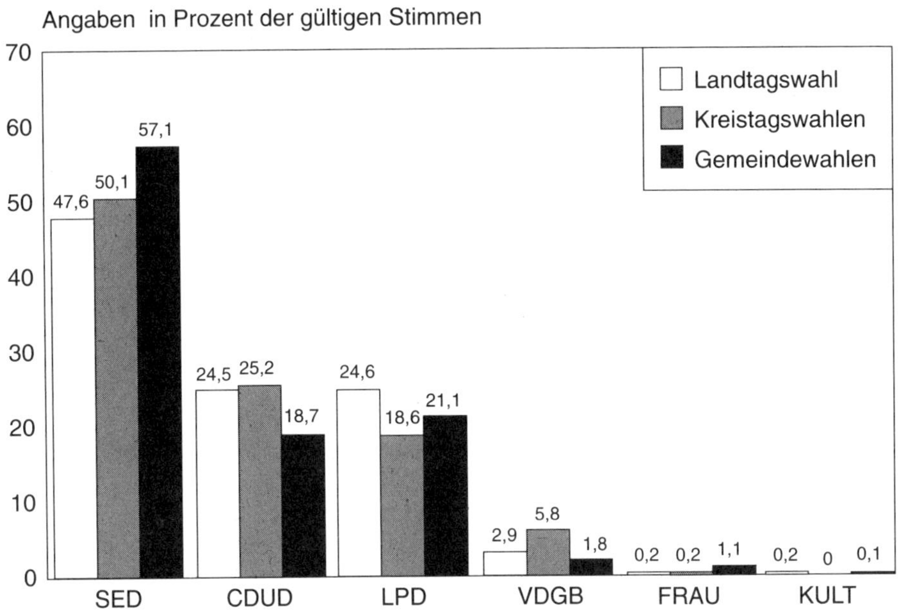

Quelle: Braun, Wahlen und Abstimmungen, S. 396 f.

Abbildung 1: Die Wahlergebnisse der Parteien in der SBZ bei den Landtags-, Kreistags- und Gemeindewahlen 1946

bei den Gemeinderats- und Kreistagswahlen ungültig, deutlich mehr als bei den Landtagswahlen (5,6 Prozent), was möglicherweise einen Ausdruck des Protestes gegen die eingeschränkten Parteialternativen darstellte. Ihr bestes Ergebnis erreichte die SED, wie aus Abbildung 1 ersichtlich ist, mit 57,1 Prozent bei den Gemeinderatswahlen, am schlechtesten schnitt sie mit 47,6 Prozent – auf SBZ-Ebene – bei den Landtagswahlen ab, wo sie in allen Gemeinden gegen CDUD und LDP antrat. LDP und CDUD erreichten bei den Landtagswahlen 24,6 bzw. 25,5 Prozent der Stimmen – nur durch die VdgB war damit eine Mehrheit der SED gesichert. Frauen- und Kulturbund erzielten im Gegensatz zur VdgB keine nennenswerten Wähleranteile.

Auch wenn die SED eindeutig als stärkste Partei aus den Wahlen hervorging, konnte sie nicht an den Erfolg des Volksentscheides in Sachsen[6] anknüpfen. Ihr Ergebnis blieb hinter den Erwartungen der SMAD und der SBZ-Führung zurück; das bürgerliche Lager erwies sich als ähnlich stark wie die SED. Zudem mußte die SED bei den Stadt- und Bezirksverordnetenwahlen am gleichen Tage in Berlin eine deutliche Niederlage gegen die dort noch kandidierende SPD hinneh-

[6] Dem Volksentscheid in Sachsen zur entschädigungslosen Enteignung von Kriegs- und Naziverbrechern stimmten 77,6 Prozent der Wahlberechtigten zu. Auf Kreisebene dokumentiert sind die Ergebnisse in Braun, Wahlen und Abstimmungen, S. 395.

men[7]. Dennoch bekundete ein großer Teil der Bevölkerung durch die Wahl der SED ihre Zustimmung zu den eingeleiteten gesellschaftlichen und politischen Veränderungen[8]. Wie die SED in der SBZ bei gleichzeitiger Kandidatur der SPD abgeschnitten hätte, bleibt eine hypothetische, empirisch nicht zu beantwortende Frage. Die vorliegenden Daten für Land- und Kreistagswahlen in der SBZ erlauben jedoch Aufschluß darüber, in welchem Umfang die SED von verhinderten Kandidaturen der CDUD und LDP bei den Kreistagswahlen profitierte. Schon die Unterschiede der Wahlergebnisse von Landtags- und Kommunalwahlen deuten daraufhin, daß die SED ihre absoluten Mehrheiten vor allem den Restriktionen zu verdanken hatte, denen die beiden bürgerlichen Parteien bei der Zulassung von Wahlvorschlägen unterlagen.

2. Freie Wahlen? Zu den Auswirkungen der Lizenzierungspraxis der SMAD auf das Kreistagswahlergebnis

Die Frage, ob es sich bei den Wahlen von 1946 tatsächlich um freie Wahlen handelte, ist nicht eindeutig zu beantworten. Obwohl die Wahl*ordnung* demokratischen Prinzipien entsprach, wurde die Chancengleichheit der Parteien durch zahlreiche Maßnahmen der SMAD verletzt: Während sie bei den Landtagswahlen in allen Orten der SBZ antreten konnten, kam es bei den Kommunalwahlen zu massiven Einschränkungen der Kandidatur der beiden bürgerlichen Gruppierungen. Die notwendige Lizenzierung von Ortsgruppen durch die SMAD führte dazu, daß CDUD und LDP vielerorts erst gar keine Wahlvorschläge einreichen konnten. Selbst wenn örtliche Vereinigungen von CDUD und LDP bestanden, was aufgrund der geringen Organisationsdichte beider Parteien in vielen Gemeinden nicht der Fall war, konnten die jeweiligen sowjetischen Kommandanturen die Registrierung aus den vielfältigsten Gründen verweigern: Sie reichten von fehlenden Unterschriften auf den Wahlvorschlägen, angeblichem oder tatsächlichem Engagement von Nationalsozialisten innerhalb der lokalen CDUD- oder LDP-Parteiorganisationen bis hin zum Argument undemokratischer Wahl des Kreisvorstandes einer Partei[9]. De facto bestimmte die SMAD damit über Zu- oder Nichtzulassung einer Partei in der Gemeinde bzw. im Kreis. Am schwächsten waren CDUD und LDP bei den Gemeindewahlen vertreten; bei den Kreistagswahlen durfte die LDP in 33 und die CDUD in 16 von insgesamt 126 Landkreisen nicht antreten[10]. Zumindest in diesen Gemeinden kann nicht

[7] Die SPD erreichte in Berlin 48,8 Prozent, die SED rangierte mit 19,8 Prozent der gültigen Stimmen noch hinter der CDUD (22,2 Prozent), nur die LDP schnitt mit 9,8 Prozent der gültigen Stimmen schlechter ab.

[8] Vgl. Weber, Geschichte der DDR, S. 142 ff.

[9] Vgl. Hardt/Hajna/Oltmer, Thüringen, S. 517.

[10] Vgl. Braun, Wahlen und Abstimmungen, S. 385. Eine umfangreiche Auswertung neu zugänglicher Aktenbestände über die Umstände der Vorbereitung und Durchführung der Wahlen von 1946, insbesondere der vielfältigen Wahlbehinderungen und -beeinflussungen, wird derzeit von Karl-Heinz Hajna im Rahmen des angeführten Projekts „Die Wahlen von 1946 in der Sowjetischen Besatzungszone" durchgeführt.

mehr von freien Wahlen gesprochen werden. Es stellt sich die Frage, in welcher Form die Wahlberechtigten auf die Einschränkung ihrer Auswahlfreiheit reagierten.

Der folgenden Analyse liegen die Kreistagswahlergebnisse für die Gemeinden von 91 der insgesamt 126 Landkreise zugrunde, die in den Archiven der ehemaligen DDR nach der Wende wieder zugänglich waren. In Mecklenburg-Vorpommern und Sachsen-Anhalt konnten die Kreistagswahlergebnisse aller Gemeinden erfaßt werden; in den anderen Ländern war eine vollständige Rekonstruktion dagegen nicht mehr möglich[11]. In den im Datensatz enthaltenen 91 Landkreisen waren die LDP in 28, die CDUD in 11 Kreisen und in 9 Kreisen sowohl CDUD als auch LDP nicht mit einem Wahlvorschlag vertreten. Besonders kraß war die Situation für die Liberaldemokraten in Mecklenburg-Vorpommern: Sie konnten dort lediglich in 6 der 21 Kreise antreten.

Ihren Unmut über die Wahlbedingungen konnten die Wahlberechtigten durch Wahlenthaltung ausdrücken, sie konnten ungültig abstimmen oder aus Protest eine andere Partei wählen. In der nachfolgenden Tabelle 1 sind die Kreistagswahlergebnisse der einzelnen Parteien dargestellt; sie umfaßt zunächst das durchschnittliche Resultat aller im Datensatz vorhandenen Gemeinden der SBZ[12]. In den nächsten Spalten folgen das Kreistagswahlergebnis der Gemeinden, in denen alle Parteien einen Wahlvorschlag einreichen konnten, dann der Gemeinden, in denen entweder die LDP oder die CDUD nicht zur Wahl antreten konnten, und schließlich das Abstimmungsergebnis in den Orten, in denen weder CDUD noch LDP einen Wahlvorschlag einreichen konnten. Die Beteiligung an den Wahlen war recht hoch: selbst in Gemeinden, in denen LDP und CDUD auf dem Stimmzettel fehlten, lag sie nur geringfügig unter dem SBZ-Durchschnitt[13]. Dagegen nahm der Anteil ungültiger Stimmen mit den Beeinträchtigungen zu. Wo keine der beiden bürgerlichen Parteien zur Wahl stand, stimmte jeder dritte Wähler ungültig. Die Ergebnisse deuten darauf hin, daß die Wähler zur CDUD abwanderten, wenn die LDP nicht antrat und umgekehrt – auf den ersten Blick erstaunlich, da LDP und CDUD sich programmatisch in einer Reihe von Punkten keineswegs nahestanden[14] und unterschiedliche Wählerschichten vertraten. In Gemeinden, in denen weder CDUD noch LDP zur Wahl standen, erreichte die VdgB einen Stimmenanteil von knapp zehn Prozent: Offensichtlich stellte die VdgB für viele Wähler im Vergleich zur SED das kleinere Übel dar, da ihr Stimmenanteil in diesen Gemeinden prozentual erheblich stärker stieg als der der SED.

[11] In Brandenburg fehlen die Daten der Gemeinden in 12 von 21, in Thüringen in 9 von 22 und in Sachsen in 14 von 29 Landkreisen.

[12] Die Unterschiede zwischen dem amtlichen Wahlergebnis (vgl. Abbildung 1) und dem in Tabelle 1 ausgewiesenen Ergebnis resultiert aus den im Datensatz fehlenden, vermutlich nicht mehr vollständig rekonstruierbaren Kreistagswahldaten für die oben genannten Kreise. Der CDUD-Anteil weicht um einen Prozentpunkt nach oben, der LDP-Anteil um einen Prozentpunkt nach unten vom Ergebnis aller Gemeinden ab.

[13] In den Orten, in denen die Zahl der Wahlberechtigten nicht mehr rekonstruierbar war, wurde die Anzahl der Wahlberechtigten der Landtagswahl als Grundlage für die Berechnungen verwandt.

[14] Vgl. dazu weiter oben, S. 189ff.

Tabelle 1: Die Kreistagswahlergebnisse vom 20. 10. 1946 in Abhängigkeit von der Kandidatur von LDP und CDUD*

(Gemeinden)	Gesamtergebnis SBZ (7982)	alle Parteien kandidiert (5136)	nur LDP nicht kandidiert (1935)	nur CDUD nicht kandidiert (102)	LDP und CDUD nicht kandidiert (809)
SED	50,2	47,6	52,4	57,4	70,1
LDP	17,6	23,3	–	35,2	–
CDUD	26,3	25,5	41,5	–	–
VdgB	5,8	3,4	5,9	7,4	29,9
Wahlbet.**	91,9	92,2	91,4	91,5	91,0
Ungült. St.	8,2	5,8	6,6	(11,5)***	30,5

* Stimmanteile in Prozent der gültigen Stimmen, Wahlbeteiligung in Prozent der Wahlberechtigten, ungültige Stimmen in Prozent der abgegebenen Stimmen.

** Bei fehlenden Wahlberechtigten wurde die Anzahl der Wahlberechtigten bei den am gleichen Tag stattfindenden Landtagswahlen eingesetzt.

*** Wegen fehlender Daten nur für 66 Gemeinden berechenbar.

Quelle: Eigene Berechnungen, SBZ-Datensatz, VW-Projekt „Wahlen in der SBZ 1946".

Die Unterschiede in den Kreistagswahlergebnissen sind sicherlich nicht nur darauf zurückzuführen, welche Parteien zur Wahl standen, sondern auch auf die jeweilige regionale und sozialstrukturelle Zusammensetzung der Gemeinden. Zu den Orten, in denen die LDP nicht kandidieren durfte, zählen beispielsweise vorwiegend mecklenburg-vorpommersche Gemeinden, wo die CDUD generell – d. h. nicht nur in Gemeinden ohne Wahlvorschlag der LDP – besonders gut abschnitt. Günstigerweise fanden in der SBZ zeitgleich zu den Kreistagswahlen die Landtagswahlen statt, bei denen alle Parteien zugelassen waren. Da Kreis- und Landtagswahlen an einem Tag stattfanden, steht grundsätzlich zu vermuten, daß die Wahlergebnisse in den Gemeinden, in denen auch bei den Kreistagswahlen alle Parteien zur Wahl standen, nicht sehr stark voneinander abweichen: Das Landtagswahlergebnis der Christ- und der Liberaldemokraten stellt einen Anhaltspunkt für deren mögliches Kreistagswahlergebnis in den Gemeinden dar, in denen sie nicht kandidieren konnten; aus dem Vergleich der Wahlresultate ist zudem ersichtlich, welche Parteien bei den Kreistagswahlen besser abschnitten, wenn LDP oder CDUD nicht kandidieren konnten[15].

Die Kreistagswahlergebnisse der Gemeinden, in denen alle Parteien von der SMAD zugelassen waren, unterscheiden sich, wie aus Abbildung 2 a zu erkennen ist, in der Tat nur geringfügig von den entsprechenden Landtagswahlergebnissen, Wo nur die Liberaldemokraten nicht kandidierten (vgl. Abbildung 2 b), erhielten die Christdemokraten knapp sieben Prozentpunkte mehr als bei der Landtagswahl, während das Stimmergebnis der SED nur geringfügig höher ausfiel. In den Kreisen Grimmen (Mecklenburg-Vorpommern) und Annaberg (Sachsen), in denen als einzige Partei die Christdemokraten nicht antreten konnten (Abbildung 2 c), verzeichnete die LDP bei der Kreistagswahl rund 14 Prozentpunkte mehr als bei den Wahlen zum Landtag, schöpfte damit quantitativ jedoch nicht das ganze CDUD-Potential

[15] Um die Nichtwähler in die Analyse einzubeziehen, sind die Stimmanteile der einzelnen Parteien sowie die ungültigen Stimmen in Tabelle 1 auf die Wahlberechtigten prozentuiert.

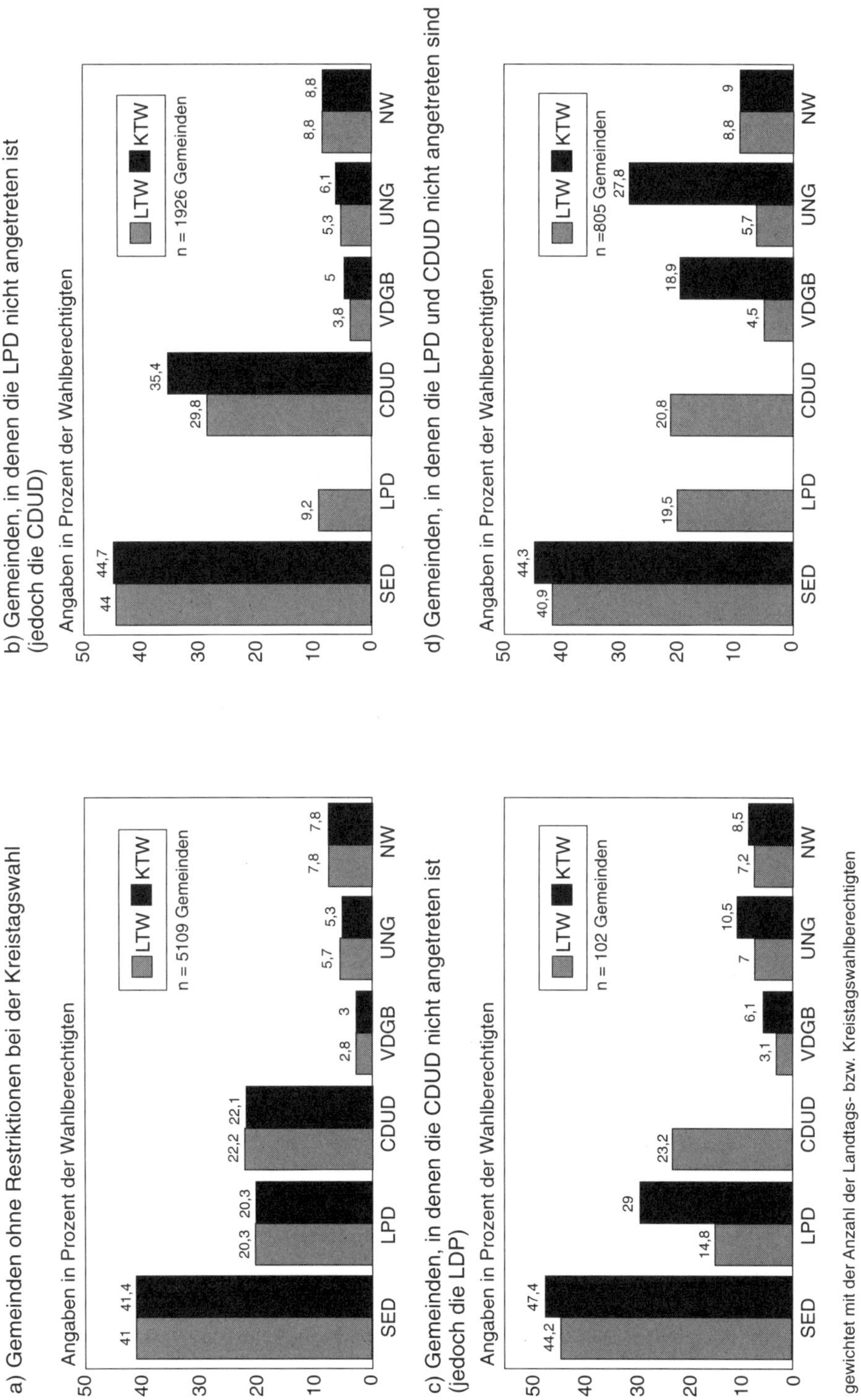

Abbildung 2: Kreis- und Landtagswahlergebnisse in der SBZ 1946

(23 Prozent bei der Landtagswahl) aus. Vielmehr stieg auch der Stimmenanteil der VdgB und die Anzahl ungültiger Stimmzettel sowie der Nichtwähleranteil. Zur Farce wurden die Kreistagswahlen in den 805 Gemeinden, wo weder Christ- noch Liberaldemokraten um die Wählerstimmen konkurrieren durften (Abbildung 2 d), da die VdgB dort die einzige (Schein-)Alternative zur SED darstellte. In diesen Ortschaften gaben 22,1 Prozent mehr Wähler ungültige Stimmen ab als bei der Landtagswahl. Wahlenthaltungen gab es dort bei der Kreistagswahl nur unwesentlich mehr als bei der Landtagswahl, und aufgrund mangelnder Alternativen verwundert auch keineswegs, daß die VdgB in erheblich höherem Umfang gewählt wurde als bei der Landtagswahl. Die SED erhielt auf Kreisebene lediglich um 3,4 Prozentpunkte mehr Stimmen als auf der Landesebene.

Der restriktive Umgang bei der Zulassung von Parteien zur Kreistagswahl wurde, wie die vorliegende Auswertung der Wahlergebnisse auf Gemeindeebene zeigt, durch die Wähler also vor allem mit ungültigen Stimmzettelm beantwortet. Die SED profitierte in allen Fällen nur unwesentlich vom Nicht-Antreten von Christ- oder Liberaldemokraten. Allerdings gewann sie indirekt über den Zuwachs an Stimmen für die VdgB ihre Mehrheiten bei den Kreistagswahlen. Wo entweder CDUD oder LDP nicht antraten, konnte die jeweils andere bürgerliche Partei bei den Kreistagswahlen deutlich mehr Stimmen als bei den Landtagswahlen verzeichnen. Dies ist, wie schon angeführt, unter wahlanalytischen Gesichtspunkten deshalb überraschend, weil CDUD und LDP unterschiedliche weltanschauliche Positionen vertraten und – wie noch zu zeigen sein wird – in einem andersgearteten sozialen Kontext ihr Wählerreservoir fanden.

3. Sozialstrukturelle Verankerung der Parteien

Wahlhistorisch von besonderer Bedeutung ist der regionale und soziale Kontext, in dem die einzelnen Parteien überdurchschnittlich gut bzw. schlecht abschnitten, da die Gemeinde-, Kreistags- und Landtagswahlen 1946 bis 1990 die einzigen kompetitiven Wahlen auf dem Gebiet der SBZ/DDR blieben. Dieser Kontext kann vergleichend nur auf der Grundlage der Landtagswahlen untersucht werden, da nur dort eine flächendeckende Kandidatur aller Parteien möglich war. Berücksichtigt werden muß aber auch hier, daß die Chancengleichheit der Parteien ebenso wie bei den Kommunalwahlen durch Benachteiligungen von CDUD und LDP durch die SMAD – z. B. bei Papierzuteilungen u. a. – beeinträchtigt wurde.

Schon aus den Landtagswahlergebnissen der fünf Länder und Provinzen (Abbildung 3) lassen sich regionale Unterschiede erkennen: In Thüringen, Sachsen und Mecklenburg-Vorpommern erzielte die SED mit mehr als 49 Prozent ihre besten Ergebnisse, wobei die Bodenreform für das gute Abschneiden in Mecklenburg-Vorpommern vermutlich eine wesentliche Rolle spielte. Die Christdemokraten verzeichneten ihre höchsten Wahlergebnisse in den beiden vorwiegend agrarisch strukturierten Ländern Mecklenburg-Vorpommern und Brandenburg, die LDP in Sachsen-Anhalt und Thüringen. In den nördlichen Ländern Mecklenburg-Vorpommern

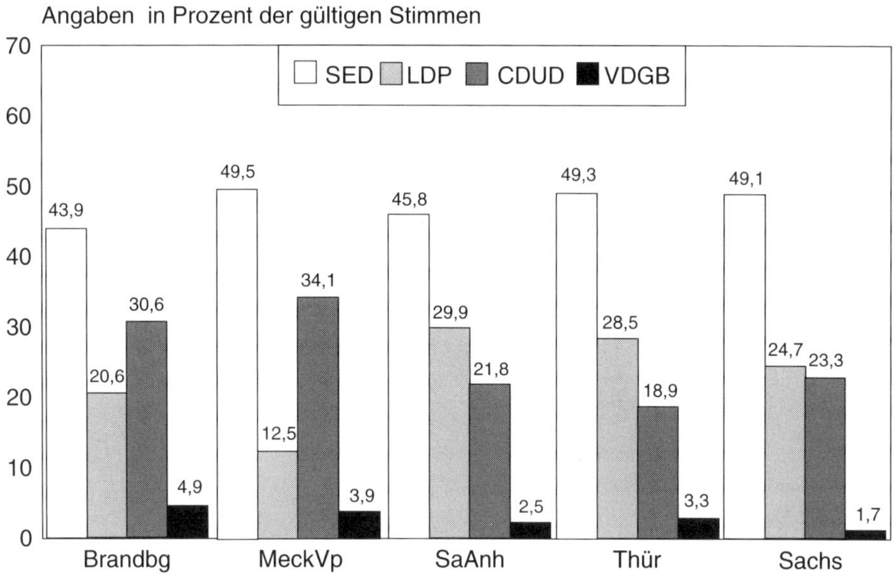

Quelle: Braun, Determinanten, S. 341 ff.

Abbildung 3: Die Wahlergebnisse der Parteien bei den Landtagswahlen in der SBZ 1946 nach Ländern

und Brandenburg verbuchte andererseits auch die VdgB ihre größten Erfolge, während sich im industrialisierten Sachsen nur 1,7 Prozent der Wählerinnen und Wähler für die Interessenvertretung der (Neu-)Bauern entschieden.

Die sozialstrukturellen Indices der Gemeinden (vgl. Tabelle 2) beruhen auf der am 29. Oktober 1946 durchgeführten Volks- und Berufszählung, deren zeitliche Nähe zu den Wahlen angesichts der zahlreichen kriegs- und nachkriegsbedingten Umwälzungen der Bevölkerungsstruktur für eine angemessene Analyse besonders wichtig ist. Vor allem die durch die Vertreibungen aus den ehemaligen Reichsgebieten östlich von Oder und Neiße bedingte Bevölkerungsvermehrung, der hohe Frauenanteil, die Landflucht und der durch vertriebene Schlesier, Oberschlesier und Sudentendeutsche gestiegene Katholikenanteil veränderten die demographische Struktur der SBZ im Vergleich zur Vorkriegszeit entscheidend. In Tabelle 2 sind die soziodemographischen Daten der Volkszählung für die Länder und Provinzen der Sowjetischen Besatzungszone wiedergegeben[16]. Erfaßt sind (auf Gemeindeebene) der Männer- und Frauenanteil, die Religionszugehörigkeit sowie die Anteile der einzelnen Wirtschaftszweige und Berufsgruppen an der Bevölkerung[17].

[16] Vgl. dazu SBZ-Handbuch, S. 1069–1074.

[17] Erfaßt wurden alle vor dem 1. 1. 1932 Geborenen. Zu den verschiedenen Wirtschaftszweigen/Berufsgruppen wurden in der Zählung nicht nur die dort Beschäftigten, sondern auch die von diesem Einkommen lebenden Angehörigen gerechnet, d. h. die Anteile beziehen sich auf die Bevöl-

Tabelle 2: Soziodemographische Struktur der Bevölkerung in der SBZ nach Ländern*

	Gesamte SBZ	B**	M-V**	S-A**	T**	S**
Gemeinden ***	12236	2205	2417	2652	2382	2580
Einwohner (in Tsd.) (= 100 %)	1720,4	2517,2	2110,1	4135,5	2911,4	5529,6
Geschlecht						
Männer	42,6	42,1	42,6	43,3	43,0	42,0
Frauen	57,4	57,9	57,4	56,7	57,0	58,0
*Religionszugehörigkeit*****						
protestantisch	81,9	85,5	84,0	80,2	76,7	83,6
römisch katholisch	11,9	9,0	13,3	14,9	16,6	7,9
ohne Bekenntnis	5,5	4,7	2,2	4,4	5,9	7,9
Berufliche Stellung						
Arbeiter	44,6	41,8	36,9	45,4	43,8	48,5
Angestellte	14,1	12,7	11,3	14,7	14,8	15,1
Selbständige	13,9	16,7	19,2	12,3	14,4	11,7
Mith. Familienang.	6,4	8,6	9,4	5,9	7,1	4,4
Selbst. Berufslose	20,9	20,2	23,2	21,6	20,0	20,3
*Wirtschaftszweige******						
Land- & Forstwirtschaft	20,3	27,9	34,8	21,3	18,6	11,4
Industrie & Handwerk	35,7	28,6	20,9	33,9	38,9	44,2
Handel & Verkehr	12,3	11,2	9,9	12,0	12,0	14,0
Dienstleistungen	9,3	10,6	9,4	9,5	9,0	8,6

* Volkszählung vom 29. 9. 1946, Spaltenprozente prozentuiert auf Einwohner.
** B: Brandenburg; M-V: Mecklenburg-Vorpommern; S-A: Sachsen-Anhalt; S: Sachsen; T: Thüringen.
*** Für 13 Gemeinden der SBZ fehlen die Daten.
**** Die Spaltenprozente addieren sich nicht zu 100 %, da keine Aufschlüsselung der anderen Religionsgemeinschaften für die Gemeinden vorliegt.
***** Die Kategorie Häusliche Dienste wurde ebenfalls nicht für die Gemeinden erfaßt.

Fallzahl: 12236 Gemeinden, gewichtet mit der Anzahl der Einwohner.
Quelle: Eigene Berechnungen (SBZ-Datensatz, VW-Projekt „Wahlen in der SBZ 1946“).

Die SED führte den Wahlkampf mit den Schlagworten „Einheit, Frieden und Sozialismus“[18]. Diese Programmatik läßt zunächst erwarten, daß die Partei ihre besten Wahlergebnisse in Gemeinden mit einem hohen Arbeiteranteil erreichte, also vor allem in den Städten: Knapp 47 Prozent der SED-Mitglieder waren Ende Dezember 1947 Industriearbeiter, dagegen betrug der Anteil der Landarbeiter innerhalb der SED nur 3,6 Prozent[19]. Ihr bestes Landesergebnis erzielte die SED entgegen der

kerung, nicht auf die Erwerbspersonen. Selbständige Berufslose sind Personen, die von staatlichen Transferleistungen (Rente) lebten oder Einkommen ohne Berufstätigkeit bezogen, selbständige Berufslose addieren sich sowohl mit den Wirtschaftszweigen als auch mit den Berufsgruppen zur Wohnbevölkerung (= 100 %). Nicht aufgeführt sind in der folgenden Tabelle die zu den Wirtschaftszweigen zählenden „Häuslichen Dienste“; für diese zahlenmäßig unbedeutende Gruppe liegt keine Aufschlüsselung auf Gemeindeebene vor, weshalb sich die Prozentwerte nicht zu 100 addieren.

[18] Vgl. Weber, Geschichte der DDR, S. 138.

[19] Stand Ende Dezember 1946 (Quelle: SAPMO, ZPA, 215/4990); vgl. dazu auch weiter oben, S. 173 ff.

oben geäußerten Erwartung jedoch nicht in einem der stark industrialisierten Länder[20], sondern im agrarisch geprägten Mecklenburg-Vorpommern. Eine wesentlich Erklärung bildet sicher die von der SMAD konsequent betriebene Bodenreform, die die wirtschaftliche Struktur des vormals vom Großgrundbesitz geprägten Landes einschneidend veränderte – ein wesentlicher Teil der Bevölkerung profitierte hier von der Zuteilung enteigneten Bodens; in Mecklenburg-Vorpommern verzeichnete die SED mit 15,6 Prozent auch den höchsten Mitgliederbestand an selbständigen Bauern im Vergleich zu sechs Prozent im SBZ-Durchschnitt[21]. Andererseits muß aber auch berücksichtigt werden, daß vor allem Sozialdemokraten, aber auch Kommunisten, bereits während der Weimarer Republik in Mecklenburg beachtliche Wahlerfolge erzielt hatten[22].

Innerhalb der CDUD setzte sich nach Übernahme des Parteivorsitzes durch Jakob Kaiser zunehmend die Position eines „christlichen Sozialismus" durch. Nicht zuletzt von ihrem Bekenntnis zum Sozialismus versprach sich die CDUD Zulauf von sozialdemokratischen Gegnern der Zwangsvereinigung von KPD und SPD[23]. Mit der Devise „Christentum oder Marxismus" versuchte sie jedoch, sich eindeutig von der SED abzugrenzen. Neben kirchlichen Kreisen gehörten vor allem Mittelstand und Landwirtschaft zu ihrer Klientel, und trotz ihres überkonfessionellen Charakters war die Zentrumstradition noch sehr stark, so daß sich ihre Wählerschaft überproportional aus Katholiken zusammensetzte. Die ambivalente und konfliktträchtige Haltung der CDUD bei der Zustimmung zur Bodenreform[24] mag allerdings gerade bei ihrer ländlichen Klientel Stimmeneinbußen nach sich gezogen haben.

Während die CDUD eine christliche Variante des Sozialismus vertrat, profilierte sich die LDP durch eine betont antisozialistische Haltung, die wirtschaftspolitisch vor allem die Forderung nach freier Unternehmerinitiative beinhaltete. Erstaunlicherweise hinderte dies die LDP jedoch nicht daran, der Boden- und der Industriereform, die eine sozialistische Wirtschaftspolitik einleiteten, zuzustimmen[25]. Die Wiedereinführung des Berufsbeamtentums sowie die Durchsetzung eines Rechtsstaates mit Gewaltenteilung bildeten weitere Eckpunkte des liberaldemokratischen Programms. Es ist anzunehmen, daß die Wahlerfolge der Liberalen wesentlich von Urbanisierungsgrad und Angestelltenanteil abhingen[26].

[20] Möglicherweise schnitt die SED, abweichend vom Trend, dort unterdurchschnittlich ab, wo sich Widerstand gegen die Vereinigung von Sozialdemokraten und Kommunisten artikuliert hatte – dies müßte an Einzelfällen überprüft werden (vgl. dazu Braun, Determinanten, S. 348), kann hier jedoch nicht weiter verfolgt werden.

[21] Stand Ende Dezember 1946 (Quelle: SAPMO, ZPA, **215/4990**); vgl. dazu auch weiter oben, S. 177ff.

[22] Vgl. Falter/Lindenberger/Schumann, Wahlen und Abstimmungen, S. 98f.

[23] Vgl. Suckut, Blockparteien.

[24] Vgl. dazu weiter oben, S. 204ff.

[25] Vgl. dazu weiter oben, S. 207ff.

[26] Entsprechende empirische Belege für die Weimarer Republik liefert Winkler, Liberalismus, z. B. S. 423.

Ziel der im Zusammenhang mit der Bodenreform gegründeten VdgB war die Vertretung der Interessen vor allem der Neubauern. Aufgrund dieser Tatsache, so zunächst die Erwartung, müßte die VdgB vor allem in Mecklenburg-Vorpommern und Brandenburg höhere Stimmenanteile erhalten haben, wo es, bedingt durch die Bodenreform, besonders viele Neubauern gab. Die Kandidatur der Frauenausschüsse zielte hingegen auf die Gewinnung von Wählerinnen ab, die kriegsbedingt die Mehrheit der Wahlberechtigten stellten. Die Beteiligung des Kulturbundes an den Landtagswahlen war intern umstritten, nur in Sachsen kam es schließlich zu einer Kandidatur. Lediglich der VdgB gelang es jedoch in größerem Umfang, Wählerstimmen zu erringen, Frauenausschüsse und Kulturbund blieben – wie die oben dargestellten Wahlergebnisse belegen – quantitativ bedeutungslos.

Die Ausgangshypothesen hinsichtlich des Abschneidens der einzelnen Parteien und Organisationen in den Gemeinden lassen sich folgendermaßen zusammenfassen: Zum einen wurde ein unterschiedliches Wahlverhalten in *städtischen* und *ländlichen* Gebieten vermutet. Die Hochburgen der SED wie der LDP wurden in den Städten vermutet, bessere Wahlchancen von CDUD und VdgB hingegen in ländlichen Gemeinden. Eine weitere Determinante des Wahlverhaltens stellt der *Beruf* dar. In Gemeinden mit hohem Arbeiteranteil, so stand zu vermuten, würde die SED besonders gut abschneiden, in Orten mit einem hohen Anteil an Landwirten und mithelfenden Familienangehörigen die CDUD oder die VdgB, während LDP-Wahlerfolge vor allem dort zu erwarten waren, wo es überdurchschnittlich viele Angestellte gab. Seit der Entstehung des im Rahmen des Kulturkampfes stark gewordenen politischen Katholizismus, der sich in der Gründung des Zentrums politisch manifestiert hatte, stellt die *Konfession* eine weitere wesentliche Determinante des Wahlverhaltens in Deutschland dar: Hohe Stimmenanteile der CDUD in katholischen Gebieten müßten also die Folge sein. Aufgrund von Untersuchungen zum Wahlverhalten in der Weimarer Republik war ferner zu vermuten, daß sich ein hoher *Frauenanteil* auch in der SBZ zugunsten konservativer Parteien auswirkte[27]. Schließlich konnte davon ausgegangen werden, daß die Besonderheiten des Wahlkampfes und die spezielle politische Situation in der Sowjetischen Besatzungszone nicht ohne Einfluß auf die Wahlergebnisse in den Gemeinden blieben: Genannt wurden bereits die Bodenreform und die Folgen des Vereinigungsprozesses von SPD und KPD. Braun[28] nimmt darüber hinaus an, daß das Wahlergebnis der SED durch ihre in der Bevölkerung wahrgenommene Rolle als „Russenpartei" noch zusätzlich negativ beeinflußt wurde. Ihre Wahlchancen seien zudem in den an Berlin angrenzenden Wahlkreisen relativ schlechter gewesen, da CDUD und LDP dort die unmittelbare Unterstützung ihrer Berliner Parteiorganisationen nutzen konnten, was nachteilige Wahlkampfbedingungen und Wahlbehinderungen habe ausgleichen können.

[27] Vgl. die Dokumentation geschlechtsspezifischer Sonderauszählungen der Reichstagswahlen zwischen 1924 und 1932 bei Falter/Lindenberger/Schumann, Wahlen und Abstimmungen, S. 83f.

[28] Vgl. Braun, Determinanten, S. 347.

Die Analyseergebnisse bestätigen diese Ausgangshypothesen nur teilweise. Die Wahlergebnisse der einzelnen Parteien in Stadt- und Landkreisen sind in Tabelle 3 zusammengefaßt. Die SED errang unabhängig vom Urbanisierungsgrad in beiden Gruppen ungefähr den gleichen Prozentsatz an Stimmen, während bei allen anderen Parteien Unterschiede zu beobachten sind. Für die LDP entschieden sich in den Stadtkreisen knapp zehn Prozent mehr Wahlberechtige als in den Landkreisen. Die Christdemokraten verzeichneten dagegen durchschnittlich fünf Prozentpunkte mehr in den Landkreisen als in den Stadtkreisen. Der Stadt-Land Unterschied macht sich auch bei der VdgB bemerkbar: Ihr Stimmenanteil betrug in den Stadtkreisen nur 0,4 Prozent, was bei einer landwirtschaftlichen Interessenvertretung allerdings nicht verwunderlich ist.

Tabelle 3: Die Landtagswahlergebnisse vom 20. 10. 1946 in Stadt- und Landkreisen der SBZ (Spaltenprozente prozentuiert auf Wahlberechtigte)

	Gesamt	Landkreise	Stadtkreise
SED	41,3	41,3	41,2
LDP	21,3	18,7	28,4
CDUD	21,2	22,6	17,3
VDGB	2,5	3,3	0,4
Ungültige	5,0	5,7	2,9
Nichtwähler	8,0	7,9	9,4
Wahlberechtigte	11321398	8278042	3043356
Kreise	178	126	52

Stimmanteile prozentuiert auf die Anzahl der Wahlberechtigten.
Fälle gewichtet mit der Anzahl der Wahlberechtigten.
Eigene Berechnungen, SBZ-Datensatz, VW-Projekt „Wahlen in der SBZ 1946".

Wie diese Ergebnisse belegen, gelang es der SED, neben ihrer traditionellen Wählerschaft, also vor allem Arbeitern, die Landbevölkerung zu erreichen. Um Aufschluß über das Abstimmungsverhalten in Abhängigkeit von der wirtschaftlichen Struktur der Gemeinden zu erhalten, wurden diese in jeweils vier Gruppen aufgeteilt (Tabelle 4): Im untersten Quartil befinden sich definitionsgemäß die 25 Prozent der Gemeinden, die die niedrigsten Anteile an einem der aufgeführten wirtschaftlichen Merkmale aufweisen, im obersten die 25 Prozent mit den höchsten usw. Wiedergegeben ist in Tabelle 4 das durchschnittliche Wahlergebnis für die gesamte SBZ und für die einzelnen Quartile; in der letzten Spalte befindet sich der Pearsonsche Korrelationskoeffizient r, der ein Maß für die Stärke und die Richtung des Zusammenhangs zwischen zwei Merkmalen bildet[29].

Wie man sieht, nahm der Stimmenanteil der SED mit steigendem Arbeiteranteil zu (r = .37). In den 25 Prozent der Gemeinden mit dem niedrigsten Arbeiteranteil erhielt die SED um lediglich zehn Prozentpunte weniger Stimmen als in dem Viertel

[29] „r" hat einen Wertebereich von –1 bis + 1 und nimmt den Wert 0 an, wenn kein Zusammenhang zwischen den Merkmalen besteht, den Wert –1, wenn ein perfekter negativer, und den Wert + 1, wenn ein perfekter positiver Zusammenhang besteht.

Tabelle 4: Sozialstrukturelle Korrelate der Stimmanteile der Parteien bei der Landtagswahl vom 20. 10. 1946 in den Gemeinden der SBZ

	Gesamt	*1. Quart.*	*2. Quart.*	*3. Quart*	*4. Quart.*	*Korrelation*
			Wirtschaftszweige			
Industrie						
% SED	41	9	37	37	43	*.35*
% LDP	21	11	16	21	23	*.12*
% CDUD	21	38	27	25	19	*–.26*
% VdgB	3	8	7	3	1	*–.46*
Diensteistung						
% SED	41	39	40	44	41	*–.12*
% LDP	21	14	15	16	24	*.34*
% CDUD	21	26	24	23	20	*–.08*
% VdgB	3	8	6	4	1	*–.43*
Handwerk						
% SED	41	39	40	43	41	*–.07*
% LDP	21	12	15	16	24	*.43*
% CDUD	21	27	25	22	20	*.19*
% VdgB	3	8	6	4	1	*–.50*
Landwirtschaft						
% SED	41	42	39	36	38	*–.18*
% LDP	21	23	18	16	12	*–.32*
% CDUD	21	20	23	26	28	*.25*
% VdgB	3	1	5	7	9	*.64*
			Selbständige Berufslose			
% SED	41	38	41	42	41	*.02*
% LDP	21	15	18	24	21	*.07*
% CDUD	21	26	23	19	22	*.01*
% VdgB	3	8	4	2	2	*–.31*
			Berufsgruppen			
Arbeiter						
% SED	41	37	36	40	47	*.37*
% LDP	21	12	20	26	17	*–.01*
% CDUD	21	28	26	19	20	*–.19*
% VdgB	3	8	4	2	2	*–.34*
Angestellte						
% SED	41	38	39	42	42	*–.07*
% LDP	21	13	15	16	24	*.48*
% CDUD	21	27	25	23	20	*–.23*
% VdgB	3	8	7	5	1	*–.54*
Selbständige						
% SED	41	43	39	36	38	*–.21*
% LDP	21	23	19	17	12	*–.27*
% CDUD	21	19	24	26	28	*.26*
% VdgB	3	1	4	7	9	*.58*
Mithelfende						
% SED	41	42	40	37	36	*–.22*
% LDP	21	23	17	16	15	*–.27*
% CDUD	21	20	24	26	27	*.23*
% VdgB	3	1	5	7	10	*.66*

Spaltenprozente prozentuiert auf Wahlberechtigte

Korrelation: r: Pearsons r, Fälle gewichtet mit der Anzahl der Wahlberechtigten.
Quelle: Eigene Berechnungen (SBZ-Datensatz, VW-Projekt „Wahlen in der SBZ 1946").

der Gemeinden mit den höchsten Arbeiteranteilen. Vor allem bei den Quartilen der anderen Berufgruppen fallen die geringen Differenzen im Wahlergebnis der SED auf. Die negativen Zusammenhänge zwischen den SED-Anteilen und den Beschäftigten in der Landwirtschaft bzw. dem Anteil an Selbständigen sind dementsprechend mit r = –.18 bzw. r = –.21 nur schwach ausgeprägt. Für den Wahlerfolg der Liberaldemokraten war vor allem der Prozentsatz der Angestellten von Bedeutung; er korreliert mit r = .48 mit dem Stimmenanteil der LDP. Im Viertel der Gemeinden mit dem höchsten Angestelltenanteil stimmten 24 Prozent der Wahlberechtigten für die Liberaldemokraten, während es im niedrigsten Quartil lediglich 13 Prozent waren. Je höher der Anteil der Mithelfenden und Selbständigen – d. h. je ländlicher strukturiert die Gemeinde –, umso schlechter das Wahlergebnis der LDP.

Der CDUD gelang es nicht, in den von der Landwirtschaft geprägten Gemeinden entscheidend Fuß zu fassen. Ihr Stimmergebnis steigt zwar mit dem Anteil der Beschäftigten in der Landwirtschaft bzw. korrespondierend dazu mit dem Anteil der Selbständigen und der Mithelfenden, diese Beziehungen sind jedoch nicht sehr stark ausgeprägt[30]. In diesen Orten mobilisierte – wie vermutet – vor allem die VdgB Wähler. In dem Viertel der Gemeinden mit den höchsten Quoten an Beschäftigten in der Landwirtschaft erzielte die VdgB 8 Prozentpunkte mehr als im niedrigsten Viertel, analog dazu verhält es sich mit dem Anteil an Selbständigen und Mithelfenden. Dementsprechend hoch fallen auch die Korrelationskoeffizienten (um .60) aus. Von der VdgB abgesehen ist das Profil der einzelnen Parteien jedoch nicht sehr stark ausgeprägt, vor allem für das Abschneiden der Christdemokraten ist die Wirtschaftsstruktur nicht weiter erklärungskräftig.

Als bedeutsamerer Faktor für das Ergebnis der CDUD könnte sich die Konfession erweisen. Als Partei in der Tradition des Zentrums stellte sie in erster Linie eine Vertretung des katholischen Bevölkerungsteils dar. Obwohl 1946 in der SBZ kriegsbedingt rund doppelt soviel Katholiken lebten wie 1939[31], betrug ihr Anteil an der Bevölkerung lediglich rund zwölf Prozent. Die überwiegend katholischen Gemeinden konzentrierten sich vor allem auf die thüringischen Kreise Worbis und Mühlhausen, Nordhausen und Eisenach-Land sowie auf den sächsichen Kreis Kamenz. Mehr als die Hälfte der Wahlberechtigten dieser Gemeinden votierte bei den Landtagswahlen für die CDUD (vgl. Tabelle 5). Der Konfessionsfaktor spielte also auch in der SBZ eine Rolle, selbst wenn er für das Gesamtergebnis aufgrund der geringen Anzahl von Katholiken bedeutungslos blieb (r = .25).

Während der Anteil der katholischen Bevölkerung die Wahl der Christdemokraten positiv beeinflußte, steigt der Stimmenanteil der Liberaldemokraten mit dem Anteil der Bevölkerung ohne Glaubensbekenntnis in einer Gemeinde, statistisch ist letzterer mit r = .31 stärker ausgeprägt als die Beziehung zwischen dem Anteil der Katholiken und der CDUD (r = .25). Da die LDP besonders gute Wahlresultate in

[30] Inwieweit tatsächlich die Haltung der CDUD zur Bodenreform dazu beigetragen hat, läßt sich nicht quantifizieren.

[31] Vgl. SBZ-Handbuch, S. 1072.

Tabelle 5: Die Landtagswahlergebnisse vom 20. 10. 1946 in Abhängigkeit vom Anteil der Katholiken in den Gemeinden

	Gesamte SBZ	Katholikenanteil < 50 %	Katholikenanteil > 50 %
% SED	41,3	41,4	24,3
% LDP	21,4	21,5	5,0
% CDUD	21,2	20,9	54,5
% VdgB	2,5	2,5	2,2
% Ungültige	5,0	5,0	5,0
% Nichtwähler	8,3	8,3	8,9
Wahlberechtigte	11320415	11219185	101230
Gemeinden	12047	11842	205

Spaltenprozente in Prozent der Wahlberechtigten, Fälle gewichtet mit der Anzahl der Wahlberechtigten.
Quelle: Eigene Berechnungen (SBZ-Datensatz, VW-Projekt „Wahlen in der SBZ 1946").

Städten erzielte, kann der Zusammenhang allein dadurch zustande kommen, daß der Anteil der Bevölkerung ohne Religionszugehörigkeit dort höher war als auf dem Land. Kontrolliert man den Zusammenhang nach der Ortsgröße, dann sinkt der Korrelationskoeffizient auf .18.

Übereinstimmend mit den oben formulierten Erwartungen, stellte Braun[32] anhand von Sonderauszählungen der Landtagswahlergebnisse einiger Kreise nach dem Geschlecht eine deutliche Dominanz von Frauen unter den Wählern von CDUD und LDP fest. Auf der Aggregatebene lassen sich nur äußerst schwache Zusammenhänge feststellen; der Zusammenhang zwischen dem Prozentsatz der weiblichen Bevölkerung und dem Wahlergebnis der LDP beträgt r = .11, im Falle der CDUD verschwindet er mit r = .06 fast vollständig. Die geringen Unterschiede im Frauenanteil der einzelnen Gemeinden erschweren dabei die Aufdeckung geschlechtsspezifischer Differenzen. Um weiteren Aufschluß über die politischen Präferenzen von Frauen zu erhalten, sind zeitgenössische getrennte Auszählungen nach dem Geschlecht notwendig, die jedoch nur sehr vereinzelt vorliegen.

Die bivariaten Analysen zeigten daß das sozialstrukturelle Profil der einzelnen Parteien unterschiedlich stark ausgeprägt ist und von verschiedenen Faktoren bestimmt wird. Im nächsten Schritt soll nun anhand multipler Regressionen gleichzeitig der isolierte Einfluß mehrerer sozialstruktureller Merkmale auf das Wahlergebnis einer Partei geschätzt werden. Dies ist sinnvoll, weil – wie am Beispiel der LDP und der Religionszugehörigkeit deutlich wurde – ein statistischer Zusammenhang zwischen zwei Variablen durch ein drittes, unberücksichtigtes Merkmal – den Urbanisierungsgrad – verursacht sein kann.

Das Wahlergebnis der SED wird vor allem durch den Arbeiteranteil bzw. den Anteil der in der Industrie Beschäftigten und in erheblich geringerem Umfang von dem Anteil der Einwohner ohne Bekenntnis bestimmt, während der Urbanisierungsgrad keinen Einfluß auf das Abstimmungsverhalten zugunsten der SED ausübte. Die in Tabelle 6 ausgewiesenen Koeffizienten bestätigen die Ergebnisse der bivariaten Ana-

[32] Vgl. Braun, Determinanten, S. 350.

lyse. In der zweiten Spalte sind die theoretisch relevanten Prädiktoren der in der ersten Spalte angegebenen Parteien verzeichnet, zu jedem Prädiktor ist der unstandardisierte Regressionskoeffizient „b"[33] sowie der standardisierte Regressionskoeffizient „beta"[34] angegeben. Als stärkster Prädiktor für das Wahlergebnis der SED erweist sich der Arbeiteranteil, während die Höhe des Bevölkerungsanteils ohne Religionszugehörigkeit nur geringfügig zur Verbesserung des Wahlergebnisses der SED beiträgt. Beide Variablen zusammen erklären jedoch nur 14,2 Prozent[35] der Varianz des SED-Stimmenanteils.

Tabelle 6: Sozialstrukturelle Determinanten des Abstimungsverhaltens bei der Landtagswahl vom 20. 10. 1946 (Multiple Regressionen)

Wahlergebnis	Prädiktoren (Modellgüte)	b	beta
% SED	% Arbeiter	,394	,350
	% Religionslose	,161	,077
	(R^2: 14,2 %)		
% LDP	% Angestellte	,77	,456
	Einwohnerzahl	$6{,}30 * 10^{-6}$	,074
	% Religionslose	–,02	–,010
	% Frauen	–,18	–,030
	(R^2: 23,1 %)		
% CDUD	% Katholiken	,262	,215
	% Selbständige	,375	,234
	% Frauen	,740	,136
	Einwohnerzahl	$-6{,}60 * 10^{-6}$	–,085
	(R^2: 13,6 %)		
% VdgB	% Mithelfende	,397	,649
	Einwohnerzahl	$-1{,}498 * 10^{-6}$	–,053
	(R^2: 44,5 %)		

12050 Gemeinden, gewichtet mit der Anzahl der Wahlberechtigten.
Quelle: Eigene Berechnungen (SBZ-Datensatz, VW-Projekt „Wahlen in der SBZ 1946").

Zur Erklärung des Wahlerfolges der Liberaldemokraten trugen in unterschiedlichem Umfang der Verstädterungsgrad, der Anteil des Dienstleistungssektors, der Frauenanteil und der Prozentsatz der Bevölkerung ohne Religionszugehörigkeit

[33] „b" gibt an, wie stark sich die abhängige Variable ändert, wenn die unabhängige Variable um eine *empirische Einheit* steigt. Beispiel: Nimmt der Arbeiteranteil um 1 Prozent zu, so steigt das Wahlergebnis der SED um 0,394 Prozent.

[34] Da die Größe der Regressionskoeffizienten „b" von der Skalierung abhängt (z. B. könnte die Einwohnerzahl auch in Tausend gemessen werden etc.) müssen diese standardisiert werden, um die Stärke des Einflusses der verschiedenen unabhängigen Variablen miteinander vergleichen zu können. Maßstab für die Standardisierung ist eine Standardabweichung. Die standardisierten „beta"-Werte geben an, wie stark die abhängige Variable steigt, wenn der Prädiktor um eine *Standardabweichung* zunimmt. Beispiel: Steigt der Arbeiteranteil um eine Standardabweichung, so nimmt der Prozentsatz der SED um 0,350 zu.

[35] „R^2" ist ein Maß dafür, wie hoch der Anteil an Varianz ist, der durch die im Modell enthaltenen Variablen erklärt wird. „R^2" hat einen Wertebereich von 0 bis eins. Ein Wert von 0 bedeutet, daß die im Modell spezifizierten Variablen keinen Erklärungsbeitrag liefern, ein Wert von eins bzw. 100 Prozent, daß die gesamten Unterschiede in der Ausprägung der abhängigen Variablen durch die unabhängigen Variablen erklärt werden.

bei. Die Stellung im Beruf, d. h. der Angestelltenanteil, ist auch in der multivariaten Analyse der stärkste Prädiktor des Stimmenanteils der LDP in einer Gemeinde. Der Einfluß der Wohnortgröße verschwindet bei Kontrolle des Prozentsatzes der Angestellten dagegen fast vollständig, d. h. der Verstädterungsgrad hat keine eigenständige Wirkung. Der Frauenanteil und der Prozentsatz der Religionlosen üben im multivariaten Modell sogar einen negativen Einfluß auf das Wahlergebnis der LDP aus. Insgesamt werden durch das Modell, und zwar vor allem durch den Angestelltenanteil, annähernd 23 Prozent des LDP-Ergebnisses statistisch erklärt.

Die Christdemokraten gewannen ihre Stimmen vorwiegend in katholischen Gebieten und Gemeinden mit vielen Selbständigen. Um die Auswirkung des Frauenanteils zu berücksichtigen, wurde diese Variable ebenfalls im Modell spezifiziert. Der Katholiken- und der Selbständigenanteil tragen nahezu gleich stark zum Abschneiden der CDUD bei, gefolgt vom Prozentsatz der Frauen in einer Gemeinde. Negativ wirkt sich – wie bereits bivariat festgestellt wurde – die Größe der Gemeinde auf den Wahlerfolg der CDUD aus. Alle Variablen zusammengenommen erklären jedoch nur 13,6 Prozent, was u. a. durch die vergleichsweise geringe Bedeutung des Konfessionsfaktors verursacht wird.

Das ausgeprägteste sozialstrukturelle Profil weist die VdgB auf. Der Prozentsatz der Mithelfenden Familienangehörigen, der ein Indikator für den Anteil der in der Landwirtschaft Beschäftigten ist, übt einen äußerst starken positiven Effekt aus, während der Einfluß der Ortsgröße auf den VdgB-Erfolg unter Kontrolle der Berufsgruppe nahezu verschwindet. 44,5 Prozent der Unterschiede in den Stimmergebnissen der VdgB in den einzelnen Gemeinden werden durch diese beiden Variablen erklärt, wobei nahezu die gesamte Varianzaufklärung aus dem Beruf resultiert. Bis auf wenige Ausnahmen bestätigen die multivariaten Analysen also die bivariaten Resultate.

4. Resümee

Zunächst wurde untersucht, welche Folgen die Nicht-Zulassung einzelner Parteien auf das Wahlergebnis der Kreistagswahl hatte. Kreis- und Landtagswahlergebnisse unterschieden sich nicht, wenn alle Parteien kandidieren durften. Wo Wahlrestriktionen bestanden, führten diese vor allem dazu, daß entweder die übriggebliebene bürgerliche Partei ihren Stimmenanteil in beträchtlicher Höhe verbessern konnte oder – dort wo die VdgB die einzige Alternative blieb – der Nichtwähleranteil auf nahezu ein Drittel der Wahlberechtigten anwuchs. Die Lizenzierungspraxis der SMAD trug demnach zur absoluten Mehrheit der SED bei den Kreistagswahlen bei. Offen bleibt, inwieweit andere Wahlkampfvorteile der SED, z. B. im Pressewesen, deren Wahlergebnisse begünstigten.

Im zweiten Teil des Beitrages wurde untersucht, in welcher Form die Sozialstruktur der Gemeinden die Landtagswahlergebnisse beeinflußte. Auch in der SBZ unterschied sich das Wahlverhalten in Abhängigkeit vom Urbanisierungsgrad, der Konfessionsgliederung und der Wirtschaftsstruktur der Gemeinden. Diese Faktoren erklären – einmal abgesehen von der VdgB – jedoch nur in geringem Umfang die Höhe der Stimmenanteile der einzelnen Parteien. Dafür verantwortlich ist möglicherweise das eingeschränkte Parteienspektrum in der Sowjetischen Besatzungszone. Die Unterschiede in den politischen Präferenzen der Wähler fanden dadurch nicht immer ein Pendant in entsprechenden Parteien, was zu einem schwächeren Profil der Parteien der SBZ beitrug. So scheint z. B. die CDUD nicht nur das Zentrum, sondern auch im Norden der SBZ die DDP und die DNVP beerbt zu haben, was zu einem niedrigeren statistischen Zusammenhang mit dem Katholikenanteil führte[36].

Um erklärungskräftigere Modelle des Wahlverhaltens zu gewinnen, scheint es angebracht, zukünftige Analysen stärker zu regionalisieren und die Wählertraditionen – über die Wahlergebnisse der Weimarer Republik – zu berücksichtigen[37].

[36] Bei Falter, Kontinuität und Neubeginn, S. 252, wird für die erste Bundestagswahl 1949 eine erheblich stärkere Beziehung zwischen diesen beiden Merkmalen(r = .66) festgestellt.

[37] Der Brückenschlag zur Weimarer Republik kann jedoch – aufgrund der erwähnten Bevölkerungsverschiebungen – vor allem in den nördlichen Regionen nur unter Vorbehalt geschehen. Vgl. dazu auch Schmitt, Politische Landschaften, wo zudem die regionalen Kontinuitäten der Wahlen von 1946 zur Bundestagswahl 1990 hergestellt werden.

Michael Schwartz

„Umsiedler“ in der Zusammenbruchsgesellschaft

Soziale und politische Dimensionen des Vertriebenenproblems in der frühen SBZ

1. Vertreibungschaos

Die mit der Niederlage des Dritten Reiches einsetzende Flucht und Vertreibung der deutschen Bevölkerung aus Ostdeutschland und Osteuropa ist zu Recht als „gewaltige Völkerwanderung“ von geradezu „revolutionäre[r] Dimension“ bezeichnet worden.[1] Gerade der Zeitraum zwischen Mai 1945 und Sommer 1946 wurde für die davon betroffenen Menschen zu einer traumatischen Erfahrung von Chaos und Zusammenbruch, da mit dem Ende des NS-Staates auch die Chancen administrativer Steuerung und Hilfeleistung – zunehmend rapide – in Wegfall gerieten Die von den NS-Instanzen meist viel zu spät eingeleitete kriegsbedingte „Evakuierung“ wandelte sich rasch zu chaotischer Flucht, die erst mit dem Kriegsende zum Stillstand gelangte und teilweise sogar in eine entgegengesetzte Rückwanderung in die nähergelegenen Heimatgebiete (Schlesien, Pommern) umschlug: Diese Rückwanderungen beruhten freilich auf einem menschlich verständlichen, jedoch verhängnisvollen Irrtum, denn bereits im Frühsommer 1945 schloß sich die Phase der „wilden“ Vertreibung an, die durch die polnischen und tschechoslowakischen Regierungen zur Schaffung vollendeter Tatsachen möglichst noch vor den Beschlüssen der Potsdamer Konferenz und offensichtlich ohne Abstimmung mit den alliierten Besatzungsbehörden im restlichen Deutschland erfolgte. Erst der im November 1945 vom Alliierten Kontrollrat beschlossene „Umsiedlungsplan“ für alle vier Besatzungszonen sowie zunehmender alliierter Druck auf die Regierungen der osteuropäischen Vertreiberstaaten schuf die Grundlage für eine einigermaßen koordinierte „Umsiedlung“, wie sie allerdings erst ab dem Frühsommer 1946 allmählich durchgeführt werden konnte[2].

[1] Broszat/Henke/Woller, Von Stalingrad zur Währungsreform, Einleitung, S. XXV.

[2] Zu diesem Zeitpunkt „verebbte“ nämlich in der Darstellung der SBZ-Behörden „der Strom der unorganisierten und nicht vorangemeldeten Umsiedler-Transporte“ allmählich; vgl. BAP, DO 1–10 Nr. 13, Bl. 45; daraufhin wurden 1946 in 490 offiziellen Transporten halbwegs planvoll etwa 586000 Sudetendeutsche und in nochmals 240 Transporten über 400000 Ostdeutsche in die SBZ übernommen.

Allein schon der schlaglichtartige Hinweis auf die besondere Auswanderungs- und Integrationssituation von zunächst etwa 43 000 sogenannten „antifaschistischen Umsiedlern" aus der ČSR[3] ist womöglich geeignet, die grundsätzlich höchst unterschiedlichen Vertreibungssituationen und Vertreibungserfahrungen ebenso anzudeuten wie die höchst heterogenen Ankunfts- und Integrationsszenarien[4]. Diese unterschiedlichen Erfahrungs- und Lebenslagen wurden sehr rasch politisch-administrativ in die Zwangsjacke einer unifizierenden Terminologie gepreßt; in der SBZ geschah dies durch die begriffliche „Erfindung des Umsiedlers", eines Terminus, mit dem sich Sowjetische Militärverwaltung (SMAD) und SED ihren erwünschten „Neubürger" zurechtschnitten; die begriffliche Eigendynamik wurde die SED freilich später auch dann nicht mehr los, als nicht mehr Sprach*regelung*, sondern Sprach*losigkeit* verordnet werden sollte: Die 1948/49 beginnende SED-Politik der gezielten Unterdrückung des „Umsiedler"-Begriffs in der SBZ/DDR ließ sich zwar allmählich in der Administration, nicht jedoch in der DDR-*Gesellschaft* durchsetzen. Kollidierte dieser Versuch der Begriffstilgung schon politisch-administrativ mit der Notwendigkeit einer exakten Gruppenbezeichnung im Rahmen der fortgesetzten besonderen Integrationspolitik, aber auch der polizeilichen Überwachung der Vertriebenen[5], so blieb erst recht im gesellschaftlichen Sprachgebrauch der „Umsiedler"-Begriff erhalten[6]. Wie sehr der politisch oktroyierte „Umsiedler"-Begriff im Laufe seiner gesellschaftlichen Aneignungsgeschichte den Intentionen seiner Schöpfer entglitten war, verdeutlicht eine Stellungnahme der Organisationsabteilung des SED-Zentralsekretariats vom Februar 1949: „Der Begriff ‚Umsiedler' muß schnellstens verschwinden. Alle Genossen sind darauf aufmerksam zu machen, daß nur noch vom sozialen Gesichtspunkt aus gehandelt und gesprochen werden sollte. Unter dem Begriff Umsiedler oder Flüchtlinge verbergen sich oft Klassenfeinde, die unter dieser Tarnung alte Machtpositionen zu gewinnen versuchen."[7]

Ursprünglich hatte die SMAD die von ihr am 15. September 1945 gegründete Vertriebenen-Sonderverwaltung der SBZ unter dem Namen einer „Zentralverwaltung für Flüchtlingswesen und Heimkehrer" ins Leben gerufen, woraufhin diese entspre-

[3] Diese „antifaschistischen Umsiedler" aus der ČSR stellten einen vermutlich vielbeneideten Sonderfall dar; sie durften als Angehörige der Arbeiterbewegung und insbesondere als frühere deutsche Mitglieder der KP der ČSR in privilegierten Sondertransporten mit ihrer gesamten beweglichen Habe in die SBZ einreisen. Bedenkt man, daß die regulären Umsiedlertransporte allen möglichen Überfällen durch „Banditen, die an der polnischen Grenze und in vielen Fällen auch auf dem gesamten Eisenbahnnetz" operierten, und in „sehr viele[n] Fälle[n]" auch physischen Mißhandlungen ausgesetzt waren (vgl. BAP, DO 1-10 Nr. 11, Bl. 162), kann man erst die Tragweite dieser Privilegierung ermessen, die jedoch andererseits das Außenseitertum dieser kleinen Gruppe noch verstärkte, die allerdings gerade in der Frühphase der SBZ eine wichtige, wenn auch keineswegs überall begrüßte Kaderreserve für die SED bot (vgl. hierzu Foitzik, Kadertransfer).

[4] Vgl. dazu ausführlicher Schwartz, Flüchtling, S. 28f.

[5] Daraus resultierte die bezeichnend kompromißhafte Rede von den „ehemaligen Umsiedlern", aber auch – gegen das Sprachverbot – schlicht von „Umsiedlern" in Verwaltungsakten der fünfziger Jahre.

[6] Die Beharrungskraft des „Umsiedler"-Begriffs gegen die Intentionen der DDR-Politik läßt sich sowohl literaturgeschichtlich als auch erfahrungsgeschichtlich unschwer verdeutlichen.

[7] SAPMO-BA, DY 30/IV2/5/243, Bl. 101.

chend auch in ihrem behördlichen Schriftwechsel den Flüchtlingsbegriff offiziell verwandte[8]. Doch bereits zehn Tage nach Gründung der Zentralverwaltung teilte der damalige Behördenchef Josef Schlaffer den Vertretern der Regionalverwaltungen mit, „daß die Zentralverwaltung, wiederum auf besonderen Wunsch der sowjetrussischen Mil[itär].-Adm[inistration], nicht heißt: Zentralverwaltung für Flüchtlingswesen und Heimkehrer, sondern: Zentralverwaltung für Umsiedler". Mit dem Umsiedler-Begriff solle der „harte Ausdruck" vermieden werden, der das Mißverständnis erzeuge, „daß wir nur Flüchtlinge und Heimkehrer zu betreuen haben", um stattdessen den sehr viel weitergehenden Rahmen von Klientel und Aufgabe zu verdeutlichen: Man wolle eben nicht „nur Flüchtlinge und Heimkehrer", sondern auch all „die Menschen, die aus dem Osten und später aus Ungarn, Jugoslawien usw. kommen", erfassen[9] – wobei ganz offensichtlich an die „organisiert und human" durchzuführende „Umsiedlung" infolge der Potsdamer Beschlüsse der Siegermächte erinnert wurde[10]. Noch deutlicher bezog sich die Umsiedlerabteilung der sächsischen Landesverwaltung in ihrem ersten Jahresbericht vom Juli 1946 auf die Potsdamer Ursprünge des „Umsiedler"-Begriffes und grenzte diesen dezidiert vom Flüchtlingsbegriff ab, indem sie betonte, „daß die Umsiedlung der Deutschen aus den Ostländern auf einen in Berlin [i.e. Potsdam] gefaßten Beschluß" zurückgehe. „D.h. diese Menschen sind keine Flüchtenden und unorganisiert aus den jeweiligen Ländern Ausgewiesenen mehr, sondern werden geordnet nach Deutschland umgesiedelt. Von Flüchtlingen konnte man nur solange sprechen und schreiben, als sie in der Tat vor den Fronten des Krieges geflüchtet sind."[11] Es gab allerdings noch handfestere Gründe, weshalb es in der sowjetischen Besatzungszone schon sehr bald „an der Zeit" schien, „den Begriff ‚Flüchtlinge' durch den Ausdruck ‚Umsiedler' zu ersetzen"; im April 1946 jedenfalls lieferte das Umsiedleramt der Landesverwaltung Mecklenburg-Vorpommerns seinen nachgeordneten Behörden die entsprechende Begründung: Die immer wieder auftauchende Bezeichnung „jene[r] Menschen, die im Zuge der Kriegs- und Nachkriegsgeschehnisse ihre Heimat verlassen mußten", als „Flüchtlinge" sei abzulehnen, denn: „In dem Wort Flüchtlinge liegt der Begriff Flucht beschlossen und im Begriff Flucht wieder die Annahme von etwas Feindlichem, das zu dieser Flucht Veranlassung gab. Die Streitkräfte der Besatzungsarmeen, und für unseren Sektor die Rote Armee, sind aber nicht als Vertreter böser Mächte, sondern als Befreier des deutschen Volkes von nazistischer Schreckensherrschaft nach Deutschland gekommen." Den Verlust ihrer Heimat hätten die Betreffenden daher „ausschließlich dem Hitlerregime zu verdanken"[12].

Mit dieser derart zurechtdefinierten Klientel verbanden die Verwaltungen der SBZ zugleich auch eine andere Aufgabe: Wie der Direktor der „Zentralverwaltung für deutsche Umsiedler" (ZVU) bereits im September 1945 erläuterte, wolle man

[8] Vgl. BAP, DO 1–10 Nr. 1, Bl. 6.
[9] BAP, DO 1–10 Nr. 29, Bl. 83.
[10] Zit. nach Fischer, Teheran – Jalta – Potsdam, S. 403.
[11] BAP, DO 1–10 Nr. 23, Bl. 26.
[12] BAP, DO 1–10 Nr. 93, Bl. 132–63, insb. Bl. 137.

diese Menschen – anders als Flüchtlinge im Kriegsgeschehen – eben nicht nur „betreuen", sondern „hier[her] umsiedeln"[13]: Damit verwies die ZVU-Führung auf das Ziel der dauerhaften Integration der Vertriebenen, das sich logisch aus der Prämisse der Unmöglichkeit einer Rückkehr in die bisherige Heimat ergab. Noch nachhaltiger akzentuiert wurde diese Aufgabenbestimmung – allen terminologischen Gleichschaltungsbestrebungen der ZVU zum Trotz – in der von den Vorgaben von SMAD und ZVU abweichenden Sprachregelung der thüringischen Behörden, die im April 1946 den „Umsiedler"-Begriff für unzureichend und untauglich erklärten: Sie wollten „künftig von „Umsiedlern" jeweils nur solange sprechen, als die nach Thüringen eingewiesenen Personen sich noch im Quarantänelager befinden". Mit dem Zeitpunkt des Lageraustritts und der Zuweisung in eine Gemeinde werde man sie hingegen fortan als „Neubürger" bezeichnen, „um dadurch schon rein äußerlich zum Ausdruck zu bringen, daß diese Personen von da an aus der flüchtigen Ungewißheit ihres bisherigen Hin und Her in die wurzelfeste Stetigkeit der örtlichen Gemeinschaft und damit in eine neue Heimat eingetreten sind". An dieser besonderen Terminologie hielt Thüringen bis zur Auflösung der vertriebenenpolitischen Sonderinstitutionen 1949 strikt fest[14]. Diese Sprachregelung der SBZ-Vertriebenenpolitik signalisierte damit dreierlei: Eine die Herrschaftsträger SMAD und KPD/SED entlastende *Deutung des Geschehens in Form einseitiger Sprachverschleierung*, die sich implizit auf die behauptete *völkerrechtliche Verbindlichkeit* der Vertreibung berief[15], um gleichzeitig deren postulierte Unumkehrbarkeit mit dem politischen Ziel der *gleichberechtigten und dauerhaften Integration* der Vertriebenen in die „Zusammenbruchsgesellschaft" der sowjetischen Besatzungszone zu verschränken und damit als zwei Seiten ein- und derselben Medaille auszuweisen.

Doch wußten die sowjetischen Militär- und deutschen Hilfsverwaltungen, die sich ihre Klientel auf diese Weise zurechtdefinierten, um die Ausmaße des zu bewältigenden Aufnahme- und Integrationsproblems? Die im September 1945 verspätet von der SMAD[16] ins Leben gerufene ZVU[17] schätzte diesbezüglich Anfang 1947, daß der maximale Umfang der von diesen Vertreibungs- und Zwangsumsiedlungsaktionen Betroffenen bei etwa 15 Millionen Menschen liege, wobei allerdings Kriegsverluste und zurückbleibende, für neue Staatsangehörigkeiten optierende Bevölkerungsteile abgezogen werden müßten[18]. Diese Schätzungen kamen der Realität rela-

[13] BAP, DO 1–10 Nr. 29, Bl. 83.

[14] Vgl. BAP, DO 1–10 Nr. 25, Bl. 27; entsprechend existierten in Thüringen bis 1949 Kommissionen bzw. Ämter für „Neubürger" statt für „Umsiedler".

[15] In dieser Hinsicht knüpfte der „Umsiedler"-Begriff der SBZ/DDR-Politik – der übrigens in anderem Zusammenhang auch vom NS-Regime in Anspruch genommen worden war, was nach 1945 offensichtlich keineswegs störte – gezielt an völkerrechtliche Festschreibungen gewaltsamer, jedoch z. T. einigermaßen „geregelter" Bevölkerungsverschiebungen seit den 20er Jahren an.

[16] Zur SMAD grundlegend Foitzik, Sowjetische Militäradministration, sowie neuerdings Foitzik, Einleitung.

[17] Zur Funktion der ZVU vgl. Schneider, Zentralverwaltung; ausführlicher Wille, Zentralverwaltung, und Schwartz, Zwischen Zusammenbruch und Stalinisierung.

[18] BAP, DO 1–10 Nr. 13, Bl. 38f.

tiv nahe: 1939 lebten in den späteren Vertreibungsgebieten 18,3 Millionen Deutsche, von denen bis 1950 insgesamt 12,45 Millionen als Flüchtlinge, Vertriebene oder eben „Umsiedler" überwiegend in die BRD und die DDR gelangten. Es ist anzunehmen, daß weitere knappe vier Millionen entweder noch in ihren Vorkriegsheimatgebieten lebten oder von den Sowjets deportiert worden waren und daß ferner wiederum bis zu zwei Millionen Menschen zwischen 1939 und 1950 durch Krieg, Flucht und Vertreibung zu Tode kamen[19].

Gerade für die sowjetische Besatzungszone Deutschlands (SBZ) hatte diese Entwicklung revolutionäre Folgen. Im November 1947 stellte die Hamburger Wochenzeitung „Die Zeit" in ihrer SBZ-Reportage „Was nicht im Baedeker steht", zutreffend fest: „Es ist alles verändert, hier wie drüben. Das liegt zu einem großen Teil daran, daß – hier wie drüben – die Flüchtlinge ins Land gekommen sind", wobei – anders als im Westen – „in der Ostzone [...] noch Tag für Tag neue Transporte" einträfen. Und unter direktem Hinweis auf die Situation in Mecklenburg hieß es: „Vergeßt, Ihr Deutschlandreisenden aus früheren Tagen, was über Mecklenburg im Baedeker steht! Das Land hat die doppelte Bevölkerung, während die anderen Ostzonenländer durch die Umsiedler nur um ein Viertel volkreicher geworden sind. In Mecklenburg also [...] drängen sich die Menschen."[20] Tatsächlich stellte die SBZ schon aufgrund ihrer geographischen Lage das primäre Aufnahmegebiet für die Masse der Flüchtlinge und Vertriebenen dar. So kam es, daß die SBZ-Bevölkerung von 15,3 Millionen 1939 auf 17,3 Millionen im Herbst 1946 angestiegen war[21]. Allerdings fluktuierte die Zahl der jeweils in der SBZ 1945/46 anwesenden Flüchtlinge und Vertriebenen offenbar recht stark: Ging die ZVU Ende 1945 von etwa 4,5 Millionen amtlich registrierten „Umsiedlern" und einer weiteren, erheblichen Dunkelziffer auf dem Boden der SBZ aus[22], so hatte sich – trotz erheblicher Neuzugänge – diese Zahl der registrierten „Umsiedler" bis Ende 1946 auf knapp 3,9 Millionen oder 22,3 Prozent der SBZ-Gesamtbevölkerung reduziert, was auf eine bedeutsame Wanderungsbewegung in die westlichen Besatzungszonen im Jahre 1946 zurückzuführen ist[23]. Ab 1948 sollte dann die Westabwanderung aus der SBZ gegenüber der nach wie vor gegebenen Vertriebenen- und Kriegsgefangenen-Zuwanderung in die SBZ zahlenmäßig überwiegen, so daß die Statistiker der SBZ-Innenverwaltung im Mai 1949 die bemerkenswerte Extrapolation wagten: „Theoretisch würde der letzte Einwohner das Gebiet der sowjetischen Besatzungszone nach längstens vierzig Jahren verlassen, wenn der Abwanderungsstrom [in dieser Größenordnung] anhielte."[24] Dessen ungeachtet waren bis 1950 etwa 4,3 Millionen Vertriebene längerfristig in die SBZ/DDR gelangt. In retrospektiver Einschätzung des Innenministeriums der DDR

[19] Vgl. hierzu ausführlich Reichling, Flucht und Vertreibung, mit weiteren detaillierten Angaben zu statistischen Fragen.
[20] Zit. nach Kleßmann/Wagner, Das gespaltene Land, S. 62.
[21] Vgl. BAP, DO 1-10 Nr. 13, Bl. 38.
[22] Vgl. BAP, DO 1-10 Nr. 11, Bl. 159.
[23] Vgl. BAP, DO 1-10 Nr. 13, Bl. 42 f.
[24] BAP, DO 1-10 Nr. 19, Bl. 233 ff.

von 1950 hatte man nur knapp 1,9 Millionen dieser Menschen „planmäßig" – was immer das konkret heißen mochte – übernommen, während die Mehrheit von cirka 2,5 Millionen „vollkommen planlos, zum größten Teil schon in den letzten Kriegsmonaten", in das Gebiet der späteren DDR gelangt war[25]. Überproportional viele dieser 1945/46 in die SBZ gelangten Vertriebenen waren Frauen und Kinder[26].

In den bis Anfang 1946 währenden Phasen kriegsbedingter Flucht und ohne jede Berücksichtigung von Aufnahmevorkehrungen durchgeführter Vertreibungsaktionen war es für die administrativen Instanzen in der SBZ kaum möglich, die durch die Vertreibung ausgelösten millionenfachen Zwangswanderungsbewegungen in den Griff zu bekommen. Auch die sowjetische Besatzungsverwaltung scheint durch die Dimension dieses Problems mit allen drängenden Folgeproblemen ernährungs-, gesundheits-, wohnungs- und arbeitsmarktpolitischer Versorgung völlig überrascht worden zu sein, worauf schon die verspätete Gründung der ZVU schließen läßt. Die Möglichkeiten administrativer Bewältigung waren zunächst ohnehin gering und wurden nur zögernd und nicht ohne interne Widersprüche genutzt. Die Vertriebenen des ersten Nachkriegsjahres stießen in der SBZ auf eine „Zusammenbruchsgesellschaft", in der in administrativer Hinsicht am ehesten noch die lokale Verwaltungsebene funktionierte. Gerade diese zeichnete sich jedoch tendenziell durch dezidierte Aufnahme- und Integrationsfeindlichkeit aus. Die Meldungen über Ortsbürgermeister und Landräte, die die Aufnahme von Vertriebenen strikt ablehnten, diese in die Nachbarorte abschoben oder auch durch Gerüchte über angebliche Rückkehrmöglichkeiten in die Vertreibungsgebiete zu neuerlicher Rückwanderung verleiteten, sind Legion. Dies verdeutlicht ein Bericht des Berliner Magistrats von August 1945, wonach die völlig sich selbst überlassenen Trecks der vertriebenen Menschen „bis auf den heutigen Tag noch nicht zur Ruhe gekommen" seien, „da die überfluteten Gemeinden bestrebt waren, die Trecks immer weiter abzuschieben". Überall auf den Landstraßen seien die Alten und Kranken unversorgt „hängengeblieben", oft ohne jede Unterkunft. „Tausende von Kindern wurden von ihren Eltern getrennt", Familien würden zudem durch die Praxis vieler Gemeinden auseinandergerissen, das Gros der Trecks zwar sofort abzuschieben, jedoch eine arbeitsfähige Minderheit z. B. als Erntehelfer zurückzuhalten und erst nach getaner Arbeit fortzuschicken. Je länger dieser ganze Zustand dauere, so der Magistrat warnend, desto größer werde die allgemeine Seuchengefahr[27].

Doch auch den von der SMAD bereits im Frühsommer 1945 gebildeten Regionalverwaltungen der Länder und preußischen Provinzen konnte die Steuerung des Vertriebenenproblems nicht überlassen bleiben, da sich auf dieser Ebene dieselbe partikularistische Rationalität der Abschiebepolitik entfaltete. Besonders vehement verfocht seine diesbezüglichen Eigeninteressen im Sommer 1945 das Land Sachsen: Mitte August 1945 gab die dortige Landesverwaltung die Anweisung, „alle Voraus-

[25] Vgl. ebd., Bl. 244.

[26] Vgl. die statistischen Angaben zu Geschlechts- und Altersklassen im statistischen Jahresbericht der ZVU für 1946 in BAP, DO 1–10 Nr. 13, Bl. 44.

[27] BAP, DO 1–10 Nr. 28, Bl. 3.

setzungen dafür zu schaffen, daß die durch das Bundesland Sachsen strömenden Umsiedler nicht innerhalb Sachsens hängenbleiben". Recht offenherzig berichtete man ein Jahr später – unter neuer, quasi „unbelasteter" Abteilungsleitung – der mittlerweile installierten Umsiedler-Zentralverwaltung der SBZ, „zu welchen Mitteln und Methoden man im Anfang gezwungen war, um Ordnung in den Fluß des Umsiedlerstromes zu bekommen": Es sei „klar, daß im Anfang zu drakonischen Maßnahmen gegriffen werden mußte, um die Umsiedler überhaupt zu bewegen, das BLS [i.e. Bundesland Sachsen] zu verlassen und sich nach ihren zuständigen Provinzen zu begeben." Dies suchte man nicht zuletzt mittels kategorischer Verweigerung der Ausgabe von Lebensmittel-Karten zu erreichen, um „die hereinströmenden Umsiedler so schnell wie möglich nach den benachbarten Provinzen und Ländern weiterzuleiten"[28]. Die entsprechenden Handlungsmotivationen und Krisenperzeptionen brachte in der Rückschau anläßlich einer Landrätekonferenz im September 1946 der sächsische Vizepräsident und nachmalige Innenminister Kurt Fischer (SED) auf den Begriff: „Sie erinnern sich, daß wir vor einem Jahre von Süden, Westen und Osten überschwemmt waren, und daß wir ungefähr 2 Millionen Umsiedler im Lande hatten – und das unter Verhältnissen, als wir noch keine feste Verwaltung hatten, als noch alles drunter und drüber ging, unter Verhältnissen, als es [...] politisch, administrativ [...] und auch parteipolitisch in vieler Hinsicht keine Klarheit gab. Wir haben sehr drakonische Maßnahmen ergriffen, wir haben sie ergreifen müssen, wenn wir das Land unter den damaligen Verhältnissen vor der Hungersnot bewahren wollten. [...] Die Landräte von Görlitz, Weißwasser, Zittau [...] werden erzählen, wie die Hunderttausende durch das Land streiften und die unreifen Früchte von den Feldern herunternahmen, wie das Land abgegrast wurde wie von Heuschreckenschwärmen und alle den Durchbruch [zurück] zur Neisse erstrebten, weil immer wieder Plakate aufgetaucht waren, daß die Neisse offen ist."[29]

Der SED-Politiker Fischer vergaß bei dieser seltsam mitleidlosen, einseitig den Interessenstandpunkt der Alteingesessenen stützenden Schilderung nicht den ebenso parteikonformen wie sachlich korrekten Hinweis auf die Relativität der deutschen Aufnahmeprobleme: „Ich weiß, daß in Rußland in der Ukraine heute noch 24 Millionen Menschen in Erdlöchern wohnen, weil jedes Haus verbrannt wurde. Ich bin selbst" – so Fischer, 1945 Mitglied der „Gruppe Ackermann" – „im April vorigen Jahres die Strecke [in der Sowjetunion] abgefahren. Nicht einmal eine Telegrafenstange steht dort mehr. [...] Die Menschen leben dort in furchtbarsten Verhältnissen."[30] Vielleicht erklärt ein wenig auch diese nur einer Minderheit vorbehaltene Erfahrung des Exils und des Massenleids anderer Völker die Kälte des administrativen

[28] BAP, DO 1-10 Nr. 23, Bl. 22f.

[29] BAP, DO 1-10 Nr. 35, Bl. 114f. Diese Gerüchte führten häufig zu nächtlichen Rückkehrversuchen von Vertriebenen, die nicht zuletzt durch den massiven Einsatz von Waffengewalt gegen wehrlose Zivilisten durch die polnische Seite unterbunden wurden; so berichtete der Vertreter der brandenburgischen Provinzialverwaltung auf einer Verwaltungskonferenz im September 1945 davon, daß des Nachts bis zu 50 Menschen an den Neiße-Übergängen erschossen worden seien (BAP, DO 1-10 Nr. 29, Bl. 3).

[30] BAP, DO 1-10 Nr. 35, Bl. 116.

Blicks auf die „Heuschreckenschwärme“ der eigenen Nation. Nicht zuletzt in der KPD/SED scheinen sich 1945/46 idealtypisch einerseits die „Kalten“, die an das Vertriebenenproblem häufig mit dem Vorurteil des Faschismusverdachts herantraten, sowie andererseits die „Helfer“ polarisiert zu haben, die auf der Grundlage der allen gemeinsamen Verantwortung für Faschismus und Krieg die Notwendigkeit solidarischer Zukunftsgestaltung akzentuierten[31]. Doch unter den Bedingungen des „Zusammenbruchs“ von 1945 war nicht nur das Ideologem, sondern auch die stets sehr viel blassere Realität der NS-„Volksgemeinschaft“ offensichtlich fast völlig verpufft und der Reduktion auf kleinste soziale Solidargemeinschaften gewichen. Beschämt wetterte der erste ZVU-Präsident Josef Schlaffer Ende 1945, es sei geradezu „eine Schande, wenn sowjetische Offiziere – wie es vielfach geschehen ist – uns Deutsche an unsere Pflicht gegenüber unseren Landsleuten“ mahnen müßten, „sie nicht verhungern zu lassen, ihnen wenigstens die primitivste Unterkunft zu geben, statt stur bei Seite zu stehen und tatenlos zuzusehen“[32]. Es war wiederum ausgerechnet der Vertreter der Besatzungsmacht, ein Oberst der Roten Armee, der auf einer Verwaltungskonferenz im Februar 1946 den versammelten deutschen Bürokraten explizit eine humanitäre Motivation für ihre Vertriebenenarbeit mit auf den Weg gab: „Wenn wir an unsere Arbeit herangehen“, „so müssen wir uns immer vor Augen halten, daß alle diese Menschen, unter denen zum großen Teil Frauen, Kinder und Alte sind, unschuldig durch die Kriegsereignisse in Not geraten sind und wir verpflichtet sind, alles daranzusetzen, ihnen erträgliche Lebensbedingungen, Wohnung und Arbeit zu schaffen.“[33]

2. *Ad-hoc-Versorgung*

Das erhebliche administrative und soziale Chaos in Deutschland überließ die betroffenen Menschen weitgehend sich selbst und den noch funktionierenden sozialen Netzwerken, der Hilfe wohlmeinender Mitmenschen oder spontanen, nachmalig auch organisierten Selbsthilfeaktionen der Gemeinden, insbesondere der Kirchen. Ab Herbst 1945 kam es dann zu ersten regionalen Vorformen der Sozialfürsorge-Institution „Volkssolidarität“ als Gemeinschaftsorganisationen von Verwaltungen, Parteien, Kirchen und weiteren gesellschaftlichen Organisationen in der SBZ, die mit Vorliebe bereits funktionierende kirchliche Hilfen aufgriffen. Auf die Basis-Hilfen dieser 1946 zentral koordinierten Massenorganisation und weiterhin auch der Kirchen, die insbesondere in erheblichem Maße die lebenswichtigen ausländischen Spenden zu aktivieren verstanden, blieben die staatlichen Verwaltungen bei der Lösung der akuten Vertreibungsprobleme dringend angewiesen. Angesichts des massenhaften Notstandes der unmittelbaren Nachkriegszeit standen diese akuten Ver-

[31] Vgl. die Thematisierung dieses idealtypischen Konflikts in der Rede des ZVU-Vizepräsidenten Michael Tschesno auf der ZVU-Betriebsversammlung Dezember 1945; hierzu Schwartz, Zwischen Zusammenbruch und Stalinisierung, S. 48f.

[32] BAP, DO 1-10 Nr. 5, Bl. 111.

[33] BAP, DO 1-10 Nr. 30, Bl. 32.

sorgungsprobleme in diesen Jahren gegenüber langfristiger ausgerichteten Integrationskonzepten noch eindeutig im Vordergrund.

Die seit den Sommer- und Herbstmonaten des Jahres 1945 allmählich wieder greifenden Regionalverwaltungen sahen sich zunächst bereits darin überfordert, die soziale Eigendynamik der Wanderungsbewegungen innerhalb der SBZ zu kontrollieren und zu regulieren. Weder wußte man genau, mit wie vielen Vertriebenen man es zu tun hatte, noch existierten Instrumente zu flächendeckender Erfassung und Lenkung. Auf den unteren Ebenen begegneten die regionalen Verwaltungen sowohl sachlich bedingten Kommunikationsproblemen als auch subjektiv gewollter Informationsverweigerung. Die auf lokaler und auf regionaler Ebene zu gegenseitigem Schaden, aber insbesondere auf Kosten der Vertriebenen praktizierte Abschiebepolitik wurde sehr rasch unhaltbar und führte im September 1945 zur Forderung der meisten Länder und Provinzen nach einer zentralen Regelung und auf diese Weise zur – verspäteten – Gründung einer Vertriebenen-„Zentralverwaltung“, der ZVU, durch die SMAD. Auch diese Zentralverwaltung wurde zunächst mit den üblichen Anlaufschwierigkeiten konfrontiert: Neben die Binnenprobleme aufgrund wachsender parteipolitischer Rivalitäten und mangelnder Praxiserfahrung der Neu-Bürokraten traten die Kompetenzkonflikte mit regionalen und lokalen Institutionen, die sich nicht nur mit mangelhaften oder sogar bewußt falschen Informationen revanchierten, sondern auch die SMA gegen die ZVU zu mobilisieren suchten und dabei partielle Erfolge erzielten. Der erste ZVU-Präsident Josef Schlaffer (KPD) scheiterte rasch an diesen vielfältigen Schwierigkeiten und wurde schon Ende 1945 von der SMAD abgesetzt[34]. Sein langjähriger Nachfolger Rudolf Engel (KPD/SED) gestand später gegenüber der SMAD ein, daß man es auch 1946 noch mit „zwei Perioden“ der ZVU-Arbeit zu tun gehabt habe: Bis etwa Mitte 1946 hätten noch regelrecht chaotische Zustände gebändigt werden müssen, eine Reihe von Massentransporten seien völlig „unorganisiert und unplanmäßig über die Grenze geschleust“ worden, während zentrale und regionale Umsiedlerverwaltungen sich ihrerseits noch in der Aufbauphase befunden hätten; erst in der zweiten Jahreshälfte sei es dann zu einer „planmäßige[n] Übernahme der Umsiedler“ an den Zonengrenzen sowie zu einer halbwegs geregelten Verwaltungstätigkeit auf dem Gebiet der Umsiedlerpolitik in der SBZ gekommen[35]. Allerdings glaubte Engel im Herbst 1946 diese Mängel sogar öffentlich ansprechen und mit der völlig neuen Problematik der Verwaltungsaufgabe auch hinreichend erklären zu können: In seiner Festrede zum einjährigen Bestehen der ZVU definierte deren Präsident die Eigenart seiner Behörde recht gut: Demnach war die ZVU „eine Verwaltung eines ganz besonderen Typs“, die sich von den übrigen Verwaltungen „grundsätzlich“ vor allem deshalb unterschied, „weil hier ein Gebiet zu bearbeiten war, zu dem man keine Fachleute heranrufen konnte, denn auf diesem Gebiet gab es keine“. Ebensowenig seien anfangs geregelte Planungen möglich gewesen: „Wir waren vom 1. Tage des Bestehens unserer Verwaltung an darauf

[34] Vgl. hierzu ausführlich Schwartz, Zwischen Zusammenbruch und Stalinisierung, S. 60–65.
[35] BAP, DO 1-10 Nr. 4, Bl. 28.

angewiesen, zu improvisieren." Laut Engel war die Folge dieser besonderen Aufgabe eine Verwaltung mit Sonderperspektive, die gleichwohl ressortübergreifend zu allen ihre Sonderklientel betreffenden Fragen Stellung zu nehmen und Lösungsansätze zu entwickeln hatte: „Da wir Aufgaben besonderer Art haben, d. h. Aufgaben, die als den obersten Grundsatz die Sorge um den Menschen haben, gab oder gibt es bei uns keine Grenzen. Denn wenn man Menschen zu betreuen hat, dann haben diese Millionen Menschen Sorgen und Ansprüche, die von der sanitären Betreuung, von der Sorge um das tägliche Brot, um das Dach über dem Kopf, um das Bett bis zu den tausend anderen Dingen des Lebens getragen werden. [...] Wir konnten keine Verwaltungsmenschen gebrauchen und wir durften keine Bürokraten sein, sondern wir mußten versuchen, lebendige Arbeit an lebendigen Menschen zu leisten. [...] Wir haben in unserer Verwaltung nicht den Typus des Verwaltungsbeamten."[36] Diese pathetische Feststellung war im Grunde natürlich eine Selbsttäuschung, die freilich durch die antibürokratische Mentalität der SED – deren Mitglieder die ZVU klar dominierten und zu einer der am stärksten SED-geprägten Zentralverwaltungen machten – geradezu zwangsläufig produziert wurde. Allerdings war der über etliche persönliche Vorsprachen und eine Flut von Bitt- und Klagebriefen wachsende unmittelbare Klientenbezug dieser Verwaltung seinerseits geeignet, ein zunächst stark sozialfürsorgerisch geprägtes Engagement für die betreuten Menschen zu entwickeln, das in der Tat – angesichts der eher integralen als ressortmäßig begrenzten Problemperspektive dieser Verwaltung – zu „unbürokratischen", da häufig ressortübergreifenden und kooperativ angelegten Lösungen befähigen mochte. Sehr rasch jedenfalls dehnte die ZVU, die ursprünglich nur für die ersten zwei bis drei Wochen nach Ankunft der „Umsiedler" in der SBZ (Stichtag: Lagerentlassung) zuständig sein sollte, ihr Tätigkeitsfeld erheblich aus, was zu einer kurzen integrationspolitischen Hochphase ihrer Gestaltungsmöglichkeiten 1947/48 führte. Dieser kurzfristige Höhenflug der Vertriebenen-Sonderverwaltung war jedoch nur durch die Rückendeckung von SMAD und SED möglich und wurde mit deren Entzug ebenso rasch hinfällig[37].

Die der neuen Zentralverwaltung zunächst gestellte Aufgabe, das durch Eigendynamik der Wanderungsströme wie auch durch lokale wie regionale Abschiebepolitik ausgelöste Wanderungschaos in den Griff zu bekommen, diente nicht nur der Sicherstellung einer halbwegs funktionierenden Verteilung und Versorgung der Vertriebenen, sondern mindestens ebensosehr auch der flächendeckenden Seuchenprophylaxe oder besser Seuchenbekämpfung, was auch im vitalen Interesse der Altbevölkerung der SBZ und nicht zuletzt der sowjetischen Besatzungstruppen lag. Die Tatsache, daß die ZVU das bereits am Tage ihrer Gründung verhängte Mobilitätsverbot, das insbesondere gegen die Abschiebepolitik untergeordneter Verwaltungsebenen gerichtet war[38], des öfteren wiederholen mußte, wobei ZVU und SMAD

[36] BAP, DO 1–10 Nr. 30, Bl. 238ff.
[37] Vgl. hierzu ausführlich Schwartz, Zwischen Zusammenbruch und Stalinisierung, S. 52–57 und 77–93.
[38] Vgl. BAP, DO 1–10 Nr. 1, Bl. 6.

schließlich unverhohlen mit Verhaftungen unbotmäßiger deutscher Verwaltungsvertreter drohten[39], zeugt von den erheblichen Funktionsdefiziten einer erst langsam wieder greifenden Verwaltungshierarchie. Auch der theoretisch unbegrenzte Machtapparat der SMAD half hier nur wenig, war er – gerade in der Frühzeit – doch häufig selbst durch widersprüchliches Vorgehen bzw. Kompetenzunklarheiten bei einzelnen SMA-Fachabteilungen oder SMA-Ebenen gelähmt oder zumindest gehemmt[40].

Organisatorische Voraussetzung für eine allmählich greifende zentrale Lenkung, Versorgung und Verteilung der Vertriebenen war die Errichtung eines Netzes von „Umsiedlerlagern" und dessen sukzessive Standardisierung. „Dabei darf man nicht vergessen", so die sächsische Umsiedlerverwaltung 1946, „daß alle diese Lager durch die eigene Initiative der Antifaschisten in den Gemeinden entstanden sind, die bis dahin die ganze Arbeit auf dem Gebiet der Umsiedler ohne jede zentral[e] Lenkung und Leitung selbstverantwortlich durchgeführt hatten. Es ist klar, daß zu dieser Zeit die Lager noch nicht das Gesicht hatten wie heute, daß keine Entlausungsanstalten, keine Badeanlagen, kein Krankenrevier, Kindergarten, Lesezimmer, Radioanlage, eigene Küchen usw. vorhanden waren." Erst im Laufe des Jahres 1946 wurden untaugliche Kleinlager zugunsten jener aufgelöst, die aus Sicht der übergeordneten Verwaltungen „allen hygienischen und sanitären Bedingungen entsprachen"[41]. Ende 1945 existierten in der SBZ 631 Umsiedlerlager aller Kategorien[42]: Es liegt auf der Hand, daß diese Lagervielfalt zentral kaum zu kontrollieren war, so daß die am häufigsten auftretenden Mißstände – laut ZVU waren „Unterschlagungen, schlechte Organisation, Unfähigkeit, mangelnde Übersicht" regelrecht „an der Tagesordnung" – eigentlich nicht verwundern können. Erst ab der Jahreswende 1945/46 setzte hier eine verstärkte Kontrolltätigkeit durch SMAD und ZVU ein, die im Verbund mit der Politik der Lagerzusammenlegung zu Großlagern die Mißstände zumindest begrenzen half[43].

Demgegenüber scheint die ab etwa Oktober/November 1945 einsetzende Seuchenbekämpfung durch die Sanitätsabteilungen der ZVU und der Regionalverwaltungen relativ erfolgreich gewesen zu sein, wenngleich zumindest in den mecklenburgischen Lagern während des Winters 1945/46 die Epidemien noch nicht unter Kontrolle gebracht worden waren[44]. Als die entsprechende ZVU-Abteilung gegen Ende 1945 einen ersten Überblick gewonnen hatte, mußte sie besorgt die stetige Zunahme der Verlausungen feststellen, die in einigen Transporten Quoten von bis zu 70 Prozent erreicht hätten; dies sei „eine ungeheure Gefahr für das Auftreten von Flecktyphus", daneben habe man auch häufig mit Diphtheriefällen zu tun. Aus diesem Grunde legte die Sanitätsabteilung ihr „Hauptaugenmerk" auf den „Bau neuer

[39] Vgl. BAP, DO 1–10 Nr. 29, Bl. 170f.
[40] Vgl. Foitzik, Einleitung, S. 35f.
[41] BAP, DO 1–10 Nr. 23, Bl. 24.
[42] Vgl. BAP, DO 1–10 Nr. 11, Bl. 161.
[43] Vgl. ebd., Bl. 163.
[44] Vgl. BAP, DO 1–10 Nr. 30, Bl. 29.

ausreichender Entlausungsanstalten und restloser Erfassung aller Umsiedler, auch der wild umherziehenden". Dabei mußte man allerdings feststellen, daß die mit Zwangsmaßnahmen durchgeführte „ganze Seuchenarbeit bei den Umsiedlern selbst auf sehr wenig Verständnis" stieß[45]. Dies mag freilich auch daran gelegen haben, daß die ursprünglich vorgesehene vierzehntägige Quarantänefrist aufgrund von Verwaltungsmängeln „in zunehmendem Maße überschritten" wurde, wie die ZVU noch Anfang 1947 kritisch anmerkte. Insbesondere in Mecklenburg und Sachsen wurde dies zu einem Problem für Tausende, ja Zehntausende von Menschen, die für unbestimmte Zeit in Lagern festgehalten wurden, sei es aufgrund von „Schwierigkeiten in den vorgesehenen Aufnahmegebieten" und bei der Bereitstellung der erforderlichen Transportmittel, sei es, weil die zuständigen Umsiedlerämter schlicht „die Übersicht über die Lagerbelegung und die Einhaltung der Quarantänefristen zum Teil verloren" hatten[46].

Die Stimmung der Vertriebenen, die aufgrund eines frühen SMAD-Befehls von der ZVU laufend beobachtet werden mußte, wurde freilich noch sehr viel stärker durch andere, fast allerorten anzutreffende Mißstände beeinflußt. Die SMAD hatte diesbezüglich angeordnet, daß sowohl „konkrete Tatsachen über Klagen" als auch „positive Äußerungen anzuführen" seien, doch vermochte die ZVU zunächst eigentlich „nur Beschwerden und Klagen" zu übermitteln. Positives Denken trat nach Erfahrung der ZVU ohnehin erst dann in Erscheinung, „wenn die Umsiedler irgendwo Arbeit und Wohnung gefunden haben und sich [...] eingelebt haben". Klagen waren offensichtlich häufiger, wobei sich deren Großteil primär auf die häufig katastrophalen Verhältnisse während der Umsiedler-Transporte bezog: „Verzögerung in der Zuggestellung, Lokomotivmangel und damit verbundenes tagelanges Stehen auf Bahnhöfen und Bahnstrecken, Überfüllung, schlechte Lebensmittelversorgung, Kälte, mangelnde sanitäre Betreuung, Fehlleitung von Zügen". Ansonsten wurde „vor allem über mangelnden Wohnraum geklagt" – eines der langfristigen Hauptprobleme der Vertriebenenpolitik. Vor allem aus Mecklenburg – dem regionalen Schwerpunkt der primären Ansiedlung der „Umsiedler" – häuften sich zudem Beschwerden über das feindselige Verhalten der alteingesessenen Bevölkerung; die Umsiedler seien dort „in kleinen Dörfern oftmals auf Gnade und Ungnade den Bauern und örtlichen Instanzen ausgeliefert". Überteuerte Miet- und Lebensmittelpreise gingen mit einer „asoziale[n] Haltung einiger Bauern in der Frage der Arbeitsbeschaffung" einher. In allen konkreten Beschwerdefällen habe die ZVU versucht, „über die Provinzen und Länder auf die örtlichen Instanzen einzuwirken", um Abhilfe zu schaffen. Eine „wirkliche Änderung der Verhältnisse" hielt die ZVU-Führung jedoch nur dann für möglich, „wenn das Umsiedlungsproblem als ein politisches Problem auf breitester Basis von den politischen Parteien übernommen" werde. Die Parteien müßten kontrollierend wirken und „organisierte soziale Hilfe" leisten; des weiteren müsse die Arbeit der zur Unterstützung der Verwaltungen, aber

[45] BAP, DO 1–10 Nr. 11, Bl. 168f.
[46] BAP, DO 1–10 Nr. 13, Bl. 66.

auch als begrenztes Partizipations- und Interessenforum der Vertriebenen gebildeten „Umsiedlerausschüsse" intensiviert werden und eine „rücksichtslose Bestrafung von Wucherern und asozialen Elementen" erfolgen[47]. All dies sollte jedoch weitgehend realitätsfernes Postulat bleiben.

3. *Provisorische soziale Integration*

Neben diese ad hoc zu lösende Probleme trat seit Anfang 1946 immer stärker die Verwaltungsaufgabe der mehr oder weniger dauerhaften Unterbringung der Vertriebenen in Wohnung und Arbeit. Beide Komplexe erwiesen sich als außerordentlich schwer lösbar. Besonders die Wohnungsunterbringung erzeugte erhebliche Konflikte und Abwehrreaktionen unter der alteingesessenen Bevölkerung, da in der Regel auf das Instrument der Zwangseinquartierung zurückgegriffen werden mußte, sofern man über Baracken und ebenfalls nur begrenzt bewohnbare enteignete Gebäude (z. B. Gutshäuser) hinausgehen wollte. Die dezidierte Anweisung der Umsiedlerabteilung der SMAD von Februar 1946, es müsse künftig „verhindert werden, daß die Menschen auf blankem Fußboden, in Scheunen" oder unbeheizbaren Räumen zu schlafen gezwungen seien[48], mag veranschaulichen, unter welchen Alltagsbedingungen viele Vertriebene ihren ersten Nachkriegswinter hatten überstehen müssen. Erst recht gestaltete sich das Problem der Einweisung in Dauerwohnungen problematisch: Hier hatte die Führung der ZVU ihre noch Ende 1945 formulierten Illusionen, über Wohnungsneubau-Programme den Wohnraum für die Vertriebenen spürbar vergrößern zu können[49], rasch fallenlassen müssen. Das gleichwohl beibehaltene Ziel einer möglichst raschen Unterbringung der übernommenen „Umsiedler" in „Dauerwohnungen" setzte seither wesentlich voraus, „daß die altansässige Bevölkerung, deren Wohnraum durch die Kriegszerstörungen und die Unterbringung der Evakuierten bereits während des Krieges nicht unerheblich eingeschränkt wurde, größtes Verständnis für die Umsiedler aufbrachte". Gerade dies war jedoch mit fortschreitendem Vertriebenenzustrom immer weniger der Fall. Die Wohnungsbehörden, die mit dem Kontrollratsgesetz Nr. 18 von März 1946 eine rechtliche Handhabe für Einquartierungen und Zwangseingriffe erhielten, stießen ausgerechnet in den Ländern Sachsen und Thüringen auf „die größten Widerstände" der Einheimischen, obwohl in beiden Regionen die Pro-Kopf-Wohnfläche deutlich über dem Zonendurchschnitt gelegen haben soll. In Thüringen führte offensichtlich erst „die Initiative der SMA" in Form massiver Kritik dazu, die zuständigen lokalen Behörden verstärkt zu administrativen Interventionen zu bewegen. Wenig überraschend führten „Einzelkontrollen" in der SBZ immer wieder zu dem Ergebnis, „daß die altansässige Bevölkerung zum Teil noch über Wohnflächen verfügt, deren Größe sich angesichts der Not der Umsiedler nicht rechtfertigen läßt". Die flächendeckende Bildung von

[47] BAP, DO 1–10 Nr. 11, Bl. 174f.; zur Funktion der „Umsiedlerausschüsse" in der SBZ eingehend Schwartz, Kontrollierte Partizipation.
[48] BAP, DO 1–10 Nr. 30, Bl. 31.
[49] Vgl. BAP, DO 1–10 Nr. 10, Bl. 19.

Wohnungskommissionen unter Beteiligung der Umsiedler sollte fortan helfen, die wirkliche Verteilungssituation überprüfen und verbessern zu können[50]. Bereits im Juni 1946 hatten Vertreter „antifaschistischer Umsiedler“ auf einer Konferenz mit Vertretern der SED-Führung festgestellt, daß in den überall auftretenden Konflikten zwischen Altbevölkerung und „Neubürgern“ in der Wohnungsfrage „vielfach auch die Behörden“ bestrebt seien, „die ortsansässige Bevölkerung vor Einschränkungen [zu] bewahren“, und entsprechend wenig täten, „um den Umsiedlern zu helfen“. Die SED-Vertriebenenvertreter monierten: „Auch Parteifunktionäre“ nähmen „vielfach mehr Rücksicht auf die eingesessene Bevölkerung, als im Interesse der Umsiedler geboten“ erscheine, was in einem mecklenburgischen Ort so weit gegangen sei, die bereits in Wohnungen einquartierten Umsiedler wieder in ein Lager zu verbringen[51]. Gegen Jahresende 1946 hatte sogar das Umsiedleramt der solcherart kritisierten mecklenburgischen Landesverwaltung die Notwendigkeit forcierten behördlichen Handelns in der Wohnraumfrage erkannt: Diese wollte das bislang eher schleppend agierende Amt, das seinerseits unter den Beschuß der ZVU geriet, fortan auf kommunaler Ebene energisch angehen, denn eine Lösung des Problems sei noch vor Wintereintritt erforderlich. „Wenn Kontrollen in einzelnen Kreisen ergeben haben, daß heute noch Hunderttausende Umsiedler [. . .] in völlig unzureichenden Massenunterkünften – Scheunen, Ställen und behelfsmäßig angefertigten Unterkünften – untergebracht sind, in denen nicht einmal das dringend notwendige Unterkunfts- und Gebrauchsgerät vorhanden ist, während in den Gemeinden, besonders Städten, noch einzelne Familien verhältnismäßig große, weiträumige Wohnungen bewohnen, muß es jetzt ein Gebot der Stunde sein, diesem Übelstand ein Ende zu bereiten.“ Zu lange habe hier „unverantwortliche Nachlässigkeit und Gleichgültigkeit“ eine Lösung behindert[52]. Freilich mußte sich eine Politik, die knappe Ressourcen in einer gesellschaftlichen Notsituation wenigstens annähernd gerecht verteilen wollte, damit jedoch gerade in der Wohnungsfrage in die lebensweltliche Autonomie weiter Bevölkerungskreise massiv einzugreifen drohte, noch etliche Jahre mit deren Abwehrmechanismen auseinandersetzen, zu denen nicht zuletzt die weitverbreitete, lokalgesellschaftlich bedingte Rücksichtnahme gerade der kommunalen Behörden gegenüber den alteingesessenen Bevölkerungsgruppen gehörte. Hier waren bestenfalls punktuelle und partielle Erfolge zu erzielen, doch jede der immer wieder einmal initiierten Wohnraum-Kontrollkampagnen brachte auf wundersame Weise zusätzlichen Wohnraum zutage, der für die Verbesserung der Lebenssituation von Vertriebenen genutzt werden konnte. Gerade hier waren jedoch die defensiven Verteilungskämpfe der bisherigen Ressourcenbesitzer am zähesten und nachhaltigsten.

Das überall mehr oder weniger akute Wohnungsproblem stellte auch einen ernstzunehmenden Hemmschuh für Integrations- und Umlenkungsmaßnahmen auf dem Arbeitsmarkt dar. Mit deutlicher Rückendeckung der SMAD hatte die ZVU schon

[50] Vgl. BAP, DO 1-10 Nr. 13, Bl. 84.
[51] Vgl. BAP, DO 1-10 Nr. 4, Bl. 98.
[52] Vgl. BAP, DO 1-10 Nr. 20, Bl. 25.

im Februar 1946 die Arbeitsmarkt- und Wohnungsunterbringung der Umsiedler als wichtige, bislang allzusehr vernachlässigte Aufgabe markiert[53], an deren Lösung sie sich gegenüber anderen Zentralverwaltungen – insbesondere der Arbeitsverwaltung – im Laufe des Jahres immer stärker zu beteiligen lernte. Im September 1946 bereits konnte der ZVU-Präsident entsprechend selbstbewußt der SMAD gegenüber erklären, zwar sei „im wesentlichen" die „Deutsche Verwaltung für Arbeit und Sozialfürsorge" (DVAS) für die umfassende Betreuung der Umsiedler nach deren erfolgter Lagerentlassung zuständig, doch habe die Erfahrung gezeigt, daß die ZVU „in allen Fällen der Moto[r] für die Lösung der gestellten Aufgaben ist"[54]. Schon auf der Umsiedlerverwaltungskonferenz von Februar 1946 hatte die ZVU-Spitze die große wirtschaftliche und politische Bedeutung der Vertriebenen herausgestellt und entsprechende Kritik an der damals vorherrschenden Wirtschaftspolitik geübt, welche die Arbeitskraft dieser 4 Millionen Menschen überhaupt nicht berücksichtigt habe[55]. Auf der schon erwähnten Umsiedlerkonferenz der SED von Juni 1946 hatte sich bereits die Einsicht durchgesetzt, daß in Zukunft eine Steuerung der Arbeitsbeschaffung „schon vom Lager aus notwendig" und daher möglichst rasch umzusetzen sei. Den Arbeitsämtern warf die Konferenz, die hier massive Beschwerden von in der SED organisierten Umsiedlern aufgriff, vielfaches Versagen vor – jene hätten in allzu bürokratischer Manier den Nachweis einer Wohnung zur Vorbedingung für die Arbeitsvermittlung gemacht, während die Wohnungsämter gerade umgekehrt agiert hätten: „Auf diese Weise werden die Umsiedler von einer Instanz zur anderen geschickt und erhalten keine Hilfe". Neben häufig vorkommenden Fehllenkungen von Arbeitskräften könne auch ein regelrechter „Widerstand" der Handwerkskammern gegen die Gründung von selbständigen Handwerksbetrieben durch Umsiedler beobachtet werden. Die Kammern verweigerten ihre Genehmigungen teils mit dem Hinweis, „daß die noch in Kriegsgefangenschaft befindlichen Handwerksmeister [ansonsten] bei ihrer Rückkehr keine Betätigungsmöglichkeiten hätten", teils „mit der [gegenteiligen] Behauptung, es seien genug eingesessene Handwerker und Gewerbetreibende vorhanden"; bei dieser Argumentation bleibe jedoch völlig unbeachtet, „daß durch den starken Zuzug von Umsiedlern ein Mehrbedarf entstanden" sei[56]. Gerade die systemimmanente Schwerfälligkeit der herkömmlichen Verwaltungen provozierte einen wachsenden Interventionismus der Umsiedler-Sonderverwaltungen, deren vergleichsweise „maßnahmenstaatliche" Attitüde nicht unwesentlich zum zeitweiligen Erfolg der ZVU nicht nur beim FDGB, sondern sehr bald auch bei der SMAD und der SED-Führung beitrug[57].

Die mehr oder weniger provisorische Arbeitsmarktintegration der Vertriebenen in der SBZ war so vielschichtig wie die Wirtschaftsstruktur der Zone und die Berufsstruktur der Vertriebenen selbst. War für bestimmte Facharbeitergruppen die Ar-

[53] Vgl. BAP, DO 1–10 Nr. 30, Bl. 19.
[54] BAP, DO 1–10 Nr. 58, Bl. 29.
[55] Vgl. BAP, DO 1–10 Nr. 30, Bl. 20.
[56] BAP, DO 1–10 Nr. 4, Bl. 99f.
[57] Vgl. hierzu Schwartz, Zwischen Zusammenbruch und Stalinisierung, S. 52ff.

beitsmarktsituation grundsätzlich eher günstig, bedeutete die Ankunft anderer Berufsgruppen von Vertriebenen eine unerwünschte Konkurrenz; dies mußten mit all den kleinen Schikanen und Behinderungen insbesondere Gewerbetreibende und Handwerker unter den Vertriebenen erfahren, die auf privater oder genossenschaftlicher Basis staatlich geförderte Existenzneugründungen versuchten. Für weitere Gruppen der Vertriebenen erwies sich die Lage auf dem Arbeitsmarkt als nahezu aussichtslos – von billigster und niedrigster Hilfsarbeitertätigkeit einmal abgesehen; hierzu zählten insbesondere die großen Gruppen der Älteren, der Kranken und Arbeitsunfähigen sowie der vielen kriegsbedingt alleinerziehenden und daher kaum vermittelbaren Frauen.

Aus der jeweiligen Kombination professioneller, regionaler und sozialer Unterschiede ergaben sich folglich höchst unterschiedliche Integrationssituationen in der ostzonalen „Zusammenbruchsgesellschaft“. Dieser Sachverhalt spiegelt sich in einem Bericht des brandenburgischen Umsiedleramtes wieder, wonach zwar alle Umsiedler und heimatlosen Heimkehrer gleichermaßen schwer am Verlust von Heimat und Besitz trügen, jedoch gleichwohl „Handwerker, Bauern und Landarbeiter“ sich „hier wesentlich voneinander“ unterschieden. Insbesondere Handwerker und gelernte Arbeiter fänden rasch neue Arbeitsplätze, erhielten damit „wieder festen Boden unter den Füßen“ und setzten mit entsprechender Zuversicht „alle ihre Kräfte“ ein, „um sich und ihrer Familie wieder ein Zuhause zu schaffen“. Sie siedelten sich großenteils auch in den Städten an, „wo die Verschmelzung mit der eingesessenen Bevölkerung rascher vor sich geht als auf dem Lande in kleinen Dorfgemeinden“. Im Gegensatz hierzu stehe die Lage der Landarbeiter und der ehemaligen Landwirte. Insbesondere letztere hätten als bisherige Hofbesitzer ein völlig neues wirtschaftliches „Abhängigkeitsverhältnis“ zu verkraften und neben ihrer eigenen Vertreibungs-, Enteignungs- und Unterschichtungserfahrung zudem „täglich vor Augen, daß die eingesessenen Bauern ungeschmälert all ihren Besitz haben“. Die große Gruppe der ehemaligen Landwirte, die nicht wieder als Neubauern habe angesetzt werden können, trage „mithin am Verlust der Heimat am schwersten“. Entsprechend differenziert, so dieser Bericht, müsse auch das Verhältnis zwischen Umsiedlern und Alteingesessenen bewertet werden. In den Städten mit ihrem höheren Anonymitätsgrad bestehe „allgemein ein recht gutes Verhältnis“ – was im Umkehrschluß bedeutet, daß dies auf dem Lande offensichtlich ganz anders aussah. Besonderer Beliebtheit erfreuten sich die Umsiedler auch dort, wo mit ihren Kenntnissen und durch ihre Initiative bislang unbekannte neue Industrien hätten geschaffen werden können; solche Umsiedler seien im Ort „gern gesehen und fühlen sich naturgemäß auch schon zu Hause“. Hier förderten auch die örtlichen Behörden Neuansiedlungswünsche von auswärtigen Umsiedlerfacharbeitern oder sprächen sich klar gegen beabsichtigte Umquartierungen aus. Auch hier darf man im Umkehrschluß folgern, daß überall dort, wo Umsiedler eher als Konkurrenz oder als Belastung empfunden wurden, die Ablehnungsmentalität vermutlich umso schärfer ausgeprägt war[58].

[58] BAP, DO 1–10 Nr. 22, Bl. 18; die Einschätzung, daß vertriebene Arbeiter und Handwerker sich

Im Politikfeld der Arbeitsmarktintegration trafen sich die Interessen der Behörden mit denen der Betroffenen. Bei persönlichen Gesprächen mit Vertriebenen stellten die Umsiedlerbürokraten „immer wieder" fest, wie sehr „der unbedingte Wille zur Arbeit in den Vordergrund" trat. So hätten sich bei einem Lagerbesuch zum Beispiel „Menschen, die bisher nie in Bergwerken gearbeitet hatten", in derart großer Zahl freiwillig dazu bereit erklärt, daß überraschenderweise gar „kein Zwang notwendig" gewesen sei, „um Arbeiter für den Bergbau auszuwählen". Auch die Frauen hätten sich erboten, bei der Wiederherstellung von Wohnraum zu helfen. „Eine Umsiedlerfrau erklärte uns, daß der Tag, an dem sie wieder einen Arbeitsplatz habe und wieder ein Dach über dem Kopfe, der schönste Feiertag für sie sein werde." Wohl nicht zu Unrecht schlußfolgerten die Bürokraten: „Entscheidend für die Stimmung des Umsiedlers und Heimkehrers ist es, ob es gelingt, einen Arbeitsplatz zu finden, der es ihm ermöglicht, seine Familie zu ernähren."[59] Diese Konzentration auf die primären Bedürfnisse verleitete freilich in der Folge die Umsiedlerbürokratien – und darüber hinaus die SED, der sie, wie schon angeführt, in aller Regel eng verbunden waren – zu einer allzu materialistischen Ausrichtung ihrer Integrationspolitik mit der entsprechenden erheblichen Unterschätzung immaterieller Bedürfnisse und Werthaltungen. Aus diesem Grunde vermochten die mit Umsiedlerfragen befaßten Funktionäre z. B. die weitverbreitete Rückkehrsehnsucht vieler Vertriebener nie wirklich zu verstehen, sondern lediglich entweder auf sozialpolitisch-integrativem oder auf polizeilich-repressivem Wege zu bekämpfen.

Im Rahmen dieser Engführung lernten die Verwaltungen der SBZ 1946 rasch, die „Eingliederung der Umsiedler in den Produktionsprozeß" als Schlüssel für die gesamte „Wiederseßhaftmachung" dieses Bevölkerungsteils zu begreifen. Diese also keineswegs nur unter ökonomischen Aspekten betrachtete Arbeitsmarktintegration sollte dabei auf vier unterschiedlichen Wegen erreicht werden. Neben den allgemeinen, am stärksten massenrelevanten Maßnahmen der Arbeitsvermittlung und der Umschulung spielten zwei weitere Bereiche spezifischer Integrationspolitik in der SBZ eine wichtige Rolle: zum einen die zunehmend staatlich geförderte „Bildung von Produktivgenossenschaften" Vertriebener, zum anderen die Partizipation von Vertriebenen als „Umsiedler-Neubauern" im Rahmen der sogenannten „demokratische[n] Bodenreform"[60]; die demonstrative Symbolkraft beider Maßnahmen übertraf allerdings die reale wirtschaftliche Effizienz bei weitem. Sie waren auf der anderen Seite eine für die SBZ bemerkenswerte Politik der Selbständigenförderung und dabei in nicht unbeträchtlichen Teilen mittelständische Statusrestaurationspolitik.

Die Ergebnisse der 1945/46 eher provisorischen allgemeinen Arbeitsmarktintegration der Vertriebenen fielen freilich von Region zu Region durchaus unterschiedlich aus. Neben den strukturellen Voraussetzungen des Aufnahmegebiets war hierfür

großenteils in Städten angesiedelt hätten, kollidiert allerdings mit der häufig zu beobachtenden Tatsache der „Flucht aufs Land" aus Gründen der Ernährungssicherung (vgl. dazu weiter unten), die – aus beruflicher Perspektive – häufig zu Fehlallokationen führte.

[59] Ebenda Bl. 27.

[60] Vgl. BAP, DO 1–10 Nr. 13, Bl. 68.

auch der regional stark differierende Anteil der Arbeitsfähigen an der Gesamtzahl der Umsiedler wichtig, der für die gesamte SBZ 41,6 Prozent (gegenüber 52,8 Prozent der Gesamtbevölkerung) betrug. Die niedrigste Arbeitsfähigenquote wies mit gerade 21 Prozent ausgerechnet das hochindustrialisierte Land Sachsen auf; doch auch Mecklenburg, das Gebiet mit dem weitaus größten Vertriebenenanteil an der Bevölkerung, konnte nur 36 Prozent als arbeitsfähig einstufen. Überdurchschnittlich gut hingegen sah es in Thüringen, erst recht jedoch in den preußischen Provinzen Brandenburg und Sachsen aus. Vor diesem Hintergrund hatte sich die ZVU im Laufe des Jahres 1946 zur praktischen Umsetzung ihres Integrationsziels um enge Kooperation mit der Arbeitsverwaltung der SBZ bemüht, woraus tatsächlich die Anweisung an die Landesarbeitsämter resultierte, „arbeitsfähige Umsiedler bevorzugt auf freie Arbeitsplätze unterzubringen". Bis Jahresende 1946 schien diese Sonderförderungspolitik der Zentralverwaltungen Früchte getragen zu haben, denn während in der SBZ zu diesem Zeitpunkt 81,3 Prozent der arbeitsfähigen Gesamtbevölkerung in festen Arbeitsverhältnissen stand, waren dies bei den arbeitsfähigen Umsiedlern schon 84,1 Prozent und damit immerhin 1,3 Millionen Menschen. Allerdings gab es hier bedeutsame regionale und geschlechtsspezifische Unterschiede; zudem sagte die Beschäftigungsquote gar nichts über die *Qualität* der vermittelten Arbeitsplätze aus. Wohl kann man der ZVU-Argumentation folgen, daß die Überwindung des zu Jahresbeginn 1946 noch weitverbreiteten „Gefühl[s] der wirtschaftlichen Unsicherheit" durch jedwede Form der Arbeitsmarktintegration an sich schon ein wichtiger psychologischer Faktor gewesen sein dürfte[61]. Der mit 43,8 Prozent gegenüber der Vorkriegs-Berufsstruktur der Vertriebenen mehr als verdoppelte Anteil der im Agrarsektor unselbständig Beschäftigten[62] verweist hier auf erhebliche Dysfunktionalitäten und soziale Deprivationsprozesse. In Brandenburg hatten sogar zwei von drei Vertriebenen die Arbeit in der Landwirtschaft gewählt bzw. wählen müssen, in Mecklenburg immerhin mehr als jeder zweite[63]. Allerdings drängten viele Vertriebene zunächst auch aus eigenem Antrieb in die ernährungsmäßig oft besser gestellten Landarbeitertätigkeiten und kehrten damit den säkularen Trend der sog. „Landflucht" in Richtung der urbanisierten Industriezentren kurzfristig gewissermaßen in eine „Flucht aufs Land" um. Nicht selten sperrten sich solche Übergangs-Landarbeiter unter den Bedingungen der „Rationen-Gesellschaft" der unmittelbaren Nachkriegsjahre[64] noch längere Zeit gegen behördliche Umlenkungsversuche zurück in die Industrie, wo sie z. T. als unersetzliche Facharbeiter dringend gesucht wurden. Subjektive und objektive Rationalitäten kamen hier mehrere Jahre nicht zur Dekkung.

Allerdings waren schon Ende 1946 immerhin 19,4 Prozent der vermittelten Vertriebenen in der Sparte „Industrie und Gewerbe" untergekommen, in der vor dem Vertreibungsgeschehen nur 12,4 Prozent der Sudetendeutschen und sogar nur

[61] BAP, DO 1-10 Nr. 13, Bl. 72f.
[62] Vgl. ebd., Bl. 72.
[63] Vgl. BAP, DO 1-10 Nr. 58, Bl. 41.
[64] Vgl. Gries, Rationen-Gesellschaft.

5,1 Prozent der aus den an Polen gefallenen deutschen Ostgebieten stammenden „Umsiedler" rubriziert worden waren[65]. Dabei spielten jedoch Bergbau und Metallindustrie für die vertriebenen Industriearbeiter – mit der bemerkenswerten Ausnahme Thüringens (11,5 Prozent), wo etwa zwei Drittel aller in diesen Wirtschaftszweigen beschäftigten Vertriebenen tätig waren – in der Frühphase der SBZ nur eine sehr geringe Rolle (2,5 Prozent). Verständlicherweise sah die Situation im Falle der selbständigen Umsiedler noch ungünstiger aus. Diese stellten einen Zonenanteil von ganzen 1,4 Prozent mit etwas überdurchschnittlichen Regionalquoten in der Provinz Sachsen und in Thüringen[66]. Man wird nicht fehlgehen, wenn man die gerade hier besonders rührigen „Umsiedlergenossenschaften" – mit den Paradebeispielen der sudetendeutschen „Gablonzer" Schmuckwarenindustrie[67] – als Ursache dieses etwas erhöhten Anteils namhaft macht. Bis Anfang 1947 existierten in der SBZ immerhin 42 solcher Produktivgenossenschaften, davon 19 allein in Sachsen-Anhalt, elf in Brandenburg und zehn in Thüringen, während sie in Mecklenburg kaum und in Sachsen gar nicht ins Gewicht fielen[68]. Diese Genossenschaften wurden in der Regel durch Eigeninitiative einigermaßen geschlossen neu angesiedelter Vertriebener gegründet, wobei häufig der soziale Zusammenhalt gerade sudetendeutscher Facharbeiter eine wichtige Rolle spielte. Die Spannbreite der Produktion reichte von primitivster Heimarbeit über vielschichtige Kleinproduktion z. B. in „Sägewerke[n], Kachelofenfabriken, Schuh-, Kleider- und Autoreparaturwerkstätten" bis zur hochspezialisierten Glasveredelung und Bijouterie[69]. Wie im Februar 1947 ein Bericht der ZVU konstatierte, waren sämtliche damals in der SBZ existierenden Umsiedlergenossenschaften industriell ausgerichtet, wobei jedoch der „improvisatorische Charakter" ihrer Produktion immer noch vorherrschte. Durchgängiges Grundproblem war und blieb die unzureichende Rohstoffversorgung, daneben auch der Maschinen- und z. T. der Arbeitskräftemangel. Trotz all der Probleme würdigte die zuständige Umsiedler-Zentralverwaltung die Bildung genossenschaftlicher Produktionsformen unter ihrer Klientel nicht etwa als zufällig, sondern entsprechend der wirtschaftlichen Notlage wie auch dem besonderen Leistungs- und Wiederaufstiegswillen von Arbeitskräften, die in der bislang bestehenden Industrie nicht Fuß fassen könnten, geradezu als zwangsläufig. Solche Selbsthilfe-Initiativen hätten nahegelegen, da die administrative Arbeitsmarktintegration und -lenkung von Facharbeitern bisher nur in den Hauptindustrien (Metall, Bergbau, Textil) gegriffen habe, nicht jedoch in anderen Industriesektoren. In dieser Situation konstatierte der Vertreter der ZVU mit einiger Empathie bei den heimatvertriebenen Gründern der Umsiedlergenossenschaften eine ausgeprägte Energie zur Selbsthilfe durch Arbeit und Selbstorganisation: „Ihr ganzes kulturelles Sein konzentriert sich zu einer Initiative, durch welche sie sich von ansässigen Bewohnern unterscheiden. Sie sind fähig, ihre Entschlüsse

[65] Vgl. BAP, DO 1–10 Nr. 13, Bl. 72.
[66] Vgl. BAP, DO 1–10 Nr. 58, Bl. 41.
[67] Vgl. hierzu etwa Kaltenborn, Umsiedlergenossenschaften.
[68] Vgl. BAP, DO 1–10 Nr. 60, Bl. 60.
[69] Vgl. BAP, DO 1–10 Nr. 13, Bl. 75f.

unter größten Opfern zu realisieren. Sie sind zum größten Teil mittellos, ohne Maschinen und Werkzeug angekommen. Was sie noch besitzen, ist Fachkenntnis und Arbeitswille."[70] Zugleich behauptete die ZVU die Kompatibilität solcher Organisationsformen mit den höherenorts bei SMAD und SED-Führung erwünschten allgemein- und strukturpolitischen Rahmenentwicklungen in der SBZ. Diese Sichtweise wurde allerdings von der SED-Führung schon ab Anfang 1947 nicht mehr geteilt, weshalb gerade auch in der Frage der Genossenschaftsförderung die Spannungen zwischen immer einflußreicherer SED-Parteipolitik und an ihre Grenzen stoßender ZVU-Ersatzpolitik zunahmen[71]. Die entsprechenden Vorbehalte der SED-Führung führten 1948 – in Verbund mit den ökonomischen Auswirkungen der SBZ-Währungsreform – zu einer ernsthaften Krise der Vertriebenen-Genossenschaften.

Davon abgesehen mußte bereits 1946/47 jedes einzelne Genossenschaftsprojekt gegen erhebliche soziale und lokalpolitische Widerstände durchgesetzt werden. So berichtete etwa im Frühjahr 1947 die „Produktivgenossenschaft der Holzverarbeiter für den Kreis Wernigerode" über den „dornigen Weg" ihrer Entstehung im Vorjahr, zwar sei die Genossenschaft ursprünglich mit Unterstützung des Landrats und des Bürgermeisters gegründet worden, um jedoch schon im Sommer 1946 „schwer angegriffen und verdächtigt" zu werden, „sie arbeite schlecht und passiv". Dies führte die Geschäftsführung unmittelbar auf jene „Elemente in der SED" zurück, „die als selbständige Gewerbetreibende in uns ein Konkurrenzunternehmen erblickten". Infolge dieser „vollkommen ungerechtfertigte[n] Verdächtigungen" habe schwer gearbeitet werden müssen, „um die Hindernisse in der Beseitigung der Transportschwierigkeiten, Holzzuweisungen usw. zu überbrücken." Auch sei im Laufe des Jahres 1946 das ursprüngliche Vorhaben, die sequestrierten Baubetriebe von Nationalsozialisten gemeinsam mit dieser Umsiedlergenossenschaft zu einem „kommunalen Bauhof" zu verschmelzen, am „Widerstand der Ortsleitung der SED" gescheitert; stattdessen fungierten „bis heute [...] noch die nazistischen Inhaber als Treuhänder dieser Betriebe". Ganz besonders habe sich der zuständige FDGB-Sekretär dafür eingesetzt, „daß die Betriebe lieber in die Hände der Nazi zurückgehen sollten als an uns". Da man auch in Sachen wirtschaftlicher Hilfestellung „nicht das notwendige Verständnis bei den altansässigen Parteigenossen" finde, sehe sich die Genossenschaft alltäglichen „Schwierigkeiten" gegenüber, die „nur [...] durch kleine Geschenke und Kompensationsgeschäfte" zu überwinden seien. Man bemühe sich, diese Wege zu verlassen und suche dabei eine enge Kooperation mit den für Umsiedler und Wirtschaft zuständigen Stellen des SED-Landesvorstandes[72].

Die sozialen Interessenkonflikte im Bereich der Existenzneugründungen spalteten – wie hier exemplarisch beobachtet werden kann – auch die SED selbst. Gerade lokale Parteiorganisationen verhielten sich in solchen Gruppenkonflikten häufig parteiisch – und das heißt in der Regel vertriebenenfeindlich –, während die höheren In-

[70] BAP, DO 1-10 Nr. 60, Bl. 60f.
[71] Siehe dazu Schwartz, Zwischen Zusammenbruch und Stalinisierung, S. 84ff.
[72] BAP, DO 1-10 Nr. 60, Bl. 107.

stanzen – insbesondere die wirtschaftlichen und umsiedlerbezogenen Instanzen auf Verwaltungs- oder Parteiebene – zunächst andere, vertriebenenfreundlichere Prioritäten setzten. Doch auch auf höheren Ebenen war die Politik alles andere als einheitlich: So monierte die ZVU beispielsweise im Februar 1947, daß in der bisherigen Wirtschaftspolitik des Landes Brandenburg und seines einflußreichen Ressortministers Heinrich Rau (SED) bisher offenbar allein auf Umschulung gesetzt worden sei, ohne im geringsten dem Gedanken einer Facharbeiterlenkung oder der Entwicklung neuer Produktionsstätten nähertreten zu wollen. Was daher in Brandenburg bisher an Umsiedlergenossenschaften entstanden sei, müsse „fast ausschließlich" als „das Werk der Umsiedler selbst" betrachtet werden, das ohne wesentliche Hilfestellung der Landesverwaltung zustande gekommen sei. „Auch gegenwärtig kann von einer Bevorzugung der Umsiedler-Produktivgenossenschaften nicht die Rede bei der Versorgung mit Maschinen, Material und Rohstoffen sein."[73]

Die zweite besondere Form der Neugründung selbständiger Existenzen von Vertriebenen war die Beteiligung der „Umsiedler" an der „Bodenreform" in der SBZ. Dabei legitimierte die KPD/SED diese strukturrevolutionäre Enteignungsmaßnahme nicht zuletzt auch mit der Möglichkeit dringend notwendiger Vertriebenenansiedlung und fand damit durchaus breite gesellschaftliche Resonanz. Allerdings waren viele Vertriebene regelrecht zu spät gekommen, um an der schon im Spätsommer und Herbst 1945 erfolgten Aufteilung des sogenannten „Junkerlandes" in „Neubauern"-Hände angemessen partizipieren zu können. Dieses Problem wurde noch dadurch verstärkt, daß anfänglich auch viele der 1945 bereits anwesenden Vertriebenen aufgrund ihrer noch starken Rückkehrhoffnungen „eine gewisse Zurückhaltung" bei der Antragstellung auf Landzuteilung an den Tag legten[74]. Allerdings wirkten Tausende von Vertriebenen in den für die konkrete Landvergabe verantwortlichen Gemeindebodenkommissionen mit, und so hatten bis Dezember 1945 immerhin fast 57000 Vertriebenenfamilien Landzuweisungen erhalten[75]. In beiden Fällen – sowohl bei den aktiven Bodenkommissionen als auch bei den passiven Bodenempfängern – war freilich der Vertriebenenanteil stark unterdurchschnittlich, was einmal mehr auf die erhebliche Chancenungleichheit der Neuankömmlinge aufgrund lokalgesellschaftlicher Machtverhältnisse und Bevorzugungsstrukturen verweist[76]. So ist es wenig überraschend, daß 1945 in den Bodenkommissionen die Alteingesessenen dominierten: Nur 6119 von insgesamt 51232 Mitliedern (11,9 Prozent) waren Vertriebene, über 40 Prozent davon allein in Mecklenburg[77]. Der Enthusiasmus der ZVU Ende 1946, die bis dahin erfolgte „Beteiligung der Umsiedler an der Bodenreform"

[73] Ebenda Bl. 62.
[74] Vgl. Meinicke, Bodenreform, 59.
[75] Vgl. BAP, DO 1–10 Nr. 65, Bl. 1f. und Bl. 6.
[76] Es ist zu fragen, ob unter dem hier evidenten Gesichtspunkt des Gruppenkonflikts ernsthaft von „oft recht zufällig zusammengestellten Kommissionen" gesprochen werden sollte, wie dies Meinicke, Bodenreform, 62, tut; zumindest die Dominanz der Alteingesessenen war eben alles andere als zufällig; vgl. zur Thematik der ländlichen Sozialkonflikte auch Bauerkämper, Bodenreform.
[77] Vgl. BAP, DO 1–10 Nr. 65, Bl. 6; Meinicke, Bodenreform, S. 61, spricht unter Berufung auf ältere DDR-Literatur von 12,1 Prozent Vertriebenenanteil in den Bodenkommissionen.

habe ein „sehr erfreuliches Ergebnis“ gehabt, muß durch solche durchaus essentielle Einschränkungen relativiert werden: Bis dahin war zwar die Zahl der „Umsiedler-Neubauern“ auf knapp 78000 gestiegen, doch waren dies lediglich 16,1 Prozent aller damaligen Neubauern der SBZ, die über nicht ganz 23 Prozent der aufgeteilten Fläche verfügten. Der Neubauern-Anteil der Vertriebenen lag somit in allen Regionen der SBZ mit Ausnahme Mecklenburgs – dort waren ein Drittel der Neubauern Vertriebene – deutlich unter ihrem zonalen Bevölkerungsanteil. Die ZVU forcierte allerdings in der Folgezeit die gezielte Berücksichtigung von „Umsiedlern“ bei der Neuvergabe wieder aufgegebener oder wegen Unfähigkeit des Vorbesitzers neuverteilter Höfe sowie bei der Verteilung erst verspätet (z. B. durch die Freigabe sowjetisch beschlagnahmter Güter) zur Verteilung gelangenden Bodens[78], und der Vertriebenenpolitik der SBZ/DDR gelang es auf diese Weise, bis Anfang 1950 den Vertriebenenanteil unter den Neubauern auf 43 Prozent zu steigern[79].

Auch in diesem Falle bleibt – ähnlich wie bei der allgemeinen Arbeitsmarktintegration – der qualitative Aspekt dieses Prozesses ambivalent. Daß die Zahl der Hofaufgaben solcher Neubauern in die Zehntausende ging und die materielle Ausstattung vieler Neubauernbetriebe höchst ungenügend blieb[80], relativiert den zahlenmäßigen Integrationserfolg nicht unbeträchtlich. Auch die zuweilen mit Genugtuung getroffene Feststellung, daß aufgrund der sogenannten „Bodenreform“ in der SBZ „trotz aller Schwierigkeiten und Hemmnisse [...] die gesetzliche Gleichstellung [der Vertriebenen] mit der Altbevölkerung nicht auf dem Papier stehen blieb“, sondern „für über 91000 Umgesiedelte (mit Familienangehörigen etwa 350000 Personen)“ neue Existenz- und Integrationschancen bot[81], darf nicht über die *außerordentlich begrenzte Reichweite* eben dieses Prozesses hinwegtäuschen. Zur strukturellen Marginalisierung gerade der „Umsiedler-Neubauern“ innerhalb der heterogenisierten bäuerlichen Sozialgruppe[82] kommt die Tatsache, daß die Partizipation von Vertriebenen an der „Bodenreform“ nicht nur in der Perspektive der allgemeinen Arbeitsmarktintegration, sondern auch der konkreten ländlichen Gesellschaft bestenfalls sekundäre Bedeutung erlangte. Auf dem Lande standen beispielsweise Ende 1946 den knapp 78000 „Umsiedler-Neubauern“ runde 589000 Vertriebene gegenüber, die als besitz- und weitgehend rechtlose Landarbeiter tätig waren. Die soziale Situation der ländlich angesiedelten Vertriebenen (darunter sehr viele Frauen) war folglich in überwiegender Zahl nicht durch – meist schlecht ausgestatteten – Hofbesitz, sondern durch eine typische Unterschichtung in jene inferiore Position gekennzeichnet, die soeben durch die Rückkehr der vom NS-Regime zur landwirtschaftlichen Zwangsarbeit genutzten „Kriegsgefangenen und ausländischen Zwangsbeschäftigten in ihre Heimat“ freigeworden war[83].

[78] Vgl. BAP, DO 1–10 Nr. 13, Bl. 78ff.
[79] Vgl. Schwartz, Flüchtling, S. 34.
[80] Vgl. Bauerkämper, Bodenreform, S. 124.
[81] Meinicke, Bodenreform, S. 85.
[82] Dazu überzeugend Bauerkämper, Bodenreform.
[83] Bauerkämper, Bodenreform, S. 126.

Erst unter dieser Perspektive gewinnen die Auswirkungen der „Bodenreform" für die Vertriebenenintegration in die SBZ-Wirtschaft realistische Dimension und kann das darin enthaltene Moment der Selbständigenförderung richtig eingeschätzt[84] und vor allem auch seine *Symbolkraft* für die frühe Integrationspolitik der SBZ im Verhältnis zur Westzonenentwicklung vor dem ähnlich symbolkräftigen westdeutschen „Lastenausgleich" der fünfziger Jahre in Rechnung gestellt werden[85]. Ergebnis dieser Besonderheit der SBZ-Integrationspolitik war die – bislang nicht ausreichend berücksichtigte – Tatsache, daß die frühe DDR einen doppelt so hohen Selbständigenanteil unter den Vertriebenen aufwies als die frühe Bundesrepublik, was quantitativ sicherlich primär auf die Bodenreform zurückzuführen ist. In der DDR waren 1950 knapp 13 Prozent, in der Bundesrepublik lediglich etwas über fünf Prozent der Vertriebenen wirtschaftlich selbständig[86]. Daß dieses Resultat ostzonaler Politik den säkularen Trends zu unselbständiger Beschäftigung im sekundären und tertiären Sektor sowie zur Betriebskonzentration auf Kosten von Kleinbetrieben diametral zuwiderlief, steht dabei auf einem anderen Blatt, ebenso die Tatsache, daß eben dieser Selbständigenanteil durch die folgenden Sozialisierungsmaßnahmen der SED in Landwirtschaft wie in Handwerk und Industrie rasch reduziert und schließlich – so der SED-Jargon – „liquidiert" wurde.

4. Kontrollierte Partizipation

In politischer Hinsicht versuchten die Umsiedler-Sonderverwaltungen der SBZ in Übereinstimmung mit der SED-Führung im Laufe des Jahres 1946 immer stärker, die Vertriebenen zu einer Art „kontrollierter Partizipation" zu bewegen. Die Vertriebenen sollten zu aktiver Mitarbeit an der Lösung ihrer akuten Versorgungs- und Integrationsprobleme, aber auch an der erwünschten Neugestaltung der SBZ-Gesellschaft herangezogen werden, wobei es jedoch galt, diese Partizipation jederzeit unter Kontrolle durch SMAD und SED bzw. durch ihnen genehme Organe zu halten. Diese Politik beruhte auf zwei Pfeilern: zum einen auf der Mitarbeit in den – als Hilfsorgane der KPD/SED-geführten Sonderverwaltungen bereits 1945 konzipierten – lokalen Umsiedlerausschüssen[87], zum anderen in der Mitarbeit oder zumindest der Wahl der SED selbst, die sich im Vorfeld der Wahlen von 1946 insbesondere auch als „Umsiedler-Interessenpartei" darstellte[88]. Beide Wege waren bis Ende 1946 zwar nicht erfolglos, blieben jedoch aus einer Reihe von Gründen weit hinter den Erwartungen ihrer Initiatoren zurück.

[84] Dies kritisch zu Meinicke, Bodenreform, S. 85.

[85] Vgl. auch Schwartz, Flüchtling, S. 33.

[86] Vgl. ebenda S. 32.

[87] Hierzu ausführlich Schwartz, Kontrollierte Partizipation.

[88] Allgemein zu den insbesondere von Helmut Lehmann formulierten Versuchen einer auf die Vertriebenen zielenden „Bündnispolitik" der SED 1946 siehe Schwartz, Zwischen Zusammenbruch und Stalinisierung, S. 77–80; ausführlich in regionaler, auf die Provinz Sachsen bzw. Sachsen-Anhalt bezogener Perspektive auch Mehlhase, SED.

Große Hoffnungen setzten SED-Führung und Umsiedlerverwaltungen ab 1946 auf das Instrument der „Umsiedlerausschüsse“, in denen den Vertriebenen – freilich in einem strikt durch SMAD und SED begrenzten Handlungsrahmen – gewisse politische Partizipationsmöglichkeiten gegeben werden sollten. Immer stärker trat in den relevanten Bürokratien die „Hauptaufgabe“ der „Gleichberechtigung der ehemaligen Umsiedler gegenüber der altortsansässigen Bevölkerung“ ins Blickfeld, wobei man es für unerläßlich hielt, daß ein institutionalisierter interessenpolitischer Druck der Vertriebenenbasis die Arbeit der Sonderverwaltungen verstärkte und ergänzte. Ebenso wichtig wie „das notwendige Verständnis“ der Altbevölkerung für die Umsiedler war z. B. in der Sicht des brandenburgischen Umsiedleramtes, „daß die Umsiedler ihre Rechte geltend machen“. Die Vertriebenen hatten aus durchaus wohlgesonnener bürokratischer Sicht „zum größten Teil selbst schuld daran, wenn sie sich darüber beklagen, als Menschen zweiter Klasse behandelt zu werden“, denn sie fühlten „sich nur als geduldete Gäste“ und zeigten sich „mit jeder Maßnahme und mit jeder Unterbringung kritiklos einverstanden“. Zum Ziel setzte sich das Amt, „daß die Umsiedler ihr Schicksal selbst in die Hand nehmen“, statt sich – wie bisher – „oft demütig und abwartend“ zu verhalten. Das „Hauptaugenmerk“ der Verwaltung war zu diesem Zweck auf die Entwicklung der Kreis- und Orts-Umsiedlerausschüsse gerichtet. Allerdings war das brandenburgische Umsiedleramt realistisch genug festzustellen, daß der bisherige Aktionsradius dieser Ausschüsse „verhältnismäßig gering“ gewesen sei: Angesichts der großen Versorgungsnotstände mit „Hausrat, Möbel[n] und Kleidung“ obliege es den Ausschüssen primär, „durch Sammlungen das Allernotwendigste sicherzustellen“ und darüber hinaus „die Verteilung der gelegentlich in bescheidenem Umfange anfallenden Versorgungsgüter“ zu kontrollieren. Eine darüber hinausgehende insbesondere lokalpolitische Partizipation vor Ort war offenbar kaum festzustellen[89].

Mit dieser umfassend konzipierten administrativen Linie der „Hilfe zur Selbsthilfe“ lag die SED-geführte brandenburgische Umsiedlerverwaltung auf einer Linie mit der Umsiedler-Politik der SED-Führung, wie sie schon im Juni 1946 auf der SED-internen Umsiedlerkonferenz von dem Sozialexperten des SED-Zentralsekretariats, dem früheren Sozialdemokraten Helmut Lehmann, formuliert worden war. Lehmann hatte damals offen erklärt, die Umsiedler dürften „nicht davon ausgehen, daß sie Aussicht haben, bald wieder in ihre Heimat zurückzukehren“, sondern müßten stattdessen ein „dauernd[es]“ Verbleiben „in ihrer neuen Heimat“ ins Auge fassen. Angesichts der großen Notlage, in der sich vielfach auch die einheimische Bevölkerung der SBZ befinde, sei es „menschlich verständlich, wenn die Umsiedler nicht mit offenen Armen aufgenommen“ würden. Daher müßten die Umsiedler „in erster Linie versuchen, sich selber zu helfen“; Resignation oder Passivität würden schließlich nichts verbessern. Zum Zweck aktiver Mit- und Selbsthilfe hatte schon Lehmann den Umsiedlern geraten, „vor allen Dingen in den Umsiedlerausschüssen aktiv [zu] werden“. Zugleich machte Lehmann vor den ausgewählten „antifaschisti-

[89] Vgl. BAP, DO 1–10 Nr. 20, Bl. 5 ff.

schen Umsiedlern" den Vertriebenen der SBZ ein offenes „Bündnisangebot" der SED: „Die Partei" werde „für die Interessen der Umsiedler in stärkstem Maße aktiviert werden" und dafür sorgen, „daß alle Parteistellen sich mehr um die Umsiedler kümmern" und daß insbesondere „bei der Bevölkerung Verständnis" für deren Belange geweckt werde. Es sei jedoch ebenso „notwendig, daß auch die Umsiedler sich der Partei zur Verfügung stellen und durch ihre Mitarbeit helfen, das Interesse für die Umsiedler wachzuhalten, weil ihnen so am ehesten geholfen werden kann"[90].

Die beiden letztlich aufeinander bezogenen Pfeiler der SED-Politik einer „kontrollierten Partizipation" der Vertriebenen in der SBZ – zum einen die Mitarbeit in den Umsiedlerausschüssen, zum anderen die Mitarbeit in oder zumindest die Wahl der SED als „Umsiedler-Interessenpartei" – zeitigten bis Ende 1946 durchaus bestimmte Erfolge, blieben jedoch aus einer Reihe von Gründen weit hinter den ursprünglichen Erwartungen der SED zurück. So boten Ende 1946 die Umsiedlerausschüsse in der SBZ ein höchst ungleichmäßiges Bild: In den Provinzen Sachsen und Brandenburg waren sie einem ZVU-Bericht zufolge vielerorts verbreitet und leisteten „zum Teil sehr gute örtliche Arbeit", in den Ländern Mecklenburg und Thüringen hingegen war selbst die Gründung solcher Ausschüsse „noch nicht recht vorangekommen". Als besonders enttäuschend wertete die ZVU in diesem Zusammenhang die mecklenburgische Politik, wo man bislang völlig versäumt habe, „die Möglichkeiten, die sich durch die große Masse der Umsiedler ergaben, auszunutzen"[91]. Ganz offensichtlich machten sich nachgeordnete SED-Stellen nicht die geringste Mühe, das von Helmut Lehmann zuvor formulierte interessenpolitische Bündnisangebot des SED-Zentralsekretariats an die Vertriebenen vor Ort praktisch zu erhärten. Bereits Ende 1945 hatte die KPD-Führung die mangelnde Durchschlagskraft zentraler politischer Richtungsvorgaben kritisch moniert: „Es nützt nichts, wenn oben alles funktioniert, dann aber unten in der Praxis, wo doch alles massenmäßig gelöst werden muß, der Frage von uns aus zu wenig Aufmerksamkeit entgegengebracht wird."[92] Entsprechend kritisierte ein Schulungsreferent des SED-dominierten mecklenburgischen Umsiedleramtes im Juli 1946 vor den versammelten Bezirksbürgermeistern des Landes, die Umsiedlerfrage sei bisher von Parteien und Massenorganisationen „als nebensächliche Frage abgetan" worden, was jedoch „jetzt sofort anders werden" müsse, wenn man – d. h. die SED – bei den bevorstehenden Wahlen nicht „ein Fiasko erleiden" wolle. Man müsse sich anstrengen, „die Umsiedler auf unsere Seite [zu] bekommen" und „für den antifaschistischen Aufbau" zu gewinnen; ansonsten könne man diese Bevölkerungsgruppe sehr leicht „ebenso gut verlieren" an die politischen „Gegner, die immer noch am Werk sind, die immer noch retten wollen, was zu retten ist."[93] Mit solchen Szenarien wurden weniger die konkurrierenden bürgerlichen Blockparteien perhorresziert als vielmehr die dem sich eben

[90] BAP, DO 1–10 Nr. 4, Bl. 101; vgl. auch Schwartz, Zwischen Zusammenbruch und Stalinisierung, S. 79.
[91] BAP, DO 1–10 Nr. 13, Bl. 81 f.
[92] Zit. nach Benser/Krusch, Dokumente, S. 417.
[93] Vgl. BAP, DO 1–10 Nr. 2, Bl. 218–222.

erst etablierenden politischen System der SBZ und seinen Kontrollmechanismen völlig entgleitenden Selbstorganisationsbestrebungen der Vertriebenen, die man bereits seit Ende 1945 fürchtete. So stellte man etwa in Thüringen fest, daß gerade der mangelnde oder völlig ausbleibende umsiedlerpolitische Einsatz der zugelassenen Parteien „in verschiedenen Kreisen [...] Strömungen" noch verstärkte, die auf die Schaffung „eigene[r] Umsiedler-Organisationen" zielten. Neben der Standardfloskel von „offen faschistische[n] Tendenzen" wurde insbesondere besorgt registriert, was einer Politik wirtschaftlicher und politischer Integration der Vertriebenen diametral entgegenstand: „Die Gedanken der Umsiedler selbst kreisen im übrigen immer noch um die Frage, ob und wann sie in ihre Heimat zurückkehren können."[94] Dabei konstatierte das thüringische Neubürgeramt einen engen Zusammenhang zwischen der Intensität des (politisch unerwünschten) Rückkehrwunsches und der Problematik anhaltender Statusdeprivation: „Viele von ihnen waren Bauern, Handwerker, Geschäftsleute, denen es schwerfällt, als Handarbeiter oder Fabrikarbeiter einer Beschäftigung nachzugehen". Ähnliches gelte auch für frühere Angestellte, die fast sämtlich umschulen müßten, da in ihren alten Berufen keine offenen Stellen verfügbar seien. Diese desolate Lage der vertriebenen Mittelschichten wurde – dieser Analyse zufolge – von der „faschistische[n] Propaganda" genutzt, die etwa in Kettenbriefen aggressiv die „Rückkehr nach Schlesien" fordere. Die immer wieder artikulierten Rückkehrwünsche der Umsiedler erschwerten wiederum „das Einleben und die Teilnahme am Wiederaufbau erheblich"[95].

Viele Vertriebene artikulierten nicht nur den machtpolitisch unerfüllbaren Rückkehrwunsch, der damit im Vorfeld der Herbstwahlen des Jahres 1946 zu einem unausweichlichen Politikum insbesondere für die SED wurde, sondern darüber hinaus weitere nur schwer oder gar nicht durchsetzbare Forderungen an die SBZ-Umsiedlerpolitik. Diverse Varianten eines „Lastenausgleichs" wurden diskutiert, die zuweilen auch in „extreme Forderungen" mündeten, wie z. B. „die Belegung eines Stadtteils nur mit Neubürgern" – also eine zoneninterne Teilvertreibung der Alteingesessenen, um homogene Siedlungsgebiete für die „Umsiedler" zu schaffen – oder aber die „restlose Teilung des Besitzes der Einheimischen", was angesichts der eigenen Enteignungserfahrung eine gewisse Expropriationsbereitschaft bestimmter Vertriebenengruppen gegenüber dem Privateigentum der Alteingesessenen innerhalb der SBZ erkennen läßt und hierin nicht zuletzt partielle Interessenidentitäten zwischen Protagonisten und Profiteuren der Enteignungsmaßnahmen in der sowjetischen Zone aufzeigt. Es ist wenig überraschend, daß solche Vertriebenenparolen, die sich häufig auf ganz konkrete Besitzstände wie Mobiliar und Hausrat bezogen, die „Ablehnung der Neubürger durch die eingesessene Bevölkerung" erheblich steigerten und insofern Integrationskonflikte verschärften. Die Eingesessenen betrachteten die Vertriebenen, wie das thüringische Amt feststellte, häufig nur als unerwünschte „Eindringlinge", wobei man freilich auch soziale Unterschiede in Verhaltensweisen

[94] BAP, DO 1–10 Nr. 25, Bl. 32.
[95] Ebenda Bl. 105.

feststellen zu können glaubte: „Am besten werden die Neubürger in den ärmsten Kreisen aufgenommen, dagegen in reichen bäuerlichen Kreisen, die vom Krieg verschont blieben, eisig abgelehnt."[96]

Wollte die SED unter den Vertriebenen angesichts der September/Oktober 1946 erfolgenden Gemeinde-, Kreistags- und Landtagswahlen positives Profil gewinnen, mußte dies über ein *zukunftsgerichtetes integrationspolitisches Interessenbündnis* erfolgen. Außer der bereits begonnenen Beteiligung an der Bodenreform, die die Akzeptanz der SED bei den Wahlen offensichtlich erhöhte[97], hatte die SED-Politik offenbar bis zum Herbst 1946 den Vertriebenen noch nicht allzu viel zu bieten, und das Problem der Oder-Neiße-Grenze dürfte sich daher umso gravierender zuungunsten der SED ausgewirkt haben. Hier wurde der öffentliche Druck durch die Bevölkerung und selbst durch die SED-Parteibasis im Sommer 1946 derart stark, daß sich die SED-Führung im Vorfeld der Wahlen zu einer zwischen innen- und außenpolitischen Rücksichten bemerkenswert lavierenden Grundsatzerklärung veranlaßt sah, die sich im Prinzip „für eine Revision der Ostgrenzen" aussprach[98]. „Noch viel schärfere Aussagen zur Revision der Oder-Neiße-Grenze und zur Rückkehr der Vertriebenen in ihre alte Heimat", als sie die SED-Spitze je wagen konnte, waren „in den Wahlreden der einfachen SED-Agitatoren und -Propagandisten" zu vernehmen[99]. Ob und inwieweit die „Russenpartei" mit einer solchen auf die bevorstehenden Wahlen abgestimmten Erklärung allerdings politisch erfolgreich sein konnte, muß offenbleiben[100]; ihre sich alsbald nach den Herbstwahlen 1946 abzeichnende, durch Moskauer Druck forcierte Verzichtspolitik kam die SED in den Folgejahren innenpolitisch jedenfalls teuer zu stehen: In der Frage der ehemaligen deutschen Ostgebiete erzielte die „Hegemonialpartei" der SBZ, die hier freilich wenig beneidenswert zwischen alle Stühle geriet, offensichtlich niemals wirkliche Hegemonie.

* * *

Insgesamt blieben die 1945/46 erzielten ersten wirtschaftlichen, sozialen und politischen Integrationserfolge der SBZ-Umsiedlerpolitik rudimentär, begrenzt und von hochgradiger Ambivalenz. Dies spiegelt sich in einer Einschätzung des ZVU-Präsidenten Rudolf Engel vom Februar 1947, die als dominierende Stimmung unter den

[96] Ebenda.

[97] So beobachtet Mehlhase, SED, S. 166, für die Gemeindewahlen in der Provinz Sachsen, daß die SED besonders hohe Stimmenanteile „in Neubauerngemeinden" erzielt habe, „in denen ja auch Vertriebene im Rahmen der Bodenreform Land erhalten hatten"; ganz ähnlich wird man das überdurchschnittlich gute Wahlergebnis der SED in Mecklenburg-Vorpommern zu erklären haben, dem Zentrum der „Bodenreform", aber auch der ländlichen Vertriebenenansiedlung; vgl. die diesbezügliche These Jochen-Christoph Kaisers von der mittels Bodenreform von der SED intendierten und partiell auch erzielten Gewinnung einer „Einstiegsklientel" in der eher sozialismusfeindlichen ländlichen Gesellschaft: hierzu der Bericht von Schwartz, Bodenreform; zu den möglichen Rückschlüssen auf die Wahlen von 1946 siehe auch weiter oben, S. 225ff.

[98] Vgl. etwa SAPMO, NY 4036/743, Bl. 57.

[99] Mehlhase, SED, S. 167.

[100] Vgl. dazu auch weiter oben, S. 226.

Vertriebenen in der SBZ eine massive „Unzufriedenheit" konstatierte, die „auch politisch" als bedrohlich einzustufen sei[101]. Die politisch Verantwortlichen der SBZ/DDR glaubten dieses Problem durch eine Kombinationm sozial-integrativer Förderpolitik bei gleichzeitig politisch-polizeilicher Repression grundlegender Alternativen sehr bald lösen zu können. Doch bei allen wichtigen Unterschieden in den sozial, geschlechts- und generationsspezifisch hochdifferenzierten Integrationsverläufen der Folgezeit, die diese große Bevölkerungsgruppe durchlief, scheint eine grundlegende Spannung längerfristig konstitutiv geblieben zu sein: Die Spannung zwischen unvermeidlichen gesellschaftlichen Integrationsnotwendigkeiten, aber auch den DDR-spezifischen politisch oktroyierten Integrationszwängen einerseits und einem gegen diesen Oktroi der (Sach-)Zwänge und überlebensnotwendigen Selbstzwänge aufbegehrenden Rest an „Eigensinn" vieler Betroffener andererseits. Nicht nur für unseren Untersuchungszeitraum, sondern für eine sehr viel längere Zeitspanne blieb das hier erkennbare grundlegende Schwanken zwischen Integration und Nichtintegration der Heimatvertriebenen in der SBZ/DDR von spürbarer Brisanz.

[101] BAP, DO 1-10 Nr. 4, Bl. 43.

Dierk Hoffmann

Kontinuität und Wandel beim Aufbau der ostdeutschen Sozialversicherung 1945–1947

Die Frage nach Kontinuität und Wandel gehört zu den zentralen Themenfeldern der Geschichtswissenschaft[1]. Langfristige Entwicklungslinien, aber auch radikale Veränderungen im politischen, ökonomischen oder sozialen System lassen sich auf diese Weise anschaulich machen. Zäsuren können kritisch hinterfragt werden. In der deutschen Zeitgeschichtsforschung spielte in den vergangenen Jahren die Frage nach der Bedeutung der Zäsur des Jahres 1945 für die deutsche Geschichte eine entscheidende Rolle. Die in den siebziger Jahren vorherrschende Perspektive von Restauration oder Neuordnung wurde durch die fruchtbarere Fragestellung von Zäsuren und Kontinuitäten abgelöst[2]. Mittlerweile liegen dazu eine ganze Reihe von Untersuchungen vor, die sich jedoch ausschließlich auf die Bundesrepublik beziehen[3], während für die SBZ/DDR vergleichbare Studien nach wie vor nicht existieren.

Im folgenden soll der Aufbau der ostdeutschen Sozialversicherung unter dieser Fragestellung eingehender betrachtet werden. Zunächst müssen in diesem Zusammenhang die Pläne zur Reformierung der Sozialversicherung als eines zentralen Bestandteils des Systems sozialer Sicherheit[4] von SPD, Krankenkassenverbänden und Freien Gewerkschaften in der Weimarer Republik kurz skizziert werden, um anschließend die Konzeptionen der von der Sowjetischen Militäradministration in Deutschland (SMAD) 1945 wieder bzw. neu zugelassenen Parteien SPD und CDUD sowie der im April 1946 aus der Vereinigung von KPD und SPD hervorgegangenen SED vorzustellen. Eine zentrale Rolle spielte dabei Helmut Lehmann (SPD, später SED), der als Vizepräsident der Zentralverwaltung für Arbeit und Sozialfürsorge (ZVAS) die administrative Seite der Neuordnung der Sozialversicherung wesentlich bestimmte; dies ist Thema des dritten Abschnitts. Im Anschluß daran wird der Aufbau der Einheitsversicherung in den Ländern und Provinzen der Sowjetischen Besatzungszone Deutschlands (SBZ) untersucht: Aufgrund eines SMAD-

[1] Vgl. Hockerts, Ende der Ära Adenauer, S. 461.

[2] Erker, Zeitgeschichte als Sozialgeschichte, S. 216; Hockerts, Zeitgeschichte in Deutschland, S. 15.

[3] Vgl. vor allem Broszat/Henke/Woller, Von Stalingrad zur Währungsreform; Conze/Lepsius, Sozialgeschichte der Bundesrepublik Deutschland. Eine erste Ausnahme stellt der von Peter Hübner herausgegebene Sammelband über die Niederlausitzer Industriearbeiter dar.

[4] Zum Begriff und seiner historischen Entwicklung: Ritter, Sozialstaat, S. 14–16.

Vetos mußte die Errichtung einer zonalen Sozialversicherungsverwaltung aufgeschoben und mit der Umstrukturierung zunächst auf Länderebene begonnen werden. In einem letzten Abschnitt wird schließlich die Frage behandelt, ob und inwieweit der Aufbau der Sozialversicherung in der SBZ an Traditionen aus der Weimarer Republik anknüpfte oder ob er eine Neuschöpfung ohne Rückgriff auf vorhandene Traditionen darstellte. Im Mittelpunkt stehen dabei die Konzeptionen zu Verwaltungsaufbau auf Zentral- und Landesebene und die Fragen nach der Zusammensetzung der Selbstverwaltungsorgane sowie nach dem Pflichtversichertenkreis: Nachdem die Sozialversicherung unter Bismarck gesetzlich verankert worden war, hatten nämlich diese drei Bereiche immer wieder Anlaß für Auseinandersetzungen zwischen SPD und Freien Gewerkschaften auf der einen und Ministerialbürokratie, Unternehmerverbänden und anderen Interessengruppen auf der anderen Seite gebildet. Unter diesem Aspekt kann gerade die Untersuchung des ostdeutschen Sozialversicherungssystems interessante Ergebnisse liefern – diente doch die nach dem Prinzip der Volks- und Einheitsversicherung ablaufende Neuordnung unmittelbar der Umsetzung von gesellschaftspolitischen Zielen der SED-Führung. Hervorgehoben seien hier vor allem die Einebnung des Unterschieds zwischen Arbeitern und Angestellten und die Beseitigung zahlreicher mit dem Beamtenstatus verbundener Privilegien. Die gesamtdeutsche Perspektive wird hierbei ebenfalls berücksichtigt: Dies gilt vor allem für Rückkoppelungen, die sich aus den Verhandlungen im Alliierten Kontrollrat für die Entwicklung in der SBZ ergaben.

1. Die Reformpläne von SPD, Krankenkassenverbänden und Freien Gewerkschaften in der Weimarer Republik

Die in Deutschland in den achtziger Jahren des 19. Jahrhunderts aufgebaute Sozialversicherung erfuhr in der Weimarer Republik grundlegende Veränderungen. Wesentlich war dabei vor allem die 1927 erfolgte gesetzliche Verankerung der Arbeitslosenversicherung als vierter Säule der Sozialversicherung neben der bereits bestehenden Kranken-, Unfall- und Altersversicherung[5]. Der Ausbau des sozialen Netzes und die Verbesserung zahlreicher Sozialleistungen standen jedoch von Anfang an keineswegs unter einem guten Stern: Infolge der durch den Ersten Weltkrieg zurückgestauten Inflation stand gerade das System sozialer Sicherheit bereits frühzeitig auf schwachen und labilen finanziellen Grundlagen. Die Sorge um das Weiterbestehen der Sozialversicherung war insbesondere zwischen 1918 und 1923 vorherrschend[6], bis schließlich am 15. November 1923 die Rentenmark eingeführt wurde und die Inflation damit aufgefangen werden konnte: Die rasante Geldentwertung hatte zu einer Verarmung der Sparer und Kleinrentner geführt und das Deckungskapital der Rentenversicherung war fast vollständig aufgezehrt, während gleichzeitig die Zahl der Leistungsempfänger durch den Zuwachs von Witwen und Waisen

[5] Vgl. Führer, Arbeitslosigkeit; Lewek, Arbeitslosigkeit.
[6] Hentschel, Sozialpolitik in der Weimarer Republik, S. 197.

sprunghaft angestiegen war[7]. Die engen Handlungsspielräume in finanzpolitischer Hinsicht bestimmten wiederum die öffentliche Debatte um eine grundlegende organisatorische Umgestaltung der Sozialversicherung[8]. Vertreter von SPD und Freien Gewerkschaften befürworteten dabei unter anderem die Zusammenlegung der einzelnen Versicherungsträger und die Bildung einer Einheitsversicherung. Auch wenn diese Pläne in der Weimarer Republik niemals realisiert werden konnten, seien sie an dieser Stelle kurz vorgestellt, da nach 1945 führende Vertreter der ostdeutschen Verwaltung und der SED an diese Forderungen zum Teil anknüpften.

Schon in den zwanziger Jahren hatte die SPD auf zwei Parteitagen die Forderung nach einem grundlegenden Umbau der Sozialversicherung erhoben: Auf dem Görlitzer Parteitag 1921 verlangte sie den Ausbau der „sozialen Versicherung zu einer allgemeinen Volksfürsorge“[9]; der Parteitag in Heidelberg 1925 stellte dieses Ziel allerdings noch einmal zurück und sprach sich zunächst für eine „Vereinheitlichung der sozialen Versicherung“ als Nahziel und Vorstufe aus[10]. Die Parteitagsbeschlüsse blieben jedoch auf allgemeiner und unverbindlicher Ebene stehen und scheinen auch keine weitere innerparteiliche Debatte ausgelöst zu haben[11].

Den Höhepunkt der damaligen Reformdebatte bildete das Jahr 1928, als auf einer Reihe von Tagungen der Krankenkassenverbände entsprechende Resolutionen verabschiedet wurden, die in Deutschland allgemeine Beachtung fanden. Wortführer der Reformbefürworter bei den Krankenkassen war Helmut Lehmann, Vorsitzender des Hauptverbandes Deutscher Krankenkassen, des größten deutschen Krankenkassenverbandes. Lehmann, am 1. Dezember 1882 in Berlin geboren, hatte nach dem Besuch der Volks- und Mittelschule eine Zimmermannslehre absolviert[12], war danach allerdings rasch als Angestellter in das Versicherungswesen gewechselt. 1903–1907 leitete er eine Abteilung der Allgemeinen Ortskrankenkasse Berlin. Vom 1. Oktober 1914 bis zum 30. März 1933 nahm er die Stellung des geschäftsführenden Vorsitzenden beim Hauptverband Deutscher Krankenkassen zunächst in Dresden, später dann in Berlin ein. Diese Tätigkeit begründete bereits in der Weimarer Republik seinen Ruf als Fachmann für Sozialversicherungsfragen. 1928 nutzte er die Jahrestagung seines Verbandes in Breslau (5.–7. August), um seine Reformvorstellungen darzulegen. Seine Kernthesen lassen sich mit den Begriffen „Selbstverwaltung“ und „Rationalisierung“ zusammenfassen[13]. Lehmann sprach sich dafür aus, mit der Reform bei der Krankenversicherung zu beginnen und den Verwaltungsapparat sowie das Leistungssystem zu vereinfachen[14]. Ziel müsse es sein, den

[7] Vgl. Hockerts, Sicherung im Alter, S. 303.
[8] Vgl. Hentschel, Geschichte der deutschen Sozialpolitik, S. 120.
[9] Programmatische Dokumente der deutschen Sozialdemokratie, S. 211.
[10] Ebenda S. 222.
[11] Es handelte sich bei dieser Forderung offensichtlich um eine Langzeitforderung und nicht um ein sofort zu realisierendes Ziel (vgl. Hockerts, Sicherung im Alter, S. 305).
[12] Die biographischen Angaben aus: SBZ-Handbuch, S. 964; Wer war wer, S. 271 f.; Kaderakte Helmut Lehmann, SAPMO, ZPA IV 2/11/v.261.
[13] Preller, Sozialpolitik, S. 459.
[14] Zu dieser Tagung fertigte Prof. Ludwig Heyde als Beobachter für die Gesellschaft für Soziale Re-

Leistungskatalog zu verbessern, ohne die Wirtschaft stärker zu belasten. Konkret verlangte er den Ausbau der Selbstverwaltung, bei der das Reichsversicherungsamt nur noch die Stellung einer obersten Aufsichtsbehörde wahrnehmen sollte, und die Bildung von Bezirkskassenverbänden, die Mitglied bei einem der Hauptkassenverbände im Deutschen Reich sein mußten: Die Forderung nach obligatorischen Kassenverbänden richtete sich in erster Linie gegen die zahllosen kleinen Innungskrankenkassen. Darüber hinaus forderte Lehmann eine deutliche Erhöhung der Pflichtversichertengrenze und die Einbeziehung von Selbständigen, Sozial- und Kleinrentnern in den Kreis der Pflichtversicherten. Möglichkeiten zur Befreiung von der Pflichtversicherung sollten beseitigt werden. Lehmann wollte mit seiner Rede eine sozialpolitische Debatte anregen; wie zu erwarten, erhoben die eingeladenen Arbeitgebervertreter heftigen Widerspruch[15].

Auch auf einer Tagung des Gesamtverbandes der Krankenkassen in Königsberg zwei Wochen später standen Fragen der Selbstverwaltung und der Verwaltungsverschlankung im Mittelpunkt des Interesses[16]. Während Lehmann auf der Verbandstagung in Breslau seine Reformvorstellungen als „persönliche Meinung" und nicht als offizielle Position des Hauptverbandes vertrat, sprach der Geschäftsführer des Gesamtverbandes, Schulte, auf der Königsberger Tagung im Namen des Verbandsvorstands. Schultes Forderungen zur Selbstverwaltung stimmten in den Grundzügen mit denen von Lehmann überein. So verlangte auch er das Recht der uneingeschränkten Selbstverwaltung, die Beschränkung des staatlichen Aufsichtsrechts sowie den Zusammenschluß der Krankenkassen zu Pflichtverbänden. Im einzelnen forderte Schulte in seinem Referat, daß Krankenkassen nicht ohne Zustimmung der Arbeitgeber, der Arbeitnehmer und der kommunalen Körperschaften errichtet werden dürften. Das zielte letztlich auf die Schaffung von großen leistungsstarken Krankenkassen und sollte vor allem den bestehenden Ortskrankenkassen den Rücken stärken. Im Gegensatz zu Lehmann verlangte Schulte aber kein Vorgehen gegen die berufsständischen Kassen.

Die Freien Gewerkschaften gehörten zu den Befürwortern einer Sozialversicherungsreform[17]. Der Allgemeine Deutsche Gewerkschaftsbund (ADGB) befaßte sich auf seinem 13. Kongreß in Hamburg (3.–7. 9. 1928) mit dieser Angelegenheit[18]. Die Gewerkschaften befanden sich zu diesem Zeitpunkt auf dem Weg der Konsolidierung. Die wirtschaftlichen und politischen Erschütterungen der Inflationsjahre, die

form einen Bericht an (Soziale Praxis 37 (1928), Sp. 832–836). Heyde verglich dabei Lehmann – etwas verklärend – mit dem Gewerkschaftsfüher Carl Legien: „Wer Lehmann seit langen Jahren beobachtet, wird nicht nur finden, daß seine Augen immer mehr Ähnlichkeit mit denen des unvergeßlichen Carl Legien bekommen; es kann ihm auch nicht entgehen, daß dieser unbestrittene Führer des größten Krankenkassenverbandes an taktischer Gewandtheit in den letzten Jahren viel gewonnen hat [. . .]" (ebenda Sp. 834).

[15] Ebenda Sp. 835.

[16] Die Tagung fand vom 19. bis 21. 8. 1928 statt. Vgl. Soziale Praxis 37 (1928), Sp. 1010–1013.

[17] Vgl. Ritter, Die Stellungnahme der Gewerkschaften, S. 39–42.

[18] Vgl. Soziale Praxis 37 (1928), Sp. 878–881 und 900–906. Zur Geschichte des ADGB in der Weimarer Republik siehe auch Potthoff, Freie Gewerkschaften.

auch die Arbeitnehmerorganisationen erfaßt hatten, schienen überwunden. Auch dies mag ein Grund dafür gewesen sein, daß die Reform der Sozialversicherung von den Freien Gewerkschaften erst 1928 öffentlich anvisiert wurde. Auf dem Kongreß in Hamburg war zunächst die Frage der Wirtschaftsdemokratie beherrschendes Thema, zu dem Fritz Naphtali eine programmatische Rede hielt. Im Anschluß daran sprach der stellvertretende Bundesvorsitzende Hermann Müller – nicht identisch mit dem gleichnamigen Reichskanzler – über die Reform der Sozialversicherung aus der Sicht des ADGB. Er kritisierte die zunehmende organisatorische Zersplitterung: So sei 1927 eine Versicherung der Seeleute als eigenständiger Versicherungszweig eingerichtet worden. Die Zahl der neu zugelassenen Ersatzkassen nehme zu und das preußische Wohlfahrtsministerium gestatte die Neugründung „selbst kleinster Innungskrankenkassen“[19]. Bei der angestrebten Vereinheitlichung der Sozialversicherung sollte die Arbeitslosenversicherung ausgenommen werden, da sich das Risiko Arbeitslosigkeit von den anderen Grundrisiken (Krankheit, Unfall und Alter) grundsätzlich unterscheide. Müller sprach sich jedoch dagegen aus, die Angestelltenversicherung bei der Zusammenfassung bereits zu berücksichtigen. Die bestehenden Leistungsunterschiede zwischen der Invaliden- und Angestelltenversicherung würden dann zuungunsten der letzteren verschoben werden, so daß eine sofortige Angleichung nicht möglich sei. In Sachen Verwaltungsreform griff Müller die Vorschläge Helmut Lehmanns auf, welche dieser einen Monat zuvor in Breslau formuliert hatte. So nahm auch in den Überlegungen Müllers die Krankenversicherung eine zentrale Rolle ein: Sie sollte die Aufgaben der Unfall- und Invalidenversicherung mit übernehmen. Der einzelne Versicherte würde dann nur noch mit den Angestellten der Krankenversicherung in Berührung kommen. Dadurch ließen sich Verwaltungskosten einsparen, die letztlich den Versicherten zugute kämen. Hinsichtlich des Pflichtversichertenkreises forderte auch Müller, daß „alle gegen Gehalt und Lohn versicherten Personen von allen Zweigen der Versicherung erfaßt werden“[20]. Auch gegen die Ausdehnung der Pflichtversicherung auf kleinere Unternehmer in Gewerbe und Landwirtschaft bestehe „kein vernünftiger Grund“. Zur Frage der Selbstverwaltung erklärte der stellvertretende ADGB-Bundesvorsitzende, daß darunter die „maßgebende“ Mitwirkung der Versicherten verstanden werden müsse, und sprach sich explizit gegen die paritätische Zusammensetzung der leitenden Organe der Sozialversicherung aus. Da die Unternehmer den Sozialversicherungsbeitrag auf die Warenpreise abwälzen würden, sei die Begründung verfehlt, die Arbeitgeber sollten entsprechend ihrer Beitragsleistung in den Gremien vertreten sein. Der ADGB-Kongreß nahm eine Entschließung an, welche die wesentlichen Punkte des Müllerschen Referats aufnahm.

Die Seite der Reformgegner war allerdings übermächtig, und die Sozialversicherung blieb daher während der Weimarer Republik in tradierten Bahnen[21]. Vor allem die mitgliederstarken nichtsozialistischen Angestelltenverbände sperrten sich vehe-

[19] Ebenda Sp. 905.
[20] Ebenda.
[21] Vgl. Hentschel, Geschichte der deutschen Sozialpolitik, S. 120.

ment gegen den Plan einer Vereinigung von Invaliden- und Angestelltenversicherung[22]. Festzuhalten bleibt aber unter der eingangs formulierten Fragestellung, daß SPD, Freie Gewerkschaften und einzelne Krankenkassenverbände eine Vereinigung der Versicherungszweige, die Ausdehnung der Pflichtversicherung und die Stärkung des Arbeitnehmereinflusses in den Organen der Sozialversicherung befürworteten. Unter den Reformanhängern besaß Helmut Lehmann damals bereits eine herausragende Stellung.

2. Die Pläne von SPD, SED und Ost-CDU zur Neuordnung der Sozialversicherung nach 1945[23]

Als erste der von der SMAD zugelassenen Parteien gab die SPD bereits Mitte Juni 1945 ihre sozialpolitischen Ziele einer breiten Öffentlichkeit bekannt. Der Entwurf zum programmatischen Aufruf des Zentralausschusses (ZA) der Partei vom 15. Juni 1945 stammte von Helmut Lehmann. In ihm war unter anderem vom Ausbau des Systems sozialer Sicherheit zu einer „Sozialversorgung" die Rede[24]. Ohne diesen allgemein gehaltenen Begriff näher zu erläutern, betonte Lehmann in seinem Entwurf vor allem das Selbstverwaltungsprinzip, nach der die Sozialversicherung aufzubauen sei. Den Gewerkschaften sollten dabei ausdrücklich Mitwirkungsmöglichkeiten eingeräumt werden, das Leistungssystem sei zu vereinfachen. Der programmatische Aufruf des ZA der SPD vom 15. Juni 1945 verlangte explizit die Einbeziehung aller arbeitenden Menschen in die Sozialversicherung mit dem Ziel einer Volksversicherung[25]. Einzelheiten wie etwa der zukünftige Verwaltungsaufbau oder die Bedeutung der Selbstverwaltungsorgane blieben jedoch noch ungeklärt.

Sehr viel ausführlicher behandelte wenige Monate später ein eigenes sozialpolitisches Programm, das wiederum von Lehmann ausgearbeitet wurde, die geplante Umgestaltung der Sozialversicherung in der SBZ. Einleitend betonte Lehmann in seinem Entwurf[26], den die SPD-Parteileitung erneut ohne größere Veränderungen übernahm, daß für die Sozialdemokratie die Sozialpolitik ein „integrierender Bestandteil ihrer Gesamtpolitik" sei, und stellte sie der bürgerlichen Sozialpolitik gegenüber, die „ein Gemisch von Gutherzigkeit und Berechnung, von christlicher Nächstenliebe und Furcht vor der sozialen Revolution" sei. Grundziel bleibe für die SPD – so Lehmann weiter – die „klassenlose sozialistische Gesellschaft". Daher

[22] Vgl. publizistisch hier Hartz, Irrwege der deutschen Sozialpolitik (Hartz war Mitglied des Deutschnationalen Handlungsgehilfenverbandes); Preller, Sozialpolitik, S. 460.

[23] Auf die Darstellung der Positionen von KPD und LDPD kann im folgenden verzichtet werden. Beide Parteien verfügten 1945/46 über kein ausgearbeitetes Programm zur Neuordnung des Systems sozialer Sicherheit. In der Darstellung von Frerich/Frey fehlen die zentralen Entwürfe Lehmanns, die im folgenden vorgestellt werden. Beide Autoren gehen nur auf die Konzeptionen von KPD/SED und FDGB ein und unterschlagen damit einen zentralen Entwicklungsstrang (vgl. Frerich/Frey, Sozialpolitik in der DDR, S. 12–15).

[24] SAPMO, ZPA II 2/1, Bl. 6ff.

[25] Ebenda Bl. 10ff.

[26] SAPMO, ZPA II 2/1, Bl. 30ff. Der Entwurf trägt das Datum vom 13. 9. 1945.

stelle auch die Beseitigung der privatkapitalistischen Wirtschaftsform eine Grundvoraussetzung für eine neue Sozialpolitik dar. Die Forderungen der KPD auf ökonomischem Gebiet waren zu diesem Zeitpunkt noch deutlich zurückhaltend: Sie sprach sich für freien Handel, freies Unternehmertum sowie Privatbesitz an Produktionsmitteln aus, von einer Sozialisierung der Wirtschaft war noch keine Rede. Inwieweit es sich hierbei um eine bloß taktische Vorgehensweise handelte, ist an dieser Stelle nicht zu erörtern; es entsprach, wie es scheint, der damaligen Linie Stalins in den Ländern Osteuropas[27].

Lehmanns Entwurf enthielt einen Perspektivplan für die Sozialversicherung. Angesichts der desolaten Finanzlage nach Kriegsende wurde ein Zweistufenplan vorgeschlagen. So sollten „minder wirkungsvolle oder sozial weniger wichtige Leistungen bis zu einer Besserung der Wirtschaftslage zurückgestellt" werden[28]. Lehmann forderte einen Auszahlungsstop für Teilrenten. Dagegen sollten anfangs nur diejenigen, die völlig arbeitsunfähig waren, ausreichend unterstützt werden. Die Frage nach den Kriterien zur Festellung der Arbeitsbefähigung wurde allerdings unbeantwortet gelassen. Dahinter stand offensichtlich die Überlegung, die Teilerwerbsfähigen aus dem Kreis der Unterstützungsempfänger herauszunehmen und in die Erwerbstätigkeit zurückzuführen. Lehmann erklärte, daß es in Zukunft darauf ankomme, „die Teilerwerbsfähigen zu nötigen", wieder berufstätig zu werden: Rentengewährung sollte generell von vollständiger Arbeitsunfähigkeit abhängig gemacht werden. Deutschland müsse sich zu einem „sozialen Volksstaat" entwickeln, in dem es nicht mehr nur um „Wohlfahrtspflege" und „Arbeitslosenunterstützung" gehe. Darüber hinaus sprach sich Lehmann in seinem Entwurf für eine Vereinigung aller Träger und Zweige der Sozialversicherung zu einer Sozialversicherungsanstalt aus, die der Ende Juli gegründeten ZVAS zu unterstellen sei[29]. In den Ländern und Provinzen sollten jeweils Zweigstellen errichtet werden. Der Entwurf sah den Präsidenten der ZVAS als Leiter dieser neuen Verwaltungseinheit und einen beratenden Ausschuß aus Gewerkschaftsvertretern an seiner Seite vor.

Die KPD hingegen besaß noch kein eigenes Konzept zur Umgestaltung der Sozialversicherung. Der Aufruf des ZK vom 11. Juni 1945, dem Tag der Parteizulassung, das erste offizielle Dokument der neu gegründeten KPD, enthielt zu diesem Problemkreis nur einige vage Aussagen[30]. Ganz allgemein forderte die Parteileitung den „Kampf gegen Hunger, Arbeitslosigkeit und Obdachlosigkeit" und setzte sich für den Wiederaufbau der Selbstverwaltungsorgane ein. Parteiintern befaßte sich das Sekretariat des ZK der KPD auf seiner Sitzung am 9. August 1945 mit Sozialversicherungsfragen, die thematisch der Gewerkschaftsarbeit untergeordnet wurden[31].

[27] Vgl. Staritz, Gründung, S. 75.
[28] SAPMO, ZPA II 2/1, Bl. 35.
[29] Ebenda Bl. 36. Die ZVAS nahm ihre Tätigkeit jedoch erst am 15. 8. 1945 auf – vgl. Aktennotiz über Gründungstage der Zentralverwaltungen (ohne Datum), SAPMO, ZPA IV 2/2.027/5, Bl. 1.
[30] Deutsche Volkszeitung. Zentralorgan der KPD, Ausgabe Nr. 1 vom 13. 6. 1945.
[31] Vgl. Protokoll der Sitzung des Sekretariats vom 9. 8. 1945, in: Dokumente zur Geschichte der kommunistischen Bewegung 1, S. 59.

Im vorletzten Abschnitt einer von der KPD-Spitze angenommenen Direktive wird als Ziel die Zusammenlegung der Versicherungszweige mit Ausnahme der Arbeitslosenversicherung zu einer Anstalt formuliert, die für jedes Land bzw. jede Provinz aufgebaut werden sollte[32]. Daneben befürwortete man eine Zweidrittelmehrheit der Versichertenvertreter im Vorstand der Versicherungsanstalt, die von den Gewerkschaften zu ernennen seien. Dieser Abschnitt ging fast wörtlich in den Beschluß des ZK der KPD ein, den das erweiterte Sekretariat am 23. August 1945 verabschiedete und der als verbindliche Anweisung an die Bezirksparteileitungen ging[33].

Das Thema Sozialversicherung spielte bei den sogenannten Sechziger-Konferenzen von KPD und SPD zur Vorbereitung der Vereinigung beider Arbeiterparteien keine herausragende Rolle. Wichtiger waren bei diesen Gesprächen zwischen jeweils 30 Vertretern von SPD und KPD die gegensätzlichen Auffassungen über den personellen Aufbau der Verwaltungen[34]. In der gemeinsamen Vereinbarung zur Konferenz am 20./21. Dezember 1945 erklärten beide Verhandlungskommissionen übereinstimmend, daß eines ihrer politischen Ziele die „Schaffung einer einheitlichen Sozialversicherung für Sozialrentner, Invaliden, Kriegsbeschädigte, Waisenkinder und Kranke" sei[35]. Der Aufbau einer Einheitsversicherung war offensichtlich kein Streitpunkt bei den Verhandlungen.

Daß die SPD klarere Vorstellungen zur Sozialversicherung besaß als die KPD, beweisen die Entwürfe der beiden Parteien zu einem Grundsatzprogramm der späteren SED. Der kommunistische Entwurf ordnete die Neuordnung der Sozialversicherung dem Ziel der „sozialistischen Entwicklung" unter, die „das Recht auf Arbeit, Erholung, Bildung und Altersversorgung" erst wirklich sicherstellen könne[36]. Im Gegensatz dazu nannte der sozialdemokratische Entwurf ausdrücklich die Sozialversicherung und verlangte ihren Ausbau zur „einheitlichen Sozialversicherung unter Einbeziehung aller Werktätigen"[37]. Diese Passage wurde dann auch bei der Formulierung des Grundsatzprogramms der SED, das die Delegierten der zweiten Sechziger-Konferenz am 26. Februar 1946 beschlossen und das auf dem Vereinigungsparteitag der SED (21./22. April 1946) angenommen wurde, wörtlich übernommen.

Ende 1946 (30. Dezember) verabschiedete das Zentralsekretariat der SED „Sozialpolitische Richtlinien"[38], ein eigenes sozialpolitisches Programm, das erneut aus der Feder von Helmut Lehmann stammte. Auf parteiprogrammatischer Ebene bestimmte dieses Dokument bis in die sechziger Jahre die Politik der SED[39]. Sehr ausführlich und differenziert sind die Bestimmungen zum Arbeitsrecht, die stark von der Ziel-

[32] Anlage Nr. I zum Protokoll der Sitzung des Sekretariats vom 9. 8. 1945, ebenda S. 62.

[33] Vgl. Protokoll der Erweiterten Sekretariatssitzung am 22./23. 8. 1945, Dokumente zur Geschichte der kommunistischen Bewegung 2, S. 3; Beschluß des ZK der KPD zur Mitteilung an die Bezirksparteileitung, ebenda S. 11f.

[34] Vgl. Einheitsdrang oder Zwangsvereinigung?, passim.

[35] Ebenda S. 169.

[36] Ebenda S. 183. Beide Entwürfe sind nicht datiert.

[37] Ebenda S. 190.

[38] Dokumente der SED, Bd. I, S. 139–148.

[39] Vgl. dazu Hockerts, Soziale Errungenschaften?, S. 791.

vorstellung staatlicher Arbeitskräftelenkung durchdrungen sind. Andere zentrale Themenbereiche wie Gesundheits- und Familienpolitik, Wohnungsbau, Sozialfürsorge sowie Umsiedler- und Heimkehrerfürsorge sind hingegen nur sehr allgemein abgehandelt. Der Abschnitt über die Sozialversicherung enthält keine neuen Gesichtspunkte: Das Zentralsekretariat sprach sich für die Neuordnung der Sozialversicherung durch die Vereinigung sämtlicher Versicherungsträger und -zweige und für eine Ausdehnung der Versicherungspflicht auf alle Werktätigen und „Fürsorgebedürftigen“ aus[40], gefordert wurde „volle Selbstverwaltung“ in den Organen der Sozialversicherung und eine Zweidrittel-Vertretungsmehrheit der Versicherten; nach Abschluß der Umstrukturierung sollte die Sozialversicherung in den Zuständigkeitsbereich der Gewerkschaften gelangen[41]. Interessanterweise sprach sich das Zentralsekretariat der SED für eine freiwillige Zusatzversicherung für Krankenhaustagegeld, Krankengeld, Renten und Sterbegeld „entsprechend dem Versicherungsbedürfnis“ aus. Damit sollte wohl die weit verbreitete Befürchtung zerstreut werden, die Neuordnung der Sozialversicherung werde zu einer Nivellierung der Leistungen führen.

Die Ost-CDU (CDUD) verabschiedete auf ihrem ersten Parteitag (15.–17. Juni 1946 in Berlin) einen Entschließungsantrag ihres Sozialpolitischen Ausschusses, in dem sich die Partei für die Bildung der Einheitsversicherung aussprach. Gleichzeitig warnte sie jedoch vor einer überstürzten Umgestaltung des Systems sozialer Sicherheit. Die geplante Neuordnung bedürfe vielmehr „sorgfältigster Vorbereitung“[42]. Die CDUD kritisierte unter anderem, daß die Leistungen der Unfallversicherung gesenkt, die Knappschaftsversicherung „entwurzelt“ und den größeren Betrieben jeglicher Einfluß auf die Krankenversicherung genommen worden seien. Trotz alledem hielt die Partei an den wesentlichen Eckpunkten der Einheitsversicherung fest: Auch sie sprach sich für die Einbeziehung nahezu aller Beschäftigten in den Kreis der Pflichtversicherten aus: Dies betreffe alle „Beschäftigungsklassen, die bei Krankheit und Erwerbsminderung zur Selbsthilfe nicht imstande“ seien[43]. Allerdings finde der Versicherungszwang seine Grenzen dort, wo die Hilfe der Sozialversicherung entbehrlich sei. Elemente des Subsidiaritätsprinzips, eines zentralen Bestandteils der katholischen Soziallehre, werden hier deutlich erkennbar. Gleichzeitig wollte die CDUD den Selbständigen mit höheren Einkommen die Möglichkeit anbieten, eine private Absicherung gegen die Wechselfälle des Lebens abzuschließen, etwa in Form von Lebensversicherungen. Auch die CDUD forderte eine Beschränkung der Leistungsgewährung auf die unmittelbar Bedürftigen der Gesellschaft. So sollten beim Leistungskatalog der Krankenversicherung Zahlungseinschränkungen zugunsten der „schweren Fälle“ vorgenommen und sogenannte „Bagatellschäden“[44] nicht mehr abgesichert werden. In der Frage der Organisationsform der Sozialversiche-

[40] Sozialpolitische Richtlinien vom 30. 12. 1946, Dokumente der SED I, S. 144.
[41] Ebenda S. 145.
[42] ACDP, VII-010/1846.
[43] Ebenda.
[44] Die CDUD grenzte jedoch im Parteitagsbeschluß beide Begriffe inhaltlich nicht voneinander ab.

rung verlangte der Parteitag eine Angliederung der Krankenversicherungsverwaltung an die der Rentenversicherung. Die Verwaltung müsse einfach und übersichtlich aufgebaut werden, um „mit niedrigsten Verwaltungskosten höchste Leistungen zu erzielen". Wie die SED setzte sich auch die CDUD für das Selbstverwaltungsprinzip in der Sozialversicherung ein, die Selbstverwaltungsorgane sollten allerdings paritätisch mit Vertretern der Arbeitgeber und Arbeitnehmer besetzt werden. Hier bahnte sich ein Dissens zu den Plänen der SED an, die sich kurz darauf für eine Zweidrittel-Mehrheit der Arbeitnehmer aussprach.

3. *Die konzeptionellen Arbeiten der ZVAS/DVAS*

Die Krankenkassen hatten sich bereits Ende des 19. Jahrhunderts im Deutschen Reich zur Domäne der SPD entwickelt[45]. An diese Tradition wurde nach dem Ende des Zweiten Weltkrieges zumindest in den Führungspositionen wieder angeknüpft. Prominentestes Beispiel war der schon mehrfach genannte sogenannte „Krankenkassenkönig"[46] der Weimarer Republik, Helmut Lehmann, der zum wichtigsten ostdeutschen Sozialpolitiker in den Aufbaujahren zwischen 1945 und 1949 wurde. Seine zentrale Bedeutung zeigt sich schon in der Tatsache, daß die sowjetischen Vorschläge im Alliierten Kontrollrat zur Reform der Sozialversicherung in Deutschland aus seiner Feder stammten[47]. Lehmann, der 1903 der SPD beigetreten war und nach dem Ende des Zweiten Weltkriegs Mitglied des ZA der SPD wurde, galt als Anhänger der im April 1946 vollzogenen Zwangsvereinigung von SPD und KPD zur SED[48]. Von 1946 bis 1950 war er in fast allen zentralen Führungsgremien der SED vertreten: Mitglied des Parteivorstandes bzw. ab 1950 des ZK, des Zentralsekretariats und ab 1949 für etwa eineinhalb Jahr des Politbüros. Das Ende seiner parteipolitischen Karriere setzte allerdings bereits im Laufe des Jahres 1949 ein; Grund war nicht zuletzt sein angegriffener Gesundheitszustand[49]. Mehrere Kuraufenthalte 1948 und 1949, die sich im Verlauf der fünfziger Jahre in fast regelmäßigen Abständen wiederholen sollten, scheinen eine weitere kontinuierliche Parteiarbeit verhindert zu haben. Die Vermutung, daß sich hinter Lehmanns Rückzug aus der Parteiarbeit auch Gegensätze zu der immer stärker von KPD-Kadern aus der Moskauer Emigration dominierten SED-Führung verbergen, läßt sich aus den Quellen allerdings nicht belegen. Er beschränkte sich ganz auf seine Tätigkeit als Vorsitzen-

[45] Vgl. dazu Tennstedt, Sozialgeschichte der Sozialversicherung, S. 390.

[46] Ebenda S. 411.

[47] Zu dieser Einschätzung gelangt auch Hockerts, Sozialpolitische Entscheidungen, S. 25.

[48] Vgl. zur Vereinigung von SPD und KPD die vor kurzem erschienene, umfangreiche Dokumentation von Malycha, Auf dem Weg zur SED. Lehmann unterstützte auch die Gleichschaltung der SED-Landesverbände zwischen 1946 und 1949. Andererseits war er das einzige Mitglied des SED-Zentralsekretariats, das im Juli 1948 Zweifel an der Kampagne gegen ehemalige Sozialdemokraten anmeldete (vgl. ebenda S. 120).

[49] Diesen Eindruck vermittelt zumindest seine Kaderakte (vgl. SAPMO, ZPA IV 2/11/v.261). So stimmte etwa das Zentralsekretariat am 26. 4. 1948 einem Kuraufenthalt in Bayern auf Kosten der Parteiführung zu, und am 25. 2. 1949 zeigte sich Franz Dahlem in einer hausinternen Mitteilung an Wilhelm Pieck besorgt um Lehmanns Gesundheitszustand (ebenda).

der des Zentralvorstandes der Sozialversicherung sowie als Präsident der Volkssolidarität. Lehmann, im Sommer 1945 einen Monat lang stellvertretender Leiter der Versicherungsanstalt Berlin (VAB)[50] und anschließend Vizepräsident der ZVAS, kann als Gründungsvater der ostdeutschen Einheitsversicherung bezeichnet werden.

Neben Helmut Lehmann war eine Reihe weiterer SPD-Sozialpolitiker in führenden Positionen tätig. Dazu gehörte nicht zuletzt Bernhard Göring, von 1946 bis 1949 2. Vorsitzender des Freien Deutschen Gewerkschaftsbundes (FDGB) und 1945/46 als Mitglied im ZA der SPD Exponent für die Vereinigung der beiden Arbeiterparteien. Im FDGB-Bundesvorstand leitete er die Hauptabteilung 3 (Sozialpolitik) und war bis zu seinem Tod am 1. Dezember 1949 an der Neuordnung der Sozialversicherung von seiten der Gewerkschaften beteiligt[51]. Carl Moltmann, der den Aufbau der Sozialversicherung in Mecklenburg-Vorpommern nach dem Ende des Zweiten Weltkrieges leitete, hatte von 1928 bis 1933 dem Arbeitsamt Schwerin als Direktor vorgestanden[52]. Nach 1945 übernahm er für kurze Zeit die Leitung des mecklenburgischen Landesarbeitsamtes und wechselte noch im selben Jahr in die Abteilung Arbeit und Sozialfürsorge bei der Landesverwaltung. Moltmann führte zur selben Zeit als Vorsitzender den SPD-Landesverband Mecklenburg und war Präsident des mecklenburgischen Landtages. Auch der Vorsitzende der SED und spätere DDR-Ministerpräsident Otto Grotewohl muß zum Kreis der Sozialpolitiker aus den Reihen der SPD gerechnet werden. Schon zu Zeiten des Kaiserreiches und während der Weimarer Republik hatte er in der Krankenkassenverwaltung gearbeitet: Von 1914 bis 1921 war er Angestellter der Ortskrankenkasse Braunschweig, von 1928 bis 1933 leitete er die Landesversicherungsanstalt Braunschweig[53]; auch wenn er sich nach 1945 nur wenige Male selbst in die Neuordnung des Systems sozialer Sicherheit einschaltete[54], verfolgte er, wie bekannt, die Entwicklung der Einheitsversicherung doch mit größter Aufmerksamkeit[55].

Bereits am 4. September 1945 legte die ZVAS einen ersten Entwurf für eine Sozialversicherungsordnung vor, der grundlegende Veränderungen beinhaltete[56]. Die bis zu diesem Zeitpunkt noch bestehenden Versicherungsträger sollten in einer neu zu bildenden Sozialversicherungsanstalt (SVA) zusammengefaßt werden, an deren Spitze ein Vorstand und ein Verwaltungsausschuß stehen sollte. Zwischen beiden Gremien bestand eine klare Aufgabentrennung: Während der Vorstand die Anstalt zu leiten hatte, fiel dem Ausschuß die Aufgabe zu, die Satzung der SVA zu beschließen. Aufschlußreich ist die geplante personelle Zusammensetzung, zeigen sich doch dar-

[50] Vgl. zu Entstehung und Entwicklung der VAB Reidegeld, Sozialversicherung.
[51] Vgl. SBZ-Handbuch, S. 911 f.; Wer war wer, S. 140; Kaderakte Bernhard Göring, SAPMO, ZPA IV 2/11/v.122.
[52] SBZ-Handbuch, S. 980; Wer war wer, S. 317 f.; Kaderakte Carl Moltmann, SAPMO, ZPA IV 2/11/v.305.
[53] Kaderakte Otto Grotewohl, SAPMO, ZPA IV 2/11/v.135.
[54] So etwa auf der Leipziger Konferenz über Sozialversicherungsfragen am 3. 12. 1951 (vgl. Hoffmann, Sozialpolitische Neuordnung, S. 239–242).
[55] Hoffmann, Sozialpolitische Neuordnung, passim.
[56] BAP, DQ 5 Nr. 1727.

an die gesellschaftspolitischen Ziele der ZVAS. So sollten die Gewerkschaften ungefähr zwei Drittel der Gremienvertreter ernennen, die Wirtschaftsvereinigungen – dazu zählten die Industrie- und Handelskammern sowie die Handwerkskammern – dagegen nur ein Drittel. Der Entwurf schrieb dadurch eine deutliche Dominanz der Gewerkschaftsvertreter fest und schloß eine Wahl der Gremienvertreter aus. Auf den unteren Ebenen sollten nach denselben Prinzipien Zweiganstalten für die Bezirke und Verwaltungsstellen für die Stadt- bzw. Landkreise errichtet werden.

Der Verordnungsentwurf stellte zunächst implizit das Selbstverwaltungsprinzip in der Sozialversicherung wieder her, das die Nationalsozialisten mit der Einführung des „Führerprinzips" 1934[57] und der Zuweisung der Vorstands- und Ausschuß-Aufgaben bei den Krankenkassen an vom Reichsarbeitsminister berufene staatliche Kommissare beseitigt hatten[58]. Das Gesetz zur Wiederherstellung des Berufsbeamtentums vom 7. April 1933, das zu einem erheblichen Personalwechsel in der Verwaltung geführt hatte – mehr als zehn Prozent der rund 25000 Krankenkassenbediensteten hatten aufgrund dieses Gesetzes ihre Anstellung verloren[59], darunter zahlreiche Sozialdemokraten – sei aufzuheben.

Inhaltlich knüpfte der Verordnungsentwurf vom 4. September 1945 an Forderungen von SPD und Freien Gewerkschaften aus der Weimarer Republik an, die, wie schon angeführt, damals bereits eine Verschmelzung der für Arbeiter und Angestellte getrennten Versicherungszweige[60], die zu der in Deutschland besonders stark ausgeprägten „Kragenlinie"[61] geführt hatten, sowie eine stärkere Beteiligung von Gewerkschaftsvertretern in den Selbstverwaltungsorganen der Sozialversicherung gefordert hatten. Darüber hinaus sollte nach diesem Entwurf die von 1883 bis 1934 gesetzlich verankerte Arbeitnehmermehrheit in der Krankenkassenverwaltung in der SBZ auf die gesamte Sozialversicherung ausgedehnt und zu einer Zweidrittelmehrheit der Gewerkschaftsvertreter ausgebaut werden.

Beim Neuaufbau der Sozialversicherung verfolgte die ZVAS vor allem drei Ziele[62]: Es ging erstens um die Überwindung der organisatorischen Zersplitterung des Versicherungssystems und zweitens um die Beseitigung des „privatkapitalistischen Versicherungsprinzips". Dies richtete sich gegen die zahlreichen, nach Kriegsende noch bestehenden Sach- und Kapitalversicherungen sowie die betrieblichen Pensi-

[57] Vgl. zur Einführung des „Führerprinzips" in der Sozialversicherung Hockerts, Sozialpolitische Entscheidungen, S. 133; Teppe, Sozialpolitik, S. 222f.

[58] Dies betraf 103 Krankenkassen, vor allem die Ortskrankenkassen, und 41 Krankenkassenverbände (Tennstedt, Sozialgeschichte der Sozialversicherung, S. 406).

[59] Sachße/Tennstedt, Wohlfahrtsstaat, S. 58. Nach Angaben von Tennstedt wurden durch das Gesetz zur Wiederherstellung des Berufsbeamtentums allein bei den Ortskrankenkassen 30 Prozent der Angestellten (insgesamt rund 6000 Personen) entlassen (vgl. Tennstedt, Sozialgeschichte der Sozialversicherung, S. 405).
Als besonders krasses Beispiel nennt Tennstedt die Allgemeine Ortskrankenkasse (AOK) Berlin, bei der 95 Prozent der Angestellten ihre Kündigung erhielten (ebenda).

[60] Hockerts, Sicherung im Alter, S. 305.

[61] Damit ist der Arbeiter-Angestellten-Unterschied gemeint; vgl. Kocka, Angestellte, passim.

[62] Zum folgenden vgl. den Bericht vom 21. 9. 1945, der vermutlich von der Abt. Sozialfürsorge und Sozialversicherung der ZVAS erstellt wurde (BAP, DQ 5 Nr. 1727).

onskassen. Die ZVAS befürchtete, daß diese Privatversicherungen sich etablieren und damit ein Hindernis bei der Zusammenfassung der Versicherungsträger darstellen könnten. Darüber hinaus strebte die ZVAS drittens eine Verbesserung der sozialen Leistungen an, beließ es aber zunächst bei einer Absichtserklärung, da die akute Finanzkrise des Systems sozialer Sicherheit entsprechende Maßnahmen zu diesem Zeitpunkt nicht gestattete.

Der Verordnungsentwurf vom 4. September rief rasch Kompetenzkonflikte zwischen der ZVAS und den Landes- bzw. Provinzialverwaltungen hervor: Er sah nämlich ein Mitspracherecht der Landes- und Provinzialverwaltungen bei der personellen Besetzung des Ausschusses der SVA nur dann vor, wenn keine „öffentlichen Vertretungen der Wirtschaft", also Industrie- und Handelskammern sowie Handwerkskammern, bestehen sollten[63]. Dies nahmen die Länder nicht widerspruchslos hin und protestierten bei der ZVAS gegen diesen Vorschlag: So äußerte der Präsident der Landesverwaltung von Mecklenburg-Vorpommern, Wilhelm Höcker, am 15. Oktober 1945 „große Bedenken" gegen den geplanten Aufbau der Sozialversicherungsorgane[64] und verlangte, daß neben den Gewerkschaften und Wirtschaftsverbänden auch die Gebietskörperschaften in den Gremien vertreten sein müßten. Die Abteilung Arbeit und Sozialwesen der brandenburgischen Provinzialverwaltung protestierte am 14. November 1945 dagegen, daß die ZVAS auch die Mitglieder der Vorstände und Ausschüsse bei den Zweiganstalten berufen wollte – dieser „Zentralismus" trage dem „demokratischen Prinzip nicht genügend Rechnung"[65]; diese Kritik war allerdings überzogen, da die ZVAS laut Verordnungsentwurf allein die Vorsitzenden beider Organe sowie die Vertreter der Wirtschaftsvereinigungen im Vorstand, falls diese noch nicht bestehen sollten, ernennen konnte. Die Abteilung der brandenburgischen Provinzialverwaltung plädierte dafür, sowohl die Vorstände als auch die Ausschüsse der Zweiganstalten von der Provinzialverwaltung und den Gewerkschaften wählen zu lassen. Die Errichtung einer Einheitssozialversicherung wurde grundsätzlich allerdings nicht in Frage gestellt, da nur so der von allen Beteiligten angestrebte Lastenausgleich zwischen finanzstarken und finanzschwachen Ländern und die Einführung eines einheitlichen Leistungssystems für möglich gehalten wurden. Bei der Ausarbeitung eines Statuts für die zonale SVA müsse – so die Abteilung Arbeit und Sozialwesen – den Interessen der Länder und Provinzen „etwas mehr Rechnung getragen werden"[66]. Daran schloß sich die Forderung an, Vertretern der Länder Sitz und Stimme in den Organen der zonalen SVA einzuräumen.

Aus diesen Reaktionen wird deutlich eine Frontstellung zwischen Ländern bzw. Provinzen und ZVAS bei der Neuordnung der Sozialversicherung erkennbar. Diese Kompetenzkonflikte hatten sich auch dadurch noch verstärkt, daß die Landes-

[63] Entwurf für eine Sozialversicherungsordnung vom 4. 9. 1945, BAP, DQ 5 Nr. 1727.
[64] Schreiben Höckers vom 15. 10. 1945 an die ZVAS, Mecklenburgisches LHA, Ministerium für Sozialwesen, Nr. 236.
[65] Schreiben der Abt. Arbeit und Sozialwesen der brandenburgischen Provinzialverwaltung am 14. 11. 1945 an die ZVAS, Brandenburgisches LHA, Ld. Br. Rep. 206, Nr. 3150, Bl. 23.
[66] Ebenda.

bzw. Provinzialverwaltungen den verschiedenen Krankenkassenträgern die Weiterführung ihrer Tätigkeit gestatteten. Aus diesem Grunde beklagte sich die ZVAS bei der SMAD darüber, daß in den Ländern „die Krankenversicherung in der von den Faschisten eingerichteten unzulänglichen Form wieder in Gang gesetzt" werde und jede Fürsorge für die Unfallverletzten und Invaliden fehle[67]. Die ZVAS befürchtete, daß dadurch auf Landesebene den Zentralisierungsabsichten entgegenstehende Tatsachen geschaffen werden und bei der organisatorischen Vereinheitlichung der Sozialversicherung „unnötige Komplikationen" auftreten könnten.

Zusätzlich entwickelte sich im Herbst 1945 eine Auseinandersetzung zwischen ZVAS und der Zentralverwaltung für Gesundheitswesen, die sich darüber beklagte, daß sie erst sehr spät an den Vorarbeiten an der geplanten Sozialversicherungsordnung beteiligt worden sei. Die Zentralverwaltung für Gesundheitswesen unterstützte die Forderung der Länder nach einer föderativen Struktur der Sozialversicherung und verwies dabei auf die nach diesem Prinzip aufgebauten staatlichen Gesundheitsämter. Die Vereinigung der Versicherungsträger unter einem gemeinsamen Dach bedeute dagegen nicht mehr die Lösung „längst reifer Fragen", sondern vielmehr eine unnatürliche „Konstruktion und ein Experiment", das wegen seiner finanziellen Auswirkungen in der augenblicklichen Lage nicht zu überblicken sei[68]. Durch die Zusammenlegung sämtlicher Versicherungszweige würden „ausgesprochene Fürsorgezweige", wie z. B. die Kriegsopferversorgung, mit einbezogen werden, was zu einer Überforderung des Sozialversicherungshaushaltes führen müsse. Die bestehenden Versicherungsbeiträge, die ohnehin an der obersten Grenze lägen, reichten zur Deckung der Ausgaben bei weitem nicht aus. Statt dessen schlug die Zentralverwaltung für Gesundheitswesen vor, die einzelnen Versicherungszweige zunächst noch bestehen zu lassen und auf eine Länder und Provinzen umfassende Dachorganisation zu verzichten. Während die Länder also ihre Kompetenzen bewahren wollten, argumentierte die Zentralverwaltung für Gesundheitswesen zum Teil aus haushaltspolitischen Überlegungen heraus. Das grundsätzliche Ziel einer Vereinigung und administrativen Vereinheitlichung der Sozialversicherung wurde aber auch von ihr nicht in Frage gestellt.

Am 18. Oktober 1945 legte die ZVAS eine überarbeitete Fassung des Entwurfs einer Sozialversicherungsordnung vom 4. September vor, der sich inhaltlich allerdings in vielen Punkten von der ersten Fassung kaum unterschied[69]. Er schrieb weiterhin die Vereinigung der bisherigen Versicherungsträger fest, und auch an dem Kräfteverhältnis in den Gremien der SVA hatte sich nichts geändert: Zwei Drittel der ehrenamtlich arbeitenden Gremienvertreter sollten der FDGB und ein Drittel die „öffentliche Vertretung der Wirtschaft"[70] ernennen. Erstmals wurden Angaben zum genauen Umfang des Kreises der Pflichtversicherten gemacht, der grundlegende sozialrechtliche

[67] Schreiben der ZVAS vom 17. 9. 1945 an die Abt. Arbeitskraft der SMAD, BAP, DQ 5 Nr. 1727.
[68] Stellungnahme der Zentralverwaltung für Gesundheitswesen vom 15. 10. 1945, SAPMO, ZPA II 2/1, Bl. 44.
[69] BAP, DQ 5 Nr. 1727.
[70] Ebenda.

Veränderungen mit sich bringen sollte: Der Entwurf schrieb das Prinzip der Pflichtversicherung für nahezu alle Berufsgruppen fest – neben den ständig und zeitweilig Beschäftigten sollten auch alle gewerblichen und landwirtschaftlichen Unternehmer und Freiberufler erfaßt werden, die nicht mehr als fünf Versicherte beschäftigten, und auch die Aufnahme der mitarbeitenden Familienangehörigen sowie der Sozialhilfeempfänger in den Pflichtversichertenkreis wurde vorgesehen. Sowohl die Kleinunternehmer als auch die Angehörigen der freien Berufe waren in Deutschland bislang von der Versicherungspflicht befreit gewesen; eine Ausnahme bildeten die Handwerker, die mit dem Gesetz über die Altersversorgung des Deutschen Handwerks vom 21. Dezember 1938 der Rentenversicherungspflicht unterworfen worden waren[71]. Die Ausdehnung des Pflichtversichertenkreises hatte darüber hinaus Folgen vor allem für Angestellte und Beamte. Die versicherungsrechtliche Sonderstellung der Angestellten, die 1911 eine eigene, institutionell von den Arbeitern getrennte Rentenversorgung mit zum Teil erheblich besseren Leistungen erhalten hatten[72], sollte dadurch aufgehoben werden; gleiches galt für die Beamten, denen von seiten der SMAD und der SED eine angebliche „kollektive Nähe“ zum Nationalsozialismus unterstellt wurde und die von nun an ihren Beitrag zur Absicherung im Alter leisten sollten. Der Prozeß einer tatsächlichen Egalisierung zog sich jedoch noch über Jahre hin[73].

Die Ausweitung des Pflichtversichertenkreises stieß anfangs noch auf den Widerstand der Arbeitgeber. So weigerten sich zahlreiche Unternehmer, aber auch öffentliche Dienststellen, Beiträge zur Sozialversicherung zu entrichten. Als Begründung wurde allgemein angegeben, daß für eine solche Erweiterung der Versicherungspflicht die Rechtsgrundlage fehle[74]. Die Landesverwaltung Sachsens schlug daraufhin vor, einen entsprechenden Zusatz in die geplante Sozialversicherungsordnung einzufügen, der diese versicherungsrechtlich bedeutsame Veränderung legitimieren sollte[75]. Durch einen weiteren Zusatz sollte außerdem die Höhe des Beitragssatzes von 20 Prozent festgeschrieben werden, den sich Arbeitgeber und Arbeitnehmer zu teilen hätten.

Ein gesondertes Problem stellten in dem Zusammenhang die deutschen Beschäftigten bei den Sowjetischen Aktiengesellschaften (SAG) und Sowjetischen Handelsgesellschaften (SHG) dar; sie waren Bestandteil sowjetischer Reparationspolitik[76].

[71] Sachße/Tennstedt, Wohlfahrtsstaat, S. 62.

[72] Zur Entstehung des Angestelltenversicherungsgesetzes von 1911 vgl. Kocka, Unternehmensverwaltung, S. 516–519 und S. 538–544; Ritter, Sozialversicherung, S. 58f. Eine überblicksartige Darstellung der Entwicklung der Angestelltenschaft im Deutschen Kaiserreich findet sich bei Kocka, Angestellte, S. 64–89. Die Entwicklung des Angestelltenrechts von 1911 bis zum Ende der Weimarer Republik skizziert Prinz, Neuer Mittelstand, S. 25–44. Jüngst hat Prinz betont, daß die 1911 errichtete Angestelltenversicherung für wichtige Gruppen der Arbeiterschaft vorbildhaft gewesen sei und sich damit gegen eine einseitig negative Interpretation des Angestelltensonderrechts gewandt (vgl. Prinz, Arbeiterbewegung, S. 458f.).

[73] Einen informativen Überblick über die Auseinandersetzung um die Beamtenschaft in Deutschland nach 1945 bietet Garner, Schlußfolgerungen, S. 607–674. Zur Altersversorgung der ehemaligen Beamten in der SBZ vgl. Hoffmann, Sozialpolitische Neuordnung, S. 48f. und S. 148–151.

[74] Schreiben der Leiterin der Abteilung Soziale Fürsorge im Ressort Wirtschaft und Arbeit der sächsischen Landesverwaltung, Jenny Matern, an die ZVAS vom 18. 10. 1945, BAP, DQ 5 Nr. 1741.

[75] Ebenda.

[76] Vgl. Karlsch, Allein bezahlt, S. 110–135.

Da die in den SAG und SHG beschäftigten Deutschen keine Sozialversicherungsbeiträge einzahlten, sahen sich die Versicherungsträger auch nicht veranlaßt, die gesetzlich vorgeschriebenen Sozialleistungen für diese Personengruppe bereitzustellen. Zur Beendigung dieses Schwebezustandes, der zu Lasten der Beschäftigten ging, schlug die ZVAS in einem Schreiben an die Abteilung Arbeitskraft der SMAD im November 1945 die Veröffentlichung eines eigenen SMAD-Befehls vor[77], mit dem die Besatzungsbehörden verbindlich angewiesen werden sollten, den Unternehmeranteil von 10 Prozent an die SVA abzuführen. Wie vorsichtig allerdings die ZVAS bei diesem heiklen Problem vorging, zeigt das im gleichen Schreiben enthaltene alternative Angebot einer Übernahme des Arbeitgeberanteils durch die Arbeitnehmer[78]: Damit hätten die Beschäftigten von SAG und SHG den vollen Beitragssatz von 20 Prozent tragen müssen. Da die Abteilung Arbeitskraft in Karlshorst auf diese Initiative nicht reagierte, blieb das Problem zunächst ungelöst. In der Folgezeit kam es dann aber zu der von der ZVAS vorgeschlagenen Lösung: Die sowjetischen Arbeitgeber überwiesen ihren Beitragsanteil an die Sozialversicherungsanstalten, die ihrerseits den dort Beschäftigten die gesetzlich festgelegten Leistungen gewährten. Allerdings kam es hierbei immer wieder zu neuen Konflikten, da einige sowjetische Betriebe ihre Beiträge gar nicht oder nicht rechtzeitig abführten und sich somit Beitragsrückstände in den Kassen der Sozialversicherung ergaben[79].

Auch in der Folgezeit gelang es der ZVAS nicht, die Sozialversicherungsordnung, die entsprechend dem Entwurf vom 18. Oktober 1945 eine zentralisierte Organisationsstruktur für die gesamte SBZ vorsah, in Kraft treten zu lassen. Dieses Vorhaben scheiterte weniger am Widerstand der Verwaltungen auf Zonen- bzw. Länderebene als vielmehr an der abwartenden Haltung der SMAD: Der von der ZVAS eingereichte Entwurf wurde im Dezember 1945 nicht genehmigt. Aus den Akten der ZVAS geht zweifelsfrei hervor, daß für die Reaktion der sowjetischen Besatzungsmacht die ins Stocken geratenen Verhandlungen im Alliierten Kontrollrat über eine einheitliche Neugestaltung der Sozialversicherung für ganz Deutschland ausschlaggebend waren; bis dahin hatte sie sich in den organisatorischen Neuaufbau der Sozialversicherung nicht eingeschaltet und auch in der Folgezeit den deutschen Verantwortlichen großen Handlungsspielraum auf diesem sozialpolitisch wichtigen Terrain eingeräumt. Die SMAD ließ die Errichtung einer zentralen Verwaltung als Dachverband für die Einheitssozialversicherung wohl allein aus Rücksichtnahme auf die westlichen Besatzungsmächte zunächst nicht zu[80], hatte aber prinzipiell gegenüber diesem Ziel keine Einwände. In diesem Punkt sind die Rückkoppelungseffekte des interalliierten Diskurses für die sozialpolitische Neuordnung in der SBZ unübersehbar: Die offensichtlich gesamtdeutschen Interessen der SMAD bremsten somit das Vorhaben der ZVAS zur Zentralisierung der Sozialversicherung. Statt dessen sollten die Sozialversicherungsanstalten auf der Landesebene errichtet und unterhalb dieser

[77] Schreiben der ZVAS vom 20. 11. 1945 an die Abt. Arbeitskraft, BAP, DQ 5 Nr. 1727.
[78] Ebenda.
[79] Vgl. dazu Hoffmann, Sozialpolitische Neuordnung, S. 202 f.
[80] Brief Helmut Lehmanns vom 11. 12. 1945, SAPMO, FDGB, Buvo 42/1035/4615.

Ebene nach Stadt- bzw. Landkreisen weiter untergliedert werden[81]. Damit gewannen die Länder und Provinzen Kompetenzen hinzu, die ihnen die ZVAS streitig gemacht hatte. Jedes Land sollte zudem für seinen Sozialversicherungshaushalt eigenverantwortlich sein, was wiederum bedeutete, daß der von allen Beteiligten angestrebte Länderfinanzausgleich nicht zu realisieren war[82]. Erst mit dem Befehl Nr. 28 vom 28. Januar 1947 leitete die SMAD die Vereinheitlichung der Sozialversicherung auf zonaler Ebene ein[83], nachdem die Aussicht auf eine Verständigung mit den drei Westmächten in weite Ferne gerückt war.

Die Veränderung der politischen Rahmenbedingungen durch die SMAD hatte entsprechende Konsequenzen auch für die Landes- bzw. Provinzialverwaltungen, die nun von der ZVAS angewiesen werden mußten, ihre Vorarbeiten zum Verwaltungsaufbau zu beschleunigen. Die ursprünglich als Zweiganstalten der Länder konzipierten Verwaltungseinheiten mußten nunmehr als selbständige Sozialversicherungsanstalten errichtet werden, die bereits zum 1. Januar 1946 ihre Tätigkeit aufnehmen sollten[84]. Daraufhin mußten die Organisationspläne für die Einheitsversicherung umgeschrieben werden: Das neu überarbeitete Konzept der ZVAS sah nur noch ein zweistufiges System vor, d. h. die SVA als Leitungsbehörde sollte in den Ländern und Provinzen die Verwaltungsarbeit koordinieren und überwachen, während auf der darunter liegenden Ebene, den Stadt- und Landkreisen, Sozialversicherungskassen einzurichten seien. Der FDGB bedauerte ausdrücklich, daß die sowjetische Besatzungsmacht die Gründung einer zonalen SVA noch nicht zulassen wollte und forderte, daß wenigstens die Überführung der Sozialversicherung in die Hände der Gewerkschaften „unter Ausschaltung aller anderen Einflüsse" verwirklicht werden sollte[85]. Das bezog sich eindeutig auf die Unternehmervertreter in den Selbstverwaltungsorganen der Sozialversicherung, die dort immerhin noch ein Drittel der Mitglieder stellten. Auch der FDGB äußerte die Sorge, daß die Errichtung einer eigenen SVA für jedes Land ein unterschiedliches Niveau der Sozialleistungen mit sich bringen werde[86]: Bezirke mit „ungünstigen wirtschaftlichen Verhältnissen" könnten aufgrund ihrer geringeren Beitragseinnahmen nur ein qualitativ unzureichendes soziales Netz aufbauen. Der notwendige Finanzausgleich zugunsten der finanzschwächeren Länder war nach Ansicht des Gewerkschaftsbundes nur über

[81] Ebenda. Bei Frerich/Frey ist die Darstellung in diesem Punkt widersprüchlich: Zunächst wird der Verwaltungsaufbau auf Landesebene mit dem Hinweis begründet, daß die DVAS kein Gesetzgebungsrecht besessen habe (Frerich/Frey, Sozialpolitik in der DDR, S. 16); unmittelbar danach folgt die – korrekte – Darstellung, die die Vereinheitlichung der Sozialversicherung auf zonaler Ebene in Beziehung zu den gescheiterten Verhandlungen im Alliierten Kontrollrat setzt, von den beiden Autoren freilich ausschließlich als DDR-Sichtweise beschrieben (ebenda S. 18f.).

[82] Dies prophezeite auch Lehmann (vgl. Brief Helmut Lehmanns vom 11. 12. 1945, SAPMO, FDGB, Buvo 42/1035/4615).

[83] Vgl. dazu Hoffmann, Sozialpolitische Neuordnung, S. 67–76.

[84] Schreiben der ZVAS vom 11. 12. 1945 an die Provinzial- und Landesverwaltungen, BAP, DQ 5 Nr. 1744.

[85] Brief des FDGB vom 17. 12. 1945 an die ZVAS, SAPMO, FDGB, Buvo 42/1035/4615.

[86] Schreiben des 2. FDGB-Vorsitzenden, Bernhard Göring, vom 18. 12. 1945 an die ZVAS, BAP, DQ 5 Nr. 1744.

eine Verwaltungsvereinheitlichung und die Schaffung eines zentralen Dachverbandes zu verwirklichen.

Während die ZVAS bei der Frage des Verwaltungsaufbaus rasch die Zustimmung der sowjetischen Besatzungsmacht fand, konnte die Frage nach dem Pflichtversichertenkreis nicht so schnell geklärt werden. So stellten SMAD-Vertreter der Abteilung Arbeitskraft am 20. Juli 1946 die nicht unberechtigte Frage, wieso die Selbständigen, zu denen sie allerdings eigenartigerweise nur Handwerker und Gewerbetreibende zählten, pflichtversichert sein müßten[87]. Angeregt durch diese Nachfrage entwickelte sich eine lebhafte Debatte über einzelne Teile der geplanten Sozialversicherungsordnung. Dabei gelang es den Vertretern der ZVAS bzw. der Deutschen Verwaltung für Arbeit und Sozialfürsorge (DVAS), wie die Zentralverwaltung seit dem 19. Juni 1946 hieß[88], ihre Pläne überzeugend darzustellen und auch gegenüber der Abteilung Arbeitskraft in Karlshorst durchzusetzen – die Selbständigen mit bis zu fünf Beschäftigten etwa blieben in den Personenkreis der Pflichtversicherung einbezogen. Die Höhe von Einkommen und Gehalt galt dagegen nicht mehr als entscheidendes Kriterium für eine Aufnahme in die Sozialpflichtversicherung: Eine Pflichtversichertengrenze war nicht mehr vorgesehen. Diese Bestimmung wurde auch später beim Aufbau der Länderanstalten übernommen.

Als Ergebnis bleibt insgesamt festzuhalten, daß die zuständige Abteilung Arbeitskraft offensichtlich kein eigenes Konzept für den Umbau der Sozialversicherung besaß[89]. Dies zeigte sich auch bei den Bestimmungen zur Zusammensetzung der Sozialversicherungsorgane. Das von der ZVAS anfangs festgelegte Kräfteverhältnis zwischen Gewerkschafts- und Unternehmervertretern von zwei zu eins wurde von der SMAD stillschweigend akzeptiert. Die sowjetischen Vertreter bestanden in den Verhandlungen allerdings darauf, daß die Gremienmitglieder gewählt und nicht nur ernannt würden. Wie schon angeführt, stoppte die SMAD allerdings in der Folgezeit die deutschen Pläne für eine zonale Vereinheitlichung der Sozialversicherung und gestattete die Neuordnung nur auf der Ebene der Länder und Provinzen. Die vorgesehene Sozialversicherungsordnung, die den gesetzlichen Rahmen der Einheitsversicherung abstecken sollte, mußte vorerst zu den Akten gelegt werden.

[87] Aktennotiz über die Besprechung von Vertretern der Abteilung Arbeitskraft und der DVAS am 20. 7. 1946, BAP, DQ 5 Nr. 1744.

[88] Die Umbenennung ging auf eine Anweisung der SMAD zurück (vgl. Protokoll der Präsidiumssitzung der ZVAS vom 19. 6. 1946, BAP, DQ 2 Nr. 1947).

[89] Dagegen stellen Frerich/Frey die generalisierende Behauptung auf, daß die Sowjets in ihrer Besatzungszone rasch dazu übergegangen seien, eine „Sozial- und Arbeitsrechtsordnung nach sowjetischem Vorbild aufzubauen“: Ohne Berücksichtigung deutscher Traditionen seien „sowjetische Modelle und Konzepte bis ins Detail auf die SBZ übertragen“ worden (Frerich/Frey, Sozialpolitik in der DDR, S. 12). Dieses Pauschalurteil wird in der weiteren Darstellung nicht belegt. Wenig später widersprechen sich die Autoren selbst: Sie weisen – völlig zu Recht – darauf hin, daß sich der SMAD-Befehl Nr. 28 weitgehend an die Entwürfe der DVAS anlehnte. Die Neuerungen seien dadurch in diesem Bereich „nicht allzu gravierend“ gewesen (ebenda S. 20). Die Untersuchung der Sozialversicherungsneuordnung zeigt gerade die deutschen Handlungspielräume auf. Es wäre in diesem Zusammenhang notwendig, auch andere Teilbereiche des Systems sozialer Sicherheit unter dieser Fragestellung zu betrachten, um zu einer differenzierten Gesamtbeurteilung zu gelangen.

4. Der Aufbau der Einheitsversicherung in den Ländern und Provinzen

Erste Planungen für den Aufbau der Sozialversicherungsverwaltung auf Landesebene setzten unmittelbar nach Kriegsende ein. Von grundlegender Bedeutung war dazu der SMAD-Befehl Nr. 2 vom 10. Juni 1945, der die Gründung von Gewerkschaften und die Errichtung von Sozialversicherungskassen in der SBZ gestattete[90]. Damit hatte die sowjetische Besatzungsmacht frühzeitig eine wichtige rechtliche Grundlage für den Aufbau der Einheitsversicherung geschaffen. Carl Steinhoff, Präsident der brandenburgischen Provinzialverwaltung, legte am 15. August 1945 einen Verordnungsentwurf zur Errichtung der SVA in der Mark Brandenburg vor[91]: An der Spitze der Versicherungsanstalt sollte ein zwölfköpfiger Vorstand stehen, dessen Mitglieder jeweils zur Hälfte vom FDGB und von der Landesverwaltung zu ernennen seien. Zu den zentralen Aufgaben des Vorstandes zählte laut Verordnungsentwurf die Etatfestsetzung, die Festlegung von Beiträgen und Leistungen sowie die Kontrolle der Geschäftsführung der SVA, die ein vom Vorstand zu ernennender fünfköpfiger Verwaltungsrat übernehmen sollte. Der Entwurf sah außerdem die Errichtung einer Sozialversicherungskasse für jeden Stadt- bzw. Landkreis vor, an der Spitze ein achtköpfiger wiederum paritätisch aus Vertretern des Gewerkschaftsbundes sowie der jeweiligen Gemeinden zusammengesetzter Vorstand. Schließlich sah der Verordnungsentwurf die Übertragung des Vermögens sämtlicher bestehender Versicherungen auf die SVA der Mark Brandenburg vor.

Dieser Verwaltungsaufbau war innerhalb der brandenburgischen Landesverwaltung allerdings umstritten. So übte die Finanzabteilung bereits tags darauf Kritik an dem Verordnungsentwurf, da zentrale Fragen wie die Beitragserhebung, die Aufbringung der Finanzmittel und der Pflichtversichertenkreis völlig ungeklärt seien[92]. Diese Einwände wurden bei der weiteren gesetzlichen Ausarbeitung, deren Abschluß sich bis zum Jahreswechsel 1945/46 hinzog, berücksichtigt. Die verabschiedete Satzung der brandenburgischen SVA paßte sich dabei inhaltlich immer mehr den Bestimmungen des von der ZVAS vorgelegten Verordnungsentwurfes an, ein Angleichungsprozeß, der auch in den anderen Ländern und Provinzen der SBZ zu beobachten ist.

Ein wesentlicher Grund für die zeitliche Verzögerung der Satzungsverabschiedung dürfte in der Finanzlage der Sozialversicherung bestanden haben, die in Brandenburg wie in den anderen Ländern zu diesem Zeitpunkt völlig ungeklärt war. Da die Versicherten sich selbst bei der SVA melden mußten und der Prozeß dieser Anmeldung eine Reihe von Monaten dauerte, konnte erst Ende 1946 von einem nahezu vollständigen Versichertenbestand ausgegangen werden. So betrug die Anzahl der Versicherten in Brandenburg am 30. September 1945 erst 164 888; ein halbes Jahr später waren bereits 620 402 Versicherte[93] gemeldet, und Ende 1946 zählte die bran-

[90] Befehle des Obersten Chefs der Sowjetischen Militärverwaltung, S. 9f.
[91] Brandenburgisches LHA, Ld. Br. Rep. 204 A, Nr. 3232.
[92] Vermerk der Finanzabteilung vom 16. 8. 1945 an die Finanzabteilung (ebenda).
[93] Übersicht über die Versicherten der SVA Mark Brandenburg für den Zeitraum vom 1. 9. 1945 bis zum 31. 3. 1946, Brandenburgisches LHA, Ld. Br. Rep. 206, Nr. 3306.

denburgische SVA 1101719 Versicherte[94]. Mit diesen rasch wachsenden Versichertenzahlen ließen sich keine verläßlichen Prognosen zu Finanzvolumen und Beitragsaufkommen der Sozialversicherung machen.

Die neu gebildeten Sozialversicherungsanstalten übernahmen die Aufgaben der verschiedenen Kranken-, Unfall- und Rentenversicherungsträger. Damit machten sie die weitere Existenz der Orts-, Betriebs-, Innungs- und Landkrankenkassen sowie der Ersatzkassen und aller Renten- und Unfallversicherungsträger überflüssig, die den Vereinheitlichungsprozeß allerdings nur unter Protest hinnahmen. So erhob beispielsweise der Ortsausschuß Brandenburg des Verbandes der Angestelltenkrankenkassen formell Einspruch gegen die geplante Neuordnung der Sozialversicherung: Diese Maßnahme stehe in Widerspruch zu der immer noch gültigen und von der sowjetischen Besatzungsmacht nicht aufgehobenen Reichsversicherungsordnung[95]. Die Schaffung einer neuen Sozialversicherung sei „ein so schwerer und weitgreifender Schritt" und ihre Wirkung „von so einschneidender Bedeutung für die arbeitende Bevölkerung", daß sie der demokratischen Legitimation durch einen vom Volk gewählten Landtag bedürfe. In der Vergangenheit hätten sich die Angestelltenersatzkassen zu „mustergültigen Einrichtungen" der Sozialversicherung entwickelt. Ihre Beseitigung würde daher in ganz Deutschland „eine nicht gutzumachende Schädigung" ihrer Mitglieder bedeuten. Die berufsständischen Versicherungsträger sollten vielmehr „als selbständige Einrichtungen" erhalten und durch den Staat gefördert werden. Die brandenburgische Provinzialverwaltung wies diese Einwände zurück und begrüßte gleichzeitig den Beschluß des Magistrats der Stadt Brandenburg, die einzelnen Versicherungen zu einem Gesamtträger zusammenzufassen. Dies diene der Vorbereitung zur Gründung einer landesweiten SVA. Als Hauptargument führte die Provinzialverwaltung die damit verbundene Kosteneinsparung im Verwaltungsbereich an: Aufschlußreich war hier der Hinweis, daß durch den Aufbau der Einheitsversicherung „endlich einmal" die sozialrechtliche Unterscheidung zwischen Beamten und Arbeitern in der Renten- und Krankenversicherung fortfalle[96]. Dies zeigt die weiterreichenden gesellschaftspolitischen Ziele der politisch Verantwortlichen in der SBZ. Durch die Aufnahme von einkommensstarken Versicherten in die Pflichtversicherung, die bisher in Privat- oder Ersatzkassen versichert waren, und die vorgesehene Einführung der Versicherungspflicht für Beamte erhoffte man sich Handlungsspielräume für Leistungsverbesserungen, die einer breiten Allgemeinheit zugute kämen. Dies bedeutete jedoch das Ende der Privatversicherungen und für deren Versicherte eine Verschlechterung sozialer Leistungen[97].

[94] Übersicht über den Versichertenbestand (ohne Datum), Brandenburgisches LHA, Ld. Br. Rep. 206, Nr. 3305.

[95] Zum folgenden siehe Schreiben des Ortsausschusses Brandenburg des Verbandes der Angestelltenkrankenkassen vom 5. 9. 1945 an den Oberbürgermeister der Stadt Brandenburg, Max Herm, Brandenburgisches LHA, Ld. Br. Rep. 206, Nr. 3250, Bl. 3–7.

[96] Schreiben der brandenburgischen Provinzialverwaltung vom 21. 9. 1945, Brandenburgisches LHA, Ld. Br. Rep. 206, Nr. 3250, Bl. 9f.

[97] Der Auflösungsprozeß zog sich bei den Privatkassen noch bis 1951 hin (vgl. Hoffmann, Sozialpolitische Neuordnung, S. 222–232).

Nach dem vorläufigen Scheitern einer Sozialversicherungsordnung für die SBZ insgesamt und der aufgeschobenen Errichtung einer zonalen Versicherungsanstalt kam dem Aufbau der Sozialversicherungsanstalten in den Ländern bzw. Provinzen besondere Bedeutung zu; ihre Gründung erfolgte mit zeitlichen Unterschieden. Die SVA Thüringen nahm ihre Tätigkeit am 1. März 1946 auf[98]. Schneller verlief die Entwicklung in Sachsen und Brandenburg: Mit der Verordnung zum Neuaufbau der Sozialversicherung vom 10. Januar 1946 wurde die SVA in Sachsen errichtet; drei Tage zuvor hatte die Provinzialverwaltung der Mark Brandenburg eine Verordnung zum Aufbau der landeseigenen SVA erlassen[99]. In Sachsen-Anhalt erfolgte die Bildung der Versicherungsanstalt durch eine Verordnung am 31. Januar 1946. Die Landesverwaltung von Mecklenburg-Vorpommern hingegen erließ erst am 22. Juli 1946 eine entsprechende Verordnung, die eine SVA zum 1. Oktober 1946 vorsah[100].

Der Verwaltungsaufbau orientierte sich in den Ländern und Provinzen, wie bereits angeführt, an den Verordnungsentwürfen der ZVAS vom 4. und 18. Oktober 1945[101]: Die Sozialversicherungsanstalten übernahmen also die Aufgaben der früheren Kranken-, Unfall-, Invaliden- und Knappschaftsversicherung. Die Leitung der Versicherungsanstalten bestand aus einem Vorstand und einem Ausschuß. Der Vorstand setzte sich aus 13 Mitgliedern zusammen, von denen neun durch den FDGB und vier durch die Vereinigungen der Wirtschaft gestellt wurden. Ein ähnliches Kräfteverhältnis bestand in dem Ausschuß, der sich aus 37 Mitgliedern zusammensetzte: 25 stellte der FDGB, 12 entsandten die Arbeitgebervertretungen[102]. Unterhalb der SVA wurden in den Stadt- und Landkreisen Sozialversicherungskassen aufgebaut, die analog strukturiert waren. So hatte etwa Sachsen-Anhalt 38 Kassen; hinzu kamen noch je eine eigene Kasse für die Beschäftigten der Post und der Eisenbahn[103]. Hier bahnte sich eine versicherungsrechtliche Sonderstellung dieser beiden Berufsgruppen innerhalb der Einheitsversicherung an.

Die Versicherungspflicht wurde auf fast alle Berufsgruppen ausgeweitet. Dagegen blieb die weitere Behandlung der Beamten zunächst noch offen. Die Berliner Zentralverwaltung stellte den Ländern eine allgemeine Regelung in Aussicht, was diese

98 Vgl. „Gesetz zur Vorbereitung des Neuaufbaus der Sozialversicherung im Lande Thüringen" vom 12. 12. 1945, in: Regierungsblatt für Thüringen 1946, Teil I, S. 4. Die SVA Thüringen übernahm durch das „Gesetz über die Organisation der Sozialversicherung" vom 16. 1. 1946 und durch eine Rechtsverordnung vom 6. 7. 1946 das Vermögen der ehemaligen Träger der Reichsversicherungsordnung im Land Thüringen (vgl. ebenda S. 37ff.).

99 Arbeit und Sozialfürsorge 1946, S. 40f.

100 Verordnung Nr. 143 des Präsidenten des Landes Mecklenburg-Vorpommern über die SVA, Mecklenburgisches LHA, Ministerium für Sozialwesen, Nr. 2251.

101 Diesen Prozeß thematisiert Horst Barthel in dem von Gunnar Winkler herausgegebenen Band zur Geschichte der DDR-Sozialpolitik zwischen 1945 und 1985 in keiner Weise. Er vermittelt statt dessen den Eindruck, als habe die Vereinheitlichung der ostdeutschen Sozialversicherung auf einem Vorschlag des FDGB Ende 1946 basiert, der von der SMAD aufgegriffen und mit dem Befehl Nr. 28 vom 28. 1. 1947 in Kraft getreten sei (Winkler, Geschichte der Sozialpolitik, S. 59); vgl. dagegen die korrekte Darstellung bei Frerich/Frey, Sozialpolitik in der DDR, S. 16f.

102 Vgl. Niederschrift über die Präsidiumssitzung der Provinzialverwaltung Sachsen-Anhalts am 29. 1. 1946, LHA Sachsen-Anhalt, Rep. K, MW, Nr. 9415, Bl. 366.

103 Vgl. ebenda Bl. 361–374.

jedoch nicht zufriedenstellen konnte, mußten sie doch zumindest eine Übergangsregelung für die Angehörigen dieser Berufsgruppe finden[104]. Die Länder Sachsen und Thüringen entschieden die offene Rechtslage, indem sie die Beamten den Arbeitern und Angestellten gleichstellten und ihnen eine Rente an Stelle der Pension gewährten. Die Haushalte der Sozialversicherungsanstalten wurden dadurch aber zum Teil erheblich belastet. Aus diesem Grund erwog die Provinzialverwaltung Sachsen-Anhalts kurzzeitig, die bei 600 Reichsmark (RM) liegende Bemessungsgrenze auf 900 RM anzuheben, die Leistungsberechnung allerdings beim Höchstsatz von 600 RM zu belassen[105]. Damit sollten etwa Unternehmer und Beamte, die über ein überdurchschnittlich hohes Einkommen verfügten, mit einer Art Sondersteuer belastet werden. So erhoffte man sich Rücklagen für die Sozialversicherungskassen; der Plan wurde jedoch rasch wieder verworfen.

Für die Jahre 1945 und 1946 liegen nur vereinzelte Angaben zu parteipolitischer Zusammensetzung der Belegschaften der Sozialversicherungsanstalten vor. Nur für Sachsen-Anhalt und Mecklenburg-Vorpommern lassen sich entsprechende Hinweise finden. Die SVA Sachsen-Anhalt zählte am 24. September 1946 insgesamt 447 Mitarbeiterinnen und Mitarbeiter[106]. Davon waren 267 parteilos; 144 waren Mitglieder der SED, 13 in der CDUD und 23 in der LDP. Da weitere Angaben über die Verteilung auf den verschiedenen Verwaltungsebenen fehlen, lassen sich Schlußfolgerungen daraus nur beschränkt ziehen. Immerhin gehörte aber mehr als die Hälfte der Belegschaft keiner Partei an; unter den Parteien stellte die SED mit 32% die größte Gruppe; CDUD und LDP hatten dagegen nur eine untergeordnete Bedeutung. Die SVA Mecklenburg-Vorpommern hatte bei der Aufnahme ihrer Tätigkeit am 1. Oktober 1946 einen höheren Anteil an SED-Mitgliedern unter der Belegschaft: 65 der insgesamt 120 Mitarbeiter besaßen das Parteibuch der SED[107].

5. *Wieder- oder Neugründung?*

Abschließend sei noch einmal die Eingangsfrage aufgenommen, ob beim Aufbau der ostdeutschen Sozialversicherung 1945/46 Elemente der Kontinuität oder der Diskontinuität überwogen bzw. wie sich ihr Mischungsverhältnis angemessen gewichten läßt.

Der Neuanfang bei der Errichtung der Einheitsversicherung ist unübersehbar. Die von den Zentral- und Landesverwaltungen – und im übrigen auch von den Parteien – unterstützte Vereinheitlichung und Zentralisierung begann schon im Herbst 1945 und setzte als erstes bei der Krankenversicherung ein[108]. Auf dem Gebiet der SBZ

[104] Ebenda Bl. 367.

[105] Arbeit und Sozialfürsorge 1946, S. 41. Diese Regelung galt auch bei der VAB.

[106] Übersicht der Parteimitglieder in der SVA Sachsen-Anhalts, LHA Sachsen-Anhalt, Rep. K, MW, Nr. 10123.

[107] Schreiben des Präsidenten der SVA Mecklenburg-Vorpommern, Paul Lau, vom 30. 9. 1946 an Kundermann, Mecklenburgisches LHA, Ministerium für Sozialwesen, Nr. 236.

[108] Vgl. dazu Hoffmann, Zentralisierung und soziale Disziplinierung.

befanden sich vor dem Zusammenschluß 1309 Krankenkassen, deren Aufgaben anschließend von 150 Sozialversicherungskassen übernommen wurden. Entgegen der ursprünglichen Planung konnte auf Betreiben der sowjetischen Besatzungsmacht keine zonale Verwaltung aufgebaut werden. An ihre Stelle traten zunächst die Sozialversicherungsanstalten der Länder bzw. Provinzen. Das bedeutete das Ende des ausdifferenzierten Versicherungssystems, wie es sich in Deutschland bis 1945 entwickelt hatte. Die Bildung der Einheitsversicherung wurde stets mit dem Hinweis verbunden, die Beiträge sollten die sozialen Leistungen und nicht einen aufgeblähten Verwaltungsapparat finanzieren. Parallel zum Verwaltungsaufbau vollzog sich die Wiederherstellung der Selbstverwaltungsorgane, in denen die Gewerkschaften eine Zweidrittelmehrheit gegenüber den Unternehmervertretern erhielten. Auch bei der Festlegung des Pflichtversichertenkreises zeigt sich ein Bruch mit der Vergangenheit. Entgegen bisheriger Tradition erweiterte sich der Personenkreis – und zwar schlagartig – auf nahezu alle Berufsgruppen. Einkommensstarke Versicherte, die bisher privat versichert waren, konnten somit aufgenommen werden, um die Sozialleistungen für alle Versicherten aufzubessern. Ausgenommen blieben nur die Selbständigen mit mehr als fünf Beschäftigten, die sich jedoch ebenfalls unter dem Dach der Einheitsversicherung gegen Lebens- und Berufsrisiken absichern konnten. Ein weiteres Ergebnis war die Aufhebung der versicherungsrechtlichen Ungleichheit zwischen Arbeitern und Angestellten. Die Definition des Angestellten als Angestelltenversicherungspflichtiger fiel somit fort. Damit bestand auch keine Notwendigkeit mehr, eine institutionell selbständige Angestelltenversicherung weiterzuführen. Langfristige Folgen hatte auch die Abschaffung zahlreicher Beamtenprivilegien. Nach einer Übergangszeit erhielten ehemalige Beamte eine Rente anstelle der bisherigen Pensi on. Außerdem wurde für sie die Beitragszahlung zur Altersversorgung eingeführt.

In deutlicher Abkehr vom Nationalsozialismus gestaltete sich der Verwaltungsaufbau der ostdeutschen Sozialversicherung. Im Zuge der bald einsetzenden Entnazifizierung, die jedoch nicht einheitlich, sondern regional unterschiedlich verlief, wurden zunächst zahlreiche aufgrund von NS-Mitgliedschaft belastete Verwaltungsangestellte entlassen. Da es jedoch schon bald wieder hohen Bedarf an ausgewiesenen Fachkräften auch in der Sozialversicherungsverwaltung gab, lockerten die deutschen Verwaltungen in Absprache mit der SMAD die anfangs noch rigide Entnazifizierungspraxis[109]. Außerdem war die Wiederherstellung des Selbstverwaltungsprinzips ein sichtbarer Bruch mit der nationalsozialistischen Sozialpolitik. Darin unterschied sich im übrigen die SBZ in keiner Weise von den drei westlichen Besatzungszonen[110].

Gleichwohl sind Parallelen zu dem nie realisierten „Versorgungswerk des Deutschen Volkes" der Deutschen Arbeitsfront (DAF) in einer Reihe von Punkten nicht zu übersehen[111]. Dies bezieht sich im wesentlichen auf das Vorhaben, eine Sozialver-

[109] Zur Entnazifizierung in der Verwaltung der Sozialversicherung vgl. Hoffmann, Sozialpolitische Neuordnung, S. 99–104.

[110] Vgl. dazu Hockerts, Sozialpolitische Entscheidungen, S. 131–146; Hudemann, Sozialpolitik, S. 275–306.

[111] Vgl. Smelser, Robert Ley, S. 269–271; Recker, Nationalsozialistische Sozialpolitik, S. 98–109. Das

sicherung für alle Erwerbstätigen zu schaffen und die organisatorische Trennung nach einzelnen Berufsgruppen aufzuheben[112]. Besonders das Ziel einer Verschmelzung von Arbeiter- und Angestelltenversicherung muß in diesem Zusammenhang genannt werden. Dabei darf allerdings nicht vergessen werden, daß es sich beim „Versorgungswerk des Deutschen Volkes" um ein utopisches Zukunftsprojekt handelte, das erst nach dem „Endsieg" realisiert werden sollte und letztlich nur durch Ausbeutung der besetzten Gebiete finanzierbar gewesen wäre[113].

Bei der ab 1945 einsetzenden radikalen Neuordnung sind Kontinuitätslinien vor allem zur Weimarer Republik nicht zu übersehen. Sowohl beim Verwaltungsaufbau als auch bei der Einsetzung der Selbstverwaltungsorgane und der Eingrenzung des Pflichtversichertenkreises griffen die politisch Verantwortlichen in der ZVAS und der SED-Führung Forderungen auf, die von Vertretern der SPD und der Freien Gewerkschaften schon vor 1933 erhoben worden waren. Die nichtsozialistischen Angestelltengewerkschaften hatten in der Weimarer Republik noch eine Zusammenlegung von Arbeiter- und Angestelltenversicherung verhindern können. In der SBZ wurden diese Reformziele aber nicht einfach nur umgesetzt, sondern inhaltlich noch weitergeführt. Dies zeigen die deutliche Dominanz der Gewerkschaftsvertreter in den Organen der ostdeutschen Sozialversicherung und die Festschreibung der Sozialversicherung als Volksversicherung.

Erst die grundlegenden politischen und sozialen Umwälzungen in der SBZ 1945/46 schufen die Voraussetzung zur Verwirklichung dieser Forderungen. Dazu zählten auch der von der SMAD kontrollierte Aufbau von Massenorganisationen und die Nicht-Zulassung von Interessenverbänden für einzelne Berufsgruppen – man denke nur an die einflußreichen Ärzte- oder Krankenkassenverbände. Beides trug mit dazu bei, daß sich eine breite Front gegen die Neuordnungspläne gar nicht erst bilden konnte.

Ganz anders verlief die Entwicklung in den westlichen Besatzungszonen[114]: Dort verhinderte der Zusammenschluß zahlreicher Interessengruppen die von den Westmächten anfangs noch unterstützte Neuordnung der Sozialversicherung. Die Zäsur 1945 stellt den Beginn eines „Sonderwegs" in der langfristigen Entwicklung der deutschen Sozialversicherung dar, der erst 1990 mit dem Abschluß der Währungs-, Wirtschafts- und Sozialunion und der damit verbundenen Transferierung des westdeutschen Versicherungssystems in die ehemalige DDR seinen Abschluß fand[115].

Versorgungswerk war Bestandteil des „Sozialwerkes des Deutschen Volkes" der DAF. Zu den weiteren Elementen dieses Gesamtmodells zählte das Gesundheitswerk, die Berufserziehung, der soziale Wohnungsbau und die geplante Reichslohnordnung. Vgl. als jüngste Kritik an den Ergebnissen der Reckerschen Studie zur NS-Gesundheitspolitik Roth, Public Health.

[112] Recker, Nationalsozialistische Sozialpolitik, S. 101.

[113] So das zutreffende Urteil von Mommsen, Nationalsozialismus und Modernisierung, S. 395.

[114] Vgl. dazu Hockerts, Sozialpolitische Weichenstellung.

[115] Vgl. Vertrag über die Schaffung einer Währungs-, Wirtschafts- und Sozialunion zwischen der Bundesrepublik Deutschland und der Deutschen Demokratischen Republik vom 18. 5. 1990 (Verträge zur Einheit Deutschlands, S. 9ff.).

Michael Buddrus

Anmerkungen zur Jugendpolitik der KPD 1945/46

„Für uns, die wir aus den Trichterfeldern in die Trümmerhaufen zurückgekehrt sind, erhebt sich die drängende Frage: Wie können wir es verhüten, daß eine ganze junge Generation wieder dermaßen getäuscht und verraten wird? Die Antwort lautet: Seien wir mißtrauisch. Mit dem Glauben soll uns keiner anfangen. Nur noch mit der Vernunft. Einen Stein des Weisen lassen wir uns in der Politik nicht mehr anbieten. Den gibt es nicht. Versuchen wir, den Mächtigen auf die Finger zu schauen und hinter ihre Tricks zu kommen. Die Qualitäten der Politiker werden wir leicht daran erkennen, wogegen sie ankämpfen. Sie sind in Ordnung, wenn sie ihren Kampf gegen zwei Dinge führen. Erstens: gegen die Ausbeutung des Menschen durch einen Mitmenschen, gegen die Ausbeutung einer Schicht, einer Klasse, einer Nation durch die andere. Und zweitens: wenn sie kämpfen gegen jede Art von Geistesbetäubung und Gewissenszwang."

Peter von Zahn, 1946[1]

Folgt man herkömmlichen Definitionen, legt hierbei den kleinsten gemeinsamen Nenner zugrunde und interpretiert *Politik* als „konsequentes, zielbewußtes Handeln", das sich „an tatsächlichen oder theoretischen Alternativen orientiert" und eine „ordnende Gestaltung der für den Bestand des Gemeinwesens entscheidenden Sach- und Bewußtseinsbereiche zum Gegenstand hat"[2], dann scheint sich die Frage, ob das, was die KPD 1945 in Deutschland unternahm, als *Politik* zu bezeichnen ist, offensichtlich leicht mit „Ja" beantworten zu lassen. Ermittlungen darüber, ob die KPD denn 1945 *Jugend*politik betrieben habe, gestalten sich indes schon komplizierter; denn bislang existieren weder eine allgemeingültige Definition noch eine innerwissenschaftliche Übereinkunft darüber, was denn das überhaupt sei: die Jugendpolitik.

Die Schwierigkeiten beginnen schon damit, daß in dem hier zu betrachtenden Zeitraum, 1945/46, der Begriff *Jugendpolitik* als terminus technicus überhaupt nicht vorkam[3]. Uns begegnet hier das merkwürdige Phänomen, daß von Parteien und Staat in Deutschland seit etwa 1880 etwas betrieben wurde, was in der Tat Jugendpolitik war, aber nicht als solche bezeichnet wurde. Zwar war seit damals allen ge-

[1] Zahn, Verrat an der deutschen Jugend, S. 38.
[2] Hier zitiert nach Brockhaus Enzyklopädie Bd.XIV, S. 743.
[3] Lediglich Anton Ackermann benutzte in seiner Rede auf der Brüsseler Parteikonferenz der KPD den Begriff „Jugendpolitik", allerdings in ironisierender, distanzierender Absicht; vgl. dazu: Partei und Jugend, S. 199.

sellschaftlichen Kräften bekannt, daß von der Gewinnung oder Neutralisierung der jeweiligen „jungen Generation", ihrer wie auch immer gearteten Integration oder entpolitisierenden Atomisierung in hohem Maße abhing, inwieweit die jeweils herrschenden politischen Kräfte in der Lage sein würden, ihre Gesellschaftskonzeptionen durchzusetzen. Und bekannt ist heute auch, daß etwa seit der Gründung des Kaiserreiches in Deutschland staatliche Instrumentalisierungsversuche am „Faktor Jugend" stattfanden und die damit im Zusammenhang stehenden und daraus resultierenden jeweils spezifischen Mobilisierungs- und Funktionalisierungsstrategien wichtige Aufschlüsse darüber ermöglichen, welchen Stellenwert „die" Gesellschaft „ihren" jungen Menschen beimaß. Die sich in Deutschland zumindest seit der Reichsgründung in allen politischen Lagern zunehmend durchsetzende Erkenntnis von der vielfältigen Relevanz des „Faktors Jugend" hatte entscheidend dazu beigetragen, eine den jeweiligen strategischen bzw. tagespolitisch-pragmatischen Bedürfnissen angepaßte Jugendpolitik als relativ eigenständigen Politikbereich zu entwickeln und zu etablieren[4]. Dennoch erreichte in keinem politischen Lager die immer stärker werdende Beschäftigung mit dem „Faktor Jugend" einen Punkt, an dem das auf die Jugend bezogene „zielgerichtete Handeln" auch als „Politik" bezeichnet wurde – es blieb zunächst ein Sachverhalt ohne Benennung.

Die ersten gewissermaßen „amtlichen" Definitionsversuche von „Jugendpolitik" in der Bundesrepublik und in der DDR dokumentieren die unterschiedlichen Betrachtungsweisen dieses Politikbereiches, der mit zum Teil konträren Inhalten gefüllt wurde; sie signalisieren zugleich die Tendenz zu dessen Instrumentalisierung. So wird Jugendpolitik im [west]deutschen Staatslexikon sowohl in einen weiten Kontext gestellt, zu dem „alle politischen Maßnahmen" gehören, „die sich auf die Jugend mitbeziehen", als auch in einem engeren Sinne betrachtet, in dem vor allem die Fürsorgepflicht und das Erziehungsrecht der Eltern, des Staates und der Kirchen hervorgehoben werden und Jugendliche vor allem als unmündige, schutzbedürftige Minderjährige fungieren[5]. Im Wörterbuch zur sozialistischen Jugendpolitik der DDR agieren Jugendliche vor allem als „Hauptreserve der marxistisch-leninistischen Partei", tragen zur „Verwirklichung der historischen Mission der Arbeiterklasse" bei, während Jugendpolitik als „untrennbarer Bestandteil der Gesamtpolitik" der SED bezeichnet wird, die als „Kampf für den Sozialismus und Kommunismus und gegen den Imperialismus" charaktersiert wird und „wissenschaftlich begründet" sei[6].

[4] Vgl. dazu Buddrus, Generation, S. 265 ff.

[5] Staatslexikon, S. 682; darin heißt es weiter: „Jede konkrete Gestalt der J[ugend]politik ist abhängig davon, welche Vorstellungen vom Wesen der J[ugend] ihr zugrunde liegt [...] Alle konkreten Ziele und Maßnahmen der J[ugend]politik sind darüber hinaus bestimmt von der jeweiligen geistigen, sittlichen und sozialen Struktur der Gesellschaft [...] Die J[ugend]politik der B[undes]R[epublik] D[eutschland] wird entscheidend geprägt durch die Regelungen des Grundgesetzes."

[6] Stichworte „Jugendpolitik der SED" und „sozialistische Jugendpolitik", in: Wörterbuch Jugendpolitik, S. 124 ff., S. 245 f. Dazu heißt es weiter: Jugendpolitik sei „die Politik, die den Platz und die Aufgaben der Jugend der DDR und ihrer sozialistischen Jugendorganisation im Kampf für Frieden, Demokratie und Sozialismus wissenschaftlich begründet [...]. In ihrer Jugendpolitik läßt sich die SED von den grundlegenden Gedanken und Hinweisen der Klassiker des Marxismus-Leninismus zur Jugendfrage leiten [...]. Hauptanliegen der Jugendpolitik ist die sozialisti-

Kaum ein anderer, eine Teilpolitik kennzeichnender Begriff ist so klärungsbedürftig wie der der Jugendpolitik. Jugendpolitik bezeichnet ein äußerst diffuses, amorphes, keinesfalls klar umrissenes Feld politischer Ziele, Maßnahmen, Themen oder Akteure, und ohne weitere Charakterisierung bliebe verborgen, ob es sich um eine Politik für oder gegen, mit, von, über oder durch Jugendliche handelt, oder ob von jedem etwas enthalten ist. Die Unübersichtlichkeit dessen, was mit Jugendpolitik gemeint ist, liegt zum einen an der Definition des Begriffes „Jugend". Seit der „Erfindung des Jugendlichen"[7] ist die Literatur zur Begriffsbestimmung von „Jugend" kaum noch zu überschauen. Diese Unübersichtlichkeit nimmt weiter zu, da letztlich alle gesellschaftlichen Sachverhalte, die etwas mit Jugend zu tun haben, sofort auch zu Jugendpolitik avancieren, sobald sie in politischen Kategorien bedeutsam werden; das gilt z. B. für die Bereiche der Kultur-, Sozial-, Bildungs- und Medienpolitik ebenso wie für die Sektoren der Wirtschafts-, Militär- oder Rechtspolitik, was bedeutet: Jugendpolitik avanciert zu einem der größten gesellschaftlich relevanten Politikbereiche. Damit ist ein weites Feld für Diskurse, Mißverständnisse und Definitionsbemühungen abgesteckt[8]. Jugendpolitik als pragmatische wie symbolische Politik erfuhr in Deutschland immer dann starke öffentliche Resonanz, Aufwertung und einen quantitativen Ausbau ihrer Infrastruktur, wenn das Thema Jugend in einem solchen gesellschaftspolitischen Rahmen verhandelt wurde, der für alle Ebenen von Jugendpolitik, d.h für Jugendpolitik als Ressort-, Querschnitts- und Zukunftspolitik, bedeutsam war[9]. Stets folgten Konjunkturen der Jugendpolitik den Entwicklungs- und Modernisierungsschüben der deutschen Gesellschaft, so auch 1945.

1. *„Jugendpolitische" Konzeptionen der KPD*

Um die Voraussetzungen und Intentionen sowie das ideologische und mentale Korsett jugendpolitischen Maßnahmen der KPD im Jahre 1945 betrachten und verstehen zu können, scheint ein Blick in die Vergangenheit unumgänglich, ein Blick darauf, was die KPD bis zu diesem Zeitpunkt unter Jugendpolitik verstanden hatte, auch deshalb, weil erst ein Rückblick zu beleuchten vermag, über welche Erfahrungen und Potenzen die Partei am Ende des Zweiten Weltkriegs auf jugendpolitischem Gebiet verfügte.

sche Erziehung der heranwachsenden Generation durch die Aneignung der marxistisch-leninistischen Weltanschauung".

7 So der Titel eines Buches über die Entdeckung „der" Jugend als Faktor des gesellschaftlichen Lebens in Deutschland und ihre Instrumentalisierung; vgl. Roth, Erfindung.

8 Auch hier kann kein Definitionsversuch unternommen, sondern lediglich auf das Problem verwiesen werden; angesichts der diffusen und oft pragmatischen, augenblicks- und zweckbestimmten Definitionen von Jugendpolitik und ihrer Klientel sowie ihrer variierenden Verwendungsbreite sind übergreifend gültige Begriffs- und Inhaltsbestimmungen wahrscheinlich nicht möglich, so daß im Einzelfall immer wieder neu bestimmt werden muß, was denn eigentlich gemeint sei. Zur historischen Entwicklung, zu Inhalts- und Begriffsbestimmung von Jugendpolitik vgl. die zwar soziologisch angelegte, jedoch auch für historische Betrachtungen äußerst instruktive Studie von Nikles, Jugendpolitik, S. 9–65 und S. 187–195.

9 Vgl. dazu Schefold/Böhnisch, Jugendpolitik, S. 795–808.

Jugendpolitik der KPD war seit 1919 vor allem Jugend*organisations*politik, und unter Jugendpolitik verstand die Partei vorrangig alle Maßnahmen, die der Anleitung des Kommunistischen Jugendverbands (KJVD) dienten[10]. Diese Reduktion von Jugendpolitik auf Jugendorganisationspolitik lag zum einen daran, daß die KPD – in der Weimarer Republik permanent Oppositionspartei – nie Regierungsverantwortung getragen hatte, sich also nie mit Bereichen *staatlicher* Jugendpolitik befassen mußte. Zum anderen aber resultierte die Konzentration auf den eigenen Jugendverband zur Durchsetzung jugendpolitischer Intentionen aus der dogmatischen Übernahme der lenin-stalinschen Perspektiven von Jugendarbeit, die sich allerdings – und hier besteht ein scheinbarer Widerspruch – auf eine Situation des Kommunismus an der Macht bezogen. Lenins Rede über „Die Aufgaben der Jugendverbände" – gehalten auf dem III. Komsomolkongreß im Oktober 1920 –, die noch in den siebziger Jahren als „das wichtigste theoretische Dokument des Marxismus-Leninismus zur Rolle der Jugend und ihrer Jugendorganisation beim Aufbau der neuen, sozialistischen Gesellschaftsordnung" betrachtet wurde[11], galt als grundlegendes *inhaltliches* Fundament der kommunistischen Jugendpolitik. Danach stand „gerade vor der Jugend die eigentliche Aufgabe, die kommunistische Gesellschaft zu schaffen"; zwar könne „die Schulung, Erziehung und Bildung der Jugend" nur „von dem Material ausgehen, das uns von der alten Gesellschaft hinterlassen worden" sei, aber über eine konsequente, zielgerichtete „Schulung, Organisierung und Erziehung der Jugend" könne „eine Gesellschaft geschaffen werden, die der alten nicht gleicht, d. h. eine kommunistische Gesellschaft". Wichtigste Aufgabe der Jugend sei „zu lernen", was wiederum bedeute, „den Kommunismus zu studieren". Lenin zufolge mußte „die gesamte Erziehung, Bildung und Schulung der heutigen Jugend eine Erziehung zur kommunistischen Moral" sein[12]. Nur wenig später schrieb Stalin mit der Definition der Rolle der kommunistischen Jugendorganisation und ihrer Stellung zur Partei den Platz kommunistischer Jugendverbände in der Gesellschaft fest und schuf damit eine Doktrin, die die KPD schon 1925 übernahm und an der auch die SED bis zum Schluß festhielt: Danach müsse „der Kommunistische Jugendverband eine Reserve" sein, „aus der die Partei ihre Reihen auffüllt"; „zugleich aber ist er auch ein Instrument, ein Instrument in den Händen der Partei, mit dem sie die Massen der Jugend unter ihren Einfluß bringt. Konkreter ausgedrückt könnte man sagen, daß der Verband [. . .] ein Hilfswerkzeug der Partei in dem Sinne ist, daß der aktive Mitgliederbestand des Kommunistischen Jugendverbands das Instrument ist, mit dem die Partei auf die außerhalb des Verbandes stehende Jugend einwirkt."[13]

Diese Maximen galten der KPD als Richtschnur. Dabei hatte sich die frühe KPD, ausgehend von ihrer im Vergleich zu den etablierten Parteien ausgesprochen jugendlichen Mitgliederstruktur, in ihrem Selbstverständnis ohnehin als „jugendliche Partei" betrachtet und – analog zur NSDAP – zunächst keine Notwendigkeit für die

[10] Vgl. dazu Pietschmann, KJVD.
[11] Wörterbuch Jugendpolitik, S. 246.
[12] Lenin, Jugendverbände, S. 88–103.
[13] Stalin, Widersprüche, S. 58–61.

Konzipierung einer eigenen Jugendpolitik gesehen. In mehrjährigen Auseinandersetzungen mit ihrer zu eigenständigem Handeln tendierenden Jugendorganisation hatte die KPD-Führung durchgesetzt, daß sich der KJVD der politischen Führung durch die Partei bedingungslos unterordnete, wenngleich „sektiererische Tendenzen" nach 1933 weiter anhielten. Als Schulungsorganisation seiner Mitglieder, als Rekrutierungsfeld für kommunistische Kinderorganisationen, vor allem aber als beliebig zu mobilisierende Wahlkampfhilfstruppe der KPD, zum Teil als ihr Kaderreservoir, sollte der kleine, in seiner Hochzeit etwa 50000 Jugendliche umfassende Verband vor allem den Kommunismus unter der Jugend attraktiv und hoffähig machen. Dabei agierte der KJVD unflexibel und doktrinär; der Verband erwies sich immer weniger als Jugendbewegung, sondern stellte vielmehr eine Art Jung-KPD dar, in die von der Mutterpartei kräftig hineinregiert wurde, und blieb ein Verband, der alle Richtungsänderungen der Partei kritiklos nachvollzog und für die Masse der Jugendlichen unattraktiv und inakzeptabel blieb.

Erst nach der Machtübernahme der Nationalsozialisten, als die HJ auch im Umfeld der Arbeiterjugendbewegung gravierende Werbeerfolge erzielte, die den KJVD in seinem eigentlichen sozialen Umfeld isolierten und ihn in den Status einer sich auflösenden Untergrundsekte abdrängten, als ein Großteil der Mitglieder des KJVD in viele meist sinnlose Widerstandsaktivitäten der KPD gegen das Dritte Reich einbezogen wurde und im NS-Terror verblutete[14], während ein anderer Teil, besonders der Jugendfunktionäre, den stalinistischen Verfolgungen zum Opfer fiel[15], weitete sich besonders unter den KPD-Emigranten in der Sowjetunion der Blick dafür, was konsequente Jugendpolitik zu leisten vermochte, zumal dann, wenn sie von einer Partei praktiziert wurde, die sich an der (Staats-)Macht befand; dies galt sowohl für die Verhältnisse in der Sowjetunion als auch für Deutschland. Mit erschrecktem, hilf- und ratlosem Erstaunen betrachtete die KPD-Führung von Moskau aus die konsequente, nahezu kompromißlose Zusammenfassung der Zuständigkeiten, Aktivitäten und Institutionen bisheriger staatlicher Jugendpolitik und deren Vereinigung mit spezifisch nationalsozialistischen jugendpolitischen Intentionen und Organisationen. Deren pragmatische Konzentration in der Institution des Reichsjugendführers der NSDAP und des Jugendführers des Deutschen Reiches stellte die bislang wirksamste Form jugendpolitischer Fremdbestimmung dar und präsentierte sich den Emigranten als effektives, zweckorientiertes und vor allem erfolgreiches Modell zur Erfassung, Organisation und Mobilisierung von Millionen Jugendlichen, zumal die KPD-Führung widerwillig-verwundert zur Kenntnis nehmen mußte, daß sich ein Großteil der Jugend dem nationalsozialistischen Maßnahmenstaat freiwillig und freudig zur Verfügung stellte.

In Anbetracht der Erfolge der NS-Jugendpolitik, die man nur zum Teil mit Zwangsmaßnahmen erklären konnte, fiel die Einschätzung der eigenen, kommuni-

[14] Vgl. dazu u. a. Jahnke, Jungkommunisten; Jahnke, Jugend im Widerstand; Jahnke/Buddrus, Deutsche Jugend; Hellfeld/Klönne, Die betrogene Generation; Peukert, KPD im Widerstand; Klönne, Jugendliche Opposition; Klönne, Jugendprotest; Bajohr, Isolation.

[15] Vgl. dazu Weber, Weiße Flecken, S. 66ff.

stischen Jugendarbeit recht kritisch aus: So betonte Georgi Dimitroff auf dem VII. Weltkongreß der Kommunistischen Internationale 1935, man „müsse offen erklären: Wir haben unsere Aufgabe, die Massen der werktätigen Jugend in den Kampf gegen die Offensive des Kapitals, gegen Faschismus und Kriegsgefahr hineinzuziehen, vernachlässigt [...] Wir haben die ungeheure Bedeutung der Jugend [...] unterschätzt [...] Unsere kommunistischen Jugendverbände sind [...] immer noch vorwiegend sektiererische, von den Massen losgelöste Organisationen, [die bestrebt sind,] die kommunistischen Parteien und ihre Formen und Methoden der Arbeit zu kopieren. Sie vergessen, daß der kommunistische Jugendverband nicht die kommunistische Partei der Jugend ist."[16] Und Wilhelm Pieck stellte auf der sich anschließenden Brüsseler Parteikonferenz der KPD fest, „daß unser Jugendverband seine große Aufgabe, entscheidende Teile der werktätigen Jugend für den Kommunismus zu gewinnen, nicht gelöst hat". Er rechnete mit dem „Sektierertum in unserer Partei" ab, das dafür verantwortlich sei, daß die „große Bedeutung dieser Aufgabe" nicht begriffen worden sei, man bislang „allen Beschlüssen und Anforderungen zur Lösung dieser Frage gleichgültig" gegenübergestanden sei. Gleichzeitig mußte er konstatieren, „daß es der faschistischen Bewegung sehr viel besser gelungen ist, die Jugend in ihren Bann zu ziehen"[17].

Auch Walter Hähnel, Vorsitzender des ZK des KJVD, hielt 1935 eine „völlige Umgestaltung des Charakters der kommunistischen Jugendverbände durch die Schaffung von überparteilichen wirklichen Massenorganisationen der Jugend" für dringend geboten. Eine „grundlegende Veränderung des Charakters der kommunistischen Jugendverbände" sei auch „deshalb notwendig, weil sie ihren Formen und ihrem Inhalt nach nicht den Wünschen und dem Leben der werktätigen Jugend" entsprächen und „deshalb nicht zu breiten Massenorganisationen werden" konnten; man „müsse offen aussprechen, daß das nicht nur eine Folge der Illegalität" sei, sondern daß die „Wurzeln bereits in der legalen Periode liegen. Wir waren keine Jugendorganisation, sondern eine junge Partei und haben bereits früher nicht dem Leben der Jugend Rechnung getragen."[18] Daraufhin hatte das de facto handlungsunfähige ZK des KJVD zwar im Oktober 1937 zur „Einigung aller jungen Antifaschisten" und zur Bildung einer „freien deutschen Jugendbewegung" aufgerufen, die „dort [in der HJ] wirken und kämpfen [solle], wo die Masse der Jugend ist" und in der „überzeugte Klassenkämpfer im Geiste des Marxismus-Leninismus" erzogen werden sollten[19]. Aber schon 1939, auf der Berner Konferenz der KPD, mußte der

[16] Zitiert nach: Partei und Jugend, S. 181 ff.

[17] Zitiert nach: Brüsseler Konferenz der KPD, S. 61 ff.

[18] Ebenda S. 541 ff.

[19] Zitiert nach Jahnke/Buddrus, Deutsche Jugend, S. 249 ff. Im September 1938 hatten die Führungen von KPD und KJVD entsprechende Richtlinien über die Aufklärungs- und Propagandaarbeit verabschiedet, die von deutschen Jungkommunisten mit der Taktik des „trojanischen Pferdes" unter Anknüpfung an sozialpolitische Forderungen der HJ in der NS-Jugendorganisation geleistet werden sollte (vgl. ebenda S. 280 ff.). Dieses Programm erwies sich aus mehreren Gründen als undurchführbar: Die Akzeptanz des Dritten Reiches unter der Jugend war sehr hoch, jede Art von Widerstand wurde drakonisch verfolgt, und als die Kommunisten ihre illegalen

Parteivorsitzende Pieck resigniert feststellen, daß „wir die Jugendarbeit [erneut] vernachlässigt haben“, die „Verbindungen mit der Jugend im Lande abgerissen“ seien, die Jugendarbeit von der KPD noch immer als „Ressortarbeit“ betrachtet werde, um die man sich nur „nebenbei“ gekümmert habe; ein Fehler sei auch gewesen, mit dem KJVD den Jugendapparat aufzulösen. Nunmehr müsse man darauf drängen, daß „die Jugendarbeit zu einer der wichtigsten Aufgaben“ der Partei avanciere[20].

Nach dem Abschluß der deutsch-sowjetischen Nichtangriffs- und Freundschaftsabkommen, als die KPD-Führung eine neue „Politische Plattform“ ausarbeiten mußte, in der Kritiken an der Politik des Dritten Reiches und an nationalsozialistischen Herrschaftspraktiken zu unterbleiben hatten, erfolgte im Dezember 1939 auch eine von diesen taktischen Zwängen bestimmte teilweise Umorientierung kommunistischer Jugendarbeit. Nachdem der für Jugendpolitik zuständige Ackermann sich geweigert hatte, ein Konzept auszuarbeiten, in dem den Jungkommunisten die Arbeit in der HJ empfohlen wurde, beauftragte Pieck den als deutscher Vertreter bei der Kommunistischen Jugendinternationale (KJI) in Moskau tätigen Hamburger KJVD-Funktionär Hans Mahle mit der Ausarbeitung einer neuen Konzeption. In diesem Papier avanciert der „englisch-französische Kriegsblock“ zum neuen Hauptfeind Deutschlands und der Sowjetunion[21], und die HJ erscheint nicht mehr als Institution zur Kriegserziehung der deutschen Jugend, sondern lediglich als Organisation zur „Mobilisierung des Hinterlandes“. Diese neue Situation erfordere „den beschleunigten Aufbau [!] eines Kommunistischen Jugendverbandes, der tief in den Massen verwurzelt ist [...] und der eine ernste marxistisch-leninistische Erziehungsarbeit leistet. Der Aufbau und die Arbeit des Verbandes müssen dort erfolgen, wo die Jugend in ihrer überwältigenden Mehrheit erfaßt ist, also in [!] den Organisationen der HJ und des BdM“. In völliger Verkennung der realen Situation schätzte die KPD-Führung ein, daß „für die Schaffung einer breiten revolutionären Bewegung der Jugend, deren Initiator, Organisator und Führer der Kommunistische Jugendverband werden muß, günstige Voraussetzungen und zunehmend legale Möglichkeiten gegeben [seien], die von der Partei und dem KJV planmäßig und energisch ausgenutzt werden müssen“[22]. Diese wirklichkeitsferne Programmatik verstärkte die

Kampfmethoden den realen Gegebenheiten in Deutschland anzupassen begannen, „das Bündnis mit anderen Richtungen der Jugendverbände [...] suchten und die Chancen einer zunächst vorpolitischen oppositionellen Strömung in der Jugend des Dritten Reiches zur Kenntnis nahmen, waren ihre eigenen Verluste unter jungen Leuten schon so hoch, daß sich nur noch selten personelle Anknüpfungspunkte für eine neue Art illegaler Jugendarbeit boten“ (Klönne, Jugendverbände, S. 62).

[20] Zitiert nach: Berner Konferenz der KPD, S. 72.

[21] Danach verfolgten England und Frankreich das Ziel, „Deutschland von seinem Freundschaftspakt mit der Sowjetunion loszureißen, das deutsche Volk zu unterjochen, ihm unerhörte Lasten aufzuerlegen, seine nationale Selbständigkeit zu rauben, Deutschland in englische Vasallenstaaten umzuwandeln und das deutsche Volk in den Krieg gegen die Sowjetunion hineinzutreiben“. Diese am 30. 12. 1939 von der KPD-Führung in Moskau verabschiedeten, bislang nicht publizierten „Richtlinien für die Arbeit unter der Jugend und für den Aufbau eines Kommunistischen Jugendverbandes“ sind 1995 erstmals veröffentlicht worden (Lange, Texte, S. 226ff.).

[22] Mit dem neuen KJVD sollten „innerhalb“ von HJ und BDM oppositionelle Jugendliche „im Geiste des Marxismus-Leninismus zu standhaften Revolutionären“ erzogen werden; dazu war

Desorientierung der Kommunisten, aber auch ihre Glaubwürdigkeit, und trug zu ihrer weiteren Isolierung und Erfolglosigkeit bei.

Danach scheint das Thema Jugend, zumindest von der KPD-Führung im Moskauer Exil, lange nicht mehr behandelt worden zu sein. Erst ab Frühjahr 1943, als nach Stalingrad Nachkriegsplanungen zum ersten Mal wieder realistisch schienen, setzten erneut, allerdings eher verhalten, Überlegungen zur Gestaltung auch der künftigen Jugendpolitik ein, die aber – entgegen den Darstellungen der Geschichtsschreibung der DDR – keine greifbaren Ergebnisse zeitigten. Zwar soll auf einer Beratung „führender Genossen" unter Vorsitz von Wilhelm Pieck am 28. Februar 1943 beschlossen worden sein, sechs Arbeitsgruppen zu bilden, die „Richtlinien für die zukünftige Tätigkeit" auszuarbeiten hatten, und es beweise „die Kontinuität in der Entwicklung der Jugendpolitik der KPD, daß sich eine Arbeitsgruppe mit den Fragen der jungen Generation" beschäftigt habe, die neben Empfehlungen für die Ankurbelung des Jugendwiderstands im Reich Vorschläge für die „zukünftige Gestaltung der Jugendarbeit einschließlich der Organisationsformen der Jugendbewegung unterbreiten"[23] sollte. Wahrscheinlich blieb dieses Vorhaben in der Phase der Absichtserklärungen stecken, denn bislang ist kaum etwas über die tatsächliche Existenz einer Arbeitsgruppe für Jugendfragen noch von ihren Arbeitsergebnissen bekannt, wenn man von den weiter unten besprochenen „Vorschlägen der KPD für die Gestaltung der Jugendarbeit nach der Befreiung vom Faschismus" absieht, die – bislang unbelegt – einer von Hans Mahle geleiteten Arbeitsgruppe zugeschrieben werden und im Herbst 1944 entstanden sein sollen[24]. Daß zu den „Ergebnissen der Jugendpolitik der KPD im zweiten Weltkrieg die Ausarbeitung einer gründlichen Analyse der Lage der Jugend und eine detaillierte Konzeption für den Beginn der Jugendarbeit nach der Befreiung vom Hitlerfaschismus"[25] gehört haben soll, zählt als nirgendwo belegte Behauptung zu den legitimatorischen Legenden, die Kontinuität und Kompetenz der KPD vorspiegeln sollen. Eine der KPD-Führung zuzurechnende „gründliche Analyse" ist bislang ebensowenig bekannt wie eine „detaillierte Konzeption" zur Jugendarbeit, und das angesichts der realen Situation eher dürftige, mit verschwommenen sozial- und bildungspolitischen Komponenten ange-

ihnen „am Beispiel der sozialistischen Sowjetunion das Wesen des Sozialismus zu erklären"; anschließend sollten sie als „wichtige Transmissionsriemen zur Beeinflussung der Jugend und zur Schaffung von organisatorischen Stützpunkten des KJV" im RAD, der Wehrmacht und an Hochschulen fungieren (ebenda).

[23] Jahnke, Jungkommunisten, S. 374.

[24] Im September 1995, im Alter von 84 Jahren, verlautbarte Hans Mahle gesprächsweise, er sei Leiter eines Arbeitskreises für Jugendfragen gewesen, der aus 21 Mitgliedern – darunter Russen, Östereicher, Ungarn und zwölf Deutsche – bestanden und zwischen 1938 und 1940 einmal monatlich im alten Kominterngebäude am Kreml getagt habe (vgl. Lange, Texte, S. 224). In einem schon im Februar 1991 mit Wolfgang Leonhard geführten Gespräch äußerte Mahle, „daß es [ab 1943?] eine Jugendkommission im Zentralkomitee" der KPD gegeben habe, deren Vorsitzender er gewesen sei; parallel dazu habe es auch eine „Jugendkommission" im „Nationalkomitee ‚Freies Deutschland'" gegeben (Leonhard, Spurensuche, S. 275). Entsprechende Unterlagen sind bisher jallerdings nicht aufgefunden worden (zu entsprechenden Äußerungen Mahles aus dem Jahre 1977 vgl. Anm. 38).

[25] Jahnke, Jungkommunisten, S. 403f.

reicherte Elf-Punkte-Papier Mahles als vorerst einzig bekanntes konzeptionelles Material kommunistischer Jugendpolitik zwischen 1939/40 und 1944 begründet keine Kontinuität.

Zwar gab es eine umfangreiche Tätigkeit kommunistischer Funktionäre unter jungen Kriegsgefangenen – mindestens jedes vierte Mitglied des NKFD war jünger als 30 Jahre –, die für einen Einsatz im Nachkriegsdeutschland ausgewählt und vorbereitet werden sollten, und bekannt ist auch, daß zahlreiche junge Deutsche an der Seite der Roten Armee gegen Deutschland kämpften[26]. Ungeachtet dessen hatten jedoch die wenigen im Rahmen des NKFD, in Antifa-Lagern und Kriegsgefangenenschulen entstandenen Überlegungen – die, obwohl im weitesten Sinne „antifaschistisch“, entweder den kommunistischen Intentionen nicht entsprachen oder sich an sachlich falschen Voraussetzungen orientierten[27] – letztlich keine Auswirkungen auf die konzeptionelle Gestaltung künftiger kommunistischer Jugendpolitik. Auch von Kommunisten in der westlichen Emigration angestellte oder in den illegalen kommunistischen Gruppen im Reich entstandene konzeptionelle Überlegungen zur Jugendfrage[28] besaßen, da entsprechende Verbindungen zum Zentrum der kommunistischen Weltbewegung fehlten, von Anfang an keine Chance auf Durchsetzung; so konnten letztlich nur jene Positionen aus einem engen Kreis der KPD-Führung an Bedeutung gewinnen, deren „konzeptionelle Geburtsstunde in der Sowjetunion“ geschlagen hatte, „zumal die Vorstellungen der im NS-Regime verbliebenen Kommunisten gleich zu Beginn der Nachkriegsperiode als politisch falsch abqualifiziert und somit als untauglich eingestuft wurden“[29].

Wenn überhaupt, dann tauchte in den Nachkriegsplanungen des kommunistischen Exils der „Faktor Jugend“ vor allem in zwei thematischen Komplexen auf: Zum einen in den Bereichen Umerziehung und Schulreform[30] – Gebiete, die allerdings nicht nur Jugendliche betrafen –, zum anderen im hier näher zu betrachtenden Ressort der „klassischen“ kommunistischen Jugendpolitik, der Jugendorganisationspolitik. Zwar sind – was die Jugendpolitik betrifft – aus der KPD-Führung des Moskauer Exils bislang nur wenige, buchstäblich bruchstückhaft überlieferte konzeptionelle Fragmente bekannt, doch fügen sich diese – unter Beachtung später dichterer Über-

[26] Vgl. Jahnke, In einer Front.

[27] So ging man z. B. davon aus, „daß die Hauptmasse der Jugendlichen vom NS-System gezwungen worden“ sei, in der Rüstungsindustrie zu arbeiten; die daraus abgeleitete „Proletarisierung der Jugend“ rechtfertige deshalb ein Aktionsprogramm, das an der Abschaffung der NS-Jugendverordnungen ansetzen müsse. Weiterhin glaubte man, daß das NS-Regime binnen kurzer Zeit die deutsche Jugend auf das „wissenschaftlich und sozio-kulturell niedrigste Niveau“ nicht nur im internationalen Vergleich, sondern in der Geschichte der Menschheit überhaupt geführt habe (Füssl, Umerziehung, S. 205 f.).

[28] Vgl. z. B. Jahnke/Buddrus, Deutsche Jugend, S. 181 ff., 426 ff.; Mählert, FDJ, S. 38 ff.; Schröder, FDJ; Füssl, Umerziehung, S. 189 ff.

[29] So Füssl, Umerziehung, S. 189.

[30] „Neben den in der kommunistischen Programmatik konsequent vorausgedachten Überlegungen zu Enteignungen und zur Bodenreform präsentierten sich die Themen Schulreform und Jugend als diejenigen Gegenstände, denen für die Umerziehung im neuen Deutschland höchste Priorität beigemessen wurde“ (ebenda S. 190).

lieferungen und mit der Kenntnis nachfolgender Entwicklungen – zu einem relativ aussagekräftigen Mosaik zusammen, das sowohl Kontinuitäten und Wandlungen als auch modifizierte Schwerpunktsetzungen und den sich im Rahmen der Gesamtpolitik verändernden Stellenwert der kommunistischen Jugendpolitik sichtbar machen kann.

Im Januar 1944 hatte die Moskauer KPD-Führung von ihrer Kaderabteilung einen „Überblick über unsere hier verfügbaren Kräfte“ erstellen lassen. In dieser noch weitgehend dem Kaderverständnis der KPD-Führung aus den zwanziger und dreißiger Jahren verhaften Aufstellung – die Liste umfaßte 264 Personen und vermerkte die Spezialkenntnisse der Genossen und deren vorgesehenes Einsatzgebiet in Deutschland nach dem Krieg – sind jedoch weder Jugendliche noch in der Jugendarbeit erfahrene Kader aufgeführt[31]. Erst am 17. April 1944 erörterte Walter Ulbricht, Mitglied einer im Februar 1944 in Moskau geschaffenen Arbeitskommission, die neue Strategien für den Kampf zum Sturz Hitlers und zur Neugestaltung Nachkriegsdeutschlands ausarbeiten sollte, im letzten Punkt seines Referats „neue Fragen“, und zwar im Zusammenhang mit den Themenbereichen „Jugend“, „K. P.“ und „Jugendorganisation [der] Sozialdemokratie“[32]. Eine Woche später referierte Ulbricht in der Kommission zum Thema „Imperialismus zerschlagen“ und erwähnte – wieder am Ende seiner Ausführungen – die „Stärke unserer Position“, die vor allem in der „Losung der Einigung – bes[onders] bei [der] Jugend“ gesehen wurde, und von der er hoffte, sie könne „auch zur Stärkung der KPD“ beitragen[33]. Johannes R. Becher äußerte am 25. September 1944 Vorstellungen zu den künftigen „Kulturaufgaben“ und stellte dabei – wegen der „tiefen Verwahrlosung der Jugend auf Grund der nazistischen Einflüsse“ – „die Umerziehung der Hitlerjugend [als] eine der Hauptaufgaben“ kommunistischer Politik heraus, eine Aufgabe, die er als „nationales Befreiungs- und Aufbauwerk größten Stils auf ideologisch-moralischem Gebiet“ charakterisierte[34].

In dem von Pieck, Ulbricht und Anton Ackermann Ende Oktober 1944 angefertigten Entwurf eines „Aktionsprogramms der kämpferischen Demokratie“, der die in der Arbeitskommission geführten Diskussionen zusammenfaßte, war die Aufforderung zur Bildung einer Jugendorganisation merkwürdigerweise wieder getilgt worden, die Pieck noch kurz zuvor, am 18. Oktober, in seiner Rededisposition zu eben diesem Aktionsprogramm mit den Worten „Schaffung einer fortschrittl[ichen] Jugendbewegung u[nd] Jugendorganisation“[35] erwähnt hatte. Statt dessen war nun

[31] Da jedoch auch die Einsatzgebiete Staat, Verwaltung und Wirtschaft kaum, die Bereiche Agitation, Propaganda und Organisation hingegen sehr stark berücksichtigt wurden, vermutet Erler, daß die Moskauer Führung zu diesem Zeitpunkt noch nicht davon ausging, die KPD werde künftig staatstragende Partei sein (Erler, Heerschau, S. 71–84).

[32] Ulbricht wird hier nach handschriftlichen Notizen Wilhelm Florins wiedergeben („Nach Hitler kommen wir“, S. 167).

[33] Ulbricht wird hier nach handschriftlichen Notizen Wilhelm Piecks wiedergeben (ebenda S. 172).

[34] Zitiert nach ebenda S. 234.

[35] Zitiert nach ebenda S. 248. In diesem Zusammenhang soll auch der Hamburger Jugendfunktionär Hans Mahle mit der Ausarbeitung einer speziellen Konzeption beauftragt worden sein (siehe dazu Anm.24; vgl. Leonhard, Spurensuche, S. 275).

im „Sofortprogramm" des Aktionsprogramms, das unter den Bedingungen der militärischen Besetzung Deutschlands realisiert werden sollte, lediglich von einer unverbindlichen – vielleicht sogar bewußt mißverständlichen – „Erziehung der Jugend im Geiste der wahren nationalen Ehre und des allgemeinen menschlichen Fortschritts"[36] die Rede, vom Aufbau einer staatlichen Begabtenförderung, von Freistellen an Universitäten, vom Verbot der Kinderarbeit, der Förderung der Berufsausbildung und der medizinischen Betreuung Jugendlicher – alles Forderungen, die keine spezifisch kommunistische Programmatik erkennen lassen und zudem Sachverhalte bezeichneten, die im Dritten Reich bereits realisiert waren.

Auch der Hans Mahle zugeschriebene Programmentwurf blieb, was die Frage einer (kommunistischen) Jugendorganisation angeht, merkwürdig blaß und unkonkret. Danach sollte sich die künftige kommunistische Jugendpolitik vor allem mit der Zerschlagung der Hitlerjugend sowie mit Bildungs- und Ausbildungsfragen beschäftigen. Lediglich in Punkt 3 war recht vage von der „Freiheit der Jugend, sich in politischen und gesellschaftlichen Verbänd*en* zusammenzuschließen", die Rede[37]. Diese verschwommenen Positionen waren im Herbst 1944 Gegenstand gegenwärtig nicht genau zu rekonstruierender intensiver Diskussions- und Klärungsprozesse[38], aus denen letztlich die „Traditionalisten", die Verfechter einer Neugründung des KJVD, als Verlierer hervorgegangen sein müssen, denn schon in einem kurz darauf, am 31. Oktober 1944 während des 1. Lehrgangs der Parteischule der KPD gehaltenen Referat, das dem künftigen Organisationsaufbau der KPD gewidmet war, beschäftigte sich Pieck bei seinen Überlegungen, welche Massenorganisationen denn im Nachkriegsdeutschland zu gründen seien, explizit mit der „Frage der Jugendorganisation". In partieller inhaltlicher Anlehnung an Mahle, jedoch nur *eine* Organisation ins Auge fassend, forderte Pieck die „Schaffung einer einheitlichen, antifaschistischen, antimilitaristischen, antiimperialistischen Organisation der Jugend zur Erfassung u[nd] Vereinigung der fortschrittlichen Jugend", und zwar – das war zumindest in der Formulierung neu – „nicht auf parteimäßiger Grundlage, sondern eine breite, außerparteiliche Massenorganisation"; es müsse sich um eine „Kampf-

[36] Zitiert nach: „Nach Hitler kommen wir", S. 268f.

[37] Zitiert nach Jahnke/Buddrus, Deutsche Jugend, S. 484.

[38] Mählert, FDJ, S. 39, verweist unter Bezug auf Äußerungen Mahles aus dem Jahre 1977 darauf, „daß es bei der Ausformulierung dieser Forderung ‚lebhafte Debatten' gegeben habe" und man „nach einer ‚ausführlichen Diskussion in der Parteiführung der KPD und mit Angehörigen des Nationalkomitees Freies Deutschland zu dem Schluß gelangt sei", daß „eine Aufspaltung politisch interessierter Jugendlicher in verschiedenen Organisationen möglichst zu vermeiden" und statt dessen „eine aus der Konzeption des ‚Blocks der kämpferischen Demokratie' abgeleitete einheitliche Massenorganisation aller Jugendlichen" anzustreben sei. In einem 1991 mit Leonhard geführten Gespräch äußerte Mahle, daß er sich „zunächst vorgestellt hatte, in Nachkriegsdeutschland würden unterschiedliche Jugendorganisationen nach parteipolitischen Richtungen entstehen, etwa so wie in der Weimarer Republik". Als er jedoch „in Diskussionen mit Soldaten und Offizieren" des NKFD auf „Ablehnung" gestoßen sei, habe er seine Meinung geändert. Danach wurde nur noch über „eine zukünftige Jugendbewegung diskutiert, in der unterschiedliche Richtungen unter einem Dach zusammengeführt werden sollten" (Leonhard, Spurensuche, S. 275). Dies kann jedoch nicht vor Oktober 1944 gewesen sein, denn in Mahles Entwurf vom Herbst 1944 ist noch von „Verbänd*en*" die Rede.

u[nd] Erziehungsorganisation" handeln, die „von der Jugend selbst geschaffen, selbst organisiert u[nd selbst] geleitet" werde[39].

Dieser – letzlich jedoch nur scheinbare, hauptsächlich verbale – Verzicht auf einen neuen KJVD wurde am 18. Februar 1945 bestätigt. In einem als „Vorschlag für die nächsten Maßnahmen der deutschen Kommunisten" deklarierten Papier, das die Aufgaben für die im Gefolge der Roten Armee nach Deutschland entsandten Arbeitsgruppen von KPD-Funktionären festlegte, hieß es, daß „nach dem Aufbau der Parteiorganisation [der KPD] [...] mit der Schaffung breiter Massenorganisationen zu beginnen" sei; dazu wurde vorgeschlagen, „keinen Kommunistischen Jugendverband zu schaffen, sondern eine breite antiimperialistische demokratische Jugendorganisation unter der Bezeichnung ‚Freie deutsche Jugend' oder so ähnlich"[40]. Diese 1945 anvisierte Organisationsbezeichnung ging vermutlich auf die Initiative der KJVD-Führung zur Bildung einer „freien deutschen Jugendbewegung" von Oktober 1937 zurück, eine Konzeption, die die Schaffung von scheinbar überparteilichen, tatsächlich jedoch unter Führung der Kommunisten stehenden Jugendstrukturen anregte, und die danach in Prag und Paris, vor allem aber in Großbritannien, zumindest in Ansätzen realisiert werden konnte[41], in ihrem inhaltlichen Kern freilich schon auf der während der Brüsseler Parteikonferenz beschlossenen Volksfrontstrategie für den Jugendsektor basierte und dort von Anton Ackermann detailliert begründet worden war: Unter dem Eindruck der eigenen Niederlagen und bestärkt durch die neue bündnispolitische Taktik der Kommunistischen Internationale hatte Ackermann seinerzeit ein jugendpolitisches Modellkonzept entwickelt, wonach in einem kommunistisch verfaßten deutschen Staat – von dieser Illusion hatte man sich 1935 noch nicht befreit – die dominierende Rolle der Partei im Jugendbereich – auch davon ging man nicht ab – durch einen äußerlich pluralen, in Wahrheit jedoch eng auf die herrschende Partei fixierten Jugendverband realisiert werden sollte, der deren Ideologie unter möglichst vielen Jugendlichen zu verankern habe. Im Rahmen der 1935 von der KPD-Führung verfolgten Einheits- und Volksfrontpolitik wurde auch die Schaffung einer einheitlichen, antifaschistischen und nach außen hin demokratischen Massenorganisation der Jugend projektiert, in der sich „ohne Rücksicht auf weltanschauliche, religiöse und sonstigen Unterschiede alle nichtreaktionären, nichtfaschistischen, fortschritttlichen Kräfte der jungen Generation [...] vereinigen" sollten. Die Schaffung einer breiten, de facto jedoch kommunistischen Jugendorga-

[39] „Nach Hitler kommen wir", S. 287. Damit befand sich Pieck noch in Übereinstimmung mit Lenin, der davon ausging, daß sich die Jugend „zwangsläufig auf *anderen* Wegen dem Sozialismus nähert, nicht auf *dem* Wege, *nicht in der Form, nicht in der* Situation, wie ihre Väter", weshalb die Kommunisten „unbedingt *für die organisatorische Selbständigkeit* des Jugendverbandes eintreten" müßten (Lenin, „Jugend-Internationale", S. 164, Hervorhebungen im Original). Diese Aussage Lenins wurde in der DDR stillschweigend übergangen.

[40] „Nach Hitler kommen wir", S. 333f. Einen Tag vorher, am 17. 2. 1945, war in einer Besprechung zwischen Pieck, Ulbricht und Ackermann als eine der „in den von [der] R[oten] A[rmee] befreiten besetzten Gebieten" zu lösenden Aufgaben die „Schaffung einer breiten demokratischen antiimperialistischen Jugendorganisation" vereinbart worden (Keiderling, Gruppe Ulbricht, S. 200ff.).

[41] Vgl. dazu Schröder, FDJ, und Füssl, Umerziehung, S. 206–212.

nisation galt als entscheidende Voraussetzung, um überhaupt Jugendpolitik betreiben zu können.

Aus der Erkenntnis heraus, daß „unser Jugendverband so schwach, so in sich abgeschlossen" sei, daß „in der Vergangenheit die Stimmungen, Bestrebungen und Wünsche der Jugendlichen [...] oft unbeachtet" geblieben und wirtschaftliche, kulturelle und sonstigen Bedürfnisse der Jugend „meist ignoriert" worden seien und sich der „Jugendverband ausschließlich als politische Organisation" betrachtet habe, war Ackermann zu dem Schluß gelangt, daß die „in der Partei überlieferte, schädliche Einstellung zur Jugend [...] wie eine gefährliche Abweichung bekämpft" werden müsse. Die „Schaffung einer einheitlichen Massenjugendorganisation" sei aber „ohne eine grundlegende Änderung des Charakters unseres Jugendverbandes nicht möglich"; sie sei „nicht möglich ohne die gründliche Abkehr von der sektiererischen Nachahmung der Partei. Die notwendige Änderung des Charakters unseres Jugendverbandes" erfordere, „mit dem Zustand Schluß zu machen, daß die Politik den ganzen Charakter, das ganze Leben des Jugendverbandes" ausmache. Die zumindest noch 1935 konzedierte „Entpolitisierung" ging einher mit – wie die weitere Entwicklung zeigte – lediglich deklamatorischen und nur scheinbaren Unabhängigkeitskonzessionen. „Die Hauptsache bei der Schaffung der freien deutschen Jugendbewegung" sei, so Ackermann, „das volle demokratische Recht der Mitglieder, selbst zu bestimmen, auf welchem Boden die Vereinigung vor sich gehen, welchen Namen die Organisation tragen und wie sich das innere Leben entfalten" solle. Um eine möglichst große Breitenwirkung zu entfalten, empfahl Ackermann, zunächst sogar bereit zu sein, „auf die Formel der Anerkennung der Diktatur des Proletariats verzichten".

Bei diesem neuen Kurs auf einen Einheitsjugendverband stelle sich aber trotz oder wegen der eingeräumten Konzessionen „die Kaderfrage [...] auf neue Art"; diese war im kommunistischen Führungsverständnis der Dreh- und Angelpunkt: „Die Rolle der Kader wird zur entscheidenden Frage". Zwar gehöre „der Jugendorganisation die weitestgehende Selbständigkeit", aber heiße das, daß sich das Verhältnis zwischen Partei und Jugend lockere? „Keinesfalls", so der KPD-Funktionär, denn „in unserer Partei gibt es zweifellos solche Menschen, die fähig sind, gute Funktionäre des [letztlich kommunistischen] Jugendverbandes neuer Art zu werden". Die Partei müsse und werde „gute Kader im Jugendverband haben", deren Aufgabe es dann sei, „jugendgemäß ihre Pflichten als Kommunisten zu erfüllen"[42].

An diese Überlegungen von 1935 – Schaffung eines nach außen hin überparteilichen, weltanschaulich vermeintlich breiten, jedoch von kommunistischen Kadern geführten Jugendverbandes – knüpften Pieck und die KPD-Führung also zehn Jahre später, im Oktober 1944 und im Februar 1945, wieder an; ihnen war klar, daß ein solcher Verband und „die pol[itische] Erziehung der Jugend [...] sehr viele Kräfte erfordern" und man „bes[onders] in Jugendfragen geschulte Kader" benötigen werde[43].

[42] Zitiert nach: Die Brüsseler Konferenz, S. 339ff.
[43] Zitiert nach: „Nach Hitler kommen wir", S. 282.

2. *„Tabula rasa" – die KPD und die „Jungfaschisten"*

Die Initiativgruppen der deutschen Kommunisten, zu denen – bis auf Hans Mahle – keine in der KPD-Jugendarbeit erfahrenen Kader gehörten, hatten bei ihrer Rückkehr nach Deutschland im Windschatten der Roten Armee keine speziell jugendpolitische Richtlinien im Gepäck – sieht man ab von den oben dargelegten Überlegungen zur Schaffung einer kommunistisch inspirierten und geführten Jugendorganisation und von allgemeinen, auch die Jugend einbeziehenden Konzeptionen zur Umerziehung der Deutschen. Selbst die Leitung der im Mai/Juni 1945 geschaffenen Sowjetischen Militäradministration in Deutschland (SMAD) verfügte außer vagen Vorstellungen von der Schaffung eines „anderen Deutschland" über keine geschlossene Konzeption zur Gestaltung ihres Besatzungsregimes im Nachkriegsdeutschland[44]; entsprechend fehlten auch klare Vorstellungen von einer künftigen Jugendpolitik in Deutschland[45]. Auch bei den letzten Zusammenkünften mit den „Reisenden", d. h. den für einen ersten Einsatz in Deutschland vorgesehenen KPD-Mitgliedern, die am 15., 25. und 29. April 1945 in Moskau stattfanden, wurde das Thema Jugend oder Jugendorganisation nicht behandelt – weder bei den Überlegungen über den „Kadereinsatz im Lande" noch bei den „Richtlinien für die Propaganda" oder den „Richtlinien für die Arbeit"[46].

Von den neun Kommunisten der „Gruppe Ulbricht", die Anfang Mai 1945 in der zweieinhalb Millionen Menschen zählenden Reichshauptstadt ihre Arbeit aufnahm, sollte sich einer, Hans Mahle, auch mit Jugendarbeit befassen[47]; als dieser jedoch – ohne die KPD-Führung auch nur zu konsultieren – von der SMAD zum Aufbau des Berliner Rundfunks abkommandiert wurde, hielt man ersatzweise auch Wolfgang

[44] Vgl. dazu Tjulpanow, Erinnerungen, und Foitzik, SMAD.

[45] So auch Sergej Tjulpanow: Erinnerungen an unsere Zusammenarbeit bei der antifaschistischen und sozialistischen Erziehung der deutschen Jugend, Leningrad (25. 8. 1972), SAPMO, EA 1842. Demgegenüber verfügte die amerikanische Besatzungsmacht über differenzierte Kenntnise, Vorstellungen und Instrumentarien zur Gestaltung der Jugendarbeit in ihrem Herrschaftsbereich; vgl. dazu besonders Rathfelder/Schubert/Wild, GYA.

[46] Vgl. Keiderling, Gruppe Ulbricht, S. 270–288. Gert Noack stellt zwar angesichts der fragmentarischen jugendpolitischen Überlegungen für die Jahreswende 1944/45 eine sich immer zuspitzende Verengung der wenigen pluralistischen und demokratischen Komponenten der angeführten Konzeptionen zur „Jugendpolitik" fest, glaubt aber darüber hinaus „strategische Planungen" für eine Jugendarbeit ausmachen zu können, die sich auf ein „breites Bündnis" orientiert, eine Rückkehr zum klassischen Parteijugendverband ausgeschlossen und „Umerziehung" zum Hauptinhalt gehabt habe; gleichzeitig muß er jedoch „das Fehlen jedweder konkreten organisatorischen Vorbereitung und personellen Vorstellungen" in der KPD-Führung konstatieren (Noack, Jugendpolitik, S. 72f.). Hinzu kommmt, daß die Initiativgruppen zunächst keine eigenständige Jugendpolitik betrieben und wegen des alliierten Verbots auch nicht betreiben konnten, durch die Besetzung der kommunalen Volksbildungsdezernate und Personalbüros mit Kommunisten allerdings die strukturellen Voraussetzungen für eine künftige Steuerung der Jugendarbeit schufen.

[47] Nach einem Gespräch mit Hans Mahle (Februar 1991) kommt Leonhard zu dem Schluß, daß „ursprünglich Hans Mahle für die Leitung einer zukünftigen Jugendbewegung vorgesehen [war] – eine Aufgabe, die später, nach einigem Hin und Her [u. a. nach dem Leonhard von Ulbricht erteilten Auftrag, eine Konzeption für Jugendarbeit zu erstellen], Erich Honecker übertragen wurde" (Leonhard, Spurensuche, S. 275).

Leonhard, der sich eigentlich der ideologischen Schulungsarbeit widmen sollte, wahrscheinlich wegen seines jugendlichen Alters auch für den Aufbau neuer Jugendstrukturen für geeignet und beauftragte ihn mit entsprechenden Vorarbeiten. Die Version Erich Honeckers, wonach er am 10. Mai 1945 im vorläufigen Sitz des ZK der KPD Walter Ulbricht begegnet sei, und dieser ihn – weil er einen von Leonhard verfaßten Entwurf für „unbrauchbar" hielt – „beauftragte, Grundlinien für die Jugendarbeit der KPD in den nächsten Wochen und Monaten auszuarbeiten"[48], kann schon allein deshalb nicht stimmen, weil Leonhards Entwurf das Datum des 2. Juni 1945 trug[49]. Leonhards Entwurf für die künftige Jugendarbeit, der als wichtigste Aufgaben zunächst Arbeitseinsätze, Jugendsport, Kultur- und Mädchenarbeit vorgesehen hatte, war in der Tat auf Ulbrichts Ablehnung gestoßen, offensichtlich auch deshalb, weil in ihm der Interimscharakter der zu schaffenden Jugend*ausschüsse* – die nach Leonhards Vorstellungen „hauptsächlich [von] Erwachsenen" geführt werden sollten – zu deutlich hervorgetreten und die zu schaffende Jugend*organisation* schon zu offensichtlich antizipiert worden war. Die von Leonhard anvisierte „freie deutsche Jugendorganisation" sollte zudem „unbedingt auf vollständig freiwilliger Grundlage geschaffen" werden; in ihr sollte „das demokratische Mitbestimmungsrecht der Jugendlichen gesichert" und das ",Führerprinzip' restlos ausgerottet sein"[50].

In den fragmentarischen, zudem nur bruchstückhaft überlieferten Überlegungen zur Jugendpolitik ist eine grundlegende konzeptionelle Wandlung, nämlich der

[48] Honecker, Aus meinem Leben, S. 114. Die Darstellung Honeckers, der „damals nicht zu den ‚führenden Genossen'" gehört hatte und „nicht die erste Wahl" war, hatte vor allem das Ziel, sich als Mann der „ersten Stunde" zu präsentieren (Leonhard, Revolution, S. 116f., S. 151ff.). Noack, Jugendpolitik, S. 74, belegt die „eher zufällige Personalentscheidung" zugunsten Honeckers, der Ulbricht unbekannt war und auch „in keinem Dokument der Gruppe Ulbricht auf"-taucht; lediglich der große Kadermangel gestattete Honecker, der zudem einer Parteiüberprüfung ausgesetzt war, diesen Karrieresprung, der nur unter den Bedingungen des Jahres 1945 möglich war, und in dessen Verlauf Honecker – noch im August 1945 lediglich „Mitarbeiter des Sekretariats für Jugendfragen" bzw. eines von zwei Mitgliedern der Abteilung Jugend des ZK – sich zum Verantwortlichen für die Jugendarbeit der KPD entwickeln konnte.

[49] Vgl. „Über die Bildung von Jugendausschüssen. 1. Vorschlag" (2. 6. 1945), SAPMO, ZPA, IV 2/16/212, Bl. 262–265. Das von Wolfgang Leonhard und J. Baldauf fertiggestellte Papier ist erstmals veröffentlicht bei Noack, Dokument zur Jugendpolitik, S. 236–239.

[50] Außerdem müsse die neue Organisation „die Jugend zum selbständigen Denken, Handeln und Verantwortungsgefühl erziehen und so der Jugend die Möglichkeit geben, daß im Laufe der Zeit ihre besten Vertreter an leitenden Stellen im Aufbau und den demokratischen Verwaltungsorganen mitarbeiten" (zitiert nach ebenda S. 239). Mählert kommt zu einer genau entgegengesetzten Einschätzung des Leonhard-Papiers, in dem er die Vorwegnahme „wesentlicher Elemente der KPD-Jugendpolitik" erkennen will, u. a. den Vorschlag, die „in den verschiedenen Stadtbezirken bestehenden Jugendorganisationen ‚zu liquidieren und aus ihren besten Kräften' Jugendausschüsse zu bilden" (Mählert, FDJ, S. 42). Ulbrichts Ablehnung habe sich demnach nur auf Leonhards Anregung bezogen, keine Jugendlichen, sondern Erwachsene als Leiter der Jugendausschüsse einzusetzen, eine Argumentation, die nicht überzeugen kann. Auch Noack irrt, wenn er im Gegensatz zu früheren und späteren eigenen Erklärungsversuchen behauptet, die in Berlin praktizierte Vorgehensweise habe auf einem „Konzept", nämlich der „Sammlung von Jugendlichen in Ausschüssen", ihrer „Betreuung durch ‚erprobte Antifaschisten' und [der] Entwicklung einer Einheitsjugendorganisation aus den Jugendausschüssen" – alles „in der Tradition der im Moskauer Exil ausgearbeiteten Vorstellungen" – beruht (Noack, Dokument zur Jugendpolitik, S. 234): Bis Juni 1945 war von Jugend*ausschüssen* noch nie die Rede gewesen.

Schritt von der noch bis Juni 1945 beabsichtigten Schaffung einer einheitlichen Jugend*organisation* zur Bildung von zahlreichen Jugend*ausschüssen* fast unmerklich vollzogen worden und anhand der bislang bekannten Unterlagen nicht eindeutig zu rekonstruieren. Dieser konzeptionelle Wandel mag mit darauf zurückzuführen sein, daß die Jugend diejenige Bevölkerungsgruppe des Dritten Reiches darstellte, die mit Abstand am stärksten in NS-Organisationen erfaßt war[51]. Daher glaubte die sowjetische Besatzungsmacht – die ebenso wie die Westalliierten zeitweise die reale HJ mit der Propagandafiktion Werwolf gleichsetzte[52] – im Unterschied zur Neukonstituierung von Parteien, Gewerkschaften und anderen Erwachsenenverbänden im Jugendbereich den Weg zu einer *Organisation* nur über vorbereitende *Ausschüsse* gehen zu können; auch im Westen wurde die Zulassung von Jugendorganisationen zunächst sehr restriktiv gehandhabt. Möglicherweise war die sowjetische Besatzungsmacht deshalb der Auffassung, daß man bei der nahezu totalen Erfassung der Jugendlichen in der HJ nicht a priori davon ausgehen könne, diese Bevölkerungsgruppe mit den vorerst wenigen kommunistischen Führungskadern wirksam erfassen und kontrollieren zu können. Auf diesen Aspekt ist in der vorliegenden Literatur bereits mehrfach verwiesen worden[53]; unklar bleibt indes, warum dieser Gedanke – zunächst Ausschüsse, dann Organisation – erst im Frühjahr/Sommer 1945 ernsthaft in die Politikplanung einbezogen worden ist. Denn wie aus allen einschlägigen Unterlagen hervorgeht, gingen die Führungen der KPD und der KI doch bereits seit 1935 von einem hohen Erfassungsgrad von Jugendlichen allein in der HJ und einer starken nationalsozialistischen Indoktrinierung der gesamten jungen Generation aus.

[51] Anfang Mai 1939, also unmittelbar nach dem Erlaß der Zweiten Durchführungsverordnung zum Gesetz über die Hitlerjugend vom Dezember 1936, mit der der Beitritt aller Jugendlichen zur HJ zur Pflicht erklärt worden war, die aber erstmals 1940 zur Anwendung kam, waren mit 8,7 Millionen von 8,87 Millionen Jungen und Mädchen etwa 98,1 Prozent der deutschen Jugendlichen Mitglieder der HJ; vgl. dazu Buddrus, Hitlerjugend, Bd. 2, S. 161 ff.

[52] Vgl. z. B. die zunächst die Vorgehensweise der amerikanischen Besatzungsmacht prägende, später zurückgenommene Einschätzung des US-Soziologen Howard Becker von Anfang 1945: „Unsere große, unmittelbare Sorge wird den zahlreichen Mitgliedern der Staatsjugend zu gelten haben, die trotz der Niederlage sich verzweifelt an ihren Glauben, an das Nazisystem und seine Taten klammern werden. Harmlos aussehende Burschen werden der Nazi-Untergrundbewegung als eifrige Handlanger dienen, und Mädchen mit Zöpfen und sanften Gesichtern werden unaufmerksamen Posten zu plötzlichem Tode verhelfen. Jugendlichen gegenüber, die ständiger Verkehrung ausgesetzt waren, mögen sie sich Werwölfe nennen oder nicht, wird die sofortige und unerschrockene Anwendung von Gewalt das einzige Mittel sein, sie in Schach zu halten; und selbst in günstigstem Falle wird eine Kontrolle nur teilweise möglich sein" (Becker, German Youth, S. 267 f. (überarbeitete deutschsprachige Ausgabe: Vom Barette schwankt die Feder); zur Praxis des Umgangs mit echten oder vermeintlichen „Werwölfen" in der SBZ vgl. Schilde; Jugendliche unter „Werwolf"-Verdacht.

[53] So verwies Jahnke schon 1971 darauf, daß die Remigranten im Sommer 1945 erkennen mußten, daß für die Bildung einer Jugendorganisation die „ideologischen und organisatorischen Voraussetzungen nicht vorhanden" waren (Jahnke, Gründung, S. 737); auch Mählert begründet die Abkehr von der ursprünglichen Konzeption mit dem Mißtrauen der KPD vor einer „nationalsozialistisch erzogenen Jugend" und der entsprechenden Furcht der Besatzungsmacht. Zudem hätten „unmittelbar nach Kriegsende längst nicht genügend zuverlässige Genossen zur Verfügung [gestanden], die in der Lage und vor allem willens gewesen wären, eine solche Organisation zu leiten und zu kontrollieren" (Mählert, FDJ, S. 40).

Ein möglicher Grund für die – freilich nur vorläufige – „Unbrauchbarkeit" der Überlegungen Leonhards vom 2. Juni 1945 (bis 1946 wurden die von ihm formulierten Gedanken nahezu vollständig umgesetzt) mag darin gelegen haben, daß die Bildung von Jugendausschüssen zu deutlich als bloße Vorstufe zu einer Jugendorganisation erkennbar war, ein Schritt, der zwar unmittelbar nach der Ankunft der Initiativgruppen in Deutschland erörtert, vorausgedacht oder geplant war[54], zu dem aber – und dies war entscheidend – eine entsprechende Genehmigung aus Moskau noch fehlte; diese wurde erst am 4. Juni 1945 erteilt. In einer Besprechung zwischen Stalin, Molotow und Schdanow auf der einen und Ulbricht, Ackermann und Sobottka auf der anderen Seite war den KPD-Vertretern nicht nur mitgeteilt worden, daß es „trotz aller Einheit der Verbündeten" in der Perspektive wahrscheinlich „2 Deutschlands geben" werde; hier fiel auch die Entscheidung, vor der „Schaffung [einer] freie[n] Jugendorganisation" im Sinne einer Übergangslösung antifaschistische „Jugendausschüsse" einzurichten, zu deren Führung entsprechende „Jugendkader 1 Monat [lang zu] schulen" und auf ihre Aufgaben vorzubereiten seien[55].

Nachdem in derselben Beratung am 4. Juni 1945 von Stalin die Erlaubnis für den Aufbau der Parteien und Massenorganisationen erteilt worden war – die KPD sollte „Kurs auf [die] Schaffung [einer] Partei der Werktätigen"[56] nehmen – und diese Genehmigung am 10. Juni durch den Befehl Nr. 2 des Obersten Chefs der Sowjetischen Militärverwaltung bekanntgemacht und präzisiert worden war, konzentrierte sich die KPD-Führung bei ihren jugendpolitischen Maßnahmen in der Folgezeit auf drei sich gegenseitig durchdringende und bedingende Aufgabenkomplexe. Wie auch die SED-Historiographie hervorgehoben hat, war „auf dem Weg zur Massenpartei, zur Auffrischung und Verjüngung der eigenen Reihen", eine erfolgreiche Jugendpolitik unerläßlich, und mehr noch: „Der Erfolg der eingeleiteten antifaschistisch-demokratischen Umwälzung hing in hohem Maße davon ab, wie es gelang, die junge Generation als aktiven Mitstreiter zu gewinnen." Dabei kam es – aus Sicht der KPD – vor allem darauf an, „die dem faschistischen Ungeist erlegene Jugend in einem antifaschistisch-demokratischen Sinne umzuerziehen und in den demokratischen Neuaufbau einzubeziehen", die „Herausbildung einer antifaschistisch-demokratischen Jugendorganisation zu unterstützen" und „die fortgeschrittensten Jugendlichen für die KPD zu werben und sie in die Parteiarbeit einzubeziehen"[57].

[54] Nach Noack wollten die sowjetischen Besatzungsorgane in einer „Phase des Experimentierens" – ungeachtet der letztlich ebenfalls geplanten Jugendorganisation – mit den Jugendausschüssen „Erfahrungen und Funktionäre sammeln" und gleichzeitig die KPD-Führung darauf orientierten, „sich auch im Rahmen der angedachten Blockpolitik zunächst mit den anderen Parteien, insbesondere den Sozialdemokraten [über die Gestaltung künftiger Jugendarbeit] zu verständigen" (Noack, Dokument zur Jugendpolitik, S. 235).

[55] Pieck, Aufzeichnungen zur Deutschlandpolitik, S. 50; vgl. dazu die quellenkritische Betrachtung bei Bodensieck, Piecks Moskauer Aufzeichnungen, denen zwar insgesamt zuzustimmen ist, die beim Thema Jugendorganisation, S. 43, aber fehlgehen.

[56] Pieck, Aufzeichnungen zur Deutschlandpolitik, S. 50f.

[57] Benser, KPD, S. 306.

Im Unterschied zu Günter Benser, der in der dritten Aufgabe „den Schlüssel für die Lösung der beiden beiden ersten" erblickte, scheint – wie auch die spätere Entwicklung zeigte – eher die Erfassung und Umerziehung, die Neu-Ausrichtung und Mobilisierung von Jugendlichen in einer von der KPD geführten Organisation die zentrale Voraussetzung und das wichtigste Mittel zur Herrschaftserrichtung, -konsolidierung und -sicherung der Kommunisten in der SBZ gewesen zu sein, zumal die Jugendlichen bis weit in die 50er Jahre hinein einen verschwindend geringen Anteil am Mitgliederbestand der KPD hatten, der sich noch 1946 in den einzelnen Ländern zwischen dem „Fehlen junger Mitglieder" (Sachsen) und drei Prozent (Thüringen) bewegte[58]. Für den von Ulbricht zunächst mit Organisationsaufgaben für die Jugendarbeit beauftragten Honecker war es nämlich „das erste und wichtigste, eine einige antifaschistisch-demokratische Jugendbewegung zu schaffen". Dabei galt es, „ehemalige Funktionäre und Mitglieder des KJVD ausfindig zu machen und [sie] in die Arbeit einzubeziehen"; aber auch frühere Funktionäre der SAJ und „katholisch und protestantisch gebundene Jugendliche [...] sollten für eine vertrauensvolle Zusammenarbeit gewonnen werden". Doch „jene Kräfte der Jugend zu sammeln, die aus den bitteren Erfahrungen der Vergangenheit gelernt hatten", war „leichter gesagt als getan", handelte es sich doch um „junge Menschen im Alter von 14 bis 21 Jahren, die fast alle ehemalige Zwangsmitglieder [...] der faschistischen Jugendorganisationen gewesen waren" und von denen „die meisten dem Neuen abwartend, etliche ablehnend oder gar feindselig gegenüber" standen. „Von diesen Gedanken", so Honecker, „ließ ich mich leiten, als ich im Mai 1945 mit meinen Genossen begann, eine einheitliche antifaschistisch-demokratische Jugendbewegung zu entwickeln", die „junge Menschen aller Klassen und Schichten, [aller] politischen und weltanschaulichen Richtungen umfassen" sollte.[59]

Wer waren diese Jugendlichen? Was wußten die Moskauer KPD-Remigranten, die aus der Illegalität und der „inneren Emigration" hervortretenden und die aus den NS-Haftanstalten befreiten Kommunisten von der deutschen Jugend bzw. welches Bild hatten sie von ihr? Von den 16,2 Millionen Menschen, die Ende 1945 in der SBZ lebten, waren rund 2,2 Millionen Jugendliche im Alter zwischen 14 und 25 Jahren, also 14 Prozent der Bevölkerung. Eine Besonderheit dieser Gruppe Jugendlicher im „klassischen" Alter, auf die sich die vorliegenden Überlegungen konzentrieren, bestand darin, daß sie – als Kriegsfolge – 1945 nur zu 35 Prozent und auch 1946

[58] Vgl. Benser, KPD, S. 308. Nach Unterlagen des Sekretariats des ZK der KPD lag der Anteil von Jugendlichen unter 21 Jahren an der Gesamtmitgliedschaft der KPD im Dezember 1945 im Parteibezirk Berlin bei 2,2 Prozent, in Brandenburg bei 2,4 Prozent, in Thüringen bei 5,5 Prozent, in Sachsen-Anhalt bei 6,6 Prozent und in Mecklenburg bei 10 Prozent (Dokumente zur Geschichte der kommunistischen Bewegung 1, S. 496).

[59] Honecker, Aus meinem Leben, S. 114ff. Aus den zur Tätigkeit der Gruppe Ulbricht überlieferten Unterlagen geht hervor, daß sich die KPD bis zum 11. 6. 1945 nur einmal, während einer KPD-Funktionärsversammlung in Berlin-Steglitz, mit der Frage beschäftigte, „in welcher Weise die Jugendarbeit jetzt geführt werden soll" (zit. nach Keiderling, Gruppe Ulbricht, S. 516ff.). Die Bearbeiter der Protokolle des Sekretariats des ZK der KPD haben bei ihrer Untersuchung der „Hauptfelder der Aktivitäten der KPD 1945/1946" die Jugendarbeit nicht einmal erwähnt (vgl. Dokumente zur Geschichte der kommunistischen Bewegung 1, S. 15–21).

erst zu etwa 40 Prozent aus männlichen Jugendlichen bestand. Und wenn man den Jugendbegriff perspektivisch betrachtet, weiträumiger faßt und auch die Kinder mit einbezieht, bestand die ostdeutsche Gesellschaft Ende 1945 zu 39 Prozent aus bis zu 25jährigen[60] – eine junge, weiblich dominierte Gesellschaft also, die durch Krieg und Kriegsfolgen verworfen und aus ihrem traditionellen Gefüge geraten war. Denn hinzu kam noch, daß von den 2,6 Millionen Jugendlichen des Jahres 1946 im Alter von 14 bis 25 Jahren rund 580000, also 22 Prozent, ‚Umsiedler' waren[61]. Auf die Besonderheiten dieser HJ- oder Kriegsjugendgeneration, die eine starke Binnendifferenzierung aufwies, auf ihre soziale Lage und gesundheitliche Situation, ihre Prägungen und Dispositionen, auf die Befindlichkeiten und Mentalitäten dieses „Erfahrungskollektivs", das durch spezifische Erlebnisse und Grundhaltungen, durch generationskonstituierende Alltagsorientierungen, Denkkategorien, Werturteile und Zukunftsvorstellungen gekennzeichnet war, kann an dieser Stelle nicht eingegangen werden[62]; allgemein sei jedoch auf die Tatsache verwiesen, daß diese charakteristischen Merkmale von den in der KPD-Führung für Jugendarbeit Verantwortlichen konzeptionell nur sehr unzureichend und selektiv berücksichtigt worden sind und, betrachtet man z. B. den kurzlebigen Versuch, in der 1946 gegründeten FDJ eine Mädchenabteilung zu installieren, sich im Bereich der politikwirksamen Handlungen vorwiegend in lediglich formalen Maßnahmen niederschlugen.

Seit Juni/Juli 1945 hatten sich in zahlreichen Städten und Dörfern der SBZ eine Reihe von zumeist älteren Jugendlichen zusammengefunden, die vorwiegend aus NS-resistenten Familien stammten, als Mitglieder früherer Jugendverbände aus den nationalsozialistischen Zuchthäusern, Gefängnissen und Konzentrationslagern befreit worden waren oder aus dem Exil heimkehrten. Sie begannen, Jugendausschüsse zu bilden, die der Orientierung der KPD entsprachen, aber auch Jugendgruppen zu gründen, die sich in ihrer politischen und kulturellen Ausrichtung an dem breiten Spektrum der Jugendbewegung der Weimarer Republik orientierten. Parallel zu regionalen Neugründungen des Kommunistischen Jugendverbands und der Sozialistischen Arbeiterjugend entstanden andere Partei- und Sportjugendgruppen, berufsständische und konfessionell orientierte Kleinstrukturen ebenso wie bewußt unpolitische Esperanto-, Wander- oder Freikörperkulturgruppen[63]. Neben der großen

[60] Berechnet nach: Volkszählung 1945, S. 18 f; Volkszählung 1946, S. 8f.

[61] Vgl. Statistischer Jahresbericht 1947 der Zentralverwaltung für Deutsche Umsiedler, BAP, DO 1–10, Nr. 14, Bl. 96ff. Der Verfasser dankt Michael Schwartz für den Hinweis auf diesen Aktenbestand. Der Anteil der Umsiedlerjugend an der gesamten Jugend der SBZ entsprach dem Umsiedleranteil der dortigen Gesamtbevölkerung. Zum Inhalt, zur Bedeutung und Verwendung des Terminus „Umsiedler" in der SBZ/DDR vgl. weiter oben, S. 235ff.

[62] Vgl. dazu u. a. Jaide, Generationen; Klönne, Deutsche Jugend; Rosenthal, Scherben; Rosenthal, Hitlerjugend-Generation; Schelsky, Generation; Schörken, Jugend 1945; Buddrus, Generation; Badstübner-Peters, Nachkriegskindheit.

[63] Vgl. dazu besonders Klönne, Rekonstruktion von Jugendöffentlichkeit, und Noack, Jugendpolitik, S. 73f., der am Beispiel Thüringens belegt, daß die Moskauer Remigranten „nicht auf eine beliebig formbare Realität", sondern auf vielfältige antifaschistische Initiativen, lokale Zusammenschlüsse und Wieder- bzw. Neugründungen alter Jugendverbände trafen; vgl. auch Freiburg/Mahrad, FDJ; Geschichte der FDJ; Mählert, FDJ, S. 190ff.; Wendt, Berliner Jugendausschüsse.

Masse der Jugendlichen, die zunächst in Apathie, Resignation und Mißtrauen gegenüber jeglichen Organisationsstrukturen verharrten, befaßte sich diese kleine Anzahl aktivistischer junger Menschen mit den ersten Anfängen politisch-pluralistischer Nachkriegsjugendarbeit.

Doch die neben oder vor den Jugendausschüssen entstandenen Jugendstrukturen paßten nicht in das Konzept der KPD[64]. Auf deren Initiative verbot der Chef der Sowjetischen Militäradministration, Marschall Schukow, schon am 31. Juli 1945 alle spontan entstandenen, weltanschaulich pluralistischen Jugendgruppen. Erlaubt waren nunmehr lediglich Gründung und Ausbau von sogenannten antifaschistischen Jugendausschüssen, die aus den „aktivsten antifaschistischen Jungen und Mädels" gebildet werden, „bei den Bürgermeistereien der großen und mittleren Städte"[65] ressortieren und in enger Verbindung mit den Volksbildungsämtern[66] arbeiten sollten. Mit dieser Entscheidung wurde eine Entwicklung eingeleitet, die, dem sowjetischen Vorbild entsprechend, Kurs auf die Gründung eines einzigen, einheitlichen, letztlich von den Kommunisten dominierten Jugendverbandes nahm. Dennoch stellte diese Maßnahme eine der wenigen legislativen Aktivitäten der SMAD auf jugendpolitischem Gebiet dar, denn die sowjetische Besatzungsmacht befaßte sich nach bisherigem Kenntnisstand im Vergleich zu anderen Sachgebieten nur äußerst selten öffentlich mit Details der Jugendarbeit[67]. Statt dessen konzentrierte sich die SMAD mit der Schaffung der Voraussetzungen für eine Monopolstellung der kommunistischen Jugendarbeit[68] und pragmatischen örtlichen Interventionen[69] auf die Gestaltung von günstigen Rahmenbedingungen, innerhalb derer die KPD relativ frei agieren konnte.

[64] Zur Doppelstrategie von Liquidation selbständiger Organisationen und der Integration ihrer Mitglieder in kommunistisch kontrollierte Strukturen in Berlin vgl. Creuzberger, Liquidierung.

[65] Zitiert nach: Dokumente zur Geschichte der FDJ 1, S. 23.

[66] Die Anbindung der Jugendausschüsse an die Bürgermeistereien, später an die Ämter bzw. Verwaltungen für Volksbildung, bedeutete nicht nur einen Stabilitätsfaktor für die noch kaum entwickelte neue Jugendarbeit; sie ermöglichte auch politische Einflußnahmen auf Zielvorstellungen, Organisationsstrukturen, Arbeitsinhalte und personelle Besetzungen, zumal die Volksbildungsverwaltungen in aller Regel von Angehörigen der KPD, selten der SPD, geleitet wurden. Außerdem ließ die SMAD in der noch ungefestigten Parteien- und Organisationslandschaft die außerschulischen jugendpolitisch-pädagogischen Aktivitäten lieber mehrgleisig, d. h. auch durch „staatliche" Stellen bearbeiten; zu den Anfängen der hier nicht behandelten „staatlichen" Jugendarbeit in der SBZ vgl. Hoffmann, Jugendämter, S. 42f. Bemerkenswert ist die Analogie zur Aufbauphase des Dritten Reiches; hier wurde die HJ im Juli 1933 zunächst dem Reichsinnenministerium und ab Mai 1934 dem Reichserziehungsministerium unterstellt, bevor sie im März 1935 als Gliederung der NSDAP ihre „Selbständigkeit" erlangte. Auch der NS-Staat scheint zunächst eine staatliche Kontrolle außerschulischer Jugendarbeit präferiert zu haben; vgl. dazu Buddrus, Hitlerjugend, S.I/56, II/30.

[67] Vgl. dazu Foitzik, Inventar.

[68] Bisher ist bekannt, daß SMAD-Dienststellen auf der zentralen bzw. auf Länderebene im Zeitraum vom Mai 1945 bis zum Dezember 1948 lediglich 39 Befehle, Anordnungen etc. zur Jugendproblematik im weiteren Sinne, darunter elf Befehle, Anordnungen etc. im engeren Sinne, d. h. zu ausschließlich die Jugend betreffenden Angelegenheiten erlassen haben; vgl. Buddrus, Jugendgesetzgebung in Deutschland, unveröffentl. Ms.

[69] Vgl. dazu z. B. Tjulpanow, Deutschland.

In einem Kommentar zur Verlautbarung der SMAD vom 31. Juli erklärte Honecker am 1. August 1945, daß es nunmehr darauf ankomme, „in der deutschen Jugend das von den Nazis getötete Gefühl für Recht und Unrecht, Wahrheit und Lüge, Sittlichkeit und Verbrechen neu zu erwecken, die Naziideologie aus ihren Köpfen zu entfernen" und „die deutsche Jugend zu ehrlichen, aufrechten Menschen zu entwickeln", die „eines Volkes würdig sind, das Männer [!] wie Goethe, Schiller, Heine, Marx, Engels, Beethoven, Thomas und Heinrich Mann, R. Becher u. a. hervorgebracht" habe. Dazu hätten die KPD und die sowjetischen Besatzer als „Ausdruck großen Entgegenkommens" der „jetzigen jungen Generation, die niemals das Recht ihres freien, demokratischen Zusammenschlusses" besessen habe, „die Möglichkeit [gegeben], mit Hilfe der Jugendausschüsse an der Reinigung ihres Lebens vom faschistischen Unrat und an der Neugestaltung ihrer Zukunft mitzuarbeiten"[70]. Und in einem mit „Die Jugend vor neuen Aufgaben" überschriebenen Artikel vom 3. August 1945 behauptete Honecker ferner, daß „kein Ereignis der letzten Zeit die Jugend so tief berührt" habe „wie die Zulassung von Jugendausschüssen in der sowjetischen Besatzungszone", und wandte sich gegen eine nach paritätischem Parteienproporz zusammengesetzte Führung der Jugendausschüsse. Dies sei falsch, denn „die Führung des Ausschusses" werde „ganz von selbst demjenigen Jugendlichen zufallen, der die größte Initiative entwickelt, die besten Vorschläge macht und den größten Eifer besitzt". In Anlehnung an das Konzept Ackermanns von 1935 konkretisierte Honecker Aufgaben und Funktion der neuen Jugendstrukturen: „Neben der ernsten Aufgabe des Jugendausschusses, alle Jugendlichen am Wiederaufbau Deutschlands zu interessieren, aus ihnen Enthusiasten für die Arbeit an den Stellen zu machen, an denen sie heute am notwendigsten geleistet werden muß, darf nicht vergessen werden, daß unsere Jungen und Mädel auch durch Sport, Spiel und Tanz, durch Unterhaltung Lebensfreude notwendig haben." Wenn es den Jugendausschüssen gelinge, „ihre Tätigkeit in Übereinstimmung mit den Interessen, mit den Wünschen und Hoffnungen der Jugend" zu bringen, so bestehe „kein Zweifel, daß die Jugend hinter ihnen stehen" werde: Die Jugendausschüsse würden „dann zum Motor, zum Erwecker der Masseninitiative der deutschen Jugend"[71].

In der Folgezeit entstanden in zahlreichen Orten der SBZ antifaschistische Jugendausschüsse, deren Führung ehemalige Angehörige der proletarischen Jugendbewegung, besonders Jungkommunisten oder in sowjetischen Kriegsgefangenenlagern und Antifa-Schulen umerzogene Jugendliche, übernahmen – wenn dies die Zustimmung der zuständigen SMAD-Dienststellen fand[72]. Der Zustrom zu den antifaschistischen Jugendausschüssen war vergleichsweise groß; sie erfaßten Ende 1945 bereits

[70] Zitiert nach: Partei und Jugend, S. 232ff.

[71] Zitiert nach ebenda S. 234ff.

[72] So hob Leiter der Informationsabteilung der SMAD hervor: „Natürlich waren die führende Kraft in diesen Ausschüssen die Kommunisten und linken Sozialdemokraten aus den früheren Jugendverbänden. Die sowjetischen Kommandanten aller Ebenen (Länder, Städte, Gemeinden usw.) unterstützten vorbehaltlos die Entstehung dieser Zusammenschlüsse der antifaschistischen Jugend in den Territorien." (Tjulpanow, Deutschland, S. 204).

10 Prozent der ostdeutschen Jugendlichen. Dies war auch darauf zurückzuführen, daß in den Jugendausschüssen geschickterweise keine „große Politik" betrieben, sondern auf die unmittelbaren und elementaren Bedürfnisse der Jugendlichen eingegangen wurde. In einer Reihe dieser Jugendgruppen entwickelte sich, zunehmend von oben gesteuert, eine produktive Einheit von aktiver Arbeit für die Überwindung der Kriegsfolgen sowie für einen Wiederbeginn wirtschaftlichen, kulturellen und sportlichen Lebens und der Auseinandersetzung mit der jüngsten Vergangenheit[73]. Noch dominierte der ehrliche, offene Meinungsstreit, und das gemeinsame Suchen nach neuen Wegen war geprägt durch ein Jugendleben, das den Wünschen junger Menschen nach Unterhaltung, Tanz, Musik, Kultur, Nähe, Fröhlichkeit und Geselligkeit Rechnung trug[74].

Die Zeit der Unbefangenheit war jedoch schnell vorbei. Denn ungeachtet des Experimentierfeldes Berlin, wo schon seit Juni 1945 ein zunächst tatsächlich überparteiliche Züge tragender Jugendausschuß eingerichtet worden war, wurden die meisten der in der SBZ und auf den zentralen Ebenen installierten Jugendausschüsse von Kommunisten dominiert; diese halfen, die Jugendarbeit zu politisieren, und trugen dazu bei, die Jugendausschüsse in organisatorischer und ideologischer Hinsicht in eine zunehmende Abhängigkeit von der KPD zu bringen[75]. Durch eine geschickte Personalpolitik war die Jugendabteilung der KPD-Führung in der Lage, die Zusammenfassung und Zentralisierung der vielfältigen, regional noch höchst differenzierten und keineswegs homogenen Jugendstrukturen zu betreiben. Die zahlreichen regionalen und kommunalen Jugendausschüsse wurden zunächst länderweise zusammengefaßt und von den zwischen September und November 1945 gebildeten fünf Landesjugendausschüssen[76] angeleitet und kontrolliert. Vertreter der Landesjugend-

[73] Vgl. Buddrus, Einbeziehung, S. 57f.; zur Tätigkeit der Jugendausschüsse vgl. auch: Berichte der Landes- und Provinzialverwaltungen, S. 96f., S. 104f., S. 247ff., S. 266, S. 277, S. 301, S. 313, S. 379, S. 393 und S. 396. Entsprechend den zeitbedingten Vorstellungen und Notwendigkeiten von Jugendarbeit unterschieden sich die ersten praktischen Tätigkeiten der Jugendausschüsse nicht von den letzten „zivilen" Aktivitäten der HJ; vgl. z. B. den Bericht des Landesjugendausschusses Thüringen, in dem über Holz- und Kleidersammlungen, Lebensmittelverteilungen, Kinderbetreuung, Schulspeisung, Weihnachtsfeiern, Spielzeugherstellung, Laienspielgruppen, Umsiedlerbetreuung informiert wurde (ebenda S. 195f.), alles Tätigkeiten, mit denen auch die HJ in der Endphase des Dritten Reiches befaßt war, so daß viele Jugendliche, was die praktische Arbeit betraf, kaum mit Änderungen des Alltagslebens konfrontiert wurden.

[74] Schörken, Jugend 1945, S. 142, bemerkt zutreffend: „Nicht das politische, sondern das kulturelle Leben war der eigentliche Quell des Neuanfangs [...]. Indirekt ermöglichten die künstlerischen Erfahrungen aber auch politische Einsichten. Wer Picasso sah und sich an Ziegler erinnerte, wer Thomas Mann las und daneben Blunck, für den war [...] jedes weitere Wort der Auseinandersetzung überflüssig." Vgl. auch Schwade, Kulturarbeit, und Schwade, Kulturelle Tätigkeit.

[75] So hielt Hermann Gerigk, 1949 gleichzeitig Mitglied der CDU und des Zentralrats der FDJ, in einer retrospektiven Einschätzung für die Jugendabteilung der SMAD fest: „Die Vorläufer der FDJ waren die antifaschistischen Jugendausschüsse. Sie waren durchweg weltanschaulich einseitig orientiert [und befanden sich] in absoluter Abhängigkeit der SED[!]. Die FDJ aus ihnen zu entwickeln, war einer der größten Fehler und belastet als Erbsünde noch heute die Organisation." (Gerigk an SMAD, 14. 5. 1949, SAPMO, FDJ, A 3823).

[76] Interessanterweise wurden sowohl die Landesjugendausschüsse (mit Robert Bialek/Sachsen, Hans Gerats/Sachsen-Anhalt, Ernst Horn/Thüringen, Otto Wiesner/Brandenburg und Waldemar Borde/Mecklenburg) als auch der Zentrale Jugendausschuß (mit Erich Honecker) von Män-

ausschüsse bildeten zusammen mit den Mitgliedern des Berliner Hauptjugendausschusses den bereits am 1. September 1945 installierten Zentralen antifaschistischen Jugendausschuß[77], der organisatorisch an das Zentraljugendamt bei der Zentralverwaltung für Volksbildung gebunden war[78] und die Keimzelle der Führung der im März 1946 gegründeten FDJ bildete. Diese Zentralisierung der Jugendausschüsse im Vorfeld der FDJ-Gründung hatte neben der Effektivierung der Anleitungswege[79] auch die Liquidierung der zahlreichen regionalen Sonderentwicklungen zum Ziel, in denen sich – bislang kaum erforscht – auch mögliche Alternativen zur später praktizierten FDJ-Entwicklung andeuteten[80].

Wie beim Monopolisierungsprozeß der Hitlerjugend wurde auch bei der Bildung der Jugendausschüsse und später der FDJ von den mit Jugendpolitik befaßten Funktionären der gerade wiederbelebten KPD und SPD auf den – freilich fiktiven – Wunsch der Jugend nach Einheit und einheitlicher Jugendorganisation Bezug genommen, der sich, so argumentierten Kommunisten *und* Sozialdemokraten, als geschichtliche Lehre aus der unheilvollen Zersplitterung der deutschen Jugendbewe-

nern geleitet, die die Zeit des Dritten Reiches in Deutschland verbracht hatten; eine Ausnahme bildete lediglich der Berliner Hauptjugendausschuß, der Heinz Keßler, einem ehemaligen Mitglied des NKFD, unterstand (vgl. dazu Noack, Jugendpolitik, S. 77f.). Diese Stellenbesetzung ist nicht nur ein wichtiges Indiz für die These, daß jugendpolitische Überlegungen in Moskau zunächst keine dominierende Rolle gespielt hatten, sondern auch ein signifikanter Beleg dafür, daß weder im Moskauer KPD-Exil noch in den Kriegsgefangenen- und Antifa-Lagern oder auch im NKFD in nennenswertem Umfang „Jugendkader" zur Verfügung gestanden bzw. ausgebildet worden waren. Zu den wenigen Ausnahmen zählt auch Manfred Klein, der nach einer sechswöchigen Schulung in einem Antifa-Lager und vor seiner Verhaftung durch den NKWD als CDU-Vertreter dem Zentralen Jugendausschuß und dem Zentralrat der FDJ angehörte; vgl. dazu Klein, Jugend.

77 Zur personellen Zusammensetzung des in den ersten Wochen mehrfach umgebildeten Zentralen Jugendausschusses und zur Charakterisierung seiner Mitglieder vgl. Mählert, FDJ, S. 59 und besonders S. 69–72.

78 Mit Paul Wandel (KPD) als Chef der Zentralverwaltung, Willy Wohlrabe (SPD) als Leiter ihres Zentraljugendamtes – darin Johanna Starck (KPD) als Leiterin des für die Verbindung mit dem Zentraljugendausschuß und dem Zentralrat der FDJ zuständigen Referats Jugendförderung – und Erich Honecker (KPD) als Vorsitzendem des Zentralen Jugendausschusses sowie mit den Mitgliedern des Zentraljugendausschusses Edith Baumann, Theo Wiechert, Rudi Zimmermann (alle SPD), Heinz Keßler, Gerhard Rolack, Rudolf Mießner, Peter Nelken, Paul Verner (alle KPD) waren die entscheidenden Positionen mit Kommunisten bzw. mit kommunistische Positionen vertretenden Sozialdemokraten besetzt. Dem Zentralen Jugendausschuß gehörten anfangs auch Manfred Klein für die CDU sowie Robert Lange als Vertreter der katholischen und Oswald Hanisch als Vertreter der evangelischen Kirche an.

79 Wie Honecker hervorhob, sollte der Zentrale Jugendausschuß „die Tätigkeit der schon bestehenden Jugendausschüsse [...] lenken" und „durch die Entwicklung einer größtmöglichen Initiative Wegweiser der deutschen Jugend in die Zukunft" sein (zitiert nach Mählert, FDJ, S. 59).

80 Auf diesen Aspekt verweist Noack, Jugendpolitik, S. 77ff. So wirkte sich z. B. die von Robert Bialek in Sachsen ohne jedwede bündnispolitischen Erwägungen oder taktische Rücksichtnahmen verfolgte radikalkommunistische, offen antikonfessionelle Linie zunächst sehr erfolgreich aus – die sächsiche FDJ konnte schon 1946 auf den höchsten Erfassungs- und Organisierungsgrad von Jugendlichen verweisen; weil Bialek damit aber der offiziellen Linie der Zentrale zuwiderhandelte, wurde er wenig später ebenso abgelöst (durch Hermann Axen) wie Hans Gerats (ersetzt durch Robert Menzel), der in Sachsen-Anhalt versuchte hatte, Elemente bündischer Jugendarbeit in der FDJ durchzusetzen.

gung ergebe. Nachdem der SPD-Vorstand in der SBZ bereits am 19. Juni 1945 auf die Wiedergründung der SAJ verzichtet hatte, erklärte auch Ulbricht auf der ersten Berliner Funktionärskonferenz im Auftrage der KPD am 25. Juni 1945: „Wir verzichten auf die Schaffung eines Kommunistischen Jugendverbandes, denn wir wollen, daß eine einheitliche, freie Jugendbewegung entsteht."[81] Dieser Verzicht rief vielfach den Unmut der jugendlichen und teilweise auch der älteren Mitglieder beider Parteien hervor; ihr zum Teil bis in die 50er Jahre anhaltender Protest blieb jedoch ohne Wirkung[82].

Ohne aktive Mitwirkung der SPD wären die Planungen der Jugendpolitik der KPD nicht zu realisieren gewesen[83]. Führende ostdeutsche Sozialdemokraten beteiligten sich – gelegentlich unter Umgehung der innerparteilichen Demokratie – intensiv an der Umsetzung des kommunistischen Konzepts einer Einheitsjugendorganisation. In internen Beratungen von Vertretern des Zentralausschusses der SPD und des ZK der KPD am 24. Januar und am 7. Februar 1946 wurde Einigkeit sowohl über Ziele, Aufgaben und Organisationsstruktur der künftigen FDJ als auch über die vorerst paritätische Besetzung der Führungspositionen erzielt, d. h. die Inhalte und Funktionen der künftigen Jugendarbeit wurden im kleinen Kreise ausgehandelt[84]. Um auch die jungen Mitglieder der bürgerlichen Parteien CDU und LDP[85] und junge Christen beider Konfessionen in die FDJ integrieren zu können, einigte man sich – nachdem die entscheidenden Führungspositionen des neuen Verbandes unter sieben Kommunisten und sechs Sozialdemokraten aufgeteilt waren – auch über deren Repräsentanz durch vier Vertreter aus dem Lager der bürgerlichen und konfessionellen Jugendbewegung, die es der FDJ zumindest in der Anfangsphase erlaubten, sich den Anschein von demokratisch-pluralistischer Überparteilichkeit zu geben. Aber diese Jugendvertreter hatten für die im Hintergrund immer selbstherrlicher agierenden Jungkommunisten nur eine Alibifunktion[86] und sollten der FDJ helfen, ihre Mitgliederbasis zu verbreitern. Denn bereits im April 1949 wurden die CDU- und LDP-Vertreter aus dem Sekretariat des Zentralrats der FDJ verdrängt und die kirchlichen Verbindungsstellen aufgelöst[87], so daß von der Gründung der

[81] Zitiert nach: Partei und Jugend, S. 230.

[82] Vgl. Stößel, Positionen und Strömumgen, S. 187ff., 328ff., 521ff.

[83] Vgl. z. B. die sich von kommunistischen Positionen kaum unterscheidenden jugendpolitischen Vorstellungen führender Sozialdemokraten – u. a. von Fritz Schreiber, Gustav Dahrendorf, Thilo Koch – vom Herbst 1945, in: Jugend auf neuem Wege, S. 19–25.

[84] Im Protokoll der Beratung vom 7. Februar 1946 ist z. B. festgehalten: „Die heutige vierstündige Aussprache im Zentral-Ausschuß der SPD [!] in Anwesenheit von sechs Genossen der KPD und acht [!] Genossen der SPD führte erstens zur Übereinstimmung der Ziele [!] der zu schaffenden Freien Deutschen Jugend, des Organisationsaufbaus der FDJ und der notwendigen Maßnahmen, die zur Gründung der FDJ durchzuführen sind, und zweitens [einigte man sich] auf die Besetzung der verschiedensten Funktionen [!] innerhalb der Reichsleitung." SAPMO, ZPA, IV 2/16/75 und Bl. 85; vgl. auch SAPMO, FDJ, A 796.

[85] Wie später auch die anderen Parteien, durften CDU und LDP keine eigenen Jugendverbände gründen; zu den Anfängen einer Jugendorganisation der LDP(D) vgl. Mählert, Liberale Jugendarbeit.

[86] Vgl. dazu u. a. Klein, Jugend; Lippmann, Honecker; Leonhard, Revolution.

[87] Vgl. zu diesem Prozeß Mählert, FDJ, S. 280ff.

DDR bis zu ihrem Ende die oberste Führungsspitze der FDJ nur noch aus – relativ jungen – SED-Mitgliedern bestand, ein Prozeß, der sich in den FDJ-Leitungen der mittleren und unteren Ebenen parallel dazu fortsetzte. Bereits im Januar 1949 waren von den 460000 FDJ-Mitgliedern fast 20 Prozent gleichzeitig auch Mitglieder der SED, während das Funktionärskorps der FDJ bereits 1948 zu 40 Prozent aus Parteimitgliedern bestand[88].

3. Abkehr von der Ausgrenzung der „Jungfaschisten"

Die Entwicklung der Jugendausschüsse und der FDJ basierte ebenso wie die Gestaltung der Jugendpolitik der KPD vor allem auf der 1935 entwickelten Konzeption, wonach ein äußerlich scheinbar pluraler Jugendverband – in dem sich „ohne Rücksicht auf weltanschauliche, religiöse und sonstige Unterschiede alle nichtreaktionären, nichtfaschistischen, fortschritttlichen Kräfte der jungen Generation" vereinigten – durch geschickte Handhabung und Instrumentalisierung der „Kaderfrage" zum wichtigsten Organ der kommunistischen Jugendpolitik umfunktioniert werden sollte. Ein entscheidendes Dilemma der Situation im Deutschland des Jahres 1945/46 bestand nun darin, daß in der Vortsellungswelt und im Selbstverständnis der KPD-Führung kaum „nichtfaschistische, fortschrittliche Kräfte der jungen Generation" vorhanden waren, die nach Ackermanns Vorstellungen von 1935 zum Aufbau eines „Jugendverbandes neuer Art" zu gebrauchen gewesen wären – weil doch die Mehrheit der Jugend von der HJ erfaßt worden war. Denn die KPD ging etwa bis Ende 1945 – zumindest offiziell – strikt davon aus, daß diejenigen, die Mitglied in nationalsozialistischen Organisationen gleich welcher Art waren, als Faschisten zu betrachten seien, mit denen kein Dialog und schon gar keine Zusammenarbeit möglich sei.

Noch in dem bereits in Moskau formulierten Aufruf des ZK der KPD vom 11. Juni 1945 an das deutsche Volk, der sich explizit auch an die deutsche Jugend richtete, manifestierte sich diese nur wenig differenzierende These von einer deutschen Kollektivschuld, wenn artikuliert wurde: „Nicht nur Hitler ist schuld an den Verbrechen, die an der Menschheit begangen wurden. Ihr Teil Schuld tragen auch die zehn Millionen Deutsche, die 1932 bei freien Wahlen für Hitler stimmten, obwohl wir Kommunisten warnten [...]. Ihr Teil Schuld tragen alle jene deutschen Männer und Frauen, die willenlos und widerstandslos zusahen, wie Hitler die Macht an sich riß [...] und Hitler folgten."[89] Diese Einschätzung galt zunächst auch für die künftige Jugendpolitik. In direkter Anlehnung an diesen Aufruf hieß es noch in einer im Oktober 1945 für Pieck zusammengestellten Analyse: „Wir waren und sind uns darüber im klaren, die Jugend ist ein Teil des deutschen Volkes und hat somit ebenfalls einen Teil der Mitschuld an dem, was unter Hitler geschehen ist."[90] Unmit-

[88] Vgl. SAPMO, FDJ, A 424; vgl. dazu die Zahlen und relativierenden Einschätzungen in: DDR-Jugend, S. 168f., S. 203ff.; dort wird für Ende 1949 von 10,5 Prozent SED-Mitgliedern in der FDJ ausgegangen. Zu den Mitgliederzahlen der FDJ vgl. auch Zilch, Millionen.
[89] Hier zitiert nach: Partei und Jugend, S. 223f.
[90] Zitiert nach Mählert, FDJ, S. 77.

telbar nach der Zerschlagung des Dritten Reiches bestand zwischen der Besatzungsmacht und den Mitgliedern sowie der Führung der KPD noch ein weitreichender Konsens nicht nur über die Schuldfrage, sondern auch über den künftig einzuschlagenden Weg, der eine permanente und dauerhafte Ausgrenzung ehemaliger Nationalsozialisten einschloß. So formulierte das SMAD-Organ „Tägliche Rundschau" noch im Oktober 1945, daß sich „ein von der faschistischen Ideologie politisch und moralisch verderbter Charakter [...] in vielen Fällen überhaupt nicht und in wenigen Wochen oder Monaten schon gar nicht zum Guten wenden" lasse. Ein vom Faschismus „infizierter Mensch" werde „immer schädlich wirken, bewußt oder unbewußt"[91].

Die Übereinstimmung zwischen den führenden Genossen und den Parteimitgliedern währte auch in dieser Frage nicht lange. Mit dem Gespür für die tagespolitisch-pragmatischen Aufgaben und dem Blick auf das politische und Arbeitskräftepotential änderte die KPD-Führung ihre Haltung innerhalb kurzer Zeit. Gegen den Widerstand zahlreicher Kommunisten und Sozialdemokraten hatte die Parteiführung mit Unterstützung der SMAD bereits im Herbst 1945 begonnen, die berufliche Eingliederung der ehemaligen nominellen NSDAP-Mitglieder, zunächst von dringend benötigten hochqualifizierten Facharbeitern, Wissenschaftlern, Technikern und Verwaltungsangestellten, zu betreiben[92]. Sehr bald dachte die Parteiführung jedoch auch an die politische Integration, setzte sich für das aktive Wahlrecht nomineller Pgs ein, und meinte, daß sich die „wirklich ehrlichen und aufbauwilligen Kräfte" unter den Pgs „nach erfolgter Bewährung" in ein „normales politisches Leben" eingliedern sollten[93]. Je näher die Herbstwahlen des Jahres 1946 rückten, umso stärker bemühte sich die SED-Spitze um die Gunst der Pgs und drängte die Mitglieder der SED, endlich auf diesen Kurs einzuschwenken. Als die Parteiführung aber daranging, ehemaligen Nationalsozialisten sogar den Weg ins „Allerheiligste", in die Partei selbst zu öffnen und am 20. Juni 1946 dazu die Erklärung „SED und nominelle Pgs" veröffentlichte, reagierte die Mitgliedschaft mit einem Sturm der Entrüstung und Empörung[94].

[91] Tägliche Rundschau, 18. 10. 1945.

[92] Vgl. dazu Stößel, Positionen, S. 107ff., S. 246ff.

[93] Vgl. z.B die entsprechenden Argumentationen von Ulbricht und Pieck in: *Tägliche Rundschau* vom 6.3., 6.6., 12.6. und 21. 6. 1946.

[94] Auch die Vereinigung der Verfolgten des Nazi-Regimes hatte protestiert und gemeint, sie könne nicht mit ihren ehemaligen Verfolgern zusammenarbeiten (vgl. dazu Stößel, Positionen, S. 419f.; zur selben Problematik siehe auch und Groehler, Verfolgten- und Opfergruppen). Noch 1954 hatten ca. 14 Prozent der SED-Funktionäre vor 1945 der NSDAP bzw. ihren Gliederungen angehört. Bei den Parteimitgliedern werden die möglicherweise durch personelle Kontinuitäten übertragenen Mentalitäten noch deutlicher sichtbar. So gehörten z. B. 26,5 Prozent aller SED-Mitglieder des Bezirkes Magdeburg vor 1945 der NSDAP und ihren Gliederungen an; im Bezirk Halle waren es 34,3 Prozent und im Bezirk Erfurt gar 35,8 Prozent. Der Kreis Wernigerode wies mit 46 Prozent ehemaligen Nationalsozialisten die höchste regionale Konzentration in der SED auf (vgl. SAPMO, ZPA, IV 2/5/25 und IV 2/5/1371). Über solche „störenden" Argumente, geäußert oft von Kommunisten und Sozialdemokraten, die die Zeit des Nationalsozialismus in Deutschland erlebt hatten, setzte sich die aus dem Moskauer Exil kommende Führungsmannschaft der KPD hinweg. So hielt Ulbricht den nichtemigrierten Parteimitgliedern vor, sie hätten

Im Jugendbereich erfolgte der Umschwung von der einstigen Ausgrenzung der „Jungfaschisten“ bis zur Umwerbung und schließlichen Integration der ehemaligen HJ-Mitglieder wesentlich früher und war, dank einer anderen Taktik, von wesentlich weniger Emotionen begleitet. Ausgehend von der Tatsache, daß der größte Teil der deutschen Jugend Mitglied der HJ gewesen war, daß aber gleichzeitig – den Realitäten Rechnung tragend – ohne diese Jugendlichen das Konzept der neuen „einheitlichen, antifaschistisch-demokratischen Massenorganisation der Jugend“ unter kommunistischer Führung nicht zu verwirklichen war, verständigte sich die Führung der KPD im Herbst 1945 über ein gigantisches Umerziehungs- und Integrationsprogramm, das – als umfassende Indoktrination unter neuem Vorzeichen – die Integration von möglichst vielen Jugendlichen in die eigenen Politikbemühungen zum Ziel hatte.

Als sich das Sekretariat des ZK der KPD am 15. September 1945 – erstmals nach Kriegsende -ausführlich mit der Jugendpolitik der Partei befaßte, wurde beschlossen, daß „die Linie der Bildung von Jugendausschüssen in der Sowjetzone“ beizubehalten und „die Entwicklung der Freien Deutschen Jugend [!] als breite einheitliche Bewegung“ zu fördern sei. Der gerade zum Leiter der Jugendabteilung des ZK der KPD berufene Honecker, der in dieser Sitzung gleichzeitig zum Vorsitzenden des Zentralen Jugendausschusses bei der Zentralverwaltung für Volksbildung ernannt wurde und damit zusätzlich ein gewissermaßen (vor)staatliches Amt erhielt, wurde beauftragt, für die Parteiführung eine Beschlußvorlage „über die jungen Nazimitglieder“ [!] auszuarbeiten[95]. In der darauffolgenden Sekretariatssitzung am 23. September 1945, in der auch einer von Ackermann zu leitenden Kommission der Auftrag zur Ausarbeitung der Richtlinien zur „demokratischen Schulreform“ erteilt wurde, gab Honecker seine „Stellungnahme zu den jungen Nazis“ ab. Nach seinem Vortrag beschloß die Parteiführung, daß „ehemalige einfache Mitglieder und unbesoldete untere Funktionäre der Hitlerjugend und des Bundes Deutscher Mädchen [!] als Mitglieder in die KPD aufgenommen werden“ könnten, „wenn sie [...] keine verbrecherischen Handlungen gegen Antifaschisten und Angehörige anderer Völker“ begangen und „aufrichtig mit der nazistischen Ideologie gebrochen“ hätten, was durch „Mitarbeit beim demokratischen Aufbau unserer Heimat“, vorzugsweise in Jugendausschüssen, zu beweisen war. Um dieser Maßnahme größtmögliche Effektivität zu sichern, wurde die untere Altersgrenze zum Eintritt in die KPD auf 16 Jahre festgelegt[96].

in Ermangelung theoretischer Fortbildung keine Kenntnis von der „Weiterentwicklung der wissenschaftlichen Theorie des Marxismus-Leninismus“. Er sprach ihnen außerdem – trotz emsiger Schulungstätigkeit inner- und außerhalb der NS-Haftanstalten – das Prädikat ab, geschulte Marxisten-Leninisten zu sein. Dieses Verdikt erfüllte eine doppelte Funktion: Es ermöglichte den Moskauer Remigranten, sich erneut die Führungspositionen zu sichern, und half gleichzeitig, die große Vielfalt der gesellschaftspolitischen Erwartungen und Aktivitäten der Altmitgliedschaft zu eliminieren und diese auf die Moskauer Linie festzulegen; vgl. dazu Stößel, Positionen, S. 22f., sowie auch weiter oben, S. 181ff.

95 Dokumente zur Geschichte der kommunistischen Bewegung 1, S. 85.

96 Ebenda S. 89. Zu einigen Aspekten der innerkommunistischen Diskussion über die Einbeziehung ehemaliger HJ-Mitglieder in die kommunistische Jugendarbeit, die sich zwischen den Polen „Mitschuld“ und „Unschuld“ bewegte, vgl. Mählert, FDJ, S. 77–79: Am drastischsten hatte

Die Möglichkeit zur Verstärkung und Verjüngung der SED durch ehemalige HJ-Mitglieder war schon seit mehreren Wochen unter anderem dadurch vorbereitet worden, daß die KPD-Führung vehement die Einbeziehung der ehemaligen HJ-Mitglieder in die antifaschistischen Jugendausschüsse anstrebte. Erich Honecker gab dabei eine Marschrichtung vor, die unter Berücksichtigung seiner persönlichen Situation – eine zehnjährige Zuchthaushaft lag erst wenige Wochen hinter ihm – zwar verständlich erscheint, die aber eben auch charakteristisch war für den Stil und die Tendenz des Umgangs der KPD-Führung mit der gesamten Kriegsjugendgeneration. Unter der programmatischen Überschrift „Neues Leben – Neue Jugend" erklärte Honecker am 7. Juli 1945: „Die deutsche Jugend ist durch die verbrecherische Schule Hitlers gegangen" und „zu Schandtaten mißbraucht" worden, die „das Schild unserer Nation befleckten". Einen Ausweg aus dieser Lage sah er ganz mechanistisch darin, „die Herzen und Hirne unserer Jugend" von „chauvinistischem Unrat" zu befreien, um damit den „deutschen Namen wieder reinzuwaschen". Das „Spiegelbild der Umformung der jungen Generation" müsse ihr Einsatz „bei den Aufräumungs- und Instandsetzungsarbeiten, bei der Umschulung aufs Bauhandwerk, bei der Einbringung der Ernte" sein. *Arbeit als Sühne also.* Dabei sollte diese „mißbrauchte Masse" von den „jungen Kämpfern gegen den Hitlerismus", deren „Fahne und Vermächtnis uns heilig ist", geführt werden – also auch von ihm. Ein neuer „Geist aufrechter Gesinnung" sollte, so Honecker, „die Herzen der jungen Generation entzünden" und „eine einige und freie deutsche Jugendbewegung" schaffen. Dort seien dann die „aufrechten jungen Deutschen" mit „den Jugendlichen zur gemeinsamen Arbeit vereint, die ehrlich mit dem Ungeist der HJ gebrochen haben". Die ehemaligen HJ-Mitglieder hätten „keine höhere Pflicht" als „die Generation zu sein, die gutmacht, was die Naziführer an unserem Volk versündigt haben"[97]. Eine wahrhaft schizophrene Situation: Die Jugendlichen sollten wiedergutmachen, was an ihnen verbrochen worden war.

Kurz zuvor hatte sich Walter Ulbricht auf der ersten Funktionärskonferenz der KPD in Berlin schon in ähnlicher Weise geäußert. Am 25. Juni 1945 meinte auch er, daß „die deutsche Jugend nichts anderes gehört [habe] als den Ungeist der Nazipropaganda". Trotzdem habe er „Vertrauen zur deutschen Jugend, daß sie mit Hilfe der erfahrenen Antifaschisten" – also vor allem der Kommunisten – „aus der Katastrophe, in die Hitler Deutschland getrieben hat, lernen" werde. Die Jugendausschüsse hätten die Aufgabe, die ehemaligen Jung-Nationalsozialisten zu nunmehr „ehrlich denkenden Menschen zu erziehen", die „mit jugendlicher Begeisterung [...] am Aufbau einer sauberen [...] Ordnung mitarbeiten" sollten[98]. Und Otto

der Leiter des sächsischen Landesjugendausschuses, Robert Bialek, seine Position formuliert und schon im Oktober 1945 erklärt, daß „80% aller aktiven und wertvollen Jugendlichen bei der HJ bzw. beim BDM und zum größten Teil sogar Führer waren [...] Wir wollen auch, daß sich dieses junge, z. T. sehr wertvolle Menschenmaterial [!] in unseren Reihen befindet"; und die KPD-Bezirksleitung Sachsen vertrat im Dezember 1945 die Auffassung, daß die „HJ-Führerfrage" letztlich „eine Kaderfrage der Freien Deutschen Jugendbewegung" sei.

[97] Hier zitiert nach: Partei und Jugend, S. 230ff.

[98] Ulbricht, Programm, S. 441f.

Grotewohl forderte am 17. Juni 1945 vor den Funktionären seiner Partei, dabei wie Honecker die mentale und psychologische Situation der Kriegsjugendgeneration völlig verkennend, man müsse erneut den „Idealismus der Jugend [...] mobil machen", diesmal „zu einem Kreuzzug gegen Hakenkreuz- und Gamaschenknopfgesinnung", und „die Jugend" zu „einer Generation [...] im sozialistischen Geiste (erziehen)"[99]. Diese Wortwahl – Ausdruck allgemeinen Zeitgeistes wie individueller Geisteshaltungen – war keinesfalls eine Domäne der Politfunktionäre. So drang auch der sozialistische Pädagoge Paul Oestreich, Gründer des Bundes entschiedener Schulreformer, ein Vierteljahr nach Kriegsende unter Verwendung nationalsozialistischer Endkampfterminologie darauf, daß sich die „deutsche Jugend mit voller Hingabe, mit aller Kraft" am Neuaufbau beteilige; dies stelle zwar „die höchsten Ansprüche an die Kapazität der deutschen Jugend". Aber das reiche noch nicht aus, denn die Jugend sei „durch die Hitlerzeit und die Kriegsjahre aus jeder klaren Linie herausgerissen und müde und skeptisch". Deshalb müsse sie erneut „aufgerüttelt werden zu totalen Leistungen, zum Einsatz aller Kräfte", zum „Marsch zum Ganzen", zum „Aufbau volklicher Ganzheit"[100].

Unter direkter Anknüpfung an den von ihm vorbereiteten Beschluß der Sekretariats des ZK der KPD vom 23. September 1945 über die Aufnahme von ehemaligen HJ-Mitgliedern in die KPD eröffnete Honecker den „jungen Nazis" genau einen Monat später erstmals die Möglichkeit, sich in den Jugendausschüssen am Wiederaufbau zu beteiligen. Weil er erkannt hatte, daß „eines der dringendsten Probleme unserer Zeit die Jugendfrage" sei und „Deutschland auf tönernen Füßen" stehe, wenn es „den demokratischen Kräften unseres Volkes" – gemeint war vor allem der KPD – nicht gelinge, „die Herzen der jungen Generation für die neue Zeit zu gewinnen", erklärte Honecker entgegen der ursprünglich verfolgten Linie ganz pragmatisch, daß nunmehr eine „frühere Mitgliedschaft in der HJ und im BDM hinfort kein Hinderungsgrund für den einzelnen Jugendlichen sein [solle], die Stelle im Leben unseres Volkes auszufüllen, zu der er auf Grund seiner fachlichen und geistigen Eignung in der Lage ist". Weil „in den letzten zwölf Jahren fast die gesamte deutsche Jugend durch die Zwangsorganisation der HJ gegangen" sei und nun „vor zertrümmerten und besudelten Idealen" stehe, müsse denjenigen Jugendlichen geholfen werden, durch deren „Reihen ein Erwachen" gehe. Deshalb reichten die Kommunisten

[99] Zitiert nach: Partei und Jugend, S. 228. Auch Kurt Schumacher warb für einen Sozialismus, den man der jungen Generation nahebringen müsse, und forderte „die deutsche Sozialdemokratie" auf, „dabei eine gute, zarte und feine Hand für die Jugend haben", denn jetzt gehe es „nicht mehr um die ältere Generation". Dabei komme den Besatzungsmächten eine entscheidende Aufgabe zu; an die Westalliierten gewandt erklärte er am 27. 1. 1946 in Hamburg: „Ihr gebt uns jetzt soziale und wirtschaftliche Hilfe [...]. Aber auf weite Sicht gesehen, wird diese Hilfe nicht helfen, wir brauchen politische Hilfe von euch, und diese politische Hilfe besteht darin, daß wir der deutschen Jugend wieder sagen können, daß ihr Leben auch lebenswert sei und daß die Demokratie die Freiheit ist, und nicht der Zustand, der dann eintritt, wenn Deutschland zerschlagen am Boden liegt, und daß der Sozialismus die höchste Form der Wirtschaft und der Kultur ist und nicht der Zustand der Verarmung und der Verelendung." (Zitiert nach: Nachkriegsdeutschland, S. 108).

[100] Oestreich, Jugend ohne Abenteuer, S. 58.

„dieser erwachenden, suchenden Jugend, ja sogar den unteren besoldeten Funktionären der HJ die Hand zur Mitarbeit“[101].

In der Jugendabteilung des ZK der KPD bestand ein anfangs durchaus realistisches Bild von der Stimmung und der Lage unter der Jugend[102], wenngleich zu beobachten ist, daß längst nicht alle die Jugend bewegenden Probleme zum Gegenstand kommunistischer Politikbemühungen avancierten, besonders dann nicht, wenn diese die Belange der eigenen, also „befreundeten“ Besatzungsmacht tangierten. So lassen sich die im Oktober 1945 bei einer Zusammenkunft von jetzt in antifaschistischen Jugendausschüssen in Berlin mitarbeitenden ehemaligen HJ- und BDM-Mitgliedern gestellten Fragen, die von einem kommunistischen Jugendfunktionär – möglicherweise Honecker – festgehalten wurden, hauptsächlich zwei Problemkomplexen zuordnen: Kriegsangst und Praktiken der Besatzungspolitik[103]. Und die in der Jugendabteilung des ZK der KPD protokollierten Aussagen der ehemaligen HJ-Mitglieder dokumentieren recht deutlich die Stimmungslage der neu Umworbenen; erkennbar wurde aber auch, wie diese die ersten Maßnahmen der Kommunisten zur Integration der Kriegsjugendgeneration aufgenommen haben.

So gab der 17jährige kaufmännische Lehrling Gerhard B. zu Protokoll: „Auch ich war Mitglied in der HJ. Ich kann auch heute noch nicht sagen, daß alles in Deutsch-

[101] Berliner Zeitung, 23. 10. 1945.

[102] Klönne vertritt die Ansicht, daß die gegenwärtige Forschung kaum noch Möglichkeiten zu empirisch gesicherten Antworten besitze; zu erheblichen Teilen seien die Erfahrungen und Mentalitäten junger Menschen aus jenen Jahren heute nicht mehr exakt zu ermitteln (Klönne, Deutsche Jugend, S. 26f.). Vorherrschend ist dennoch die Ansicht, daß bestimmte Mentalitäten des Dritten Reiches für die große Mehrheit der angesprochenen Jugendgeneration „typisch“ waren. Es liegt nahe, eine vorherrschende Prägung besonders für jene Jahrgänge anzunehmen, die durch so einschneidende Erlebnisse wie die nationalsozialistische Kriegsvorbereitung und -führung nachhaltig beeinflußt wurden; vgl. dazu auch Buddrus, Generation, S. 267ff. Mählert hebt relativierend hervor, daß sich die Defizite einer fehlenden sozialwissenschaftlicher Meinungsforschung „zumindest teilweise anhand der nun zugänglichen Stimmungsberichte und Analysen der Jugend ausgleichen“ ließen, die „vor allem seitens der KPD/SED erstellt“ wurden. Und „unabghängig von ihrer tatsächlichen Übereinstimmung mit der Realität“ sei zu bedenken, daß sie „für die zeitgenössische KPD-Jugendpolitik handlungsleitend“ waren (Mählert, Jugend, S. 72).

[103] Auf die Gefahr eines erneuten Kriegsausbruchs – nun jedoch mit veränderten Konstellationen – bezogen, fragten die Jugendlichen u. a.: „Warum soll es jetzt zum Krieg zwischen Engländern und Russen kommen? Warum werden Deutsche in der englischen Armee ausgebildet? Warum bildet man gerade die Waffen-SS in Dänemark und Lüneburg aus und zieht sie in die englische Armee ein? Die zurückkehrenden Soldaten sagen, daß sie sich den Russen überlegen fühlen und mit den Engländern gegen Rußland kämpfen werden. Wir sehen oft, daß sich Engländer und Russen schlagen. Heute hat in der U-Bahn ein Franzose einen Russen angespuckt. Wie ist es zwischen Polen, Tschechen und Russen? Die Engländer sagen, daß die Russen die Verträge auf dem Balkan nicht einhalten. Gibt es deswegen Krieg? Wie stellt man sich unsere Lebensexistenz vor? Polen hat große deutsche Gebietsteile. Haben wir noch die Möglichkeit zu leben oder sollten nicht viele von uns auswandern?“ Und auf die Alltagsprobleme in der eigenen Besatzungszone eingehend, interessierte die ehemaligen HJ-Mitglieder: „Wann hört die Besetzung Deutschlands auf? Warum werden unsere zurückkehrenden Soldaten jetzt noch ausgeplündert? Warum haben die Russen mein Fahrrad geklaut? Der Haß gegen die Russen ist da. Und zwar deshalb, weil sie sich schlecht betragen haben und heute noch benehmen. Wir wissen auch gar nicht, was die Kommunisten wollen. Die anderen Parteien kennen wir auch nicht“ (SAPMO, NL 36/726, Bl. 201; für die vorliegende Darstellung wurde die ursprüngliche Reihenfolge der festgehaltenen Fragen verändert).

land schlecht war. Dic NSDAP hat nur alles so übertrieben. Dieser Zwang für Andersdenkende, der immer stärker werdende Militarismus, er hat Deutschland geschadet [...]. Wenn das alles auf Wahrheit beruht, was man uns jetzt sagt, dann ist die NSDAP nur zu verabscheuen. Viele zurückkehrende Soldaten sagen jetzt, daß sie nicht so in Rußland gehaust hätten. Was ist Wahrheit? [...] Es ist nur zu begrüßen, [...] daß die frühere Mitgliedschaft in der HJ [...] kein Hinderungsgrund sein soll zur Mitarbeit für die Zukunft. Man müßte dann aber jeden an der Arbeitsstelle wirken lassen, wozu er befähigt ist [...]. Man müßte dann alles umstellen, umschulen, und jeden dort verwenden, wo er gebraucht wird."

Norbert K., 16 Jahre alt und Banklehrling, äußerte im Oktober 1945: „Dann wurde ich Lehrling und ich mußte in die HJ eintreten. Mir hat es dann gefallen – die Kameradschaft. Mein Bruder hat schon gesagt, daß das, was die NSDAP machte, falsch war. Macht man es jetzt aber besser, wenn man uns abstößt, weil wir bei den Nazis waren?" Und sein Bruder, der ein Jahr ältere Verwaltungslehrling Manfred K., präzisiert in seiner Schilderung das Dilemma, in dem sich viele Jugendliche befanden: „Ich war Scharführer der HJ [...]. Die Heimabende waren sehr schön. Es hat uns gefallen. Mit Politik hatten wir zum Schluß schon die Nase voll. Das, was die NSDAP gemacht hat, war nicht richtig [...]. Überall schreibt man jetzt über uns Jugendliche. Wir sind doch nicht schuld an allem. Die Jugend hat Hitler nicht gewählt, sondern die Eltern haben ihn gewählt. Wir wurden früher nicht angestellt, wenn wir *nicht* bei der HJ waren – jetzt schmeißt man uns raus, *weil* wir in der HJ waren. Wer soll sich da noch auskennen?"

Zur neuen, bevorzugt umworbenen Klientel gehörte auch die ehemalige Mädelschafts-Führerin Ruth F.; ihre Weltsicht paßte genau in den Kontext der aktuellen kommunistischen Integrations- und Mobilisierungsbemühungen. Sie bekannte: „Mir hat mein Dienst sehr viel Freude gemacht, denn wir betreuten ja die Soldaten, halfen den Bombengeschädigten und den Flüchtlingen [...]. Ich dachte immer, daß wir mit unserer Hilfe etwas Gutes tun. Als ich aber [...] entlassen wurde, da ich BDM-Führerin war, wurde mir erklärt, ich hätte damit, daß ich diesen Menschen geholfen habe, den Krieg verlängert. Eigentlich bin ich über diese Ansicht etwas enttäuscht. Jetzt bin ich schon seit Mitte Juni in der Jugendgruppe Steglitz. Mir macht die Jugendarbeit sehr viel Freude. Ich glaube, sie ist das einzig Schöne, was ich jetzt im Augenblick habe."[104] Auch diese Stimmen mag Honecker im Ohr gehabt haben, als er Anfang Dezember 1945 auf einer Arbeitstagung der Jugendausschüsse in Berlin erklärte – dabei differenzierte, durchaus verschieden gelagerte individuelle Motivationen pauschal vereinnahmend –, daß die wenigen „Jugendlichen, die sich dem

[104] Ebenda Bl. 202–207. Wahrscheinlich stammte aus derartigen Versammlungen mit ehemaligen HJ-Mitgliedern das empirische Material, das Honecker in seinen am 18. 10. 1945 für Pieck zusammengestellten Bericht über die „Jugendarbeit unter den neuen Bedingungen in Deutschland" (ausführlich zitiert bei Mählert, FDJ, S. 73f.) verarbeitete. Für die KPD waren demnach vor allem die jüngeren Jugendlichen von Interesse: „Am aufgeschlossensten den neuen Aufgaben gegenüber sind die Jungen und Mädchen bis zum 18ten Lebensjahr. Die Älteren stehen den neuen Aufgaben verschlossen gegenüber. Nicht selten weisen sie auf die gute Zeit vor 1939 hin" (ebenda).

Zwang der Hitler-Jugend entzogen" hätten, ohnehin schon – gewissermaßen „objektiv" – „in einer Reihe mit den Mitgliedern der kommunistischen Jugend" stünden. Darüber hinaus aber, so Honecker, „reichen wir jedem einfachen Mitglied der ehemaligen HJ und des Bundes Deutscher Mädel unsere Hand zu gemeinsamer Arbeit am Wiederaufbau, denn sie sind ebenso Betrogene wie unser ganzes Volk [...]. Auch jedem unteren HJ- und BDM-Führer reichen wir unsere Hand, wenn er es ehrlich und aufrichtig mit Deutschland meint."[105]

Die kommunistische Strategie zur Integration aller Kräfte in den Wiederaufbau und in die Schaffung der entsprechenden Organisationen war von Beginn an auch von vorwiegend taktisch motivierten Bemühungen zur Einbeziehung eigentlich nicht paßfähiger Strukturen und Kräfte begleitet und hatte zunächst auch die jungen Christen eingeschlossen, bevor diese schon ab 1950 diffamiert, ausgegrenzt und – 1953, auf dem Höhepunkt des Kesseltreibens – in Form der Jungen Gemeinde, einer „Tarnorganisation für Kriegshetze, Sabotage und Spionage", massiv angeprangert und als „Feinde" verfolgt wurden[106]. Im Dezember 1945 hatte Honecker hingegen noch erklärt, daß erst die „Achtung vor der Auffassung des anderen die Voraussetzung zu ersprießlicher gemeinsamer Arbeit" schaffe, und um die Sympathien der jungen Christen beider Konfessionen geworben: „Die Verschiedenartigkeit des Glaubens und des weltanschaulichen Bekenntnisses sind für uns kein Grund zur Trennung. Wir sind auf diesem Gebiet für volle Toleranz."[107] Auf derselben Tagung versuchte auch der Parteivorsitzende Pieck eine Verbindung zwischen Christentum und der Ideologie der KPD herzustellen, „denn was dem Christentum als die hohe Nächstenliebe vor Augen steht, das soll und wird im Sozialismus seine volle Verwirklichung finden". Nur durch „gemeinsame Zusammenarbeit können wir unser Volk aus dem Chaos bringen". Auf die Restbestände der NS-Ideologie bezogen, bezeichnete er es als Aufgabe auch der Jugendausschüsse, „aus[zu]rotten, was in den Herzen und Hirnen der Menschen" stecke. „Wir müssen der Jugend ein neues Ideal geben, um das es sich lohnt zu kämpfen". Dies könne nur das Ideal der Arbeit sein: „Das Ideal der Arbeit müssen wir der Jugend näherbringen, nämlich die Arbeit zum Nutzen des gesamten Volkes [...]. Das soll das Wesen dieser neuen Arbeit sein, und hinter dieser großen Arbeit steht das große Ideal des Sozialismus."[108]

Die entwickelten Strategien und Konzepte waren also einfach: Nach einer simplen Teilung der deutschen Jugend in jugendliche Widerstandskämpfer und ehemalige Jungfaschisten und deren Differenzierung in einfache Mitglieder und besoldete Funktionäre, folgte eine zunächst zwar zögerliche, letztlich jedoch mit einem Freispruch verbundene, ebenso pragmatische wie generelle Entlastung der lediglich als mißbraucht deklarierten HJ-Generation. Man beließ diesen Jugendlichen unterschwellig zwar ein Schuldgefühl, eine Schuld an der eigenen Verführbarkeit, die aber durch verstärktes Engagement für die neue Gesellschaft abgetragen werden

[105] Zitiert nach: Partei und Jugend, S. 241 ff.
[106] Vgl. dazu Wentker, Kirchenkampf, hier S. 111.
[107] Zitiert nach: Partei und Jugend, S. 241 ff.
[108] Zitiert nach ebenda S. 249 f.

könne. Dieser latent kultivierte Schuldkomplex, gekoppelt mit einem „Vertrauen in die Jugend" an sich, bildete einen Faktor der sich anschließenden Mobilisierungsbestrebungen, durch die die Jugendlichen in die Volkswirtschaft integriert und ihre Annäherung an die KPD und deren Ziele gesichert werden sollte. Die von permanenten Schulderinnerungen untersetzten Entlastungsbestrebungen wurden von einer großen – hier nicht zu untersuchenden – Umerziehungskampagne begleitet[109], in der alle diejenigen, die nicht dem jugendlichen Widerstand und Antifaschismus zugerechnet werden konnten – also die große Mehrheit der deutschen Jugend –, gleichsam als homogene Masse, als monolithisches Objekt kommunistischer Entnazifizierungs- und Indoktrinationsbestrebungen betrachtet und behandelt wurden. Diese Strategie, diese kaum differenzierende, mechanistische Objektbetrachtung der Kriegsjugendgeneration in der unmittelbaren Nachkriegszeit, wird auch in den bislang noch kaum analysierten, oft mit Handlungsanweisungen, Verhaltensvorschriften und Zukunftserwartungen angereicherten Reden kommunistischer Partei- und Jugendfunktionäre deutlich, die, gestützt auf ihr Gesellschaftskonzept und die SMAD, im Glauben an ein unfehlbares Wahrheits- und Deutungsmonopol, Mitte der 40er Jahre erneut eine Massenmobilisierung der (ost)deutschen Jugend anstrebten[110]. Den gleichermaßen umworbenen wie stigmatisierten Jugendlichen, die oft gar nicht wußten, warum sie nun im Unrecht sein sollten, hatten sie doch in ihrem Selbstverständnis lediglich ihre Pflicht erfüllt, wurde jetzt – Ende 1945 – eine zunächst partielle Absolution zuteil und gleichzeitig das Angebot unterbreitet, am Neuaufbau unter kommunistischer Führung teilzuhaben[111].

4. Von den „Jugendausschüssen" zur FDJ

Da die Jugendausschüsse ihre historische Aufgabe als Sammelbecken und Durchlaufstation erfüllt hatten und sich – als zu lockere und unverbindliche Strukturen –

[109] Vgl. dazu Füssl, Umerziehung.

[110] Vgl. z. B. Lenin/Stalin, Über die Jugend; Grotewohl, An die Jugend; Pieck, An die Jugend (1955, 1980); Ulbricht, An die Jugend (1954, 1968); Honecker, Reden und Aufsätze; Sauermann, Revolutionäre Erziehung. Ein in diesem Zusammenhang geradezu „klassisches" Grundsatzreferat hielt der Vorsitzende des sächsische Landesjugendausschusses Robert Bialek am 10. 10. 1945; darin formulierte er: „Die Arbeit der Jugendbewegung ist eine Maschine: Ich betrachte 1. den Heimabend als Saugrohr der Maschine, das einen unpolitischen Jugendlichen anzieht; 2. als ersten Arbeitsvorgang der Maschine das Jugendaktiv; 3. als zweiten Arbeitsvorgang dieser Maschine die Arbeitsgemeinschaft und 4. die individuelle Bearbeitung der Jugendlichen durch unsere Genossen in der Jugend und durch die Partei als letzten Arbeitsvorgang der Maschine, und schwupp da marschiert der Parteianwärter und werdende Kommunist in die KPD" (zitiert nach Noack, Jugendpolitik, S. 78). Zur Funktion und Analyse von an die Jugend gerichteten Politiker-Reden der frühen Nachkriegszeit vgl. Reulecke, Jugend und Jugendpolitik.

[111] Die zunächst aus lediglich fragmentarischen Überlegungen bestehenden Konzeptionen der KPD, die auf einen im „Exil herausgearbeiteten Vorsprung" zurückgreifen konnten (Füssl, Umerziehung, S. 212) und bei Bedarf tagespolitisch-pragmatisch abgewandelt wurden, konnten sich vorerst auch deshalb durchsetzen, weil die anderen politischen Kräfte und Parteien der SBZ über keine tragfähigen Konzeptionen verfügten, bei ihren jugendpolitischen Überlegungen zumeist dem traditionellen Jugendbild verhaftet blieben und außerdem keine Unterstützung der SMAD fanden; vgl. dazu Mählert, FDJ, S. 47ff., S. 197ff.

zunehmend als untauglich für eine straffe Organisation und Mobilisierung der Jugend erwiesen, wurde zum Jahreswechsel 1945/46 Kurs auf die – intern lange geplante – Gründung der FDJ genommen. Im Zentrum dieser Entwicklung stand eindeutig die Führung der KPD; vor allem sie stellte die permanent treibende und führende Kraft in diesem Prozeß dar. Die überlieferte Unterlagen verweisen alle von der KPD/SED verfaßten oder inspirierten Darstellungen über ein angeblich „von unten" gewachsenes Verlangen nach erneuter Organisation von Jugend oder über eine von einem starken Einheitswunsch beseelte Bewegung der Jugend[112] ins Reich selbstlegitimatorischer Legenden und die Realität vernebelnder Propaganda – dies erneut zu betonen, erscheint angesichts aktueller Entwicklungen nicht unwichtig[113]. Die Wirklichkeit war viel prosaischer. Ausgehend von den Lenin-Stalinschen Auffassungen über die Notwendigkeit von Massenorganisationen als Transmissionsriemen kommunistischer Herrschaftsbestrebungen[114] und geleitet von der Erkenntnis, daß zur Durchsetzung der eigenen Gesellschaftspolitik die Gewinnung der jungen Generation unabdingbar war – weshalb diese instrumentalisiert und also organisiert werden mußte –, sowie der Tatsache bewußt, daß ohne ausreichenden und entsprechend vorbereiteten Nachwuchs der Bestand der eigenen, existenzgefährdend überalterten Partei in Frage stand, geleitet schließlich durch ein hochgradig mechani-

[112] So am konzentriertesten in der 1982 erschienenen Geschichte der FDJ.

[113] Daß sich – in allen Staaten und Geschichtsperioden der Welt – Entwicklungen an „der" Basis nie identisch so vollzogen, wie sie von „der" Führung geplant und gewünscht wurden, ist ebenso offensichtlich wie die Tatsache, daß die Geschichte der Jugendpolitik der KPD oder der FDJ *nicht nur* eine Geschichte jugendpolitischer Konzeptionen und Aktivitäten führender deutscher Kommunisten war. Die politikgeschichtliche Erforschung ihrer Intentionen und sich daraus ergebender Sachverhalte, Strukturen und Zusammenhänge bildet jedoch die Basis für weitergehende Analysen, auch für sozial-, alltags- oder mentalitätsgeschichtlich inspirierte Untersuchungen, und kann helfen, neuen Legenden und Verzerrungen vorzubeugen. Neu angelegte Forschungsvorhaben, mit denen gezeigt werden soll, „was die Freie Deutsche Jugend wirklich war", und die auf der methodischen Prämisse basieren, daß die Geschichte der FDJ „vor allem [!] auch die Geschichte jener Jungen und Mädchen [war], die sich zu ihr bekannten", laufen Gefahr, erneut an der historischen Realität vorbeizugehen; dies besonders dann, wenn unterstellt wird, daß sich „die ‚FDJler der ersten Stunde'" zumeist „frei von jeder [!] Bevormundung [fühlten]", die „gelegentlichen ‚Kontakte' zur sowjetischen Militäradministration eher förderlich denn einschränkend" erlebten und überhaupt – „mit wenigen Ausnahmen" – die „Vorgaben" ihrer Verbandsführung „nur ungenau bis gar nicht" zur Kenntnis nahmen. Von forschungsleitenden Hypothesen, daß z. B. „der Entstehungsprozeß der FDJ an der Basis eigendynamisch [verlief]", oder daß alltagsgeschichtliche Untersuchungen „sogar [!] bisher getroffene Aussagen zumindest [!] zur tatsächlichen Wirkung und Bedeutsamkeit der ‚von oben' erdachten jugendpolitischen Konzepte [korrigieren]", ist es nicht mehr weit bis zu einer de facto unterstellten zweiten, oder gar „eigentlichen" FDJ-Gründung „von unten". Bisher fälschlich Unterstelltes und dann heftig Kritisiertes, nämlich eine angeblich vorwiegend oder gar ausschließlich „von oben" praktizierte Geschichtsbetrachtung, wird jetzt – mit lediglich umgekehrten Vorzeichen, nämlich als Geschichtsbetrachtung „von unten" deklariert – als nunmehr einzig wahre Perspektive ausgegeben, so etwa mit der den Forschungsansatz andeutenden Behauptung, daß „sich [!] die [!] Freie Deutsche Jugend 1946 in dem Selbstverständnis einer antifaschistisch-demokratischen und [!] pluralistischen Jugendorganisation gründete" [!]; vgl. die entsprechenden Projektbeschreibungen des Instituts für zeitgeschichtliche Jugendforschung zu den Themen „Der sowjetische Einfluß auf die Gründung und Konzeptionsbildung der FDJ" und „Das Selbstverständnis der ersten FDJ-Mitglieder in der SBZ 1946", in: Jahrbuch, S. 306ff.

[114] Vgl. Lenin/Stalin, Über die Jugend.

stisch-positivistisches Bildungs-, Erziehungs- und Propagandaverständnis, begleitet von einem unerschütterten Sendungsbewußtsein[115], welches wiederum durch einseitige Interpretationen jüngster Vergangenheit eine Bestätigung erfahren zu haben schien[116] – angesichts all dieser Prämissen war die Etablierung einer Jugendorganisation eine einfache, gesellschafts- und machtpolitisch determinierte Notwendigkeit. Im Unterschied zur HJ – wo tatsächlich Jugendliche eine Organisation gegründet hatten, diese der Partei anboten, welche erst nach längerem Zögern aus pragmatischen Erwägungen sich dieser Organisation bediente und sie erst *nach* der Eroberung der Macht zu einer Parteigliederung erhob und schließlich zu einer Staatsjugendorganisation ausbaute – war die FDJ von Beginn an eine ideologisch determinierte Schöpfung der Kommunistischen Partei. Diese hatte ihren Jugendverband lange *vor* ihrer Machtübernahme geplant und gegründet und seine Existenzbedingungen und Aktivitäten von Anfang an bestimmt. Daß eine Reihe von Jugendlichen dies anders erlebt haben mag, ist zwar interessant und war möglicherweise persönlichkeitsprägend, für den weiteren Geschichtsverlauf letztlich aber unerheblich.

Daß die sich zunehmend als Hemmnis für weitergehende Absichten erweisenden Jugendausschüsse ohnehin nur ein – wenn auch notwendiges – Experiment, ein Zwischenschritt und Rekrutierungsfeld für eine eigenständige Organisation sein sollten, hatte der Parteivorsitzende Pieck – laut Funktionsverteilungsplan verantwortlich für die Jugendarbeit der Partei – des öfteren signalisiert, so auch Ende November 1945, auf der Jugendkonferenz der KPD, in der den kommunistischen Jugendführern die Richtlinien künftiger Parteipolitik vermittelt wurden[117]. Schon bei der nächsten Gelegenheit, der Tagung der Jugendausschüsse von Groß-Berlin am 2./3. Dezember 1945, wurde dann „die Schaffung einer einheitlichen Jugendbewegung" gefordert, „die ‚Freie Deutsche Jugend'"[118]. Wie einem Regieplan folgend, war es dann der Thüringer Landesjugendausschuß, der sich vorwagte und sich Ende Dezember 1945 „Freie Deutsche Jugend" nannte. Ein Vierteljahr vor der offiziellen Organisationsgründung bestand also schon ein erster Landesverband. Rechtzeitig zu Piecks nächstem Gesprächstermin bei der SMAD legte Honecker – von zahlreichen selbstinszenierten Einheitsbekundungen „legitimiert" – seinen Parteivorsitzenden am 23. Januar 1946 die Notwendigkeit der Umwandlung der Ausschüsse in eine Organisation dar und empfahl – die normative Kraft des Faktischen ins Kalkül ziehend – „den Jugendausschüssen stillschweigend" die Gründung erster FDJ-Gruppen zu gestatten[119].

[115] Vgl. dazu Sauermann, Revolutionäre Erziehung.
[116] Vgl. dazu Danyel, Gründungskonsens, und Frei, NS-Vergangenheit.
[117] Dokumente Wilhelm Piecks, S. 257; ganz eindeutig bezeichnete Pieck die „Jugendausschüsse als Hebel zur Schaffung einer freien deutschen Jugendbewegung" und wandte sich gegen die Tendenz, „Jugendgruppen in der Partei zu bilden".
[118] Vgl. Protokoll der Tagung, SAPMO, FDJ, A 3350.
[119] Honecker hatte sich am 23. 1. 1946 sicherheitshalber auch an Ulbricht und Dahlem gewandt (vgl. SAPMO, ZPA, IV 2/16/75, Bl. 29, Bl. 33, Bl. 35). In einem weiteren Schreiben vom selben Tag hatte Honecker Pieck darüber informiert, daß die Jugendausschüsse mittlerweile 150 000 Jugend-

Als Pieck am 23. Januar 1946 von Generalleutnant Fjodor Bokow erfahren hatte, daß die SMAD mit der „Schaffung von einheitlichen (antifasch[istischen]) Jugendorganisationen [!] einverstanden“, diese Frage „aber in M[oskau zu] entscheiden“ sei[120], sicherte er Honecker am nächsten Tag seine Unterstützung zu, und informierte ihn – da die weiteren Vorbereitungen zur Gründung der FDJ synchronisiert zu denen der SED verliefen – über die Erneuerung des Verzichts der Sozialdemokraten auf eine eigene Jugendorganisation vom Juni 1945 und ihre Bereitschaft, an der Schaffung einer Einheitsjugendorganisation mitzuwirken. Nachdem Ulbricht von seinem Moskau-Besuch am 6. Februar 1946 neben den Richtlinien für die Vereinigung mit der SPD auch die generelle Genehmigung zur Gründung einer Freien Deutschen Jugend mitgebracht hatte[121], handelten KPD- und SPD-Führung am 7. Februar 1946 in internen Beratungen die paritätische Funktionsbesetzung der künftigen „Reichsleitung“ der FDJ aus[122]. Am 12. Februar 1946 bestätigte das Sekretariat des ZK der KPD den Entwurf der Ziele der FDJ und die mit der SPD vereinbarte Zusammensetzung der Führungspositionen und legte fest, daß die Gründungsversammlung der FDJ am 24. Februar stattfinden sollte[123].

Nun war es interessanterweise zunächst die SMAD, die die in Moskau schon genehmigte Gründung der FDJ verzögerte. Zum einen sollte wohl erst erst die Gründung des FDGB (9.–11. Februar 1946) abgewartet werden, zum anderen aber, und das war wesentlich, bestanden in den Länderverwaltungen und selbst in der SMAD-Spitze, die die jugendpolitischen Entwicklungen der letzten Monate aufmerksam verfolgt hatte, durchaus unterschiedliche Vorstellungen; so plädierte Jugendoffizier Iwan Bejdin eher für die Lizenzierung mehrerer Jugendorganisationen, und auch Schukow zweifelte noch, ob sich ein Einheitsjugendkonzept überhaupt durchsetzen ließe. Deshalb beauftragte er Tjulpanow, in dieser Frage sowohl das sowjetische Außenministerium zu konsultieren als auch Rücksprache mit der KPD-Spitze und den Chefs der Informationsabteilungen der Militärverwaltungen der Länder zu halten. Nach diesen Gesprächen konnte sich schließlich Tjulpanow durchsetzen, der in einer gemeinsamen Stellungnahme mit dem Chef der Abteilung Politische Parteien in der SMAD-Verwaltung für Information, Oberstleutnant Nassarow, die Lizenzierung der FDJ im bisher geplanten Sinne befürwortete[124]. Nun verhinderten jedoch massive Einsprüche der Kirchen und der CDU, die gegen die ihnen zugedachte untergeordnete Rolle und die von ihnen erkannte Tendenz einer neuen Staatsjugendorganisation protestierten, den vorgesehenen Gründungstermin der FDJ. Erst nach intensiven Klärungsprozessen, in denen die KPD erhebliche Zu-

liche erfassen würden und sich „aus der Jugend selbst“ die Stimmen nach einer „festen Organisation“ mehren würden. Auch unter Beachtung der Lizenzierungspraktiken der Westmächte, die auf eine Segmentierung der Jugendarbeit hinausliefen, sei eine schlagkräftige Einheitsorganisation von Bedeutung (Mählert, S. 87f.).

120 Pieck, Aufzeichnungen zur Deutschlandpolitik, S. 64f.

121 Vgl. ebenda S. 69.

122 Vgl. Anmerkung 83.

123 Vgl. Dokumente zur Geschichte der kommunistischen Bewegung 1, S. 170.

124 Vgl. dazu Mählert, FDJ, S. 94f.

geständnisse machen mußte[125], konnte erneut Kurs auf einen einheitlichen Jugendverband genommen werden. Am 26. Februar 1946 fand sowohl die 2. Konferenz des Zentralausschusses der SPD und des ZK der KPD (Sechziger-Konferenz), auf der die Grundsätze und Ziele sowie das Statut der künftigen SED angenommen wurden, als auch eine Sitzung des Zentralen Jugendausschusses statt, auf der die anwesenden Mitglieder den Gründungsbeschluß der FDJ unterzeichneten; in ihm wurde „einmütig" der Wille bekundet, „sich zwecks Gründung einer überparteilichen, einigen, demokratischen Jugendorganisation ‚Freie Deutsche Jugend' an die sowjetische Militäradministration in Deutschland zu wenden"[126].

Dann war es soweit: Am 27. Februar 1946 wies das Sekretariat des ZK der KPD die KPD-Bezirksleitungen an, daß „die Gründung der Freien Deutschen Jugend [...] von den Bezirken der Partei [!] unmittelbar in Angriff genommen werden" könne. Die Genossen sollten sich „zu diesem Zwecke unverzüglich mit der SMA in Verbindung setzen" und „die mit den Jugendsekretären [der KPD-Bezirke] besprochenen Maßnahmen in die Wege leiten, um eine entsprechende Mobilisierung der Jugend zur Gründung der Jugendorganisation [!] herbeizuführen". Da die Parteizentrale befürchten mußte, daß die regionalen Parteileitungen – eigentlich zu Recht – davon ausgehen würden, daß es sich bei dem neuen Jugendverband de facto um eine KPD-Organisation – gewissermaßen um eine Neugründung des KJVD – handelte, dies in der gegenwärtig noch labilen politischen Situation nach außen hin aber keinesfalls offen demonstriert werden sollte, wurde ihnen mahnend erklärt, daß „die neue Jugendorganisation keinesfalls unter das Protektorat der Parteien" gestellt werden dürfe, sondern lediglich „den Einheitswillen der neuen deutschen Jugend bei der Inangriffnahme der großen Probleme" zu demonstrieren habe. In direkter, z. T. sogar verbaler Anknüpfung an die Konzeption Ackermanns von 1935 wurde den regionalen Parteiführungen – von denen einige in altkommunistischer Dogmatik auf die Gründung eines KJVD hingearbeitet hatten – erläutert, daß es sich bei der FDJ um „eine Organisation neuer Art" handele, in der es „Raum für die verschiedensten Interessen und Arbeitsgemeinschaften, also auch religiösen Charakters" zu geben habe und anzustreben sei, „daß die bisher bestehenden Pfarrjugendgruppen sich [...] der FDJ anschließen" sollten. Deshalb sei nach außen hin der „überparteiliche", jedoch „keinesfalls unpolitische Charakter der neuen Jugendorganisation durch die Anwesenheit von Vertretern der Kirchen in den Bezirksleitungen [der FDJ]" zu unterstreichen[127].

Die Warnungen der Parteizentrale an die Bezirksleitungen der KPD erwiesen sich als berechtigt. Nur einen Monat nachdem die regionalen Parteistrukturen beauftragt worden waren, in Zusammenarbeit mit den SMA-Dienststellen die FDJ[128] zu grün-

[125] Vgl. zu den kirchlichen Widersprüchen ebenda S. 90–93.
[126] Ebenda S. 93; dort, bis S. 99, auch weitere Einzelheiten der Gründungsprozedur.
[127] Zitiert nach: Dokumente zur Geschichte der kommunistischen Bewegung 3, S. 445f.
[128] Pieck hatte Honecker am 6. 3. 1946 die endgültige Zulassung der FDJ durch die SMAD mitgeteilt (vgl. SAPMO, NL 36/726, Bl. 433). In der DDR galt daraufhin der 7. März als offizielles Gründungsdatum.

den, häuften sich in der Parteizentrale die vermutlich von Jugendsekretären vorgebrachten Klagen über gravierende „Fehler und Mängel" in der Jugendarbeit, „die eine weitere Entfaltung unserer Massenarbeit in der Jugend behindern". Dabei sei jedoch gerade die „Arbeit unter der Jugend eine der wichtigsten [...] Aufgaben, die heute vor der Partei stehen", wie das Sekretariat des ZK der KPD den Leitungen der Parteibezirke am 29. März 1946 mitteilte. Die „Schwierigkeiten" in der Jugendarbeit bestanden in zweierlei Hinsicht: Zum einen beschwerten sich die mit 16 Jahren in die Partei eingetretenen Jugendlichen darüber, daß sie „nicht das in der Partei vorgefunden" haben, „was sie auf Grund der Aktivität der Kommunisten und unseres revolutionären Programms erwartet" hätten. Zum anderen hätten viele regionale Parteiorganisationen die FDJ, die doch nach außen hin als überparteiliche Organisation präsentiert werden sollte, als das behandelt, was sie von Anfang an auch tatsächlich sein sollte, als kommunistischen Jugendverband, und damit „die Gefahr einer sich isolierenden Parteijugendorganisation herauf[beschworen]". In manchen Orten hätten jedoch – und das war die andere Seite desselben Problems – andere politische Kräfte, zumeist die Kirchen oder Sozialdemokraten, die Führung der FDJ übernommen, was natürlich auch nicht den Vorstellungen der KPD von einem „überparteilichen" Jugendverband entsprach. Dorthin sollten deshalb die jungen Genossen in der KPD abkommandiert werden, von denen sich jedoch bisher zahlreiche weigerten, im Jugendverband zu arbeiten. Das Sekretariat wies deshalb seine Bezirksleitungen an, daß es das Ziel sein müsse, „zu erreichen, daß die Genossen unter 21 Jahren restlos in der Freien Deutschen Jugend tätig" seien, um vor allem den „Parteikern innerhalb dieser zu entwickelnden Massenorganisation" zu stärken[129].

[129] Zitiert nach: Dokumente zur Geschichte der kommunistischen Bewegung 3, S. 471 ff. Stößel macht auf die große Dimension gerade dieses Problems aufmerksam; denn große Teile der KPD-Mitglieder wandten sich aus verschiedenen Gründen gegen den neuen „Jugendkult", die Hervorhebung der Jugend aus den anderen Bevölkerungsschichten. Bestärkt durch die Senkung der Altersgrenze zum Eintritt in die Partei auf 16 Jahre fürchteten viele Alt-Genossen, daß die neuen jugendlichen Kader sie aus ihren Positionen, aus der politischen Arbeit und Verantwortung verdrängen könnten. Selbst mittlere Parteifunktionäre solidarisierten sich mit den Alt-Kommunisten und hielten gezielt Jüngere von verantwortlichen Posten, Mitspracherechten und Führungspositionen fern. So hintertrieben sie Parteischulbesuche – eine Karrierevoraussetzung – von jüngeren SED-Mitgliedern und FDJlern, und wandten sich gegen Funktionsübernahmen durch Jung-Genossen. Mitglieder an der Parteibasis lehnten eine Zusammenarbeit mit der FDJ ab und bezogen sich dabei auf eine unterstellte Nazi-Vergangenheit der meisten FDJler und auf die allgemeine politische Unreife der Jugend (vgl. dazu Stößel, Positionen, S. 187 ff., S. 328 ff., S. 521 ff.). Eine Reihe von Orts-, Kreis- und Betriebsleitungen der SED und zahlreiche auch jüngere Parteimitglieder forderten weiterhin eine SED-eigene Parteijugendorganisation, ohne zu bemerken, daß ihre Führung – wenn auch nach außen hin getarnt – gerade dies anstrebte. Teile der SED-Basis knüpften mit der Forderung nach einer eigenen Jugendorganisation an ihre Erfahrungen aus der Weimarer Republik an, wonach sich junge Menschen leichter von einer autoritären Führung lenken ließen, gerade weil ihnen „das feste theoretische Fundament" und die „politische Erfahrung" fehlten. Sie lehnten die FDJ als „zu breit" und als „weltanschaulichen Mischmasch" ab. Doch die SED-Führung gab dem Verlangen nach einer eigenen Parteijugendorganisation vor allem aus zwei Gründen nicht nach: Zum einen brauchte sie die FDJ als Transmissionsriemen ihres Willens auf den gesamten Jugendbereich, denn sie wollte ja nicht nur die wenigen jungen kommunistisch orientierten Sympathisanten ansprechen. Deshalb sollten die jungen Parteimitglieder gerade in der FDJ wirken und dort die Durchsetzung der Parteibeschlüsse sicherstellen.

Diese Absichten hatten auch zahlreiche Jugendliche erkannt. Nachdem mit verschiedenartigsten, oft im Klassenkampfstil der zwanziger Jahre vorgetragenen Versuchen zur Werbung vor allem ehemaliger „junger Nazis" und aktiver junger Christen nicht die gewünschten massenhaften Beitritte – weder zu den Jugendausschüssen noch zu der im März 1946 gebildeten FDJ – erzielt werden konnten – einen Monat nach der FDJ-Gründung waren „erst" 160000 Jugendliche beigetreten –, versuchte Paul Verner, der Honecker bei dessen Amtsübernahme als FDJ-Vorsitzender als Jugendsekretär der KPD abgelöst hatte, auf dem letzten Parteitag der KPD im April 1946 den Delegierten ein differenzierteres Bild der Kriegsjugendgeneration nahezubringen und sie zu entsprechendem Vorgehen zu veranlassen. Er warnte vor Einseitigkeiten und schnellem Wunschdenken, denn die Masse der Jugend scheine „an der Schwere der Gegenwart zu verzweifeln", sie sehe „in ihrer Mehrheit keinen Weg in die Zukunft". Wolle man, so Verner, „ein Bild von den ideologischen Stimmungen unter der Jugend malen", so genüge „weder die weiße noch die schwarze Farbe", man benötige „die ganze Farbenskala. Zwischen Gut und Böse, Positivem und Negativem" lägen „viele Abstufungen". Es gebe zwar den „Teil der Jugend, der sich entschieden für den Wieder- und Neuaufbau unserer Heimat" einsetze, andererseits aber auch „große Massen von Jugendlichen, die abseits und apathisch" dastünden, während sich „schließlich die große Masse der Jugend von den Ereignissen treiben" lasse. Das sei „nicht verwunderlich", denn „zwölf Jahre nazistische Erziehung" hätten „in der Denkart der Jungen und Mädel tiefe Wurzeln geschlagen. Das faschistische Gedankengut aus den Hirnen unserer Jugend herauszureißen" sei „ein tiefgehender und langwieriger Prozeß." Und weil sich kaum andere Jugendliche auf dem Rekrutierungsfeld der FDJ befanden, warb auch Verner erneut um die ehemaligen jungen Nationalsozialisten: „Viele Mitglieder der Freien Deutschen Jugend waren ehemals in der Hitler-Jugend oder im BDM. Und allen jenen HJ- und BDM-Mitgliedern, die heute noch abseits stehen, reicht die FDJ eine offene Hand und ruft ihnen zu: Schlagt ein! Kommt in die Freie Deutsche Jugend, stellt eure jungen Kräfte in den Dienst des Fortschritts, für unser Volk und unser Land. Jene aber, die zu dem besoldeten Führungsstab der nazistischen Jugendverderber gehörten, haben keinen Platz in der Organisation der FDJ. Sie haben nicht einmal Platz in der Freiheit, sondern ihr Platz ist im Gefängnis."[130]

Zum anderen hatten die jungen Partei- und FDJ-Mitglieder innerhalb der SED eine analoge Aufgabe: „Ohne politische Erfahrung, leichter lenk- und begeisterungsfähig, sollten sie insbesondere im Produktionsbereich die älteren SED-Mitglieder auf die Linie der Führung zwingen. Das konnten sie besser innerhalb der eigenen Parteiorganisation und nicht in einer Sonderorganisation erreichen" (ebenda S. 329f.). So wandte sich die SED-Führung gegen den „scheinbar verlockenden Gedanken, eine eigene, mit der Partei ideologisch fest verbundene Jugendorganisation zu entwickeln". Es ließe sich zwar, so der Parteivorstand der SED 1947, ein „sozialistischer Jugendverband denken", aber, so demagogisch weiter, „wir sind doch auch für die noch abseits stehende Jugend verantwortlich" und „können doch nicht den bewußtesten, fortschrittlichsten Teil der Jugend in einer eigenen Organisation von der Masse der Jugend abschließen" (Bericht des Parteivorstandes der SED an den 2. Parteitag, S. 113f.).

[130] Verner, Bericht, S. 119ff.

Um die tiefsitzenden Vorbehalte der HJ-Generation gegenüber jeglicher „Organisation" abzubauen, die Mitgliederentwicklung der FDJ zu beleben und sich gleichzeitig als Partei der Jugend zu präsentieren, nutzte die SED-Führung das Forum des ersten FDJ-Kongresses im Juni 1946 zu einem außergewöhnlichen Schritt: Sie sprach die gesamte Kriegsjugendgeneration, die man dennoch stets mißtrauisch beäugte, von Schuld und Verantwortung für die Taten des Dritten Reiches frei und erhoffte sich davon eine mobilisierende Wirkung besonders bei ehemaligen HJ-Mitgliedern. Nachdem die FDJ nun bereits eine Viertelmillion Mitglieder besitze und damit „bereits eine Bresche in die Reihen der nichtorganisierten Jugend geschlagen" worden sei, strebe man endlich einen zählbaren Einbruch in die Reihen der ehemaligen HJ-Angehörigen an. Deshalb artikulierte Honecker auf dem I. Parlament der FDJ im Juni 1946 ganz entschieden seine nunmehrige „Auffassung, daß die Jugend mit den Kriegsverbrechern nicht gleichzusetzen ist. Die Jugend wurde von ihnen mißbraucht, [...] irregeführt."[131] Otto Grotewohl ging noch einen Schritt weiter und lehnte es, möglicherweise auch als Reaktion auf Adenauers kurz zuvor unternommenen Versuch einer Jugendamnestie[132], ab, „die Jugend für irgendetwas verantwortlich zu machen, was sie nicht verantworten kann. Wir lehnen es ab, sie verantwortlich zu machen für Gedanken und Handlungen, die sie nicht veranlaßt hat. Wir lehnen auch jene hochtönende, in den westlichen Gebieten jetzt vertretene Parole ab, man müßte eine politische Amnestie für die Jugend erlassen. Wir brauchen für euch keine Amnestie; denn wir haben euch nicht einen Tag und nicht eine Stunde verurteilt, und wir denken nicht daran, das zu tun."[133]

Auch diese Entlastungsbestrebungen gehörten zu der komplexen Mobilisierungsstrategie, mit der zum einen die Erfassung der (ost)deutschen Jugend in der FDJ

[131] Honecker, Freie Deutsche Jugend, S. 38ff.

[132] Konrad Adenauer hatte am 24. 3. 1946 in der Aula der Kölner Universität u. a. erklärt: „Eine ernste Sorge sind für uns die Altersjahrgänge, die ihre Ausbildung und Erziehung ganz oder zum größten Teil unter der Herrschaft des Nationalsozialismus erhalten haben [...]. Die Altersjahrgänge [...] werden verhältnismäßig bald die Träger des politischen Lebens in Deutschland sein; ihre Einstellung, ihre Denkungsart wird maßgebend werden. Es ist abwegig, ihnen Vorwürfe zu machen. Sie haben alle die Jahre hindurch in politischer Hinsicht nichts gehört als das, was der Nationalsozialismus ihnen sagte. Wie kann man da von ihnen politische Urteilsfähigkeit verlangen [...]. Es würde ganz falsch sein, nach einer Bestrafung zu rufen, wie es vielfach gerade sogar von deutscher Seite geschieht [...]. Noch ein Wort zu der Zugehörigkeit jüngerer Menschen zu nationalsozialistischen Formationen. Ich meine, es entspricht dem Gebot der natürlichsten Gerechtigkeit, hier mit besonders milden Maßstäben zu messen. Es ist ein Unding, einen jungen Menschen heute ins soziale Elend zu stoßen, weil er als Kind hinter einer Maultrommel und einem Wimpel hergelaufen und vielleicht sogar dabei Häuptling einer Jugendhorde gewesen ist. Ich würde es begrüßen, wenn die britische Besatzungsmacht besondere Anweisung für die Behandlung der Jüngeren in dieser Beziehung erteilte." Auch Adenauer war an einer parteipolitischen Bindung und Beeinflussung der HJ-Jahrgänge interessiert: „Gut wäre es, wenn die politisch Interessierten aus den jüngeren Jahrgängen sich in Arbeitskreisen der CDU zusammenfänden, wie dies in ausgezeichneter Weise und ohne jede Einwirkung der älteren Generation in Köln geschehen ist, um sich in gemeinsamer Arbeit die Grundlage einer neuen politischen Sicht zu erarbeiten. Die Voraussetzungslosigkeit der jüngeren Generation scheint mir dabei ein besonders wertvoller Ansatzpunkt zu einer ungetrübten Sicht und einer wahrhaft realpolitischen Haltung werden zu können." (Zitiert nach: Nachkriegsdeutschland, S. 149f.

[133] Grotewohl, Ruf an die Jugend, S. 26f.

und deren Anleitung durch die Kommunistische Partei erreicht werden sollte, und mit der – angesichts der allgemeinen Notsituation und der prekären Wirtschaftslage – zugleich versucht wurde, besonders die Jugendlichen über den Anreiz von materiellen Interessen und mittels ideologischer Überzeugung in die Produktionsprozesse des Wiederaufbaus zu integrieren. Schon am 21. November 1945 hatte der KPD-Vorsitzende Wilhelm Pieck vor den kommunistischen Funktionären der Jugendausschüsse eine für die folgende Entwicklung bedeutsame und programmatische Rede gehalten, in der er den versammelten Jungkommunisten die Richtlinien der künftigen Jugendpolitik der KPD vermittelte. Dabei knüpfte auch er inhaltlich an die Strategie von 1935 an, denn auch die jetzige Hauptaufgabe laute: „Wir müssen alles tun, um uns die Führung der Jugend zu sichern." Dabei erscheine „die Gewinnung der Jugend" und ihre „Loslösung vom Hitlerfaschismus" zunächst als eine „fast unlösbare Aufgabe", angesichts der „raffinierten Methode der Nazis, die Jugend [...] ganz in ihren Bann zu ziehen". Pieck appellierte deshalb an die kommunistischen Jugendfunktionäre, „mit festem Willen" nun ihrerseits „die Mittel und Methoden ausfindig zu machen und anzuwenden, mit denen wir die Aufmerksamkeit der Jugend erwecken [und] ihre Begeisterung hervorrufen". Warum, so Pieck rhetorisch, sollten denn die Kommunisten mit ihrer „Weltanschauung des Marxismus-Leninismus nicht viel mehr die Jugend gewinnen, als es den barbarischen Hitlerfaschisten [...] gelang?" Man müsse „der Jugend ein neues Lebensideal geben" und ihr „Lebensbedingungen verschaffen, die ihr wirtschaftlichen und kulturellen Aufstieg ermöglichen [...] und eine ständige Verbesserung ihrer materiellen Lage" gestatten würden. Das „neue Lebensideal [...] kann nur das des Sozialismus sein, [...] so wie er in der Sowjetunion verwirklicht wurde". Dazu müsse die Jugend von den jungen Genossen an die Partei herangeführt werden mit den beiden Losungen: „Jugend in die Partei" und „Wir sind die Partei der Jugend"[134].

Diese eher noch zögerliche Proklamation einer engen, quasi naturgegebenen Verbindung zwischen kommunistischer Partei und der Gesamtheit der Jugend, die tatsächlich zu einem der durchgängigen *essentials* kommunistischer Politik zählte[135], wurde von Honecker unmittelbar nach der Gründung der FDJ im Umkehrschluß bekräftigt. Im Vorfeld der Vereinigung von KPD und SPD begründete Honecker im März 1946 den demagogisch-taktischen Verzicht der Kommunisten auf eine eigene Jugendorganisation mit dem Hinweis, daß eine solche gar nicht nötig sei, da „in der Jugend die Sehnsucht nach Sozialismus schlummere". Und zur „Gewinnung der Jugend für die großen Lehren des Sozialismus" benötige die KPD keine „besondere Jugendorganisation", denn „die Partei wird selbst der Magnet sein, der die aktive Jugend mit unwiderstehlicher Gewalt anzieht"[136]. Und folgerichtig versuchte

[134] Dokumente Wilhelm Piecks, S. 251–254. Für die sich anschließende Diskussion hatte sich Pieck u. a. auf die Frage vorbereitet: „Wie können die Kommunisten das Vertrauen der Jugend erwerben?" (ebenda S. 257).

[135] Vgl. dazu besipielhaft das Vorwort, die Gesamtanlage und die Dokumente in: Partei und Jugend.

[136] Honecker, Jugend und Sozialismus, S. 32–34. Der gerade zum FDJ-Chef avancierte Honecker resümierte demagogisch, daß „die Zustimmung, die die Freie Deutsche Jugend in der Kommunisti-

auch die gerade gebildete SED, sich als „Partei der Jugend" darzustellen, um die kurz zuvor noch als dumpfe, verführte Masse deklarierte Kriegsjugendgeneration zum nunmehr wahren Sozialismus zu bekehren. Im Manifest des Vereinigungsparteitags von KPD und SPD hieß es deshalb emphatisch: „Die deutsche Jugend ist unsere Hoffnung. In euren Händen wird die Zukunft des Vaterlandes liegen. Unsere Weltanschauung muß der Glaube der jungen Generation werden. Hier findet ihr die höchsten Ideale [. . .]. Die Sozialistische Einheitspartei, diese junge, vom Leben durchpulste Kampfpartei, ist deshalb eure Partei, die Partei der deutschen Jugend". Und Wilhelm Pieck ergänzte: „Wir appellieren besonders an die Jugend", damit „sie in unserer Partei die große Führerin sieht, der sie folgen muß"[137]. Doch diese Jugend war noch bis vor kurzem einer anderen „Partei der Jugend" und einem anderen großen Führer gefolgt und war jetzt, 1945/46, noch nicht bereit, sich auf einen neuen einzulassen. Die Anziehungskraft der Kommunisten war also nicht so stark, wie Pieck und Honecker wünschten. Unmittelbar nach der Vereinigung von SPD und KPD zur SED im April 1946 betrug der Anteil der Parteimitglieder unter 21 Jahren erst 6 Prozent, und noch zu Beginn der 50er Jahre waren fast 70 Prozent der SED-Mitglieder älter als 40 Jahre[138], so daß die Parteiführung – natürlich intern – eine anhaltende „Tendenz der Überalterung" konstatieren mußte[139].

Die vielfache Ablehnung der Partei durch die Kriegsjugendgeneration basierte auch auf bislang weniger beachteten Ursachen. So stellte Paul Verner, Jugendsekretär im Parteivorstand der SED, fest, daß die Partei schon nicht mehr die Sprache dieser Generation treffe. In der Alltagssprache der umworbenen Jugendlichen verinnerlichte Begriffe wie „Blut", „Rasse", „Staat", „Mut", „Härte", „Wille", „Ehre", „Treue" und „Glaube", die ebenso wie „Schicksal", „Disziplin", „Ordnung", „Kameradschaft", „Leistung", „Einsatz" oder „Opfer" zum zentralen Sprachinstrumentarium dieser Generation gehört hatten[140], galten nun als belastet und waren verpönt; und Worte wie „Volk", „Sozialismus"," Vaterland" oder „Freiheit" hatten eine andere Bedeutung bekommen. Verner gehörte zu den wenigen, die diese Kommunikationsprobleme erkannt hatten; er war sich darüber klar, „daß die großen Massen unserer jungen Generation mit den Begriffen unserer Zeit nichts anzufangen wissen. Demokratie z. B. ist für viele noch ein Schlagwort, dessen Inhalt sehr verschieden ausgelegt wird."[141] Ebenso wie der Begriff der „Demokratie", der im Dritten Reich eher pejorativ für die „westlichen Plutokratien" verwandt worden war und nun als erstrebenswertes Ideal angepriesen wurde, erfuhr auch „Sozialismus" ei-

schen Partei und in der Sozialdemokratischen Partei gefunden" habe, die „Schlußfolgerung zu[lasse], daß auch die kommende Sozialistische Einheitspartei Deutschlands der heranwachsenden Jugend eine ihrem Wesen entsprechende Jugendorganisation zubilligen" werde; vgl. dazu Lenins Auffassungen zur Selbständikeit eines kommunistischen Jugendverbandes in Anmerkung 39.

137 Protokoll des Vereinigungsparteitages, S. 170, 204.

138 Vgl. dazu Buddrus, Generation, S. 283.

139 SAPMO, NL 62/83.

140 Stellrecht, Glauben und Handeln.

141 Verner, Bericht, S. 121.

nen nicht leicht nachzuvollziehenden Bedeutungswandel. Untrennbar verknüpft mit der eigenen Vergangenheit im National-Sozialismus, und damit eigentlich als verwerflich zu betrachten, sollte man sich nun erneut auf einen Sozialismus einlassen, diesmal angeblich auf den wahren. Verner 1946: „Die Jungen und Mädel, die im vergangenen Jahr zu unserer Partei stießen, kamen nicht als Sozialisten. Ihre Vorstellungen vom Sozialismus sind noch sehr nebelhaft [...], behaftet mit den Vorstellungen des Pseudosozialismus der Nazis."[142] Als fast einzige, wenn auch mißbrauchte Sinngebungsinstanz blieb nur das „Vaterland". Doch auch das war, aus Sicht der Kriegsjugendgeneration im Osten, geschlagen, besiegt, zerstückelt und von „den Russen", den Feinden von gestern[143], besetzt. Vor allem auch die „neuen" Begriffe und deren pragmatisch instrumentalisierbaren Inhalte spielten eine nicht zu unterschätzende Rolle. Termini wie „Antifaschismus", „Entnazifizierung", „Demokratisierung" und „Friedenssicherung" hatten, zumal in der damit beabsichtigten Verwischung der eigentlichen Probleme, eine geradezu zwanghaft mobilisierende Funktion auf die ostdeutsche Nachkriegsgesellschaft, da gegen sie, nach den gerade gemachten Erfahrungen, nichts einzuwenden war; andererseits ließen sich mit der pragmatischen Instrumentalisierung dieser Termini Personen disziplinieren und nichtsystemkonforme Meinungen eliminieren[144].

Parallel zu den Versuchen einer politischen und organisatorischen Erfassung und Einbindung bildeten die Bemühungen um eine soziale Integration der Kriegsjugendgeneration einen zweiten Komplex der jugendpolitischen Mobilisierungsstrategie, von dem man sich über die Eingliederung der Jugendlichen in die landwirtschaftliche und industrielle Produktion zugleich eine Mobilisierung der Älteren versprach. Zur raschen Integration der Kriegsjugendgeneration in die Volkswirtschaft und das öffentliche Leben wurde an ihren Schuldkomplex appelliert: Sie sollten durch Arbeit „wiedergutmachen", was an ihnen verbrochen worden war. Zugleich wurde auf ihren Elan und ihre Begeisterungsfähigkeit spekuliert: Denn diese Jugendlichen sollten durch einen geschickt geschürten und instrumentalisierten Generationenkonflikt zur politischen wie zur ökonomischen Mobilisierung der älteren, ebenfalls noch „abseitsstehenden" Generationen beitragen. Außerdem versprachen sich die führenden Kommunisten von der geschickten Funktionalisierung des „Faktors Jugend" einen entscheidenden Beitrag zu einer von Karriereversprechungen begleiteten neuartigen Nivellierung und Egalisierung der Gesamtbevölkerung, eine Konzeption, die als umfunktionierte und wiederbelebte Volksgemeinschaftsthese nun eine erneute Kon-

142 Ebenda S. 127.

143 Volkmann, Das Rußlandbild in der Schule, S. 251, stellt dazu fest: „In Anbetracht der institutionellen und individuellen Verbrechen der Wehrmacht in der Sowjetunion kann davon ausgegangen werden, daß die Schule neben anderen Erziehungseinrichtungen sowie der vielfältigen politischen Propaganda [...] zu einem solch exzessiven Antibolschewismus und Rassismus, die den Rußlandfeldzug zu einem ideologisch ausgerichteten Vernichtungsfeldzug werden ließen, mitbeigetragen und in seiner Endphase einen verbissenen Verteidigungswillen geformt hat. Die zwischen 1941 und 1944 eingezogenen Jahrgänge besaßen schon eine nationalsozialistisch geprägte Schulbildung."

144 Vgl. dazu Weber, Transformationsprozeß, S. 39f.

junktur erfuhr[145]: Auch im Dritten Reich war der Jugend eine Katalysatorfunktion bei der „Einigung des Volkes“ zugesprochen worden[146]. So forderte der Parteivorstand der SED nur zwei Jahre nach dem Ende der NS-Diktatur: „Wenn wir [...] von der Einheit des Volkes sprechen, [müssen] wir uns darüber klar sein, daß gerade die Jugend das stärkste Bindemittel dieser Einheit sein kann“ oder „dazu werden muß“, um „in Zukunft alle jene Hindernisse [zu] beseitigen, die heute noch mit ihren vielen Vorurteilen die Menschen des schaffenden Volkes voneinander trennen“[147].

In einer Zeit, die von nur langsam zu überwindender und alle Lebensgebiete erfassenden Not, von rapide anwachsendem Schwarzmarkthandel, von steigender Jugendkriminalität, Verwahrlosungstendenzen und niedriger Arbeitsmoral junger Leute gekennzeichnet war[148], spielten bei den Bemühungen zur Integration der Kriegsjugendgeneration auch ganz pragmatisch ökonomische Faktoren und Bestrebungen zur Arbeitskräftelenkung[149] eine wesentliche Rolle[150]. So hatte Honecker schon im Juli 1945 formuliert, daß die „Schaffung einer ernsten, verantwortungsvollen Einstellung der deutschen Jugend zur Arbeit“ die „Voraussetzung für das Gelingen des Aufbauwerkes“ sei. „Maurer, Zimmermann, Tischler, Dachdecker, Bauer und Erntehelfer“ zu werden, müsse „eine Ehre“ für die ehemaligen HJ-Angehörigen sein. Bei „der Arbeit auf den Trümmerplätzen, in den neu in Gang gekommenen Fabriken, auf den Bauplätzen, in den Lehrwerkstätten und im Ernteeinsatz“ zeige sich ihr Wille zum Neuanfang; zusätzlich könnten sie in den Jugendausschüssen „beweisen, daß sie aus der Vergangenheit gelernt haben“[151]. Ein weiteres Ziel der kommunistischen Jugendarbeit bestand darin, „Zehntausende wirklich befähigter Jungen und Mädchen für die Lehrerausbildungsseminare zu stellen“, um eine „lebendige Brücke von der Schule zur kommenden freien Jugendbewegung“ zu schlagen[152].

Auf ihrem ersten Kongreß, dem 1. Parlament der FDJ, erhob der Jugendverband zu Pfingsten 1946 – nach Abstimmung mit der SED und „im Namen der jungen Generation“ – einen „Anspruch auf vier Rechte“, die zu gewähren „Pflicht aller demokratischen Organe“ sei: einen Anspruch auf „die politischen Rechte, das Recht auf Arbeit und Erholung, das Recht auf Bildung, das Recht auf Freude und Froh-

[145] Mit den Bestrebungen Ulbrichts einen neuen, „sozialistischen Menschen“ zu schaffen, der in einer „sozialistischen Menschengemeinschaft“ leben solle erreichten derartige Bemühungen zu Beginn der sechziger Jahren einen Höhepunkt; vgl. Podewin, Ulbricht, S. 323–333.

[146] Vgl. Buddrus, Hitlerjugend, S. 78f.

[147] Bericht des Parteivorstandes der SED, S. 114.

[148] Vgl. dazu BAP, DC-4/1401, 1617, sowie BAP, DR-2/4744 (Übersichten zur Jugendkriminalität 1945–1950); vgl. auch Badstübner-Peters, Nachkriegskindheit.

[149] Zur Arbeitskräftesituation in der SBZ vgl. Zank, Wirtschaft und Arbeit.

[150] Vgl. dazu die Arbeitskräftelenkungsbestrebungen in der Etablierungsphase des Dritten Reiches; auch damals stellte die junge Generation in den Planungen der Partei- und Ministerialbürokratie eine jugendlichen „Verfügungsmasse“ dar, die – wenn auch mit anderem „moralischem“ Hintergrund – beliebig hin- und hergeschoben wurde, um der neuen Macht über wirtschaftspolitische Konsolidierungsprozesse ein problemloseres Regieren zu ermöglichen; vgl Buddrus, Hitlerjugend, S. 67ff.

[151] Zitiert nach: Partei und Jugend, S. 230ff.

[152] Honecker, Die Jugend als aktiver Teilnehmer, S. 26. vgl. dazu auch Hohlfeld, Neulehrer.

sinn"[153]. Diese „Grundrechte der jungen Generation" übten tatsächlich eine mobilisierende Wirkung auf erhebliche Teile der Jugend aus[154] und brachten die bürgerlichen Parteien und Politiker mit ihren traditionellen jugendpolitischen Vorstellungen deutlich ins Hintertreffen[155]. Noch unmittelbarer wirkte die von FDJ und SED propagierte Losung „Gleicher Lohn für gleiche Arbeit", die von der SMAD als Befehl Nr. 253 vom 17. August 1946 mit Gesetzeskraft ausgestattet worden war. Sie elektrisierte zahlreiche Jugendliche, die damit weniger ideologische Zielvorstellungen verbanden als vielmehr die Möglichkeit sahen, ihren Lebensstandard zu heben. Die Losung „Gleicher Lohn für gleiche Arbeit" wurde in der „Jungaktivisten-Bewegung" instrumentalisiert[156]. SED und FDJ initiierten zahlreiche „Jugendbrigaden", die die Arbeitsnormen teilweise bis zu 300 Prozent übererfüllten; damit sollte ein Wettbewerb ausgelöst und neben den jüngeren vor allem auch die älteren Arbeiter mitgerissen werden. Die Parteiführung kannte die „schwächste Stelle der Solidarität unter den Belegschaften" und die Sprengkraft dieser „Normbrecherbrigaden" recht gut; es waren vor allem die Jugendlichen in den Jugendbrigaden, mit denen die SED versuchte, den geschickt geschürten Generationskonflikt produktiv zu machen. Ausgehend von der Vorstellung, daß „die Jugend große Vorbilder liebt" und „für das Neue leichter zu begeistern" sei, rechnete man damit, daß sie nach 1933 in einer Zeit aufgewachsen war, in der Vorbilder und Begeisterung viel, Traditionen und Grundwerte der deutschen Arbeiter- und Gewerkschaftsbewegung hingegen wenig gegolten hatten[157].

„Bahn frei für die Jugend", so Grotewohl, sei von nun ab die Losung, der sich „auf wirtschaftlichem, auf sozialem und politischem Gebiete [...] jeder fortschrittliche ältere Mensch zu beugen" habe[158]. Den Jugendlichen war in den „Normbrecherbrigaden" die spezielle Rolle zugedacht, in Jugendkollektiven, Jugendschichten und als Einzelaktivisten durch Rekordleistungen und Sonderschichten beispielgebend zu wirken, neue Normen zu prägen und darüber hinaus auch meßbare ökonomische Ergebnisse zu erzielen. Doch viele Betriebsleiter, Brigadiere und Meister, ja selbst Betriebsparteileitungen und Gewerkschaftsführungen leisteten aktiven und passiven Widerstand gegen die Jungaktivisten-Bewegung, in der sie lediglich eine unsolidarische Antreiberei der älteren Kollegen erblickten. Sie versetzten Jugendliche, lösten Jugendbrigaden auf, verhinderten die Einführung neuer Arbeitsmethoden und paralysierten damit teilweise die Bemühungen von SED und FDJ, aber auch das ehrliche Engagement zahlreicher Jugendlicher[159]. Ungeachtet dessen erleichterten die Begleiterscheinungen des funktionalisierten Generationskonflikts der SED-Führung die politische und wirtschaftliche Integration der Nachkriegsjugendgeneration und zeitigten darüber hinaus ökonomisch ins Gewicht fallende Resultate.

[153] Hier zitiert nach: Dokumente und Beschlüsse der FDJ, S. 12f.
[154] Vgl. dazu zahlreiche Beispiele in: Geschichte der FDJ, S. 115ff.
[155] Zu jugendpolitischen Vorstellungen der CDU und LDP vgl. u. a. Mählert, FDJ, S. 51f., S. 198ff.
[156] Diese Bewegung fand in dem im April 1948 in Zeitz abgehaltenen 1. Jungaktivistenkongreß ihren ersten Höhepunkt und ihre Institutionalisierung; vgl. dazu besonders Mählert, FDJ, S. 247–251.
[157] Stößel, Positionen, S. 371.
[158] Grotewohl, Ihr seid das Bauvolk, S. 181.
[159] Vgl. Stößel, Positionen, S. 371ff., S. 471ff.

5. Die „HJ-Mentalität" – Baustein für eine neue totalitäre Ideologie?

Die reale Gefühls- und Erlebniswelt und die Denktradition der Kriegsjugendgeneration, ihre tatsächliche mentalitätsgeschichtliche „Generationenlagerung", besaßen für die Führungen von KPD/SED und FDJ bei der Entwicklung ihrer jugendpolitischen Konzeptionen nur geringen Stellenwert und wurden bestenfalls deklamatorisch beschworen, aber nie wirklich einbezogen. Die regionalen Funktionäre der FDJ, die in dem Spannungsfeld von realer Situation und oft wirklichkeitsfremden, durch Wunschdenken bestimmten Vorgaben der Zentrale agieren mußten, verspürten die tatsächliche Widersprüchlichkeit der Situation besonders stark. Wie die Protokolle der Besprechungen der zentralen FDJ-Führung in Berlin mit den Chefs der fünf Landesleitungen des Jugendverbandes belegen, berichteten zum Beispiel die sächsischen Jugendfunktionäre im Oktober 1946, daß die FDJ von zahlreichen Kreisleitungen der SED „abgelehnt" und als „überflüssige Organisation betrachtet" werde. In Thüringen dagegen sähen die Jugendlichen „die FDJ als Jugend der SED" und lehnten sie deshalb ab. In Brandenburg „schwanke die Partei, die FDJ als Organisation anzuerkennen", und möchte eine „eigene sozialistische Jugendbewegung haben". In Sachsen-Anhalt würden „die jungen Genossen [...] von den älteren abgewiesen", vor allem mit dem Argument: „Als ihr noch nicht geboren wart, standen wir schon im politischen Leben". In Mecklenburg werde „unter Beifall" gesagt, daß „die FDJ derselbe Haufen ist wie die HJ"[160]. In Rostock seien von 800 SED-Mitgliedern im Alter von 16 bis 25 Jahren nicht einmal 80 in der FDJ. Die FDJ-Funktionäre seien in vielen Fällen ungeeignet, die „Jugend zu gewinnen", die Erfolge bei der Arbeiterjugend, deren Interessen man ja hauptsächlich vertrete, seien gering – „nur Tanz und Alkohol" seien zugkräftig –, und „innerhalb der Studentenschaft verbündet sich alles, was gegen die SED und FDJ" sei. Schwierigkeiten gebe es auch in der Zusammenarbeit mit den Kirchen. So lehnten „die Vertreter der katholischen Kirche den Totalitätsanspruch der FDJ ab" und würden mit ihr allenfalls in einer Dachorganisation zusammenarbeiten. Zahlreiche Jugendliche würden sich der SED bzw. dem Ein-Parteien-System mit dem Hinweis verweigern: „Es wäre ein Unglück unseres Volkes, wenn eine Partei die absolute Mehrheit bekommen würde."[161]

[160] Besprechungen der FDJ-Zentrale mit den FDJ-Landesleitungen 1946/47, SAPMO, FDJ, A 3822. Der sächsische FDJ-Chef Robert Bialek äußerte sich z. B. noch im Mai 1946 zu der Unterschätzung und mangelnden Unterstützung der FDJ durch die regionalen SED-Strukturen; er konnte dies besonders prononciert tun, war er doch der Jugendverbandsfunktionär mit der größten „Hausmacht": Sein Landesverband erfaßte mit 70000 FDJlern mehr Jugendliche, als der KJVD vor 1933 im ganzen Reich Mitglieder gezählt hatte; Bialek warnte die älteren, besonders aus der KPD stammenden SED-Mitglieder, die Parteijugend wie „dumme Jungens zu behandeln", und legte ihnen nahe, sich von der Vorstellung zu verabschieden, eine Jugendorganisation aufzuziehen, „wo kein Angehöriger der HJ oder des BDM drinnen sein sollte", denn „90 Prozent unserer gesamten Jugend ist durch die sogenannte Staatsjugend HJ gegangen, und die 10 Prozent, die draußen waren, man soll uns nicht erzählen, daß das die besten waren" (zitiert nach Mählert, FDJ, S. 103).

[161] Besprechungen der FDJ-Zentrale mit den FDJ-Landesleitungen 1946/47, SAPMO, FDJ, A 3822.

Zwar würden, berichteten die FDJ-Landeschefs weiter, die „Grundrechte der jungen Generation" und der Vorstoß der FDJ zur Einführung der 45-Stunden-Woche für Jugendliche von den Jüngeren gern angenommen, aber die älteren Jugendlichen fühlten sich durch die FDJ und die „Grundrechte" nicht angesprochen. Die meisten Jugendlichen hätten lediglich ein „großes Interesse an ihrer Ausbildung zu Facharbeitern", aber das spiegele sich nicht in einer Verbesserung der „ideologischen Situation" wider, denn diese Jugendlichen seien der Meinung, sie arbeiteten „nicht für den Aufbau, nicht für den Frieden", sondern „nur für Reparationen". Nur wenn ihr „Lebensunterhalt gesichert" sei, „arbeiten sie auch gerne", wobei „Ernährung und Kleidung im Vordergrund" stünden. Als ungünstig für eine FDJ-Werbung erwiesen sich die „Übergriffe der Besatzungsmacht", weshalb man in zahlreichen Orten Schwierigkeiten mit der „Bekämpfung der antisowjetischen Tendenzen unter der Jugend" habe. „Die Russen", so eine zentrale Argumentation, würden „so große Anforderungen" an jugendliche Arbeitsleistungen stellen, „die in keinen Einklang mit den Grundrechten der jungen Generation zu bringen sind". Für alle Länder und Provinzen gelte: „Wo die Russen sind, ist das Verhältnis ein schlechtes. Viel und lange Arbeit, [...] zahlreiche Verhaftungen"; hinzu kam die Auffassung, „daß die SED eine Angelegenheit der Russen sei"[162].

Die Jugendfunktionäre „an der Basis" beklagten sich über die mangelnde Resonanz auf ihre subjektiv zumeist ehrlichen und gutgemeinten Bemühungen unter den Jugendlichen, die nicht so in die FDJ strömten, wie sich die Parteiführung das vorgestellt und angekündigt hatte[163]. Die Führungen von SED und FDJ, die zur Durchsetzung ihrer jugendpolitischen Konzeptionen auf eine Politisierung bzw. Ideologisierung der Jugendlichen abzielten, waren noch Ende der 40er Jahre permanent mit einem „Hang zum Unpolitischen" und der Ablehnung eines als neue Staatsjugendorganisation empfundenen Verbandes konfrontiert. Sie fanden, da ein Dialog nicht stattfand bzw. nicht gewünscht wurde, unmittelbar nach Kriegsende nur selten Zugang zu Angehörigen der Kriegsjugendgeneration, und wenn, dann oft nur in der Form des dozierenden Monologs der Sieger. Zu sehr unterschieden sich die Sozialisationen, Prägungen und Erfahrungen des neuen, äußerst heterogenen Jugendführer"korps", dessen Angehörige aus dem – zumeist sowjetischen – Exil oder aus Antifa-Kriegsgefangenenlagern heimkehrten bzw. die Zeit des Nationalsozialismus als Antifaschisten in Haftanstalten oder im Widerstand in Deutschland erlebt hatten, und zu dem erst später auch ehemalige HJ-Führer traten, von denen der Angehörigen der HJ-Generation, die ebenfalls keine monolithische Einheit bildeten. Die daraus resultierenden Umgangsschwierigkeiten gestalteten die Kommunikation, wenn es sie denn gegeben hat, oft monologisch; viele Jugendfunktionäre fanden keine jugendgemäße, altersspezifische und situationsbezogene Sprache, sondern redeten

[162] Ebenda.

[163] Der Organisierungsgrad (Ende 1946: 13,2%) erreichte nach starken Schwankungen 1947/48 (dort durchschnittlich 16%) im Herbst 1949, bei der Gründung der DDR, den Wert von 32 Prozent, und überschritt stabil erst Mitte der 60er Jahre die 50-Prozent-Marke; vgl. dazu Zilch, Millionen, S. 14 sowie: DDR-Jugend, S. 165ff.

in den pathetischen Dimensionen des Zeitgeistes und in der Diktion der Parteirhetorik an den umworbenen Jugendlichen vorbei. Sie fühlten sich auf der Seite der Sieger und behandelten die Jugendlichen der Kriegsjugendgeneration zumeist pauschal als Verlierer, die nun zwar großmütig die Chance bekamen, sich beim Neuaufbau zu „bewähren", dafür aber ihre politische Vergangenheit begraben sollten.

Diese wenig differenzierende Stigmatisierung ihrer Biographien wurde von vielen Jugendlichen als Raub der eigenen Identität empfunden. So konstatierte die FDJ-Führung denn auch überrascht und besorgt, daß zum Beispiel „im Zusammenhang mit den Nürnberger Prozessen eine ablehnende Haltung der Jugend" eintrete. Sie sei „nicht immer dafür, daß alle Kriegsverbrecher aufgehängt werden sollen", und „diskutiere" noch dazu darüber, ob ein „Urteil gerecht oder ungerecht" sei[164]. Das war eigentlich nicht verwunderlich, denn die Kenntnisse der Kriegsjugendgeneration über die Verbrechen des Nationalsozialismus waren, wie in der gesamten Gesellschaft, noch gering. Zudem sorgte ein feindifferenzierendes, Haupt-, Mit- und Unschuld deutlich abstufendes Rechtsempfinden dafür, daß die Anklagevorwürfe auch der Westmächte auf Ablehnung stießen; von ihnen und den Kommunisten in didaktischer Absicht oft selbstgerecht präsentierten Schreckensdarstellungen wurde die Glaubwürdigkeit abgesprochen, und man weigerte sich angstvoll, selbst offensichtliche Verbrechen zur Kenntnis zu nehmen und das eigene Maß an Schuld daran zu bestimmen. Die Männer, über die die Sieger nun zu Gericht saßen, hatten bis vor kurzem noch unangefochten und „von Staats wegen" als hehre Vorbilder gegolten; nun sollten Jugendliche, deren Kontakte zu ihren ehemaligen HJ-Führern in der Kriegszeit oft die einzig bestehenden und in der Nachkriegszeit häufig die einzig intakten sozialen Bindungen waren[165], neue Leitbilder anerkennen, deren Exponenten und Repräsentanten zu den Personen zählten, die man kürzlich noch als Staatsfeinde verfolgt hatte.

Dieser schmerzhafte Prozeß der Ablösung von der eigenen Vergangenheit hätte eigentlich von grundlegenden, individuellen Neu- und Selbstbesinnungen begleitet werden müssen, für die aber unter den Bedingungen der Kriegsgefangenenlager und Antifa-Schulen, im Rahmen der Jugendausschüsse und der FDJ kaum Möglichkeiten vorhanden waren. Anstelle von Chancen zur individuellen Auseinandersetzungen mit der Vergangenheit boten die Kommunisten sich und ihre Organisationen als Orte neuer solidarischer Zusammengehörigkeit, als Glaubensgemeinschaft Gleichgesinnter an. Hinter diesem Kalkül, das mit Offerten einer neuen Geborgenheit verbunden war, verbarg sich das Bestreben, bei den gleichen Jugendlichen, die in ihrer Mehrheit bis zum Schluß hinter dem NS-Regime gestanden hatten, durch die Vermittlung einer neuen Weltanschauung, die scheinbar alles zu erfassen und zu erklären schien, abermals eine tiefe Identifikation, nunmehr mit dem neuen politischen System zu erreichen.

Man wollte die wenigen, die ihre Sinnkrise als persönliche und geistige Herausforderung begriffen, und die vielen, die in Ablehnung, Lethargie und Apathie verharr-

[164] Besprechungen der FDJ-Zentrale mit den FDJ-Landesleitungen 1946/47, SAPMO, FDJ, A 3822.
[165] Vgl. Buddrus, Zur Einbeziehung, S. 57.

ten und sich jeder Art von Politik verweigerten, sofort wieder mit emotionalen Appellen zum „Mitmachen" bewegen, zur Akzeptanz von lange vorfabrizierten politischen Glaubenssätzen veranlassen und das Gefühl geistiger Leere möglichst rasch mit einer neuen, nunmehr antifaschistischen Ideologie kompensieren[166]. Die Kommunisten konnten nicht erkennen bzw. wollten die Erkenntnis nicht zulassen, daß eine ganze Generation ihre politische Gutgläubigkeit verloren hatte, und hofften ganz mechanistisch, daß sie der auch im Osten Deutschlands latent skeptischen Grundhaltung der Jugend mit der Installation einer neuen, „wissenschaftlich" begründeten und geschlossenen Ideologie begegnen könnten. Auch die Schwierigkeiten, miteinander in derselben Sprache über denselben Gegenstand zu reden, führten zu dem von der Besatzungsmacht und den Kommunisten „verordneten", besser: funktionalisierten Antifaschismus[167], den die Sieger – aus ideologischen und pragmatischen Gründen – für die einzig mögliche Mobilisierungs- und Integrationsmethode hielten, eine Methode, an die sich die Mehrheit der „Besiegten" oft schnell gewöhnte, besonders dann, wenn sie zur Fraktion der Exkulpierten gehörte.

So ließ z. B. die Flut „antifaschistischer" Publizistik – zumeist mehr oder weniger glaubhafte Heldenepen und stereotyp-sterile Kämpferbiographien – die unmittelbar nach 1945 den Osten Deutschlands überschwemmte[168], in diesem Teil des Landes die Periode des Dritten Reiches als eine Zeit der permanenten Siege über den Nationalsozialismus erscheinen und eröffnete kaum Möglichkeiten zu tiefergehender Identifikation mit den wenigen Männern und Frauen der deutschen Widerstandsbewegung, die zudem vorwiegend auf die Kommunisten reduziert wurde. Der abstrakte, weitgehend entdifferenzierte, zunehmend kanonisierte, politisch ritualisierte und öffentlich normierte „Antifaschismus"[169] ließ eine persönliche Aufarbeitung und Bewältigung des Nationalsozialismus so auf bequeme Weise unnötig erscheinen und eröffnete der generalamnestierten Jugend wie großen Teilen der Bevölkerung die von den herrschenden Kommunisten als Geschenk ans Volk präsentierte Möglichkeit, durch rasche Neuidentifikation mit der kommunistischen Ideologie erneut zu den „Siegern der Geschichte" zu gehören. Diese (selbst)betrügerische Praxis einer scheinbaren Vergangenheitsbewältigung „im Vorwärtsschreiten" sollte auch die Anfälligkeit der (deutschen?) Massen für demagogische Argumentationsmuster ausnutzen, von denen sich die nach 1945 Herrschenden erneut mobilisierende Wirkungen versprachen. Denn die weitgehende Aktzeptanz und willige Reproduktion traditionell autoritärer Herrschaftsformen in Deutschland und die daraus resultierenden hierarchisch strukturierten Mentalitäten waren eine wichtige Voraussetzung dafür, daß sich nach Kaiserreich und Drittem Reich die Masse der Deutschen im Osten der neuen diktatorischen Herrschaftsform weitgehend widerstandslos unterwarf und sich in ihr einrichtete. Und das pragmatisch leichtgemachte Verdrängen eigener

[166] Vgl. dazu Holtmann, Lassalleaner, S. 186, und Schörken, Jugend 1945, S. 109f.

[167] Vgl. dazu die sehr instruktive Studie von Danyel, Gründungskonsens.

[168] In diesem Kontext stellte der 1946 in Berlin in deutscher Sprache veröffentlichte Roman „Das siebte Kreuz" von Anna Seghers eine Ausnahme dar.

[169] Vgl. Danyel, Gründungskonsens, S. 38f.

Verantwortung, die eingleisigen Schuldzuweisungen an „Militaristen", „Faschisten" oder „Monopolkapitalisten" und das schlechte Gewissen angesichts eigener Mittäterschaft bzw. eigenen Stillschweigens als „Mitläufer" im Nationalsozialismus ließen die schwere Enttäuschung, die man mit dem einen Führer erlebt hatte, so leicht umschlagen in eine zumindest gleichgültige Akzeptanz eines neuerlichen Geführtwerdens – der Führer ist tot, es lebe der Generalsekretär?

Zwar hatte auch für die ostdeutsche Jugend die NS-Ideologie jede Funktion als Weltanschauungsinstanz verloren, aber gewisse Sockelbestände einer „deutschen" Mentalität, die ein Wirksamwerden nationalsozialistischer Ideologie erst ermöglicht hatten, waren nicht über Nacht verschwunden[170]. Da jedoch die politischen Mentalitäten personal und kollektiv viel tiefer verankert sind als Ideologien und deshalb in der Regel auch keinen plötzlichen Wendungen unterworfen sind[171], konnten sie im Osten Deutschlands zu einer Voraussetzung für die Internalisierung einer neuen totalitären Ideologie avancieren. Im Dritten Reich waren Mentalitäten geprägt und verfestigt worden, die sich möglicherweise als paßfähig für die Adaption an ein anderes, letztlich wiederum totalitäres Regime erwiesen, und diese neue Diktatur, die sich als fortschrittliche antifaschistische Alternative darstellte – und es partiell auch war –, erschien zunächst nicht wenigen Jugendlichen durchaus als attraktiv, ja verheißungsvoll.

Doch noch 1953 mußte die FDJ-Führung – mit beeindruckender Offenheit – feststellen, daß es ihr „bisher nicht gelungen" sei, die „Masse der Jugend für die aktive Teilnahme am Kampf um die Verwirklichung des Kurses von Partei und Regierung zu gewinnen", ja daß die FDJ „in der letzten Zeit [sogar] eine ernsthafte Einbuße ihres Einflusses unter der Jugend [habe] verzeichnen" müssen[172]. Damit im Zusammenhang standen auch die von der FDJ-Führung 1953 beschlossenen „Maßnahmen des Verbandes zur Verhinderung der Republikflucht Jugendlicher"[173]. Denn auch Zehntausende Angehörige der jungen Generation gehörten zu den Hunderttausenden Ostdeutschen, die sich bereits in der SBZ sowie unmittelbar nach der Gründung der DDR, besonders aber ab 1952, dem Zugriff des Staates und der SED, vor allem aber der ideologischen und politischen Vereinnahmung durch Flucht zu entziehen suchten[174].

170 So konstatierte der Parteivorstand der SED noch 1947, daß es „verfehlt wäre, anzunehmen, daß selbst in der Ostzone die Gedankengänge der Naziideologie schon ausgerottet wären. [...] Wir klagen die Jugend deshalb nicht an", denn man hielt es für möglich, sie von „diesem Ungeist zu befreien und sie mit [...] der hohen sittlichen Idee des Sozialismus zu erfüllen" (Bericht des Parteivorstandes der SED an den 2. Parteitag, S. 99, S. 111).

171 Vgl. dazu Schörken, Jugend 1945, S. 16.

172 SAPMO, FDJ, A 2498.

173 Ebenda A 2525.

174 Nach einer unlängst erschienenen Untersuchung ist bei der Altersstruktur des Flüchtlingsstroms, der zwischen Kriegsende und Mauerbau etwa 2,75 Millionen Menschen umfaßte, am auffälligsten, daß „die Hälfte der Flüchtlinge stets jünger als 25 Jahre war", während der Anteil der unter 25jährigen an der Gesamtbevölkerung nur etwa ein Drittel betrug (Heidemeyer, Flucht und Zuwanderung, S. 43, S. 48f.).

Kerstin Thöns

Krise ohne Zukunft?

Die Jugendfürsorge in der SBZ im Spannungsfeld kommunistischer Programmatik 1945/46

Der 8. Mai 1945 war für Millionen Deutsche primär das definitive Ende der nationalsozialistischen Diktatur und des Zweiten Weltkrieges. Tausende Menschen, darunter viele Kinder und Jugendliche, irrten im Frühjahr 1945 durch zerstörte Städte auf der Suche nach Familienangehörigen und Freunden, einer notdürftigen Unterkunft in den Ruinen. Hunger, Mangel an lebensnotwendigen Dingen, die drohende Seuchengefahr waren ebenso tägliche Begleiter wie Resignation und Angst vor der Zukunft.

Fünf Wochen nach Kriegsende, am 13. Juni 1945, erschien in der ersten Ausgabe der *Deutschen Volkszeitung* in Berlin der Aufruf der Kommunistischen Partei an das „Schaffende Volk in Stadt und Land! Männer und Frauen! Deutsche Jugend!“. Mit Flugblättern und Plakaten in hoher Auflage brachten die Kommunisten ihre Programmatik unter das Volk. Der kommunistische Remigrant Hans Mahle verlas den Text im Berliner Rundfunk, was gewiß wenig Zweck gehabt hat, da das sowjetische Militär alle privaten Rundfunkgeräte hatte einziehen lassen. Der Wortlaut mag, sofern er in diesen Tagen überhaupt vollständig wahrgenommen wurde, bei vielen Menschen Erstaunen hervorgerufen haben: Die KPD – so schien es – hatte sich zu einer demokratischen Partei gewandelt. Nur an wenigen Stellen schimmerte noch die alte Radikalität durch, so etwa bei der Formulierung „Liquidierung des Großgrundbesitzes“. Ansonsten warb der Aufruf um demokratische Erneuerung und soziale Reformen[1]. Das Wort Sozialismus wurde strikt vermieden. Als signifikante Aufgaben wurden die Liquidierung der Reste des Hitlerregimes sowie der Kampf gegen Hunger, Arbeitslosigkeit und Obdachlosigkeit genannt[2]. Daß sich dieses maßvoll formulierte Programm auch ausdrücklich an die deutsche Jugend wandte, war kein Zufall.

Neben existentiellen Lebensfragen wie Versorgung mit Lebensmitteln, Kleidung, Wohnraum oder Arbeit war in der heranwachsenden Generation das „Gefühl des Betrogenseins“ weit verbreitet: Sie war gewissermaßen um das Leben selbst sowie

[1] Vgl. Zank, Stalin, S. 42.
[2] Vgl.: Um ein antifaschistisches Deutschland, S. 56 ff.

um politische Sinngebung betrogen worden. Die Bereitschaft zur Auseinandersetzung mit der Vergangenheit trat zunächst zurück[3]. Ein ehemaliger sächsischer HJ-Führer erklärte Ende Mai 1945 in einem mündlichen Bericht, große Ziele und Ideale hätten die Jungen und Mädchen in ihren Organisationen vereint. Was nun ans Tageslicht komme, könne er so nicht glauben, zumindest hätten er und seine Kameraden das nicht gewollt und nicht gewußt. Am Ende steht der Satz: „Es war alles umsonst, es ist alles verloren!“[4] Mehrheitlich mündete dieses „Opferbewußtsein“ in eine deutlich unpolitische Haltung, die russische Besatzungsoffiziere und deutsche Kommunisten hoffen lassen konnte, als Initiatoren sozialer Verbesserungen und Reformen zugleich auch neue politische Bindungen und schließlich ihre Weltanschauung vermitteln zu können.

Die Zeit drängte. In einer Situation, in der öffentliche Strukturen ramponiert oder funktionsuntüchtig geworden waren, hing die Bewältigung der Not vor allem auch vom Vorhandensein und Funktionieren neuer Netzwerke ab. So hatten sich bereits in den ersten Tagen nach dem Zusammenbruch selbständige Fürsorgeeinrichtungen zur Jugendbetreuung bis auf Kreis- bzw. Stadtbezirksebene gebildet. Vor allem Kirchenvertreter, engagierte Reformpädagogen aus der Weimarer Republik, unter ihnen auch viele Sozialdemokraten, hatten diese Notgemeinschaften mit der Absicht ins Leben gerufen, die deutsche Jugend vor Verwahrlosung zu bewahren, was die Option einer demokratischen Erziehung einschloß[5]. Die SPD betonte in ihrem schul- und jugendpolitischen Konzept, die „Erziehung im antifaschistischen Geist“ müsse sich durch den „Aufbau von Kinder- und Jugendprogrammen, Heimen und Lesestunden“, mit „Unterhaltung, Geselligkeit und Belehrung“ vollziehen, wobei eine „weitgehende Selbstverwaltung der Jugendlichen“ unter „Anleitung von pädagogischen Beiräten“ angestrebt wurde[6]. Mit der Festlegung des Alliierten Kontrollrates, das in den zwanziger Jahren verabschiedete „Reichsjugendwohlfahrtgesetz“[7] als rechtliche Grundlage der Jugendarbeit für alle Besatzungszonen anzuerkennen, erhielten diese spontanen Gründungen offiziellen Charakter und wandelten sich schließlich zu Referaten für Sozialerziehung, die nun forderten, auch die staatlichen Jugendämter wieder einzurichten. Das wurde von der Sowjetischen Militäradministration (SMAD) zurückgewiesen[8], die wie alle Alliierten von tiefem Mißtrauen gegenüber der deutschen Jugend erfüllt war. Der amerikanische Soziologe Howard Becker befürchtete 1945, daß „harmlos aussehende Burschen der Nazi-Untergrund-

[3] Vgl. Schörken, Jugend, S. 140.
[4] Vgl. Thöns, Soziale Lage, S. 23.
[5] Vgl. BAP, DR 2–327–328.
[6] SAPMO, NL 90/277.
[7] Dieses Gesetz regelte folgende Fürsorgebereiche als Pflichtaufgaben auch in Zusammenarbeit mit freien Trägern: öffentliche und private Jugendhilfe einschließlich der Familienhilfe; körperliche, geistige, sittliche, gesellschaftliche und religiöse Wohlfahrt; Jugendwohlfahrtspflege bezogen auf Jugendhilfe bzw. -betreuung; Jugendpflege nach dem Freiwilligkeitsprinzip der Teilnahme an physischer und psychischer Ertüchtigung. Die behördliche Struktur der Ämter auf Reichsebene waren die Jugendwohlfahrtsbehörden. Ebenso integriert waren weitere Fürsorgestellen und Jugendgerichte, gefördert wurden zudem Jugendbewegungen und spezifische Beratungsstellen.
[8] Vgl. BAP, DR 2–270–272.

bewegung als eifrige Handlanger dienen werden, und Mädchen mit Zöpfen und sanften Gesichtern" den arglosen Besatzern „zu plötzlichem Tode verhelfen" könnten[9]. Ergebnis dieser Vorbehalte, die vor allem auf der Furcht vor der Chimäre „Werwolf" beruhten, war zunächst eine äußerst restriktive Politik bei der Zulassung von deutschen Jugendorganisationen in allen Besatzungszonen.

Auf der anderen Seite versuchte die KPD in der SBZ jedoch, den Einfluß der genannten eher karitativen Einrichtungen möglichst zu begrenzen. Als Begründung diente der Hinweis, daß sich die Mehrzahl der Mitarbeiter noch keiner politischen Überprüfung unterzogen hätten[10]. Bereits im Mai 1945 hatte die SPD-Zentrale registriert, daß „das Aufbauinteresse der Kommunisen" weit „mehr auf politischen Einfluß als auf die Sorge der Wiederherstellung ausgeglichener Verhältnisse gerichtet" sei[11]. Mit Erlaß des SMAD-Befehls über die Bildung „antifaschistischer Jugendausschüsse" war die KPD bemüht, zunächst auch die Probleme der Daseinsfürsorge auf diese neuen Gremien zu übertragen. Entgegen allen Bestrebungen, zumindest die personelle Besetzung der Ausschußleitungen zentral zu steuern, blieb der regionale Bezug evident. Im sächsischen Raum zwischen Meißen und Radebeul war die protestantische Kirche wichtigste Gründungsinitiatorin der Jugendausschüsse, die sich primär einer sozialen und kulturellen Aufgabenstellung verpflichtet fühlten[12]. Wohl auch um den Einfluß der Kirche auf die Jugendarbeit zu minimieren, hatte die SMAD im Juli 1945 angeordnet, Jugendreferate in den Verwaltungen für Volksbildung der Provinzen und Länder sowie Bürgermeistereien der großen und mittleren Städte einzurichten. Die berufenen Jugendreferenten waren gleichzeitig „mit der Leitung der Jugendausschüsse und der Verwaltungsstelle für Wohlfahrt" beauftragt worden. Begründet wurde diese Ämterbündelung mit dem „Mangel an geeigneten Antifaschisten"[13].

Im Frühjahr 1945 schien eine Zusammenarbeit trotz vorhandener Konfliktpunkte möglich und erfolgversprechend. Die Lage war ernst. Zu diesem Zeitpunkt lebten in der SBZ ca. 725 000 Jugendliche im Alter zwischen 14 und 18 Jahren, deren Situation sich besonders nach Ende der Schulzeit dramatisch zuspitzte. Etwa 60 Prozent aller begangenen Straftaten, darunter auch solch schwere Verbrechen wie Mord oder Raub, wurden von jungen Menschen zwischen dem 14. und 21. Lebensjahr begangen – vier Fünftel davon von männlichen Jugendlichen, die sich besonders intensiv in konflikt- und gewaltorientierten Gruppierungen mit unterschiedlicher Sozialstruktur und eigener Symbolwelt und Hierarchisierung organisiert hatten. Noch größer war allerdings die Zahl derer, die auf dem „Schwarzmarkt" ihren individuellen Lebensunterhalt oder die Familienkasse aufzubessern suchten. Auch Kinder wurden bereits in diese „kriminellen" Aktivitäten einbezogen. Oftmals verdrängte die Notwendigkeit des Überleben jedes Unrechtsbewußtsein. Über jeden von der

[9] Zitiert nach Klönne, Jugendverbände, S. 7.
[10] BAP, DR 2–583.
[11] SAPMO, NL 90/277.
[12] Vgl. BAP, DR 2–270–272.
[13] BAP, DR 2–311.

Polizei aufgegriffenen jugendlichen Täter wurde nach dem Verhör ein Protokoll für die Jugendgerichtshilfe und den Staatsanwalt angefertigt.

Beispiele aus dem Jahr 1945 machen deutlich, daß es sich hierbei auch um alltägliche Formen von „Beschaffungskriminalität" handelte: „Eine Bahnhofsstreife griff den 13jährigen Manfred S. auf, der Schwarzhandel trieb. Zuvor hatte er sich durch Schuhputzen täglich 70,-RM verdient, dann vertrieb er Taschenlampenbirnen und -batterien und erhielt einen täglichen Erlös von 150,-RM. Das Geld will er zu Hause abgeliefert haben. Die Eltern wußten von dem Treiben des Jungen, der die Schule nie besuchte, unterbanden es aber nicht. Der Vater schickte den Jungen außerdem zum Zigarettenstummelsammeln." Ein weiterer Fall: „Bei einer Razzia wurden die 15-, 10- und 8jährigen Geschwister R. aufgegriffen, die lose Lebensmittelmarkenabschnitte der Kinderkarte vertrieben. Für das erzielte Geld kaufte der Vater, der keiner Arbeit nachgeht, Zigaretten. Die Mutter sorgte für den Lebensunterhalt."[14]

Nicht selten führten Arbeitslosigkeit bzw. das Fehlen einer Lehrstelle in die Kriminalität. Die Zahl der erwerbslosen Schulabgänger betrug allein in Berlin über 20400 mit steigender Tendenz, wobei Mädchen mit einem Anteil von 15730 besonders betroffen waren[15]. Ähnlich war auch die Situation im Land Sachsen, wo im November 1945 über 200000 Arbeitslose, darunter etwa ein Drittel Jugendliche, registriert waren. Die wirtschaftliche Bilanz bei Kriegsende war hier wie überall in Deutschland katastrophal. Das Ergebnis einer Gewerbezählung der sächsischen Landesverwaltung vom November 1945 lautete: rund 169000 Betriebe mit 1276000 Beschäftigten, das waren 126500 Produktionsstätten weniger als 1936[16].

In allen Ländern der SBZ wurden 1945 sogenannte „Jugendnoteinsätze" in Form von Werkgemeinschaften ins Leben gerufen. Danach erhielten nur jene Jugendlichen eine Lebensmittelkarte, die sich in den Arbeitsämtern gemeldet hatten. Hier wiederum konnten sie zu Instandsetzungsarbeiten, zur Kinder- oder Altenbetreuung, zu Transportarbeiten oder einer Tätigkeit in der Landwirtschaft verpflichtet werden. Wer sich an diesen Noteinsätzen beteiligte, wurde bei der Vermittlung einer dauerhaften Arbeitsstelle bevorzugt[17]. In der Realität gestaltete sich dieses Hilfsprogramm indes äußerst kompliziert. So wurden Jugendliche in erster Linie für Demontagearbeiten und den Bergbau zwangsverpflichtet. Ein weiteres soziales Problem waren die vertriebenen elternlosen Kinder und Jugendlichen, auf deren Zuwanderung und anschließende Betreuung sich die zuständigen Gremien seit Herbst 1945 vorbereiteten[18].

Auf einer zentralen Beratung erklärten die Vertreter der Jugendreferate und Jugendausschüsse im September 1945, „daß eine Jugendbewegung angesichts der aktuellen Situation aus eigener Kraft der Jugend wachsen" müsse und „die Aufgaben der Jugendausschüsse nur wegbereitend sein" könnten. Neben Schule und Jugendäm-

[14] BAP, DR 2-395.
[15] Ebenda.
[16] BAP, DR 2-245.
[17] BAP, DR 2-395.
[18] BAP, DR 2-380.

tern sei mit den Ausschüssen ein „sehr bewegliches, aktives Element getreten, das zur Durchführung von Vorbeuge- und Hilfsmaßnahmen für die Schulentlassenen sehr hoch einzuschätzen" sei. Es wurde vereinbart, gemeinsam mit den staatlichen Ebenen „Gründung, Aufbau und Verwaltung der Jugendheime" sowie ein breites Kulturangebot zu organisieren. Besondere Fürsorge sollte dabei den erwerbslosen Jugendlichen gelten, für die geeignete Arbeitsstellen in der Privatindustrie gesucht werden müßten. Bei dauerhafter Arbeitslosigkeit war ferner daran gedacht, „Sammelheime mit Beschäftigungsmöglichkeiten und einer warmen Mahlzeit" einzurichten[19].

Im Oktober 1945 folgte schließlich der Aufruf „Rettet das Kind!", dessen Maßnahmenkatalog wiederum gemeinsam von dem Zentralen Jugendausschuß und den Zentralverwaltungen für Arbeit und Sozialfürsorge, Gesundheitswesen, deutsche Umsiedler und Volksbildung erarbeitet worden war. Der konkreten Situation der ersten Nachkriegswochen entsprechend konzentrierte sich das Hilfspaket auf den Kampf gegen die drohende Seuchengefahr, die Bereitstellung zusätzlicher Nahrungsmittel, die rasche Einrichtung von Kindertagesstätten und Wärmestuben, die Schulspeisung und die Steigerung der Produktion von Heil- und Kinderpflegemitteln[20]. Einen weiteren Strang mit ähnlichen Fürsorgeabsichten verfolgte die zunächst in Sachsen initiierte „Volkssolidarität". Auf beiden Ebenen kam es wiederum zu spontanen Gründungen von Ausschüssen und Hilfskomitees, in denen sich zunächst die Kirchen stark engagierten. Die durchaus erfolgreiche Kooperation – allein in Sachsen wurden in den ersten acht Wochen für die Volkssolidarität über 18 Millionen Mark gespendet – führte Ende Februar 1945 zu der Entscheidung, die Trägerschaft den Parteien und Gewerkschaften zu übertragen und damit eine Konstellation herbeizuführen, die vor allem dem sozialpolitischen Ansehen der KPD dienen sollte, zumal LDP und CDUD eine direkte Zusammenarbeit in diesem Bereich auf regionaler Ebene ablehnten[21].

Die Adressaten solcher konzeptuellen Überlegungen der KPD nahmen diese Zusammenhänge allerdings kaum wahr. Vor dem Hintergrund der Belastung durch den Alltag der Trümmergesellschaft und des existentiellen Lebensgefühls, die „verlorenen Jahre" möglichst rasch aufholen zu müssen, wurde der Zusammenbruch des Nationalsozialismus von Jugendlichen im allgemeinen nicht als Chance für einen demokratischen Neubeginn begriffen, und politische Selbstgestaltungsinteressen und -ansprüche wurden von ihnen in keiner Weise artikuliert. Für diese indifferente Haltung gibt es zahlreiche Erklärungen. Zusammenfassend läßt sich auch für die SBZ konstatieren, daß nicht politische, sondern kulturelle und Unterhaltungs-Bedürfnisse für die Jugend die eigentliche Essenz des Neuanfangs darstellten. So beklagten kommunistische Vertreter der Jugendausschüsse im Oktober 1945 die fehlende Bereitschaft der Heranwachsenden, „dem antifaschistischen Geist zur de-

[19] BAP, DR 2–395.
[20] BAP, DR 2–380.
[21] BAP, DR 2–227–228.

mokratischen Erneuerung Deutschlands" zu folgen. „Die Betreuung der Jugendlichen auf kulturellem Gebiet durch die Jugendausschüsse", hieß es in der Analyse der Zentralverwaltung für Volksbildung, „läßt [...] sehr zu wünschen übrig. Es mangelt in erster Linie an geeignetem Material, das den antifaschistischen Geist zur demokratischen Erneuerung Deutschlands in den Vordergrund stellt." Bislang, mahnten die Funktionäre, würden Jugendliche „den größten Teil der Besucher in Kabaretts, Tanzdielen sowie gewissen Lokalitäten" stellen, statt sich politisch zu engagieren. Um das zu ändern und die jungen Menschen aus „diesem Milieu herauszureißen", müsse die Kulturarbeit der Ausschüsse endlich so organisiert werden, daß „dem Jugendlichen zuerst die Zeit und später die Lust an derartigen Freizeitvergnügungen" fehle. Wesentliche Voraussetzung für dieses Erziehungsziel, lautete die Schlußfolgerung, sei „die einheitliche Ausrichtung der Jugendarbeit aller Ausschüsse" in der SBZ[22]. Diese Forderung verwies implizit auf den Wunsch nach rascher Gründung einer eigenständigen Jugendorganisation. Mit Theaterstücken, einem Liederbuch und Gedichten, die besonders vom illegalen Kampf der Antifaschisten und über deren Leiden in den Konzentrationslagern berichten sollten, hoffte die KPD, die geistigen Grundlagen einer neuen Jugendbewegung schaffen zu können[23].

In dieser Situation vermochte die KPD ihr jugendpolitisches Konzept mit Nachdruck durchzusetzen, zumal sie durch ihre enge Zusammenarbeit mit der SMAD über die entscheidenden Machtpositionen verfügte. Zahlreiche Bestrebungen der Kommunisten waren seit Herbst 1945 vor allem darauf gerichtet, sich die Monopolstellung in der Jugendarbeit der sowjetischen Zone zu sichern. Dazu gehörte auch eine Absichtserklärung der Zentralverwaltung für Volksbildung, spätestens ab April 1946 an allen Schulen obligatorisch das Fach Staatsbürgerkunde mit wöchentlich zwei Unterrichtsstunden einführen zu wollen. In einem ersten Entwurf vom November 1945 hieß es, der „staatsbürgerkundliche Unterricht" habe „besonders auf die Bedürfnisse der werktätigen Bevölkerung Rücksicht zu nehmen und den Lehrstoff unter diesem Blickpunkt auszuwählen." Dabei werde „an Stelle der Fürsten und Herrscher" nun der „hervorragenden Forscher, Erfinder, der großen Arbeiterführer (Bebel, Lenin, Stalin) zu gedenken sein"[24]. Die Zielsetzung ist mit allen späteren Formulierungen identisch: Die Vermittlung „der kollektiven Arbeitsweise" und „der Bedeutung der Arbeit für die Gemeinschaft" hatten im Zentrum der Erziehung zu stehen[25]. Abweichenden Auffassungen etwa der Lehrkräfte sollte „sofort mit den schärfsten Disziplinarmitteln begegnet" werden, damit „dieser Unterricht nicht, wie an manchen Schulen der Geschichtsunterricht in der Zeit vor 1933, dazu mißbraucht" werde, „die Schüler offen oder versteckt gegen den heutigen Staat oder seine Organe einzunehmen"[26].

[22] BAP, DR 2-1024-1025.
[23] Ebenda.
[24] Ebenda.
[25] Ebenda.
[26] Ebenda.

Diese ideologischen Indoktrinationsabsichten beruhten auf der Hoffnung, mit Hilfe der „Weltanschauung" vor allem junge Menschen gewinnen zu können, um das System im Sinne der KPD zu festigen[27]. Weshalb dieser Plan „staatsbürgerkundlichen Unterrichts" dann zunächst doch nicht verwirklicht wurde, geht aus den Quellen nicht eindeutig hervor – denkbar ist, daß das Fach Staatsbürgerkunde, erst Mitte der fünfziger Jahre verbindlich für alle Schülerinnen und Schüler in der DDR eingeführt, unmittelbar nach Ende der NS-Diktatur von Eltern und Jugendlichen mehrheitlich abgelehnt wurde.

Einen weiteren Versuch, ihren politischen Einfluß innerhalb der Jugendarbeit zu stabilisieren, unternahm die KPD mit einem Antrag zur Neufassung des Jugendwohlfahrtgesetzes an die sowjetische Besatzungsbehörde. Demnach sollten alle Jugendämter, von denen noch etwa ein Drittel selbständige Verwaltungseinrichtungen waren, den Volksbildungsbereichen zugeordnet werden, die mit Beginn der Schulreform mit Kommunisten besetzt worden waren. Die Betonung der freien Wohlfahrtspflege, lautete das Schreiben an die SMAD, widerspreche der gesellschaftlichen Verantwortung für die Jugend und behindere oder gefährde gar das notwendige Erziehungsziel der Jugend „zur umfassendsten gesellschaftlichen Tüchtigkeit"[28]. Als Faktoren immanenter Gefährdung wurden jene Menschen betrachtet, „die fahrlässig, vorsätzlich oder böswillig den störungsfreien Ablauf der Jugenderziehung bedrohen". Die KPD forderte eine „Regelung zur Bestrafung dieser Personen"[29]. Wen und was sie damit meinte, blieb vorerst offen. Der Verweis auf „Kneipenbesitzer" und „Karussellbetreiber" war gewiß geeignet, die Besatzungsmacht für dieses Thema zu sensibilisieren. Dennoch lehnte die SMAD die Forderung nach restriktiven Maßnahmen mit der Begründung ab: „Wenn wir dies in der sowjetischen Zone alleine machen, würde die Einheit auf einem wichtigen Gebiet der Jugendarbeit zerrissen werden."[30] Diese Entscheidung entsprach sowohl der frühen Deutschlandpolitik der UdSSR, die möglichst enge Zusammenarbeit mit den Westalliierten anstrebte, als auch der zoneninternen Notwendigkeit, daß die SMAD auf die noch sehr ambivalente innenpolitische Situation der Länder und Provinzen ihrer Besatzungszone gewisse Rücksichten nehmen mußte. Bereits im März 1946, als die Zwangsvereinigung von KPD und SPD beschlossene Sache und die Gründung der FDJ vollzogen war, stimmten die Besatzungsoffiziere allerdings einer neuen Struktur zu und empfahlen die generelle Überarbeitung des Jugendwohlfahrtgesetzes und seiner Durchführung mit dem Hinweis, „soziale Fürsorge und politische Erziehung zu verbinden"[31].

Synchron mit den Bestrebungen zur Vereinigung von KPD und SPD wurde seit Ende 1945 auch die Debatte über Weg und Richtung der Jugendarbeit geführt. Auf der zentralen Tagung des Jugendausschusses Anfang Dezember 1945 erklärte Her-

[27] Vgl. Weber, Jugendpolitik, S. 25.
[28] BAP, DR 2–343.
[29] Ebenda.
[30] Ebenda.
[31] BAP, DR 2–570–572.

mann Axen (KPD), Jugendvertreter des Landes Sachsen, die Tätigkeit der Ausschüsse sei nun in ihre zweite und damit entscheidende Phase getreten. Aus Fehlern und Schwierigkeiten habe man gelernt, „eine möglichst einheitliche Linie für die gesamte Besatzungszone in der Jugendarbeit zu finden." Ein Fehler sei etwa gewesen, auf jugendliche Freizeitinteressen „überspitzt" reagiert zu haben. Aber, so Axen weiter, „wenn die deutsche Jugend in den Städten und Dörfern tanzt und leidenschaftlich gern tanzt, dann müssen wir sehen, daß dieser Tanz ein Hebel zur Gewinnung der Massen der Jugend zum Aufbau" werde[32].

Nicht nur in Sachsen, dem wichtigsten Land der SBZ mit etwa sechs Millionen Einwohnern – darunter ca. 700 000 Jugendliche im Alter zwischen 14 und 15 Jahren –, war es der KPD in den zurückliegenden Monaten gelungen, die Pluralität der Arbeit in den Jugendausschüssen zunehmend zu unterbinden. Bereits Ende Oktober/Anfang November hatten sich beispielsweise die Kirchen im sächsischen Elbtal aus diesen Gremien mehr oder weniger freiwillig zurückgezogen und eigene Solidargemeinschaften initiiert, die Kindern und Jugendlichen materielle, kulturelle und geistige Hilfestellungen boten[33].

Die Hoffnungen der KPD und der von ihr geleiteten Jugendausschüsse, Mehrheiten der beanspruchten Jahrgänge für eine Mitarbeit zu gewinnen, hatten sich insgesamt nicht erfüllt. Auf der 1. Arbeitstagung der Landesjugendausschüsse vom 1. bis 3. Dezember 1945 wurde wiederholt der Versuch unternommen, den regionalen Gremien von zentraler Stelle aus eine soziale Mobilisierungsfunktion zu übertragen. Mit Beschlüssen über Hilfen für Heimkinder und Vertriebene, Aktionswochen zur Verteilung von Lebensmitteln und Brennmaterialien in dicht besiedelten Landesteilen im Rahmen der Volkssolidarität oder die Unterstützung für den Aufruf „Rettet das Kind!" sollten Überparteilichkeit betont und Abspaltungstendenzen entgegengewirkt werden[34], die offensichtlich an Intensität und Dynamik zugenommen hatten; vor allem letzteres dürfte wesentlich dazu beigetragen haben, daß erste massive Forderungen nach Gründung einer eigenständigen Jugendorganisation laut wurden.

Diese Konstellation bildete schließlich den Hintergrund, vor dem der zentrale Jugendausschuß im unmittelbaren Anschluß an diese Konferenz die Chancen und Ri siken seiner jugendpolitischen Konzeption reflektierte. Die Kommunisten sahen sich herausgefordert, ihre Optionen klarer zu definieren und ihre Taktik auf sie zuzuschneiden. Das hieß aber nicht, generell die kulturellen und sozialen Bedürfnisse der Jugendlichen in diese Überlegungen einzubeziehen, um möglichst eine rasche Interessenidentität zwischen politischer Programmatik und individuellen Haltungen wie Sichtweisen der Jungen zu erreichen. Vielmehr ging es darum, die Monopolstellung der Jugendausschüsse zu garantieren. Sie sollten im Bewußtsein des Jugendlichen, „gleichgültig wo er steht, welche Neigungen er pflegt", zu einem Begriff wer-

[32] BAP, DR 2–311.
[33] Ebenda.
[34] BAP, DR 2–312.

den, „wie es die Schule oder das Elternhaus sind", gleichzeitig aber keine „Stätte des Privatvergnügens sein"[35]. Diese Formulierung macht deutlich, daß Selbstgestaltungsinteressen der Jugend in der SBZ eigentlich gar nicht erwünscht waren und sich die Politik der KPD, eine Weltanschauung gegen die andere auszutauschen, stärker konturierte. Antikirchliche Affekte wurden allerdings in dieser entscheidenden Diskussionsphase noch strikt vermieden – nicht etwa aufgrund von Toleranz gegenüber Andersdenkenden; es war vielmehr die ansatzweise möglich erscheinende Zusammenarbeit mit traditionalen Jugendbewegungen wie etwa den Pfadfindern, die zu vordergründig liberaleren Umgangsformen auch mit der Kirchenjugend führten. In den internen politischen Zirkeln wurde die eindimensionale Sicht auf die Ausschußarbeit allerdings weiter favorisiert: „Diese Bewegung [die Pfadfinder]", so ein sowjetischer SMAD-Offizier, „steht hier überhaupt nicht zur Diskussion. Die Jugend in der sowjetischen Zone wird so organisiert, wie jetzt in den Jugendausschüssen. Andere Bewegungen kommen nicht in Frage!" – Aber, so die Mahnung des Vertreters der Besatzungsmacht an die kommunistischen Jugendfunktionäre, „wenn Sie sich weiter so wie bisher gegen die Kirche stellen, dann kommt es unbedingt zu einer Spaltung." Die Zusammenarbeit müsse auf jeden Fall gefestigt werden, lautete seine abschließende Forderung[36]. In den Berliner Jugendausschüssen waren tatsächlich kirchengebundene Jugendliche im Herbst 1945 von der weiteren Zusammenarbeit ausgeschlossen worden. Das hatte zwar zu heftigen Reaktionen bis in die oberen Kirchengremien geführt, doch war dieser Widerstand folgenlos geblieben[37]. Erst das Veto der SMAD bewirkte eine kurzzeitige Kurskorrektur, wobei die sowjetischen Besatzer natürlich keinesfalls die Kirchen stärken, sondern die kommunistischen Jugendausschüsse stabilisieren wollten.

Ab Mitte Dezember 1945 – inzwischen hatten Spaltungstendenzen auch die sächsischen Jung-Sozialdemokraten erfaßt – folgte der zentrale Jugendausschuß der Kritik der Besatzungsmacht und liberalisierte scheinbar seine bündnispolitische Offerte gegenüber der Kirchenjugend. Erich Honecker (KPD), Vorsitzender des Zentralausschusses, erklärte in diesem Zusammenhang, daß vor Gründung einer selbständigen Jugendorganisation die einzige Chance gemeinsamer Arbeit in einer „möglichst breiten demokratischen Einheitsfront" liege und nur sukzessive die Vorstellung einer „zentralistischen Struktur" zu realisieren sei. Keine politische Konfrontation mit der Sozialdemokratie und keine Debatte gegen den Religionsunterricht, lauteten seine Forderungen. Und weiter: Zwar solle eine „ideologische Auseinandersetzung mit den Kirchen nicht grundsätzlich vermieden werden", wobei jedoch die jungen Christen nicht als Feinde, sondern vielmehr als „tätige soziale Glieder beim demokratischen Neuaufbau Deutschlands" zu betrachten seien[38].

An der wahren politischen Zielsetzung kann auch hier kein Zweifel offenbleiben. Wilhelm Pieck, Vorsitzender der KPD, forderte dazu auf, das „Ideal der Arbeit der

[35] BAP, DR 2–311.
[36] Ebenda.
[37] Vgl. BAP, DR 2–324.
[38] BAP, DR 2–311.

Jugend in den Ausschüssen nahe zu bringen, zum Nutzen des gesamten Volkes", denn hinter dieser gewaltigen Aufgabe stehe schließlich „das Ideal des Sozialismus als entscheidendes Gedankengut, welches durch Marx und Engels aufgezeigt" worden sei[39]. Doch solche Intentionen in der politischen Jugendarbeit führten bei den Adressaten eher zur Abkehr und zur Suche nach alternativen Formen. In einem Bericht übermittelte die Landesverwaltung Sachsen-Anhalt der Zentralverwaltung für Volksbildung 1946, die Stimmung in der Jugend sei „von heftiger Kritik an den Behörden- und Parteifunktionären bestimmt", was „oft [...] dem gesunden Empfinden der Jugendlichen für Gerechtigkeit" entspreche. Implizit richtete sich dieses Papier auch gegen die Besatzungspolitik der SMAD: „Ernährungs- und Bekleidungssorgen neben den weiterhin erfolgten Arbeitsverpflichtungen zur Demontage und dem Bergbau in Aue verursachen einen Zug nach dem Westen, um diesen Verpflichtungen zu entgehen." Ebenso seien „Waffenbesitz, Naziparolen, Hakenkreuze und SS-Zeichen" eher Ausdruck von Protesthaltungen der Jugendlichen, deren Forderungen und Wünsche zu wenig berücksichtigt würden. Um den Konflikt nicht eskalieren zu lassen und einer weiteren Abwanderung in die westlichen Besatzungszonen vorzubeugen, empfahl die Landesverwaltung, „die Tätigkeit der Jugendreferenten nicht auf die Betreuung der Jugendausschüsse" zu reduzieren, da ohnehin die Mehrheit der Heranwachsenden diese Ausschüsse nicht akzeptiere. Es sei jetzt an der Zeit, so die Empfehlung, „eine Behördenstelle einzurichten", die in der Lage sei, tatsächlich und rasch auf die jugendlichen Bedürfnisse zu reagieren und in sozialen Zwangslagen unbürokratisch zu helfen[40].

Dieser kritische Stimmungsbericht hatte indes kaum Einfluß auf das jugendpolitische Konzept der KPD. Seit Ende Januar 1946 versuchte Honecker – entgegen der bündnispolitischen Erklärung vor dem Zentralen Jugendausschuß im Dezember 1945 – von der SMAD die Genehmigung zur Gründung der FDJ zu erhalten. Hinter diesem Bemühen stand mit hoher Wahrscheinlichkeit die Befürchtung der Kommunisten, daß eine zeitliche Verzögerung die nur mühsam zusammengekitteten Jugendausschüsse gefährden und regionale Abspaltungen fördern könnte. Dazu gehörte wohl auch das Wissen um den Rückgang materieller Ressourcen und folglich eine sich zunehmend zuspitzende soziale Lage. Zugleich war bei der KPD das Vertrauen in die eigene Programmatik offensichtlich nicht allzu groß.

Die SMAD konnte sich indes immer noch nicht für eine rasche FDJ-Gründung entscheiden. Aus ihrer Sicht waren die Ausschüsse leichter zu kontrollieren. Außerdem sorgte sich die Besatzungsmacht, ob in einer selbständigen und überparteilichen Organisation die kommunistische Hegemonie und der damit verknüpfte Erziehungsauftrag gewahrt bleiben würden. Wie sich im Frühsommer 1946 zeigte, waren solche Überlegungen keineswegs realitätsfern. Aus Halle wurde der „Mangel an durchgebildeten und erfahrenen Jugendfunktionären in der FDJ" beklagt. „Obgleich die SED als Ganzes die FDJ in jeder Weise unterstützte, stehen auch die Ge-

[39] Ebenda.
[40] BAP, DR 2–233.

nossen der Jugendorganisation oft mißtrauisch gegenüber, weil sie 1. nicht sozialistisch, sondern überparteilich sind [sic!] und 2. naturgemäß fast alle Funktionäre der FDJ früher einmal Mitglieder der HJ und zum Teil sogar ‚Führer' gewesen sind."[41]

Im Februar 1946 jedoch hatte Walter Ulbricht selbst in Moskau die Richtlinien für die Vereinigung von KPD und SPD, die anstehenden Gewerkschaftswahlen sowie die Gründung der FDJ im Sinne der deutschen Kommunisten klären können. Parallel zur Organisationsgründung wurde seit Frühjahr 1946 daran gearbeitet, die soziale Jugendfürsorge neu zu gliedern. Die SMAD folgte, nachdem die Bildung der Jugendorganisation höherenorts beschlossen worden war, nun den Bestrebungen der KPD und befahl, den Etat der Jugendämter in den Provinzen und Ländern, Städten und Landkreisen von der Sozialfürsorge auf die Volksbildungsgremien zu übertragen. Auf allen Ebenen wurden die Jugendämter ebenfalls der Volksbildung zugeordnet. Die Zentralinstanz erhielt die Bezeichnung „Zentraler Ausschuß für Jugendpflege" mit den Untergliederungen Justiz, Gesundheitswesen, Volkssolidarität, FDJ, Zentraler Frauenausschuß sowie Zentralverwaltung für Arbeit und Sozialfürsorge. Mit anderen Worten, alle signifikanten Bereiche der Sozialarbeit standen unter Kontrolle und Zugriff der Kommunisten.

Damit war nach knapp einem Jahr deutlich, daß der „demokratische Anspruch" des Aufrufs der KPD vom Juni 1945 in keiner Weise umgesetzt worden war. Entscheidendes Kriterium kommunistischer Politik war nach wie vor ausschließlich die „Machtfrage", der soziale Überlegungen strikt untergeordnet wurden. Demokratische Strukturen konnten für den Neuaufbau nicht mehr nutzbar gemacht werden.

[41] BAP, DR 2-234.

Verzeichnis der in Kurzform angegebenen Literatur

Adamthwaithe, Anthony: Britain and the World, 1945–1949: the View from the Foreign Office. In: International Affairs 61 (1985), S. 223–235

Adenauer, Konrad: Briefe, bearb. von Hans Peter Mensing, Bd. 1: 1945–1947, Berlin 1983

Adenauer, Konrad: Erinnerungen, Bd. 2: 1953–1955, Stuttgart 1966

Agethen, Manfred: Der Widerstand der demokratischen Kräfte in der CDU gegen den Gleichschaltungsdruck von sowjetischer Besatzungsmacht und SED 1945–1952. In: Fischer/Agethen: CDU in der SBZ, S. 21–44

Agethen, Manfred: Die CDU in der DDR. In: Kleine Geschichte, S. 201–248

Agsten, Rudolf/Bogisch, Manfred: Bürgertum am Wendepunkt. Die Herausbildung der antifaschistisch-demokratischen und antiimperialistischen Grundhaltung bei den Mitgliedern der LDPD 1945/46, Berlin (-Ost) o. J. [1970]

Agsten, Rudolf/Bogisch, Manfred: Dokumente zur Gründung der Liberal-Demokratischen Partei Deutschlands 1945. In: ZfG 19 (1971), S. 1274–1288

Akinscha, Konstantin/Koslow, Grigori: Beutekunst. Auf Schatzsuche in russischen Geheimdepots, München 1995

Albrecht, Ulrich/Heinemann-Grüder, Andreas/Wellmann, Arend: Die Spezialisten, Berlin 1992

Albrecht, Ulrich/Nikutta, Randolph: Die sowjetische Rüstungsindustrie, Opladen 1989

Altrichter, Helmut: Sozialismus oder Marktwirtschaft? Die Diskussion um die wirtschaftliche Neuordnung in den Westzonen 1945–1948. In: Altrichter/Ruffmann, „Modernisierung" versus „Sozialismus", S. 187–227

Altrichter, Helmut: Staat und Revolution in Sowjetrußland 1917–1922/23, Darmstadt ^{2}1996

Altrichter, Helmut: Die verhinderte Neuordnung? Sozialisierungsforderungen und Parteienpolitik in den Westzonen 1945–1948. In: GWU 35 (1984), S. 351–364

Altrichter, Helmut/Ruffmann, Karl-Heinz (Hrsg.): „Modernisierung" versus „Sozialismus". Formen und Strategien sozialen Wandels im 20. Jahrhundert, Erlangen 1983

Arbeiterinitiative 1945. Antifaschistische Ausschüsse und Reorganisation der Arbeiterbewegung in Deutschland, hrsg. von Lutz Niethammer, Ulrich Borsdorf und Peter Brandt, Wuppertal 1976

Arlt, Kurt: Die militärische und ökonomische Entwaffnung in Sachsen 1945 bis 1948. Aus einem zusammenfassenden Bericht der sowjetischen Militärverwaltung vom Oktober 1948. In: MGM, 1993/2, S. 371–409

Ast, Joachim: „Aus der Hölle zu den Sternen". Die Karriere einer Wunderwaffe, Co-Produktion MDR/ORB/SFB, (Film-Dokumentation) 1993

Auerbach, Hellmuth: Die politischen Anfänge Carlo Schmids. In: VfZ 36 (1988), S. 595–648

Babelon, Ernest: La Rive Gauche du Rhin. Les Revendications Françaises dans l'histoire, Hrsg. Comité de la rive gauche du Rhin, Paris 1917

Badstübner, Rolf: „Beratungen" bei J. W. Stalin. Neue Dokumente. In: Utopie kreativ 1991, Heft 7, S. 99ff.

Badstübner, Rolf/Loth, Wilfried (Hrsg.): Wilhelm Pieck – Aufzeichnungen zur Deutschlandpolitik 1945–1953, Berlin 1994

Badstübner-Peters, Evemarie: „... aber stehlen konnten sie". Nachkriegskindheit in der Sowjetischen Besatzungszone. In: MKF 16 (1993/33), S. 233–271

Badstübner-Peters, Evemarie: Arbeiteralltag und Arbeiterpolitik. Überlegungen zur Herausbildung DDR-typischer Konfliktmuster. In: Scherstjanoi, Provisorium, S. 194–205

Bahne, Siegfried: Die Kommunistische Partei. In: Matthias/Morsey, Ende der Parteien, S. 653–739

Bähr, Johannes: Das Oberspreewerk – ein sowjetisches Zentrum für Röhren- und Hochfrequenztechnik in Berlin (1945–1952). In: Zeitschrift für Unternehmensgeschichte 3 (1994), S. 145–165

Bähr, Johannes: Wiederaufbau und Strukturveränderungen der Elektroindustrie im geteilten Berlin. In: Fischer/Bähr, Wirtschaft

Bähr, Johannes/Karlsch, Rainer: Die sowjetischen Aktiengesellschaften in der SBZ/DDR – Bildung, Organisation und Probleme ihrer inneren Entwicklung. In: Lauschke/Welskopp, Mikropolitik
Bajohr, Frank: In doppelter Isolation. Zum Widerstand der Arbeiterjugendbewegung gegen den Nationalsozialismus. In: Breyvogel, Piraten, Swings und Junge Garde, S. 17–35
Balfour, Michael: Viermächte-Kontrolle in Deutschland 1945–1946, Düsseldorf 1959
Balzer, Friedrich-Martin/Wendelborn, G.: „Wir sind keine stummen Hunde". Heinz Kappes (1893–1988). Christ und Sozialist in der Weimarer Republik, Bonn 1994
Bauerkämper, Arnd: Von der Bodenreform zur Kollektivierung. Zum Wandel der ländlichen Gesellschaft in der Sowjetischen Besatzungszone Deutschlands und DDR 1945–1952. In: Kaelble/Kocka/Zwahr, Sozialgeschichte der DDR, S. 119–143
Baumgart, Winfried: Voraussetzung und Wesen der rheinland-pfälzischen Verfassung. In: Klaas, Entstehung der Verfassung, S. 1–32
Becker, Josef/Knipping, Franz (Hrsg.): Power in Europe? Great Britain, France, Italy and Germany in a Postwar World, 1945–1950, Berlin-New York 1986
Becker, Howard: German Youth: Bond or Free, London 1946 (überarbeitete deutschsprachige Ausgabe: Vom Barette schwankt die Feder. Die Geschichte der deutschen Jugendbewegung, Wiesbaden 1949)
Becker, Winfried: Die CDU im demokratischen Neubeginn 1945/46. Motive der Gründung und parteipolitischer Standort. In: Rüther, Geschichte, S. 334–360
Becker, Winfried (Hrsg.): Die Kapitulation von 1945 und der Neubeginn in Deutschland, Köln-Wien 1987
Befehle des Obersten Chefs der Sowjetischen Militärverwaltung in Deutschland. Aus dem Stab der Sowjetischen Militärverwaltung in Deutschland, Sammelheft 1, 1945, Berlin 1946
Behrendt, Armin: Wilhelm Külz. Aus dem Leben eines Suchenden, Berlin (Ost) 1968
Benedikt, Klaus-Ulrich: Emil Dovifat. Ein katholischer Hochschullehrer und Publizist, Mainz 1986
Benser, Günter: Antifa-Ausschüsse – Staatsorgane – Parteiorganisation. Überlegungen zu Ausmaß, Rolle und Grenzen der antifaschistischen Bewegungen am Ende des Zweiten Weltkrieges. In: ZfG 26 (1978), S. 785–802
Benser, Günter: Die KPD im Jahre der Befreiung. Vorbereitung und Aufbau der legalen kommunistischen Massenpartei (Jahreswende 1944/45 bis Herbst 1945), Berlin (-Ost) 1985
Benser, Günter: Das in Moskau erarbeitete Nachkriegskonzept der KPD-Führung. In: Kühnl/Spoo, Was aus Deutschland werden sollte, S. 103–126
Benser, Günter: Quellenveröffentlichungen ja, doch so präzise wie möglich. Einwände gegen Interpretationen von „Stalins Direktiven an KPD und SED". In: Utopie kreativ 1991, Heft 11, S. 101 ff.
Benser, Günter/Krusch, Hans-Joachim s. Dokumente zur Geschichte der kommunistischen Bewegung
Bentley, James: Martin Niemöller. Eine Biographie, München 1985
Benz, Wolfgang/Pehle, Walter H. (Hrsg.): Lexikon des deutschen Widerstandes, Frankfurt/M. 1994
Berg, Je.: Dwa goda w okkupirowannoj Germanii. In: Pamjat. Istoritscheskij sbornik 5, Moskwa 1981, Paris 1982, S. 7–41
Bergsdorf, Wolfgang/Göbel, Uwe: Bildungs- und Wissenschaftspolitik im geteilten Deutschland, München-Wien 1980
Bericht des Parteivorstandes der SED an den 2. Parteitag, hrsg. vom Parteivorstand der SED, Berlin 1947
Berichte der Landes- und Provinzialverwaltungen zur antifaschistisch-demokratischen Umwälzung 1945/46. Quellenedition. Gesamtred.: Wolfgang Merker u. Hans-Joachim Schreckenbach, Berlin 1989
Berlin. Quellen und Dokumente 1945–1951, hrsg. im Auftrag des Senats von Berlin, 1. Halbband, Berlin 1964
Berlin. Kampf um Freiheit und Selbstverwaltung 1945–1946, hrsg. im Auftrage des Senats von Berlin, Berlin ^{2}1961
Die Berner Konferenz der KPD (30. Januar – 1.Februar 1939), hrsg. und eingeleitet von Klaus Mammach, Berlin 1974
Besier, Gerhard: Altpreußische Kirchengebiete auf neupolnischem Territorium. Die Diskussion um „Staatsgrenzen und Kirchengrenzen" nach dem Ersten und Zweiten Weltkrieg, Göttingen 1983
Besier, Gerhard: Die evangelische Kirche in den Umbrüchen des 20. Jahrhunderts. Gesammelte Aufsätze, Bd. 2, Neukirchen-Vluyn 1994

Besier, Gerhard: Heinrich Grüber: Pastor, Ökumeniker, Kirchenpolitiker. In: Besier, Evangelische Kirche in Umbrüchen, S. 155–176

Besier, Gerhard: Die Kirchenversammlung von Eisenach (1948), die Frage nach der „Entstehung einer vierten Konfession" und die Entlassung Hans Asmussens. In: Besier, Evangelische Kirche in Umbrüchen, S. 57–87.

Besier, Gerhard: Der SED-Staat und die Kirche, Bd. 1: Der Weg in die Anpassung; Bd. 2: Die Vision vom Dritten Weg, München-Berlin-Frankfurt/M. 1993, 1995

Besier, Gerhard: „Selbstreinigung" unter britischer Besatzungsherrschaft. Die Evangelisch-lutherische Landeskirche Hannovers und ihr Landesbischof Marahrens 1945–1947, Göttingen 1986

Besier, Gerhard/Ludwig, Hartmut/Thierfelder, Jörg (Hrsg.): Kirche nach der Kapitulation. Das Jahr 1945 – eine Dokumentation, Bd. 1: Die Allianz zwischen Genf, Stuttgart und Bethel; Bd. 2: Auf dem Weg nach Treysa, Stuttgart-Berlin-Köln 1989, 1990

Besier, Gerhard/Ludwig, Hartmut/Thierfelder, Jörg (Hrsg.): Der Kompromiß von Treysa. Die Entstehung der Evangelischen Kirche in Deutschland 1945, Heidelberg 1995

Besier, Gerhard/Sauter, Gerhard: Wie Christen ihre Schuld bekennen. Die Stuttgarter Erklärung 1945, Göttingen 1985

Besier, Gerhard/Wolf, Stephan (Hrsg.): „Pfarrer, Christen und Katholiken". Das Ministerium für Staatssicherheit der ehemaligen DDR und die Kirchen, Neukirchen-Vluyn ^{2}1992

Beste, Niklot: Der Kirchenkampf in Mecklenburg 1933–1945, Göttingen 1975

Bestimmungen der DDR zu Eigentumsfragen und Enteignungen. Hrsg. vom Gesamtdeutschen Institut – Bundesanstalt für Gesamtdeutsche Aufgaben, Bonn 1971

Bethel 1949. Bericht über die erste Tagung der ersten Synode der Evangelischen Kirche in Deutschland vom 9. bis 13. Januar 1949, Göttingen 1953

Bidault, Georges: D'une Résistance à l'autre, Paris 1965

Birke, Adolf M.: Der britische Weg in den Kalten Krieg. In: Nipperdey, Weltbürgerkrieg, S. 330–345.

Birke, Adolf M.: Geschichtsauffassung und Deutschlandbild im Foreign Office Research Department. In: Historisches Jahrbuch 104 (1984), S. 374–391

Birke, Adolf M.: Großbritannien und der Parlamentarische Rat. In: VfZ 42 (1994), S. 313–359

Birke, Adolf M.: Die territoriale Integrität und die staatliche Kontinuität Deutschlands aus britischer Perspektive. In: Bracher, Staat und Parteien, S. 827–840

Birke, Adolf M.: Warum Deutschlands Demokratie versagte. Geschichtsanalyse im britischen Außenministerium 1943/45. In: Historisches Jahrbuch 103 (1983), S. 395–410

Birke, Adolf M./Booms, Hans/Merker, Otto (Hrsg.), Die britische Militärregierung in Deutschland. Inventar, 11 Bde., München 1993

Birke, Adolf M./Heydemann, Günther (Hrsg.): Großbritannien und Ostdeutschland seit 1918, München u. a. 1992

Birke, Adolf M./Mayring, Eva A. (Hrsg.): Britische Besatzung in Deutschland. Aktenerschließung und Forschungsfelder, London 1992

Bloch, Peter: Zwischen Hoffnung und Resignation. Als CDU-Politiker in Brandenburg 1945–1950, hrsg. von Siegfried Suckut, Köln 1986

Bodensieck, Heinrich: Wilhelm Piecks Moskauer Aufzeichnungen vom „4. 6. 45" – ein Schlüsseldokument für Stalins Deutschlandpolitik? In: Fischer, Studien, S. 29–55

Boelcke, Willi A.: Deutsche Rüstung im Zweiten Weltkrieg, Frankfurt/M. 1969

Bojadsiev, G.: Ot Sofokla do Brechta sa sorok teatralnych wetscherow, Moskwa 1981

Bordjugov, Gennadij: Bolschewiki i nazionalnaja borba. In: Rodina, 1995/5

Bornemann, Manfred: Geheimprojekt Mittelbau, Bonn ^{2}1994

Bouvier, Beatrix: Antifaschistische Zusammenarbeit, Selbständigkeitsanspruch und Vereinigungstendenz. Die Rolle der Sozialdemokratie beim administrativen und parteipolitischen Aufbau in der sowjetischen Besatzungszone 1945 auf regionaler und lokaler Ebene. In: AfS 16 (1976), S. 417–468

Boyens, Armin: Die Kirchenpolitik der amerikanischen Besatzungsmacht in Deutschland von 1944 bis 1946. In: Boyens/Greschat/Thadden/Pombeni, Kirchen, S. 7–99

Boyens, Armin/Greschat, Martin/von Thadden, Rudolf/Pombeni, Paolo: Kirchen in der Nachkriegszeit. Vier zeitgeschichtliche Beiträge, Göttingen 1979

Braas, Gerhard: Die Entstehung der Länderverfassungen in der Sowjetischen Besatzungszone Deutschlands 1946/47, Köln 1987

Bracher, Karl Dietrich: Deutschland zwischen Demokratie und Diktatur, Beiträge zur neueren Politik und Geschichte, Bern-München-Wien 1964

Bracher, Karl Dietrich/Mikat, Paul/Repgen, Konrad/Schumacher, Martin/Schwarz, Hans-Peter (Hrsg.): Staat und Parteien. Festschrift für Rudolf Morsey zum 65. Geburtstag, Berlin 1992

Bramke, Werner: Neuordnung der Nachkriegsverhältnisse in Ostdeutschland aus dem Geist des Widerstands. In: Steinbach/Tuchel, Widerstand, S. 582–596

Braun, Günter: Determinanten der Wahlentscheidungen in der Sowjetischen Besatzungszone 1946. In: Deutsche Studien 24 (1986), S. 341–357

Braun, Günter: Die Geschichte der Sowjetischen Besatzungszone im Spiegel der Forschung. Eine Bestandsaufnahme der neueren Literatur (Teil 1). In: Jahrbuch für Historische Kommunismusforschung 1995, S. 275–305

Braun, Günter: Wahlen und Abstimmungen. In: SBZ-Handbuch, S. 381–431

Breyvogel, Wilfried (Hrsg.): Piraten, Swings und Junge Garde. Jugendwiderstand im Nationalsozialismus, Bonn 1991

Broszat, Martin /Henke, Klaus-Dietmar/Woller, Hans (Hrsg.): Von Stalingrad zur Währungsreform. Sozialgeschichte des Umbruchs in Deutschland, München [3]1990

Die Brüsseler Konferenz der KPD (3.–15.0ktober 1935). Hrsg. und eingeleitet von Klaus Mammach, Berlin 1975

Buchheim, Christoph (Hrsg.): Wirtschaftliche Folgelasten des Krieges in der SBZ/DDR, Baden-Baden 1995

Buddrus, Michael: Die doppelt betrogene Generation. Aspekte der Jugendgeschichte und der Jugendpolitik in der SBZ/DDR (1945–1952). In: Jahrbuch für Historische Bildungsforschung. Band 1, Weinheim-München 1993, S. 265–297

Buddrus, Michael: Zur Einbeziehung ehemaliger HJ-Mitglieder in die Arbeit der antifaschistischen Jugendausschüsse im Jahre 1945. In: Beiträge zur Geschichte der FDJ, Heft 9, Rostock 1987, S. 55–61

Buddrus, Michael: Zur Geschichte der Hitlerjugend 1922–1939, Phil.Diss., Rostock 1989

Buddrus, Michael: Jugendgesetzgebung (unveröffentl. Ms.)

Bukowski, Helmut/Griehl, Manfred: Junkersflugzeuge 1933–1945, Friedberg 1991

Buttler, Harald (Hrsg.): XII. Tagung der Kommission der Historiker der DDR und der UdSSR, Berlin 1977

Cartellieri, Diether: Die deutschen Kriegsgefangenen in der Sowjetunion. Die Lagergesellschaft. Eine Untersuchung der zwischenmenschlichen Beziehungen in den Kriegsgefangenenlagern, München 1967

Chamberlin, Brewster S.: Kultur auf Trümmern. Berliner Berichte der amerikanischen Information Control Section Juli-Dezember 1945, Stuttgart 1979

Christopeit, Gerald: Die Herkunft und Verteilung der Evakuierten, Flüchtlinge und Vertriebenen in der Provinz Mark Brandenburg und ihr Verhältnis zu der einheimischen Bevölkerung. In: Wille u. a., Sie hatten alles verloren, S. 86–109

Ciechanowski, J. M.: The Warsaw Rising of 1944, Cambridge 1974

Ciesla, Burghard: „Intellektuelle Reparationen" der SBZ an die alliierten Siegermächte? Begriffsgeschichte, Diskussionsaspekte und ein Fallbeispiel – Die deutsche Flugzeugindustrie 1945–1946. In: Buchheim, Folgelasten, S. 99–120

Ciesla, Burghard: Das „Projekt Paperclip" – deutsche Naturwissenschaftler und Techniker in den USA (1946–1952). In: Kocka, Historische DDR-Forschung, S. 287–301

Ciesla, Burghard: Der Spezialistentransfer in die UdSSR und seine Auswirkungen in der SBZ und DDR. In: APUZ 1993/49–50, S. 25–28

Clark, Alan: Barbarossa: The Russian-German Conflict 1942–1945, London 1995

Conze, Werner: Jakob Kaiser. Politiker zwischen Ost und West 1945–1949, Stuttgart-Berlin-Köln-Mainz 1960

Conze, Werner/Lepsius, M. Rainer (Hrsg.): Sozialgeschichte der Bundesrepublik Deutschland. Beiträge zum Kontinuitätsproblem, Stuttgart [2]1985

Conzemius, Victor/Greschat, Martin/Kocher, Hermann (Hrsg.): Die Zeit nach 1945 als Thema kirchlicher Zeitgeschichte. Referate der internationalen Tagung in Hünigen/Bern (Schweiz) 1985, Göttingen 1988

Cornides, Wilhelm/Volle, Hermann: Um den Frieden mit Deutschland. Dokumente zum Problem der deutschen Friedensordnung 1941–1948, Oberursel/T. 1948

Creuzberger, Stefan: Die Liquidierung antifaschistischer Organisationen in Berlin. Ein sowjetisches Dokument. In: DA 26 (1993), S. 1266–1278

Dähn, Horst: Konfrontation oder Kooperation? Das Verhältnis von Staat und Kirche in der SBZ/DDR 1945–1980, Opladen 1982
Dähn, Horst: Liberal-Demokratische Partei Deutschlands (LDP). In: SBZ-Handbuch, S. 544–573
Danyel, Jürgen (Hrsg.): Die geteilte Vergangenheit. Zum Umgang mit Nationalsozialismus und Widerstand in beiden deutschen Staaten, Berlin 1995
Danyel, Jürgen: Die Opfer- und Verfolgtenperspektive als Gründungskonsens? Zum Umgang mit der Widerstandstradition und der Schuldfrage in der DDR. In: Danyel, Die geteilte Vergangenheit, S. 31–46.
Darsy, Eugène: Les droits historiques de la France sur la rive gauche du Rhin, Paris 1919
DDR-Jugend. Ein statistisches Handbuch, hrsg. von Edeltraud Schulze unter Mitarbeit von Gert Noack, Berlin 1995
Deighton, Anne: The „frozen front“: the Labour government, the division of Germany and the origins of the cold war, 1945–47. In: International Affairs 63 (1987)
Deighton, Anne: The Impossible Peace. Britain, Germany and the Origins of the Cold War, Oxford 1990
Die Demontagen in der sowjetischen Besatzungszone (Mitteldeutschland), unveröffentl. Gutachten des Bundesamtes für gewerbliche Wirtschaft, Eschborn 1959
Die Deutschlandfrage und die Anfänge des Ost-West-Konfliktes 1945–1949, Berlin 1984
Dibelius, Otto: Ein Christ ist immer im Dienst. Erlebnisse und Erfahrungen in einer Zeitenwende, Stuttgart 1961
Dietze, Frank: Entscheidungsstrukturen und -prozesse in der Ost-CDU 1945–1952. In: Richter/Rißmann, Ost-CDU, S. 47–62
Dirksen, Ulrich: Die Mitwirkung der LDPD an der sozialökonomischen Umwälzung in Ostdeutschland (1945–1949), Diss.phil., Berlin (-Ost) 1975
Ditfurth, Christian von: Blockflöten. Wie die CDU ihre realsozialistische Vergangenheit verdrängt, Köln 1991
Dittrich, Gottfried: Zu den Reproduktionsquellen und einigen Veränderungen in der sozialen Struktur der Arbeiterklasse der DDR während der Übergangsperiode vom Kapitalismus zum Sozialismus (1945 bis 1961). In: Jahrbuch für Wirtschaftsgeschichte 1981/II, S. 243–279
Dittrich, Gottfried: Der Wandel der Arbeiterklasse in der Übergangsperiode. In: Wissenschaftliche Zeitschrift Karl-Marx-Universität Leipzig, Gesellschaftswissenschaftliche Reihe 38 (1989), S. 472–501
Dokumentation der Vertreibung der Deutschen aus Ost- Mitteleuropa, hrsg. vom Bundesministerium für Vertriebene, bearbeitet von Theodor Schieder, Bd I/1, Bonn 1954
Dokumente und Beschlüsse der FDJ. Bd. I, Berlin 1951
Dokumente zur Deutschlandpolitik. II. Reihe/Bd. 1: Die Konferenz von Potsdam. Dritter Drittelband, bearb. von Gisela Biewer, hrsg. vom Bundesministerium des Innern, Neuwied-Frankfurt/M. 1992
Dokumente zur Geschichte der Freien Deutschen Jugend. Erster bis Vierter Band, Berlin 1960–1963
Dokumente zur Geschichte der kommunistischen Bewegung in Deutschland, Reihe 1945/46, hrsg. von Günter Benser und Hans-Joachim Krusch. Bd. 1: Protokolle des Sekretariats des Zentralkomitees der KPD Juli 1945 bis April 1946, bearb. von Günter Benser und Hans-Joachim Krusch unter Mitarbeit von Hans Meusel; Bd. 2: Protokolle der erweiterten Sitzungen des Sekretariats des Zentralkomitees der KPD Juli 1945 bis Februar 1946, bearb. von dens.; Bd. 3: Protokoll der Reichsberatung der KPD 8./9. Januar 1946, bearb. von dens., München u. a. 1994, 1995
Dokumente zur Geschichte der SED, Bd. 1: 1847 bis 1945 (Redaktion: Eckhard Müller, Rainer Holze, Horst Laschitza, Gerhard Winkler), Berlin 1981
Dokumente zur parteipolitischen Entwicklung seit 1945. Hrsg. von Ossip K. Flechtheim, Bd. 2, Berlin 1963
Dokumente der Sozialistischen Einheitspartei Deutschlands. Beschlüsse und Erklärungen des Zentralsekretariats und des Parteivorstandes, Bd. I, Berlin (-Ost) 1952
Dokumente Wilhelm Piecks zur Jugendarbeit im Jahre 1945. In: BzG 7 (1965), S. 250–258
Domansky, Elisabeth: Politische Dimensionen von Jugendprotest und Generationskonflikt in der Zwischenkriegszeit in Deutschland. In: Dowe, Jugendprotest und Generationskonflikt, S. 113–137
Dowe, Dieter (Hrsg.): Jugendprotest und Generationskonflikt in Europa im 20. Jahrhundert. Deutschland, England, Frankreich und Italien im Vergleich, Bonn 1986

Drobisch, Klaus: Christen im Nationalkomitee „Freies Deutschland". Eine Dokumentation, Berlin (-Ost) 1973

Dumont, Franz: Befreiung oder Fremherrschaft? Zur französischen Besatzungspolitik am Rhein im Zeitalter der Revolution. In: Hüttenberger/Molitor, Franzosen und Deutsche am Rhein, S. 91–112

Ehnert, Gunter: Alte Parteien in der „neuen Zeit". Vom Bund demokratischer Sozialisten zum SPD-Bezirksverband in Thüringen 1945. In: Von der SBZ zur DDR, S. 13–42

Einheitsdrang oder Zwangsvereinigung? Die Sechziger-Konferenzen von KPD und SPD 1945 und 1946. Mit einer Einführung von Hans-Joachim Krusch und Andreas Malycha, Berlin 1990

Einheitsfront – Einheitspartei. Kommunisten und Sozialdemokraten in Ost- und Westeuropa 1944–1948. Hrsg. von Dietrich Staritz und Hermann Weber unter Mitwirkung von Manfred Koch, Köln 1989

Ende des Dritten Reiches – Ende des Zweiten Weltkrieges. Eine perspektivische Rückschau. Hrsg. von Hans-Erich Volkmann, München 1995

Erfurt, Werner: Die sowjetrussische Deutschlandpolitik, München-Eßlingen [6]1962

Erickson, John: Stalin's War with Germany, 2 Bde., London 1975, 1983

Erker, Paul: Zeitgeschichte als Sozialgeschichte. Forschungsstand und Forschungsdefizite. In: GG 19 (1993), S. 202–238

Erler, Peter: Heerschau und Einsatzplanung. Ein Dokument zur Kaderpolitik der KPD aus dem Jahre 1944. In: Geschichte und Transformation des SED-Staates. Beiträge und Analysen, hrsg. von Klaus Schroeder, Berlin 1994, S. 71–84

Errichtung des Arbeiter- und Bauernstaates der DDR 1945–1949. Autorenkollektiv unter der Leitung von Karl-Heinz Schöneburg, Berlin (-Ost) 1983

Faber, Karl-Georg: Die Rheinischen Institutionen. In: Hambacher Gespräche 1962, Wiesbaden 1964 (Geschichtliche Landeskunde, Bd. 1).

Falin, Valentin: Politische Erinnerungen, München 1993

Falter, Jürgen W.: Hitlers Wähler, München 1991

Falter, Jürgen W.: Kontinuität und Neubeginn. Die Bundestagswahl 1949 zwischen Weimar und Bonn. In: PVS 22 (1981), S. 236–263

Falter, Jürgen W./Lindenberger, Thomas/Schumann, Siegfried: Wahlen und Abstimmungen in der Weimarer Republik, München 1986

Farquharson, John E.: Hilfe für den Feind. Die britische Debatte um Nahrungsmittellieferungen an Deutschland 1944/45. In: VfZ 37 (1989), S. 253–278

Felder und Vorfelder russischer Geschichte. Hrsg. von Inge Auerbach u. a., Freiburg 1985

Fiereder, Helmut: Demontagen in Deutschland unter besonderer Berücksichtigung der Montanindustrie. In: Zeitschrift für Unternehmensgeschichte, 1989/4

Filipowich, Dimitri: Militärpolitische Aspekte der Arbeit der SMAD, Referat auf der Tagung des bildungsgeschichtlichen Arbeitskreises der Universität Hannover vom 28./29. Oktober 1994 in Berlin (unveröffentl. Ms.)

Filitow, Aleksej M.: Die sowjetische Deutschlandplanung zwischen Parteiräson, Staatsinteresse und taktischem Kalkül. In: Ende des Dritten Reiches, S. 117–139

Fisch, Jörg: Reparationen nach dem Zweiten Weltkrieg, München 1992

Fischer, Alexander: Andreas Hermes und die gesamtdeutschen Anfänge der Union. In: Fischer/Agethen, CDU in der SBZ, S. 7–20

Fischer, Alexander: Die Bewegung „Freies Deutschland" in der Sowjetunion: Widerstand hinter Stacheldraht?. In: Schmädeke/Steinbach, Widerstand, S. 954–973

Fischer, Alexander: Nationalkomitee „Freies Deutschland". In: Benz/Pehle, Lexikon de deutschen Widerstands, S. 257–267

Fischer, Alexander: Sowjetische Deutschlandpolitik im Zweiten Weltkrieg 1941–1945, Stuttgart 1975

Fischer, Alexander: Die Sowjetunion und die „Deutsche Frage" 1945–1949. In: Die Deutschlandfrage und die Anfänge des Ost- West-Konfliktes, S. 41–57

Fischer, Alexander (Hrsg.): Studien zur Geschichte der SBZ/DDR, Berlin 1993

Fischer, Alexander (Hrsg.): Teheran – Jalta – Potsdam. Die sowjetischen Protokolle von den Kriegskonferenzen der „Großen Drei", Köln [3]1985

Fischer, Alexander/Agethen, Manfred: Die CDU in der sowjetisch besetzten Zone/DDR 1945–1952, St. Augustin 1994

Fischer, Wolfram: Henning Berlin. Die Geschichte eines pharmazeutischen Unternehmens 1913–1991, Berlin 1992

Fischer, Wolfram/Bähr, Johannes (Hrsg.): Wirtschaft im geteilten Berlin 1945–1990, München 1994
Fleischhacker, Hedwig: Die deutschen Kriegsgefangenen in der Sowjetunion. Der Faktor Hunger, München 1965
Fleischhauer, Ingeborg: Die Chance des Sonderfriedens. Deutsch- sowjetische Geheimgespräche 1941–1945, Berlin 1986
Foitzik, Jan (Bearb.): Inventar der Befehle des Obersten Chefs der Sowjetischen Militäradministration in Deutschland (SMAD) 1945–1949. – Offene Serie –, München u. a. 1995 (= Texte und Materialien zur Zeitgeschichte, Bd. 8)
Foitzik, Jan: Die stalinistischen „Säuberungen" in den ostmitteleuropäischen kommunistischen Parteien. Ein vergleichender Überblick. In: Kommunisten verfolgen Kommunisten, S. 401–423
Foitzik, Jan: Einleitung: Die Sowjetische Militäradministration in Deutschland. In: Foitzik, Inventar der Befehle, S. 7–57
Foitzik, Jan: Kadertransfer. Der organisierte Einsatz sudetendeutscher Kommunisten in der SBZ 1945/46. In: VfZ 33 (1983), S. 308–334
Foitzik, Jan: Revolution und Demokratie. Zu den Sofort- und Übergangsplanungen des sozialdemokratischen Exils für Deutschland 1943–1945. In: IWK 24 (1988), S. 308–342
Foitzik, Jan: Sowjetische Militäradministration in Deutschland (SMAD). In: SBZ-Handbuch, S. 7–69
Foreign Relations of the United States (FRUS): The Conferences at Malta and Yalta 1945, Washington 1955
Foreign Relations of the United States (FRUS): The Conference of Berlin (The Potsdam Conference) 1945, 2 Bde., Washington 1960
Foreign Relations of the United States (FRUS). Diplomatic Papers: The Conferences at Cairo and Teheran 1943, Washington 1961
Foschepoth, Josef: British Interest in the Division of Germany after the Second World War. In: Journal of Contemporary History 21 (1986), S. 391–411
Foschepoth, Josef/Steininger, Rolf (Hrsg.): Die britische Deutschland- und Besatzungspolitik 1945–1949, Paderborn 1985
Frei, Norbert: NS-Vergangenheit unter Ulbricht und Adenauer. Gesichtspunkte einer vergleichenden Bewältigungsforschung. In: Danyel, Geteilte Vergangenheit, S. 125–132
Frerich, Johannes/Frey, Martin: Handbuch der Geschichte der Sozialpolitik in Deutschland. Bd. 2: Sozialpolitik in der Deutschen Demokratischen Republik, München-Wien 1993
Friebel, Thomas: Kirche und politische Verantwortung in der sowjetischen Besatzungszone und der DDR 1945–1969. Eine Untersuchung zum Öffentlichkeitsauftrag der evangelischen Kirchen in Deutschland, Gütersloh 1992
Friedensburg, Ferdinand: Es ging um Deutschlands Einheit. Rückschau eines Berliners auf die Jahre nach 1945, Berlin 1971
Frieser, Karl-Heinz: Krieg hinter Stacheldraht. Die deutschen Kriegsgefangenen in der Sowjetunion und das Nationalkomitee „Freies Deutschland", Mainz 1981
Frölich, Jürgen (Hrsg.): ‚Bürgerliche' Parteien in der SBZ/DDR. Zur Geschichte von CDU, LDP(D), DBD und NDPD 1945 bis 1953, Köln 1995
Frohn, Axel: Neutralisierung als Alternative zur Westintegration. Die Deutschlandpolitik der Vereinigten Staaten von Amerika 1945–1949, Frankfurt/M. 1985
FRUS s. Foreign Relations of the United States
Führer, Karl Christian: Arbeitslosigkeit und die Entstehung der Arbeitslosenversicherung in Deutschland 1902–1927, Berlin 1990
Füssl, Karl-Heinz: Die Umerziehung der Deutschen. Jugend und Schule unter den Siegermächten des Zweiten Weltkriegs 1945–1955, Paderborn u. a. 1994
Gabriel, Oscar W./Troitzsch, Klaus G. (Hrsg.), Wahlen in Zeiten des Umbruchs, Frankfurt/M. 1993
Gallai, Mark Lasarewitsch: Über unsichtbare Barrieren, Berlin 1978
Garner, Curt: Schlußfolgerungen aus der Vergangenheit? Die Auseinandersetzung um die Zukunft des deutschen Berufsbeamtentums nach dem Ende des Zweiten Weltkrieges. In: Ende des Dritten Reiches, S. 604–674
De Gaulle, Charles: Mémoires de guerre, Bd.I: L'Appel, 1940–1942, Paris 1954; Bd.III: Le Salut, 1944–1946, Paris 1959
Germany 1947–1949. The story in documents, Washington 1950
Kleine Geschichte der CDU, hrsg. von der Konrad-Adenauer-Stiftung, Stuttgart 1995

Geschichte der Freien Deutschen Jugend, von einem Autorenkollektiv unter Leitung von Karl Heinz Jahnke, Berlin 1982
Geschichte der deutschen Arbeiterjugendbewegung 1904–1945, Berlin 1973
Geschichte der Deutschen Demokratischen Republik. Von einem Autorenkollektiv unter der Leitung von Rolf Badstübner, Berlin (-Ost) 1981
Giese, Gerhardt: Die Kirche in der Berliner Schule. Ein Arbeitsbericht über den Aufbau des Religionsunterrichts im Auftrage der Kirche seit 1945. Mit drei schulpolitischen Denkschriften von D. Hans Lokies, Berlin 1955
Gilbert, Martin: Der Zweite Weltkrieg. Eine chronologische Gesamtdarstellung, München 1991
Gollwitzer, Helmut: ... und führen, wohin du nicht willst. Bericht einer Gefangenschaft, München 1951
Gradl, Johann Baptist: Anfang unter dem Sowjetstern. Die CDU 1945–1948 in der sowjetischen Besatzungszone Deutschlands, Köln 1981
Grebing, Helga: Politische und soziale Probleme der Arbeiterklasse am Ende des Zweiten Weltkrieges und in der unmittelbaren Nachkriegszeit. In: IWK 22 (1986), S. 1–20
Gries, Rainer: Die Rationen-Gesellschaft. Versorgungskampf und Vergleichsmentalität: Leipzig, München und Köln nach dem Kriege, Münster 1991
Gries, Wilhelm: Der Zensor „befahl" die Schlagzeile. In: Der Tagesspiegel, 23. 7. 1995
Grohnert, Reinhard: Die Entnazifizierung in Baden 1945–1949. Konzeptionen und Praxis der „Épuration" am Beispiel eines Landes der Französischen Besatzungszone, Stuttgart 1991
Groschopp, Horst: Deutsche Einigung – Ende einer verstaatlichten Arbeiterbewegungskultur. In: Loccumer Protokolle 8/91: Historische Orientierung und Geschichtskultur im Einigungsprozeß, hrsg. von Jörg Calließ, Rehburg-Loccum 1991, S. 136–148
Grotewohl, Otto: An die Jugend. Reden und Aufsätze, Berlin 1955
Grotewohl, Otto: Ihr seid das Bauvolk der neuen Zeit. In: Grotewohl, Im Kampf, S. 174–184
Grotewohl, Otto: Im Kampf um die einige Deutsche Demokratische Republik. Reden und Aufsätze, Bd. 1: Auswahl aus den Jahren 1945 bis 1949, Berlin (-Ost) 1954
Grotewohl, Otto: Ruf an die Jugend. In: Grotewohl, Im Kampf, S. 24–31
Grüber, Heinrich: Erinnerungen aus sieben Jahrzehnten, Köln-Berlin 1968
„Gruppe Ulbricht" s. Keiderling, Gruppe Ulbricht
Gugnin, A. A.: Ideologija, kulturnaja politika i kultura: na primere istorii literatury GDR. In: Soziokulturnye prozessy w stranach Wostotschnoj Ewropy (posle mirowoj wojny), Moskwa 1992
Gyptner, Richard: Über die antifaschistischen Sender während des Zweiten Weltkrieges. In: BzG 6 (1964/5), S. 881–884
Hachtmann, Rüdiger: Industriearbeit im „Dritten Reich". Untersuchungen zu den Lohn- und Arbeitsbedingungen 1933–1945, Göttingen 1989
Hacke, Christian (Hrsg.): Jakob Kaiser. Wir haben Brücke zu sein. Reden, Äußerungen und Aufsätze zur Deutschlandpolitik, Köln 1988
Hacker, Jens: Die Nachkriegsordnung für Deutschland auf den Konferenzen von Jalta und Potsdam. In: Becker, Kapitulation, S. 1–30
Hagen, Paul (d.i. Karl Frank): Deutschland nach Hitler, hektogr. Ms., o. O.u.J. [New York 1943]
Hagen, Paul (d.i. Karl Frank): Erobert, nicht befreit! Das deutsche Volk im ersten Besatzungsjahr, New York 1946
Biographisches Handbuch der deutschsprachigen Emigration nach 1933/International Biographical Dictionary of Central European Emigrés 1933–1945, hrsg. von Werner Röder und Herbert A. Strauss, Bd. I-III, München u. a. 1980–1983
Hansen, Joseph: Quellen zur Geschichte des Rheinlandes im Zeitalter der Französischen Revolution, 4 Bde., Bonn 1931–1938.
Hardt, Jochen/Hajna, Karl-Heinz/Oltmer, Britta: Thüringen 1946: Freie Wahlen im Übergang vom Nationalsozialismus zum Kommunismus?. In: Heiden/Mai, Nationalsozialismus in Thüringen, S. 507–530
Harmssen, Gustav-Wilhelm: Am Abend der Demontage, Bremen 1951
Harriman, W. Averell/Abel, Elie: In geheimer Mission. Als Sonderbeauftragter Roosevelts bei Churchill und Stalin 1941- 1946, Stuttgart 1979
Hartweg, Frédéric (Hrsg.): SED und Kirche. Eine Dokumentation ihrer Beziehungen, Bd. 1: 1946–1967, bearb. von Joachim Heise, Neukirchen-Vluyn 1995
Hartz, Gustav: Irrwege der deutschen Sozialpolitik und der Weg zur sozialen Freiheit, Berlin 1928

Hauschild, Wolf-Dieter: Konfessionelles Selbstbewußtsein und kirchliche Identitätsangst. Zur Gründung der Vereinigten Evangelisch-Lutherischen Kirche Deutschlands im Jahre 1948. In: Jeziorowski, Kirche, S. 19–47
Heer, Hannes/Naumann, Klaus (Hrsg.): Vernichtungskrieg. Verbrechen der Wehrmacht 1941 bis 1944, Hamburg 1995
Heidemeyer, Helge: Flucht und Zuwanderung aus der SBZ/DDR 1945/1949–1961. Die Flüchtlingspolitik der Bundesrepublik Deutschland bis zum Bau der Berliner Mauer, Düsseldorf 1994
Heiden, Detlev/Mai, Gunther (Hrsg.): Nationalsozialismus in Thüringen, Weimar-Köln-Wien 1995
Heider, Paul: Gründung des Nationalkomitees „Freies Deutschland" und des Bundes Deutscher Offiziere – alleiniges Verdienst der Führung der KPD oder sowjetischer Einfluß?. In: BzG 34 (1992/3), S. 3–28
Heidtmann, Günter (Hrsg.): Hat die Kirche geschwiegen? Das öffentliche Wort der Evangelischen Kirche aus den Jahren 1945–1957, Berlin [3]1958
Heikkilä, Hannu: The Question of European Reparations in Allied Policy 1943–1947, Helsinki 1988
Heimann, Siegfried: Die Sozialdemokratische Partei Deutschlands. In: Stöss, Parteien-Handbuch, S. 2025–2216
Hein, Dieter: Zwischen liberaler Milieupartei und nationaler Sammlungsbewegung. Gründung, Entwicklung und Struktur der Freien Demokratischen Partei 1945–1949, Düsseldorf 1985
Heise, Joachim: Zwischen Hoffnung und Ernüchterung – Anfänge der Kirchenpolitik in der Sowjetischen Besatzungszone. In: Der Weg der katholischen Kirche, S. 87–95
Heitzer, Horstwalter: Die CDU in der britischen Zone 1945–1949. Gründung, Organisation, Programm und Politik, Düsseldorf 1988
Hellfeld, Matthias von/Klönne, Arno: Die betrogene Generation. Jugend im Faschismus. Quellen und Dokumente, Köln 1985
Hellmuth, Edith/Mühlfriedel, Wolfgang: Das Tagebuch des Betriebsrates der Firma Carl Zeiss in Jena. In: Jahrbuch für Historische Kommunismusforschung, Berlin 1994, S. 189–206
Henke, Klaus-Dietmar: Die amerikanische Besetzung Deutschlands, München 1995
Henke, Klaus-Dietmar: Politik der Widersprüche. Zur Charakteristik der französischen Militärregierung in Deutschland nach dem Zweiten Weltkrieg. In: VfZ 30 (1982), S. 500–537
Henke, Klaus-Dietmar: Politische Säuberung unter französischer Besatzung. Die Entnazifizierung in Württemberg-Hohenzollern, Stuttgart 1981
Hentschel, Volker: Geschichte der deutschen Sozialpolitik 1880–1980. Soziale Sicherung und kollektives Arbeitsrecht, Frankfurt/M.1983
Hermann, Armin: Carl-Zeiss. Die abenteuerliche Geschichte einer deutschen Firma, München 1992
Hermes, Anna: Und setzet ihr nicht das Leben ein. Andreas Hermes – Leben und Wirken. Nach Briefen, Tagebuchaufzeichnungen und Erinnerungen, Stuttgart 1971
Hermes, Peter: Die CDU und die Bodenreform in der sowjetischen Besatzungszone im Jahre 1945, Saarbrücken 1963
Hermes, Peter: Sozialismus oder Volkspartei. Andreas Hermes und die Gründung der CDU in Berlin 1945. In: Die politische Meinung 25 (1980), H.193, S. 69–89
Hettier de Boislambert, Claude: Les fers de l'espoir, Paris 1978
Heuer, Lutz/Podewin, Norbert: Der Vereinigungsprozeß in Lichtenberg, Berlin 1993
Heydemann, Günther: Ein deutsches Sowjetrußland? Zur britischen Beurteilung der Entwicklung in der Sowjetischen Besatzungszone. In: Birke/Heydemann, Großbritannien und Ostdeutschland, S. 81–94.
Hildebrand, Klaus: Das Dritte Reich, München [5]1995
Hillgruber, Andreas: Der Zweite Weltkrieg. Kriegsziele und Strategien der großen Mächte, Stuttgart u. a. 1982
Hillgruber, Andreas: Sowjetische Außenpolitik im Zweiten Weltkrieg, Düsseldorf 1979
Hillgruber, Andreas: Zweierlei Untergang. Die Zerschlagung des Deutschen Reiches und das Ende des europäischen Judentums, Berlin 1986
Hockerts, Hans Günter: Das Ende der Ära Adenauer. Zur Periodisierung der Bundesrepublikgeschichte. In: Staat, Kultur, Politik, S. 461–475
Hockerts, Hans Günter: Sicherung im Alter. Kontinuität und Wandel der gesetzlichen Rentenversicherung 1889–1979. In: Conze/Lepsius, Sozialgeschichte der Bundesrepublik Deutschland, S. 296–323

Hockerts, Hans Günter: Soziale Errungenschaften? Zum sozialpolitischen Legitimitätsanspruch der zweiten deutschen Diktatur. In: Von der Arbeiterbewegung zum modernen Sozialstaat, S. 790–804

Hockerts, Hans Günter: Sozialpolitische Entscheidungen im Nachkriegsdeutschland. Alliierte und deutsche Sozialversicherungspolitik 1945 bis 1957, Stuttgart 1980

Hockerts, Hans Günter: Zeitgeschichte in Deutschland. Begriff, Methoden, Themenfelder. In: APUZ 1993/29–30, S. 3–19

Hoensch, Jörg K.: Sowjetische Osteuropapolitik 1945–1975, Kronberg/Ts. 1977

Hoffmann, Dierk: Sozialpolitische Neuordnung in der SBZ/DDR. Der Umbau der Sozialversicherung 1945–1956, München 1996

Hoffmann, Dierk: Zentralisierung und soziale Disziplinierung. Zum Neuanfang in der Krankenversicherung und zum Aufbau des Systems der Bevollmächtigten der Sozialversicherung in den Betrieben. In: Buchheim, Wirtschaftliche Folgelasten, S. 417–440

Hoffmann, Julius: Jugendämter im Wandel. Zur staatlichen Kinder- und Jugendpolitik in der SBZ/DDR (1945–1950). In: Jahrbuch für zeitgeschichtliche Jugendforschung 1994/95, Berlin 1995, S. 40–57

Hohlfeld, Brigitte: Die Neulehrer in der SBZ/DDR 1945–1953, Diss. Univ. Mannheim 1991 (Weinheim 1992)

Höllen, Martin: Loyale Distanz? Katholizismus und Kirchenpolitik in SBZ und DDR. Ein historischer Überblick in Dokumenten. Bd. 1: 1945 bis 1955, Berlin 1994

Hölscher, Wolfgang (Bearb.): Nordrhein-Westfalen. Deutsche Quellen zur Entstehungsgeschichte des Landes 1945/46, Düsseldorf 1988

Holtmann, Everhard: Die neuen Lassalleaner. SPD und HJ-Generation nach 1945. In: Broszat/Henke/Woller, Von Stalingrad zur Währungsreform, S. 169–210

Honecker, Erich: Aus meinem Leben, Berlin 1980

Honecker, Erich: Die Freie Deutsche Jugend und die Grundrechte der jungen Generation. In: Honecker, Zur Jugendpolitik der SED, S. 38–52

Honecker, Erich: Jugend und Sozialismus. In: Honecker, Zur Jugendpolitik der SED, S. 32–34

Honecker, Erich: Zur Jugendpolitik der SED. Reden und Aufsätze von 1945 bis zur Gegenwart, Berlin 1977

Hübner, Peter: „Durchhalten" und „Durchkommen". Niederlausitzer Industriearbeiter im Jahre 1945. In: Stang, Brandenburg, S. 136–166

Hübner, Peter: Konsens, Konflikt und Kompromiß. Soziale Arbeiterinteressen und Sozialpolitik in der SBZ/DDR 1945–1970, Berlin 1995

Hübner, Peter: Sozialgeschichte der Industriearbeiterschaft in der SBZ/DDR. Bemerkungen zu Forschungstendenzen in Deutschland seit 1989. In: Jahrbuch für Historische Kommunismusforschung 1993, Berlin 1993, S. 284–289

Hübner, Peter: Umworben und bedrängt. Industriearbeiter in der SBZ. In: Fischer, Studien, S. 195–209

Hudemann, Rainer: Kulturpolitik im Spannungsfeld der Deutschlandpolitik. Frühe Direktiven für die französische Besatzung in Deutschland. In: Knipping/Le Rider, Frankreichs Kulturpolitik in Deutschland, S. 15–33

Hudemann, Rainer: Sozialpolitik im deutschen Südwesten zwischen Tradition und Neuordnung 1945–1953. Sozialversicherung und Kriegsopferversorgung im Rahmen französischer Besatzungspolitik, Mainz 1988

Hürten, Heinz: Deutsche Katholiken 1918–1945, Paderborn 1992

Hurwitz, Harold: Demokratie und Antikommunismus in Berlin nach 1945, Köln. Band 1: Die politische Kultur der Bevölkerung und der Neubeginn konservativer Politik, Köln 1983; Band 2 (mit Klaus Sühl): Autoritäre Tradierung und Demokratiepotentiale in der sozialdemokratischen Arbeiterbewegung, 1984; Band 3: Die Eintracht der Siegermächte und die Orientierungsnot der Deutschen 1945–1946, 1984; Band 4: Die Anfänge des Widerstandes. Teil 1: Führungsanspruch und Isolation der Sozialdemokraten; Teil 2: Zwischen Selbsttäuschung und Zivilcourage. Der Fusionskampf, 1990.

Hüser, Dietmar: Frankreich, Deutschland und die französische Öffentlichkeit 1944–1950: Innenpolitische Aspekte deutschlandpoltischer Maximalpositionen. In: Martens, Erbfeind, S. 19–64

Hüttenberger, Peter/Molitor, Hansgeorg (Hrsg): Franzosen und Deutsche am Rhein 1789 – 1918 – 1945, Essen 1989

„Echte Idee der Union". Protokolle des Berliner Gründerkreises der CDU 1945. Eine Gabe der DDR-CDU an den ersten gemeinsamen Parteitag der CDU in Hamburg, Berlin (-Ost) 1990.
Ihme-Tuchel, Beate: Der Arbeitskreis für kirchliche Fragen beim NKFD. In: Ueberschär, Nationalkomitee „Freies Deutschland", S. 64–75
Itzerott, Brigitte: Die Liberal-Demokratische Partei Deutschlands (LDPD). In: Weber, Parteiensystem, S. 179–213
Jacobson, Hans-Adolf: Der Weg zur Teilung der Welt. Politik und Strategie von 1939 bis 1945, Koblenz/Bonn ^{2}1979
Jänicke, Johannes: Ich konnte dabei sein. Lebensweg des Johannes Jänicke (1900–1979), Berlin 1984
Jahnke, Karl Heinz: In einer Front. Junge Deutsche an der Seite der Sowjetunion im Großen Vaterländischen Krieg, Berlin 1986
Jahnke, Karl Heinz: Die Gründung der Freien Deutschen Jugend. In: ZfG 19 (6/1971), S. 733 ff
Jahnke, Karl Heinz: Jugend im Widerstand 1933–1945, Frankfurt/M. 1985
Jahnke, Karl Heinz: Jungkommunisten im Widerstandskampf gegen den Hitlerfaschismus, Berlin 1977
Jahnke, Karl Heinz/Buddrus, Michael: Deutsche Jugend 1933–1945. Eine Dokumentation, Hamburg 1989
Jaide, Walter: Generationen eines Jahrhunderts. Wechsel der Jugendgenerationen im Jahrhunderttrend. Zur Sozialgeschichte der Jugendgenerationen in Deutschland 1871–1985, Opladen 1988
Jaide, Walter/Hille, Barbara (Hrsg.): Jugend im doppelten Deutschland, Opladen 1977
Jeziorowski, J. (Hrsg.): Kirche im Dialog. 40 Jahre VELKD, Hannover 1988
Judt,Matthias: Die Demontagen und die Bildung von Sowjetischen Aktiengesellschaften als Potentialverluste. In: Scherstjanoi, Provisorium, S. 218–223
Jugend auf neuem Wege. Hrsg. vom Zentraljugendausschuß für die sowjetische Besatzungszone, Berlin 1945
Just, Regina: Die Ministerpräsidentenkonferenz von München 1947 und die Flüchtlingsfrage im Vier-Zonen-Deutschland. In: Fischer, Studien, S. 137–177
Kaden, Albrecht: Einheit oder Freiheit. Die Wiedergründung der SPD 1945/46, Berlin-Bonn 1960 (Neuausgabe 1980)
Kaelble, Hartmut/Kocka, Jürgen/Zwahr, Hartmut (Hrsg.), Sozialgeschichte der DDR, Stuttgart 1994
Kaiser, Jochen-Christoph/Doering-Manteuffel, Anselm (Hrsg.): Christentum und politische Verantwortung. Kirchen im Nachkriegsdeutschland, Stuttgart-Berlin-Köln 1990
Kaiser-Lahme, Angelika: Control Commission for Germany (British Element). Bestandsbeschreibung und Forschungsfelder. In: Birke/Mayring, Britische Besatzung, S. 149–165
Kaltenborn, Steffi: Herausbildung und Entwicklung der Umsiedlergenossenschaften in der Sowjetischen Besatzungszone Deutschlands nach dem Zweiten Weltkrieg, dargestellt am Beispiel der Ansiedlung der Gablonzer Industrie im Kreis Gotha. In: Wille/Hoffmann/Meinicke, Sie hatten alles verloren, S. 178–192
Karlsch, Rainer: Allein bezahlt? Die Reparationsleistungen der SBZ/DDR 1945–1953, Berlin 1993
Karlsch, Rainer: Umfang und Struktur der Reparationsleistungen aus der SBZ/DDR 1945–1953. Stand und Probleme der Forschung. In: Buchheim, Folgelasten, S. 45–78
Karlsch, Rainer: Von der Schering AG zum VEB Berlin Chemie. Die Folgen der Teilung Berlin für die chemische Industrie im Ostteil der Stadt. In: Fischer/Bähr, Wirtschaft
Karner, Stefan: Im Archipel GUPVI. Kriegsgefangenschaft und Internierung in der Sowjetunion 1941–1956, Wien-München 1995
Keiderling, Gerhard, „Als Befreier unsere Herzen zerbrachen". Zu den Übergriffen der Sowjetarmee in Berlin 1945. In: DA 28 (1995), S. 234–243
Keiderling, Gerhard (Hrsg.): „Gruppe Ulbricht" in Berlin April bis Juni 1945. Von den Vorbereitungen im Sommer 1944 bis zur Wiedergründung der KPD im Juni 1945. Eine Dokumentation, Berlin 1993
Kennan, George F.: Memoiren eines Diplomaten, München ^{2}1982
Kern, Werner: Die Rheintheorie in der historisch-politischen Literatur Frankreichs im Ersten Weltkrieg, Saarbrücken 1973
Kersten, Krystyna: The Establishment of Communist Rule in Poland, 1943–1948, Berkeley 1991
Kessel, Martina: Westeuropa und die deutsche Teilung. Englische und französische Deutschlandpolitik auf den Außenministerkonferenzen von 1945 bis 1947, München 1989

Kessler, Ralf/Peter, Hartmut Rüdiger: Antifaschisten in der SBZ. Zwischen elitärem Selbstverständnis und politischer Instrumentalisierung. In: VfZ 43 (1995), S. 611–633
Kettenacker, Lothar: Krieg zur Friedenssicherung. Die Deutschlandplanung der britischen Regierung während des Zweiten Weltkrieges, Göttingen-Zürich 1989
Kilian, Achim: Einzuweisen zur völligen Isolierung. NKWD-Speziallager Mühlberg/Elbe 1945–1948, Leipzig 1992
Kind, Friedrich: Christliche Demokraten im Ringen um eine neue Demokratie. Zur Entwicklung und zum Beitrag des Landesverbandes Brandenburg der CDU innerhalb der politischen Organisationen der Gesellschaft während der antifaschistisch-demokratischen Umwälzung (1945–1949/50), Berlin (-Ost) 1984
Kirchheimer, Otto: Der Wandel des westeuropäischen Parteiensystems. In: PVS 6 (1965), S. 20–41
Klaas, Helmut (Bearb.): Die Entstehung der Verfassung von Rheinland-Pfalz, Boppard 1978
Klatt, Hartmut: Besatzungszonen und Länderverwaltungen. Ein Erbe, das noch immer Bestand hat. In: Das Parlament, Nr. 18–19, 28.4./5. 5. 1995, S. 8.
Klein, Manfred: Jugend zwischen den Diktaturen, Mainz 1968
Kleinmann, Hans-Otto: Geschichte der CDU 1945–1982, Stuttgart 1993
Kleßmann, Christoph: Die „verstaatlichte Arbeiterbewegung". Überlegungen zur Sozialgeschichte der Arbeiterschaft in der DDR. In: Rudolph/Wickert, Geschichte als Möglichkeit, S. 108–119
Kleßmann, Christoph/Wagner, Georg (Hrsg.): Das gespaltene Land. Leben in Deutschland 1945 bis 1990. Texte und Dokumente, München 1993
Klewitz, Marion: Berliner Einheitsschule 1945–1951. Entstehung, Durchführung und Revision des Reformgesetzes von 1947/48, Berlin 1971
Klönne, Arno: Jugend im Dritten Reich. Die Hitler-Jugend und ihre Gegner. Dokumente und Analysen, Köln 1982
Klönne, Arno: Jugendprotest und Jugendopposition. Von der HJ-Erziehung zum Cliquenwesen der Kriegszeit. In: Bayern in der NS-Zeit. Bd. IV. Herrschaft und Gesellschaft im Konflikt, hrsg. von Martin Broszat u. a., München 1981, S. 527–620
Klönne, Arno: Jugendliche Opposition gegen Hitler-Jugend und NS-Staat. In: Der deutsche Widerstand 1933–1945, hrsg. von Klaus-Jürgen Müller, Paderborn 1986
Klönne, Arno: Jugendverbände im Nationalsozialismus. In: Handbuch der Jugendverbände. Eine Ortsbestimmung der Jugendverbandsarbeit in Analysen und Selbstdarstellungen, hrsg. von Lothar Böhnisch, Hans Gängler und Thomas Rauschenbach, Weinheim/München, S. 60–72
Klönne, Arno: Jugendverbände und gesellschaftspolitische Entwicklung. In: 40 Jahre Deutscher Bundesjugendring, Düsseldorf 1989
Klönne, Arno: Deutsche Jugend im Zweiten Weltkrieg. Lebensbedingungen, Erfahrungen, Mentalitäten. In: Deutsche Jugend im Zweiten Weltkrieg, Rostock 1991, S. 25–32
Klönne, Arno: Zur Rekonstruktion von Jugendöffentlichkeit in Deutschland nach dem Ende des NS-Regimes – Hinweise und Fragen. In: Deutsche Jugend zwischen Krieg und Frieden 1944–1946, hrsg. von Ingo Koch u. a., Rostock 1993, S. 22–26
Klönne, Arno: Jugendgeschichte in Trümmerzeiten – Streiflichter. In: Jugend 1900–1970. Zwischen Selbstverfügung und Deutung, hrsg. von Dieter Baacke u. a., Opladen 1991, S. 91–105
Knigge-Tesche, Renate/Reif-Spirek, Peter/Ritscher, Bodo (Hrsg.): Internierungspraxis in Ost- und Westdeutschland nach 1945, Erfurt 1993
Knipping, Franz/Le Rider, Jacques (Hrsg.): Frankreichs Kulturpolitik in Deutschland 1945–1950, Tübingen 1987
Knyschewskij, Pawel: Moskaus Beute, München 1995
Koch, Manfred: Der Demokratische Block. In: Weber, Parteiensystem, S. 281–295
Koch, Manfred/Müller, Werner/Staritz, Dietrich/Suckut, Siegfried: Versuch und Scheitern gesamtdeutscher Parteibildungen 1945–1948. In: Die beiden deutschen Staaten im Ost-West-Verhältnis. Fünfzehnte Tagung zum Stand der DDR-Forschung in der Bundesrepublik Deutschland, 1.–4. Juni 1982, Köln 1982, S. 90–107
Kocka, Jürgen: Die Angestellten in der deutschen Geschichte 1850–1980. Vom Privatbeamten zum angestellten Arbeitnehmer, Göttingen 1981
Kocka, Jürgen (Hrsg.): Historische DDR-Forschung, Berlin 1993
Kocka, Jürgen: 1945: Neubeginn oder Restauration?. In: Wendepunkte deutscher Geschichte, S. 159–192

Kocka, Jürgen: Unternehmensverwaltung und Angestelltenschaft am Beispiel Siemens 1847–1914. Zum Verhältnis von Kapitalismus und Bürokratie in der deutschen Industrialisierung, Stuttgart 1969
Köhler, Henning: Adenauer und die rheinische Republik, Opladen 1986
Köhler, Henning: Französische Besatzungspolitik 1918–1923. In: Hüttenberger/Molitor, Franzosen und Deutsche am Rhein, S. 115–126
Kommunisten verfolgen Kommunisten. Stalinistischer Terror und ‚Säuberungen' in den kommunistischen Parteien Europas seit den dreißiger Jahren. Hrsg. von Hermann Weber und Dietrich Staritz in Verbindung mit Siegfried Bahne und Richard Lorenz, Berlin 1993
Konstanzer, Eberhard: Die Entstehung des Landes Baden-Württemberg, Stuttgart u. a. 1969
Koval, Konstantin I.: Mein Treffen mit General Draper im Juli 1947. Mit Anmerkungen von Jochen Laufer und Rainer Karlsch. In: BzG 37 (1995/2), S. 41–61
Kowal, Konstantin I.: Na postu samestitelja Glavnonatschal stvujuschtschego SWAG 1945–1949. In: Nowaja i Nowejschaja Istorija 1987/3, S. 130–148
Kowal, Konstantin I.: Rabota w Germanii po sadaniju GKO. In: Nowaja i Nowejschaja Istorija 1995/2, S. 101–114
Kowal, Konstantin I.: Sapiski Upolnomotschennogo GKO na Territorii Germanii. In: Nowaja i Nowejschaja Istorija, 1995/2, S. 124–147
Kramer, Alan: Die britische Demontagepolitik am Beispiel Hamburgs 1945–1950, Hamburg 1991
Kraus, Elisabeth: Ministerien für das ganze Deutschland? Der Alliierte Kontrollrat und die Frage gesamtdeutscher Zentralverwaltungen, München 1990
Krause, Werner: Die Entstehung des Volkseigentums in der Industrie der DDR, Berlin (-Ost) 1958
Kraushaar, Luise: Zur Tätigkeit und Wirkung des „Deutschen Volkssenders". In: BzG 6 (1964/1), S. 116–133
Krieger, Wolfgang: Die amerikanische Deutschlandplanung. Hypotheken und Chancen für einen Neuanfang. In: Ende des Dritten Reiches, S. 25–50.
Kriegsgefangene in der Sowjetunion, Berlin (-Ost) 1949
Die Krim-[Jalta-]Konferenz 1945. Hrsg. vom Ministerium für Auswärtige Angelegenheiten der UdSSR, Köln 1986
Krippendorff, Ekkehart: Die Gründung der Liberal-Demokratischen Partei in der Sowjetischen Besatzungszone 1945. In: VfZ 8 (1960), S. 290–309
Krippendorff, Ekkehart: Die Liberal-Demokratische Partei Deutschlands in der Sowjetischen Besatzungszone 1945/48. Entstehung, Struktur, Politik, Düsseldorf o. J. [1961]
Krummacher, Friedrich-Wilhelm: 1945–1965. In: Zeichen der Zeit 19 (1965), S. 121–123
Krummacher, Friedrich-Wilhelm: Ruf zur Entscheidung. Predigten, Ansprachen, Aufsätze 1944–1945. Dokumente aus dem Arbeitskreis für biblische Fragen beim Nationalkomitee „Freies Deutschland", Berlin (-Ost) 1965
Kuehn, Alfred: Investitionen, Investitionsfinanzierung und Wirtschaftswachstum in West-Berlin, Berlin 1960
Kuehn, Alfred: Produktion und Anlagevermögen der Westberliner Industrie von 1936 bis 1945. In: Vierteljahrshefte für Wirtschaftsforschung 1958/4
Kühne, M.: Die Protokolle der Ostkirchenkonferenz von 1945–1950, Diss.theol. Naumburg 1991
Kühnl, Reinhard/Spoo, Eckart (Hrsg.): Was aus Deutschland werden sollte. Konzepte des Widerstands, des Exils und der Alliierten, Heilbronn 1995
Külz, Wilhelm: Ein Liberaler zwischen Ost und West. Aufzeichnungen 1947–1948, hrsg. von Helgard Robel, München 1989
Die Länder und der Bund. Beiträge zur Entstehung der Bundesrepublik Deutschland. Hrsg. von Walter Föst, Essen 1989
Lange, Katharina: Jugendpolitische Texte der Moskauer Exilkommunisten nach Abschluß des Freundschaftsvertrages zwischen Deutschland und der Sowjetunion. In: Jahrbuch für zeitgeschichtliche Jugendforschung 1994/95, Berlin 1995, S. 220–231
Langkau-Alex, Ursula/Ruprecht, Thomas M. (Hrsg.): Was soll aus Deutschland werden? Der Council for a Democratic Germany in New York 1944–1945. Aufsätze und Dokumente, Frankfurt/M.-New York 1995
Lapie, Pierre-Olivier: De Léon Blum à de Gaulle. Le caractère et le pouvoir, Paris 1971
Laschitza, Horst: Kämpferische Demokratie gegen den Faschismus. Die programmatische Vorbereitung auf die antifaschistisch-demokratische Umwälzung in Deutschland durch die Parteiführung der KPD, Berlin (-Ost) 1969

Lattard, Alain: Gewerkschaften und Arbeitgeber in Rheinland-Pfalz unter französischer Besatzung 1945–1949, Mainz 1988
Lattard, Alain: Zielkonflikte französischer Besatzungspolitik. Der Streit Laffon – Koenig 1945–1947. In: VfZ 39 (1991), S. 1–35
Laufer, Jochen: Konfrontation oder Kooperation? Zur sowjetischen Politik im Alliierten Kontrollrat 1945–1948. In: Fischer, Studien, S. 57–81
Laufer, Jochen: Das Problem der deutschen Reparationen in den Beziehungen der vier Besatzungsmächte 1945/46. In: Robbe/Senghaas, Welt nach dem Ost-West-Konflikt
Laufer, Jochen: Die Reparationsplanungen im sowjetischen Außenministerium während des Zweiten Weltkrieges. In: Buchheim, Folgelasten
Laufer, Jochen: Die UdSSR und die Zoneneinteilung Deutschlands (1943/44). In: ZfG 43 (1995), S. 309–321
Laufer, Jochen: Auf dem Wege zur staatlichen Verselbständigung der SBZ. Neue Quellen zur Münchener Konferenz der Ministerpräsidenten 1947. In: Kocka, Historische DDR-Forschung, S. 27–55
Lauschke, Karl/Welskopp, Thomas (Hrsg.): Mikropolitik im Unternehmen, Essen 1994
Lehnert, Detlef/Megerle, Klaus (Hrsg.): Politische Teilkulturen zwischen Integration und Polarisierung. Zur politischen Kultur in der Weimarer Republik, Opladen 1990
Lemberg, Hans (Hrsg.): Sowjetisches Modell und nationale Prägung. Historische und landeskundliche Ostmitteleuropa-Studien, Marburg 1991
Lemmer, Ernst: Manches war doch anders. Erinnerungen eines deutschen Demokraten, Frankfurt/M. 1968
Lenin, Wladimir Iljitsch: Die Aufgaben der Jugendverbände. Rede auf dem III. Gesamtrussischen Kongreß des Kommunistischen Jugendverbandes Rußlands vom 2. bis 10. Oktober in Moskau. In: Partei und Jugend, S. 88–103
Lenin, Wladimir Iljitsch: „Jugend-Internationale". In: Werke, Bd. 23, Berlin 1964, S. 163–167
Lenin, Wladimir Iljitsch/Stalin, Josef Wissarionowitsch: Über die Jugend, Berlin 1953
Leonhard, Wolfgang: Die Revolution entläßt ihre Kinder, Köln 1955
Leonhard, Wolfgang: Spurensuche. Vierzig Jahre nach Die Revolution entläßt ihre Kinder, Köln 1992
Libinzon, Z. E.: Wosprijatie twortschestwa F. Schillera w molodoj Sowetskoj respublike. In: Utschenyje zapiski (Gorkowskij universitet), 93 (1968), S. 104–126
„Links und links und Schritt gehalten ..." Die FDJ. Konzepte – Abläufe – Grenzen, hrsg. von Helga Gotschlich, Berlin 1994
Linz, Susan J.: Measuring the Carryover Cost of World War II to the Soviet pepole: 1945–1953. In: Explorations in Economic History 20 (1983), S. 375–386
Lipgens, Walter: Bedingungen und Etappen der Außenpolitik de Gaulles 1944–1946. In: VfZ 21 (1973), S. 52–102
Lippmann, Heinz: Honecker. Porträt eines Nachfolgers, Köln 1971
Lönne, Karl-Egon: Katholizismus 1945: Zwischen gequälter Selbstbehauptung gegenüber dem Nationalsozialismus und Öffnung zur pluralistischen Gesellschaft. In: Ende des Dritten Reiches, S. 745–769
Lösche, Peter/Walter, Franz: Zwischen Expansion und Krise. Das sozialdemokratische Arbeitermilieu. In: Lehnert/Megerle, Politische Teilkulturen, S. 161–187
Lösche, Peter/Walter, Franz: Auf dem Weg zur Volkspartei? Die Weimarer Sozialdemokratie. In: AfS 29 (1989), S. 75–136
Loth, Wilfried: Sozialismus und Internationalismus. Die französischen Sozialisten und die Nachkriegsordnung Europas 1940–1950, Stuttgart 1977
Loth, Wilfried: Stalins ungeliebtes Kind. Warum Moskau die DDR nicht wollte, Berlin 1994
Loth, Wilfried: Die Teilung der Welt. Geschichte des Kalten Krieges 1941–1955, München 1980
Loth, Wilfried: Das ungeliebte Kind. Stalin und die Gründung der DDR. In: Scherstjanoi, Provisorium, S. 31–38
Louis, Jürgen/Sommer, Ulf: Neue Dokumente zur Gründung der LDP in Berlin. In: BzG 36 (1994/4), S. 30–42
Ludwig, Hartmut: Die Entstehung der Bekennenden Kirche in Berlin. In: Wirth, Beiträge, S. 264–304
Luftfahrt Ost 1945–1961. Geschichte der deutschen Luftfahrt in der SBZ, der Sowjetunion und DDR, Bonn 1994

Madajczyk, Czeslaw: Deutsche Besatzungspolitik in Polen. In: der UdSSR und in den Ländern Südosteuropas. In: Bracher/Funke/Jacobsen, Deutschland 1933–1945, S. 426–439
Madajczyk, Czeslaw: Das Drama von Katyn, Berlin 1991
Mählert, Ulrich: Die Freie Deutsche Jugend 1945–1949. Von den „Antifaschistischen Jugendausschüssen" zur SED-Massenorganisation: Die Erfassung der Jugend in der Sowjetischen Besatzungszone, Paderborn u. a. 1995
Mählert, Ulrich: Liberale Jugendarbeit in der SBZ und DDR von 1945 bis 1952. In: Steinborn/Klatte, Liberale Jugend, S. 7–29
Mai, Gunther: Der Alliierte Kontrollrat in Deutschland 1945- 1948. Alliierte Einheit – deutsche Teilung? München 1995
Maillard, Pierre: De Gaulle und Deutschland. Der unvollendete Traum, Bonn-Berlin 1991
Major, Patrik: The German Communist Party (KPD) in the Western Zones and in Western Germany, 1945–1956, phil. Diss., University of Oxford 1993
Malycha, Andreas: Die Sozialdemokratische Partei Deutschlands (SPD) in der Sowjetischen Besatzungszone Deutschlands im Jahre 1945. Zu Rolle und Wirksamkeit des Zentralausschusses (ZA) im Ringen um antifaschistisch-demokratische Umgestaltungen in der Etappe der Aktionseinheit von KPD und SPD (Mai 1945 bis Dezember 1945), Diss. A (IML beim ZK der SED), Berlin (-Ost) 1988
Malycha, Andreas: Auf dem Weg zur SED. Die Sozialdemokratie und die Bildung einer Einheitspartei in den Ländern der SBZ. Eine Quellenedition, Bonn 1995
Mampel, Siegfried: Föderalismus in Deutschland, Teil I. In: DA 24 (1991), S. 804–814
Manz, Matthias: Stagnation und Aufschwung in der französischen Besatzungszone von 1945 bis 1948, Ostfildern 1985
Martens, Stefan (Hrsg.): Vom „Erbfeind" zum „Erneuerer". Aspekte und Motive der französischen Deutschlandpolitik nach dem Zweiten Weltkrieg, Sigmaringen 1993
Massigli, René: Une comédie des erreurs, 1943–1956. Souvenirs et réflexions sur une étape de la reconstruction européenne, Paris 1978
Matschke, Werner: Die industrielle Entwicklung in der Sowjetischen Besatzungszone Deutschlands (SBZ) 1945 bis 1948, Berlin 1988
Mattedi, Norbert: Gründung und Entwicklung der Parteien in der Sowjetischen Besatzungszone Deutschlands 1945–1949, Bonn-Berlin 1966
Matthias, Erich/Schönhoven, Klaus (Hrsg.): Solidarität und Menschenwürde. Etappen der deutschen Gewerkschaftsgeschichte von den Anfängen bis zur Gegenwart, Bonn 1984
Matthias, Erich/Morsey, Rudolf (Hrsg.): Das Ende der Parteien 1933. Darstellungen und Dokumente. Unveränderter Nachdruck, Düsseldorf 1979
Mayer, Tilman (Hrsg.): Jakob Kaiser. Gewerkschafter und Patriot. Eine Werkauswahl, Köln 1988
McCauley, Martin: Liberal Democrats in the Soviet Zone of Germany. In: Journal of Contemporary History 1977/12, S. 779–789
Mehlhase, Torsten: Die SED und die Vertriebenen. Versuche der politischen Einflußnahme und der „Umerziehung" in den ersten Nachkriegsjahren in Sachsen-Anhalt. In: Wille/Hoffmann/Meinicke, Sie hatten alles verloren, S. 159–177
Mehls, Hartmut: Der Beitrag der sowjetischen Leitungskader im SAG-Betrieb Siemens-Plania-Werke bei der Ingangsetzung der Produktion. In: Buttler, Tagung
Mehringer, Hartmut: Die bayerische Sozialdemokratie bis zum Ende des NS-Regimes. Vorgeschichte, Verfolgung und Widerstand. In: Bayern in der NS-Zeit, Band V, S. 287–432
Mehringer, Hartmut: Die KPD in Bayern 1919–1945. In: Bayern in der NS-Zeit, Band V, S. 1–286
Mehringer, Hartmut: Waldemar von Knoeringen. Eine politische Biographie, München u. a. 1989
Meier, Kurt: Volkskirchlicher Neuaufbau in der sowjetischen Besatzungszone. In: Conzemius/Greschat/Kocher, Zeit nach 1945, S. 213–234
Meier, Otto: Partei und Kirche, Berlin 1947
Meier, Kurt: Der evangelische Kirchenkampf, Bd. 3: Im Zeichen des Zweiten Weltkrieges, Göttingen 1984
Meinicke, Wolfgang: Die Bodenreform und die Vertriebenen in der SBZ und in den Anfangsjahren der DDR. In: Wille/Hoffmann/Meinicke, Sie hatten alles verloren, S. 55–85
Meissner, Boris; Rußland, die Westmächte und Deutschland. Die sowjetische Deutschlandpolitik 1943–1953, Hamburg 1954

Meissner, Boris: Die sowjetische Deutschlandpolitik 1945–1949. In: Osteuropa-Handbuch, Köln-Wien 1972, S. 450
Melzer, Karl-Heinz: Der Geistliche Vertrauensrat. Geistliche Leitung für die Deutsche Evangelische Kirche im Zweiten Weltkrieg?, Göttingen 1991
Merrit, Ann J. und Richard L. (Hrsg.): Public opinion in occupied Germany. The OMGUS Surveys 1945–1949, Urbana u. a. 1970
Merz, Hans-Georg: Bodenreform in der SBZ. Ein Bericht aus dem Jahre 1946. In: DA 24 (1991), S. 1159ff.
Meuschel, Sigrid: Legitimation und Parteiherrschaft in der DDR, Frankfurt/M. 1992
Mintzel, Alf: Die Volkspartei. Typus und Wirklichkeit, Opladen 1984
Mitter, Hochrufe auf den Klassenfeind. Als zur Wahl die Glocken läuteten: Die Vor- und Nachgeschichte des 17. Juni. In: FAZ, 17. 6. 1995, S. 30.
Mitter, Armin/Wolle, Stefan: Untergang auf Raten. Unbekannte Kapitel der DDR-Geschichte, München 1993
Möller, Horst: Die Relativität historischer Epochen: Das Jahr 1945 in der Perspektive des Jahres 1989. In: APUZ 1995/18–19, S. 3–9
Mombert, Monique: Les Français et la jeunesse en Zone Française d,Occupation de 1945–1955. In: Martens, „Erbfeind“, S. 175–199
Mommsen, Hans: Beamtentum im Dritten Reich. Mit ausgewählten Quellen zur nationalsozialistischen Beamtenpolitik, Stuttgart 1966
Mommsen, Hans: Noch einmal: Nationalsozialismus und Modernisierung. In: GG 21 (1995), S. 391–402
Moraw, Frank: Die Parole der „Einheit“ und die Sozialdemokratie. Zur parteiorganisatorischen und gesellschaftspolitischen Orientierung der SPD in der Periode der Illegalität und in der ersten Phase der Nachkriegszeit 1933–1948, Bonn-Bad Godesberg 1973
Moritz, Hans: Emil Fuchs – ein Leben als Christ in gesellschaftlicher Verantwortung. In: Zwischen Aufbruch und Beharrung. Der deutsche Protestantismus in politischen Entscheidungsprozessen, Berlin (-Ost) 1978, S. 125–152
Motyljowa, T.: Mirowoje snatschenije sowetskoj literatury. In: Nowyj mir, 1947, Nr. 7
Mühlfriedel, Wolfgang: Einige Bemerkungen zu den Technischen Kommissionen und den Technischen Büros sowjetischer Volkskommissariate in der Ostzone. In: Buchheim, Folgelasten, S. 131–133
Müller, Werner: Zur Entwicklung des FDGB in der sowjetischen Besatzungszone nach 1945. In: Matthias/Schönhoven, Solidarität und Menschenwürde, S. 325–347
Müller, Werner: Freier Deutscher Gewerkschaftsbund (FDGB). In: SBZ-Handbuch, S. 626–664
Müller, Werner: Kommunistische Partei Deutschlands (KPD). In: SBZ-Handbuch, S. 440–459
Müller, Werner: Sozialdemokratische Partei Deutschlands (SPD). In: SBZ-Handbuch, S. 460–480
Müller, Werner: Sozialdemokratische Politik unter Sowjetischer Militärverwaltung. Chancen und Grenzen der SPD in der Sowjetischen Besatzungszone zwischen Kriegsende und SED-Gründung. In: IWK 23 (1987), S. 170–206
Müller, Werner: Sozialistische Einheitspartei Deutschlands (SED). In: SBZ-Handbuch, S. 481–514
Müller-Enbergs, Helmut: Der Fall Rudolf Herrnstadt, Berlin 1991
„Nach Hitler kommen wir“. Dokumente zur Programmatik der Moskauer KPD-Führung 1944/45 für Nachkriegsdeutschland, hrsg. von Peter Erler, Horst Laude und Manfred Wilke, Berlin 1994
Nachkriegsdeutschland 1945–1949, hrsg. von Peter Bucher, Darmstadt 1990
Naimark, Norman M.: The Russians in Germany. A History of the Soviet Zone of Occupation 1945–1949, Cambridge/Mass.-London 1995
Naimark, Norman M.: The Soviets and the Christian Democrats: The Challenge of a „Bourgeois“ Party in Eastern Germany, 1945–1949. In: East European Politics and Societies 1995/9, S. 369–392
Naimark, Norman M.: Die Sowjetische Militäradministration in Deutschland und die Frage des Stalinismus. Veränderte Sichtweisen auf der Grundlage neuer Quellen aus russischen Archiven. In: ZfG 43 (1995), S. 293 ff.
Naimark, Norman M.: Was the SBZ/GDR in the Soviet Bloc?. In: Potsdamer Bulletin für Zeithistorische Studien 4/Oktober 1995, S. 6–18
Nationalsozialismus in Thüringen, hrsg. von Detlev Heiden und Gunter Mai, Weimar-Köln-Wien 1995

Nettl, J. Peter: Die deutsche Sowjetzone bis heute. Politik, Wirtschaft, Gesellschaft, Frankfurt/M. 1953

Neumann, Sigmund: Die deutschen Parteien nach dem Krieg, Berlin 1932

Nicolaisen/Schulze, Protokolle, s. Protokolle des Rates der EKD

Niethammer, Lutz (Hrsg.): Der „gesäuberte" Antifaschismus. Die SED und die roten Kapos von Buchenwald, Berlin 1994

Nikles, Bruno W.: Jugendpolitik in der Bundesrepublik Deutschland. Entwicklungen, Merkmale, Orientierungen, Opladen 1976

Nipperdey, Thomas u. a. (Hrsg.): Weltbürgerkrieg der Ideologien. Antworten an Ernst Nolte, Berlin 1993

Noack, Gert: Ein Dokument der „Gruppe Ulbricht" zur Jugendpolitik. In: Jahrbuch für zeitgeschichtliche Jugendforschung 1994/95, Berlin 1995, S. 232–239

Noack, Gert: Die Jugendpolitik der KPD und die Gründung der FDJ. In: „Links und links und Schritt gehalten . . .", S. 70–81

Nolte, Ernst: Deutschland und der Kalte Krieg, München 1974

Noormann, Harry: Protestantismus und politisches Mandat 1945–1949, Bd. 2, Gütersloh 1985

Nowak, Kurt: Christentum in politischer Verantwortung. Zum Protestantismus in der Sowjetischen Besatzungszone (1945–1949). In: Kaiser/Doering-Manteuffel, Christentum, S. 42–62

Oestreich, Paul: Jugend ohne Abenteuer?. In: Aufbau. Kulturpolitische Monatsschrift, Heft 1, September 1945, S. 56–59

Onnasch, Martin: „Wir bitten um Frieden". Lothar Kreyssigs Versöhnungsarbeit und die Aktion Sühnezeichen in der DDR. In: Glaube und Lernen 1993/8, 59–68

Onnasch, Martin: Die Situation der Kirchen in der sowjetischen Besatzungszone 1945–1949. In: KZG 2 (1989), S. 210–220

Opitz, G.: Der christlich-soziale Volksdienst. Versuch einer Protestantischen Partei in der Weimarer Republik, Düsseldorf 1969

Overesch, Manfred: Deutschland 1945–1949. Vorgeschichte und Gründung der Bundesrepublik, Düsseldorf 1979

Overesch, Manfred: Hermann Brill in Thüringen 1895–1946. Ein Kämpfer gegen Hitler und Ulbricht, Bonn 1992

Overesch, Manfred: Die gesamtdeutsche Konferenz der Erziehungsminister in Stuttgart 1948. In: VfZ 28 (1980), S. 248–285

Pahnke, Rudi: Das FDJ-Archiv aus der Sicht evangelischer Jugendarbeit. Auswertung von Stichproben. In: epd-Dokumentation Nr. 10/92 vom 17. 2. 1992, S. 3–24

Papke, Gerhard: Bislang unbekanntes Gründungsprotokoll der Liberal-Demokratischen Partei Deutschlands. In: DA 27 (1994), S. 1179–1185

Papke, Gerhard: Die Liberal-Demokratische Partei Deutschlands in der Sowjetischen Besatzungszone und DDR 1945–1952. In: Frölich, Bürgerliche Parteien, S. 25–46

Partei und Jugend. Dokumente marxistisch-leninistischer Jugendpolitik, Berlin 1986

Parteiensystem zwischen Demokratie und Volksdemokratie, s. Weber, Parteiensystem

Peden, George C.: Economic Aspects of British Perceptions of Power on the Eve of the Cold War. In: Becker/Knipping, Power in Europe?, S. 237–260

Peltzer, Lilli: Die Demontage deutscher Intelligenz nach dem Zweiten Weltkrieg. Die Physikalisch-Technische Reichsanstalt 1945 bis 1948, Magisterarbeit im Fach Neuere Geschichte FU Berlin, 1994

Peterson, Thomas G.: On Every Front. The Making of the Cold War, New York 1979

Peukert, Detlef: Die KPD im Widerstand. Verfolgung und Untergrundarbeit an Rhein und Ruhr 1933–1945, Wuppertal 1980

Pieck, Wilhelm: An die Jugend. Ausgewählte Reden und Aufsätze 1911 bis 1959, Berlin 1955 (1980)

Pieck, Aufzeichnungen s. Badstübner/Loth

Piekalkiewicz, Janusz: Kampf um Warschau. Stalins Verrat an der Polnischen Heimatarmee, München 1994

Pierron, Jean-Louis: La transformation du Comité de Lublin en gouvernement provisoire polonais. In: Guerres mondiales et Conflits contemporaines 44 (1994/173), S. 93–112

Pietschmann, Horst: Zur politisch-ideologischen Entwicklung des KJVD unter besonderer Berücksichtigung der Auseinandersetzungen um Inhalt und Formen der massenpolitischen Jugendarbeit in der Zeit der relativen Stabilisierung des Kapitalismus 1924–1928, Phil. Diss. B, Rostock 1984

Pilvousek, Josef: Kirchliches Leben im totalitären Staat, Leipzig 1994
Piskol, Joachim/ Nehrig, Christel/Trxa, Paul: Antifaschistisch- demokratische Umwälzung auf dem Lande (1945–1949), Berlin (-Ost) 1984
Podewin, Norbert: Walter Ulbricht. Eine neue Biographie, Berlin 1995
Podewin, Norbert: Vereinigung oder Vereinnahmung? Untersuchungen zum Zusammenschluß von KPD und SPD in Friedrichshain, Berlin 1993
Das Potsdamer Abkommen. Dokumentensammlung, Berlin (-Ost) [4]1984
Potthoff, Heinrich: Freie Gewerkschaften 1918–1933. Der Allgemeine Deutsche Gewerkschaftsbund in der Weimarer Republik, Düsseldorf 1987
Preller, Ludwig: Sozialpolitik in der Weimarer Republik, Düsseldorf 1949 (Nachdruck Kronberg-Düsseldorf 1978)
Preysing, Konrad von: Hirtenworte in ernster Zeit. Kundgebungen des Bischofs von Berlin. Konrad Kardinal von Preysing in den Jahren 1945 bis 1947, Berlin 1947
Prielipp, Annette: Die Entwicklung der Bergmann-Electricitäts-Werke AG Berlin von 1929 bis 1949, Diplomarbeit Humboldt-Universität 1995
Prinz, Michael: Die Arbeiterbewegung und das Modell der Angestelltenversicherung. Zu einigen Bedingungen für die besondere Bürgerlichkeit des Wohlfahrtsstaates in der Bundesrepublik. In: Arbeiter im 20. Jahrhundert, hrsg. von Klaus Tenfelde, Stuttgart 1991, S. 435–460
Prinz, Michael: Vom neuen Mittelstand zum Volksgenossen. Die Entwicklung des sozialen Status der Angestellten von der Weimarer Republik bis zum Ende der NS-Zeit, München 1986
Programmatische Dokumente der deutschen Sozialdemokratie, hrsg. und eingeleitet von Dieter Dowe und Kurt Klotzbach, Berlin-Bonn [2]1984
Die Programme der politischen Parteien im neuen Deutschland und ihre Stellungnahme zu wichtigen Tagesfragen, zusammengestellt von Karl Mahler, Berlin 1945
Protokoll des Vereinigungsparteitages der Sozialdemokratischen Partei Deutschlands (SPD) und der Kommunistischen Partei Deutschlands (KPD) am 21. und 22. April 1946 in Berlin, Berlin 1946
Protokoll der Verhandlungen des II. Parteitages der Sozialistischen Einheitspartei Deutschlands (20. bis 24. September 1947 in der Deutschen Staatsoper zu Berlin), Berlin (-Ost) 1947
Die Protokolle des Rates der Evangelischen Kirche in Deutschland, Bd. 1:1945/46, bearb. von Carsten Nicolaisen und Nora Andrea Schulze, Göttingen 1995
Puttkamer, Jesco von: Irrtum und Schuld. Geschichte des National-Komitees „Freies Deutschland", Neuwied-Berlin 1948
Rackwitz, Arthur: Christ und Sozialist. Mit einem Geleitwort von Helmut Gollwitzer, hrsg. von Gerhard Jankowski und Klaus Schmidt, Hamburg 1976
Ratza, Werner: Die deutschen Kriegsgefangenen in der Sowjetunion. Der Faktor Arbeit, München 1973
Recker, Marie-Luise: Nationalsozialistische Sozialpolitik im Zweiten Weltkrieg, München 1985
Reichardt, Fritz: Andreas Hermes, Neuwied a. Rh. 1953
Reichling, Gerhard: Flucht und Vertreibung der Deutschen. Statistische Grundlagen und terminologische Probleme. In: Rainer Schulze/Doris von der Brelie-Lewien/Helga Grebing (Hrsg.), Flüchtlinge und Vertriebene in der westdeutschen Nachkriegsgeschichte, Hildesheim 1987, S. 46–56
Reidegeld, Eckart: Die Sozialversicherung zwischen Neuordnung und Restauration. Soziale Kräfte, Reformen und Reformpläne unter besonderer Berücksichtigung der Versicherungsanstalt Berlin (VAB), Frankfurt/M. 1982
Reifeld, Helmut; Das Phantom der Wirtschaftseinheit. Großbritannien und die Forderung nach Einrichtung von Zentralverwaltungen im besetzten Deutschland 1945–1947. In: Geschichte im Westen 3 (1988), S. 135–150
Reinert, Fritz: Brandenburgs Parteien 1945–1950. Möglichkeiten und Grenzen kooperativer Politik, Potsdam 1995
Reulecke, Jürgen: Jugend und Jugendpolitik nach 1945. In: Tradition und Neugestaltung. Zu Fragen des Wiederaufbaus in Deutschland und den Niederlanden in der frühen Nachkriegszeit, hrsg. von Horst Lademacher und Jac Bosmans, Münster 1991
Reusch, Ulrich: Deutsches Berufsbeamtentum und britische Besatzung. Planung und Politik 1943–1947, Stuttgart 1985
Reusch, Ulrich: Der Verwaltungsaufbau der britischen Kontrollbehörden in London und der Militärregierung in der britischen Besatzungszone. In: Birke/Mayring, Britische Besatzung, S. 35–59

Revolutionäre deutsche Parteiprogramme. Vom Kommunistischen Manifest zum Programm des Sozialismus, hrsg. und eingeleitet von Lothar Berthold und Ernst Diehl, Berlin 1967
Richter, Michael/Rißmann, Martin (Hrsg.): Die Ost-CDU. Beiträge zu ihrer Entstehung und Entwicklung, Weimar-Köln-Wien 1995
Richter, Michael: Die Ost-CDU 1948–1952. Zwischen Widerstand und Gleichschaltung, Düsseldorf ^{2}1991
Ritter, Erich: Die Stellungnahme der Gewerkschaften zu den Problemen der Sozialversicherung in Deutschland, Frankfurt/M. 1933
Ritter, Gerhard A.: Der Sozialstaat. Entstehung und Entwicklung im internationalen Vergleich, 2. überarbeitete und erheblich erweiterte Auflage, München 1991
Ritter, Gerhard A.: Sozialversicherung in Deutschland und England. Entstehung und Grundzüge im Vergleich, München 1983
Robel, Gert: Die deutschen Kriegsgefangenen in der Sowjetunion – Antifa, München 1974
Roesler, Jörg: Der Wiederaufbau der Berliner Industrie 1945 bis 1947. In: Jahrbuch für Geschichte Bd. 35, Berlin 1987
Rosenthal, Gabriele (Hg.): Die Hitlerjugend-Generation. Biographische Thematisierung als Vergangenheitsbewältigung, Essen 1986
Rosenthal, Gabriele: „... wenn alles in Scherben fällt". Von Leben und Sinnwelt der Kriegsgeneration. Typen biographischer Wandlungen, Opladen 1987
Roth, Lutz: Die Erfindung des Jugendlichen, München 1983
Roth, Karl Heinz: Public Health – Nazi Style. Gesundheitspolitische Kontroversen in der NS-Diktatur (1935–1944). In: 1999. Jg. 1995, S. 13–56
Rscheschewskij, O. A.: Wisit A. Idena w Moskwu w oktabre 1941 g. Peregowory s I. Stalinym i W. M. Molotowym. In: Nowaja i nowejschaja istorija 1994/2, S. 85–102
Rudolph, Karsten/Wickert, Christel (Hrsg.): Geschichte als Möglichkeit. Über die Chancen von Demokratie. Festschrift für Helga Grebing, Essen 1995
Rudolph, Vladimir: The Administrative Organisation of Soviet Control 1945–1948. In: Slusser, Soviet Economy, S. 18–86
Rüther, Günther (Hrsg.): Geschichte der Christlich-Demokratischen und Christlich-Sozialen Bewegungen in Deutschland, Teil I, Bonn 1984
Sachße, Christoph/Tennstedt, Florian: Der Wohlfahrtsstaat im Nationalsozialismus, Stuttgart u. a. 1988
Saginjan, M.: Prorotscheskije stroki. In: Snamja, 1945/9
Sander, Helke/Johr, Barbara (Hrsg.): Befreier und Befreite. Krieg, Vergewaltigungen, Kinder, München 1992
Sandford, Gregory W.: From Hitl er to Ulbricht. The Communist Reconstruction of East Germany 1945–1946, Princeton 1983
Sauermann, Ekkehard: Revolutionäre Erziehung und revolutionäre Bewegung. Marx, Engels, Lenin über die Erziehung der Arbeiterklasse, Berlin 1985
Sazkij, E.: Utopija i tradizija, Moskwa 1990
SBZ-Handbuch. Staatliche Verwaltungen, Parteien, gesellschaftliche Organisationen und ihre Führungskräfte in der Sowjetischen Besatzungszone Deutschlands 1945–1949. Hrsg. von Martin Broszat und Hermann Weber, München 1990, ^{2}1993
Schaefer, Aloys: Lebensbericht. Landrat im Eichsfeld. Zeuge der Besatzungszeit, Heiligenstadt ^{3}1995
Schaper, Alwin: Jahre der Entscheidung. Erinnerungen an die Entwicklung des Landesverbandes Sachsen-Anhalt der CDU (1945–1952), Berlin 1969
Scheerer, Reinhard: Kirchen für den Kalten Krieg. Grundzüge und Hintergründe der US-amerikanischen Religions- und Kirchenpolitik in Nachkriegsdeutschland, Köln 1986
Schefold, Werner/Böhnisch, Lothar: Jugendpolitik. In: Handbuch der Familien- und Jugendforschung. Bd. 2: Jugendforschung, hrsg. von Manfred Markefka und Rosemarie Nave-Herz, Neuwied-Frankfurt/M. 1989, S. 795–808
Schelsky, Helmut: Die skeptische Generation. Eine Soziologie der deutschen Jugend, Köln 1963
Scherstjanoi, Elke/Stappenbeck, Christian, „Dibelius war in Karlshorst ... wollte Mittelsmann gewesen sein zwischen SKK und Adenauer ...". Ein geheimes Gespräch zwischen Bischof Dibelius, Armeegeneral Tschujkow und Politberater Semjonow im November 1951. In: DA 28 (1995), S. 1031–1047

Scherstjanoi, Elke (Hrsg.): „Provisorium für längstens ein Jahr". Die Gründung der DDR, Berlin 1993

Scheurig, Bodo: Freies Deutschland. Das Nationalkomitee und der Bund Deutscher Offiziere in der Sowjetunion 1943–1945, München 1960

Scheurig, Bodo: Verräter oder Patrioten. Das Nationalkomitee „Freies Deutschland" und der Bund deutscher Offiziere in der Sowjetunion 1943–1945, Frankfurt/M.-Berlin ²1993

Schilde, Kurt: Jugendliche unter „Werwolf"-Verdacht. Anmerkungen zu einem schwierigen Thema. In: Das Torgau-Tabu. Wehrmachtsstrafsystem, NKWD-Speziallager, DDR-Strafvollzug, hrsg. von Norbert Haase und Brigitte Oleschinski, Leipzig 1993, S. 176–188

Schilde, Kurt: Jugend ‚45. Einstellungen von Jugendlichen 1944–46. Ergebnisse einiger zeitgenössischer Studien. In: Deutsche Jugend zwischen Krieg und Frieden 1944–1946, hrsg. von Ingo Koch, Rostock 1993, S. 102–111

Schmädeke, Jürgen/Steinbach, Peter (Hrsg.): Der Widerstand gegen den Nationalsozialismus. Die deutsche Gesellschaft und der Widerstand gegen Hitler, München-Zürich ²1986

Schmalz, Jörg: Reparationen und Rekonstruktion bei der Deutschen Reichsbahn, Diplomarbeit, Berlin 1994

Schmid, Carlo: Erinnerungen, Bern u. a. 1979

Schmitt, Karl: Politische Landschaften im Umbruch: Das Gebiet der ehemaligen DDR 1928–1990. In: Gabriel/Troitzsch, Wahlen, S. 403–441

Schmutzler, Georg Siegfried: Gegen den Strom. Erlebtes aus Leipzig unter Hitler und der Stasi, Göttingen 1992

Schneider, Dieter Marc: Renaissance und Zerstörung der kommunalen Selbstverwaltung in der sowjetischen Besatzungszone. In: VfZ 37 (1989), S. 457–497

Schneider, Dieter-Marc: Zentralverwaltung für deutsche Umsiedler. In: SBZ-Handbuch, S. 239–243

Schneider, Ullrich: Nach dem Sieg. Besatzungspolitik und Militärregierung 1945, Paderborn 1985

Scholder, Klaus: Die Kirchen und das Dritte Reich, Bd. 1: Vorgeschichte und Zeit der Illusionen, Frankfurt/M.-Berlin 1986

Schöneburg, Karl-Heinz/Mandl, R./Leichtfuß, H./Urban, K.: Werden unseres Staates. Eine Chronik. Bd. 1 (1945–1949), Berlin (-Ost) 1966

Schörken, Rudolf: Jugend 1945. Politisches Denken und Lebensgeschichte, Opladen 1990

Schröder, Karsten: Zur Geschichte der Freien Deutschen Jugend in Großbritannien 1939–1946, Phil.Diss., Rostock 1988

Schwade, Günter: Die Kulturarbeit der FDJ und ihre Rolle bei der ideologischen Erziehung der Jugend in der Zeit der antifaschistisch-demokratischen Umwälzung von 1945/46 bis 1949, Phil. Diss., Rostock 1979 (Ms.)

Schwade, Günter: Die kulturelle Tätigkeit der Jugendausschüsse im ersten Jahr des Friedens bis zur Gründung der FDJ – Aufgabenstellung und Aktivitäten. In: Deutsche Jugend zwischen Krieg und Frieden 1944–1946, hrsg. von Ingo Koch u. a., Rostock 1993, S. 89–94

Schwartz, Michael: 50 Jahre Bodenreform in der SBZ. Ein Workshop zu Forschungsstand und -kontroversen. In: DA 28 (1995), S. 1299–1302

Schwartz, Michael: Vom „Flüchtling" zum Neubürger. Vertriebenenintegration als gesellschaftspolitisches Problem der deutschen Nachkriegsgesellschaften. In: Transodra. Deutsch-Polnisches In formationsbulletin, hrsg. von der Deutsch-Polnischen Gesellschaft Brandenburg e. V., H. 10/11, April 1995, S. 26–39

Schwartz, Michael: Kontrollierte Partizipation. Die „Umsiedler-Ausschüsse" der Sowjetischen Besatzungszone Deutschlands im Spannungsfeld von Sonderverwaltung, Parteipolitik und sozialen Interessen 1945–1949. In: Schraut, Sylvia/Grosser, Thomas (Hrsg.): Die Flüchtlingsfrage in der deutschen Nachkriegsgesellschaft, Mannheim 1996, S. 161–191

Schwartz, Michael: Zwischen Zusammenbruch und Stalinisierung. Zur Ortsbestimmung der Zentralverwaltung für deutsche Umsiedler (ZVU) im politisch-administrativen System der SBZ. In: Von der SBZ zur DDR, S. 43–96

Schwarz, Hans-Peter: Adenauer, Bd. 1: Der Aufstieg, 1876–1952, Stuttgart 1986

Schwarz, Hans-Peter: Vom Reich zur Bundesrepublik. Deutschland im Widerstreit der außenpolitischen Konzeptionen in den Jahren der Besatzungsherrschaft 1945–1949, Berlin-Neuwied 1966

Schwenger, Hermann: Konsumgenossenschaften. In: SBZ-Handbuch, S. 767–792

Seidel, J. Jürgen: Aus den Trümmern 1945. Personeller Wiederaufbau und Entnazifizierung in der evangelischen Kirche der Sowjetischen Besatzungszone Deutschlands, Göttingen 1996

Seidel, J. Jürgen: „Neubeginn" in der Kirche? Die evangelischen Landes- und Provinzialkirchen in der SBZ/DDR im gesellschaftspolitischen Kontext der Nachkriegszeit (1945–1953), Göttingen 1989
Semjonow, Wladimir S.: Von Stalin bis Gorbatschow. Ein halbes Jahrhundert in diplomatischer Mission 1939–1991, München 1995
Sherwood, R. E.: Roosevelt und Hopkins, Hamburg 1948
Slowes, Salomon W.: The Road to Katyn. A Soldier's story, Oxford 1992
Slusser, Robert (Hrsg.): Soviet Economic Policy in Postwar Germany. A Collection of Papers by Former Soviet Officials, New York 1953
Smelser, Ronald: Robert Ley. Hitlers Mann an der Arbeitsfront. Eine Biographie, Paderborn 1989
Soutou, Georges: La France et les Marchés de l'Est. In: Revue Historique 260 (1978), S. 341–388
Soutou, Georges-Henri: La politique française à l'égard de la Rhénanie 1944–1947. In: Hüttenberger/Molitor, Franzosen und Deutsche am Rhein, S. 47–66
Sowetskaja Woennaja Administrazija w Germanii. Uprawlenije propagandy (informazii) i S. I. Tjulpanow. Sbornik dokumentow. Pod redakziej Bernda Bonwetscha, Gennadija Bordjugowa, Normana Nejmarka, Moskwa 1994
Sowetskij sojus na meschdunarodnych konferenzijach perioda welikoj Otetschestwennoj wojny 1941–1945 gg., Bd. 2: Tegeranskaja konferenzija, Moskau 1978
Springorum, Ulrich: Entstehung und Aufbau der Verwaltung in Rheinland-Pfalz nach dem Zweiten Weltkrieg (1945–1947), Berlin 1982
Staat, Kultur, Politik. Beiträge zur Geschichte Bayerns und des Katholizismus. Festschrift zum 65. Geburtstag von Dieter Albrecht, hrsg. von Winfried Becker und Werner Chrobak, Kallmünz/Opf. 1992
Stalin, Josef Wissarionowitsch: Über die Widersprüche im Kommunistischen Jugendverband. Rede in der Beratung über Fragen der Arbeit unter der Jugend beim ZK der KPR(B), 3. April 1924. In: Werke Bd. 6, Berlin 1952, S. 58–61
Stang, Werner (Hrsg.) unter Mitarbeit von Kurt Arlt: Brandenburg im Jahr 1945, Potsdam 1995
Stanke, Volker: Die Gestaltung der Beziehungen zwischen dem Land Sachsen und der Evangelisch-Lutherischen Landeskirche Sachsens von 1945 bis 1949. Dargestellt unter besonderer Berücksichtigung eigentumsrechtlicher Regelungen, Frankfurt/M. u. a. 1993
Stappenbeck, Christian: Kirchliche Nachkriegsentwicklung in Berlin 1945 bis 1949. In: Wirth, Beiträge, S. 327–350.
Staritz, Dietrich: Einheits- und Machtkalküle der SED (1946–1948). In: Scherstjanoi, Provisorium, S. 15–31
Staritz, Dietrich: Die Gründung der DDR. Von der sowjetischen Besatzungsherrschaft zum sozialistischen Staat, München 1984 (^{3}1995)
Staritz, Dietrich: Die Kommunistische Partei Deutschlands. In: Stöss, Parteien-Handbuch, S. 1663–1809
Staritz, Dietrich: Die SED, Stalin und die Gründung der DDR. In: APUZ 1991/4, S. 3–16
Staritz, Dietrich: Sozialismus in einem halben Land. Zur Programmatik und Politik der KPD/SED in der Phase der antifaschistisch-demokratischen Umwälzung in der DDR, Berlin 1976
Staritz, Dietrich: Zur Gründung der SED. Forschungsstand, Kontroversen, offene Fragen. In: Einheitsfront – Einheitspartei, S. 38–75
Stegemann, Franz Josef:, Der soziale Katholizismus und die Mitbestimmung in Deutschland, München-Paderborn-Wien ^{2}1978
Stegmann, Erich: Der Kirchenkampf in der Thüringer Evangelischen Kirche 1933–1945, Berlin (-Ost) 1984
Steinbach, Peter: Nationalkomitee Freies Deutschland und der Widerstand gegen den Nationalsozialismus. In: Exilforschung 8 (1990), S. 61 ff.
Steinbach, Peter/Tuchel, Johannes (Hrsg.): Widerstand gegen den Nationalsozialismus, Bonn 1994
Steininger Rolf (Bearb.): Die Ruhrfrage 1945/46 und die Entstehung des Landes Nordrhein-Westfalen. Britische, französische und amerikanische Akten, Düsseldorf 1988
Steininger, Rolf: Das Scheitern der EVG und der Beitritt der Bundesrepublik zur NATO. In: APUZ 1985/35, S. 3–18
Steininger, Rolf: Westdeutschland ein „Bollwerk gegen den Kommunismus"? Großbritannien und die deutsche Frage im Frühjahr 1946. In: MGM 1985, H. 38, S. 163–206
Stellrecht, Helmut: Glauben und Handeln. Ein Bekenntnis der jungen Generation, Berlin 1942

Sternhell, Zeev: Maurice Barrès et le nationalisme français, Paris 1972
Stöckigt, Rolf: Der Kampf der KPD um die demokratische Bodenreform, Mai 1945 bis April 1945, Berlin (-Ost) 1963
Storbeck, Dietrich: Soziale Strukturen in Mitteldeutschland. Eine sozialstatistische Bevölkerungsanalyse im gesamtdeutschen Vergleich, Berlin 1964
Stöss, Richard (Hrsg.): Parteien-Handbuch. Die Parteien der Bundesrepublik Deutschland 1945–1980, Sonderausgabe, Opladen 1986
Stößel, Frank Thomas: Positionen und Strömungen in der KPD/SED 1945–1954, Köln 1985
Strunk, Peter: Die „Akte Prigarin". Ein Kapitel deutscher Wirtschaftsgeschichte unter sowjetischer Besatzungsherrschaft (unveröffentl. Ms.), Frankfurt/M. 1994
Strunk, Peter: Die Sowjetische Militäradministration in Deutschland (SMAD) und ihr politischer Kontrollapparat. In: Lemberg, Sowjetisches Modell, S. 171–198
Stupperich, Robert: Otto Dibelius. Ein evangelischer Bischof im Umbruch der Zeiten, Göttingen 1989
Suckut, Siegfried: Die Betriebsrätebewegung in der Sowjetisch Besetzten Zone Deutschlands (1945–1948). Zur Entwicklung und Bedeutung von Arbeiterinitiative, betrieblicher Mitbestimmung und Selbstbestimmung bis zur Revision des programmatischen Konzepts der KPD/SED vom „besonderen deutschen Weg zum Sozialismus", Frankfurt/M. 1982
Suckut, Siegfried (Hrsg.): Blockpolitik in der SBZ/DDR 1945–1949. Die Sitzungsprotokolle des zentralen Einheitsfront-Ausschusses. Quellenedition, Köln 1986
Suckut, Siegfried: Die CDU in der Sowjetisch Besetzten Zone und die Gründung der SED. Parteiinterne Wertungen und Reaktionen. In: DA 20 (1987), S. 612–623
Suckut, Siegfried: Die DDR-Blockparteien im Lichte neuer Quellen. In: Weber, SED-Staat, S. 99–197
Suckut, Siegfried: Zur Deutschlandpolitik der CDU in der SBZ/DDR 1945–1950. In: Timmermann, Deutschland und Europa, S. 259–265
Suckut, Siegfried: Der Konflikt um die Bodenreform in der Ost- CDU 1945. Versuch einer Neubewertung der ersten FüWvngskrise der Union. In: DA 15 (1982), S. 1080–1045
Suckut, Siegfried: Zum Wandel von Rolle und Funktion der Christlich-Demokratischen Union Deutschlands (CDUD) im Parteiensystem der SBZ/DDR (1945–1952). In: Weber, Parteiensystem, S. 117–178
Sühl, Klaus: SPD und Öffentlicher Dienst in der Weimarer Republik. Die öffentlichen Bediensteten in der SPD und ihre Bedeutung für die sozialdemokratische Politik 1918–1933, Opladen 1988
Sywottek, Arnold: Deutsche Volksdemokratie. Studien zur politischen Konzeption der KPD 1939–1946, Düsseldorf 1971
Teheran, Jalta, Potsdam,s. Fischer, Teheran, Jalta, Potsdam
Die Teheraner Konferenz 1943. Hrsg. vom Ministerium für auswärtige Angelegenheiten der UdSSR, Köln 1986
Tennstedt, Florian: Sozialgeschichte der Sozialversicherung. In: Handbuch der Sozialmedizin, Bd. III, hrsg. von Maria Blohmke/Christian von Ferber/Karl Peter Kisker/Hans Schaefer, Stuttgart 1976, S. 385–492
Teppe, Karl: Zur Sozialpolitik des Dritten Reiches am Beispiel der Sozialversicherung. In: AfS 17 (1977), S. 195–250
Thalheim, Karl C.: Berlins wirtschaftliche Entwicklung nach dem zweiten Weltkrieg. In: Heimatchronik Berlin, Köln 1962
Thiel, Victor: Christen Thüringens in der Bewährung. Aus der Geschichte des Landesverbandes Thüringen der Christlich-Demokratischen Union Deutschlands, Berlin (-Ost) 1970
Thierfelder, Jörg: Das kirchliche Einigungswerk des württembergischen Landesbischofs Theophil Wurm, Göttingen 1975
Thierfelder, Jörg: Die Kirchenpolitik der vier Besatzungsmächte und die evangelische Kirche nach der Kapitulation. In: GG 18 (1992), S. 6–21
Thöns, Kerstin: Die soziale Lage der Bevölkerung des Landes Sachsen von 1945 bis 1948, unveröffentl. Ms.
Timmermann, Heiner (Hrsg.): Deutschland und Europa nach dem Zweiten Weltkrieg. Entwicklungen, Verflechtungen, Konflikte, Saarbrücken 1990
Tjulpanow, Sergej: Deutschland nach dem Kriege (1945–1949). Erinnerungen eines Offiziers der Sowjetarmee, Berlin (-Ost) 1986

Interview Boris Tschertok, ehemaliger Leiter des Sonderkonstruktionsbüros Raketenbau im Harz, durch Karl-Heinz Eiermann am 4. 10. 1992, Ms.
Ueberschär, Gerd R. (Hrsg.): Das Nationalkomitee „Freies Deutschland“ und der Bund Deutscher Offiziere, Frankfurt/M. 1995
Uertz, Rudolf: Christentum und Sozialismus in der frühen CDU. Grundlagen und Wirkungen der christlich-sozialen Ideen in der Union 1945–1949, Stuttgart 1981
Ulbricht, Walter: An die Jugend, Berlin 1954/1968
Ulbricht, Walter: Das Programm der antifaschistisch-demokratischen Ordnung. In: Ulbricht, Zur Geschichte der deutschen Arbeiterbewegung, S. 441–442
Ulbricht, Walter: Zur Geschichte der deutschen Arbeiterbewegung. Reden und Aufsätze. Bd. II. 1933–1946, Berlin 1963
Um ein antifaschistisches Deutschland. Dokumente aus den Jahren 1945–1949, Berlin (-Ost) 1968
Vaillant, Jerôme: Einführung in die kulturellen Aspekte der französischen Deutschlandpolitik zwischen 1945 und 1949. In: Institut français de Stuttgart (Hrsg.): Die französische Deutschlandpolitik zwischen 1945 und 1949, Tübingen 1987
Vaillant, Jérôme (Hrsg.): Französische Kulturpolitik in Deutschland 1945–1949. Berichte und Dokumente, Konstanz 1984
Verner, Paul: Bericht über die Jugendarbeit der Partei. In: Bericht über die Verhandlungen des 15. Parteitages der Kommunistischen Partei Deutschlands. 19. und 20. April 1946 in Berlin, Berlin 1946, S. 119–135
Verrat hinter Stacheldraht? Das Nationalkomitee „Freies Deutschland“ und der Bund Deutscher Offiziere in der Sowjetunion 1943–1945 (Dokumente), hrsg. von Bodo Scheurig, München 1965
Vietzke, Siegfried: Zur Entwicklung der Konzeption über die deutsche demokratische Republik (1936). In: Jahrbuch für Geschichte 4 (1969)
Volkmann, Hans-Erich: Das Rußlandbild in der Schule des Dritten Reiches. In: Das Rußlandbild im Dritten Reich, hrsg. von Hans-Erich Volkmann, Köln 1994, S. 225–255
Die Volkszählung vom 1. Dezember 1945 in der sowjetischen Besatzungszone Deutschlands, hrsg. vom Statistischen Zentralamt, Berlin 1946
Vollnhals, Clemens: Entnazifizierung in West- und Ostdeutschland. Konzeption und Praxis. In: Knigge-Tesche/Reif-Spirek/Ritscher, Internierungspraxis, S. 9–29
Vollnhals, Clemens: Evangelische Kirche und Entnazifizierung 1945–1949. Die Last der nationalsozialistischen Vergangenheit, München 1989
Vollnhals, Clemens, Oberkirchenrat Gerhard Lotz und das Ministerium für Staatssicherheit. Zur IM-Akte „Karl“. In: DA 27 (1994), S. 332–336
Von der Arbeiterbewegung zum modernen Sozialstaat. Festschrift für Gerhard A. Ritter zum 65. Geburtstag. Hrsg. von Jürgen Kocka/Hans-Jürgen Puhle/Klaus Tenfelde, München u. a. 1994
Von der SBZ zur DDR. Studien zum Herrschaftssystem in der Sowjetischen Besatzungszone und in der Deutschen Demokratischen Republik, hrsg. von Hartmut Mehringer, München 1995
Wagenführ, Rolf: Die Industrie der Sowjetischen Besatzungszone, unveröffentl. Ms., BAP, G-2, Nr. 13573.
Wahl, Volker, Der Beginn der antifaschistisch-demokratischen Umwälzung in Thüringen. Die Organisierung der gesellschaftlichen Kräfte und der Neuaufbau der Landesverwaltung 1945, Phil. Diss. Jena 1976
Wahlen und Abstimmungen in der Weimarer Republik. Materialien zum Wahlverhalten 1919–1933. Von Jürgen Falter u. a., München 1986
Walter, Franz/Dürr, Tobias/Schmidtke, Klaus: Die SPD in Sachsen und Thüringen zwischen Hochburg und Diaspora. Untersuchungen auf lokaler Ebene vom Kaiserreich bis zur Gegenwart, Bonn 1993
Walter, Franz: Sachsen – ein Stammland der Sozialdemokratie?. In: PVS 32 (1991), S. 207–231
Walter, Franz: Thüringen – einst Hochburg der Sozialdemokratie?. In: IWK 28 (1992), S. 21–39
Watt, Donald C.: British Military Perceptions of the Soviet Union as a Strategic Threat, 1945–1950. In: Becker/Knipping, Power in Europe?, S. 328–330
Watt, Donald C.: Großbritannien, die Vereinigten Staaten und Deutschland. In: Foschepoth/Steininger, Britische Deutschland- und Besatzungspolitik, S. 15–25
Weber, Hermann: Einleitung: Zum Transformationsprozeß des Parteiensystems in der SBZ/DDR. In: Weber, Parteiensystem, S. 11–50

Weber, Hermann: Die deutschen Kommunisten 1945 in der SBZ. Probleme bei der kommunistischen Kaderbildung vor der SED-Gründung. In: APUZ 1978/31, S. 24–31
Weber, Hermann: Geschichte der DDR, München 1985
Weber, Hermann: Zur Jugendpolitik der SED. Forschungsfragen. Quellenlage und Erwartungen. In: Links und Links und Schritt gehalten, Berlin 1994
Weber, Hermann (Hrsg.): Parteiensystem zwischen Demokratie und Volksdemokratie. Dokumente und Materialien zum Funktionswandel der Parteien und Massenorganisationen in der SBZ/DDR 1945–1950, Köln 1982
Weber, Hermann: Traditionslinien und Neubeginn der deutschen Parteien 1945 – am Beispiel der „Arbeiterparteien". In: Kaase, Max (Hrsg.): Politische Wissenschaft und politische Ordnung. Analysen zu Theorie und Empirie demokratischer Regierungsweise. Festschrift zum 65. Geburtstag von Rudolf Wildenmann, Opladen 1986, S. 305–317
Weber, Hermann: Die Wandlung des deutschen Kommunismus. Die Stalinisierung der KPD in der Weimarer Republik, 2 Bde., Frankfurt/M. 1969
Weber, Hermann: „Weiße Flecken" in der Geschichte. Die KPD-Opfer der Stalinschen Säuberungen und ihre Rehabilitierung, Frankfurt/M. ^{2}1990.
Weber, Jürgen (Hrsg.): Der SED-Staat. Neues über eine vergangene Diktatur, München 1994
Weber, Petra: Carlo Schmid 1896–1979. Eine Biographie, München 1996
Der Weg zum Südweststaat, Hrsg. Landeszentrale für politische Bildung Baden-Württemberg, bearb. von Jörg Thierfelder und Uwe Uffelmann, Karlsruhe 1991
Der Weg der katholischen Kirche in verschiedenen realsozialistischen Ländern in den Jahren 1945 bis 1948/49 – ein historischer Vergleich. Referate des 4. Berliner Staat-Kirche-Kolloquiums, Berlin 1995
Wehling, Hans-Georg: Die Genese der politischen Kultur Baden-Württembergs. In: Der Weg zum Südweststaat, S. 324–340
Weihnacht, Paul-Ludwig (Hrsg. in Verbindung mit Maria Wohleb und Hans Meier): Leo Wohleb – der andere politische Kurs, Freiburg 1975
Weinberg, Gerhard L.: A World at Arms. A Global History of World War II. Cambridge u. a. 1994 (dt.: Eine Welt in Waffen, Stuttgart 1995)
Weins, Franziska: Deutschlands Strom – Frankreichs Grenze. Geschichte und Propaganda am Rhein 1919–1930, Essen 1992
Wendt, Manfred: Die Berliner Jugendausschüsse. Zur Entwicklung und Bedeutung der Berliner Jugendausschüsse im Spiegel von Quellen aus dem Zentralen Parteiarchiv der SED. In: Interventionen 1 (1991/4), S. 5–25
Wengerow, N.: Tscherty geroja. In: Nowyj mir, 1948, Nr. 1
Wentker, Hermann: Die Einführung der Jugendweihe in der DDR: Hintergründe, Motive und Probleme. In: Von der SBZ zur DDR, S. 139–165
Wentker, Hermann: „Kirchenkampf" in der DDR. Der Konflikt um die Junge Gemeinde 1950–1953. In: VfZ 42 (1994), S. 95–127
Wer war wer – DDR. Ein biographisches Lexikon, hrsg. von Jochen Cerny, Berlin ^{2}1992
Wer war Wer in der DDR. Ein biographisches Handbuch, hrsg von Bernd-Rainer Barth u. a., stark erw. u. akt. Ausgabe, Frankfurt/M. 1995
Wernadski, W. I.: Goete kak naturalist. Mysli i zametschanija. In: Bjulleten Moskowskogo obschtschestwa ispytatelej prirody, 1 (Nowaja serija 1946), T. 51, otdelenije geologii, tom 21, S. 5–52
Wiegand, Gustav (d.i. Wolfgang Baader): Ein Irrweg vor 40 Jahren: Die Pfarrertagung von Lunowo. Die kirchliche Seite des Nationalkomitees „Freies Deutschland" in der UdSSR. In: idea Nr. 70/84, 2. 8. 1984, S. 1 f.
Wiezorrek, Dörte: Unternehmensgeschichte der Siemens-Plania Werke von der Gründung bis 1953, Diplomarbeit Humboldt-Universität 1995
Wille, Manfred: Die Industrie Sachsen-Anhalts im Spannungsfeld zwischen Neuaufbau, Besatzungsregime und geselschaftlichen Umbrüchen. In: Sachsen-Anhalt. Land mit Geschichte, Heft 2, Magdeburg 1994
Wille, Manfred: Die Zentralverwaltung für deutsche Umsiedler – Möglichkeiten und Grenzen ihres Wirkens (1945–1948). In: Wille/Hoffmann/Meinicke, Sie hatten alles verloren, S. 27–54
Wille, Manfred/Hoffmann, J./Meinicke, Wolfgang (Hrsg.): Sie hatten alles verloren, Flüchtlinge und Vertriebene in der sowjetischen Besatzungszone Deutschlands, Wiesbaden 1993

Wilson, S.: Les historiens de l' „Action Française". In: Actes du 2e Colloque Maurras, Aix-en-Provence 1973, S. 195–202
Winkler, Gunnar (Hrsg.): Geschichte der Sozialpolitik der DDR 1945–1985, Berlin (-Ost) 1989
Winkler, Jürgen R.: Sozialstruktur, politische Traditionen und Liberalismus. Eine empirische Längsschnittstudie zur Wahlentwicklung in Deutschland 1871–1933, Opladen 1995
Wirth, Günther (Hrsg.): Beiträge zur Berliner Kirchengeschichte, Berlin 1987
Welikaja Otetschestwennaja wojna Sowetskogo Sojusa 1941–1945. Kratkaja istorija, Moskau 1965
Wolfrum, Edgar: Das Bild der „düsteren Franzosenzeit". Alltagsnot, Meinungsklima und Demokratisierungspolitik in der französischen Besatzungszone nach 1945. In: Martens, „Erbfeind", S. 87–113
Wolfrum, Edgar: Französische Besatzungspolitik und deutsche Sozialdemokratie. Politische Neuansätze in der „vergessenen Zone" bis zur Bildung des Südweststaates 1945–1952, Düsseldorf 1991
Wörterbuch zur sozialistischen Jugendpolitik, Berlin 1973
Wunderer, Hartmann: Materialien zur Soziologie der Mitgliedschaft und Wählerschaft der KPD zur Zeit der Weimarer Republik. In: Gesellschaft. Beiträge zur Marxschen Theorie 5 (1975), S. 257–277
Yergin, Daniel: Der zerbrochene Frieden. Der Ursprung des Kalten Krieges und die Teilung Europas, Frankfurt/M. 1979
Zahn, Peter von: Verrat an der deutschen Jugend. In: Die Frage der Jugend. Aufsätze, Berichte, Briefe und Reden, hrsg. von Rudolf Schneider-Schelde, München 1946, S. 34–38
Zank, Wolfgang: Die Gesellschaftspolitik der KPD/SED 1945–1949. In: APUZ 1990/11, S. 52–64
Zank, Wolfgang: Als Stalin Demokratie befahl. In: Die Zeit, 16. 6. 1995, S. 42
Zank, Wolfgang: Wirtschaft und Arbeit in Ostdeutschland 1945–1949. Probleme des Wiederaufbaus in der Sowjetischen Besatzungszone Deutschlands, München 1987
Zauner, Stefan: Württemberg-Hohenzollern. In: Der Weg zum Südweststaat, S. 55–74
Zawodny, J. K.: Zum Beispiel Katyn. Klärung eines Kriegsverbrechens, München 1971
Zawodny, J. K.: Nothing but Honour. The Story of the Warsaw Uprising, Stanford 1978
Zilch, Dorle: Millionen unter der blauen Fahne. Die FDJ. Zahlen, Fakten, Tendenzen. Mitgliederbewegung und Strukturen in der FDJ-Mitgliedschaft von 1946 bis 1989 unter besonderer Berücksichtigung der Funktionäre. Bd. 1: Mitgliederbewegung der FDJ von 1946 bis 1989, Rostock 1994
Der Zweite Weltkrieg. Analysen, Grundzüge, Forschungsbilanz. Im Auftrag des Militärgeschichtlichen Forschungsamtes hrsg. von Wolfgang Michalka, München 1989

Abkürzungsverzeichnis

Abt.	Abteilung
ABZ	Amerikanische Besatzungszone
ACDP	Archiv für Christlich-Demokratische Politik
ADGB	Allgemeiner Deutscher Gewerkschaftsbund
AfS	Archiv für Sozialgeschichte
AG	Aktiengesellschaft
AOC	Archives de l'Occupation Colmar
APUZ	Aus Politik und Zeitgeschichte
ARAC	Allied Religious Affairs Committee
AsD	Archiv der sozialen Demokratie (Bonn)
ASt.	Außenstelle
AWPRF	Archiw Wneschnej Politiki Rossijskoj Federazii (Moskau)
BAK	Bundesarchiv Koblenz
BAP	Bundesarchiv, Abteilungen Potsdam
BBZ	Britische Besatzungszone
BDM	Bund deutscher Mädchen
BDO	Bund Deutscher Offiziere
BdS	Bund demokratischer Sozialisten
BFD	Bewegung „Freies Deutschland"
BK	Bekennende Kirche
Bl.	Blatt
BLS	Bundesland Sachsen
Br.	Brandenburg
BStU	Der Bundesbeauftragte für die Unterlagen des Staatssicherheitsdienstes der ehemaligen DDR
Buvo	Bundesvorstand
BVP	Bayerische Volkspartei
BzG	Beiträge zur Geschichte der Arbeiterbewegung
CCFA	Commandant en Chef Français en Allemagne
CD	Compact Disc
CDU(D)	Christlich-Demokratische Union (Deutschlands)
CFLN	Comité Français de Libération Nationale
ČSR	Tschechoslowakische Republik
DA	Deutschland Archiv
DAF	Deutsche Arbeitsfront
DC	Deutsche Christen
DDP	Deutsche Demokratische Partei
DDR	Deutsche Demokratische Republik
DEFA	Deutsche Film-AG
DIAC	Directorate of Internal Affairs and Communications
DNVP	Deutschnationale Volkspartei
DP	Displaced Person
DVAS	Deutsche Verwaltung für Arbeit und Sozialfürsorge
DVdI	Deutsche Verwaltung des Inneren
DVP	Deutsche Volkspartei
DVV	Deutsche Verwaltung für Volksbildung
DZFV	Deutsche Zentralfinanzverwaltung
EAC	European Advisory Commission

EKD	Evangelische Kirche in Deutschland
EKU	Evangelische Kirche der Union
EOK	Evangelischer Oberkirchenrat
epd	Evangelischer Pressedienst
EZA	Evangelisches Zentralarchiv
FAZ	Frankfurter Allgemeine Zeitung
FBZ	Französische Besatzungszone
FDGB	Freier Deutscher Gewerkschaftsbund
FDJ	Freie Deutsche Jugend
FO	Foreign Office
FRUS	Foreign Relations of the United States
GARF	Gossudarstwennyj archiw Rossijskoj Federazii (Staatsarchiv der Russischen Föderation, Moskau)
GBl.	Gesetzblatt
Gensup.	Generalsuperintendent
Gestapo	Geheime Staatspolizei
GG	Geschichte und Gesellschaft
GI	Geheimer Informator
GKO	Gosudarstwennyj Komitet Oborony
GM	Geheimer Mitarbeiter
GmbH	Gesellschaft mit beschränkter Haftung
GSOW (G)	Gruppa Sowetskich Okkupazionnych Wojsk (w Germanii)
GWU	Geschichte in Wissenschaft und Unterricht
ha.	Hektar
HI	Hoover Institution (Archives)
HICOG	(US) High Commissioner for Germany
HJ	Hitler-Jugend
Hrsg., hrsg.	Herausgeber, herausgegeben
HStA	Hauptstaatsarchiv
HZ	Historische Zeitschrift
IM	Inoffizieller Mitarbeiter
IWK	Internationale Wissenschaftliche Korrespondenz zur Geschichte der deutschen Arbeiterbewegung
JCS	Joint Chiefs of Staff
Jg.	Jahrgang
jun.	junior
KKL	Konferenz der Evangelischen Kirchenleitungen im Gebiet der DDR
KPČ	Kommunistische Partei der ČSR
KPD	Kommunistische Partei Deutschlands
KP(D)O	Kommunistische Partei (Deutschlands)/Opposition
KPdSU	Kommunistische Partei der Sowjetunion
KZ	Konzentrationslager
KZG	Kirchliche Zeitgeschichte
LAB	Landesarchiv Berlin
LAN	Landeskirchliches Archiv Nürnberg
LAS	Landeskirchliches Archiv Stuttgart
Ld.	Land
LDP(D)	Liberal-Demokratische Partei (Deutschlands)
LHA	Landeshauptarchiv
LHAP	Landeshauptarchiv Potsdam
Lic.	Lizentiat
LR	Landesregierung
Lt.	Leutnant
LWA	Werksarchiv der Leuna-Werke
MdI	Ministerium des Innern
MfS	Ministerium für Staatssicherheit
MGM	Militärgeschichtliche Mitteilungen

MKF	Mitteilungen aus der kulturwissenschaftlichen Forschung
MW	Ministerium für Wirtschaft
NATO	North Atlantic Treaty Organisation
ND	Neues Deutschland
NKFD	Nationalkomitee Freies Deutschland
NL	Nachlaß
Nr.	Nummer
NS	Nationalsozialismus, nationalsozialistisch
NSDAP	Nationalsozialistische Deutsche Arbeiterpartei
Oberstlt.	Oberstleutnant
O(L)KR	Ober(landes)kirchenrat
OMGUS	Office of Military Government (for Germany), US
OSS	Office of Strategic Service
PDS	Partei des Demokratischen Sozialismus
Pg	Parteigenosse
PRO	Public Record Office
PV	Parteivorstand
PVS	Politische Vierteljahresschrift
RAD	Reichsarbeitsdienst
Rez.	Rezension
RM	Reichsmark
RSFSR	Rossijskaja Sowetskaja Federatiwnaja Sozialistitscheskaja Respublika (Russische Föderative Sozialistische Sowjetrepublik)
RZChIDNI	Rossijskij Zentr Chranjenija i Isutschenija Dokumentow Nowejschej Istorii (Moskau)
SA	Sturmabteilung (der NSDAP)
SAG	Sowjetische Aktiengesellschaft(en)
SAP(D)	Sozialistische Partei (Deutschlands)
SAPMO	Stiftung Archiv der Parteien und Massenorganisationen der DDR im Bundesarchiv
SBZ	Sowjetische Besatzungszone (Deutschlands)
SD	Sicherheitsdienst des Reichsführers SS
SED	Sozialistische Einheitspartei Deutschlands
sen.	senior
SHG	Sowjetische Handelsgesellschaft(en)
SKB	Sonderkonstruktionsbüro
SMA(D)	Sowjetische Militäradministration (in Deutschland)
SMAM	Sowjetische Militäradministration in Mecklenburg
SMAS	Sowjetische Militäradministration in Sachsen
SPD	Sozialdemokratische Partei Deutschlands
SS	Schutzstaffel (der NSDAP)
Sup.	Superintendent
SVA	Sozialversicherungsanstalt
SWAG	Sowjetskaja Wojennaja Administrazija w Germanii
SZ	Süddeutsche Zeitung
UdSSR	Union der Sozialistischen Sowjetrepubliken
UK	United Kingdom
US(A)	United States (of America)
USSR	Union of Soviet Socialist Republics
VAB	Versicherungs-Anstalt Berlin
VdgB	Vereinigung der gegenseitigen Bauernhilfe
VEB	Volkseigene(r) Betrieb(e)
VELKD	Vereinigte Evangelisch-Lutherische Kirche Deutschlands
VfZ	Vierteljahrshefte für Zeitgeschichte
V 1, V 2	Vergeltungswaffen
v.H.	vom Hundert
Vol.	Volume
WK	Wahlkreis
WKP (B)	Wsesojusnaja Kommunistitscheskaja Partija (Bolschewiki)

WTB	Wissenschaftlich-Technisches Büro
ZA	Zentralausschuß
ZAMO	Zentralnyj Archiw Ministerstwa Oborony Rossijskoj Federazii (Podolsk)
ZChSD	Zentr Chranenija Sowremennoj Dokumentazii (Moskau)
ZfG	Zeitschrift für Geschichtswissenschaft
ZFO	Zone Française d' Occupation
ZK	Zentralkomitee
ZPA	Zentrales Parteiarchiv (der SED)
ZVAS	Zentralverwaltung für Arbeit und Sozialfürsorge
ZVU	Zentralverwaltung für deutsche Umsiedler

Personenregister

Die Autoren

Altrichter, Helmut, Dr. phil., Professor für Neuere sowie Osteuropäische Geschichte an der Universität Erlangen-Nürnberg

Besier, Gerhard, Dr. phil., Dr. theol., Professor für Kirchengeschichte an der Universität Heidelberg

Birke, Adolf M., Dr. phil., Professor für Neuere Geschichte an der Universität München

Braun, Günter, Dr. phil, wissenschaftlicher Mitarbeiter am Zentrum für Europäische Sozialforschung, Arbeitsbereich IV, der Universität Mannheim

Buddrus, Michael, Dr. phil., wissenschaftlicher Mitarbeiter am Institut für Zeitgeschichte, Außenstelle Berlin

Ciesla, Burghard, Dr. oec., wissenschaftlicher Mitarbeiter am Historischen Institut der Universität Potsdam

Dähn, Horst, Dr. phil., Professor für Politikwissenschaft an der Universität Stuttgart

Falter, Jürgen W., Dr. rer. pol., Professor für Politikwissenschaft an der Universität Mainz

Henke, Klaus-Dietmar, Prof. Dr. phil., Direktor des Hannah-Arendt-Instituts für Totalitarismusforschung, Dresden

Hoffmann, Dierk, Dr. phil., wissenschaftlicher Mitarbeiter am Institut für Zeitgeschichte, Außenstelle Berlin

Karlsch, Rainer, Dr. oec., wissenschaftlicher Mitarbeiter am Institut für Wirtschaftsgeschichte der Humboldt-Universität Berlin

Merker, Wolfgang, Dr. phil., Potsdam

Schneider, Dieter Marc, Dr. phil., wissenschaftlicher Mitarbeiter am Institut für Zeitgeschichte München

Schwartz, Michael, Dr. phil., wissenschaftlicher Mitarbeiter am Institut für Zeitgeschichte, Außenstelle Berlin

Thöns, Dr. Kerstin, Dr. phil., Meißen

Timofejewa, Natalja, Dr. phil., wissenschaftliche Mitarbeiterin an der Universität Woronesch/Rußland

Weins, Cornelia, M. A., wissenschaftliche Mitarbeiterin am Fachbereich IV, Soziologie und Methodenlehre, der Universität Trier

Wentker, Hermann, Dr. phil., wissenschaftlicher Mitarbeiter am Institut für Zeitgeschichte, Leiter Außenstelle Berlin